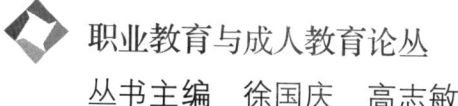

职业教育与成人教育论丛

丛书主编　徐国庆　高志敏

成人教育学科体系论

Chengren Jiaoyu Xueke
Tixi Lun

高志敏　著

全国教育科学"十一五"规划教育部重点课题
"成人教育学科体系的批判与重构研究"
(课题批准号DKA060176)最终成果

丛书总序

这是华东师范大学职业教育与成人教育研究所与上海教育出版社的第二次合作。第一次合作正好是10年前，当时由我做主编，陆续完成了"现代职业教育研究丛书"的出版。这套丛书在业界很受关注，获得了同行的高度肯定，在推动职业教育学科建设方面发挥了重要作用，2011年获得上海市第十届教育科学研究成果奖（教育理论创新奖）一等奖，其中我与徐国庆教授合著的《职业教育课程开发技术》一书又获第四届全国教育科学研究优秀成果奖一等奖。那套丛书的成功，一方面与作者们深厚的学术功底及辛勤的研究工作密切相关，另一方面与责任编辑高超的编辑能力及对待出版工作的严谨态度也是分不开的，因此这套由徐国庆教授与高志敏教授主编的"职业教育与成人教育论丛"仍然选择了与上海教育出版社合作。我想这套丛书的出版一定会获得同样的成功。

"职业教育与成人教育论丛"有一大特点，那就是涵盖了职业教育与成人教育两大学科，这是两大学科深度融合的一次尝试。在教育学的学科体系中，我们常常把职业教育与成人教育归类在一起。既然归在一起，就应该积极地促进这两大学科的协同发展。从研究问题来看，这两大学科的确存在许多关联之处。比如，现代职业教育体系的设计必须基于终身教育的理念，因为职业教育不仅要帮助个体就业，而且要促进个体的生涯发展，这是当前职业教育的国际发展趋势；而在职业教育中，尤其是职业培训中，很大一部分对象是成人，成人职业培训的展开无疑要同时结合职业教育与成人教育的原理。对成人教育来说，其学科的发展也离不开职业教育的支持。比如，社区教育中便包含职业技能培训的内容。这两大学科最重要的交叉领域是企业人力资源开发。企业人力资源开发就对象而言属于成人教育，就内容与方法而言属于职业教育。可见，当我们对这两大学科进行深入分析时，会发现它们的确是两个相辅相成的学科，努力促进它们的融合，对这两大学科的发展来说都是有益的。

这套丛书的作者都是在所从事的领域较有造诣的研究者，所收录的著作都是作者多年在该领域辛勤耕耘的结果,代表其最高学术成就。高志敏教授的《成人教育学科体系论》博大恢宏,作为一位在成人教育领域耕耘数十年的资深学者,他倾毕生所学,从历史、反思、前瞻三个维度,用批判的眼光、饱含深情的语言,对成人教育学科体系进行了系统的反思与重构。这部著作的出版将对成人教育学科体系发展产生深远影响。《职业教育课程、教学与教师》是徐国庆教授在职业教育领域的又一部力作。徐国庆教授在职业教育课程、教学及教师教育领域享有盛誉,他的这部著作内容新颖,与实践贴合得非常紧密,几乎包含了当前该领域所有最为关键的问题。他的研究风格是直指问题中心,直接寻求问题的答案;同时他又善于把问题的实践表现与深度的理论思考结合起来,将实践性与思想性融为一体;文字简练与犀利也是其著作明显的风格。张永副教授的《社区教育内涵发展论》可以说是社区教育研究中具有开拓意义的一部著作。近年来,社区教育在我国发展非常迅速,实践发展需要理论研究的支持,这部著作的及时出版正好满足了社会的这一需求。这部专著结构严谨,内容实用,是该领域具有重要价值的力作。朱敏博士的《国际终身学习政策推展模式研究》旨在为国际终身学习政策推展提供理论分析框架,深化相关基础理论研究,同时为我国终身学习政策推展的进一步优化提供国际参照与现实借鉴。这部著作综合了国际上关于终身学习政策最为前沿的研究成果,实用性强,是该领域难得的力作。以上是这套丛书第一批推出的四部著作,随着这套丛书的滚动出版,我相信后面的著作会更加精彩。

无论是职业教育还是成人教育,都是教育学科中非常重要的研究领域。实践的快速发展急需理论研究的支撑。然而由于这两大学科的研究群体规模相对较小,因此其研究成果的数量相对基础教育、高等教育等领域来说也要少,研究推进的速度相对较慢。期望这套丛书的出版能为致力于这两大领域研究的学者提供参考,同时更期望能引出更多、更有价值的研究成果。

最后,特别感谢上海教育出版社教育与心理出版中心为这套丛书的成功出版所付出的辛勤劳动!

华东师范大学职业教育与成人教育研究所所长、终身教授、博士生导师

2017 年 7 月 31 日

目 录

致读者朋友（代前言）	…1
第一章　成人教育学的历史追问	…1
第一节　异域追踪	…2
一、问世：N个"第一"的故事	…2
二、沉寂：赫尔巴特的拒绝	…11
三、复活：罗森斯托克与林德曼的贡献	…15
四、界碑：诺尔斯的创举	…21
第二节　本土寻迹	…28
一、遗产：厚重的历史积淀	…28
二、冠名：一个贴切的统称	…37
三、引进：开放的态度与谦虚的行动	…50
四、启程：本土研究者迈出了自己的脚步	…60
第三节　本章结语	…70
一、双轨一线：留下的八幅画面	…71
二、双轨一线：获得的八点心得	…73

第二章　成人教育学科体系的历史追溯　…77
第一节　异域回溯　…78
一、痕迹：遗留在诺尔斯之前　…79
二、辉煌：闪耀在诺尔斯时代　…92
三、拓展：延续在诺尔斯之后　…118

第二节　本土回望　…156
一、初创：发生在学科认定之前　…156
二、挺进：行动在学科认定时代　…172
三、追梦：坚执在学科认定之后　…194

第三节　本章结语　…229
一、两辙一线：留下的六幅映象　…229
二、两辙一线：获得的十点心得　…233

第三章　成人教育学科体系的反思　…239
第一节　框架整合　…241
一、串联：异域智慧　…242
二、归结：本土功夫　…248
三、整合：缘于共同的拥有　…256
四、分享：基于对比的发现　…258

第二节　"学之说"的个例解读　…261
一、感佩：大师风范　…262
二、呈现：基本构架　…264
三、解读：对话大师（A）　…266
四、解读：对话大师（B）　…284

第三节　"体系说"的个例解析　…300
一、回念：封存往事　…300
二、呈现：基本构架　…303
三、解析：对话自我（A）　…308

四、解析：对话自我（B） …333
　第四节　本章结语 …352
　　　一、对话大师：基于两端的概括 …352
　　　二、对话自我：基于双边的归纳 …360

第四章　成人教育学科体系的前瞻（上） …367
　第一节　梳理与运思 …368
　　　一、感恩：南北湖山水 …368
　　　二、梳理：回望与反思 …370
　　　三、运思：方法与内容 …380
　第二节　思索与选择（A） …384
　　　一、再擘画：伦理与纲领 …390
　　　二、再洞见：性质与目标 …449
　　　三、再畅想：意义与作用 …498

第五章　成人教育学科体系的前瞻（下） …533
　第一节　思索与选择（B） …534
　　　一、再端量：源点与路向 …534
　　　二、再揆度：内容与边界 …608
　　　三、再审视：空间与方法 …629
　第二节　结语与追问 …667
　　　一、结语："完成"与"未完成" …667
　　　二、追问：守住那双"眼"了吗 …672

后　记 …675

致读者朋友（代前言）

> 柏拉图说，真理，就其本性而言就是辩证的思想的产物。因此，如果不通过人们在相互的提问与回答中不断地合作，真理就不可能获得。因此，真理不像一种经验的对象，它必须被理解为一种社会活动的产物。而"人是什么？"……人被宣称为应当不断探究他自身的存在物——一个在他生存的每时每刻都必须查问和审视他的生存状况的存在物。
>
> 苏格拉底说："一种未经审视的生活还不如没有的好。"……他把人定义为：是一个对理性问题能给予理性回答的存在物。人的知识和道德都包含在这种循环的问答活动之中。正是依靠这种基本的能力——对自己和他人做出回答的能力，人成为一个"有责任的"的存在物，成为一个道德主体。[1]
>
> ——20世纪德国哲学家卡西尔（E. Cassirer）

---

[1] 恩斯特·卡西尔. 人论 [M]. 甘阳，译. 上海：上海译文出版社，2004：9.

《成人教育学科体系论》是我申报并承担的全国教育科学"十一五"规划教育部重点课题——"成人教育学科体系批判与重构研究"的最终研究成果。

一

2006年夏,当确定以"成人教育学科体系批判与重构研究"为课题名称提出申报,试图对成人教育学科体系及其建设问题再次进行研究以后,我心中便一直有些忐忑于"批判"与"重构"二词。原因是,在许多情况下,特别是在本土语境中,它们似乎总有"口味"较重之嫌,容易给人正襟危坐、字正腔圆甚至自以为是的感觉。

课题于2006年12月获批立项,2007年3月正式开题。研讨结果认为,此项课题非同一般,具有很强的元论探索、逻辑推演等特征,故决定在课题组成员帮助做好有关资料收集、外文翻译等工作的前提下,由作为课题负责人的我来独自执笔完成全部书稿,以保证其元论特点的彰显、逻辑线条的贯穿,乃至尺度把握的一致、行文风格的齐整。

随后,对于课题名称中的"批判"与"重构",我更是琢磨再三,最终发现自己内心深处还是更偏向采取一种恬淡而思、自然而行的做法。也就是说,自己心里真正想做的,无非就是真切地希望围绕我们共同从事的成人教育事业,就其学科体系及其建设问题,基于自己的责任感与道德感以及自己的认知与理解,以一种敞开心扉,既提问自己、对话自己、反省自我,又提问他人、对话他人、同谋共进的方式,来查问与审视它的过去;以一种放开胸襟,既虚怀若谷、骋目远眺,又崇尚本真、追求真理的态度,来前瞻与畅想它的未来。

在此心理聚焦下,本课题与其说是一项工程式的、势大力沉的、事关成人教育学科体系的批判与重构研究行动,毋宁说是一次切磋式的、恬淡从容的回望、反思与前瞻。

然而,六七个寒暑之后,当欲将这部名称初易为《成人教育学科体系建设:回望·反思·前瞻》的书稿递呈给出版社的时候,又感觉其名称似乎冗长了一些。经与资深教育科学著作出版专家宁彦锋博士以及有关同仁反复论证、商议之后,遂将其正式冠名为《成人教育学科体系论》。

总而言之，无论是初始时候所选择的"批判""重构"，还是最后一刻所定的"论"，此项研究真正想要呈现的，是以一种敞开心扉的反省与对话方式，以一种敞开心怀的探索与求真态度，围绕成人教育学科体系及其建设命题而进行的一次真切而踏实的回望、反思与前瞻。

二

2005年，我受全国教育科学规划领导小组办公室之邀，为《中国教育科学规划回顾与展望——从"六五"到"十五"》的"专家展望"栏目写了一篇文稿——《一名成人教育研究者经历的自述》。之后，在充分肯定以往研究具有一定的时代意义、时代价值之余，我开始惊诧自己：为什么更多地依赖教育学演绎，而罕见对成人教育学的原创？不安自己：为什么更多地囿于对自我旨趣的满足，而缺乏对成人教育主体的关怀？困惑自己：为什么更多地热衷于对教育的眷顾，而旁落了对学习的关照？不解自己：为什么更多地青睐于对外部样式的关注，而忽略了对内里过程的透析？

总之，惶惶于原创的匮乏，惴惴于主体的旁落，眩眩于对学习的把握，晕晕于对内里的洞悉。由之，一种对学科研究展开新一轮思考的全新意念开始孕育、形成。

于是，我写了一篇文章，题为《成人教育研究的反思与前瞻》，发表在《教育研究》2006年第9期上。文中首次提出了成人教育科学研究的纲领应为"回归丰富的成人生活世界，走进缤纷的成人精神家园"，期盼由此寻找到一种新的研究视角，开创一片新的研究天地。这篇文章之于现在，可以被视为本课题的一项预研究，同时，也推动了本项课题研究的动念与酝酿、申报与实施。

往深处讲，在成人教育研究领域的三十年经历，使我深感其文化的匮乏，包括研究文化和学科元研究文化的匮乏。于是，我在心中慢慢形成了如下一种具有环环相扣特点的有关成人教育及其科学研究的基本认定，这样一种认定，也可以被看作展开本课题研究的一种基本的学术信念或理论假设：

在推动社会变革、社会转型的过程中，特别是在追求终身教育、终身学习、学习型社会理念的实践与实现以及促进人之终身发展、全面发展的时代进程中，成人教育学科体系研究必定首先需要仰赖成人教育的长足发展，而成人教育的长足发展，必定首先需要仰赖其自身的文化打造，文化打造的关键显然在于加强理论探索，理论探索的核心无疑在于加强学科体系建设，学科体系建设在取得进展与成就的同时，必然会存在缺憾与谬误，而缺憾与谬误需要在查问与反思中得到改进。与此同时，学科体系建设在新的时代境遇中，必然会面临挑战与机遇，挑战与机遇需要在审视与前瞻中应对与把握,因查问、反思而超越，因审视、前瞻而升华，学科体系将由此得到发展与完善，并必定带动成人教育研究体系内部文化乃至整个成人教育社会体系内部文化的提升与繁荣。

概而言之，文化打造对于实践发展是至关重要的，理论探索对于文化打造是不可或缺的，学科体系建设对于理论探索是具有根基意义的。而通过查问、反思得以超越，通过审视、前瞻得以升华的学科体系，又必定会将成人教育的研究和实践引向一个更为广阔深远的腾飞空间，并迎来一个更加激动人心的绚烂未来。

三

"成人教育学科体系批判与重构研究"的研究目的，宏大一点说，是为了对成人教育、成人教育科学研究、成人教育学科体系建设研究的文化有所打造，有所创新，有所积淀；是为了有助于终身教育体系的构建与全民学习、终身学习之学习型社会的创建，是为了有助于人的全面发展与社会的持续和谐发展。

直接一点说，这项课题研究的目的主要有三：

其一，基于历史回溯，梳理并明确我们在成人教育学科体系建设方面究竟做了一些什么，究竟已经有了怎样一种积淀。

其二，基于已有成果，展现并反思我们在成人教育学科体系建设方面究竟取得了一种什么样的认知，在这些认知中，哪些值得弘扬，哪些需要商榷、修正。

其三，基于未来愿景，憧憬并确定我们在成人教育学科体系建设中究竟还需要进行怎样的新思考、新选择，形成怎样的新认知，迈出怎样的新步伐。

具体一些说，本课题研究围绕成人教育学科及其体系建设，特别是在反思与前瞻过程中，还将期待：通过伦理与纲领探究，能够使其取向认知实现从暧昧到明朗；通过性质与目标分析，能够使其特性认知实现从模糊到清晰；通过意义与作用辨析，能够使其价值认知实现从谫陋到成熟；通过源点与路向探索，能够使其逻辑认知实现从迷茫到准确；通过内容与边界辨识，能够使其范畴认知实现从混沌到清朗；通过空间与方法研究，能够使其行动认知实现从偏颇到适切。

四

作为"成人教育学科体系批判与重构研究"的最终研究成果，本书的基本内容大致构成是：

从成人教育学的历史追问开始，分双轨而行，即一是异域追踪，二是本土寻迹。异域追踪，叙述了自19世纪起，首次提出并使用术语"成人教育""成人教育学"概念等的五个"第一"的故事，以及赫尔巴特（J. F. Herbart）对阻隔成人教育学的不利影响；罗森斯托克（E. Rosenstock）与林德曼（E. C. Lindeman）为复活成人教育学做出的贡献；20世纪六七十年代诺尔斯（M. S. Knowles）最终为成人教育学竖起的界碑。本土寻迹，则回望了成人教育思想与实践的悠久积淀；呈现了20世纪80年代成人教育形成统称的过程；回顾了国外思想、理论的引进和本土研究范式的开创与兴起。如此双轨一线的历史追问，给我留下了八幅极其生动的画面和八点极其深刻的心得。

其后是成人教育学科体系的历史追溯。亦分两辙：异域回溯一辙，本土回望一辙。异域一辙，以三个"高峰"概念描述了前诺尔斯时代留下的痕迹、诺尔斯时代创造的辉煌和后诺尔斯时代的继续拓展；本土一辙，以1992年《中华人民共和国国家标准学科分类与代码表》（简称《国家标准学科分类与代码表》）将"成人教育学"定为教育学之二级学科为标志，追溯了成人教育学科体系在学科认定之前奋力初创的过程，在学科认定前后十年昂首挺进的过程，以及最近十多年依然在执着追梦的过程。对其学科体系两辙一线的历史追溯，又给我留下了六幅极其鲜活的映象和十个极其深刻的感悟。

之后，将诺尔斯1980年修订出版的《成人教育的现代实践：从儿童教育学到成人教育学》(*The Modern Practice of Adult Education: Andragogy Versus Pedagogy*)作为成人教育学的反思文本（以下简称"学之说"），将由我申报并负责完成的全国教育科学"九五"规划教育部重点课题——"成人教育科学体系的构建与发展研究"，作为成人教育学科体系的反思文本（以下简称"体系说"），通过文本框架的完整呈现，分别从学科的伦理与纲领、性质与目标、意义与作用、源点与路向、内容与边界、空间与方法这六组共十二个视角，对之进行了对话大师与对话自我式的反思性诉说。最终，在充分肯定其时代开创意义和学科建设促进作用的前提下，对诺尔斯的"学之说"提出新的疑问和新的期待，对我等的"体系说"提出新的质疑和新的要求。

最后，紧紧围绕新的疑问和新的期待、新的质疑和新的要求，在充分认识终身教育、终身学习、成人教育、成人学习之特质与使命——关照成人多元社会角色的扮演和多重发展任务的履行，实现成人的终身全面发展，帮助成人获得学习、生活、生命的成功——的情形下，以及在总的促进成人教育学科及其体系构建的名义下，也在充分呈现元论特征的旨趣下，对未来的成人教育学科发展进行了多元视角、多维命题的憧憬与前瞻，即对之作了伦理与纲领的再擘画、性质与目标的再洞见、意义与作用的再畅想、源点与路向的再端量、内容与边界的再揆度、空间与方法的再审视。

二〇〇七年九月（初稿）
二〇一三年四月（修稿）
二〇一五年十月（定稿）

第一章
成人教育学的历史追问

  1961年1月20日，肯尼迪（J. Kennedy）就任美国总统。总统邀请著名诗人弗罗斯特（R. Frost）出席就职宣誓仪式。在隆重的庆典活动中，弗罗斯特向总统和贵宾激情吟诵了一首诗，诗名叫《奉献我们的礼物，毫无保留！》。

  43年之后，2004年的一天，成人教育学者亨施克（Henschke）在博览诗书的时候欣然发现，在这首诗的字里行间，居然跃出了"成人教育学"的字样，竟然传出了"成人教育学"的韵律！其中，最能显示佐证意义的，便是那一行铿锵、笃信而且充满意境的诗句：我们在属于成人教育学之前，成人教育学就已经属于我们了！[①]

——美国成人教育学家库柏（M. K. Cooper）

[①] 凯思琳·P. 金. 全球比较成人教育学（英文版）[M]. 杭州：浙江大学出版社，2006：158.

在进入本书主体部分之前，有必要说明两点：

第一，无论是"致读者朋友"，还是后续的著述主体，它们都是一个将我指对自己的认知、感悟、问答，以及指向同仁的观察、商榷、对话展示给读者的过程。也就是说，我将始终把对内的查问与审视以及对外的查问与审视，一并看成与读者诸君真心诉说的过程。

第二，既然探究成人教育学科体系建设绕不过"成人教育学"这个概念，那我们就首先从其历史足迹讲起吧。

第一节 异域追踪

"成人教育学"是一个舶来术语。有关它的足迹追踪，叙述的出发点很自然地定在了他乡异域。

一、问世：N个"第一"的故事

无论是谁，在从事一件工作或者一项专业的初始阶段，总会有那么一两件事或一两本书，抑或是事件当中的一两个细节、书本当中的一两段话语，可以让人久久甚至终生难忘。

我的情况正是这样。涉足成人教育研究领域不久，我便阅读了前辈的一本著作——《成人教育学基础》。对之，我长久记得的一段话语是："从教育史来看，成人教育现象早就存在。不过，就现代意义有组织的成人教育而言，它是人类社会进入资本主义阶段，随大工业生产发展而发展起来的，至今也有200多年的历史。……现代有组织的成人教育最先出现于18世纪60年代的英国。"[①]

这段话语给我留下印象最深的两个事实是：（1）时间——成人教育发轫于18

[①] 王茂荣，朱仙顺. 成人教育学基础 [M]. 北京：职工教育出版社，1988：2.

世纪 60 年代的工业革命时期；（2）地点——成人教育发端于工业革命领头羊之一的英国。

然而，当将视线聚焦到这一时间与空间的时候，另一个更加有趣而真切的事实又马上浮现了出来。即成人教育刚刚起步的时候，并没有马上得到如今看来恰如其分的冠名，而常常是一连串最为直观的指称：夜校（教育）、主日学校（教育）、工人讲习所（教育），等等。

于此，又何以首先落墨成人教育？道理非常简单，就如欲说成人教育学科体系必先论及成人教育学那样，在论述成人教育学之前，又必先提及成人教育，因为正是有了术语"成人教育"的诞生故事，才使得与成人教育学相关联的 N 个"第一"的故事接二连三地发生了。

故事之一：第一个提出并使用术语"成人教育"的学者。

世界上，第一个提出并使用术语"成人教育"（adult education）的人，名叫波尔（T. Pole）。波尔出生在美国。初始，他的职业志趣是医学，故而他潜心钻研医理、精通医术，并有早年在英国行医的经历。也许正是因为这份在英国行医的经历，使之在 19 世纪初离开美国，正式定居英国南部的布里斯托尔市（Bristol）。

波尔定居英国之后不久，居然迷恋上了布里斯托尔市方兴未艾的成人学校（adult school）。在观察、参与中，波尔对这样一种特殊人群的教育活动产生了浓厚的兴趣，并开始形成自己的心得。他于 1812 年起撰稿推介、评说布里斯托尔市成人学校的兴办情况，三年之后，即 1815 年，他正式出版了《成人学校的起源与发展》(History of the Origin and Progress of Adult Schools) 一书。

站在今天讨论问题的视角，难免对此感到惊诧，一个原先靠行医谋生的大夫，居然与成人学校结下了如此不解之缘，还如此具有首创精神地提出并使用了这个后来传遍全世界的术语——成人教育！

通过这本著作，人们不仅可以了解到成人学校乃至成人教育的起源，而且还能够身临其境般地发现，在当时的布里斯托尔市，无论是平民百姓还是达官显贵，都对兴办成人学校、参与成人教育包括扫盲活动表现出了极大的兴趣与热忱，并投入了大量时间和精力，其中，在医院和监狱建立成人学校、兴办成人教育的做法，又尤其得到了社会各界的关注和推崇。

更重要的是，波尔在书中对成人教育的作用作了非常深刻与完整的表达。他认为，成人教育能够造福于青年、文盲、工人、农民、妇女、贫民、罪犯等各种成年群体。他们受到教育以后，就可以阅读书报经典，了解化学原理，掌握机械操作，获得工作机会，摆脱贫穷生活，更可以获得哲学的精神、心灵的启蒙、价值的判断、进取的意识、才华的展现，还能够充满智慧地管理好自己的家庭生活，指导好自己子女的成长。总之，成人教育一方面可以使每个公民增进知识、获得才干、提升修养，以更好地应对生活中可能遇到的诱惑和艰难，另一方面还可以为社会带来弥足珍贵的稳定与发展。①

史料表明，波尔的《成人学校的起源与发展》一书初次出版是在布里斯托尔市，后来又有修订，并在纽约重新印制出版，甚至到了1969年，纽约凯利出版社还重印了这部专著，可见其影响力是重大而深远的。

故事之二：第一个提出并使用术语"成人教育学"的学者。

第一个提出与使用"成人教育"术语的故事发生在英国，有趣的是，第一个提出并使用术语"成人教育学"（andragogy）的故事却发生在与之相邻的另一个欧洲国家——德国。

我曾在成人教育学史料文献中多次读到类似这样一句话："古代希腊教育者和古代希伯来教育者就已经使用了这个词。"② 之所以有人做出如上判断，很可能就是因为"古人所使用的许多词汇里早就包含了成人教育学这个概念的许多元素"，③ "如学习、教学、指导、引导、带领等，就为解释成人教育学提供了特别丰富的资源"。④

那么，在浩瀚的出版物中有据可查、承袭先贤教育思想的，第一个提出并使用"成人教育学"的人究竟是谁呢？

对此，给出比较完整、权威答案的，便是现今德国班贝克大学（Bamberg University）成人教育学专业主席雷施曼教授（J. Reischmann）。他在《成人教育学：

---

① Thomas Pole. *History of the Origin and Progress of Adult Schools*. Bristol, Printed, 1815：47，70.
② 凯思琳·P. 金. 全球比较成人教育学（英文版）[M]. 杭州：浙江大学出版社，2006：156.
③ 同上：157.
④ 同上：158.

历史、意义、背景、功能》（Andragogy：History，Meaning，Context，Function）一文中，首先用封面、扉页影印的方式向读者展示了原始证据；而后告诉读者，"成人教育学"首次出现的时间是1833年，地点是德国，提出者是一位名叫凯普（A. Kapp）的文法学校教师，具体出处是其名叫《柏拉图教育理念》（Plato's Educational Ideas）的著述。

在这部著述中，凯普用了240页的篇幅来讨论柏拉图的教育理念。也许在与大师的深度心灵对话中，凯普真切地感受到了先哲教育思想中深厚的"终身学习"底蕴，所以，在挥洒数万言之后，他话锋一转，专以"成年人的成人教育学或教育"（德语：Die Andragogik oder Bildung im maennlichen；英语：Andragogy or Education in the Man's Age）为题，用了210页的篇幅论述成人的终身学习问题。

这其中，凯普用了很大的篇幅集中表明了一些重要观点。第一，学习不止于青少年，用今天的话来讲就是学习贯穿于人的一生。第二，学习既涉及内在的心灵修炼，又关涉外显的技能培养，也就是现在常说的学习覆盖于人的发展之全部方面。第三，对成人而言，科学知识、技艺能力并非至关重要，至关重要的是其自我认知的改善与自我人格的发展。第四，学习既可以通过教师施教而发生，也可以通过反思自我与体验生活而形成。第五，学习的内涵远非囿于一个"教"字，成人学习更远非仅是一种"教成人"的形态。除此，凯普还具体论及了有关医护人员、部队士兵、教育人员、演说人士、管理人士、国家官员以及那些为人父母的职业训练与教育方面的问题。

后人偶有疑问，说成人教育学是凯普自己的原创还是对他人的借用；也略有遗憾，说一则未见凯普详解成人教育学的内涵，二则未见凯普阐述成人教育学体系。但是，这些问题在我看来都不重要，因为就是这么一个声望并不显赫的中学教师，在与大师的精神对话中发现了先哲教育思想的真谛，并以"成人教育学"这样一个名字而使自己并携着无数后学一起进入一个新境界，这就已经足够博雅、智慧和伟大了！

总之，在凯普这本著作中，一种彰显成人学习价值、张扬成人教育意义的灵感诞生了，一个赋予成人教育理论与实践探究活动的标签形成了！

故事之三：第一部以"成人教育学"命名的著作。

凯普对先哲思想的体悟能力是超强的，对先哲思想的归结能力是非凡的，这让人佩服不已。然而，随之袭来的是一丝丝遗憾。原因就是，与凯普同一时代、同一国家，有一位著述比他多、地位比他高、名声比他响的学者却断然阻隔了"成人教育学"概念的及时传播与深化将近一个世纪。至于这位"德高望重"的人物究竟是谁，"断然阻隔"的言语及其缘由究竟为何，还有待后文专门披露。

于此，为不中断叙述 N 个"第一"的兴致，紧接着要告诉大家的故事便是第一部以术语"成人教育学"命名之著作的故事。

有关国际上第一部以"成人教育学"命名的著作，在本土迄今主要流传三种说法。

第一种说法是："瑞士汉塞曼（H. Hanselman）（则）于 1951 年以这一学科术语（指成人教育学——作者注）为书名出版专著，自此之后，欧美诸国以至联合国教科文组织也认同这一学科术语，成人教育学作为独立的学科得以确立。"[①]

第二种说法是："1951 年，瑞士精神病医生海恩奇·汉塞尔曼（Heinich Hanselman）出版了《成人教育的本质、可能性和界限》（*Nature, Possibilities, and Boundaries of Adult Education*）一书，他用这个术语（还是指成人教育学——作者注）论述非医疗治法和成人再教育。"[②]

第三种说法是："1951 年，瑞士的汉斯尔曼（H. Hanselman）出版了《成人教育学：成人教育的本质、可能性和界限》一书，这是第一本以'成人教育学'为书名的著作。"[③]

且看其中，除了时间、国别一致，以及对著者姓名的翻译大体相同以外，有关这本著述的名称却着实让人迷惑：第一种说法里，既不见中文书名，也不见外文书名，这如何充分证明第一部以"成人教育学"冠名的著作已经问世？第二种说法里，虽然用中外文标出了书名，但在此两种文字的书名当中却也全然未见"成人教育学"的字样，这又何以佐证其是一部以"成人教育学"命名的著述？第三种说法里，书名中有了"成人教育学"的字样，但没有完整的外文标识，也无法让人真正

---

① 韩钟文，杜以德. 国外成人教育学科建设的历史回顾[J]. 成人教育（黑龙江），2006（11）：13.
② 赵红亚. "成人教育学"的渊源与发展[J]. 河南职业技术师范学院学报，2004（1）：35.
③ 何爱霞，柳士彬. 成人教育学发展综论[J]. 陕西师范大学继续教育学报，2005（2）：5.

找回心理上的踏实。显然,集中的疑问就是:这位瑞士学者的这本著述名称究竟何谓?只有真正确定了这本著述的名称,方可真正认定这是一部以"成人教育学"命名的著作。

不过,还是要肯定以上说法为按图索骥、确认第一部以"成人教育学"命名的著作提供了便利。我们可以通过已知的人名和并不完整的书名进行搜索。无数次空手而回之后,终于在一位权威人士那里知晓了有关这位瑞士学者及其著作的确切信息。

这位权威人士就是被誉为美国"成人教育学之父"的诺尔斯。他在《社区学院期刊》(Community College Review)一篇题为《成人教育学:成人学习理论透析》(Andragogy:Adult Learning Theory in Perspective)的文章中写道:

"将这一术语(成人教育学)始用于书名的,是瑞士一位名叫海尼奇·汉塞尔曼的精神病学专家。1951年,他出版了一本著作,书名是《成人教育学:成人教育的本质、可能性和界限》(Andragogy: Nature,Possibilities and Boundaries of Adult Education)。全书运用这个术语论述了成人的非医学治疗方法和有关他们的再教育或称回归教育问题。"[1]

至此,综合以上信息,可以确认:

第一,海尼奇·汉塞尔曼(Heinich Hanselman),瑞士人,精神病学专家。根据英语,他的名宜译为"海尼奇",而其姓则宜统一,可译为"汉塞尔曼"。

第二,第一部以"成人教育学"命名的著作出自学者海尼奇·汉塞尔曼。

第三,海尼奇·汉塞尔曼的这本著作出版于1951年,书名为《成人教育学:成人教育的本质、可能性和界限》。

第四,全书在"成人教育学"名义下,讨论了使用非医学治疗方法以及采用再教育、回归教育形式促使成人发生行为改变的问题。

第五,从凯普1833年提出、使用术语"成人教育学",一直到海尼奇·汉塞尔曼以此术语作为书名出版专著,一共花了将近120年的时间。

故事之四:第一所创办成人教育系的高等学府。

---

[1] Malcolm S. Knowles. *Andragogy*: *Adult Learning Theory in Perspective*. Community College Review,1978(5):9~20.

20 多年前，我曾经拜读过时任上海社会科学院院长的夏禹龙先生所著的《科学学基础》，后又多次重温。无论是初始还是后来，我始终感觉这是一本在科学元认知方面非常具有启蒙与基础意义的著作。书中有这样一段话语：按照英国著名学者贝尔纳（J. D. Bernal）的论断，科学除了是一种累积的知识系统、可靠的方法系统，以及是主要的生产力因素与重要的观念来源之外，它还必定是一种不可或缺的社会建制。

对于"建制"一词，在参悟其中精要之后，我曾尝试做过如下解读：

"建制是科学不断演进的一个重要标示。在这块标示上可以看到，科学已经不再是一种囿于个人的自发行为，而更是一种由社会组织起来认识事物、获得新知的活动，并且已经成为一种受到尊崇的社会职业，有越来越多的人有志于其中，而他们为之所做出的一切努力又使得这一建制变得更加稳固、庞大。"①

于此，如若坚定地将成人教育学视为一门科学，认同科学具有建制元素，同时又能够宽容以上关于建制的解读，那么，成人教育学就能将各方面学者集结成一种有组织的社会力量，其自身也嬗变成一种受尊崇的社会职业，且有更多有识之士投身其中，以进一步使之壮大起来。其首要标志，显然莫过于能以合法的专业身份进入大学的殿堂，走上大学的讲坛。

那么，世界上又是哪所大学成为率先开设成人教育学专业的高等学府呢？史料表明，是英国的诺丁汉大学（University of Nottingham）。有记载说，20 世纪 20 年代是世界成人教育研究发展的一个重要时期。1921 年，世界上第一个以"成人教育学"及其专业发展为旨归的成人教育系（Department of Adult Education）在英国诺丁汉大学建成。尤其重要的是，"随着诺丁汉大学全英第一个成人教育系和第一个成人教育教授的产生，英国人文成人教育的传统得到了新的发展"。②虽然现在很难了解到当时具体、精确的专业创办情况，但可以注意到，诺丁汉大学成人教育系教授威尔舍（H. Wiltshire）曾经撰写过一篇《英国大学成人教育之伟大传统》(The Great Tradition in British University Adult Education) 的文章，从中可以发现，成人教育系在其初创阶段，殚精竭虑于这样几个领域的学术研究工作与实践活

---

① 高志敏. "成人教育科学"概念浅析[J]. 成人教育（黑龙江），2000 (7)：9～12.
② 张新生. 英国成人教育史[M]. 济南：山东教育出版社，1993：28.

动：其一，成人博雅教育；其二，人文社科知识学习；其三，成人人格发展；其四，教育民主推进；其五，小组学习方法和讨论学习方法实验。

如果说英国诺丁汉大学是创建成人教育学专业的世界第一、欧洲第一，那美国哥伦比亚大学（Columbia University）则是开设成人教育学课程、创办成人教育学专业的美洲第一。

1930年，哥伦比亚大学开始设置成人教育系，首任系主任是魏洛德（J. D. Willard），他也是全美第一个全职成人教育教授。不久，又有一大批声誉鹊起的学者加入该校的成人教育学专业人员队伍，比如布鲁纳（E. de S. Brunner）、约翰逊（F. E. Johnson）、莫里斯（E. C. Morris）、柏里森（L. Bryson）、罗基（I. Lorge）等。

感佩诺丁汉大学的远见，钦佩哥伦比亚大学的卓识。两所大学对成人教育学的率先接纳，使之以科学面貌正式步入建制化发展的轨道，以专业身份正式登上了高校的学术研究平台。由之，成人教育学的学术旗号开始真正扬起，成人教育学的学术征程开始真正起航；成人教育学的学术能量亦开始真正地积聚与张扬。更加脚踏实地一点说，那便是，随着成人教育进入以崇尚真理、追求真知为宏旨的大学校园，其探索活动便开始变得社会化、专门化了，其研究力量变得组织化、职业化了，其研究作用亦变得更加富有理论解释意义、知识建构意义、实际指导意义与实践引领意义了。

故事之五：第一位取得成人教育学专业博士学位的学者。

有位名叫霍克斯（B. Hooks）的学者曾经这样说过："有了某个术语，其实也不一定会对这个术语所称谓的社会存在产生作用或引发实践。相反，人们也很有可能在不懂或没有术语的情况下来实践某种理论……"[1] 确实，无论是在历史进程还是在现代社会乃至未来世界中，人类总会存在无知的天空，并且按着某种本能或接受某种推力去行动、去实践。但是，人类又总会凭借自己的一份天赋心智去探究这个世界，力求从愚昧与野蛮逐渐走向聪慧与文明。于此，我想表达的想法是，当某个术语或某种理论不能产生作用或不能引领实践时，只能说是人们所创造的这个术

---

[1] 凯思琳·P. 金. 全球比较成人教育学（英文版）[M]. 杭州：浙江大学出版社，2006：155.

语或者所建构的理论偏离了存在的本原或固有理路，但这并不意味着我们因此就可以不需要术语或理论了。

其实，陈述这一段话语的理由非常简单，那就是，作为人类自我再生产的、一个极其庞大的实践空间——成人学习、成人教育问题，是需要理论关怀的，是需要有一种学术标签使之走上高端层面并对之进行探究的。也许以下想法幼稚、天真了，但说出来，恐怕会有一种一吐为快的心理回馈。这个想法就是：如果能在"科学"的名义下使本就属于我们的那门"隐性"的学科早早变成一门"显性"的学科，那么，一个庞大无比的成人群体，其人格与智慧已经得到了一种怎样的完善，其交流与沟通已经得到了一种怎样的改进，其子孙后代又已经得到了一种怎样的熏陶与引导？而今，我们在额手称庆成人教育学被大学接纳、欢欣鼓舞于成人教育学专业的设置的同时，又对其有着深深的期待，即但愿其有所作为，有所建树，以真正裨益成人教育事业的发展。

虽然我们迄今没能知道诺丁汉大学第一位成人教育学专业博士研究生姓甚名谁，但我们也了解到，由美国哥伦比亚大学培养的第一位取得成人教育学专业博士学位的学者名叫哈伦贝克（W. C. Hallenbeck）。毫无疑问，这是一位可以写入成人教育学术研究史册的人物，除了因为他是成人教育学专业博士学位第一位获得者以外，还因为其后来着实对成人教育学术发展做出了卓越贡献。

一个最重要的佐证就是，他与两位分别名叫杰森（G. Jensen）和利威莱特（A. A. Liveright）的同仁合作，于1964年组织编写、出版了一本成人教育学术研究方面的著作，书名是：《成人教育：一种大学新兴研究领域的大纲》（*Adult Education: Outlines of an Emerging Field of University Study*）。参与撰写这本著作的学者，除了他们三位以外，其他清一色为成人教育学术研究方面公认的大家，他们是：弗纳（C. Verner）、诺尔斯、霍尔（M. S. Houle）、伦顿（J. Lundon）、米勒（H. L. Miller）、麦克拉斯基（H. Y. McClusky）、托玛斯（A. M. Thomas）、伯奇文（P. E. Bergvin）、迪克尔曼（W. Dickerman）等。书中，他们恣意释放着对这一新兴学术研究领域的巨大激情，挥斥方遒于成人教育概念与意涵的厘定、使命与职责的确认、体系与组织的建构、目的与目标的选择、内容与方法的探究、过程与评价的构想、成人教育与社会学关系的辨识、成人教育与史学和心理学关系的辨析、成人教育学术研究性质的刻画与意义的认定，以及成人教育学专业及其课程诞生的回顾与前瞻。

有趣的是，由于这本书的封面为黑色，故俗称"黑皮书"（Black Book）。该书与由另三位成人教育著名学者史密斯（R. M. Smith）、阿克（G. F. Ake）、基德（J. R. Kidd）等编撰出版的"黄皮书"（Yellow Book）——《成人教育手册》（Handbook of Adult Education）一起，共同被后人盛赞为成人教育方面的经典之作，它们对于成人教育学术领域的建立与发展居功至伟，意义深远。①

我们可以发现，无论是欧洲还是北美，迄今为止，即便是在学术背景下，术语"成人教育学"与"成人教育"也常常被用来相互指称，特别是以后者指代前者的情况居多。比如，英国诺丁汉大学与美国哥伦比亚大学虽然都以广泛意义上的成人教育学及其专业发展为旨归，但仍以"成人教育系""成人教育教授"等为术语。然而，20世纪60—70年代，随着"成人教育学"术语的广泛传播，便开始有越来越多的大学直接设立成人教育学系，而"成人教育学专业""成人教育学教授""成人教育学博士"的使用频率亦由之逐渐增高。

二、沉寂：赫尔巴特的拒绝

在追叙五个"第一"故事的时候，我一直享受着人类记忆的美好，也一直感恩于人类记忆的天赋。因为这份记忆，使人再一次聆听到了"成人教育学"向我们走来的声声脚步；让人再一次联想到了"我们在属于成人教育学之前，成人教育学就已经属于我们了"的奇妙意境。然而，在沐浴于美好，沉醉于遐想的同时，心绪也曾出现过波折与遗憾。这皆由成人教育学遭遇阻隔而引发。

从故事二中可以知道，凯普穿越时空，捕捉到了大师的思想精髓，彻悟到了先哲的思想底蕴，于1833年首次提出并使用了术语"成人教育学"。但是，如果算至罗森斯托克于1924年重拾"成人教育学"一词，两者相距了91年；如果再算到汉塞尔曼正式以此术语作为书名，于1951年出版专著，两者相距更是长达

---

① 黄富顺. 成人教育导论[M]. 台北：五南图书出版公司，2000：400.

118年！

"成人教育学"受阻的原因也许是多方面的，但是，明显起到阻隔作用的一个重要因素，便是与凯普同时代的另一位德国学者，大名鼎鼎的赫尔巴特（Johann Friedrich Herbart）的拒绝。

在有关近现代世界教育的图书中，随意取出一本教育学、教育科学的专门著述，就很有可能读到类似这样的话语：以夸美纽斯（J. A. Comenius）的《大教学论》为滥觞，以赫尔巴特的《普通教育学》为标志，教育及其研究开始了其初步专门化的发展历程。由此可见，赫尔巴特是多么功勋卓著、地位显赫。那么，他究竟是怎样一位学者，又究竟以何等理由抑制了成人教育学本不该中断的发展？

赫尔巴特1776年出生于一个法官家庭，从小受到良好的教育。1802年，他在格廷根大学获得哲学博士学位，留校任教；1809—1832年转至柯尼斯堡大学工作，1833年重返格廷根大学任教，直到1841年去世。赫尔巴特一生才华横溢、著作等身，得到三大桂冠：著名哲学家、心理学家与教育学家。综观其一生，赫尔巴特投入教育及其研究工作的精力最多、时间最长，达44年之久，其影响最大、经世最久的三部教育类著作便是1806年出版的《普通教育学》、1816年出版的《心理学教科书》和1835年出版的《教育学讲授纲要》。赫尔巴特的教育学思想是非常丰富的：

从本质上看，赫尔巴特认为教育是一门科学，是一门以哲学和心理学为核心基础的科学。哲学作为基础，旨在阐明教育的目的；心理学作为基础，旨在抉择教育的方法。

从目的上看，赫尔巴特指出，基于实践哲学或伦理学，教育的最高目的在于培养具有自由、完善、仁慈、正义和公平这五种永恒不变道德观念的人。

从结构上看，赫尔巴特主张将教育及其研究分成三大部分：其一，管理，运用威胁、监督、惩罚等手段来克服儿童的烈性，培育其守秩序的精神；其二，教学，它是教育最主要、最基本的手段，并由预备、提示、比较、概括、应用这五个步骤构成；其三，训育，其任务就是陶冶儿童的心灵，养成善良的品格。三者相互联系、不容分割，管理为教学、训育创造条件，训育寓于教学之中，而教学既是教育之形的体现，又是教育之性的表征。

19世纪中叶以后,赫尔巴特的教育学说开始在德国流行,并逐渐影响欧美诸多国家。后人誉其为近代教育史上传统教育学派的开山祖师,并认为他的教育贡献主要在于:第一,对当时的教育理论进行了整合;第二,取得了教育理论对于哲学的独立;第三,促进了教育与心理学的联姻;第四,"将教学带进了有意识的方法范畴";① 第五,力图以教育学(pedagogy,即儿童教育学)来表达对教育的总体意识。

赫尔巴特的生平及其学说给我一种特别强烈的感触:他对教育学的挚爱达到了顶峰,对教育学的激情燃到了极致。与此同时,也让我有了另一种特殊的感慨,用一个也许并不恰当的比喻,便是"既生瑜,何生亮"!暂且不论其他原因,就看看他们的对比情况:凯普 vs 赫尔巴特;一个普通教师 vs 一个著名学者;一个只是感悟 vs 一个已是酷爱;一个只是初步提出、贴上标签 vs 一个已是深谋熟虑、建构体系,在此情境下,成人教育学(andragogy)vs 教育学(pedagogy),成人教育学焉有不处于劣势的理儿?史料透露了赫尔巴特的以下信息:

第一,对成人教育学的拒绝态度。赫尔巴特认为,只有具有可塑性、可教性的儿童,才能通过教育形成预期的人格或德行。而人,一旦到了成年阶段,其可塑性、可教性便所剩无几,甚至荡然无存,最多也就只能依靠其自身的力量去寻求某种自我发展,或是修修补补地去追求某种所谓的自我完善了。他甚至告诫道:如若真要坚持"成人教育的观念,那么,将会导致一般人的过度的依赖、保护与监督"。②

第二,拒绝成人教育学的原因。赫尔巴特拒绝成人教育学,除了以为人到成年,其可塑性、可教性已然穷尽之外,还若隐若现地基于以下两个深层原因。

首先是将教育性教学和教学性教育理念置于极端的地位。在赫尔巴特眼里,定然不存在无教育的教学与无教学的教育。然而,当时已经发展起来的成人教育活动,其先天性的两大特征恰恰已经显露无遗:第一,其"所学的东西在很多情况下

---

① 杜威. 民主主义与教育[M]. 王承绪,译. 北京:人民教育出版社,1990:76.
② 杨国德. 终身学习社会:21世纪教育新愿景[M]. 台北:师大书苑,1999:11.

只是为了谋求职业、事业升迁或者只是为了业余爱好";① 第二,其所用的方法,又并不一定需要求助于赫尔巴特心目中的学校与教师、教学与课程。学习内容与教育性特征(培养人之德行)如此间隔,学习方法与教学性规范(强调教之意识与步骤)如此偏离,焉能使赫尔巴特对成人教育学顺眼顺意,欣然接纳?

其次便是对充满民主主义元素的成人教育运动的回避。我曾经读到过这样一个故事:1797 年,赫尔巴特在瑞士一个贵族家庭担任家庭教师。1799 年,他曾带领三个学生去布格多夫城拜访当时负有盛名的瑞士教育家裴斯泰洛齐(J. H. Pestalozzi)。讨教与切磋中,赫尔巴特怦然心动于导师的教育心理学化思想以及直观教学与实验教学方法,却无动于衷于其民主主义主张。翻开德国的历史画页,更是可以看到,"从十九世纪开始,德国人的精神生活深受当时盛行的一种伟大的革命思想——浪漫主义运动的影响",② 而且,赫尔巴特的启蒙老师——费希特(J. G. Fichte)1807 年所作的、旨在"教育救国"的《告德意志人民的演讲》更是直接表达了当时最彻底的民主主义思想。显然,作为统治阶层的学术理论代言人,赫尔巴特对于常常以农工觉醒为旨归、以农工运动为方式的成人教育活动,不可能无所洞察,但也不可能无所顾虑或顾忌。也许正是因为顾虑重重、顾忌深深,才使得成人教育学怎么也引发不了赫尔巴特的兴趣,怎么也进入不了赫尔巴特的视野。

当然,必须重申,将成人教育学遭遇阻隔的尴尬全部归咎于赫尔巴特是有欠公允的,因为显然还可以从其他地方找到很多原因。比方说,成人教育作为社会事实的真正构成、取得社会认可的广泛程度,及其实体化、制度化的发展水平等,这一切都着实还需要人们耐心等待。但是,赫尔巴特当年的拒绝的确也铸成了一个不争的事实,即削减了社会对于成人教育学的关注,滞缓了社会对于成人教育学的及时推进,以至于在许多人眼里,成人教育学因此而沉寂乃至消失了将近一个世纪。

如果在成人教育学与教育学同时初露端倪的时候,声望更为显赫、话语权更为强势的赫尔巴特能够做到左右兼顾,甚至干脆打出两面旗号,那么成人教育学此后一路行来的脚步、留下的脚印,也许完全是另外一种样子了。

---

① 扎古尔·摩西. 世界著名教育思想家[M]. 梅祖培,等,译. 北京:中国对外翻译出版公司,1995:193.
② 弗·鲍尔生. 德国教育史[M]. 滕大春,等,译. 北京:人民教育出版社,1986:114.

三、复活：罗森斯托克与林德曼的贡献

确实，凯普提出和使用术语"成人教育学"是让人振奋的，赫尔巴特拒绝与弃用"成人教育学"又是让人遗憾的。

然而，在继续沿着既定目标搜索历史信息的过程当中，又可以深感释怀的是：沉寂并不意味着它就此永无声息；消失也并不意味着它不再东山再起，相反，它正酝酿着沉寂中的爆发、消失后的复活。在长达近一个世纪的酝酿过程中，与成人教育有丝丝牵连、与成人学习有缕缕相关的探究一个接着一个，一波接着一波。其中印象最深的莫过于如下史例：

——揶揄中充满大家风范，铿锵中尽显大师风采。出生于捷克磨坊主家庭的夸美纽斯向世人声称："富人没有智慧岂不等于吃饱了糠麸的猪仔？贫人不懂事岂不等于负重的驴子？美貌无知的人岂不只是一只仅有羽毛之美的鹦鹉，或是一把藏着钝刀的金鞘？……凡是生而为人的人，都有受教育的必要，因为他们既然是人，就不应当成为无理性的兽类，不应当变成死板的木头！"① 总之，"教育确乎人人需要"，而《大教学论》就是"把一切事物教给一切人们的全部艺术"，旨在使之"全都迅速地、愉快地、彻底地懂得科学、纯于德行、习于虔敬，去学会现世与来生所需的一切事项"。②夸美纽斯的教育思想影响深远，直至 19 世纪中叶依然震撼着整个欧洲世界。他被推崇为教育发展史上的哥白尼！

——感知中不乏理性锋芒，运塞中不失人性天良。出生于法国钟表匠家庭的卢梭（J. J. Rousseau）向世人呐喊：教会的罪行已经淋漓尽致，科技的进步具有反使人类堕落的危险。因此，我们周围没有"老师"，"真正的老师就是我们自己的经验和感觉"③ ——感知孕育经验，经验化成真知。而教育的一切努力就是为了使民众"熟悉真理、抵制错误"，真正重归"圣洁的本能"，真正重奏"天国的声音"——良心！后人认为，卢梭振聋发聩的呐喊，对 18 世纪后半叶乃至整个 19 世纪的教育

---

① 夸美纽斯. 大教学论[M]. 傅任敢，译. 北京：教育科学出版社，1999：27～28.
② 同上：1.
③ 卢梭. 爱弥儿[M]. 李平沤，译. 北京：商务印书馆，1978：387.

理论与实践产生了深刻的影响。

——言词中充满仁慈道义,行动中张扬民主精神。出生于瑞士医生家庭的裴斯泰洛齐向世人宣称:"无论是讲天道,还是讲人道,惟有人对人所施与的美德善行,才算是最高贵、最伟大的事。"① 如是言,亦如是行。1768年,裴斯泰洛齐创办了一个名为涅伊果夫的示范农场,义无反顾地推行农民的文化知识与劳动技能教育,以期改善他们的生存境遇。由而,他的社会教育小说《林哈德和葛笃德》变得如此经世不朽,其中的主人公——一位贫寒而有志向的妇女——依靠教育、学习改进生产、改造乡村的故事亦变得如此栩栩如生。小说中"一切社会成员平等"以及"全部教育理论的出发点在于通过教育使农民都能过上田园生活"的民主主义思想光芒,依然深深地穿透于19世纪的欧美教育。

——奔走中但见耿介拔俗,呼唤中又见创榛辟莽。出生于德国法官家庭的第斯多惠(F. A. W. Diesterweg)一生向世人高举"尊重人性""培养全人"的旗帜,广泛传播"教育必须着眼于一切人""基础教育应向民众教育扩展"的主张。第斯多惠还因两次担任师范学校校长、出版力作《德国教师教育指南》而被誉为"德国教师的教师"。他几乎没有停止过这样一种发自内心的呼唤:任何一名教师都"必须在他自身和在自己的使命中找到真正的教育的最强烈的刺激",而且,必须"不断学习、向往发展","把自我教育作为他终身的任务!"② 第斯多惠作为一位坚定的民主主义教育家,其教育理念对19世纪的德国乃至整个欧洲教育产生了巨大的启迪、开创与促进作用。

——回眸时难掩犀利目光,前瞻时尽显执着追求。在德国19世纪下半叶人才济济中崭露头角的社会教育学家纳托普(P. Natorp)指出:许多人之所以难以适应社会,就是因为其成长过程中受到的教育全然不是社会陶冶的结果。说到底,教育并非仅在课堂,课堂并非仅在学校——"离开了社会,便没有教育存在"可言。③因此,未来的教育必须实现个人与社会、学校与社会的同一性;必须坚持在家庭共同体、学校共同体以及社会共同体中共时发生。而以成人为主体的社会便是

---

① 北京编译社. 裴斯泰洛齐教育文选(第一卷)[M]. 北京:人民教育出版社,1959:429.
② 张焕庭. 西方资产阶级教育论著选[M]. 北京:人民教育出版社,1979:351.
③ 陈桂生. 历史的"教育学现象"透视[M]. 北京:人民教育出版社,1998:229.

成人教育的首选"学校",以成人为主体的组织便是成人教育的首选"课堂",以成人为主体的共同体便是其自我教育与学习的首选"方式"。有史料证明,曾有荷兰学者专门撰文称颂纳托普思想对欧洲特别是荷兰成人教育学发展的意义和作用。

——精神上树起不二信仰,生涯里铺满真情挚爱。出生于19世纪英国小手工业者家庭的欧文(R. Owen)坚信:堪称社会的归宿在于建立一种美好,而"美好社会的精髓便是知、慈、善、爱、诚";教育的追求在于促进一种发展,将人"培养成体、智、德、行全面发展的有理性的男男女女"。①史料还表明,欧文心系劳工命运,呕心沥血地"将各项文化教育机关集中起来,成立了新拉纳克'性格陶冶学院',从而构成了一个从幼儿学前教育、儿童初等教育到成人业余教育的完整的教育体系"。②对此,连马克思都给出了高度评价,说道:"正如我们在罗伯特·欧文那里可以看到的那样,从工厂制度中萌发出来了未来教育的萌芽"。③而他与当代终身教育理念如此吻合的思想与实践,又怎能从后人的记忆乃至实际承袭中断然抹去?

——扬弃时可见锋芒毕露,开创中更见鸿蒙初辟。出生于美国杂货商家庭的杜威(J. Dewey)抨击传统学校教育的呆板性、被动性、闭锁性与独断性,主张教育应以学生为中心、以实践为中心、以持续发展潜能为中心、以促进社会改造为中心。他所擘画的教育革新纲领是:教育即生活,生活即教育。对之,杜威阐明说:"教育必须加以重新考虑,不应当把它仅仅看成是为成熟期做准备,……而应当看成是一个心灵的不断成长和对生活的不断启迪。学校只是为我们谋得了心灵成长的方法,其余就是要靠我们自己去吸收经验和解释经验。真正的教育起始于离开学校以后,人死之前没有任何理由停止教育!"④ 杜威的真知灼见极大地震动了美国乃至许多欧美亚国家,以至于对其20世纪前50年的教育改革运动产生了极其重要的引领作用。在成人教育方面,更有学者认为,虽然其毕生精力主要系于学校教育,也从未使用过"终身教育""终身学习"等词,但

---

① 罗伯特·欧文. 欧文选集(第2卷)[M]. 柯象峰,等,译. 北京:商务印书馆,1981:133.
② 田本娜. 外国教学思想史[M]. 北京:人民教育出版社,1994:272.
③ 中共中央编译局. 马克思恩格斯全集(第23卷)[M]. 北京:人民出版社,1972:530.
④ John Dewey. *Democracy and Education*. New York:Macmillan,1916:25.

由于其著述中、理论中闪耀出鲜明的"教育永久性""学习持续性"思想,所以被坚定地认为是"首创了终身教育的理论基础",①"第一位促进了终身学习理念的人文主义教育家"。②

　　这些大家、大师给我们留下了弥足珍贵的教育文化财富。这份财富足以让人感念丛生,就我自己而言,尤其感到热血沸腾的是:他们对教育存在的观察从未失去过它与生活的相依,对教育本质的洞察从未失去过它与生命的相契,对教育特质的认知从未失去过它与社会的相系,对教育宏旨的理解从未失去过它与人的发展的相守,对教育意义的阐释也从未失去过它与社会进步的相映……再深入一步说,他们对教育公平的思考从未遗忘过人类的整体,对教育延伸的设想从未拒绝过人生的全程,对教育空间的设计从未遗漏过任何角落,对教育体系的构想从未囿于过某个阶段,对教育内容的编织更从未限于过某个片段……相反,他们充满了对于教育面向所有民众、延续生命全部过程、渗透所有生活领域乃至创建完备体系、提供丰富内容的呼唤与呐喊。

　　在欧洲,第一个打破成人教育学沉寂的人,是一位名叫罗森斯托克的德国学者。史料表明,罗森斯托克供职于法兰克福劳工学院,是一名教师,用今天的话来讲,就是一位成人教师。正是这位成人教师率先重提术语"成人教育学",率先阐明了对成人教育学的理解。至于重提的确切年份,有两种考证结果,一是1921年,二是1924年。根据我的了解,诺尔斯在其1970年出版的《成人教育的现代实践:成人教育学与儿童教育学》一书中曾有如下言说:"成人教育学(首先被罗森斯托克1924年在柏林使用)是一门帮助成人学习的科学和艺术。"新近,美国一位名叫金(W. M. King)的成人教育学者在其论文中再次明确使用了此段文字。于是,最早重提术语"成人教育学"的确切年份,可以定格在1924年。

　　20世纪二三十年代,德国受到战争重创,社会发展明显倒退,民众深陷沮丧。罗森斯托克结合切身的教育生涯及经验,认为教育必须关注成年民众、面向成年民众,成人教育学应当得到确立和推崇,因为,"成人教育学是拯救德国,使德

---

① 伊里亚斯,梅里安. 成人教育的哲学基础[M]. 高志敏,译. 北京:职工教育出版社,1990:71.
② A. Cross-Durrant. Lifelong Education in the Writings of John Dewey. *International Journal of Lifelong Education*, 1984, 3(2):124.

国民众获得'重生'的唯一途径"。①在他眼里,"历史性的思考是成人教育学的一个重要内容。过去的事件应当被人们看作可以吸取的教训来加以分析,以让失败的历史不再重演。过去的事件若能以这样的方式融进现在与未来,历史上的过去若能被真正地结合到现在的认知和行动之中,那么,这必将推动我们朝向未来不断前进。在成人教育学里,理论成为实践性的行动;实践性的行动又有责任也有必要成为理论的一部分。成人教育学,哪怕仅仅是作为一种教育方法来促使这一目的的达到,也就已经具备了存在的必要"。②

总之,在罗森斯托克看来,唯有通过成人教育学才能真切地反思历史,才能更好地驾驭现在与未来。为此,成人教育需要构建特殊的理念、整合特殊的内容、开辟特殊的渠道、寻求特殊的方法,更需要培养具备特殊素养与能力的教师。于此,主要聚焦于儿童的教育学理论显然失去了它的自信与能量,而成人教育学又俨然成为促进社会发展以及人的一生发展的必然。而且,"无论是在过去、现在还是未来,随着理论逐渐运用于实践,成人教育学便一定是一门不可或缺的学问"。③

在北美,第一个唤醒成人教育学的人,是后来声誉卓著的成人教育理论家、实践家林德曼。从1926年到1937年,林德曼任美国工人教育局局长,并兼管《工人教育》(Workers' Education)杂志的编撰工作。在该杂志1926年第4期上,他发表了一篇题为《成人教育学:一种成人教学的方法》(Andragogik: The Method of Teaching Adults)的文章。这篇文章不仅在北美将沉睡的成人教育学全然唤醒,同时也将这个术语第一次引入美国——一个已经开始逐渐取代德国作为世界教育学术研究与实践改革中心的国度。

林德曼在文中表示,儿童教育与成人教育,前者的主体是青少年,后者的主体是成年人。由于两种主体在生活经历、认知方式方面存在天然差异,故而应该对其采取不同的教学方法:儿童教育也许可以坚持单向传输的方法,成人教育则更宜采用小组讨论、集体互动的方法。由此,成人教育学在理论层面,至少在教学理论层面,开始有了真切的抓手,或者说,相对儿童教育学,在教学理论方面,有了一种"分水岭"意义的初步界说。

---

①② 凯思琳·P. 金. 全球比较成人教育学(英文版)[M]. 杭州:浙江大学出版社,2006:173.
③ 同上:180.

与此论文发表同年，林德曼还出版了一部专著——《成人教育的意义》(*The Meaning of Adult Education*)。可以注意到，在这本著作里，林德曼虽然没有使用"成人教育学"这一术语，但全书充满了"学习是一个终身过程"的思想，并在"关于方法"一章里再次集中讨论了成人教育背景下的教学问题。他指出，成人学习者一旦形成学习动机，就应该向他们提供学习材料，使之投入到学习活动中。在教学过程中，"教材和教师虽然具有新的作用，但终究居于次要地位。教师们必须懂得，学习者才是第一重要的，教育的主角应当让学习者来担当"。①由此，再度从教学视角，而且俨然站在哲学层面，不仅再次张扬了建立成人教育学的意愿，并且进一步扩展了建立成人教育学的理论入口。

由此，罗森斯托克在欧洲打破了成人教育学的百年沉寂，林德曼在北美唤醒了成人教育学的世纪沉睡。姑且不论其视角选择是否足够，也暂且不议其立论依据是否充分，可以断定的是，两股力量几乎在同一时间的生成乃至其后的逐渐汇聚、扩大，无疑使成人教育学如临春风，如沐春雨，终于在走向独立的起跑线上发力，在走向独立的道路上奏响了新的音符。

我们虽然无法判断此后紧随而至的诸多有关成人教育学在世界范围内的成长和发展事件，是否都直接受到了罗森斯托克与林德曼思想的启迪或影响，但是可以看到，几乎与此同时，以及在此后30年左右的时间里，陆续有这么一些有关事件发生：

——成人教育学术讨论登上大学讲坛；

——成人教育学系在欧美高校建立（如哥伦比亚大学、俄亥俄大学、芝加哥大学、佛罗里达州立大学分别于1930年、1931年、1935年和1945年建立成人教育学系）；

——1928年，桑代克（E. Thorndike）的《成人的学习》(*Adult Learning*) 出版；

——1936年，柏利森（L. L. Bryson）的《成人教育》(*Adult Education*) 出版；

——1937年，休伊特（D. Hewitt）等的《成人教育：一种动态的民主》(*Adult Education: A Dynamic for Democracy*) 出版；

---

① Eduard C. Lindeman. *The Meaning of Adult Education*. Harvest (Publiépour la première fois en 1926). Montréal Canada, 1961: 8～13.

——1939 年，洛齐（I. Lorge）的《成人教育前沿：成人学习的心理学基础》（*Frontier of Adult Education: Psychological Bases for Adult Learning*）出版；

——1942 年，布鲁纳（E. De S. Brunner）的《社区组织与成人教育：一项五年的实验》（*Community Organization and Adult Education: A Five-year Experiment*）出版；

——1944 年，莱尔（M. S. Lyle）的《成人教育：为了家庭生活中的民主》（*Adult Education for Democracy in Family Life*）出版；

——1950 年，伯奇文（P. E. Bergvin）的《成人教育的群体过程》（*Group Processes for Adult Education*）出版；

——1951 年，汉塞尔曼第一部以"成人教育学"命名的著作问世；

——1957 年，玻戈尔（F. Poggeler）第二部以"成人教育学"命名的著作《成人教育学导论：成人教育的基本问题》（*Introduction into Andragogy: Basic Issues in Adult Education*）问世；

——1959 年，基德的《成人怎样学习》（*How Adult Learn*）出版；

——1949 年、1960 年，第一次、第二次世界成人教育大会又分别在丹麦的埃尔西诺（Elsinore）和加拿大的蒙特利尔（Montréal）隆重召开。

总之，对成人教育学来说，由于罗森斯托克的贡献，1924 年是一个值得纪念的年份；由于林德曼的贡献，1926 年亦是一个不容忘却的年头。由之，成人教育学逐渐形成独立意识，逐渐驶入自觉行进的轨道。

四、界碑：诺尔斯的创举

从夸美纽斯到杜威，他们的思想锋芒、学术造诣为成人教育学的觉醒输入了暖流；从罗森斯托克到林德曼，他们的坚强信念与行动为成人教育学的复活鸣响了钟声；从桑代克到基德，他们的探索与成就又为成人教育学的挺立注入了丰富的滋养。

由之，从 20 世纪 30 到 60 年代，位于成人教育学核心区域或者说在其相对严格意义上的探索，促使它在德国、英国、法国、美国、荷兰、南斯拉夫等国传播开来；而处于其边缘区域或者说在其相对宽泛框架中的探究，又帮助它身临更大的实践范畴，面临更宽的理论视野。

总之，成人教育学就此告别了漫长的蛰伏时代，开始以自觉的姿态，从一个空气稀薄的学术角落，迈进了一个可供其亦期待其进行"大运动量"学术呼吸的巨大空间。然而，在这大运动量的呼吸进程中，真正为之树立起一块厚重而鲜明之学术界碑的人，便是后来被誉为"成人教育学之父"的美国成人教育理论家与实践家诺尔斯。他的伟大创举在于长驱直入这一研究领域的内核，锲而不舍地对其进行了专门的探索，从而在世界范围内首次系统性地完成了成人教育学理论奠基与知识建构的探索。

于此，就让我们来初识一下这位"成人教育学之父"，了解一下对其人格发展、治学理念产生重大影响的人生经历与生平事迹，以及成人教育学至今为人津津乐道的创举过程。

诺尔斯（1913—1997）诞生于美国蒙大拿州，从小深受父母的心灵濡染，宽容、自信、仁慈、好学。1934年获哈佛大学文学学士学位，1949年与1960年在芝加哥大学先后获得文学硕士学位与哲学博士学位。

1934年，诺尔斯从哈佛大学毕业，抱着要成为外交家的理想，马不停蹄地进入了一个法律与外交学院学习。不久，他顺利通过了职业资格考试，但按照规定，需于三年之后才能获得正式的工作岗位。1935年，新婚燕尔的诺尔斯很想找到一份能够使其真正走向独立生活的工作。于是，他便应聘到设在马萨诸塞州的国家青年行政管理部（The National Youth Administration，简称NYA），负责调查失业青年的技能培训需求，设计职业培训课程，并组织他们参与培训活动。恐怕连诺尔斯自己都未能想到，打这第一份工作开始，他居然再也没有出现过任何改弦易辙的念头，就此与成人教育及其学术创造结下了不解之缘。

1940年，27岁的诺尔斯接受波士顿基督教青年会（Young Men's Christian Association，简称YMCA）的邀请，以成人教育领导者的身份组建了一个专门面向成人的学校联盟（Association School）。1943年，诺尔斯应征入伍。服役期间，他开始大量阅读成人教育方面的书籍。退役之后，他择定以成人教育为研究方向，进入芝加哥大学攻读硕士学位，同时兼任基督教青年会芝加哥中心的成人教育工作。

1950 年，诺尔斯在其硕士学位论文基础上，撰稿出版了他的处女作——《非正规成人教育》(Informal Adult Education)。

1951 年至 1960 年，诺尔斯担任美国成人教育协会（Adult Education Association of the USA）理事长一职，其间，他又在芝加哥大学获得博士学位，并出版了《美国成人教育运动史》(The History of Adult Education Movement in the United States) 一书。1959 年，诺尔斯取得波士顿大学成人教育学副教授教席，自此，他花了十四年时间，先后完成了一生中两部极其重要的著作：《成人教育的现代实践：成人教育学与儿童教育学》与《成人学习者：被忽略的一族》(The Adult Learner: A Neglected Species)。从 1974 年起，诺尔斯任教于北卡罗来纳州立大学，其间，他的旨趣就是依照成人教育学理念来进行相关的课程开发和教学设计。

1979 年，诺尔斯到了退休年龄，但他一如既往地笔耕不辍，并以一连串的荣誉学位、名誉教授或高级顾问资格，在全世界范围内举办或组织各种各样的成人教育学术活动。用他自己的话来讲，退休后十年，"我根本无法想象去过一种更为悠闲、更为富足的生活"。①

诺尔斯将其毕生的精力与智慧奉献给了他所钟情的成人教育事业。从亲历的长期实践中，他获得了学术探究的重要源泉；从真切的历史考察中，他找到了理论思考的重要依据；从执着的学术追求中，他绘就了一幅成人教育研究领域的全新图景。

回溯诺尔斯生平事迹的时候，会发现，"师父""师长"或重要的"学长""学友"类人物不断地闯入他的学术生涯，以各自的治学理念或学术思想与成就影响或襄助着诺尔斯的成长和发展。

比如，诺尔斯进入国家青年行政管理部后，当时在该部门兼任指导专家的林德曼随即将其招至门下，并对其进行了有效的培训工作技能指导和最新的成人教育理论洗礼。诺尔斯拜读了林德曼的《成人教育的意义》一书，书中有关成人学习者的自我概念、生活经验、任务角色、学习取向等描述，使他获得了后来形成自己的成

---

① Mark K. Smith, Malcolm Knowles. Informal Adult Education, Self-direction and Andragogy. *The Encyclopedia of Informal Education*, 2002. www.infed.org/thinkers/et-knowl.htm. last updated: December 28, 2007.

人教育学理论的最初启迪。诺尔斯回顾说："这本著作简直让我到了爱不释手的程度！这二十五年来，它一直是我思想和灵感的主要源泉。"由此，林德曼成了诺尔斯的师父，诺尔斯成了林德曼的徒弟。

又如诺尔斯退役之后进入芝加哥大学攻读硕士学位，师从杰出的成人教育学家、时任该校成人教育学系主任的霍尔教授。对于导师，诺尔斯说，其独特的思维方式与行事风格以及在大学环境中竭力推进成人教育理论建设与实践发展的那份坚定与执着，给他留下了难以磨灭的印象；其渊博的学识、敏锐的洞察力以及严谨的治学态度更是影响、引领了他的一生。

1988年，在75岁高龄那年，诺尔斯在旧金山出版了自传体著作——《一名成人教育工作者的造就》(The Making of an Adult Educator)。书中还这样告诉读者，在那些年里，海威特与梅瑟（D. Hewitt & K. Mather）的《成人教育：民主的动力》(Adult Education: A Dynamic for Democracy) 使其相信成人教育具有推进民主的伟大力量；桑代克的《成人学习》使其深信人到成年同样具有学习能力，甚至更胜一筹；奥弗斯特瑞特（H. A. Overstreet）的《成熟心智》(The Mature Mind) 使他确信成人学习与成人生活相互联结具有重大意义；杜威的《经验与教育》(Experience and Education) 使其坚信经验特别是成人的经验对学习具有重要价值；埃里克森（R. E. Ericson）的《自我认同与生命循环》(Identity and the Life Cycle) 和哈维格斯特（R. Havighurst）的《发展任务与教育》(Development Tasks and Education) 使其笃信人生不同发展阶段的不同发展任务是学习行为发生的重要源泉；罗杰斯（C. Rogers）的《学习的自由》(Freedom to Learn) 使其认识到自我导向学习的必要性和可能性；吉伯（J. R. Jibb）的《成人教育中的学习理论》(Learning Theory in Adult Education) 使其感到了成人学习理论正在悄然形成；泰勒（R. Tyler）的《课程与教学的基本原则》(Basic Principles of Curriculum and Instruction) 使其看到了成人教学与课程理论发展拥有光明的前景。

如此这般，不一而足。师父的启蒙与师长的引领，学长的襄助与学友的帮衬，使诺尔斯沐浴思想的甘霖，浸润学术的膏泽，产生了丰富的思想和创造的灵感。

概而言之，父母对诺尔斯的人格恩赐，专业生涯对诺尔斯的思想磨砺，前辈同仁对诺尔斯的学术滋润，加之其本身的信念与坚韧、智慧与勤勉，共同造就了一位成就辉煌、著述等身的成人教育学大家。

关于诺尔斯这位大家对成人教育学的直接贡献，还有一段传奇佳话。

1935年，诺尔斯认识了成人教育学在北美的唤醒者林德曼，开始接受他的实践指导与理论启蒙。我们还知道，1945年至1952年，时任芝加哥大学成人教育学系主任的是不过三十岁左右却已蜚声学界的霍尔。同期，诺尔斯正式成了霍氏弟子，开始接受恩师的治学教诲与学术指导。奇怪而有趣的是，诺尔斯作为徒弟和学生，在此后漫长的学术跋涉中，却从未在他的师父和导师那里听说过"成人教育学"（andragogy）一词！一直到了诺尔斯回顾自己的学术生涯时，才让人知晓，他机缘巧合、头一次听到"成人教育学"一词，竟与初拜师父相距三十多年，也与初入霍门相距二十余载，而且还是从一位来自遥远国度的异乡学者那里听到的。

1967年，诺尔斯会见一位名叫萨维斯韦克（D. Savicevic）的南斯拉夫成人教育学者。就是他告诉了诺尔斯"成人教育学"一词，并声称这一术语在东欧的捷克斯洛伐克、波兰、匈牙利、南斯拉夫以及西欧的德国、法国、英国、荷兰、芬兰等国应用已有时日。此外，他还向诺尔斯表达了自己对于成人教育学内涵与意义的理解。

萨维斯韦克当时对成人教育学究竟作了何等解读，旁人不得而知。但从最近得到的一些材料来看，他对此还真是颇有心得，有人甚至将他视为这门学科的创建者之一。他的重要见解是：柏拉图、夸美纽斯等人的终身学习、全面学习的思想是应当加以弘扬的；他们所提出的人生不同阶段的学习具有不同特性与不同方法的观点是应当得到重视的；成人教育学是一门研究成人教育各种实践现象的学科，其范围跨越个体一生的大部分时间；成人教育学应当敦促社会为成人学习建立适宜的机构，采用适宜的形式，选择适宜的方法，培养适宜的教师。

至1967年，诺尔斯在成人教育实践与研究领域已有三十年的经历。从以下两段话语可以看出，他早在20世纪50年代就对成人教育的实践发展有了一种广泛的认知与真切的判断，更对成人教育的理论突破有了一种明显的意识与强烈的诉求。

他说：成人教育实践正在迅速扩展，事实就是，它已经愈益广泛地融入"大学教育、老人教育、社区发展、创造艺术、经济教育、基本及认识教育、健康教育、家庭生活教育、人际关系及领导能力训练、群际教育、成人博雅教育、公共事务教育、成人休闲教育、科学教育、职业教育等各种发展与研究的规划之中"。①

他又说：从20世纪30年代开始，"美国成人教育协会主办的《成人教育》杂志，刊登了不少取得成功的教师的文章。（这里的'成功'是指教师能够挽留住成人学生，这在儿童义务教育中不能算作一条成功的标准——编者注）那些文章描述了他们怎样摆脱儿童教育学模式，怎样采用新的态度和新的方法来对待成人学生。但是，文章的作者往往有一种负疚感，觉得自己似乎践踏了严格的学术标准（比如用谈话的方式来代替相关的考试）。很明显，他们之所以感到不安，是因为他们缺乏理论来支持自己的实践。换言之，就是他们只能从实用的角度来考虑问题，只能按直觉来处理问题"。②

如此认知与判断、意识与诉求，使诺尔斯对"成人教育学"一词这般敏感、这般接纳的直接动因得以显现。在随后的七八年时间里，诺尔斯巅峰一般的学术激情由萨维斯韦克带来的"成人教育学"一词点燃，其功底丰厚的学术积淀更因成人教育学之思想底蕴的深妙与开拓前景的旷荡而爆发。也就是说，在这七八年的时光中，诺尔斯以三部曲的方式，完成了为成人教育学竖起一座全新界碑的伟大创举。

三部曲之一，便是1968年诺尔斯在《成人领导》（*Adult Leadership*）期刊上首次使用术语"成人教育学"发表了《是成人教育学，而不是儿童教育学》（*Andragogy Not Pedagogy*）的文章。诺尔斯表示，首先要感谢欧洲的成人教育工作者，是他们最先发明了"成人教育学"这个词。在普通教育学不足以解释和支撑成人教育、成人学习的背景下，我们现在和他们一样，都感到极有必要对成人教育、成人学习的理论研究，以及迄今初步形成的理论模式确定一个名称，而这个名称又非"andragogy"莫属。诺尔斯发现，文章发表之后不久，"这一术语便越来越多地出现在了世界各地的文献之中"，他深信，"不久的将来，这个术语一定会被收

---

① 贾维斯. 二十世纪的成人教育思想家[M]. 王秋绒，等，译. 台北：心理出版社，1999：186.
② 诺尔斯. 现代成人教育实践[M]. 蔺延梓，译. 北京：人民教育出版社，1989：38.

入到字典里面"。①

三部曲之二，便是诺尔斯在"成人教育学不是教育学"这样一个基本理念指导下，以自己对成人教育学内涵的领悟与外延的演绎，并融入数十年积累的广博经验与丰富学识，于 1970 年撰写出版了他的代表之作、创新之作——《成人教育的现代实践：成人教育学与儿童教育学》。于此，他阐述了建立成人教育学的重要意义，刻画了成人学习者的心理成熟水平，比对了成人教育学与儿童教育学的异同，开掘了成人教育学的理论源点，创建了成人教育学的基础知识，探讨了成人教育的组织建设，探究了成人教学的基本程序，集结了成人学习研究的优秀成果，设计了帮助成人学习的过程与方法，指出了成人教育工作者的职责与使命。由此，就全球范围而言，诺尔斯最先高擎成人教育学旗帜，完成了对成人教育学理论奠基与实际运用的系统思考。

三部曲之三，是诺尔斯于 1973 年和 1975 年又分别撰写出版了两本重要著作，一是《成人学习者：被忽略的一族》，二是《自我导向学习》（Self-directed Learning）。由此，他从成人学习者中心和自我导向学习角度，进一步丰富和强化了自己创建的成人教育学理论与方法体系。除此，还可以特别注意到的是，如果说 20 世纪 60 年代诺尔斯曾将精力集中于《成人教育的现代实践：成人教育学与儿童教育学》一书的创作，那么，20 世纪 70 年代他在不断实践和持续深入思索种种成人教育学新兴原则的同时，又集中意念对该书进行了修订，并于 1980 年由美国福莱特出版公司将之出版。修订后的著作被冠名为《成人教育的现代实践：从儿童教育学到成人教育学》（The Modern Practice of Adult Education: From Pedagogy to Andragogy）。

对之，来自诺尔斯家乡美国本土的评论说：成人教育界这位著名学者和实践工作者重要的、创造性的著作，定将是一个极其重要的里程碑。国际同仁们则赞誉说，这一系列著作，堪称其毕生勤奋与智慧的结晶，也是成人教育学术领域最为系统、最为经典的著作，以致在世界范围内产生了重大而深远的影响。

若要对诺尔斯的贡献加以概说，那便是：实现了成人教育学的世界传播，开启

---

① 诺尔斯. 现代成人教育实践 [M]. 蔺延梓，译. 北京：人民教育出版社，1989：40.

了成人教育学的认知通道，形成了成人教育学的特定理解，提高了成人教育学的认同程度，铺设了成人教育学的理论根基，初创了成人教育学的知识体系，打造了成人教育学的最初形象，促进了成人教育学的实际运用。

第二节 本土寻迹

成人教育学的历史追问在完成了在异域追踪之后，自然要视线流转，定位于本土，来寻觅一番它在另一个空间留下的历史足迹。

同样地，本土的足迹寻觅过程也将始于对成人教育及其术语启用的历史追问，终于对成人教育学面世与开拓的历史考察。

一、遗产：厚重的历史积淀

进入本土论教、论学的思想圣殿，顿生浩如烟海、博大精深之感。而事关成人教育、成人学习甚或终身教育、终身学习之命题，尤让人无法不驻足于古代思想家、教育家孔子、孟子、老子、庄子、荀子等先贤面前。

孔子（公元前551—公元前479），名丘，字仲尼，春秋晚期鲁国昌平乡陬邑（今山东曲阜）人。孔子周游列国，授徒讲学，创建儒学，收弟子三千有余，贤者七十有二。其与学生的对话由弟子们编成《论语》一书，列为儒家经典之一，更有"东方圣经"之誉，其有关教育、教学的言论至今仍闪耀着智慧的光芒。

在《卫灵公篇》中，孔子唤道："有教无类"。①

在《雍也篇》中，孔子诲道："知之者不如好之者，好之者不如乐之者"。②

在《述而篇》中，孔子称道："吾以四教：文、行、忠、信"。又曰："三人行，

---

① 孔丘. 论语[M]. 太原：山西古籍出版社，1999：178.
② 同上：61.

必有我师焉。"再曰："学而不厌，诲人不倦。"①

在《学而篇》中，孔子叹道："学而时习之，不亦说乎"。②

在《阳货篇》中，孔子谕道："能行五者于天下为仁。……恭、宽、敬、敏、惠。恭则不悔，宽则得众，信则人任焉，敏则有功，惠则足以使人"③。

在《宪问篇》中，孔子谓道："若臧武仲之知，公绰之不欲，卞庄子之勇，冉求之艺，文之以礼乐，亦可以为成人矣"。④

在《为政篇》中，孔子劝道："学而不思则罔，思而不学则殆"。⑤

在《阳货篇》中，孔子训道："好仁不好学，其蔽也愚；好知不好学，其蔽也荡；好信不好学，其蔽也贼；好直不好学，其蔽也绞；好勇不好学，其蔽也乱；好刚不好学，其蔽也狂"。⑥

孔子让人耳熟能详的话语还有其《为政篇》中的"吾十有五而志于学，三十而立，四十而不惑，五十而知天命，六十而耳顺，七十而从心所欲，不逾矩"。⑦

孔子的这些思想和话语，除了让人备感其矢志教育与学习的坚定以外，更可见其洞见的精深与博大。显然可见，在孔子眼里：

——教育对象，童叟无欺，长幼无分，地域不定，阶层不限。

——教育内容，名著典籍、德行修为，教人忠诚宽容、至诚至信。

——学习的发生，但凭好学，更凭乐学。

——学习的旨归：成为"成人"，成为"完人"，于人格，达成恭谨、宽厚、诚信、勤敏、慈惠；于智能，获得真知、勇气、才艺、礼乐与文采。

——学习的方式：学而思，思而学，学中习，习中学。

——学习的重要性：任你好仁或好知，若不学，必定变得愚蠢和放纵；任你好信或好直，若不学，必定流于贼害与尖刻；任你好勇或好刚，若不学，必定酿成祸

---

① 孔丘. 论语[M]. 太原：山西古籍出版社，1999：65.
② 同上：1.
③ 同上：190.
④ 同上：153.
⑤ 同上：15.
⑥ 同上：191.
⑦ 同上：11.

乱与狂妄。

——学习过程的长度：为而立而学，为不惑而学，为知天命而学，为耳顺而学，为从心所欲不逾矩而学。学习覆盖人的一生，学习延续人的一生。

孔子早在两千五百多年之前，就倡导没有年龄、地域和阶层等限定的教与学、内在动因诱发的教与学、无所不在的教与学、形式多样的教与学、一生不断的教与学、满足终身发展的教与学、旨在全面发展的教与学等思想与主张，这正是如今整个人类社会正在竭力倡导的终身教育、终身学习理念及其精要！孔子当之无愧地是东方发现和论述终身教育、终身学习思想的伟大先驱！

孟子（公元前372—公元前238），名轲，字子舆，战国时期邹国（今山东邹县）人，少年受业于子思门人，壮年醉心于游历讲学，晚年重返故里，专心致志于教育与著述。他一生钟情于教书育人，认为"得天下英才而教育之"是人生无比美妙的快乐！他的思想、言论由其弟子汇编成《孟子》一书。

在《尽心章句上》中，孟子曰："仁言不如仁声之入人深也，善政不如善教之得民也。善政，民畏之；善教，民爱之。善政得民财，善教得民心"。①

在《告子章句上》中，孟子曰："恻隐之心，人皆有之；羞恶之心，人皆有之；恭敬之心，人皆有之；是非之心，人皆有之。恻隐之心，仁也；羞恶之心，义也；恭敬之心，礼也；是非之心，智也。……求则得之，舍则失之"。②

在《尽心章句上》中，孟子曰："尽其心者，知其性也。知其性，则知天矣。存其心、养其性，所以事天也。夭寿不贰，修身以俟之，所以立命也"。③

在《告子章句上》中，孟子曰："仁，人心也；义，人路也。舍其路而弗由，放其心而不知求，哀哉！人有鸡犬放，则知求之，有放心而不知求。学问之道无他，求其放心而已矣"。④

在《离娄章句下》中，孟子曰："君子深造之以道，欲其自得之也。自得之，则居之安；居之安，则资之深；资之深，则取之左右逢其原，故君子欲其自得

---

① 孟轲. 孟子[M]. 太原：山西古籍出版社，1999：188.
② 同上：171.
③ 同上：182.
④ 同上：178.

之也"。①

在《梁惠王章句上》中，孟子曰："壮者以暇日修其孝悌忠信"。②

可见，在孟子的心目当中：理政治国，头等大计是善教于民，而此中之民，显然决非仅指幼童少年国民，而定然囊括全体国民；人性本善，教育的旨归在于日复一日地求恻隐之心、羞恶之心、恭敬之心、是非之心，由之达仁、达义、达礼、达智；生命无论长短，坚守良知是人生态度的根本选择，修炼人性是安身立命的根本法宝；一生追求学识的核心价值在于警惕仁心丧失，若其稍有放松或旁落，就必须将之紧固或找回；而学习的过程又必定是一个自觉、自学、自习、自得的过程，是一个专心致志、盈科而进的过程。孟子最后甚至不忘告诫成年人、壮年人，即便得闲而息，得暇而娱，也时刻不能忘了修孝悌忠信之道，习孝悌忠信之行。

老子，姓李名耳，字伯阳，春秋时期楚国苦县（今河南鹿邑东）厉乡曲仁里人。史料未能确定其生卒年份。老子曾任周朝守藏室之史（管理藏书的史官），后退隐，长年潜心著书立说，终成道家创始人，并有了充满哲学思维、辩证思辨，令无数后人百般参悟、修行励志的《老子》一书。《老子》亦称《道德经》，分上篇《道经》、下篇《德经》。

在《德经》中，老子曰："天下之至柔，驰骋于天下致坚。无有入于无间，吾是以知无为之有益也。不言之教，无为之益，天下希能及之矣"。③

在《道经》中，老子曰："善行者无辙迹，善言者无瑕谪，善数者不以筹策，善闭者无关楗而不可启也，善结者无绳约而不可解也。是以圣人恒善救人，而无弃人，物无弃财，是为袭明。故善人，善人之师；不善人，善人之资也。不贵其师，不爱其资，虽知乎大迷，是为眇要"。④

在《道经》中，老子又曰："知人者，知也。自知者，明也。胜人者，有力也。自胜者，强也。知足者，富也。强行者，有志也。不失其所者，久也。死而不忘者，寿也"。⑤

---

① 孟轲. 孟子[M]. 太原：山西古籍出版社，1999：137.
② 同上：8.
③ 李耳. 老子[M]. 太原：山西古籍出版社，1999：79.
④ 同上：47.
⑤ 同上：58.

联系成人世界的教育与学习，老子无疑在告白世人：教，当行不言之教——润物细无声，变教化为濡染；学，应循自然而学——或如柔水穿石载物，或如空气化石蚀金。教，旨归于善——将良民教育成善人，将恶人教育成善人；学，亦旨归于善——善行、善言、善数、善闭、善结。同时，老子又告诫：在成人世界，善人是善人的正面老师，恶人是善人的反面教员。深中肯綮在于：学习者不仅要敬重师长，也要尊重反面教员。通过学习，一定要做到：既知人，更知己；既胜人，更胜己；既要知足，更要有志。坚定不移的人，一定会走得更久、更远；矢志不渝的人，一定会有更强的生命力，更长的生命源泉。

庄子（公元前 369—公元前 286），名周，战国中叶宋国蒙（今河南商丘市）人。年轻时曾为蒙漆园小吏，后长期隐居。庄子是老子思想的继承者，是道家学派的重要缔造者之一。著有《庄子》一书，该书从《逍遥游》至《说剑》，共有二十个篇目。

在《养生主》中，庄子曰："吾生也有涯，而知也无涯"。①

在《大宗师》中，庄子曰："知天之所为，知人之所为者，至矣。知天之所为者，天而生也；知人之所为者，以其知之所知养其知之所不知，终其天年而不中道夭者，是知之甚也"。②

在《胠箧》中，庄子曰："彼人含其明，则天下不铄矣；人含其聪，则天下不累矣；人含其知，则天下不感矣；人含其德，则天下不僻矣"。③

在《刻意》中，庄子曰："纯粹而不杂，静一而不变，惔而无为，动而天行，此养神之道也"。④

将之与今天的成人教育讨论联系起来，庄子的这些言词无疑教诲我们：人的生命是有限的，知识却是无限的，要在有限的生命里进行无限的学习；经由学习，知晓了哪些是自然的力量，哪些是人的本领，便达到了认识事物的最高水平；知晓自然的力量，就是要知晓一切事物皆源于自然，知晓人的本领，就是要用已知去学习

---

① 庄周. 庄子[M]. 太原：山西古籍出版社，1999：34.
② 同上：64.
③ 同上：98.
④ 同上：159.

未知；如此终身不辍地求知，终身不断地学习，定然是知与学的最高境界；而学习的目的，显然就是为了人人怀藏明慧而不致天下消散，怀藏聪敏而不致天下忧患，怀藏智巧而不致天下眩惑，怀藏德行而不致天下邪僻。至于学习的方式，在庄子看来，是需要去功利、去杂念的，是需要宁和静的，思而恬淡，行而自然，这便是养神——获得明与聪、知与德的根本之道。

荀子（公元前313—公元前238），名况，字卿，战国末期赵国人。15岁到当时的学术中心——齐国都城临淄的稷下学宫求学，30岁左右成名，40岁之前倾心治学，50岁前后周游讲学，60岁后到楚国当兰陵令。代表荀况一生思想的《荀子》一书共有三十二篇，其中关涉教育学说的主要见于《劝学》《性恶》《修身》《儒效》《解蔽》《礼论》诸篇，而《劝学》作为开卷首篇又常被后人奉为中国最早的一部教育专著。

《劝学》篇说："君子曰：'学不可以已。青，取之于蓝而青于蓝；冰，水为之而寒于水。木直中绳，輮以为轮，其曲中规，虽有槁暴，不复挺者，輮使之然也。故木受绳而直，金就砺则利，君子博学而日参省乎己，则知明而行无过矣。故不登高山，不知天之高也；不临深溪，不知地之厚也；不闻先王之遗言，不知学问之大也。"①

《劝学》篇说："吾尝终日而思矣，不如须臾之所学也；吾尝跂而望矣，不如登高之博见也。登高而招，臂非加长也，而见者远；顺风而呼，声非加疾也，而闻者彰；假舆马者，非利足也，而致千里；假舟楫者，非能水也，而绝江河。君子生非异也，善假于物也。"②

《劝学》篇说："骐骥一跃，不能十步；驽马十驾，功在不舍。锲而舍之，朽木不折；锲而不舍，金石可镂。"③

《儒效》篇说："不闻不若闻之，闻之不若见之，见之不若知之，知之不若行之，学至于行止矣。……故闻之而不见，虽博必谬，见之而不知，虽识必妄，知之

---

① 荀况. 荀子[M]. 张觉，校注. 长沙：岳麓书社，2006：1.
② 同上：2.
③ 同上：4.

而不行，虽敦必困。"①

《修身》篇说："非我而当者，吾师也；是我而当者，吾友也；谄谀我者，吾贼也。故君子隆师而亲友，以致恶其贼。好善无厌，受谏而能诫，虽欲无进，得乎哉？"②

《礼论》篇说："故曰：性者，本始材朴也；伪者，文理隆盛也。无性则伪之无所加，无伪则性不能自美。性伪合，然后成圣人之名，一天下之功于是就也。"③

《劝学》篇说："……故学至乎《礼》而止矣。夫是之谓道德之极。"④

诵读以上话语，最为感佩的就是，荀子绝对堪称善用生活现象或自然现象贴切诠释学习道理的第一人。荀子正是基于如下自然现象与生活现象，告诉我们很多道理。

由"青，取之蓝而青于蓝""冰，水为之而寒于水"告诉我们"学不可以已"：学习不可以中断，学习不可以停止，学习使人进步，学习使人发展。

由"以绳直木，以𫐓为轮"告诉我们"学不可以已"："木"可喻"人"，"轮"可喻"才"；"绳"可喻"教"，"𫐓"可喻"学"，因为教，更因为学，人才可以成人，人才可以成才。虽然成人、成才了，也会偶漏其拙，但一定会因教而定大型，因学而定大格。

由"木受绳而直，金就砺则利"告诉我们"学不可以已"：只有不断学习，方可成博学君子，方能知明而行，不再犯错。

由"不登高山……不知学问之大也"告诉我们"学不可以已"，否则，人将不知道天有多高、地有多厚，更不知道人世间的学问有多少！

仅此《劝学》一段，便似乎无须后人再去呼喊人到成年的不断学习、终身学习有多重要了。

荀子又基于如下自然现象与生活现象，告诉我们更多道理。

由"终日而思矣，不如须臾之所学也"告诉我们：须臾有效学之，定然胜于终

---

① 荀况. 荀子[M]. 张觉，校注. 长沙：岳麓书社，2006：79.
② 同上：10.
③ 同上：242.
④ 同上：51.

日无谓思之。心动不如行动，与其痛下决心千百次，不如抓紧分分秒秒学一次。

由"跂而望"告诉我们：与其踮起脚跟、扬长脖子张望，不如踏踏实实地、一步一步地向上攀登。站在高处挥动手臂，手臂并未加长，但远处的人能看得到你；站在高处顺风而喊，嗓门并未加大，但远处的人能听得见你。读书、学习的道理与其别无二致。

由"假舆马者""假舟楫者""成君生非异也"告诉我们：学习如车马，可带你驰骋千里；学习如舟船，可助你横渡江河。所谓君子，其实也同常人，只不过善于利用学识而行事罢了。

又借此《劝学》一段，荀子认为只要自强不息、痛下刻苦学习的决心，高扬一生学习的风帆，就一定会站得更高、看得更远、行得更快、走得更远，就一定会变愚昧为聪慧，变常人为君子。由之，荀子对于不断学习、一生学习之价值与意义的判断，亦又得以彰显。

可不是？荀子再基于如下自然现象与生活现象告诉我们学习的真谛。

由"骐骥一跃，不能十步；驽马十驾，功在不舍"告诉我们：学习不可投机取巧，必须由浅至深、由粗到精、循序渐进。

由"锲而舍之，朽木不折；锲而不舍，金石可镂"告诉我们：学习必须持之以恒，不积跬步，无以至千里；不积小流，无以成江海。

由"闻之不若见之，见之不若知之，知之不若行之"告诉我们：见胜于闻，知胜于见，做胜于知，知行统一，学用一致，学中做，做中学，"入乎耳，箸乎心，布乎四体，行乎动静"，[①] 否则，一定会陷入错误与虚妄、迷失与困顿的境地。

《劝学》篇与《儒效》篇中不仅提出了对学习应持的态度和方法，同样也揭示了坚持学习与采取正确学习方法可能产生的裨益，以及中断学习与学习方法失当可能带来的邪弊。

荀子最后基于日常生活背景，在《修身》篇里，竭力倡导"隆师亲友""致恶其贼"；在《礼论》篇里，高度认同"性伪相合""性伪相辅"；在《劝学》篇里，坚决主张"学至乎礼""学至乎德"。

---

① 荀况. 荀子[M]. 张觉, 校注. 长沙：岳麓书社, 2006：6.

由之，告诉后人：

在生命旅途中，在日常生活中，每个人定然会学无常师，因为你的思想行为总会有不恰当或不正确的地方，因之而责备你的人，一定是你的老师、你的朋友，你应当尊崇他们。而那些喜欢阿谀奉承的人，反倒不一定是正人君子，对其需要提高警惕。

在生命旅途中，在日常生活中，每个人定然要化性起伪，因为你的天然本性总会有需要改进或改善的地方，这就要有良好的环境熏陶与恰当的教育影响，使你不断走向善端，成为有用之才。

在生命旅途中，在日常生活中，每个人定然要以心知道，因为你的生命存在总要融于群体，故而就必须"总方略，齐言行，壹统类"，[①] 于是，荀子特别主张教育与学习，其目的在于追求"心知道，然后可道。可道，然后能守道以禁非道"。[②]

除了孔子、孟子、老子、庄子与荀子，还有朱熹、王守仁、颜元等一大批思想家、教育家在其著述与学说之中留下了许多有关人到成年继续学习的思想精粹。如朱熹有言："古之为教者，有小子之学，有大人之学"；王守仁认为："知是行之始，行是知之成"；颜元主张："求知于外，躬行践履，相习于善、相互师友"，等等。

尽管在众多学术命题面前，各家各派的先贤们常常会有迥然不同的思考与答案；尽管在一位先贤的学说中有时也会存在一些自相矛盾、难以自圆其说的地方；尽管在他们的教育学说与学习思想中有着明显的时代积弊，乃至诸多需要扬弃的糟粕；尽管后人基于各自独特的背景，可能对先贤的思想与言说会有不同的感受或领悟，乃至不同的理解与评价，但无论如何，即便是一次走马观花般的"访问"，也足以让我们真切感受到本土先贤们的教育理念抑或学习思想，似乎首先是为成人而设计、而言说的。至于具体关涉人到成年必须学、为何学、学什么、怎么学、要学会学等问题的思量与结果，则更是为后人铸下了一份极其厚重的历史积淀，留下了一份极其宝贵的历史遗产。

---

① 荀况. 荀子[M]. 张觉，校注. 长沙：岳麓书社，2006：51.
② 同上：268.

二、冠名：一个贴切的统称

许多人进入某个专业领域工作，即便过了很长时间，也不一定知道这个专业的名称是何时开始启用的，具体又是怎样来的。

我也是这样的。20世纪80年代初，我开始进入成人教育研究领域工作，其后十多年，只知晓成人教育有很多近亲般的名称，更有纷繁的研究领域，但至于这一名称究竟是在什么时候、因为什么原因、经由怎样一个过程才正式开始在我国使用，则很少认真打听、探究过。

当然，这期间，我曾经有过一件神经被微微触动的事儿。20世纪末的那一年，我接受邀请，为一个成人教育管理干部培训班作一堂有关成人教育理论方面的讲座。在收集资料、准备讲稿的过程中，我发现陈孝彬与周韫玉主编的培训教材《成人教育基础》中有这样一句话："中华人民共和国的成人教育在建国之初曾称为社会教育，以后又称为工农教育、业余教育等，从1982年开始改称为成人教育。"① 旋即，其话锋便直接进入了从建国初期一直到改革开放时期的成人教育实践回溯。当时，我的神经被微微触动。一是因为心中首先有个带点庆幸味儿的读后回馈："噢，知道啦，在我国，1982年正式始称、始用'成人教育'！"二是因为心中还有些许愧疚：呜呼！搞了那么多年成人教育，竟然才刚刚晓得我国正式始称、始用'成人教育'的确切年份！但我也没去多想，在演讲中也没有人提与此相关的问题。

然而，到了需要考察这个问题的今天，当年的那次"神经触动"则被忽忽悠悠地放大了。那就是，在重读那本培训教材时，确实无法找到如下三个问题的答案：是谁最早将之改称？原因是什么？过程怎么样？这让我心里逐渐形成一种冲动，感觉需要在领略了祖先的历史积淀之后，专门花点时间来探究近百年来成人教育的本土认知与行动，直至它与国际接轨，正式冠名，形成一个贴切的统称。

近百年来的成人教育本土认知与行动，难以脱离视野的首先便是梁启超、蔡元

---

① 陈孝彬，周韫玉. 成人教育基础[M]. 北京：中国人事出版社，1996：43.

培、陶行知、俞庆棠、梁漱溟、晏阳初、黄炎培等前辈的论述或实践。

梁启超（1873—1929），字卓如，号任公，广东新令人，百日维新领袖之一。他在1902年所著的《新民说》中竭力主张培养新民，声称"苟有新民，何患无新制度，无新政府，无新国家"，同时指出"善为教者，必使举国之人，无贵贱无不学"。①

蔡元培（1868—1940），字鹤卿，号孑民，浙江绍兴人，近代民主革命家、教育家。1912年1月，他出任中华民国第一任教育总长，发表了《对于教育方针之意见》。其中，他竭力倡导改革学制，修订课程，同时推行义务教育制度和社会教育制度。

陶行知（1891—1946），原名文，一改知行，二改行知，安徽歙县人，伟大的人民教育家。五四时期，陶行知先生大声疾呼：国难当前，"万万等不得国民小学的学生长大之后再出来为国家担当责任。我们必须要把年富力强的人赶紧培植起来，使他们个个读书明理，并愿为国鞠躬尽瘁"。②他在1934年写成的《普及教育运动小史》一书中再次表明他的赤子之心："这几十年来，我有时提倡平民教育，有时提倡乡村教育，有时提倡劳苦大众教育"，目的就是为了"使没有机会受到教育的人可以得到他们所需要的教育"。③在其全部的教育思想中，还可以常常看到他有这样一种执着的追求与美丽的憧憬：教育应"不论宗教信仰、种族、财富、所属阶级有何不同，男孩与女孩机会均等，男子与女子机会均等，成人与儿童机会均等"④。"我们所要求的是整个寿命的教育，活到老，干到老，学到老，团到老，教到老。……大众的教育寿命可以延续到和个人身体寿命一样长。"⑤

俞庆棠（1897—1949），字凤岐，江苏太仓人，"民众教育的保姆"。1949年，她被推选为全国第一次政协会议的教育界代表，参加开国大典，并接受周恩来总理邀请，出任教育部社会教育司首任司长。在1935年出版的《民众教育》等著作中，

---

① 陈学恂. 中国近代教育文选[M]. 北京：人民教育出版社，1983：151.
② 陶行知. 行知书信集[M]. 合肥：安徽人民出版社，1981：15.
③ 华东师范大学教育系教科所. 中国现代教育史[M]. 上海：华东师范大学出版社，1983：388.
④ 华中师范学院教育科学研究所. 陶行知全集[M]. 长沙：湖南教育出版社，1984：554.
⑤ 江苏省陶行知教育思想研究会，南京晓庄师范陶行知研究室. 陶行知文集[M]. 南京：江苏人民出版社，1981：434.

俞庆棠无限感叹："因为教育在年龄上的限制，便形成了儿童是专门生活在非社会化的教育制度中，而成人则生活在非教育化的社会制度中，于是教育与社会划了界，亦即教育与生活分了家"；① 俞庆棠坚持认为："民众教育是失学的儿童、青年、成人的基础教育，也是已受基础教育的儿童、青年、成人的继续教育和进修，更是全民在集体生活中道德学术思想的前进和向上的教育"；② 俞庆棠矢志追求："最美好的东西，应该给予最大多数的人民。教育可以给予人民以新的生命和新的力量，就是最美好的东西，就应该给予最大多数的人民"。③

梁漱溟（1893—1988），原名焕鼎，广西桂林人，思想家、教育家。1950—1980年任中国人民政治协商会议全国委员会委员。他早在1933年的《社会本位的教育系统草案》、1934年的《社会教育与乡村建设之合流》等著述中就有大量论述成人教育乃至终身教育的话语，至今读来，依然振聋发聩：

——现代社会越来越"倚重多数个人，各为社会生活之有力的参加，而教育于是乃成大问题——如何能为最经济而有效的教育设施，以满足此社会需要？吾信其必为依桑代克以及诸家所为成人学习之研究，而通盘筹划以建立一个教育系统是已"。显然，这个系统就是"社会教育、民众教育、成人教育，纷然发达于学制系统之外"的系统。④

——"所谓除旧，旧是在成人的身上，除旧则必须对成人下功夫；所谓布新，尤须对成人而言，比如改良农业，或作农业推广，你不对成年的农人作教育功夫，又能如何呢？……施行成人教育即所谓创造文化，即所谓乡村建设，即所谓社会教育。"⑤

——"今日所需要的教育，是社会教育……是以成年民众为主要对象的教育。……未成年的青年以及儿童，当然也是需要教育的，可是不如成年人教育来得重要。"⑥ "社会教育恒无年龄限制，且施教所及偏乎成人。故'社会教育'与

---

① 俞庆棠. 民众教育[M]. 南京：南京正中书局，1935：94.
② 同上：3.
③ 《现代教育家传》编委会. 中国现代教育家传（第四卷）[M]. 长沙：湖南教育出版社，1987：162.
④ 梁漱溟. 社会本位的教育系统草案[J]. 乡村建设，1933（5）.
⑤ 梁漱溟. 社会教育与乡村建设之合流[J]. 乡村建设，1934（9）.
⑥ 梁漱溟. 中国今日需要哪一种教育？[J]. 四川教育，1937（7~8）.

'民众教育'、'成人教育'等词有时相通或混同。"① 总之,"要想把社会文化安排停当,在中国的今日,即应着重成人教育"。②换言之,"你不想改造中国文化则已,否则非要注重成人教育不可"。③

——"教育应当是着眼一个人的全部生活而领着他去走人生大路。"④ "教育宜放长及于成年乃至终身。"⑤

晏阳初(1890—1990),四川省巴中市人,我国现代教育史上从事乡村平民教育时间最久、影响最大的教育思想家、实践家。1923年,晏阳初与陶行知等在北京创立了中华平民教育促进总会。他在1928年出版的《平民教育概论》等著述中指出:"应受平民教育的平民,从狭义讲,就是指一般失学的青年和成人;从广义讲,则是指一般粗通文字而没有常识的男女。"⑥ 并且指出:"成人年龄已长,事务较多,脑筋纷杂,记忆薄弱,故而施以社会式的教育,如演讲、戏剧、展览、音乐等,都是教育成人的最好方法。"⑦ 1929年,在对社会深入考察之后,晏阳初认为中国是一个农业大国,乡村农民问题非常重要,因此将其活动中心从城市转向农村,在河北定县建立了乡村平民教育实验区。他根据乡村平民普遍存在的愚、穷、弱、私问题,主张以文艺教育治愚——提升其文化知识水平;以生计教育治穷——提升其生产劳动能力;以卫生教育治弱 提升其体格健康水平;以公民教育治私——提升其公民意识与道德意识,增强团结力与亲和力。

黄炎培(1878—1965),字任之,号楚南,上海川沙人,民主革命家、教育家。1917年5月,黄炎培联合各界知名人士在上海发起成立"中华职业教育社"。在著述《中华职业教育社宣言书》《职业教育实施之希望》以及创办中华职业学校过程中,他始终坚持"劳工神圣"的思想政治理念、"敬业乐群"的人生哲学理念、"无业者有业、有业者乐业"的生涯目标理念和"双手万能、做学合一"的教育教学理念,并且指出这一定是旨在面向全体民众解决社会"最困难生计问题"的职业教育、职业培训所应遵循的基本原则和要求。

---

①⑤ 梁漱溟. 社会本位的教育系统草案[J]. 乡村建设, 1933 (5).
②③ 梁漱溟. 社会教育与乡村建设之合流[J]. 乡村建设, 1934 (9).
④ 宋恩荣. 梁漱溟教育文集[M]. 南京: 江苏教育出版社, 1987: 9.
⑥ 宋恩荣. 晏阳初全集(第一卷)[M]. 长沙: 湖南教育出版社, 1989: 122.
⑦ 张人杰. 20世纪教育学名家名著[M]. 广州: 广东高等教育出版社, 2002: 807.

中国近现代史上，以上诸位前辈不仅是社会变革、民主发展大业的功臣，而且是教育理念创新的大师、教育实践开拓的前锋，弥足珍贵的是，他们尤以一种坚定的强国之志、赤诚的爱民之心，倾情于成年民众，钟情于成人教育！

于此，更让我们心中感到明朗的是：

其一，虽然还未能最后认定在本土究竟谁最先使用术语"成人教育"，但是，最先清晰提到成人的概念，最先专门论说成人的教育，最先直接而完整使用成人教育的，当是陶行知、俞庆棠、梁漱溟、晏阳初等前辈。陶行知的"年富力强的人""成人""平民教育""乡村教育"，俞庆棠的"成人""全民""人民""民众教育""成人的基础教育""成人的继续教育和进修"，梁漱溟的"成年""成人""成人学习""社会教育""民众教育""成年人教育""成人教育"，晏阳初的"成人""社会式的教育""乡村平民教育"等，便是鲜明的佐证。

其二，虽然还未能最后确定在本土究竟何时首次使用术语"成人教育"，但是上述言辞主要来自陶行知1934年的《普及教育运动小史》、俞庆棠1935年的《民众教育》、梁漱溟1933年的《社会本位的教育系统草案》和1934年的《社会教育与乡村建设之合流》、晏阳初1928年的《平民教育概论》等著作之中，可见，在中国，最早正式使用术语"成人教育"的时间，当在20世纪二三十年代。

其三，虽然20世纪二三十年代已有前辈使用术语"成人教育"，但其"市场占有"程度尚不明显，而传播范围更广、使用频率更高、社会认同更广的，则是另一些当时更让人耳熟能详的指称，特别是"社会教育""平民教育""民众教育""劳工教育""乡村教育"，等等。

让人尤感振奋的是，前辈大师除了高度重视和评价成人教育，积极推进成人教育实践以外，还早早将其与终身教育联系了起来，如梁启超称"无贵贱无不学"，陶行知称"我们所要求的是整个寿命的教育，活到老……学到老……教到老"，梁漱溟亦称"教育宜放长及于成年乃至终身"。

考察近百年来成人教育的本土认知与行动，闪亮在我们视野之核心位置的，显然更是来自中国共产党以及新中国成立之后党和政府的坚定认同与广泛实践。中国共产党坚信：

——成人教育具有"唤醒民众觉悟"的伟大力量，于是，建党初期，工会学校、农民学校、农民运动讲习所应运而生。

——成人教育具有"坚定政治信念,建立工农武装"的伟大力量,于是,土地革命时期,农民识字教育、民众文化教育、苏区干部教育、红军官兵教育风起云涌。

——成人教育具有"凝聚民众、坚定信仰、战胜敌寇、终结外侮"的伟大力量,于是,抗战时期,抗日军政大学、中共中央党校、延安大学、陕北公学等一大批成人学校似雨后春笋般大量创办,而扫盲教育、民校教育、社会教育、夏种冬学更是此起彼伏,蔚为壮观。

——成人教育具有"培养干部、团结人民、战胜反动派、解放全中国"的伟大力量,于是,解放战争时期,现代意义上的成人学校如东北军政大学、江汉公学、冀鲁豫大学、西北党校、解放区人民革命大学等相继建立,解放区的民众教育以及遍布全国的冬学教育、民校教育、工人夜校教育、人民文化馆教育亦同样风起云涌,一浪越过一浪。

中华人民共和国成立之后,党和政府更加坚信:

——成人教育具有"推翻旧中国,建设新中国"的伟大力量,于是,中华人民共和国成立之初,扫盲教育、农民教育、职工教育、干部教育、业余教育在全国得到奋力推进。1950年,教育部召开工农教育会议,毛泽东主席亲临大会,使广大工农教育工作者受到极大鼓舞,更使工农教育获得长足发展。

——成人教育具有"发展社会生产力,促进社会主义建设"的伟大力量,于是,"文革"之前的十年,全国吹响了向科学进军的号角,并确立了"两条腿走路"策略,建立了半工半读制度,启动了函授广播电视教育。

——成人教育具有"消除文化饥渴、战胜经济孱弱、填补教育缺失"的伟大力量,于是,十年"浩劫"之后不久,职工教育的烽火再次点燃,扫盲教育的脚步再行启动,业余教育的步伐再次迈出,函授夜大与广播电视教育的鼓点也再度敲响。

——成人教育具有"推动经济发展,提高民众素质"的伟大力量,于是,在改革开放的起步阶段,职工双补教育作为解决"文革"遗留问题的重要举措在厂矿企业全面展开,岗位培训作为促进经济腾飞的重要手段在各行各业大力推进,成人中高等教育、自学考试等作为提升民众素质的崭新平台在全国方兴未艾。

——成人教育具有"推动科技进步,实现小康社会"的伟大力量,于是,在以经济建设为中心的日子里,岗位培训向制度化迈进,扫盲教育向功能化挺进,农村成人教育纳入绿色证书计划、星火计划、丰收计划、燎原计划,成人高等教育的层次和规模进一步扩展,自学考试的开放力度进一步加大,企业教育、继续教育、社会力量办学亦呈异军突起之势。

——成人教育具有"促进以人为本、坚持科学发展、构建和谐社会"的伟大力量,于是,在21世纪到来之际,就业培训、职业培训、再就业培训、创业培训、劳动力转移培训、管理能力培训、执政能力培训、社区成人教育、老年人群教育、弱势人群教育、社会归正人群教育、现代远程教育等又以势大力沉的姿态向前迅猛推进。

总之,中国共产党以及中华人民共和国成立之后,在党和政府的高度认同与深度实践中,成人教育成为缔造人民军队、建设干部队伍的重要途径,成为团结人民、教育人民、提高民众觉悟、提升民众素质的重要力量,从而为推翻三座大山、建立人民民主政权、建设社会主义事业、创建和谐社会做出了极其重要贡献,而其本身也得到了不断的进步与发展。

然而,与此同时又清晰可见,沿着一条红色主线而一路行来的成人教育,既有着与其直接相关的指称,又有着与其非常相近的指代。并且,在不同历史时期,成人教育也往往被一些或突出教育对象,或侧重教育内容与水平乃至方式与方法等的指称或指代,其中尤其常见的便是农民教育、职工教育、干部教育、工农教育、扫盲教育、岗位培训、职业培训、成人中等教育、成人高等教育、继续教育、业余教育、函授夜大教育、广播电视教育、现代远程教育、自学考试、企业教育、社会教育、社区教育,等等。

经过这样一段成人教育本土认知与行动的百年历程回念,一则梳理了成人教育发展的大致脉络,另则发现了20世纪20—30年代曾有前辈使用过术语"成人教育",再则更是知晓了此前与成人教育相关的诸多指称。可以认为:成人教育的这样一种百年延绵,既是一个百年来从诸多指称逐渐走向正式冠名、形成统称的过程,又是一种于一朝获得正式冠名、形成统称的历史沿革基础与现实求变背景。

当然,所有这些史实还当属于一种呈现在舞台上的"宏大"场面,发生在舞台背后的一些"细节"则依然没有显露。至此,我心里仍然被"1982年改称成人教育,其准确性究竟如何",尤其是"初始的动议是怎样发生的""当初的直接动因是什么""其中还有没有一些鲜为人知的幕后细节"等一系列问题刺激着、纠缠着,以致兴奋着,寻觅着,于是就有了如下四个探秘故事。正是因为有了这些探秘故事,才看到或听到了一连串鲜为人知的幕后故事。

其一,"学生递来的纸条"。2007年深秋,我开始筹划继续进行本土寻迹。需要参考的资料大抵准备就绪,需要确认的某些史实也基本认定,唯独关于成人教育"究竟何时得以统称""具体的来龙去脉究竟如何"等问题,还处在不甚明朗之中。一天,我和学生一起讨论一项国际合作项目,不经意间脱口而出,询问有谁知道统称成人教育的确切时间,特别是其权威出处。大伙儿先是面面相觑,继而有些愕然,再而有些沮丧。没有答案,没有结果。

大约一周后,有位学生悄悄递给我一张纸条,上面写着:老师,吴遵民教授《现代中国终身教育论》一书里出现过以下两段话,但愿能够为您确认成人教育的始称时间以及起因提供线索:

"1981年……'双补'教育运动在全国范围内展开。由于这一教育活动的对象主要是以在职的成人为主,并且大部分的教育活动又在正规学校以外的业余学校或职工业余学校内进行,因此如何为这样一种规模巨大的,并以提高一般公民知识文化水准为主要目的的教育活动冠以一个科学和统一的名称,亦成为当时急需解决的一项课题。而'成人教育'这一专用术语在中国的导入及'本土化',就是在上述这样一种背景之下产生的。

"'文革'后……宽松的外部环境使得教育理论的研究,尤其是对外国教育理论的研究有了可能的条件,而在西方发达国家十分盛行的成人教育活动,以及由联合国教科文组织在1976年召开的第19届世界教育大会上所提出的'成人教育'(adult education)概念,及其对这一概念的解释……亦在我国社会受到关注,在我国教育学界的积极介绍和推广之下,这一术语开始在我国广泛流传。"

致谢学生以后,即有三个印象进入大脑:第一,术语"成人教育"的确是个"进口""接轨"的概念。第二,起因一是源自1981年2月中共中央、国务院《关于加强职工教育工作的决定》等文件下达后在全国大规模兴起的"双补"教育运动,二是受世界教育大会影响,得到教育学界的推介与传播。第三,据此推理,说统称成人教育的时间为1982年有一定的可信度。

其二,"老领导的意外回告"。学生纸条中的信息虽然接近答案,但非确切答案。2007年年底,我到北京参加中国成人教育协会年会暨第四届会员与理事大会,向几位到会的成人教育界老领导请教起上述问题。他们即时回忆给出的反馈似乎也不那么确切和肯定。出乎意料的是,会闭人归,回到寓所的隔天,居然接到了其中一位老领导打来的电话,告知了以下信息:"1949年,教育部设社会教育司;1964年,教育部设业余教育司,高教部设高等业余教育处;1975年,教育部设业余教育司;1977年,教育部设工农教育司;1980年,教育部设工农教育局;1982年,教育部设成人教育司!"

老领导短时间里专程电话回告这些信息让我特别意外、兴奋和感激。这些信息对我来讲真是太珍贵了。翌日,邀了一位学生进行网上搜索。基于这些信息,很快找到了其确切来源:载于董明传、毕诚、张世平著,海南出版社2002年出版的《成人教育史》一书附录二"中华人民共和国成人教育管理机构设置沿革"之中。其原文为:

"1949年11月1日,教育部成立,设社会教育司。1951年,教育部内设机构充实调整后设工农业余教育司。……1964年6月,教育部机构中设业余教育司。9月高教部设高等业余教育司。1975年6月,教育部机构中设业余教育司。1977年10月,业余教育司改称工农教育司。1980年1月,工农教育司改称工农教育局。1982年8月,工农教育局改称成人教育司。"

此附录从1949年11月1日到1998年7月21日,对教育部方面成人教育管理机构设置的沿革共有27项重要记载,撰稿人是有任成人教育司工作副司长一职经历的张世平先生。

基于权威机构、资深人士所提供的权威信息可以确认:在中国,主要通过国家力量、政府作用,成人教育终在1982年8月获得正式冠名。

其三,"老干部的替代采访"。知晓了始称成人教育的确切年份之后,另一个问题又开始放大起来:虽说始称成人教育与当时职工教育迅猛发展、"双补"运动大规模推进,以及政治环境逐渐宽松、国门逐渐打开的大背景有关,但其背后究竟还有没有其他一些特别的动议、特殊的缘由或特定的改称过程呢？

正是在这种好奇心理的刺激下，我想起了一位也许能为我找到答案的人物。1983 年，春寒料峭，我曾跟随教育部成人教育管理机构的两位领导赴杭州、武汉考察成人高等教育。这期间，那位资深、年长并且十分热心的老干部给我留下了十分深刻的印象，我们成了忘年交，从这位前辈那里也许能够了解到一些有关成人教育改称的"内部信息"。

2008 年 1 月 2 日下午，我拨通了老干部家的电话，一阵新年祝福之后，我便道出了采访之意。电话那头传来朗朗笑声，言道："啊呀，这个我倒不太清楚！不过，别急，我跟几个老同事、老上级还一直有联系，找时间，我给你问问！有了结果就告诉你！"不曾想当天晚间十点，老干部就来了回音，这真让我感动不已。以下就是这位一生热爱成人教育事业的老干部替我所作采访的结果：

"20 世纪 70 年代，世界上有了一个国际成人教育理事会。1978 年，加拿大有个名叫巴比·基德的专家，早年知道白求恩的事迹，并与其家人有来往。受他们影响，这位专家对中国一直存有好感。在一次和中方人员交谈时，他不解地问道：中国作为一个人口大国，成人教育的需求肯定是很大的，发展前景也肯定是无法预见的。成人教育在中国有很好的传统，如果参与到国际系统中来，不仅会有更好的发展，对世界成人教育也会有更加积极的推动。只是不知道为什么你们就无意参加理事会？

"当时，中国刚刚结束'动乱'，有关方面对国际邀请有些沉默，没有反应。

"1980 年，教育部接受邀请，由一位副部长任领队，参加了在美国举行的一次成人教育国际活动。当时，国际友人又对中方提及了希望中国参加国际成人教育理事会的事，并询问：中国为何至今未对加拿大专家代表理事会发出的邀请给出回馈意见？

"当即好像没有表态。回国后，代表团就访美情况及遇到的提问作了汇报。据说当时有人认为，国际成人教育理事会虽是一个非政府组织，但毕竟是个国际组织。介入国际组织是外事，外事无小事，所以还是谨慎一点为妥。这样，事情又被搁置了下来。

"差不多与此同时，巴比·基德又来访问中国，接触到了中方一些重要人物，并且向他们解说了成人教育的含义，介绍了国际上特别是一些发展中国家的成人教育开展情况。同时，又正式征询中国加入国际成人教育理事会的意向，并希望中国能够早日加入这一国际组织。

"此后，社会发生了很大的变化，中国成人教育的各个方面发展也都很快，工农教育、业余教育的内涵及外延发生了很大的变化，已经跟不上时代发展的要求了。于是，更名事宜就提上了议事日程，参与国际成人教育理事会的事也成了经常讨论的话题。

"1983年，国际成人教育理事会在当时的西德召开会议，再次邀请中国参加会议。中国当时还不是理事国，所以是以特约代表身份去参加会议的。会议期间，理事会负责人又一次表示，期待中国能够尽快加入这一组织。参加这次会议的中方主要人员，就是当时在教育部负责成人教育方面工作的一位主要领导。

"这位领导回国后，立即向教育部有关部门作了汇报。经过磋商，终于决定向有关方面提出加入国际成人教育理事会。后来由中华人民共和国中宣部和外交部批复，正式向该国际组织递交了申请，并履行了必要的入会程序。

"真是历经波折，中国成人教育终于走进了国际大家庭。也正是在这个过程中，中国慢慢接受了从国际社会传来的成人教育概念。在1982年和1983年间，教育部将原来所设的工农教育局改称为成人教育司，温克敏同志任该司第一任司长，姚仲达同志任副司长，同时中国也正式加入了国际成人教育理事会。"

最后追问：尊敬的前辈，您采访的是谁啊？回答：就是那位去西德参加会议的、成人教育工作的主要领导！

在认定这些采访结果具有相当信度的前提下，印象最深的莫过于：第一，成人教育在我国得以统称，首先还是因为原有的任何一种指称都已经无法关照到成人教育实际发展的全部；第二，国际社会的影响力量是不可忽略的，加拿大专家巴比·基德以及国际成人教育理事会起到了相当直接的促进作用；第三，成人教育的统称过程居然与中国加入国际成人教育理事会的过程几乎同步发生！

顿然，"探秘"心理得到了巨大满足，更重要的是，老干部的替代采访使先前对有关幕后故事、幕后细节的寻觅与索求得到了鲜活的答案，也使先前对最初动议、直接动因、特定过程等的纠缠与困扰得到了解除。

关于老干部替代采访的故事到此本该告一段落了，但老干部提到的那位名叫巴比·基德的加拿大专家却又让人横生好奇，并宁愿冒一次跑题的风险来告诉大家如下一段有趣的猜测。

20世纪80年代中期，我曾在加拿大留学，结识了该国不列颠哥伦比亚大学成人教育学家博希尔（Roger Boshier）教授。记得他有过这样一段回忆：罗比·基德（J. Roby Kidd）是享誉世界的成人教育学家。1960年，他担任联合国教科文组织第二届世界成人教育协会主席。1972年，他创立了国际成人教育理事会（ICEA），并出任秘书长一职，其目的就是为了关注第三世界国家成人教育的公平与实践问题，特别是试图促使因"二战"等原因而处于不利状态的发展中国家参与到国际成人教育发展的进程中来。他向来关心中国及其成人教育方面的情况，并希望中国能够早日加入国际成人教育理事会。罗比·基德1978年与1980年两次访华，旨在说服中国加入到他所领导的国际成人教育理事会中。

相信中国成人教育界有许多人都读过罗比·基德的《成人怎样学习》这部成人教育专著，对"基德"这个名字应该都不会感到陌生。因此，当电话中提到"巴比·基德"，我大脑里瞬间闪过一种联想与对接，随即追问"是叫巴比·基德啊？"回答说"是的，是的"。因为不忍心过多打扰前辈，遂不再对是"巴比"还是"罗比"而问个究竟。但是，博希尔叙说的情况与老干部所说的情节是何等相像！而且越揣摩越觉得可能是谬于翻译或误于口传。但无论如何，我愿意相信彼"巴比·基德"即"罗比·基德"！

其四，"老首长的深情回顾"。认定了成人教育正式冠名的时间，知晓了成人教育形成统称的始末之后，还想追踪了解一下与此举相关的反应情况。很能说明问题的是，1985年5月，在《中共中央关于教育体制改革的决定》中有这样一段话：

"本决定着重解决的是学校教育体制改革的问题。有关干部、职工、农民的成人教育和广播电视教育是我国教育事业极为重要的组成部分，国家教育委员会应就改进和加强这方面工作，作出专门的决定。"

显然，党和国家一则接纳了"成人教育"概念，另则界定了成人教育的主要对象和新型方式，再则确认了它在教育体系中的重要地位。最后，又要求对之谋划专门的改革决定。

抱着后来如何对成人教育进行专门改革谋划的问题,我又对一位担任国家教育委员会成人教育方面领导工作的老首长作了面对面的"独家访问"。老首长深情地回顾说:

"教育部工农教育局改称成人教育司之后,党和国家更是关心成人教育的改革与发展问题。在教育体制改革决定颁布之前,大约是1984年春,党中央国务院以及教育部领导等也都筹划着将有关成人教育的改革思考一并写入决定之中。当时,组织了一批力量,花了好几个月时间进行调研,形成了一些关于改革与发展成人教育的意见和设想。

"领导同志看了我们提供的材料之后,认为所展现的成人教育图景还不够清晰,所勾画的改革设想还不够明确。当然,领导们也知道成人教育确实有其与社会经济密切结合、涉及面广、需求量大、结构多元松散、形式纷繁多样等一系列独到的特点,所以最后达成共识,暂时不在即将出台的教育体制改革决定中涉及成人教育方面的具体内容,而要求在进一步调研的基础上,形成专门的改革决定。这就是你们在1985年教育体制改革决定中读到的,关于要求国家教育委员会应就改进和加强成人教育方面的工作作出专门决定的背景情况。

"于是,我们扩充力量,以成人教育发展势头较好的上海地区为首选调研对象,尔后又在全国展开重点调查。在充分掌握实际、典型情况的基础上,要求骨干人员集中起来专门研讨,经反复推敲,终于在1986年下半年形成了'关于改革和发展成人教育的决定'的初稿。紧接着,12月1日,在山东烟台,在由国家教委、计委、经委、劳动人事部、中央组织部和全国职工教育管理委员会联合召开的全国成人教育会议上,400多位代表对这份初稿中涉及的六大块内容,包括成人教育的地位与作用、核心与重点、效益与质量、转业培训与实践培训、政策与措施、管理与服务等问题展开了广泛而深入的讨论。

"综合各方意见,再行修改之后,1987年2月25日,由国务院批转,正式下发了国家教育委员会这份《关于改革和发展成人教育的决定》。确实,由此,成人教育这个概念从中央到地方被广泛接受了,从城市到农村被广泛传播了,而它的新一轮改革实践也就如火如荼地展开了。"

老首长一切似乎历历在目的深情回忆足以让人真切并深刻地感受到，成人教育形成统称之后，其概念本身的社会认同力度与强度、社会传播速度与广度是无可置疑的，由此对其实践改革与发展所带来的促进与推动，则又是迅疾而广泛、势大而力沉的，甚至远远超出了人们的预料和想象。

三、引进：开放的态度与谦虚的行动

现在，让我们再一次确认，在本土：

远古，从孔子、孟子到老子、庄子、荀子等，先贤的教育观与学习观为千年之后成人教育学的开创垒奠了极其珍贵、厚重的基础。

近现代，从梁启超、蔡元培到陶行知、俞庆棠，再及梁漱溟、晏阳初、黄炎培等的教育理念与教育实践，为成人教育学的发轫奉献了尤为重要、巨大的助力。

现当代，中国共产党以及新中国成立之后党和政府始终如一地充分认同、正确领导、广泛运用与大力推进成人教育，为成人教育学的诞生提供了极为有利、有益的土壤。

进入改革开放时代，本土成人教育实践的再度勃兴，国际成人教育力量的反复推动，以至于党和国家下决心与国际接轨，对成人教育正式冠名、形成统称，并出台了改革和发展成人教育的专项决定，最终为成人教育学的脱颖而出创造了最富前提意义的条件，构筑了最富先决意义的基础。

诚然，在本土，成人教育学的初始探索，又是以开放的态度、谦虚的行动，首先从引进国外成人教育学研究成果而拉开序幕的。于此，需先做出以下三点说明：

第一，引进方法可见两种，一是自行编著中的相关推荐；二是对国外著述的直接翻译。

第二，引进时间主要集中在20世纪80年代初至90年代初这十余年间。

第三，引进者的视线，有时直接聚焦于成人教育学的所谓核心区域，有时则扩展到其所谓的边缘部位。换言之，既涉及对比较严格意义上的成人教育学研究成果

的引进，又关乎对比较宽泛意义上的成人教育学研究成果的推介。当然，有些还只是对国外成人教育某些实践情景的一般介绍。

于此，首先基于编著方式分类，将引进的成果大致呈现于下：

编著成果如表1-1所列：

表1-1 20世纪80年代初至90年代初世界成人教育研究成果一览表

书名/文章名	作　者	出版社/期刊	出版年份
《业余教育的制度和措施》	《外国教育丛书》编辑组	人民教育出版社	1979
《外国成人教育》	孙世路	教育科学出版社	1982
《国外企业职工教育》	杨连江、蒙定明	中国展望出版社	1983
《关于"成人教育学"的争论与思索》	高志敏	成人高等教育研究	1987（第1期）
《世界成人教育概述》	中央教育科学研究所比较教育研究室	贵州人民出版社	1989
《世界成人教育概论》	张维	北京出版社	1990

译著成果如表1-2中所列：

表1-2 20世纪80年代初至90年代初成人教育译著一览表

书　名	原书名	作　者	出版社	出版年份
《成人怎样学习》	*How Adults Learn*	蔺延梓 译 基德 著	上海第二教育学院上海成人教育研究室	1984
《成人教育：实践的基础》	*Adult Education: Foundation of Practice*	刘宪之、蔺延梓、刘海鹏 译 达肯沃尔德（G. G. Darkenwald）、梅里安（S. B. Merriam）著	教育科学出版社	1986
《终身教育大全》		龚同、林瀛、邢齐一、梁达礼 译 持田荣一、森隆夫、诸冈和房 编	中国妇女出版社	1987

续表

书　名	原书名	作　者	出版社	出版年份
《终身教育导论》	Introduction à l'éducation permanente	滕星　等译 郎格朗① (P. Legrand) 著	华夏出版社	1988
《现代成人教育实践》（又译《成人教育的现代实践：从儿童教育学到成人教育学》）	The Modern Practice of Adult Education: From Pedagogy to Andragogy	蔺延梓　译 诺尔斯　著	人民教育出版社	1989
《成人教育和继续教育社会学》	The Sociology of Adult and Continuing Education	贾宗谊　等译 贾维斯 (P. Jarvis) 著	春秋出版社	1989
《培格曼国际终身教育百科全书》	Lifelong Education for Adults: An International Handbook	程方平　等译 泰特缪斯 (C. J. Titmus)　主编	职工教育出版社	1990
《成人教育的哲学基础》	Philosophical Foundations of Adult Education	高志敏　译 伊里亚斯 (J. L. Elias)、梅里安　著	职工教育出版社	1990
《终身教育：心理学的分析》	Lifelong Education: A Psychological Analysis	沈金荣、徐云、虞绍荣　译 克罗普利 (A. J. Cropley)　著	职工教育出版社	1990

① 对于"Paul Legrand"中"Legrand"的翻译，其著作和思想引入中国出版时，译法不尽相同：1976年收录在人民教育出版社出版的《业余教育的制度和措施》中，由张人杰教授撰写的《终身教育——一个值得注意的国际教育思潮》一文，使用的是"郎格朗"。1978年由中国对外翻译出版公司出版，周南照等译的《终身教育引论》中使用的是"朗格朗"；1988年由华夏出版社出版，滕星等译的《终身教育导论》中使用的是"朗格让"。本书在文献引用时遵从译著的译名。但由于现在国内惯用译文是"朗格朗"或"郎格朗"，为使文体统一，本书在正文中一律使用常用译法之一"郎格朗"，引文按照原文译法。

续表

书　名	原书名	作　者	出版社	出版年份
《成人教育探幽：如何帮助成人学习》	Helping Adults Learn: A Guide to Planning, Implementing and Conducting Programs	邢志强 译 诺克斯（A. Knox）著	河北人民出版社	1991
《连续教育的理论基础》		杨希钺、叶忠海、王恩发 译 B. 奥努什金 著	中国劳动出版社	1992
《学会如何学习：成人的应用理论》	Learning How to Learn: Applied Theory for Adults	朱丽华、翁德寿 译 史密斯（R. M. Smith）著	中国劳动出版社	1992
《学习模式：终身教育的新展望》	Patterns of Learning: New Perspectives on Life-span Education	江金惠 译 豪尔（C. O. Houle）著	教育科学出版社	1992
《第三世界的成人教育》		赖春明、艾湘玫 译 杜塔 著	北京师范大学出版社	1994

可见，成人教育方面的著作引进浪潮蔚为壮观。原因不言而喻：丰富的成人教育本土实践，尤其面对新机遇、新挑战而断然升腾的新勃发、新繁荣，已经没有任何理由再将其拒于学理思考的大门之外。我清晰地记得自己初涉成人教育领域时，华东师范大学成人高等教育研究室（后曾改称"成人高等教育研究所"）创始人高本义先生在1983年的一次中国与加拿大成人教育合作项目学术研讨会上曾经表示：中国的成人教育实践本就非常发达，虽然十年"浩劫"受到伤害，但如今恢复速度如此之快，发展势头如此之猛，令人始料不及。而且从成人教育与社会发展、人的发展具有紧密联系的天然关系来看，成人教育定然有其美好的前景。然而，成人教育若要健康发展，提高发展水平，就一定需要得到学理上的探讨、理论上的指导！

如此掷地有声的判断与源自肺腑的希冀，在20世纪80年代是极具代表性和前瞻性的。问题是，面对早先理论研究滞后、学理探索匮乏，此一开创活动又当从何着手？打开视窗、敞开心扉，期待从国际成人教育学研究中获得启蒙或启迪，成了当时许多研究者的优先选择。

于此，如若基于同成人教育学研究核心区域相关较大，并从影响时间相对较早、力度相对较强、范围相对较广、时效相对较长等角度来看，又定然要对以下研究者及其引进的成果作一番叙说。

——孙世路及其《外国成人教育》。孙世路教授原在东北师范大学比较教育与国际问题研究所任职，后转入上海第二教育学院工作，任成人教育系主任。因长期从事比较教育研究，特别是因20世纪80年代初多次出访日本，发现了国际上正在出现的成人教育及其研究热潮，对此产生了兴趣，并一发不可收拾地卷入到了这片新的研究天地之中。《外国成人教育》一书篇幅并不算大，但比较系统地呈现了国外成人教育的发展动力与发展历程、基本条件与基本原理、基本制度与基本结构、主要内容与主要方法、科学研究与国际交流，以及与终身教育、回归教育的相关分析等内容。其中，特别引人注目的是，在"成年人的学习与教育原理"一章中，孙世路教授首先认定"成年人的学习与儿童的学习相比，有许多不同之处，成人教育要取得成效，就必须对成年人的学习能力、学习动机等情况有所了解，并根据成人学习者的特点，帮助他们有效地进行学习"。[①]基于此，他依循成人教育的可能性、原理性和实践性这样三个节点，引进了国外关于成人学习能力与动机、成人教育原理与原则以及成人教育实施过程与阶段等理论。而其中又重点推介了诺尔斯对建构其成人教育学理论具有基础意义的成人学习者的四大基本特征之说，以及实施成人教育的七大阶段之论。

至今，其引进工作让人惊叹依然。其一，速度之疾——成人学习者的四大基本特征与成人教育的七大阶段学说原创于诺尔斯1970年的《成人教育的现代实践：成人教育学与儿童教育学》一书之中，短短十年之后即被发现并引进，这在我国十年"浩劫"刚刚结束的年代是很难想象的，由此钦佩孙世路教授的敏感与勇气。其二，聚焦之准——对诺尔斯及有关学者的理论介绍对准了成人教育学的核心区域，由此又感佩孙世路教授的敏锐与智慧。其实，这样的感慨曾经出现在许多研究者中间，因为在这番引进工作之后，中国的成人教育学界才逐渐有了成人教育学、成人

---

① 孙世路. 外国成人教育［M］. 北京：教育科学出版社，1982：57.

学习能力特征、成人学习动机特征、成人的自我概念、成人的经验、成人的学习意向、成人的时间观念、成人的学习步骤等一系列关键术语及其思想的传播与流行，以及对它们的不断聚焦和探讨。

——高志敏及其《关于"成人教育学"的争论与思索》。这是我职业生涯中的一段经历和所作的一项引进工作。1985年我获国家资助，赴加拿大蒙特利尔大学教育科学学院成人教育学系学习，经与导师蒂波（A. Thibault）协商，首选课程便是"成人教育基本原理"（法语：les principes de l'éducation des adultes）；这门课程的核心部分就是关于诺尔斯成人教育学（法语：andragogie，英语：andragogy）思想的讨论。说实话，彼时对诺尔斯是陌生的，对成人教育学是蒙昧的，对因之而曾经发生过的争论更是一无所知。于是，只能苦读之，苦研之。数月之后，终于慢慢进入状态，并决定在进一步理解之后，以本土语言和表达方式将之引荐给本土同仁，于是便有了发表在国内《成人高等教育研究》1987年第1期上的拙文——《关于"成人教育学"的争论与思索》。文章首先追溯了与法语"pédagogie"（英语为pedagogy）相对应的"andragogie"一词的词源和词义。随后，描述了诺尔斯认为可以直接演绎为成人教育学之基本原理的有关成人学习者的基本特征。再后，又逐一呈现了欧美学者的一些不同看法，集中的意见就是成人学习者的许多特征在儿童学习者身上同样有所显现，故而，诺尔斯所说的"andragogie"与人们早已耳熟能详的"pédagogie"并无本质上的区别。最后，我在认同"andragogie"与"pédagogie"之间具有某种共性元素的基础上，努力区分了它们的个性成分，从而为诺尔斯的"andragogie"学说增添了一份辩护之词。诚然，于此，我本人的意见是微不足道的，重要的是，在本土，人们又增添了一次了解诺尔斯"andragogie"理论的机会，而且对于其中可能受到指摘的地方，得到了一些重要的信号，以促使其在对成人教育学的后续思考中保持坚定性与创造性的同时，又能充分呈现它们的合理性与科学性。

——刘宪之、蔺延梓、刘海鹏合译的《成人教育：实践的基础》与蔺延梓翻译的《现代成人教育实践》。三位学者擅长英语，当年均在上海第二教育学院从事教学与研究工作，他们分别于1986年和1989年翻译出版了美国著名成人教育学者、曾任美国《成人教育》杂志主编的达肯沃尔德教授与北伊利诺伊大学（Northern

Illinois University)教授梅里安合著的《成人教育：实践的基础》一书，以及诺尔斯所著的《现代成人教育实践》一书。

在《成人教育：实践的基础》一书中，原著者对成人教育的形成背景与组织建制、地位与作用、职能与职责、研究范畴与研究任务进行了总揽与概说，对成人与成人教育概念、成人教育目的与目标进行了哲学思辨，提出了自己的见解，对成人学习主体之基本特征与过程之基本构成进行了分析和呈现。同时，也介绍了诸多国家特别是美国成人教育的组织与实施情况。

在《现代成人教育实践》一书中，诺尔斯对成人教育现代实践进行了基本诠释，对成人教育学内涵进行了基本认定，对成人教育学与儿童教育学差异进行了识别，对成人教育工作者职责与使命做出了判断，对成人教育宗旨进行了解读，对成人教育组织结构展开了思考，对成人教育实施过程进行了基本设计。同时，诺尔斯依循"以成人教育学精神帮助成人学习，而不是以儿童教育学精神教成人"[①]这样一种创新思想建构了一系列帮助成人学习者展开学习活动的基本方法。

《成人教育：实践的基础》与《现代成人教育实践》这两部著作的引进，其重大意义在于：一则使我国成人教育界对成人教育学的概念及其内涵有了比较完整的认知；另则，又对成人教育学的基本知识框架以及建构方式有了比较系统的了解。

——蔺延梓翻译的《成人怎样学习》、邢志强翻译的《成人教育探幽：如何帮助成人学习》和朱丽华、翁德寿翻译的《学会如何学习：成人的应用理论》。《成人怎样学习》的原著者是加拿大著名成人教育学家罗比·基德，而后两本著述的原著者，一位是曾任美国成人继续教育协会（American Association for Adult and Continuing Education）与成人教育研究联合会（Adult Education Research Conference）主席的诺克斯教授，另一位是美国成人教育教授委员会（Commission of Professors of Adult Education）奠基者之一、北伊利诺伊大学成人教育系的史密斯教授。

罗比·基德向读者展现了成人学习者在生存与发展、体力与智力、情感与动机、经验与能力等方面的丰满而鲜明的形象，并对其眼中的成人学习行为进行了充

---

① 诺尔斯. 现代成人教育实践[M]. 蔺延梓, 译. 北京：人民教育出版社, 1989：4.

分的内涵解读、深刻的理论阐释、精心的实践设计，使之全面而系统地展现在了中国读者面前。

诺克斯侧重从"教"这一端出发，形成了成人教学者当如何帮助成人学习者进行学习的先进理念与实践方法；史密斯侧重从"学"这一端出发，形成了成人学习者自己当如何学会学习的先进理念和实践方法。这两者在让中国成人教育界感觉其交相辉映之余，还开阔了视野，且对这关注两端的学说产生了极大的兴趣。史密斯教授1986年来华进行系列讲学之后，对此即有所发现："我向来自中国15个省市的300多位成人教育管理人员及教师介绍了'学会如何学习'。……他们对学会如何学习及指导学习者如何更有效地学习兴趣特别浓厚。（而且）他们的兴趣不仅仅限于理论，而且还延伸到了对于理论的应用"。[①]

进一步联系成人教育学而言，这些专著的引进，不仅可以让人更加清楚地洞彻在国际范围成人学习始终是成人教育学论域的一个重要命题，而且可以让人更加清楚地意识到，成人学习的帮助或支持过程设计，以及促使成人学习者学会学习，又一直是成人教育学研究中一个特殊而重要且极富前沿性的领域。一个非常直观的理由便是：所有这些接续于诺尔斯成人教育学之后的学说，似乎均是直接对应其"以成人教育学精神帮助成人学习，而不是以儿童教育学精神教成人"理念的推论与演绎，抑或说是其《现代成人教育实践》一书之知识框架的直接扩展与深化。

——高志敏翻译的《成人教育的哲学基础》、贾宗谊翻译的《成人教育和继续教育社会学》与沈金荣、徐云、虞绍荣翻译的《终身教育：心理学的分析》。其中，《成人教育的哲学基础》为美国福德汉姆大学（Fordham University）伊里亚斯教授和北伊利诺伊大学梅里安教授所著；《成人教育和继续教育社会学》为《国际成人与继续教育词典》主编、《国际终身教育杂志》主编、第五次国际成人教育大会宣言《成人学习：打开21世纪之门的一把钥匙》起草者贾维斯教授所著；《终身教育：心理学的分析》则为20世纪70年代起参与联合国教科文组织终身教育研究工作的加拿大学者克罗普利教授所著。

但见：成人教育研究跃入了哲学思考的层面，使得中国成人教育界初识成人教

[①] 罗伯特·M. 史密斯. 学会如何学习：成人的应用理论[M]. 朱丽华，翁德寿，译. 北京：中国劳动出版社，1991：1.

育哲学的内涵与底蕴、价值与意义，领略了古典人文主义、进步主义、行为主义、现代人文主义、激进主义、分析哲学等种种成人教育哲学思潮之悠远逶迤的历史延绵、鞭辟入里的哲理推究、言近旨远的心灵追求以及坚定执着的实践行为。

成人教育研究跨入了社会学思考范畴，使得中国成人教育界如添新的羽翼，俯瞰到了社会学背景中的成人教育形象：其历史进程与社会变革之间是何等的密切相关；其本质理解与价值取向之间是何等的难解难分；其旨意认同与利益取舍之间是何等的绸缪缱绻，"来自上面的教育"与"追求平等的教育"之间是何等的迥然有异；儿童社会角色与成人社会角色之间是何等的截然有别，而这又使得成人学习的社会意义与社会作用、社会政策与社会机制、内容配置与进程设计、方法选择与效果判断等，与儿童学习相比，都在社会学意义上形成了何等巨大的不同。

成人教育研究驶入了心理学探索领域，使得中国成人教育界再添新的视角，接触到终身教育框架下的成人教育心理学分析，了然了智力发展与年龄增长的关系、人的终身发展与学习动机的关系、人的情感发展与学习活动的关系，以及认知过程的形成、认知功能的彰显和认知水平的发展。

以上展现的三项研究成果显然大大超越了成人教育学已有研究的深度与广度。也正是因为这方面研究成果的陆续引进，中国成人教育学界开始逐渐感受到了在成人教育学术领域，哲学研究创造的逻辑力量与引领力量，社会学研究带来的洞彻力量与解释力量，以及心理学研究奉献的基础力量与实践力量。

——滕星等翻译的《终身教育导论》、龚同等翻译的《终身教育大全》以及程方平等翻译的《培格曼国际终身教育百科全书》。《终身教育导论》由终身教育倡导者、曾任联合国教科文组织成人教育局局长的法国著名成人教育家郎格朗著述；《终身教育大全》由日本学者持田荣一、森 隆夫、诸冈和房编写；《培格曼国际终身教育百科全书》则由泰特缪斯先生领衔，抽取著名教育家胡森（T. Husen）等人主编、英国培格曼出版公司出版的 10 卷本《国际教育百科全书》（*The International Encyclopedia of Education*）中的成人终身教育内容重新编纂而成，书名直译应为《国际成人终身教育手册》。

《终身教育导论》介绍了终身教育理念形成的时代背景，以及对人的发展意义和对社会进步的价值，向全世界宣告了终身教育时代的到来。有关它的内涵诠释、目的探究、范畴确认、内容建构、战略选择、资源整合等，不仅长驱直入于我们的观念世界，而且还直接作用于我们的实践领域。尤其让中国成人教育界人士感到扬眉吐气的，是它对成人教育与终身教育关系的确认："倘若我们没有得益于成人教育……那么，与终身教育有关的思想毫无疑问是不可能产生的"。①"教育的未来，相应地取决于成人教育的发展"，②"因为，成人教育看上去是整个终身教育的'火车头'"。③

《终身教育大全》可以让中国成人教育界从日本学者及其著述中比较系统地了解到关于终身教育概念的国际认知、终身教育思想的起源与发展、终身教育与社会变革的关系、终身教育与人的发展的关系、终身教育的基本原理与基本任务、终身教育与行政管理、终身教育与家庭教育、终身教育与学校教育、终身教育与社会教育、终身教育与企业教育、终身教育与大众传媒等一系列重大问题的思考和结论。

《培格曼国际终身教育百科全书》则向全世界展现了一幅终身教育理念下的成人理论与实践的全景画面。借此，读者可以分享到的是：成人教育的基本理论和实践扩展，包括成人基础教育、弱势群体教育、职业教育、政治教育、家庭教育、适应性教育等的广泛推进及其所彰显的社会价值。与此同时，更将中国读者引入到关涉成人教育制度与立法、组织与结构、规划与财政、空间与过程、方法与评价，以及成人学习动机、学习过程、学习模式、学习与经验、学习与职业、学习与生活、学习与终身发展、发达国家成人教育、发展中国家成人教育等一系列主题之百科全书式的知识与信息世界。

若站在所谓的成人教育学核心区域这个基点来看，这些引进成果一方面实现了与终身教育理念的衔接，以至于其学术思考从此得益于终身教育思想高屋建瓴般的引领，进而建构新的学术品格、提升新的学术品位，另一方面呈现了与终身教育理念的对接，以至于其学术探究从此在终身教育框架下关注到了一个更为宏大的成人教育真实图景，进而扩大了相关的知识根基与知识容量，展现了新的学术内涵与学术水平。而所有这一切，显然为中国成人教育学界在终身教育理念下理解成人教

---

① 保罗·朗格让. 终身教育导论[M]. 滕星，等，译. 北京：华夏出版社，1988：83.
② 同上：49.
③ 同上：142.

育、探究成人教育学注入了一种全新的理论源泉，构筑了一个更高的学术平台。

至于《外国教育丛书》编辑组编写的《业余教育的制度和措施》、杨连江与蒙定明编写的《国外企业职工教育》、张维编著的《世界成人教育概论》、中央教科所比较教育研究室编撰的《世界成人教育概述》，以及杨希钺、叶忠海和王恩发翻译的《连续教育的理论基础》、江金惠翻译的《学习模式：终身教育的新展望》、赖春明和艾湘玫翻译的《第三世界的成人教育》，乃至还有许多可能被漏掉的此时期的其他编著或译著，虽然它们不一定直接切入成人教育学的核心区域或与之密切相关，但同样使广大中国读者看到了在一个成人教育学宽泛框架中的更多理论思考与实践行动。

总而言之，20世纪80年代初至90年代初这十余年间，中国成人教育界的学者通过这一连串研究成果的引进，不仅使我们看到了对成人教育学建构可能具有说明意义、证明意义的国际事实，也更让我们了解到了对成人教育学建构可能蕴涵元论意义、主体意义、原理意义，抑或是相关意义、支撑意义、综合意义的国际思考。

四、启程：本土研究者迈出了自己的脚步

其实，20世纪90年代以后，成人教育方面的著作的引进浪潮并未止歇。只是，在国门初开的头十年间，来自国外的学术信息、研究成果尤让国人感觉新鲜与刺激、豁朗与兴奋，就像侄侗中获得了新知与启蒙，混沌里迎来了真知与启迪。另一个更加重要的结果便是，来自异域的众多新概念、新术语，源自异国的许多新思想、新学说，在本土扎根甚至繁衍开来了。成人教育学界人士在打开国门引进国外成人教育先进思想、优秀文化的同时，也开始迈出自己的脚步，踩响了成人教育学研究的本土足音。

从20世纪80年代起，一直到21世纪头几年，属于成人教育学宽泛框架中的研究成果，或者说是关乎成人教育理论与实践一般研究的著作，经初步统计，已达近千部。若按照是否属于或明显接近成人教育学研究核心区域的尺度，其相关著述，据不完全统计，亦见数十部之多。而其中又包含两种情况，一种是以"成人教育（理论与实践）""成人教育概论（或概述）""成人教育基础"命名的著述，另一

种则是以"成人教育学""成人教育学基础""成人教育学通论"命名的著作。按照出版时间先后顺序,主要可以罗列出以下著作(见表1-3、1-4)。

表1-3 20世纪80年代至21世纪初我国以"成人教育(理论与实践)""成人教育概论(或概述)""成人教育基础"命名的著述

书　　名	作　　者	出　版　社	出版年份
《成人教育理论与实践》	关世雄	北京出版社	1986
《成人教育实践与理论》	王垂芳	光明日报出版社	1987
《成人教育概论》	王文林、余博、宋文举	湖南教育出版社	1988
《成人教育概述》	刘国瑜	四川社会科学院出版社	1988
《成人教育》	孙世路、项秉健、高志敏	黑龙江教育出版社	1989
《成人教育概述》	张谓诚	贵州人民出版社	1989
《成人教育基础》	关学丰、王兰英	中国人事出版社	1990
《成人教育基础》	陈孝彬、周韫玉	中国人事出版社	1996
《成人教育概论》	王北生、姬忠林	河南大学出版社	1999
《成人教育的理论与实践》	潘士君	大连出版社	2001
《成人教育概论》	祝捷	东北师范大学出版社	2006

表1-4 20世纪80年代至90年代我国以"成人教育学""成人教育学基础""成人教育学通论"命名的著作

书　　名	作　　者	出　版　社	出版年份
《成人教育学基础》	王茂荣、朱仙顺、李元海	职工教育出版社	1988
《成人教育学》	秦向阳	江苏教育出版社	1989
《成人教育学》	张维	福建教育出版社	1995
《成人教育学》	季东亮、毕田增	黑龙江教育出版社	1995
《成人教育学》	韩崇礼	河北教育出版社	1995
《成人教育学》	陈明欣,等	中国石油大学出版社	1995
《成人教育学通论》	叶忠海	上海科技教育出版社	1997

成人教育学田园二十年间形成的这些本土成果虽难称博大精深,却也生机勃勃

地构成了一片丛林。现在就让我们在这两大部分著作中，分别择取具有首创意义、开拓意义，抑或流传较广、影响较大的四部著述来作一番介绍。

——王文林、余博、宋文举的《成人教育概论》。1982年，在教育部组织召开的第二次全国教育科学规划会议上，有两项成人教育科研项目被首次纳入全国教育科学规划国家级课题之列，其中一项便是由王文林、余博担纲的"成人教育概论"。王文林先生系黑龙江省教育学院资深专家、《成人教育（黑龙江）》杂志首任主编；余博先生系中央教育科学研究所资深研究员；课题组其他成员亦堪称当时成人教育研究界的精兵强将，他们是哈尔滨大学的徐学榘，黑龙江教育科学研究所的宋文举，黑龙江省教育学院的姜友信、毕田增、宋常泰、曲申等人。八位学者历经整整五年时间撰写的研究成果，终在1988年仲夏由湖南教育出版社出版了。

这本著述可以说是相关成人教育活动在中国得以统称并明确其为我国人民教育事业四大组成部分之一以后，最早直接以"成人教育"命名并系统论述其理论与实践的专著之一。其中的论述，在今天看来，也许因为已在成人教育领域广泛传播、反复演绎，以致耳熟能详，似乎不再让人有强力震撼之感，但在二十年前学术荒芜、百废待兴的年代，足可谓振聋发聩、惊心动魄。而其最为杰出的学术贡献表现在：

其一，亮出了"成人教育学（科）"概念。作者们认定，"积极探索成人教育的理论体系，是时代的要求"。[①]作者们坚信，"这门学科，……既不是普通教育学的分支，……翻版，也不是与其他学科交叉的边缘学科，而是一门新兴的、独立的学科"，[②]旨在"揭示成人教育作为一门独立的社会科学的特有规律"。[③]

其二，尝试对成人教育的基本理论进行分析。作者们探究了成人教育的内涵与性质，诠释了成人教育的特点与原则，考量了成人教育的地位与作用，阐述了成人教育的方针与目的，同时又深入分析了成人教育的经济意义和政治意义。

其三，初建了成人教育的实践知识框架。作者们描绘了成人教育的基本制度，描画了成人教育的办学形式，描述了成人教育的教学内容，评述了成人教育的教学原则，评论了成人教育的教学形式，评说了成人教育的教学方法。此外，还专门论述了成人教育的管理活动问题和教师队伍问题。

[①][②][③] 王文林，余博，宋文举. 成人教育概论[M]. 长沙：湖南教育出版社，1988：3.

这本著作一直是我的珍藏。当年初读，曾经获得启蒙，如今复读，依然心得良多。它标志着在中国成人教育学的自我意识开始形成了，成人教育学的学科意识开始爆发了，成人教育的理论探讨开始迈进新的教育科学殿堂了，成人教育的实践探索开始摆脱直觉与经验意义，迈出了具有理性与知识意义的一步。就像曾任全国教育科学规划领导小组副组长、中央教育科学研究所所长的张健先生为该书作序时所说的那样："《成人教育概论》……为填补我国社会主义人民教育事业重要组成部分的成人教育科学的空白，创立以马克思主义为指导的社会主义成人教育科学理论作了贡献！"[①]

——孙世路、项秉健、高志敏的《成人教育》。20世纪80年代中后期，邓小平先生在总结中国近十年社会发展时说了这么一句话："我们最大的失误是在教育方面，……教育发展不够"。这对当时的教育界人士产生了很大的刺激，一方面使之在事实面前感到羞愧，另一方面又敦促他们面对忧患去奋力寻找新的出路。也许正是基于这种背景，中央教育科学研究所策划了在当时绝对堪称大手笔的一项特别行动——在全国范围内组织一批专家，撰写出版一套教育科学丛书。这套丛书由黑龙江教育出版社出版，共含十四卷专著，《成人教育》则为其中之一。

时任上海第二教育学院成人教育系主任的孙世路教授领衔负责《成人教育》一书的编写工作，并邀请时任《上海教育·成人教育版》主任编辑的项秉健先生以及初任华东师范大学成人高等教育研究室副主任的我一同加盟这项研究行动。

从明确任务、拟定框架，到确定分工、收集资料，再到各自动笔、中途研讨，最后相互修稿、定稿付梓，前后大约经历了一年半时间。在这一次张扬互动、激情碰撞的研究活动中，我们三位着力透析了成人教育的基本内涵，尽力追溯了成人教育的历史沿革，努力探索了成人教育与终身教育的关系、成人教育与现代社会的关系、成人教育与人的终身发展的关系。基于此，我们又浓墨重彩地阐释了成人教育的基本宗旨与主要任务，描述了成人教育的基本样态与主要活动，描绘了成人学习者的基本特征与学习能力，分析了成人教育工作者的基本构成与素质要求，解析了成人教育的宏观管理与运行机制，等等。

[①] 王文林，余博，宋文举. 成人教育概论[M]. 长沙：湖南教育出版社，1988：1.

这本著作打动读者的，也许就是作者们始终力求体现的以下三种精神：

第一，开放的精神。其时，孙世路教授因已著成《外国成人教育》一书而有了开阔的国际视野；项秉健先生因已主编成人教育杂志多年而有了广泛的中外信息积累；我则因甫从海外留学归来有了一定的国外资料储备。因此，这本著述的知识体系被融进了许多重要的国际元素。

第二，开创的精神。其时，可供参照的成人教育著述版式难以寻觅，而一般的教育论著方式又难以适合成人教育固有特性所决定的研究特点与需要，因此，只能决定自行闯一闯，即本着有什么说什么、说得清什么说什么的原则，从而搭建了全书的内容框架。

第三，关照实践的精神。这一精神主要体现在两个方面：其一，理论阐述注重实践印证；其二，实践论述注重现实问题与现实需要。

这本著作1989年出版之后，在相当长的一段时间里成了许多成人教育工作者获取专业知识的重要读本，而且经常成为成人教育工作者培训的主要材料。

——王北生、姬忠林的《成人教育概论》。王北生教授时任河南大学成人教育学院院长，姬忠林副教授任该学院所属终身教育研究所所长。王北生教授上任伊始，为繁荣我国的成人教育研究事业，促进成人教育学科建设，遂决定在该校创建一个成人教育学专业硕士学位授予点。根据学位点设置的相关要求，王北生教授又精心制定了编写一套成人教育丛书的计划，其中的领衔之著，便是由其任第一主编的《成人教育概论》一书。

时至20世纪90年代，一批年轻并具有较高学术素养的新生力量开始进入成人教育研究领域。这本著作的编写人员构成便是一个佐证——十名成员中，大多为中青年研究者，而姚远峰、何红玲等更是奋发有为、拥有博士学位的年轻学者。

该书共有十七"论"，它们分别是成人教育的"内涵论""体系制度论""目的论""功能论""课程论""教学论""教师论""学员论""德育论""培训论""社区教育论""农村教育论""自学考试论""终身教育论""科研论""学科论"以及"如何迎接知识经济论"。

让人过目不忘的是，其第十五章和第十六章对"成人教育科学研究"和"成人教育学学科建设"两个命题进行了专门讨论。作者们指出了成人教育科学研究的地位和作用，阐释了成人教育科学研究的目的和功能以及可能涉及的主要研究领域。基于此，他们又将成人教育学置于国际背景之下，就其历史沿革、发展现状与未来远景展开了讨论。

由此可以认为，虽然对于书中出现的"成人教育""成人教育学""成人教育科学""成人教育学学科""成人教育学科""成人教育学学科体系""成人教育学科体系"等一系列术语的内涵及其边界有待进一步的辨析与辨识，这些研究却也清楚地标示了"成人教育学"问题越来越为成人教育界广泛关注，他们对此倾心倾力，持续探索。

——祝捷的《成人教育概论》。认识祝捷教授有二十余年了。虽说平日疏于联络，但深知其热爱成人教育事业，在东北师范大学执着于函授教育已达三十余年之久。在纪念该校函授教育五十周年之际，祝捷教授由于"对成人教育具有特殊情感"，"在琳琅满目的书架上"因为"很少谋面本占半壁江山的成人教育的专门著作"而"深感失落"，于是心有不甘，"产生了写作本书的原始冲动"。[①]

临近2007年元旦的一个傍晚，我收到了他赠予我的这部佳作。黄昏时分，阅读着来信，浏览着篇目，心中感慨连连，这何止是一本二十七万余言的书，分明是这位研究型管理者数十年职业生涯的探索、经验、心血与成就的写照！

在该书中，祝捷教授从六个方面展开讨论：其一，成人教育的概念与属性——梳理与解读了成人教育的定义、目的、特点、本质、原则；其二，成人教育的沿革——追溯与刻画了成人教育的远古表征、近代生成、现代发展；其三，成人教育系统的要素——说明与分析了成人学习者、成人教学者、教育信息与教育方法、教育媒介与教育管理、科研范畴与科研方法等要素；其四，成人教育系统的结构——呈现和论述了全日制成人教育、业余成人教育、远程教育、自学考试等及其相关组合；其五，成人教育系统的功能——揭示与诠释了其促进政治保证、经济增长、文化传承、实践创新、信息整合以及可持续发展等功能；其六，成人教育思想的形成与发展——连接与论证了成人教育思想的远古理解、近代认知、现代诠释。

---

① 祝捷.成人教育概论[M].长春：东北师范大学出版社，2006：后记.

由之，成人教育的底蕴探索趋于更宽更深，成人教育的实践追踪趋于更远更久，成人教育的元素分析趋于更多更全，而成人教育的构成解析更是趋于多维视角，功能认知更是趋于多个层面，思想追问也更是趋向历史纵深了。

以上是对第一种情况中四部著作的介绍，紧接着让我们来概览属于第二种情况的四部著作。

——王茂荣、朱仙顺、李元海的《成人教育学基础》。在中国，明确以"成人教育学"命名的著作显然是王茂荣先生等首创的。王茂荣先生和前面提到的高本义先生等是新中国成立后不久就参与工农教育、业余教育、函授教育等的实践者。改革开放之后，他们又成为恢复成人高等教育的一线倡导者和推动者，王茂荣先生曾任以培养成人教育教师为主要使命的上海第二教育学院院长之职，高本义先生则曾任面向全国招生的华东师范大学业余教育处（后改称"成人教育学院"）处长之职。难能可贵的是，他们在艰辛的实践开拓中又投身到了成人教育的理论研究乃至成人教育学的开创之中。

《成人教育学基础》洋洋洒洒近50万言，分上、下两册，由导论并六大篇共十九章组成。导论部分追溯了现代成人教育的历史进程，解析了成人教育学的基本问题，其中涉及其概念界定、基本任务、现实意义、内容框架和研究方法。

进而，全书根据其对成人教育学所设定的内容框架确定了如下六大篇目：

第一篇阐述成人教育的基本原理——论及成人教育的概念与内涵、范畴与特点、社会属性与社会功能、培养目标与教育内容，以及成人教育与终身教育的关系等；第二篇论述成人学习者和成人教学者——论及成人的概念与发展、成人的发展与学习、成人的特征与学习、成人的学习动机与学习能力，以及成人教育工作者的构成与使命、地位和作用、训练和培训；第三篇探讨成人教育的教学理论——论及成人教育的教学过程与教学原则、教学组织与教学方法、教学检测与教学评价；第四篇按不同角色群体分述成人教育——包括农民教育、职工教育、干部教育、军人教育；第五篇按不同教育内容分述成人教育——包括思想政治教育、文明生活教育，并兼述了老年教育问题；第六篇讨论成人教育的管理问题——论及成人教育的体制及其国家特色，以及成人教育管理的含义与职能、原理与原则、手段和要求。

这是一部宏大、厚重的作品。让人感佩不已的是：

第一，作者具有巨大的探索勇气。这本著作问世于 1988 年。此前，在本土几乎还没有任何可供其参照的蓝本，需要坚强的勇气去探究，去摸索。

第二，作者具有鲜明的开创精神。在这本著作问世之前，在本土几乎还没有可供其获得启示的线索，需要不凡的智慧去开拓，去创造。

第三，作者呈现了清晰的研究路线。在探究与摸索过程中，未见其有丝毫的忐忑与慌张，而是心神恬然、有章有法、有板有眼地展开着自己的思维触角，规定着自己的演绎路线。

第四，作者呈现了完整的内容构架。在开拓与创造过程中，不见其有明显的顾此失彼，相反，胸有成竹，前后呼应、左右兼顾地建构起了自己的理论体系，搭建起了自己的知识大厦。

也许正是因为这样，这部具有原创意义的《成人教育学基础》在很大程度上对成人教育学概念形成了一种最初的本土理解方式，同时，也更为成人教育学研究提供了一种最初的本土探究样式。而至于其中所建构的理论认知与实践知识，又被更多的成人教育工作者视为其获得启蒙的重要源泉及执着于成人教育事业的原动力量。

——张维的《成人教育学》。20 世纪 80 年代末 90 年代初，"为了科学地总结我国近百年来特别是中华人民共和国成立 40 多年来各级各类教育的实践经验，使之系统化、理论化，努力探索各级各类教育的发展规律，建立有中国特色的社会主义教育学理论……"，① 福建教育出版社特别委托中国教育学会教育学研究会组织编写一套教育学丛书。双方于 1990 年、1991 年和 1992 年分别在天津、北京和沈阳进行三次磋商，终于明确了丛书编写的指导思想、基本思路，以及一套十卷（总论一卷、分论九卷）的基本构架。《成人教育学》为其中之一，由当时的北京市成人教育学会副会长张维担任主编。

1995 年 8 月，历经三年时间，共有 11 位学者参与编写的《成人教育学》终于正式面世。主题有：成人教育科学理论的发展、成人教育学的研究对象和任务、成

---

① 张维. 成人教育学[M]. 福州：福建教育出版社，1995：出版说明.

人教育科学研究、成人教育的目的与任务、成人教育的性质和功能、成人教育的特点和规律、成人教育的结构与形式、成人教育的教学与管理、成人教育中的学习者与教育者、成人教育的思想政治教育。

这其中，作者们除了围绕成人教育进行理论认知与知识建构之外，还专门针对成人教育学展开了充分的讨论，特别是在"成人教育学的研究对象和任务"里，作者们沿着"成人概念分析→成人教育定义探析→成人教育学内涵辨析→成人教育学研究对象界定→成人教育学研究任务框定→成人教育学研究内容设定→成人教育学研究可能获得的跨学科支持"这样一条思维演绎路线而完成了对成人教育学的认知与阐释。

也许，书中的具体论述还有进一步准确、精到、深入、完善的空间，但重要的是，这项研究成果不仅在一定程度上使我国先前的成人教育学研究提升了台阶，也在一个相当明显的程度上使术语"成人教育学"再一次在人们的视野里真切闪亮，再一次在教育科学的殿堂里留下它的探索印迹。

——季东亮、毕田增的《成人教育学》。正当张维等人在奋力打造他们的《成人教育学》时，有着成人教育及其研究优良传统的松花江畔亦有一支八人团队，在黑龙江省教育学院季东亮教授和毕田增教授的领衔下，也在力求"高着眼、勤着力"地创作着《成人教育学》一书，并且也于1995年交由黑龙江教育出版社出版。这本著作有四大组成部分：成人教育学基本学理、成人教育基本原理、成人教育宏观活动、成人教育微观活动。

具体说来，学理描述分为两翼：一翼关乎成人教育学的产生与发展，一翼关涉成人教育学的研究性质与对象。原理探究聚焦三点：其一，成人教育的沿革；其二，成人教育的本质；其三，成人教育的功能。宏观活动阐述关照两面：一面与宏观活动构成相关，一面与宏观活动模式相关。微观活动诠释则主要围绕成人教学，按其四个层级依次展开：首层为教学活动的基本原理，次层为教学活动的基本模式，三层为教学活动的基本程序与基本方法，尾层为教学活动的组织形式与实施手段。

可以肯定的是，没有对成人教育现实的深入体察，没有对成人教育现象的精心解读，是不可能生成如此论述布局的；没有对成人教育学研究性质的真切领悟，没有对成人教育学研究对象的审慎思考,亦是不可能形成如此著述结构的。曾为《成人教育(黑龙江)》杂志第二任主编的姜友信先生在为该书作序时不吝溢美之词地称道:"全书体系安排井然有序富于新意。首论基本原理,次论宏观活动,接论微观活动。如抽丝以剥茧,如登堂而入室",如此"一一道来,使人对成人教育的理解与了解,眼界大开,登高望远,心胸顿畅"。①

——叶忠海的《成人教育学通论》。时至20世纪90年代中期,我在成人教育研究领域已经度过十多个春秋,似乎已在多豪情、少阅历的青涩表层上多少抹上了一些沉稳、不惑的色彩,而尤为明显的变化就是已经认定成人教育事业,并时刻准备为之做出应有的贡献。也正是在那段时间,虽因校方调遣而小别成人教育领域,但一日忽闻一位曾经听过我法语课的博士学生之夫人张臻女士在上海科技教育出版社工作时,便询问她和其上司王晶女士,能否在成人教育方面共同有所成就。两位热心而敬业的女士没有任何迟疑,当即表示愿和华东师范大学共同策划、出版一套成人教育理论丛书。我遂将其引荐给了时任华东师范大学成人高等教育研究所所长的叶忠海教授。经过双方多次切磋,也经过以华东师范大学成人教育学专业硕士学位授予点为主的研究者三年的努力,一套五卷本的成人教育理论丛书,在纪念国务院《关于改革和发展成人教育的决定》发布十周年的日子里终于正式出版,其中就有叶忠海教授领衔,一行九人共同完成的《成人教育学通论》。

《成人教育学通论》一书由十五章组成,绪论一章描绘了成人教育学的起源,刻画了成人教育学的发展,论述了成人教育学的研究对象、研究内容和研究方法。其余各章,既有涉及成人教育理论界面的思考,包括内涵、属性、特征、目的、功能等,又有涉及成人教育实践层面的讨论,包括体系、教学、课程、教员等。同时,又深入到不同的实践领域如岗位培训、企业教育、社区成人教育、农村成人教育、自学考试教育等展开了相关的探究。最后,作者们还对面向21世纪的成人教育发展的特点和趋势进行了探究。

到目前为止,叶忠海教授等的《成人教育学通论》是我国明确以"成人教育学"命名的最近一本著作。它在我国构建终身教育体系、推进全民终身学习、创

---

① 季东亮,毕田增. 成人教育学[M]. 哈尔滨:黑龙江教育出版社,1995:序.

建学习型社会背景下，对进一步发展成人教育具有积极的理论指导意义。它也再次促进了成人教育学本身的积累和发展，正如曾任教育部副部长、全国职工教育管理委员会副主任的浦通修先生在为该套丛书作序时所说的那样："在教育科学园地里，成人教育学这株小树正在茁壮成长，生机勃勃地自立于众多教育学科之林"。

毫无疑问，花这么多笔墨回溯以上八本著作，就是要以事实向世人宣称，在成人教育学研究田园，来自中国的园丁们亦已捋袖抬腿，开始发挥自己的智慧与才干了。至此还需要特别告诉读者诸君的一个情形是：在20世纪80年代初至21世纪头几年的二十余年时间里，国内已经逐渐形成了一个从成人教育学研究核心区域扩散开来的"豪华阵容"。做一个不一定恰切的描述，此"豪华阵容"呈菱形状态，前锋显然要数职工教育（学）研究，右翼主要是扫盲教育研究、成人高等教育研究、继续教育研究等，左翼主要是社区教育研究、企业教育研究、远程教育研究、自学考试研究等，殿后的则是终身教育研究、终身学习研究等。处在其核心部位的除了有成人教育概论（概述、基础）、成人教育学（基础、通论）类的研究之外，还有成人教学论、成人学习论等。

这一"豪华阵容"自然可以让人捕捉到无数信息，但尤其让人敏感的是：其一，职工教育（学）研究在我国起步很早，20世纪80年代初就有以"国外企业职工教育""职工教育浅说""职工教育概述""职工教育论""职工教育学"之类词语命名的著作接踵问世，它们对其后以"成人教育（学）"命名的研究产生了重要的影响；其二，成人教育学研究几乎从一开始就没有囿于其相对狭义或严格意义上的探究范畴，反而很快迈进了一个更加广泛、更为辽阔的探索空间。

第三节 本章结语

在进入下一章"成人教育学科体系的历史追溯"之前，当先对本章作一小结和归纳，目的是为了更好地承上启下。

一、双轨一线：留下的八幅画面

前两节的篇幅不可谓不长，信息不可谓不密。但是，它们的两条轨道依然清晰——一轨依着异域前行，一轨贴着本土推进；它们的一条主线仍然明朗——始终没有偏离"成人教育学"这一主题而延伸、而延展。

前行与推进中，延伸与延展中，眼前掠过了八大旖旎景观，心中更留下了八幅真切画面。

来自异域的画面有四个：

画面之一——成人教育学的诞生。英国的波尔、德国的凯普、瑞士的汉塞尔曼、美国的哈伦贝克，以及英国的诺丁汉大学与美国的哥伦比亚大学，分别以不同的表现方式和不同的表现内容为成人教育学的诞生编织了五个"第一"的故事。不论这些故事会给人带来什么样的心理感受或思维演绎，它们将永远载入人类的成人教育学史册。

画面之二——成人教育学的受阻。声名显赫的赫尔巴特，一方面可能因其特别的价值取向——对民主与平等的顾忌；另一方面可能因其特别的认知取向——教育必备教学性，教学必含教育性；第三方面可能因其特别的判断取向——成人的可塑性、可教性已然穷尽，成人教育甚至可能使之产生过度依赖，而将成人教育学拒之学术殿堂之外。这至少是成人教育学社会关注式微甚至沉寂将近一个世纪的重要原因之一。

画面之三——成人教育学的复活。从捷克的夸美纽斯到法国的卢梭，从瑞士的裴斯泰洛齐到德国的第斯多惠、纳托普，从英国的欧文到美国的杜威，这些无论是早于赫尔巴特百余年的大师，还是晚于其百余年的智者，其学说中所闪耀的成人教育思想光辉，其志向中所张扬的成人教育实践力量，一方面不断抗击着教育思维中的谬误或教育进程中的积弊，另一方面又积聚成一种巨大的潜在能量，一旦面临新的时代变迁与新的时代需要，以及新的人性理解与人本认知，成人教育学遂又获得了回归与复燃。而促使这种隐性能量得以显性井喷，在欧洲打破成人教育学百年沉寂，在北美唤醒成人教育学世纪沉睡的，便是德国的罗森斯托克和美国的林德曼。

画面之四——成人教育学的崛起。罗森斯托克使成人教育学告别落寞，林德曼使成人教育学终止蛰伏，诺尔斯则真正为成人教育学竖起了一座界碑，开辟了一片天空。主要表现为对术语内涵的初解、认知通道的初显、理论根基的初奠、知识体系的初创、自我形象的初塑、应用价值的初见，传播范围愈益扩大，关注程度愈益提高，而由信奉者与追随者、评论者与批判者等共同组成的队伍，更是一天比一天变得庞大起来。

来自本土的画面亦有四个：

画面之一——成人教育学的渊源。从孔子到孟子，从老子到庄子，再从荀子到朱熹、王守仁、颜元一行，先哲、先贤们为华夏子孙乃至整个人类缔造了一座巍峨壮观的教育思想宝库，营建了一座光彩夺目的学习思想殿堂。而大量关乎成人教育的崇论闳议，关乎成人学习的真知灼见，成了千年以后成人教育学的渊源。

画面之二——成人教育学产生的前奏。从梁启超、蔡元培到陶行知、俞庆棠，再到梁漱溟、晏阳初、黄炎培等，他们的学术思考与实践尝试翻开了成人教育百年本土认知与行动的初页。而自中国共产党诞生及至中华人民共和国成立以来党和政府对于成人教育的高度认同与深度实践，更是编纂了成人教育百年本土认知与行动的主页。基于此，并为回应改革开放时代成人教育事业发展的需要，以及国际社会的真诚召唤，原先有关成人教育的各种指称、指代，被统一成术语"成人教育"，并发布了具有重要时代意义的《关于改革和发展成人教育的决定》。而所有这一切，又全然成了成人教育学探索在本土勃然兴起的，既是具有先决意义的历史铺垫，又是具有前提意义的未来序曲。

画面之三——成人教育学的引进。成人教育学探索活动初始，研究者们首先打开国际视窗，采撷到了成人教育学研究的外乡成果，领略到了成人教育学研究的异域风采。其中既有对学科本身建构的理路探索，又有对成人教育认知的学术探究；既有成人教育理论体系方面的创新，又有成人教育实践知识方面的积累；既有属于学科核心区域的学术阐扬，又有属于学科边缘区域的认识发展。这一切，都已经并还将继续成为这一学科本土探究中不可或缺的部分。

画面之四——成人教育学的启程。在成人教育学研究田园中，真可谓"方见异邦落英缤纷，又见本土奇葩芬芳"。自 20 世纪 80 年代起，几乎在注重引进国外研究成果的同时，成人教育学研究的本土脚步也开始真切地踏响了，不仅可见王文林、余博、宋文举、孙世路、项秉健、高志敏、王北生、姬忠林、祝捷等探索者的著述，又能读到王茂荣、朱仙顺、张维、季东亮、毕田增、叶忠海等研究者的著作。这些研究成果或是竭力推崇成人教育学概念，或是力求解读成人教育学内涵；或是着力赋予成人教育以理论力量，或是奋力给予成人教育以实践认知；或是勇敢探索成人教育的基本原理，或是精心描绘成人教育的实践发展。而所有这一切，终于让人们听到了从教育科学大厦传出来的成人教育学的中国之声。

二、双轨一线：获得的八点心得

所谓心得，是我这半年来对这"八大景观"的觉察与感受，或者说是对这"八幅画面"的一些洞察与感悟。于此，欲以统合与对比的方式再来点评一下在双轨的延伸、延展中异域与本土之间所呈现的相同与相异。

关于相同情况的心得主要有四点：

心得之一——渊源，一样的悠久。在异域，哲学家、教育家柏拉图对凯普产生何等巨大的影响，以至于其在与先哲的心灵对话中第一个提出并使用了术语"成人教育学"；在本土，思想家、教育家孔丘又对后人产生何等巨大的影响，以至于没有人可以否认他是东方发现和论述终身教育、终身学习思想的伟大先驱。换言之，如今的成人教育学的思想渊源，在异域可追溯到距今两千三百余年的柏拉图时代，在本土可追溯到距今两千五百余年的孔夫子时代。

心得之二——能量，一样的积聚。在异域，从17世纪的夸美纽斯到18—19世纪的卢梭、裴斯泰洛齐、欧文、第斯多惠，再到从19世纪跨越到20世纪的纳托普、杜威等，他们旨在冲破藩篱的教育思想与观念、教育实验与实践，无不为成人教育学从沉寂中走出、从蛰伏中苏醒积淀了巨大的潜能；在本土，从20世纪初起的梁启超、蔡元培一直到20世纪中叶之前的陶行知、俞庆棠、梁漱溟、晏阳初、黄炎培等，他们旨在拯救民族的教育理念与主张、教育创新与创举，亦无不为指称的统一及最终促使成人教育学在中国形成自觉意识而积淀了巨大的潜力。换言之，无论是在国外还是在国内，成人教育学在登上学术舞台、迈进学理殿堂之前，都经过了长时间的能量积聚过程。

心得之三——初衷，一样的坚定。以林德曼、霍尔、基德、诺尔斯等为代表的研究者促使成人教育学于20世纪70年代在异域正式崛起；以孙世路、王文林、余博、王茂荣等为代表的研究者则促使成人教育学于20世纪80年代在中国开始勃兴。然而，尽管其时间有先后，社会背景有差别，研究基础有深浅，概念解析有差异，起点选择有不同，但他们都有一个相同的初衷，并对之表现出相同的坚定与执着，即希望对教育的关注从儿童延伸到成人，对学习的关照从摇篮延续到拐杖，并对此形成专门的、独立的理论解释与实践认知系统。

心得之四——视点，一样的串联。从成人教育学研究的核心区域来看，无论是异域的开创与成就，还是本土的开拓与建树，都能真切地表明其研究视点已分别有机地串联起了三个关键层面：其一，成人教育学的元论层面；其二，成人教育的理论层面；其三，成人教育的实践层面。由此，一方面回应了成人教育学探索本身的认识论、方法论诉求，另一方面又分别回馈了成人教育的理论建构与创新需求，以及成人教育的实践驾驭和发展需求。

关于相异情况的心得亦主要有四点：

心得之一——基点，不一样的选择。在此，所谓基点，就是指成人教育学研究最初的侧重点或出发点，它们对学科的整个演绎过程具有逻辑规定意义。对此，在以上历史回望中已经可以或隐或显、或多或少地察觉到异域与本土的基点选择是有所不同的：前者更多倾向于学习与学习者一边，后者则更多侧重于教育、教育者一边。具体说来，国外学者的研究行动善于围绕成人及其特征而推进，或基于成人学习及其特征而展开，从而呈现出一条由"学"而论及"教"的演绎路径，诺尔斯堪称是采取这条路径的典范；国内学者的研究工作则倾向以"教"的必要性与重要性而趋向纵深，或以"教"的可能性与条件而走向宽阔，由此显现出一条由"教"而兼论"学"的行走路径，这种情况，在国内许多研究成果包括此前提及的著述里都有鲜明的痕迹。

心得之二——定义，不一样的解读。基点选择的不同，自然也就导致了国内外对成人教育学内涵理解的差异，或者说对其定义有着不一样的解读。在前述的事实中已经可以洞察到，国外学者更愿意将其理解为一门帮助成人学习的科学与艺术；而国内学者往往喜欢将其理解为一门研究成人教育现象、揭示成人教育规律的学科。

心得之三——论域，不一样的定位。也许因为基点选择的不一，定义解读的不同，所以也就引来了第三种相异情况的出现。也就是说，人们还可以洞察到，基于成人教育学研究的核心区域，无论是从其总体成果的结构来看，还是从其某部专著的架构来看，在国外，成人学习论域的研究比重往往占据显著地位，而在国内，成人教育论域的研究比率又往往居于领先地位。总之，国外研究者的志趣更多聚焦于成人教育中的学习问题研究，国内研究者的旨趣则更多定位于成人教育中的教育问题研究。

心得之四——应用，不一样的关照。国内外研究者对应用问题的关照，其天然性的心理倾向，或说其习惯性的行为走向，还是有一些差异的。这种情况主要表现为：国外研究者在一项研究中，在理论探讨乃至模型建构之后，往往能够据此用相当笔墨去批判性地评价现实，并富有操作意义地或是去进行成人教育实践的新设计，或是去寻找成人教育实践的新方法。这种情况在诺尔斯的著作中表现得非常充分。而国内研究者虽然同样会关照到一项研究的多个界面，但其间理论与实践的连接往往是比较模糊的，而有关实践问题的讨论又通常是详于关乎客观存在的"是什么""怎么样"的描述，略于关乎主观能动的"怎样做""如何做"的思考。这种情况在许多著作中亦是非常容易找到个案的。故而，著作出版后，前者往往更见应用价值，后者则往往更显认识价值。

至此，围绕"成人教育学"这一主题，以双轨统合与对比的方式叙完了我的八点心得。诚然，心得多多，不胜枚举，这八个方面是在前两节历史追问中感触最多、感受最深的地方，其中有些促成心得的诱发点，还很有可能成为后续研究进一步深入探讨的重要命题。

然而，以双轨统合方式来倾诉心得，特别是以双轨对比方式来结束本章，绝不意味着异域有异域的成人教育学，本土有本土的成人教育学，而是希望以此方式对世界范围内的成人教育学形成一种更加完整和深入的了解。基于专业角度，可以讲成人教育学全世界只有一个，就像人们常说的"科学无国界"一样，只是它如同人类所共同拥有、共同需要的一片田园，有着一批又一批来自世界不同角落的园丁，以各自不同的背景、认知、园艺在其中培植着、耕耘着，使得这片田园不仅草木芊绵、季季花开，更见百草争奇、百花斗艳。

第二章
成人教育学科体系的历史追溯

> 在那些使用"成人教育学"（andragogy）一词的国家里，成人教育的分散性已经导致了一些学科分支的发展。例如，基础成人教育学研究的是有关成人教育的基本概念、原理和定义的结构，它通常是成人教育家作为绪论性的训练课程的一部分。现在，除了成人教育比较研究和基于终身学习思想的成人教学方法、成人学习方法研究以外，还有一些特殊的学科分支也正在兴起，它们包括工业成人教育学、军队成人教育学、社会成人教育学、监狱成人教育学、家庭成人教育学和老年成人教育学等。[①]
>
> ——英国成人教育学家泰特缪斯

[①] 泰特缪斯. 培格曼国际终身教育百科全书[M]. 程方平，等，译. 北京：职工教育出版社，1990：29.

在开始关于成人教育学科体系的历史诉说之前，需要首先说明两个问题：

第一，在第一章中曾经多次提到"核心区域"与"边缘区域"。前者被视为一种相对严格意义上的成人教育学研究，后者被视为一种相对宽泛框架中的成人教育学研究。其实，所谓核心区域的成人教育学研究，无疑就像泰特缪斯在《培格曼国际终身教育百科全书》中所揭示的那样，是一种明显具有源点性、绪论性、基础性等特征的研究，一则关乎成人教育学的理论依据、逻辑起点，二则关涉成人教育之基本概念、基本原理、基本方式等；而所谓边缘区域的成人教育学研究又显然是一种明显体现渊源性、深入性、扩展性特征的研究，既包括为成人教育学核心区域提供理论线索、学术支持、实践素材的研究，又覆盖对由成人教育学核心区域发散、分流开来的相关领域、相关命题的研究。正因为这样，成人教育学才生成了学科体系概念，才有了对其整个学科体系展开历史追溯，乃至其后以此名义对其进行反思与前瞻的原始依据。

第二，虽说第一章主要聚焦核心区域而展开历史追问，却也留下了诸多边缘区域研究的信息与痕迹。显然，核心与边缘是相对的。也就是说，如果相对那些具有严格意义，体现源点性、绪论性、基础性等特征的研究，其他众多研究便成为宽泛意义上的研究了，或体现渊源性、支持性特征，或张扬深入性、扩展性特征；如若从整个学科体系的角度讲，所有这些研究都是成人教育学科的组成部分，甚至是重要的组成部分。

本章所要叙说的，便是基于一种更为宽泛的框架、更为广阔的视角，来对整个成人教育学科体系的编织过程展开历史性的追溯。

第一节　异域回溯

第一章叙述的事实告诉我们，无论是异域还是本土，成人教育学既渊源于古代诸多先贤的思想传统，又受益于近现代众多大师、学者的理论学说。成人教育学的演进是这样，成人教育学科体系的发展亦如此。由此，我们便无须重复成人教育学科体系之渊源性、受益性问题的讨论，而可直接切入其本身近百年以来的历史沿革探究。对其编织过程的历史追溯同样将出发点定在他乡异域,即先从国外的情况讲起。

一、痕迹:遗留在诺尔斯之前

1833年,凯普在《柏拉图教育理念》中第一次使用术语"成人教育学"。此后,遭遇种种不利因素影响,乃至赫尔巴特的阻隔,以致到1924年罗森斯托克才重拾"成人教育学"一词,1951年汉塞尔曼才以此术语作为书名出版专著。尽管如此,有关成人教育的探索活动,用今天的眼光来看,其中诸多可以标志成人教育学科体系发展的研究活动并没有被尽然遏制,19世纪后半叶亦有时断时续的探索现象,从20世纪初起,它更是进入了一个不断攀越高峰的时代。迄今百年,进入历史回溯视野的画面,全然可见其已经越过了两座高峰,并且又开始将攀越的旗帜逐渐引向第三座峰顶。

第一座高峰的攀越发生在20世纪上半叶,可以英国成人教育家曼斯布里奇(A. Mansbridge)1906年发表《英格兰与苏格兰劳工教育概论》(*A Survey of Working-class Educational Movements in England and Scotland*)与1920年发表《发生在劳工教育中的探险故事》(*An Adventure in Working-class Education*)为起始标志。该时期的巅峰人物除了曼斯布里奇外,还有英国成人教育家陶纳(R. Tawney)与耶克斯里(B. Yeaxlee),以及美国成人教育家林德曼、心理学家桑代克等。

第二座高峰的攀越可以1950年美国诺尔斯出版《非正规成人教育》为起始,一直到1977年再出版《美国成人教育运动史》(*The Adult Education Movement in the United States*)一书,一共持续了将近30年时间。站在巅峰之处的人物除了诺尔斯、汉塞尔曼与玻戈尔之外,还有基德、弗纳(C. Verner)、伯奇文(P. Bergevin)、赫钦斯(R. M. Hutchins)、郎格朗、伊里奇(I. Illich)、弗莱雷(P. Freire)、塔夫(A. Tough)、霍尔、富尔(E. Faure)等一大批学者。

第三座高峰的攀越始于20世纪70年代末80年代初,并一直延续至今。近30年来,处于这支攀越队伍先锋行列的人物有克罗丝(K. P. Cross)、史密斯、布鲁克菲尔德（S. D. Brookfield）、捷尔比（E. Gelpi）、库伯（D. A. Kolb）、贾维斯、伯奇特（R. G. Brockett）、梅里安、梅茨罗（J. Mezirow）、诺克斯、雷戈特（P. Raggett）、韦尔顿（M. R. Welton）、爱德华兹（R. Edwards）、布劳恩（A. Bron）、伊勒瑞斯（K. Illeris）等。

很明显，成人教育学科体系的"三座高峰"判断，是以诺尔斯的成人教育学思想建构时代为分界的，此前留下了痕迹，此中闪耀过辉煌，此后又持续着拓展。现在，就让我们先来回溯诺尔斯时代之前，成人教育学科体系在其历史编织过程中所留下的痕迹。

从曼斯布里奇1906年发表《英格兰与苏格兰劳工教育概论》一文，一直到1950年诺尔斯出版《非正规成人教育》一书，近半个世纪的时间里，无论是直接相关，还是间接相关，从成人教育学科体系的发轫与成长来看，可以首先点击出重要的历史文献信息（见表2-1）。

表2-1 1906—1949年国外成人教育方面的重要文献一览表

书名	原书名	作者	出版年份
《英格兰与苏格兰劳工教育概论》	A Survey of Working-class Educational Movements in England and Scotland	曼斯布里奇	1906
《史密斯报告》，也称《成人教育委员会的最终报告》	Final Report of the Adult Education Committee	英国重建部下属的成人教育委员会	1919
《发生在劳工教育中的探险故事》	An Adventure in Working-class Education	曼斯布里奇	1920
《一个受过教育的国家》	An Educated Nation	耶克斯里	1920
《成人学校运动：起源与发展》	The Adult School Movement: Its Origin and Development	库利（M. G. Currie）	1924
《教育：社会主义政策》	Education: The Socialist Policy	陶纳	1924

续 表

书　名	原　书　名	作　者	出版年份
《成人教育的意义》	The Meaning of Adult Education	林德曼	1926
《成人教育的精神价值》	Spiritual Values in Adult Education	耶克斯里	1926
《通过经验的教育：关于法兰克福劳工学院的方法解读》	Education through Experience: An Interpretation of the Methods of the Academy of Labor	林德曼	1927
《成人教育》	Adult Education	哈特（J. K. Hart）	1927
《成人的学习》	Adult Learning	桑代克	1928
《终身教育：成人教育运动范围与意义概述》	Lifelong Education: A Sketch of the Range and Significance of the Adult Education Movement	耶克斯里	1929
《成人的兴趣》	Adult Interests	桑代克	1935
《美国文化的边界：民主背景中的成人教育研究》	Frontiers of American Culture: A Study of Adult Education in a Democracy	亚当斯（J. T. Adams）	1944

诚然，这一时期的研究成果还包括曾在第一章中提到过的柏利森1936年出版的《成人教育》、休伊特1937年出版的《成人教育：一种动态的民主》、洛齐1939年出版的《成人教育前沿：成人学习的心理学基础》、布鲁纳1942年出版的《社区组织与成人教育：一项五年的实验》、莱尔1944年出版的《成人教育：为了家庭生活中的民主》等。

对此，我们可以首先尝试锁定其中的关键词，并将之解读为：

英国、美国——20世纪上半叶，英、美两国既是成人教育实践发展的重地，又是成人教育研究活动的重镇。

劳工教育、成人教育——劳工教育的主体是工业发展背景下的劳动者群体，劳工教育亦是成人教育的核心组成部分。大约从20世纪20年代开始，更具学术内涵的"成人教育"一词，无论是在日常生活，还是在研究情境中，都出现了逐渐取代"劳工教育"这一指称的趋势。

运动、起源、发展、终身教育——库利1924年出版的《成人学校运动：起源与发展》很容易让人同波尔1815年出版的《成人学校的起源与发展》联系起来。由此可见，成人学校的兴起被视为一种教育运动，而其起源和发展又成为成人教育历史研究的先导。到了1929年，耶克斯里又最早将成人教育运动与终身教育联系了起来。

范围、意义、政策、民主、国家、精神——如果说耶克斯里尝试在终身教育视野下理解成人教育的范围和意义，那么，陶纳则试图将成人教育作为一种社会主义政策来凸显其作用与功能。而在亚当斯、休伊特和莱尔那里，成人教育既是一种构建民主社会乃至民主家庭的重要手段，亦是民主社会乃至民主家庭的真切表征。在耶克斯里眼中，成人教育的价值同时体现在国家与精神两个范畴。

成人学校、社区组织、实验——人们的关注点开始从学校组织的、发生在学校里的成人教育，延伸到社区组织兴办的、发生在社区中的成人教育实验。

成人的学习、成人的兴趣、经验教育、成人学习心理学——有一种研究力量始终关切成人的学习问题，包括学习能力、学习兴趣以及其他方面的学习心理现象，同时开始注意到成人经验对于成人学习的意义。

通过关键词的锁定与解读，似乎还只能领略到成人教育学科体系比较浅表的框架。接下来，就让我们再来对这一时期五位巅峰人物及其学术成就进行更深入的透析。

第一位是"现代成人教育的建筑师"——曼斯布里奇。1876年，曼斯布里奇出生在一个平民家庭，父亲是位木匠。十四岁那年，他离开学校，来到伦敦谋生，曾做过店员、出纳员和书记员。曼斯布里奇笃信天主教，1895年，他想进入牛津大学读书而遭到拒绝。受家庭、宗教、人生阅历以及当时社会进步思潮包括劳工维权运动、合作社运动、文明化教育运动、大学教育推广运动等的影响，曼斯布里奇深深地认同：

其一，"劳工受到剥夺"。他认为劳工受到了各种各样的"剥夺"，包括"被剥夺了接近大学的权利"。[①]

[①] A. Mansbridge. *University Tutorial Classes*. London：Longman, Green & Co., 1913.

其二，大学乃"心灵欲求之地"。他声称，大学，特别是那些古老的大学，是"心灵欲求之地……是产生灵感和展开教学的基地"。①

其三，"真正的人是不朽且为精神的"。他深信，精神的力量是生命的核心力量。它经由"智慧与训练，可以来整理世界的材料，从而为人类带来福祉，为上帝增添荣耀"。②

由之，他的生命在以下两个领域尽绽异彩：

第一，1903年，他创建了劳工高等教育促进协会（An Association to Promote the Higher Education of Working Men），1905年更名为"劳工教育协会"（Workers' Educational Association），并一直为之工作到1915年。

第二，他不仅成为伦敦大学推广教育课程的一名成功的学生，而且以"满腔的热火"致力于使劳工阶级以接受扩展教育的方式步入大学的殿堂。

曼斯布里奇表示，这样做的目的就是为了寻求劳工维权与大学扩展教育之间的联合，就是为了使劳工阶级获得同样的高等教育权利，享受同样的文化传承过程。同时，也为了使文明化教育从原先"由上而下沉"的过程转变为一种"由下而延展"的过程。

在曼斯布里奇的成人教育思想中，主要的论点与释义是：

成人教育是"一种世俗的福音"。因为它能够"使人发展其身体、心智及精神到最极限，以达到上帝认为他应该做的工作"。③

成人教育有"两条孪生性原理"。一是助益于个人发展，二是服务于社会秩序。当然，这里所谓的社会秩序服务原理，就是促进劳工学习者通过其协会组织使工会或其他社会组织更加清楚地了解到他们的教育诉求。

成人教育要坚持"一个伟大的传统"。"教育是一种存在方式，而不是一种谋生手段。"博雅教育作为"一个伟大的传统"恰恰是一种最为理想的生活方式，它不仅有助于消减教育的不公平现象，也必将促使人们用"课堂上获得的知识来指导

---

① A. Mansbridge. *The Older University of England*. London: Longman, Green & Co., 1923.
② A. Mansbridge. *The Making of an Educationist*. London: Ernest Benn Ltd., 1929.
③ A. Mansbridge. *An Adventure in Working-class Education*. London: Longman, Green & Co., 1920.

实际生活"。①

成人教育要体现"一项生活的法则",将精神、智慧、知识三者紧密联系在一起。因此,每个人都有知识欲求,这是一项生活法则。成人教育的使命就在于使这项法则得以实现。诚然,知识的获得并不等于公式的掌握、技巧的体现,而是一个"内在消化"(inward digestion)的过程,"是一个通过经验而改变人格、产生智慧的过程"。②

成人教育要得到"一种有力的支持"。这种支持必定来自大学。大学必须敞开大门,向劳工阶层开放,这不仅是大学自身实现教育改革的需要,亦是推进社会民主、维持社会秩序、缓和社会冲突的需要。

成人教育要建立"一种新型的关系"。教学的"主导权在学习者方面,他们一定会说出希望如何学习、为何学习、何时学习或学习什么。而教学与管理人员的任务便在于帮助其获得实现学习愿望的满足感"。③基于此,在劳工维权运动与大学教育扩展运动的联合推进中,应更多采用导师式教学方法,而师生之间又必须建立起一种新型的朋友关系。

对劳工权益的维护,对高等学府的向往,对人之精神的追求,进而对成人教育的全面阐述——内涵的"福音"之解、原理的"孪生"之说、本质的"生存"之辩、使命的"内在消化"之析、内容的"博雅教育"之选、途径的"工学联合"之择、方法的"师生互动"之谋、主导角色的"学生一方"之取,使曼斯布里奇赢得了"现代成人教育建筑师"之美誉。

第二位是"成人教育的守护神"——陶纳。1880年,陶纳出生在一个知识分子家庭,曾求学于牛津大学的贝利奥学院(Balliol College),获得现代历史专业学位。陶纳与曼斯布里奇有过长时间的合作经历。1905年,他进入曼斯布里奇领导的劳工教育协会工作,任执行委员会主席,1920年至1928年任副会长,1928年至1944年任会长。如果说曼斯布里奇因出身贫寒、追求自身阶级权益而投身劳工运动,并希望通过劳工教育而获得"文化解放"的话,那么陶纳则因其渊博的学识,特别是其独特的"政治社会化"理念,几乎将其毕生的精力奉献给了"劳工阶层的

---

①③ A. Mansbridge. *An Adventure in Working-class Education*. London: Longman, Green & Co., 1920.
② A. Mansbridge. *The Making of an Educationist*. London: Ernest Benn Ltd., 1929.

道路铺设"和"劳工阶层的教育事业"。

对于成人教育，陶纳在其《教育：社会主义政策》等著作中亮出的论点与主张是：

"教育权利人人拥有"。成人教育是一种不能让渡的权利，换言之，它是实现劳工机会均等、通向平等社会的途径。

"教育富有政治意义"。成人教育是劳工获得政治力量的手段。也就是说，成人教育不仅有助于个人的知识增长、文化陶冶，也承担着整个劳工阶层"政治解放"的重任，从而孕育出一个真正属于大多数人的美好社会。

"教育旨在追求生存"。成人教育必须确立一种信念，即确保每个受过教育的公民都能具有批判精神与民主心灵，都能获得一种更具哲学释义的生命存在。

"智慧源自成人教育"。成人教育必须要有精良的教学安排和取得优秀智慧的教学标准。必须坚信的是，具有聪明才智的公民必定源自完善的成人教育。

"教学应当富有艺术"。成人学习者为谋求社会进步和个人发展而求知，而博雅教育的精髓就在于探究心灵与获得智慧。因此，任何教师在指导成人学习过程中所运用的教学艺术都应当表达出博雅教育的这一核心理念。

"教育弘扬人文精神"。教学过程中，成人学习者与成人教学者之间必须相互尊重，维持友善关系，这是成人教育的一条"金科玉律"，以体现成人教育本身的人文精神。

陶纳一生与劳工运动结下不解之缘，他一方面任教于伦敦经济学院，一方面又长期坚持承担面向劳工的教学工作，并对导师式教学进行了大量的探索与实践。陶纳以其非凡的坚韧成为劳工教育协会与劳工教育事业的忠实"守护神"。

第三位是"终身教育理念的开拓者"——耶克斯里。提及终身教育理念，人们很容易将其与20世纪六七十年代时任联合国教科文组织成人教育局局长郎格朗和国际教育发展委员会主席富尔及其思想联系起来。但是，耶克斯里早在1929年就专以"终身教育"一词命名出版了《终身教育：成人教育运动范围与意义概述》一书。专从"终身教育"视角来审视成人教育的理论问题，不得不让人认同他是现代终身教育理念的早期开拓者，并叹服他对终身教育和成人教育之间关系的最初洞察。

耶克斯里生于1883年，逝于1967年。他先在伦敦大学获得学士学位，后在牛津大学获得艺术硕士学位，之后又在伦敦大学获得哲学博士学位。耶克斯里80多年的生命旅程展现出非常清晰的三维支架：其一，宗教思想与宗教活动，他曾任基督教青年会全国委员会编辑秘书；其二，学术思想与教学生涯，他曾任牛津大学心理学讲师与扩展课程导师；其三，终身教育思想与成人教育活动，他曾任英国成人教育委员会委员。至于终身教育与成人教育，耶克斯里在其著作中进行了大量的论述，其中的主要论点与阐述是：

"终身教育具有双重根源"。之一，与人格本质和人格需求相关；之二，与促进人格发展的社会民主与社会责任相关。第一种根源是至关重要的，如果认同终身教育与每个人的人格本质与人格需求相关，那么，第二种根源同样是强而有力的。

"终身教育涉及多种资源"。终身教育主张生活与学习的整合。来自个人、组织和社会方面的生活资源、经验资源，都可以在终身教育过程中显示重要意义。

"终身教育覆盖多种空间"。终身教育可以发生在各种生活空间，特别是与人际生活、休闲生活密切相关的社区空间。

"终身教育关乎安身立命"。知识、经验、智慧、身心和谐、乐于奉献，是每个人的安身立命之基，这涉及每个人的人格整体性成长，并且是永无止境的。终身教育的宏旨正是聚焦于这样一种"整体性的成长"。

"成人教育应有自我形象"。成人教育不是早期教育不足的补偿角色、职业技术教育的竞争对手、传统大学教育的难兄难弟。成人教育要超越单一的补偿性、职业性、博雅性乃至政治性的思维与活动范畴，去追求一种属于自身的形象。

"成人教育根植于生活"。成人教育实践一定不可同成人的日常生活、实际生活相隔离，就像人与食物、人与运动永远不可分割一样。这样，成人教育虽然时时面临挑战，但也处处存在机遇。

"成人教育有独特的目标"。因为成人教育与生活相关，所以它是实务的，同时也是智慧的、知识的，而强调成人教育的智慧与知识之底蕴，就是要"以比较可信的罗盘和比较精确的航海图，将成年民众相送到发现新事物的航程之中"。[①]

---

① 彼得·贾维斯. 二十世纪的成人教育思想家[M]. 王秋绒，等，译. 台北：心理出版社，1999：49.

"成人教育有独特的方法"。因为成人教育与生活相关，所以班级式的方法、导师制的方法、大学教育扩展式的方法，也许都无法构成唯一方法，相反，众多非正规、非正式的方法应当得到推崇和利用。

"成人教育有多种的功能"。成人教育有助于国家的成长、社会的和谐、生活的民主；有助于公民特别是劳工群体教育权利的获得、社会地位的提升、物质生活的改善。

早于郎格朗、富尔将近半个世纪倡导终身教育思想、解读终身教育理念，并在其框架下导出成人教育的理论认知，探寻成人教育的实践路径，耶克斯里的勇气与抱负、洞察力与分析力，乃至对终身教育、成人教育及其知识系统的建构，可以说绝不亚于此两位后学。

第四位是"成人教育学的唤醒者"——林德曼。林德曼是美国"成人教育学之父"诺尔斯的师父，是北美第一个唤醒沉睡中的成人教育学的人。根据传记作家格斯纳（Gessner）对林德曼的生平介绍，读者们还可以进一步了解到这位在世界成人教育界举足轻重的人物幼年父母皆失，学业时续时断，很早开始打工谋生，直到22岁才得到一个在密歇根农业学院学习特别课程的机会。然而，林德曼一生却著作等身：文章204篇、书评107篇、著作5部、手册类读物16本……①

在第一章里，我们曾经以林德曼1926年在《工人教育》杂志上发表的《成人教育学：一种成人教学的方法》一文，并以其于同年出版的《成人教育的意义》一书中有关成人教学问题的讨论，证实了他对于成人教育学的唤醒。于此，我们依然可以通过他的其他一些文章或著作，特别是通过对"整个国家成人教育实践具有哲学指导意义"的《成人教育的意义》一书，来更加全面地看一看林德曼关于成人教育的论述：

"成人教育是一种探索活动"。成人教育可被界定为"一种非独断和非正式学习的合作式探索活动……是一种寻找行为根源的心灵探寻活动，是为成人学习而设计的，使教育和生活发生联结的专门技术"。②

---

① 彼得·贾维斯. 二十世纪的成人教育思想家[M]. 王秋绒，等，译. 台北：心理出版社，1999：132.
② Eduard C. Lindeman. What Is Adult Education? Unpublished manuscript. New York: Columbia University, Butler Library Lindeman Archive, 1925.

"成人教育并不为积德行善"。成人教育体现一种基本权利的实现,一种正常期望的满足,而不应是"对经济水平、知识水平低下人群的一种施舍"。①

"教育过程是延续一生的"。传递死板知识的做法应当受到谴责,理想的教育内容应使学习者能够不断对未知的将来做好适当的准备。

"成人教育具有非职业性之本质"。成人教育的宏旨在于帮助人们获得工作以外的生活意义与自我实现。因为,"对于大多数人来说,他们是在什么地方觉得自己寻觅到了生活的意义?实际答案只有一个:它存在于他们自己确定的目标之中,存在于需要、希望和愿望之中"。②

"成人教育源于生活"。在工作、娱乐、家庭、社会团体等方面,"每个人都处在需要不断适应的特殊情境中。成人教育就是在这一点上开始的"。③

"学习者担任教育主角"。既然学习的起因源自成人的生活,那么,当成人有学习需求的时候,"就应该向他们提供学习材料。课本和教师在此具有新的作用,但居于次要地位。必须懂得学生才是第一重要的,教育的主角应当让给学习者来担任"。④

"成人教学不拘形式"。在林德曼眼里,"成人教学是一种商讨性的协作活动,是一个不拘形式,以发现经验之意义为目标的知识获取过程"。⑤

"成人教学重视学习者的经验"。林德曼重视成人经验的意义,在他眼里,"经验即是成人学习者的生活教科书"。⑥

"成人教育与社会变革相关"。林德曼说:"成人教育是社会活动家手中最可靠的工具,……我甚至相信,所有成功的成人教育团体迟早会变成社会活动

---

① Eduard C. Lindeman. *The Need of Prepared Leaders in Adult Education*. Unpublished manuscript. New York: Columbia University, Butler Library Lindeman Archive, 1938.
② Eduard C. Lindeman. *The Meaning of Adult Education*. Harvest (Publiépour la première fois en 1926). Montréal Canada, 1961: 13.
③ 同上: 8.
④ 同上: 9.
⑤ 伊里亚斯, 梅里安. 成人教育的哲学基础[M]. 高志敏, 译. 北京: 职工教育出版社, 1990: 81.
⑥ 彼得·贾维斯. 二十世纪的成人教育思想家[M]. 王秋绒, 等, 译. 台北: 心理出版社, 1999: 49, 137.

团体"。①

作为"成人教育学的唤醒者",林德曼在其著述中,特别是在《成人教育的意义》一书中所聚焦的问题以及所阐明的观点,具有强烈的哲学气息与鲜明的社会学韵味。虽然他在学术领域未曾担任要职,但在众多后来者眼里,他一直是一位声名显赫的进步主义成人教育家。

第五位是"现代学习理论的奠基者"——桑代克。1874 年,在美国马萨诸塞州,一颗未来的璀璨的心理学之星诞生了,他就是桑代克。他在哥伦比亚大学获得博士学位,其后的绝大部分时间都在这所大学的师范学院从事科研与教学工作。如果从其 1895 年开始对动物进行学习实验研究算起,一直到 1949 年逝世,桑代克用了半个多世纪的时间,为系统地从理论上阐述人类的学习问题写下了最初的一页。

根据传记作家史密斯(E. L. Smith)的考证,桑代克一生独立或合作发表、出版的论文、论著、研究报告多达 500 余篇(部),而从学习理论,特别是从成人学习理论视角来看,足以让人顶礼膜拜的就是他的"学习联结说"和"学习能力说"。其核心的论点与阐释是:

"学习即联结"。桑代克在 1931 年出版的《人类学习》(*Human Learning*)一书中曾经写道:学习即联结,心即人的联结系统,学习是结合,人之所以擅长学习,就是因为他能形成许多联结与结合。②总之,学习的实质在于形成刺激—反应的联结。

"学习即试误"。学习,即刺激—反应的联结,是通过一个尝试与错误的过程而实现。简而言之,学习的过程是一个试误的过程。③

"学习有定律"。三条基本定律是:效果律、练习律和准备律。效果律是指一个反应如果伴随或紧接着发生满意的状态,这个反应与情境(刺激)之间的联结就会得到加强,若伴随或紧接着发生烦恼的状态,联结就会减弱;练习律是指刺激与反应的联结会因练习而增强,因缺乏重复而减弱;准备律则又是指对某一刺激准备反

---

① Eduard C. Lindeman. The Sociology of Adult Education. *Journal of Educational Sociology*, Vol 19. 1945: 4.
② 彼得·贾维斯. 二十世纪的成人教育思想家[M]. 王秋绒,等,译. 台北:心理出版社,1999:115.
③ 高志敏,等. 成人教育心理学 [M]. 上海:上海科技教育出版社,1997:108.

应，并随之给予获得反应，结果就会感到满意，而对某一刺激不准备反应，却遭外界强迫反应，结果就会感到烦恼，当然，若对某一刺激准备反应，但因受阻而不能发生反应，结果也会陷入痛苦。①

"学习能力的顶点"。人的学习能力，其发展顶点出现在20—25岁之间，这是人们进行学习的最佳时间。②

"学习能力的变化"。在25—45岁之间，人的学习能力每年约以1％的速度下跌。尽管如此，该年龄段的成人，其总体的学习能力，仍优于儿童，也可能等于或胜于14—18岁的青年。③

"学习能力的下降"。70岁以后，人的学习能力呈明显下降之势。④然而在桑代克看来，人的"学习之能量，永不停止；成人之可塑性和可教性仍大，25岁之后仍可继续学习"。⑤

"学习能力的影响因素"。个体的学习能力水平受如下六项因素的综合影响。第一，"天赋能量"；第二，"内部发展"；第三，"晚年衰退"；第四，"普通训练或经验"；第五，"特殊训练或经验"；第六，"学业荒辍"。⑥

桑代克的研究不仅在一定程度上揭示了人类学习的心理学机制，而且打破了世俗传统对成人学习能力的怀疑和偏见，从而一则带来了整个国际社会特别是欧美国家成人教育实践的兴盛，另则又促进了成人教育、成人学习研究活动的发展。诺尔斯曾多次表示，桑代克《成人的学习》等研究报告的发表不仅堪称成人教育运动史上最伟大的时刻，而且为其后有关成人学习的知识演化奠定了非同一般的重要基础。

以上简单地叙说了在诺尔斯之前的五位巅峰人物的生平与学术成就，心里面总感觉有一份原初的认知和一段奇妙的感触想告诉读者诸君。原初的认知，即内心所感知的一种未经太多雕饰的朴素认同——所谓学科体系，说到底就是知识体系，就

---

① 高志敏，等. 成人教育心理学［M］. 上海：上海科技教育出版社，1997：109.
② 桑代克. 成人的学习［M］. 朱君毅，等，译. 上海：商务印书馆，1933：161.
③ 同上：162.
④ 同上：164.
⑤ 高志敏. 当代世界教育科学发展与成人教育［M］. 上海：上海交通大学出版社，1997：240.
⑥ 桑代克. 成人的学习［M］. 朱君毅，等，译. 上海：商务印书馆，1933：159.

是一个可以分门别类的知识系统。也许正是缘于这份认知，我心中便对成人教育学科体系形成了一种"经纬相交"的印象，恰似一段布匹、一方纱绸，以至于我在本章开头就将成人教育学科体系的形成比作一个历史的"编织"过程。而一段奇妙的感触便发生在思维层面，是自然而然生成的一种想象，那就是所有为此"布匹"或"纱绸"而倾心尽力的人，都宛如一个个栩栩如生的织纴者。这五位巅峰人物又一如充满性情的"编织大师"，或经纬交错地延伸着这段"布匹"，或色彩斑斓地点缀着这方"纱绸"。我们可将其织成的"经纬"和留下的"色彩"尝试着归纳为：

成人教育的本质——"世俗的福音""关乎安身立命""探索活动""不止于积德行善""非职业性本质"。

成人教育原理——"具有孪生性原理""具有双重根源""根植生活""源于生活""与社会变革相关"。

成人教育的旨归——"坚持伟大传统""追求生存""培养智慧"。

成人教育的价值——"体现权利平等""孕育智慧""弘扬人文精神"。

成人教育的功能——"体现生活法则""体现政治意义""体现多种功能"。

成人教育的发展——"要获得大学支持""要打造自我形象"。

成人教育的方式——"大学扩展式""不拘形式"。

成人教育的师生——"新型关系""学习者主角"。

成人教学的原则——"应当富有艺术""重视学习者的经验"。

成人教学的方法——"班级式""导师制""非正规方法""非正式方法"。

学习的心理学解释——"学习即联结""学习即试误""学习有定律"。

成人的学习能力——"能力的顶点""能力的发展""能力的下降""多种因素影响学习能力"。

成人教育与终身教育的关系——"终身教育涉及多种资源""终身教育覆盖多种空间""成人教育体现终身教育理念"。

我无法肯定以上归纳每一"经纬"表述全然恰切，每一"色彩"归类全然准确，也许它们既可属于此类，又可归为彼类，但我自信由此一定可以让所有的人更加清晰地看到彼时彼刻人们对于成人教育学科体系或者说成人教育知识系统的编织，一则关注到了这些论点和焦点，另则又提出了相同的意见或相异的看法。

二、辉煌：闪耀在诺尔斯时代

让我们接着回望成人教育学科体系发展的第二座高峰。

不容置疑，在这一高峰的起伏中，诺尔斯是领军人物。1950年，他出版了《非正规成人教育》，恰似吹响了向第二座高峰进军的号角；1970年，他出版了《成人教育的现代实践：成人教育学与儿童教育学》，恰如登上了第二座高峰的顶端；1973年、1975年和1977年，他又分别出版了《成人学习者：被忽略的一族》《自我导向学习》和《美国成人教育运动史》三部重要著作，这又宛如一方面延伸着第二座高峰的横向跨度，另一方面又预示着下一座高峰即将到来。总之，从20世纪50年代开始，一直到1979年诺尔斯因退休而逐渐淡出，整整三十年，成人教育学科体系的壮大与发展全然堪称一个属于诺尔斯的时代。然而，诺尔斯声名显赫的时代，又为一个人杰才俊辈出的时代。但见，傲视在巅峰的风流人物，除了汉塞尔曼与玻戈尔以外，还有基德、弗纳、伯奇文、赫钦斯、郎格朗、伊里奇、弗莱雷、塔夫、霍尔、富尔……

此二十年间，见证成人教育学科体系成长与发展的著作与文献数量以"汗牛充栋"来形容似乎也毫不为过。除了此前提到过的汉塞尔曼的《成人教育学：成人教育的本质、可能性和界限》(1951)、玻戈尔的《成人教育学导论：成人教育的基本问题》(1957)、基德的《成人怎样学习》(1959)以及诺尔斯的著作以外，我们只能再次有选择地罗列如下代表性著作（见表2-2）。

表2-2　1950—1980年国外成人教育重要著作一览表

书　名	原书名	作　者	出版年份
《成人教育的群体过程》	Group Processes for Adult Education	伯奇文	1950
《探究精神》（又译《探索者的头脑》）	The Inquiring Mind	霍尔	1961
《成人教育》	Adult Education	弗纳	1964
《成人教育的哲学》	A Philosophy for Adult Education	伯奇文	1967

续　表

书　名	原 书 名	作　者	出版年份
《成人的教育参与：势力场分析》	Participation of Adults in Education: A Force-field Analysis	米勒	1967
《教师缺席的学习：成人自我教学项目中的任务与协助研究》	Learning without a Teacher: A Study of Tasks and Assistance during Adult Self-teaching Projects	塔夫	1967
《学习型社会》	The Learning Society	赫钦斯	1968
《终身教育导论》	An Introduction to Lifelong Education	郎格朗	1970
《去学校化社会》	Deschooling Society	伊里奇	1970
《被压迫者的教育学》	Pedagogy of the Oppressed	弗莱雷	1970
《成人学习设计：一种关于成人学习理论与实践的新方法》	The Adult's Learning Projects: A Fresh Approach to Theory and Practice in Adult Learning	塔夫	1971
《成人学与教过程中的心理因素》	Psychological Factors in Adult Learning and Institution	弗纳	1971
《觉醒与解放》	Conscientization and Liberation	弗莱雷	1972
《教育的设计》	The Design of Education	霍尔	1972
《第三领导力发展协会：改善老年教育》	Third Leadership Development Institute: Improving Education for Older Adults	亨德利克森（A. Hendrickson）	1972
《学会生存——教育世界的今天和明天》	Learning to Be: The World of Education Today and Tomorrow	富尔，等	1972
《成人教育的工作哲学》	Toward a Working Philosophy of Adult Education	阿普斯	1973

续 表

书　名	原 书 名	作　者	出版年份
《终身教育与学校课程》	Lifelong Education and the School Curriculum	戴夫（R. H. Dave）	1973
《学习型社会》	The Leaning Society	胡森	1974
《成人教育中的哲学概念与价值观》	Philosophical Concepts and Values in Adult Education	劳森（K. H. Lawson）	1975
《成人教育、社团发展与劳工阶层》	Adult Education, Community Development and the Working Class	汤姆（Lovett Tom）	1975
《终身教育的基础》	Foundations of Lifelong Education	戴夫	1976
《成人心理学》	Adult Psychology	彼斯乔夫（L. J. Bischof）	1976
《成人学习：心理学的研究与应用》	Adult Learning: Psychological Research and Application	霍韦（M. J. A. Howe）	1977
《成人学习》	Adults Learning	罗杰斯（J. Rogers）	1977
《成人发展与学习》	Adult Development and Learning	诺克斯（A. B. Knox）	1977
《转化：成人生命的生长与变化》	Transformations: Growth and Change in Adult Life	古德（R. L. Gould）	1978
《生命的季节》	The Seasons of a Man's Life	莱文斯顿（D. Levinston）	1978
《价值、教育与成人》	Values, Education and the Adult	佩特森（R. W. K. Paterson）	1979
《一个面向终身教育的系统》	Towards a System of Lifelong Education	克罗普利	1980
《处于过渡中的美国人：生活变化成为成人学习的原因》	Americans in Transition: Life Changes as Reasons for Adult Learning	埃斯拉尼安（C. B. Aslanian）和布利德塞尔（H. M. Bridcell）	1980
《回应变化的成人教育》	Adult Education for a Change	汤普森（J. L. Thompson）	1980

续 表

书 名	原 书 名	作 者	出版年份
《拓展你的生活：为回应个人变化的袖珍书》	Expand Your Life: A Pocket Book for Personal Change	塔夫	1980
《专业领域中的继续学习》	Continuing Learning in the Professions	霍尔	1980

限于篇幅，在"汗牛充栋"的文献库里，只能忍痛割爱、挂一漏万地呈现如上具有代表意义的数十部著作。下面就让我们再一次通过锁定与解读"关键词"的做法，来领略诺尔斯时代成人教育学科体系的大致框架。

成人教育、成人教育学——弗纳的《成人教育》对成人教育活动的需求、范围、功能、制度、教师、学生、项目、手段、技术等作了教科书式的阐述；汉塞尔曼和玻戈尔以"成人教育学"命名的著作，为成人教育理论与实践探究活动注入了学科意识，贴上了学科标签；诺尔斯的《成人教育的现代实践：成人教育学与儿童教育学》，则首次在世界范围内系统完成了关于成人教育学的理论奠基与知识建构，树立起了一座鲜明而厚重的学科发展界碑。

本质、可能、界限、基本问题、教育与成人——在汉塞尔曼笔下，成人教育的本质、可能、界限成为重要命题；而在玻戈尔等人的眼里，有关成人教育的一系列基本问题，包括其与社会间的关系、与成人间的关系，又一定是需要首先获得适切认知的基本问题。

被压迫者、劳工阶层、老年、被忽略一族——与青少年相比，诺尔斯认为成年人同样需要获得关照；与压迫者相比，弗莱雷坚信被压迫者更迫切需要得到关切；与有产阶级相比，汤姆声称劳工阶层尤其需要得到关顾；与青少年阶段、中年阶段相比，亨德利克森指出老年阶段同样需要得到关爱。

群体、过程、觉醒、解放、社团发展、学会生存——伯奇文发现成人教育是一种群体性、社会性过程；弗莱雷认为成人教育是一个唤醒被压迫者觉悟、使之获得解放的过程；汤姆指出成人教育能够促进劳工、社团发展；富尔等人则认定成人教育的旨归更在于促使所有的人学会生存（learning to be）！

过渡、回应变化、生活变化、回应个人变化、拓展生活、教育参与、势力场——在霍尔、埃斯拉尼安、汤普森等人看来，成人教育因社会、职业、生活变化而引发；在塔夫等人眼里，成人教育因人生发展、变化而诱发，从而助益于生活世界的拓展。米勒则认为，教育参与行为取决于个体的教育需求，而个体的教育需求形成又取决于其所属社会的结构与势力。

生命、生长、变化、转化、发展、生命季节——在诺克斯、古德、莱文斯顿等人心目中，生命的成长与变化、转化与发展、节奏与旋律，规定着成人教育与学习的存在及其特性。

成人学习、继续学习、成人学习理论、自我教学、自我导向学习、任务、协助、设计——在弗纳、彼斯乔夫、霍韦、罗杰斯、塔夫、诺尔斯、霍尔等人看来，成人学习及其理论探讨是至关重要的，并且需要得到心理学、成人心理学等学科研究的干预。此外，成人学习、继续学习、自我教学、自我导向学习，以及其中所需完成的任务和所需给出的帮助，是需要进行深入探究和精心设计的。

哲学、工作哲学、哲学概念、价值观——在劳森的视域中，成人教育蕴含着许多哲学问题，而价值问题尤其需要优先得到诠释；在伯奇文、阿普斯的观念中，成人教育要被认知透彻，必须进行哲学思考，成人教育要被实践得当，必须建立一套工作哲学。

去学校化社会、终身教育、学习型社会——伊里奇希望以"四大社会学习网络"取代现存的学校教育制度；郎格朗、戴夫期待以终身教育理念与行动取代现行的学校教育思想和行为；赫钦斯、胡森、富尔等人又进一步主张建构起一种人人接受终身教育、个个投入终身学习的学习型社会。

毫无疑问，锁定与解读"关键词"终究还只能对成人教育学科体系获得一种比较大致的框架感受。接下来，就让我们再来一睹诺尔斯以及其他十位主要巅峰人物的生命风采与学术成就，以对诺尔斯时代成人教育学科体系发展的辉煌有更深入的体认。

在此之前，需要向读者说明两点：

第一，鉴于诺尔斯为这一时代的领军人物，以下介绍将首先涉及他的学术思想与学术成就。但是，上一章对他的《成人教育的现代实践：成人教育学与儿童教育学》已经有所介绍，而下一章中还将对之进行深入解剖，故此处涉及的将是他的其他一些著作。

第二，由于篇幅有限，除诺尔斯之外，原则上每位人物只通过其一部代表著作来展现其学术思想与成就，至于顺序，则视其代表著作的出版时间而定。

"成人教育学之父"——诺尔斯。他的生平在上一章已经有所介绍，在此所要管窥的是他的另外三部重要著作：《非正规成人教育》《成人学习者：被忽略的一族》与《自我导向学习》。

《非正规成人教育》的主要论点与论述是：

"成人教育的目标价值"。成人教育的目标将决定社会发展的目标。

"成人教育的基本任务"。提高成年公民的多种能力，促进社会的民主进程。

"成人教育的重要意义"。帮助学习者获得成熟的自我认知，形成积极的人生态度，建立良好的价值观念，养成尊重他人的态度，掌握开发自我潜力的技能，了解自己所处的社会境遇，取得应对社会变革的能力。

"成人教育的显著特征"。显著特征之一，就是针对广阔的社会发展与人的一生发展需求，以有别于正规的学校教育方式，即通过多样化途径，以非正规的方式展开。

"非正规成人教育发展的核心问题"。需要特别关注非正规课程的开发与建设。①

《成人学习者：被忽略的一族》的主要论点与论述是：

"关注成人学习者"。以往，研究主要聚焦于儿童学习者与儿童学习。这种情况应当改变。成人学习者与成人学习没有理由被冷落、被搁置在边缘区域。

"了解学习的内涵"。要探究成人学习问题，必须首先搞清学习的内涵。

"梳理学习的理论"。要建构成人学习理论，必须首先厘清学习理论传统。

"成人学习理论显现"。成人学习理论的显现，一方面得益于社会科学研究的众多成果，另一方面又得益于成人教育实践的不断推进。

"何谓成人教育学"。成人教育学，其实质是事关成人学习及其理论问题的一门

---

① Malcolm S. Knowles. *Informal Adult Education*. Chicago: Association Press, 1950.

学问，也是众多有关学习与成人学习及其理论问题的一个综合系统。

"教学理论的渊源"。现有的教学理论以及相关的教学原则，一是源于一般的学习理论，二是源于动物与儿童的学习理论，最后则是源于成人的学习理论。

"理论应用于实践"。已经形成的教与学理论，在人力资源发展中，在成人教学活动中，应当得到适切的应用。①

《自我导向学习》的主要论点与论述是：

"自我导向学习的含义"。推崇自我导向学习，首先要确认它的含义，特别要明确它与教师导向学习之间的差异所在。

"自我导向学习的意义"。成人世界中，积极展开自我导向学习的人数极为可观。这种学习方式可将学习活动真正引向深入，将学习效果变得更加具有持久力。

"自我导向学习的关键"。自我导向学习活动的展开必须解决好三个关键问题。第一，明确自我导向学习的特点；第二，与学习者建立合作关系；第三，精选学习策略。

"教师的职责"。重在鼓励和帮助学习者推进这一自我发现型的学习活动。

"利用多种学习资源与方法"。自我导向学习能否顺利推进，其中一个重要环节就是要使学习者能够学会综合利用多种学习资源与学习方法。②

"世界成人教育的促进者"——基德。基德是加拿大首位获得成人教育学博士学位的学者，时间是1947年。1951年，他始任加拿大成人教育协会主席，并被聘为联合国教科文组织成人教育咨询委员会主席；1960年，担任联合国教科文组织第二届世界成人教育大会主席；1966年，担任加拿大安大略教育研究院成人教育部首任主任；1972年，领衔创立了国际成人教育理事会并任秘书长一职。基德以多项国际身份将毕生的精力与才华奉献给了世界成人教育事业。让人记忆犹新的是：20世纪50年代，他协助有关组织创办了海外图书中心（the Overseas Book Centre），以帮助第三世界国家改善图书资源建设；60年代，他在加拿大蒙特利尔组织召开了第二届世界成人教育大会，从而在国际范围内确定了成人教育在科技、

---

① Malcolm S. Knowles. *The Adult Learner: A Neglected Species*. Houston: Gulf Publishing, 1973.
② Malcolm S. Knowles. *Self-directed Learning: A Guide for Learners and Teachers*. Englewood Cliffs: Prentice Hall/Cambridge, 1975.

经济急剧变革背景下的未来走向；70 年代，他创立了国际成人教育理事会，旨在解决第三世界国家成人教育的权利公平和实践推进问题。更让人崇敬不已、感慨万千的是他在日理万机的国际事务中为世人留下了弥足珍贵的学术创造与思想财富。他一生著有多部著作，包括 1974 年的《三城记：艾尔希诺—蒙特利尔—东京》(*A Tale of Three Cities，Elsinore-Montreal-Tokyo*)、1975 年的《成人教育比较研究》(*Comparative Studies in Adult Education*)、1978 年的《应运而生：20 世纪 60 年代加拿大成人教育》(*Coming of Age: Canadian Adult Education in the 1960's*)等。曾被译成 9 种文字而在全球广为流传的经典之作便是 1959 年出版的《成人怎样学习》。上一章对之曾有提及，现在，就让我们再来点击一下其中的主要论点与阐释：

"学习持续一生"。传统的学习理解与学习理论应当得到改变；成人能够学习；成人需要学习；学习伴随人的一生；学习改变人的行为。

"成人异于儿童"。成人学习研究需要关注成人与儿童的异同；成人学习理论探索需要确立有关成人学习的适切假说。

"了解成人的体力"。人的身体及其体能变化制约人的感觉能力与大脑能力，而感觉能力与大脑能力又事关人至成年的教育活动与学习活动。

"认知成人的智力"。人的智力具有巨大潜能；兴趣开发有益于智力的保持；学习活动有助于智力的提升；教育活动应当帮助成人来完成与其社会职责相关的智力任务。

"关注成人的情感"。成人有独特的情感，情感与学习密切相关；成人有独特的动机，动机与学习直接相连。

"聚焦成人的生存"。人的生存与成长始终与自我、成熟、职责、经验、危机相伴，成人学习研究不可无视这些重要元素的存在。

"建构学习理论"。过去的学习理论需要得到鉴别与使用，但更需要建构适用于成人学习的理论。

"开发实践领域"。开展集体培训与小组学习；利用大众传媒推广远程学习。

"创设学习情境"。营造有利于成人学习的条件与氛围；开发更多的情境学习。

"重塑教师形象"。成人教师要扮演新的角色、承担新的职责、掌握新的技能，并同时使自己成为名副其实的终身学习者。①

"成人教育专业能量的积聚者"——弗纳。1917年,弗纳出生在美国俄亥俄州的朴次茅斯(Portsmouth)。青年弗纳曾在陆军部队服役,并获得过上校军衔。1951年,他在哥伦比亚大学取得文学硕士学位;1952年,又在该校取得教育学博士学位。1947年至1950年,弗纳曾在弗吉尼亚大学校外扩展部任职。1953年,弗纳始任佛罗里达州立大学成人教育系教授,并担当系主任一职。弗纳的一生堪称为成人教育领域积聚专业能量的一生:其一,在国际范围内培养高层次的成人教育专门工作者,闻名遐迩的美国佛罗里达州立大学和加拿大哥伦比亚大学的成人教育研究生培养计划便是直接由他倡导的计划,由之培养了众多专业人才乃至知名学者;其二,创建了美国成人教育教授委员会(Commission of Professors of Adult Education)并亲任第一届委员会主席;其三,发表、出版了170余篇(部)文章与著作,并参与了"黑皮书"的撰稿工作。1964年,弗纳与布斯(A. Booth)合著出版的《成人教育》一书,当数其影响最大的一部教科书式的著作,迄今已再版5次。书中关于成人教育的论点及其阐述主要有:

"成人教育,第四维度"。在教育研究系统,初等教育、中等教育和高等教育是三大传统维度,而成人教育则是第四维度,即一个崭新的且需要得到精心关照的研究维度。

"成人教育的认知开端"。需求、范围、功能、制度等,是初识成人教育存在与发展的重要元素。

"认识成人学习者"。需从个体、社会、社会角色等多种视角切入,以对成人学习者及其特征形成一种比较全面的认识。

"认识成人教育者"。成人教育工作者有兼职工作者、专职工作者和志愿工作者。但不管何种类型的成人教育工作者,都需要对之展开专门的培训,以提高他们的专业工作能力。

"促进成人教育实践"。开发成人教育项目,特别是合作性推广服务(Cooperative Extension Service)项目。

---

① J. Roby Kidd, ed. *How Adult Learn*. New York: Revue Association Press, 1959, 1973.

"改善成人教学活动"。其中特别需要予以关注的领域是：学习目标的确认；学习经验的测定、教学方法的更新；学习效果的评定。

"利用社会教育资源"。充分利用高等学府、大众传媒等教育资源，并鼓励民间组织，如教师—家长协会（Parent-Teachers Association）、美国图书馆协会（American Library Association）等参与成人教育活动。①

"成人教育哲学思考的先行者"——伯奇文。伯奇文亦是二战前后三十多年时间里美国成人教育领域举足轻重的人物之一。1936年，他始任印第安纳州安德森公立学校系统成人教育与职业教育专业团体主席；1947年，任印第安纳大学成人教育研究部主任。伯奇文创建了印第安纳州成人教育协会，且为美国成人教育协会和成人教育教授委员会创始会员之一。伯奇文应是世界范围内首位对成人教育哲学命题进行专门思考并形成专著的学者。在其1967年于纽约出版的《成人教育的哲学》一书中，我们可见伯奇文对成人教育进行了如下哲学聚焦与思考：

"论人"。人是自由的，是赋有潜在能力的。人的潜能发展需要合适的社会环境，更需要合适的群体环境。

"论社会"。民主社会众望所归，民主生活人心所向。成人教育是社会由少数人控制开始变为由多数人控制的必然选择。

"论成人教育的功能"。成人教育是建设与破坏、文明与野蛮之间谁胜谁负的决定因素；是建设民主社会、促进民主生活的重要力量。

"论成人教育的主体"。成人教育必须以学习者为中心，必须认识到"学"终究比"教"重要。

"论成人教育的过程"。成人教育的过程应当是一个民主的过程，是一个学习者充分参与的过程，"教"和"学"双方都要致力于教学计划的制定与改善。

"论成人教育的起点"。成人教育活动起始于学习者需要解决的问题。对此，既要有力推进系统性的、有组织的学习项目，又要大力促进非正式的、体验式的、经验式的学习活动。

"论成人教育的方法"。事关成人学习的教学方案，要根据成人学习者的特点及

---

① Coolie Verner, Alan Booth. *Adult Education*. Washington D. C.：Center for Applied Research in Education, 1964.

其需要解决的问题来设计，而最佳的教学方法，莫过于问题解决法和情境教学法。①

"学习型社会的筑梦者"——赫钦斯。二十多年前译介一些成人教育文献时，我就发现赫钦斯具有极高的名望，被公认为世界著名的理性主义教育家或永恒主义教育家。19世纪最后一年，赫钦斯出生在纽约一位神学教授家庭，1921年毕业于耶鲁大学，随即任教于母校。1928年，未满30岁的他便出任耶鲁大学法学院院长；翌年，又被聘为芝加哥大学校长。漫长的教师职业生涯与丰富的社会生活阅历使他在50年代初便荣任福特基金会（Ford Foundation）副主席，而至1954年，他又开始担任共和国基金会（Fund for the Republic）主席一职。那么，他1968年应邀为《大不列颠百科全书》面世200周年庆典而写的《学习型社会》（The Learning Society），又构筑了一个什么样的美好梦境呢？罗列如下：

"回归教育的本真"。长久以来，教育一直深受政治、经济等外在力量的制约，赫钦斯期待其能够在21世纪摆脱这些力量的束缚，取得独立的地位，重新彰显它的本真。

"认清教育的失败"。现行教育制度所受的制约，来自社会外部的力量要远远强于来自教育本身的力量。其实，教育与教育制度的关系本应为前者是后者的主要构建依据与衡量标尺。因此，当下还不能说教育制度的失败就是教育的失败，因为教育似乎还远未及迈出其本真的脚步。但是，教育若再无动于衷，继续放纵社会功利主义思想的蔓延，那么它将有负于"完善人性"的天然使命。

"教育应当面向谁"。显然该像夸美纽斯所主张的那样，教育应当面向人类全体，无论男女老幼，无论富贵贫贱。

"教育应当教什么"。每个人都应当接受完整而正确的教育。也就是说，教育全然不当限于一事一物，相反，应当教给人们一切事关完美人性的事物。

"创建学习型社会"。既然热切期望回归教育的本真，既然深恶痛绝功利主义的蔓延，既然踌躇满志要拥抱全体人类，既然义无反顾想追求人性完美，那么，就要致力于一种对于现行社会的引导与超越，即创建一个学习型社会。

---

① P. Bergevin. *A Philosophy for Adult Education*. New York: Seabury, 1967.

"学习型社会的蓝图"。每个人的智慧、理性、道德和精神将得到最大限度的发展。而社会所需的公正、和平、自由、秩序等,又将通过全体民众智慧与理性力量、道德与精神力量的充分发挥与共同运用而达到更加理想、更加完美的境地。

"确立成人教育制度"。仅仅为成年公民提供定时制教育是不够的,还必须以促进人的一生成长与人格构建为目的,确立成人教育制度。同时,应当不断加强此目的与此制度之间的相互作用,从而建立起一个价值转换,并且不断迈向成功的社会。

"推进'读名著'运动"。学习型社会建设的一项重要举措就是要大力推进"读名著"运动。在赫钦斯看来,通过"读名著"教育,广大民众自然能够博古通今,体悟真知,也自然能够遵纪守法、形成美德,从而真正成为人格完整、健康的人。

"弘扬大学的精神与力量"。大学绝不应该在科研经费、利益诱惑面前旋踵、易辙,相反应当弘扬大学本应有的自由精神、人文精神,既独立于社会,又成为社会前进的灯塔,并以传播高深文化、创造优秀文化为实现学习型社会理想做出独特的贡献。①

"终身教育理论的奠基者"——郎格朗。1910年,郎格朗出生在法国加来。他曾涉猎法律、研读文学,毕业于巴黎大学。20世纪30—40年代,他既当过中小学教师,又在法国格勒诺布尔(Grenoble)地区的工人教育中心从事过成人教育活动,而且还远赴加拿大麦吉尔(McGill)大学讲授过法国文学。然而,他最为重要的一段人生经历便是领衔创立了民众与文化(Peuple et Culture)协会。聚焦人民的文化运动,一方面在法国产生了广泛的影响,另一方面又为其奠定了创建终身教育理论的实践基础。丰富的实践,创新的思想,使其登上了成人教育的国际活动舞台。1948年,他进入联合国教科文组织,负责成人教育工作;1951年,被任命为联合国教科文组织成人教育局局长;1967年,又任联合国教科文组织教育研究所(设于德国汉堡)所长。也就是在这二十年时间里,郎格朗以绝尘披靡之勇、揽月捉鳖之谋,将终身教育系统而完整地托出了地平线:1965年,在巴黎召开的一次成人教育会议上,他专以"终身教育"为题做了学术报告;1970年,出版了之后被译成20余种文字的著作《终身教育导论》。国际范围内,一场气势磅礴的终身教育

---

① Robert M. Hutchins. *The Learning Society*. New York: Fredrick A. Praeger, Publishers, 1968.

思潮便从此旋起。书中的亮点及其阐释可被概括为:

"认清面临的挑战"。社会结构变革、人口数量增长、科学技术发展、政治矛盾激化、信息社会逼近、闲暇时间增多、生活模式翻新、人际关系更替、躯体与灵魂的割裂、思想与意识的危机……这一切都需要人类去重新思考与设计自己的教育问题。

"发现阻力与动力"。教育发展的核心阻力在于传统学校教育的固化与封闭;教育改革的主要动力可能来自政治变革、学生觉醒,更可能来自长驱直入的成人教育。

"彰显终身教育的意义"。能够促使教育与人的生命、生活保持联系;能够改善人际与代际关系;帮助人们学会学习,消除一考定终身的尴尬,实现教育的连贯性与协调性。

"阐明终身教育的原理"。教育服务所有人群;教育贯穿人的一生;教育覆盖生命成长与生活中的全部需要。

"前瞻终身教育的发展"。成人教育是终身教育发展的"火车头";认清成人教育的价值,大力发展成人教育;反思青少年学校教育的弊端,改革青少年学校教育的现存模式。

"确定终身教育的目标"。提高人的适应性;促进人的全面发展;改善生活质量;追求幸福生活;改善国际交流;促进世界和平。

"探索新的教育方法"。处理好教育内容与教育方法的关系;倡导创造性方法;推行启发性方法;完善自我教育方法。

"处理好各种因素之间的关系"。包括"教育与工作的关系""教育与闲暇的关系""教育与政治的关系"等。

"建立坚定的信念"。有关终身教育的思考迄今还远非完美。但是,必须对之建立坚定的信念。否则,现下由"肉""骨头"与"石头"而合成的人,如若再被闭锁在如同监狱一般的学校围墙里面,那么,人类的明天一定不会令人着迷与向往。①

"非学校化社会的倡导者"——伊里奇。1926 年,伊里奇出生在奥地利维也

---

① Paul Lengrand. *An Introduction to Lifelong Education*. Paris: UNESCO, 1970.

纳；1951年，在维也纳萨日堡大学（University of Salzburg）获得历史学博士学位。1956年，伊里奇任波多黎各大学副校长；1959年，任波多黎各高等教育和公共福利顾问委员会委员；1961年，他在墨西哥的奎尔纳瓦卡（Cuernavaca）创立了一个探究人性问题的跨文化文献中心（Centre Intercultural Documentation in Cuernavaca）。走过长达半个多世纪的学术征程，演完科技、医卫、福利、能源、交通、传媒等社会批评家的角色，留下一大堆去学校化著作以及好一场由此而引发且迄今未及尾声的争论，戴着世界"文化奇人"的桂冠，2002年，伊里奇在德国与世长辞。翻开他1970年那部言辞犀利、观点近乎怪异的《去学校化社会》，但见其靶点以及由此而演绎开去的思考是：

"学校的陷阱"。资本主义社会的一切邪恶与痛苦源自"价值的机构化"，即机构成了价值的化身，而人本身却丧失了价值。进而言之，人创造了学校，学校成了与教育直接同一价值的化身，人将自身托付给了学校，却由此跌入了一个"陷阱"，不仅消退了自身的生命价值，同时也泯灭了天赋的学习能力。

"学校的积弊"。利用民众对教育的良好愿望，学校垄断了社会知识、教育资源与教育功能；"教学套餐"与"学历文凭"串联在了一起，"社会角色的分配"与"学校的课程设置"搅和在了一起，由此，混淆了人们的价值观念，形成一个诡谲的学校化社会。

"废除学校制度"。教育不应沦为外部力量的控制工具，而应追求权利公平精神和人的主体发展；资本主义学校应当予以废除；努力创建一个充满各种学习机会，且以非正式学习为主的非学校化社会。唯如此，人们才能真正投入学习活动，从而实现与真实生活世界的不断适应，并且破除社会知识的垄断、阶级利益的操纵，实现社会正义。

"建立学习网络"。人类的绝大部分学习并非学校学习，而是源于生活参与的结果。由此，应当建立起适应真实生活的四种学习网络，即"方便学习者参与学习活动的网络""学习者能够相互交流技能的网络""相同旨趣或相同水平的学习者协作网络"，以及"旨在帮助完成某些特定任务或困难问题的教学者网络"。[1]

---

[1] Ivan Illich. *Deschooling Society*. New York: Harper and Row, 1970.

"被压迫者教育的呐喊者"——弗莱雷。1921 年，弗莱雷出生在巴西东北部的雷西佛（Recife）；1959 年，在雷西佛大学完成论文《教育与巴西现状》而获博士学位，并开始任教于母校。1961 年，受市长邀请，他开始参加雷西佛地区的扫盲工作。翌年，他又被聘为国家成人扫盲教育协调员。为了不再重蹈权威主义下的传统教育之覆辙，弗莱雷竭力主张扫盲教育应以成人生活经验为素材，通过对话方式来启迪人们的自主意识与反省意识。也许正是因为这样一种带有激进主义色彩的政治主张与教育思想，故在 1964 年的国家政变中，他被指控涉嫌"颠覆行动"而身陷囹圄。入狱 75 天，政局再度动荡，弗莱雷借机逃离巴西来到智利，从此开始了他长达 16 年之久的流亡生活。1969 年，受美国哈佛大学之邀，弗莱雷赴任该校发展与教育研究中心教授。70 年代初起，他又在诸多非洲国家留下了开展扫盲运动的足迹。1980 年，弗莱雷重返祖国。而其时，国家还是处于民主政权转型、经济局势动荡、民众债务累累的状态，弗莱雷遂成为劳工党的缔造者之一，并利用受聘保罗天主教大学和圣保罗公立大学教授的机会，继续传播他的政治主张与教育思想。1989 年，弗莱雷担任圣保罗市的教育局长，奋力推进教育改革运动。两年后，他辞去职务，继续演绎他著书立说的学者生涯。弗莱雷一生著作等身，据统计，其具有代表意义的著作就多达十多部，而其中尤与成人教育相关，亦尤能反映其成人教育思想与实践的著作，便是 1970 年在美国纽约出版，不久便被译成 20 多种文字的《被压迫者的教育学》（*Pedagogy of the Oppressed*）。在这部巨著中，弗莱雷的思维焦点和学术阐述可以概括为：

"寻找被压迫者教育学的理论依据"。对之，必定首先认定压迫者与被压迫者之间存在矛盾，进而必须基于人性认知，展开压迫与被压迫、压迫与压迫者、压迫与被压迫者、压迫与解放之间的哲学思考。而解放又必定是一种对话与互动的过程。

"灌输式教育是压迫的手段"。灌输式教育神话了现实，阻隔了对话，否定了人性之美，强化了宿命意识，遏制了主动思考，驯化了人的行为。由此，压迫者的意旨得到了满足，被压迫者的意旨遭到了掩埋；教师是主体，学生是客体，而教育行为俨然成了一种彰显权威主义的、垂直单向的"储存行为"。

"提问式教育是解放的手段"。提问式教育消除了现实神话，畅通了人际对话，肯定了人性之美，张扬了人的可塑性与发展性，阐扬了自主精神与创造精神，弘扬了反思精神与批判精神。由此，人们将学会思考与行动，得到反省与觉悟，获得自主与解放，并和教师共同构成主体，联系生存的实际问题和需要，参与改造社会与世界。如此，教育行为便自然成了一种彰显人道主义的、平行双向的对话过程与解放实践。

"认识对话的意义"。教育是自由的实践的精髓；对话是提问式教育的关键。在弗莱雷看来，反对话行动理论与对话行动理论的分水岭在于：前者的目的为征服，后者的目的为合作；前者的手段是分而治之，后者的手段是团结彼此；前者的形式为操纵，后者的形式为组织；前者的结果是文化侵犯，后者的结果是文化统合；前者的旨归指向压迫者的统治，后者的旨归则为了被压迫者的解放。[1]

"成人学习的积极推动者"——塔夫。塔夫的研究生涯始于20世纪50年代，至60年代中期他便已蜚声世界成人教育学术舞台，以至于当时全球十多个国家的近百项成人教育研究活动都是源于或基于塔夫所确立的学术建树。塔夫作为一名加拿大多伦多大学的教授，一生勤于学习、善于研究，而使其名闻遐迩的经典之作，且于70年代末荣膺世界十大成人教育经典著作之美誉的，便是1971年由安大略教育研究院（Ontario Institute for Studies in Education）组织出版的《成人学习设计：一种关于成人学习理论与实践的新方法》。其中的论点与论述是：

"移动关注的视角"。研究活动应关注各种各样的成人学习活动。

"学习源于生活"。不同的生命阶段会形成不同的学习活动，而所有的学习活动又都源于变化着的生活。

"学习意味着改变"。学习不仅促使知识、技能与理解的改变，也促使情感与行为的改变。

"成人学习的事实"。有90%的成人每年至少有一种主要的学习活动，而且有73%的学习计划是其自行制定的。成人群体中还存在一大批高级学习者（high learners），他们每年大约花两千小时进行自学，完成的学习计划可达15～20项之多。

"成人学习的动机"。成人学习动机的生成，与完成特定的工作任务、解决特定

---

[1] Paulo Freire. *Pedagogy of the Oppressed*. New York: Herder and Herder, 1970.

的职业难题、履行个人或家庭职责、发展各种生活能力、满足兴趣爱好密切相关。

"成人学习的目的"。丰富知识、提升能力、增进理解、获得乐趣、赢得自尊。

"学习活动的开端"。理清思路、确定目标、做好准备、明确需要得到的帮助、发现有效的帮助。其中，尤其需要注意提高成人学习者自身的学习目标判断能力。

"选择学习设计者"。学习设计者即学习计划的具体策划者。他们大致可以分成四种类型：自我设计者、团队或领导设计者、一对一设计者，以及非人力资源的设计者。

"自我设计式学习"。这是一种最常见的学习设计方式。自我设计过程中，要确定学习的步骤以及需要得到的帮助；要找到获得帮助的途径，并有效利用各种学习资源。

"调整自我学习计划"。学习计划实施过程中必定会碰到许多困难，要分析困难产生的原因，寻求更加有效的学习资源。

"发展多种模式的学习设计活动"。在重视自我设计的同时，要发挥团队或领导设计、一对一设计，以及非人力资源设计等多种学习设计模式。

"加强学习设计者的能力训练"。对学习设计者，特别是对团队方面、领导方面和教师方面的设计者，应增强学习计划的设计能力或设计工作的指导能力。①

"成人教育一线实践的设计者"——霍尔。20世纪30年代，霍尔在美国佛罗里达大学获得教育学学士与硕士学位；40年代，又在芝加哥大学获得教育学博士学位，并开始任职于这所大学的教育系。1966年，霍尔荣获美国锡拉丘兹大学（Syracuse University）以其校长威廉·皮尔森·托莱（William Pearson Tolley）名字命名的成人教育杰出领导者奖，并受到美国大学夜间学院协会（Association of University Evening Colleges）的表彰。1967年和1980年，他又分别获得全美公立学校成人教育协会颁发的奖项及美国成人与继续教育协会（American Association for Adult and Continuing Education）颁发的专用于奖励杰出人物或优秀成果的伊莫金·欧克斯奖（Imogene Oakes Award）。综观其全部著作，几乎都围绕推进成人教育的一线实践，或者说各种成人群体的教与学活动而展开，其中最为人津津乐道

---

① Allen Tough. *The Adult's Learning Projects: A Fresh Approach to Theory and Practice in Adult Learning*. Toronto: Ontario Institute for Studies in Education, 1971.

的便是其于 1972 年出版的《教育的设计》一书。在这本书里，霍尔的相关思考与潜在认定以及所展开的论点和论述包括：

"年龄与学习"。20 岁后期到 50 岁左右，这一年龄段学习者人数要多于其他年龄段学习者。

"学历与学习"。学历高的成人，其继续学习的意愿要远强于学历低的成人。

"职业与学习"。成人的正式学习活动往往与个体的职业生涯发展紧密相关。

"学习的动机指向"。可以分为三类：目标指向型、活动指向型与学习导向型。

"影响学习的因素"。影响因素主要有家庭、教师、学校、职业、亲友等。

"设计工作的前提"。既要符合杜威等人建立起来的教育信条，又要切合地方发展的实际需要。

"设计工作的取向"。应重点关照贫困人群（教育）、乡村人群（教育）、服役人群（教育）以及民众健康（教育）。

"设计工作的主要环节"。关键环节主要有三个：策划、实施与评价。

"设计工作当因学而变"。设计工作应结合成人多样化的学习形态而有所创新。也就是说，对有教师或无教师指导的个人学习或团队学习，对教育机构或非教育机构组织的个人学习和团队学习等，都要在设计过程中予以不同的反映，并做出不同的策划。

"做好项目设计的开发工作"。关键任务是：发现潜在的教学需求；完善既定的教学目标；开发新型的教学模式；实施有效的教学计划；形成适当的教学评价；促进教学项目更加贴近生活；促进学习活动不断循环发展。

"促进个人学习实践的展开"。关注个体学习的过程与特征，促进个体学习实践的有效展开。[1]

"三大理念的权威传播者"——富尔。1908 年 8 月，富尔出生在法国南部的贝济耶（Béziers），早年研修法律并获得律师资格。1947 年，任汝拉省（Jura）莱斯奈港市（Port-Lesney）市长；1950 年，任法国财政部部长；1952 年，任法国总理；1955 年，任法国外交部部长；1966 年，任法国农业部部长；1968 年，任法国教育

---

[1] C. O. Houle. *The Design of Education*. San Francisco: Jossey-Bass, 1972.

部部长；1972 年，任法国社会事务部部长；1973 年，被选为法国国民议会主席。1971 年初，他还接受联合国教科文组织总干事马厄（René Maheu）的邀请，担任了该组织下属国际教育委员会的主席一职。不久，即 1972 年 5 月，富尔领导的国际教育委员会便向联合国教科文组织提交了一份重要的研究报告，即《学会生存——教育世界的今天和明天》。由此，富尔及其同事最早也是最具权威意义地将终身教育、终身学习与学习型社会三大理念传播到了整个世界。

《学会生存——教育世界的今天和明天》这篇报告篇幅不算很大，但俯瞰全球、贯通古今，特别是对教育的现实情况以及需要应对的各种挑战进行了全景式的扫描。最为重要的是其所有关于教育未来的设想都被置入实践三大理念的宏大框架之中。从认知三大理念、传播三大理念以及解读、推广成人教育等的情况来看，报告的要点及其说明是：

"生存即学习"。人永远难言完成，其存在过程即是一个无止境的完善与学习过程。

"学校教育的局限"。现今社会的全方位巨变以及教育本身不以人的意志为转移而发生的嬗变，致使现行的学校教育早已无法支撑起一个明确的教育整体。

"迈向学习型社会"。既然学习延续全部的生命过程，既然学习渗入全部的生活领域，既然现行的学校教育能量已经捉襟见肘，那么，形成全新的终身教育体系、构建人人终身学习且有社会整体参与的学习型社会就成为一种必然。

"何谓终身学习"。将使人们从教育对象变为学习主体，将把人的学习活动从教育范畴扩展到生存范畴。

"何谓终身教育"。使教育贯穿人的发展的一生，使教育覆盖人的发展的全部，并将原来相互割裂的各种教育活动、教育因素、教育资源加以统合化、一体化。

"何谓学习型社会"。教育不再是学校的特权，所有的社会部门都必须参与教育工作，以期每个公民在任何情况下都可以自由地获得学习的权利与机会。

"终身学习的旨归"。促使每个人在体力、智力、情绪、伦理等多方面得到结合与发展，成为自我文化进步的主人翁与创造者。

"终身教育的效能"。终身教育理念必须成为未来教育改革与发展政策的主导思想。唯如此，教育才会真正变成一项有效的、公正的、人道的事业。

"何谓成人教育"。替代错过的基础教育；补充不完整的初等教育或职业教育；延长现有的教育；提供各种持续不断的教育；发展每个人的个性。

"成人教育的位置"。成人教育是教育过程的正常顶点。

"发展成人教育"。未来的教育政策必须给予成人教育以应有的地位，并将在学校中进行的成人教育和在学校外进行的成人教育共同列为优先发展的目标。

"学习者的责任"。应是教育活动的中心，并且应当在整个教育事业中承担所应承担的责任。①

至此，一位领军人物与十位主要巅峰人物的学术思想与学术成就叙述算是告一段落了。但心中仍留些许遗憾：阿普斯、戴夫、胡森、劳森、汤姆、彼斯乔夫、霍韦、诺克斯、古德、莱文斯顿、佩特森、克罗普利、埃斯拉尼安、汤普森等，其实也都是这一时代叱咤风云的人物，尤其是在1972年富尔等人出版《学会生存——教育世界的今天和明天》之后，他们又屡有创新，屡有建树，实因篇幅所限，无法一一叙之。唯能聊以自慰的是，这些风云人物的代表作已在先前进入了我们的视野，而对其中"聚焦点""关键词"的锁定与解读，亦让人对其主要思想观点有了大致的了解。

然而，两个堪称豪华的团队在该时期为成人教育学科体系发展所做出的两项特别贡献，在此一定要有所提及。

第一份贡献是由哈伦贝克、杰森、利威莱特以及弗纳、诺尔斯、霍尔、伦顿、米勒、麦克拉斯基、艾塞尔特（P. Essert）、惠普尔（J. B. Whipple）、米勒（H. L. Miller）、托玛斯、伯奇文、马金利（J. MaKinley）、史密斯（R. M. Smith）、赛迪（W. Thiede）、克瑞特罗（B. W. Kreitlow）、迪克尔曼等组成的团队于1964年出版的《成人教育：一种大学新兴研究领域的大纲》，俗称"黑皮书"。

第二份贡献则是由史密斯、阿克、基德以及伦顿、施罗德（W. L. Schroeder）、利威莱特、奥利格（J. Ohliger）、波义耳（P. G. Boyle）、雅恩斯（I. R. Jahns）、德克劳（R. DeCrow）、詹森（E. I. Johnson）、霍尔、怀特（T.

---

① Edgar Faure, Felipe Herrera, Abdul-Razzak Kaddoura, et al. *Learning to Be: The World of Education Today and Tomorrow*. International Commission on the Development of Education. Paris: UNESCO, 1972.

J. White)、克瑞特罗、米勒（P. A. Miller）、格里菲斯（W. S. Griffith）、海古德（K. Haygood）、哈莱切尔（E. L. Harlacher）、芬策（R. E. Finch）、蒙罗（M. E. Monroe）、布恩（E. J. Boone）、布罗德斯基（N. Brodsky）、罗金（L. Rogin）、纳德勒（L. Nadler）、霍夫尔（J. R. Hoffer）、斯托克斯（K. Stokes）、阿特伍德（H. M. Atwood）、阿克斯福德（R. W. Axford）、科特莱特（R. Cortwright）、布莱斯（E. W. Brice）、戈登（G. K. Gordon）、诺莱杰恩·汉德瑞克森（N. Hendrickson）、安德鲁·汉德瑞克森（A. Hendrickson）、帕沃尔（H. Power）、维恩（G. Venn）、查特斯（A. N. Charters）、贝瑞（J. Berry）、洛林（R. K. Loring）、杰森等组成的团队于1970年出版的《成人教育手册》，俗称"黄皮书"。

上一章在叙述世界上第一位获得成人教育学博士学位的学者哈伦贝克的故事时，曾提到过这两部著作，并引用了后人的一句评价："它们对于成人教育学术领域的建立与发展堪称居功至伟，意义深远"。那么，它们究竟分别构建了怎样一种成人教育知识体系呢？

"黑皮书"由四大部分构成：

第一部分，成人教育之概论。其中包括成人教育的概念界定、成人教育的内涵解读、成人教育的社会角色分析、成人教育的实践范畴描述、成人教育学术研究的性质认知、成人教育理论探索的意义探究、成人教育学专业学位教育的兴起、成人教育学专业学位教育的性质与目标。

第二部分，成人教育与相关学科的关系。其中论述了成人教育与社会学的关系、成人教育与社会心理学的关系、成人教育与心理学的关系、成人教育与史学的关系。此外，还论及了成人教育的机构与管理。

第三部分，成人教育之实践。其中阐述了成人教育的目标、成人教育的方案、成人教育的内容、成人教育的方法、成人教育的实施、成人教育的评价等。

第四部分，成人教育学专业学位教育与发展的意义。讨论了大学认同并推进这一新兴研究领域的意义与价值，探究了成人教育学专业建设的现状与未来。[①]

---

① G. Jensen, A. A. Liverigh, W. Hallenbeck, eds. *Adult Education: Outlines of an Emerging Field of University Study*. Chicago: Adult Education Association of the USA, 1964.

"黄皮书"则由三大部分构成：

第一部分，形式、功能与未来。涉及的议题有：成人教育的社会背景、成人教育的定义表述、成人教育的国际观察、成人教育的项目开发、成人教育的项目评估、成人教育的信息资源、成人教育的社会服务、成人教育的技术应用、面向成人的教育工作者、成人教育的哲学思考、成人教育的研究活动、成人教育的理论框架、成人教育的未来展望。

第二部分，主要机构与组织。进入视野的有：成人教育专设机构与合作推广服务机构、学院与大学、公立学校与社区学院、图书馆与博物馆、军队与工会、商业与工业、健康与福利机构、宗教机构与其他机构。

第三部分，主要的实践项目。重点描述的有：成人教育课程、成人教育内容、成人基础教育、人际关系与敏感性训练、家庭生活教育、社会和公共责任教育、职业与技能教育、专业继续教育、妇女教育、自我教育等。①

此时此刻，先前叙说完"痕迹"时的那番心绪重现，且变得更为强烈：诺尔斯时代的领军人物、巅峰人物包括两个"豪华团队"，其思想是丰富的，其成就是丰硕的，以上叙述不过又似一次以管窥天，以蠡测海。然而，即便如此，被想象成"一段布匹"的学科体系，或被比拟成"一方纱绸"的知识体系，在以诺尔斯为首的编织大师手里，堪称其"经纬"发生了闻所未闻的扩展与延伸，而其"色彩"亦闪耀出见所未见的璀璨与辉煌。

于此，就让我们再一次尝试着将其在该时期为成人教育学科体系或称知识体系所编织的"经纬"以及所留下的"色彩"统合并简归为：

成人教育的定义——"替代性""补偿性""延长性""持续性""发展个性"。

成人教育的元素——"需求""范围""功能""制度"。

成人教育的地位——"教育过程的正常顶点"。

成人教育的旨归——"促进人的全面发展""解放被压迫者"。

成人教育的价值——"扮演特定社会角色""影响社会发展目标"。

成人教育的功能——"全面提高成人能力""促进社会民主进程"。

---

① Robert M. Smith, George F. Aker, J. R. Kidd. *Handbook of Adult Education*. New York: Macmillan Company, 1970.

成人教育的方式——"多样化方式""非正规方式"。

成人教育的背景——"社会变迁""国际动向""挑战和机遇""阻力与动力"。

成人教育的发展——"给予应有的地位""列为优先发展目标"。

成人教育的机构——"专设机构""合作推广服务机构""学院与大学""公立学校与社区学院""图书馆与博物馆""军队与工会""商业与工业""健康与福利机构""宗教机构与其他机构"。

成人教育的项目——"内容与内容选择""课程与课程开发""项目开发与评估""合作推广服务项目开发""基础教育""人际关系训练""敏感性训练""家庭生活教育""社会生活教育""职业教育""技能培训""继续教育""妇女教育""自我教育""注重项目设计"。

成人教育的实践——"利用与开发社会资源与大学资源""利用与开发传媒资源与信息资源""鼓励民间参与""增进社会服务""加强技术应用"。

成人教育的过程——"目标""方案""内容""方法""实施""评价""促进学习实践的展开"。

成人学习者及其特征——"被忽略一族""成人异于儿童""体力与智力特征""情感与生存特征""个体与社会视角特征""社会角色视角特征""学习者主体""学习者中心""学习者责任"。

学习与成人学习——"移动研究视角:从教到学""生存即学习""学习源自生活""学习持续一生""学习意味改变""梳理学习理论""确立成人学习的适切假说""建构成人学习的适用理论""成人学习的动机与目的""创设学习情境""班级学习与小组学习""传媒学习与远程学习""发展多种模式的学习设计活动"。

自我导向学习——"特定的内涵""特定的意义""特定的环节""特定的教师""学会利用资源与方法""自我设计学习""调整自我学习计划"。

终身学习——"从教育对象变成为学习主体""从教育范畴扩展到生存范畴""促使每个人得到和谐与发展""促使每个人成为自我文化进步的主人翁与创造者"。

教学与成人教学——"教学理论多源而成""适切应用现有教学理论""改善成人教学活动""确认学习目标""测定学习经验""更新教学方法""评定教学效果""摒弃灌输式教育""倡导提问式教育""推行对话式教学"。

终身教育——"打破学校围墙""教育服务所有人群""教育贯穿人的发展的一生""教育覆盖人的发展的全部""统合各种教育活动、因素与资源""实现教育的连贯性与协调性""教育改革与发展的主导思想""成人教育是终身教育发展的火车头""探索新的教育方法"。

成人教育工作者——"重塑教师形象""多结构组成""展开专门培训""加强能力训练"。

学校教育——"积弊深重已成陷阱""无法支撑教育整体"。

学习型社会——"回归教育本真""追求完美人性""面向全体人类""社会整体参与""学校不再独揽教育功能""学习权利公平""学习机会均等""体现智慧与理性力量""运用道德与精神力量""确立成人教育制度""推进'读名著'运动""弘扬大学的精神与力量""建构社会学习网络""向学习化社会迈进"。

成人教育哲学——"人是自由的、有潜能的""潜能开发需要合适的社会环境""潜能开发需要相应的群体环境""成人教育是发展民主社会的必然选择""成人教育是促进民主生活的重要力量""成人教育过程是民主的过程""成人教育以学习者为中心""成人教育起始于学习者的需要""成人教育方法要根据学习者的特点与需求来确定"。

成人教育学——"事关成人学习及其理论的学问""事关学习与成人学习及其理论的系统""大学的认同""大学研究活动的新天地""成人教育学专业学位教育的兴起""成人教育学专业学位教育的性质与目标""成人教育学专业建设的现状与未来"。

成人教育研究——"教育研究的第四维度""从认知基本元素入手""与众多学科交叉相关""研究活动已见成效""研究未来值得展望"。

当结束前一时期的"痕迹"追踪时，我无法肯定所作的归纳表述全然恰切，归类全然准确，也许它们既可属于此类，又可归为另类。于此，在结束诺尔斯时代的"经纬"统合与"色彩"归类时，更有必要重申这句话，因为"经纬"愈盛，更易让人眼花缭乱；"色彩"愈繁，更易让人看朱成碧。但无论如何，一个不争的事实便是：成人教育学科体系的历史编织，到了诺尔斯时代，其"经纬"得到了前所未有的延伸与扩展，而其"色彩"亦得到了异乎寻常的点缀与挥洒。

本来，设想通过两个时代的"经纬"面貌，两个时代的"色彩"状况（甚或两个时代的关键词选择）的具体对比，再来细细地逐一彰显诺尔斯时代作为成人教育学科体系或知识体系本身的成长与发展，并由此来体察和确认诺尔斯时代的进步和辉煌。然而，在对诺尔斯时代的叙说过程中，心里总是自然而然地与前一时代的状况作比较，由之形成了诸多发现与感受。这些直观而朴素的发现与感受，有时与学科体系、知识体系直接相关，有时又并非尽然；有时显得非常抽象粗略，有时又不失具体细微。

这就使得对诺尔斯时代叙说的结尾有了两种选择：一是按理性的设想行事；二是改变计划，将那些"随性"的发现与感受先和读者们一起分享。最后的决断是：悬置理性，随性先行。

理由是：理性设想中的"对比"机会犹存——待三座高峰、三个时代全部追溯完毕（抑或更待成人教育学科体系的本土历史追溯完成），再行对比亦无所不妥，也许还更能在学科体系、知识体系的全部历史变迁框架中得到一种难以预料的价值发现；而随性的发现与感受，也许只有于此和读者分享才是适时的，更何况这些发现与感受，又很可能使我们对诺尔斯时代的进步与辉煌获得一份别样的体察和认同。这些发现与感受可以被表述为：

第一，关注焦点的翻番——关注的焦点从先前归纳出来的 13 种一下子猛增到了当下归纳出来的 25 种，将近翻了一倍，由之，空白点减少了，认知领域扩大了。

第二，研究热点的增多——众多被聚焦的领域，其热点问题开始变得多样化起来。如，有关成人教育主体的讨论，从劳工、平民，发散到了被压迫者、老年人群等；有关成人教育旨归的探究，从坚持伟大传统、追求生存、培养智慧，扩展到了促进人的全面发展、解放被压迫者等。

第三，研究视角的扩展——由主要基于成人教育实践的一些基本问题、现象研究，一方面扩展到了基于其本身作为一门学科的探索与研究，另一方面又扩展到了基于不同学科的分析与诠释。其中，从哲学、史学、心理学、社会学、社会心理学等视角出发的阐释，拓展了成人教育的认知视域，且使整个学科体系变得恢宏起来。

第四，研究触角的深入——最为明显的就是，有关成人教育"教"与"学"的问题，前者从原先一二类学校、两三项原则、三四种方法的讨论，开始切入到对教育系统的整合、教育资源的利用、教育项目的开发、教学理论的溯源、教学理论的重构、教学过程的设计以及教学方法的创新等；后者则从早先对学习能力的确认，逐渐深入到了对学习内涵的解读、理论假设的思考、理论体系的建构，以及学习动机、学习目的、学习情境、学习方式、学习设计乃至自我导向学习等多种层面的思考。

第五，认知重心的转移——从主要倾向于探究成人教育与社会的关系，逐渐开始偏重于透析成人教育与人及其生命、生活的契合；从主要倾向于对"教"的认知与实验，逐渐转移到对"学"的解读与设计。总之，关注人本、关注学习开始成为一种显著的走向。

第六，思维阶梯的升格——逐渐从对成人教育的内容感知走向了形式感知，从具体感知迈向了逻辑感知，从经验感知越向了理论感知。其中最具代表性的，莫过于成人教育学这一界碑从此拔地而起。

第七，学术韵味的增强——研究活动从粗放走向精细，学术品位从低端走向高端，比如从先前囿于成人教育之运动、起源、发展等事实的一般描述，发展到了现下对成人教育之可能、需求、界限、范围、本质、地位、功能、制度等一系列更高界面的探究，而借助哲学、史学、心理学、社会学等视角的探索，又更加助其告别粗放而走向精细，走过低端而迈向高端。

第八，三大理念的崛起——终身教育、终身学习与学习型社会三大理念正式提出，并从概念、内涵、初衷、渊源到目标、宏旨、意义、效能，再到体系、制度、贯彻、应用，以及与成人教育的关系等一系列理论与实践问题，形成了初步的但又是比较系统的思考。

第九，研究背景的开拓——若说此前的探究多为"就成人教育论成人教育"，那么随着三大理念的崛起，这一时代的研究活动便开始同终身教育、终身学习、学习型社会衔接了起来，或者说，无论是有关它的理论探索，还是有关它的实践策划，都已经开始被置入一个践履终身教育、终身学习与学习型社会三大理念的宏大背景之中。

第十，知识资源的集结——有两个重要表征：其一，个体开始注重对相关领域已经形成的知识或相关知识进行统合,如诺尔斯在对成人学习问题的探究中,十分注重对已有学习概念的解读与学习理论认知的汲取;基德在成人怎样学习的探索中,也非常关注对前人研究成果以及相关学科之相关建树的归并。其二,开始出现团队工作形式,以对现有的知识资源进行梳理与整合,由哈伦贝克、杰森、利威莱特和史密斯、阿克、基德等分别领衔的两个团队的合作及其成果便是最好的例证,从而在很大程度上或者说在一定范围内,使原先分散的知识集结化了,使原先零散的知识系统化了。

第十一,元研究的启动——诺尔斯时代令人欣喜地诞生了一个全新的论域,那就是有了对成人教育学本身的研究、对成人教育研究本身的研究、对成人教育学专业建设的研究。由此,学科的自我意识开始得以生成,学科的自我形象开始得以塑造。无疑,这对于学科体系、知识体系本身的建构而言,又增添了一种不可或缺的、极其新鲜的元素。

三、拓展:延续在诺尔斯之后

诺尔斯时代之后,成人教育学科体系的拓展可被视为第三座高峰的攀越,而这一新的攀越过程始自 20 世纪 70 年代末 80 年代初,且一直延续至今。

由于诺尔斯时代之后的近 30 年时间里,著作、文献及才子、才俊都特别多,在此只能围绕"拓展"一词,以主要体现开辟新途径、新视角,切入新层面、新论域,抑或蕴含新思考、新见解,形成新交叉、新融合的原则,首先有选择性地呈现以下著作、文献信息(见表 2-3)。

表 2-3 1981—2007 年国外成人教育方面的重要文献一览表

书　名	原书名	作　者	出版年份
《作为学习者的成人:增进参与和促进学习》	Adults as Learners: Increasing Participation and Facilitating Learning	克罗丝	1981
《蓝领女性》	Blue Collar Women	沃尔肖克 (M. L. Walshok)	1981

续 表

书　名	原　书　名	作　者	出版年份
《成人教育：实践的基础》	Adult Education: Foundations of Practice	达肯沃尔德、梅里安	1982
《成人教育的哲学基础》	(Philosophical Foundations of Adult Education)	伊里亚斯、梅里安	1982
《学会如何学习：面向成人的应用理论》（又译：《学会如何学习：成人的应用理论》）	Learning How to Learn: Applied Theory for Adults	史密斯	1982
《成人学习者、成人教育与共同体》	Adult Learners, Adult Education and the Community	布鲁克菲尔德	1983
《满足青年成人的教育需求》	Meeting Educational Needs of Young Adults	达肯沃尔德、诺克斯，等	1984
《终身教育与国际关系》	Lifelong Education and International Relations	捷尔比	1985
《自我导向学习：从理论到实践》	Self-directed Learning: From Theory to Practice	布鲁克菲尔德	1985
《成人与继续教育社会学》	The Sociology of Adult and Continuing Education	贾维斯	1985
《学习风格量表：自我测评及其说明》	Learning-style Inventory: Self-scoring Inventory and Interpretation Booklet	库伯	1985
《理解和促进成人学习：有效实践及其原则详解》	Understanding and Facilitating Adult Learning: A Comprehensive Analysis of Principles and Effective Practice	布鲁克菲尔德	1986
《帮助成人学习：计划、实施与指导》	Helping Adults Learn: Guide to Planning, Implementing and Conducting Programs	诺克斯	1986
《终身教育的哲学》	Philosophy of Lifelong Education	维恩（K. Wain）	1987

续表

书　名	原书名	作　者	出版年份
《社会背景下的成人学习》	Adult Learning in the Social Context	贾维斯	1987
《论成人教育的伦理问题》	Ethical Issues in Adult Education	伯奇特	1988
《成人教育者的培训》	Training Educators of Adults	布鲁克菲尔德	1988
《有效的专业人员继续教育》	Effective Continuing Education for Professionals	塞维洛（R. M. Cervero）	1988
《远程教育的理论与实践》		霍姆伯格（B. Holmberg）	1989
《成人教育研究的理论与实践：认识论之思考》	Theory and Practice in the Study of Adult Education: The Epistemological Debate	布赖特（B. P. Bright）	1989
《国际成人终身学习手册》（又译：《培格曼国际终身教育百科全书》）	Lifelong Learning for Adults: An International Handbook	泰特缪斯	1989
《培养成年期的批判性反思：转化性学习和解放性学习入门》	Fostering Critical Reflection in Adulthood: A Guide to Transformative and Emancipatory Learning	梅茨罗	1990
《生命之线：成人生活中的工作、爱情与学习》	Lifelines: Work, Love, and Learning in Adult Life	梅里安、克拉克（C. M. Clark）	1991
《以成人教育为业：成人教育者的关键角色》	Adult Education as Vocation: A Critical Role for the Adult Educator	柯林斯（M. Collins）	1991
《成人教育：一个发展中研究领域的演变与成就》	Adult Education: Evolution and Achievements in a Developing Field of Study	贾维斯、皮特斯（J. M. Peters）	1991

续　表

书　名	原 书 名	作　者	出版年份
《帮助成人学习与改变》	Helping Adult Learn and Change	罗宾森（R. D. Robinson）	1991
《成人学习的转化维度》	Transformative Dimensions of Adult Learning	梅茨罗	1991
《多元化社会中的成人教育》	Adult Education in a Multicultural Society	卡撒拉（B. B. Cassara）	1991
《成人学习中的自我导向：理论、研究与实践透析》	Self-direction in Adult Learning: Perspectives on Theory, Research and Practice	伯奇特、希姆斯特拉（R. Hiemstra）	1991
《第三年龄学生》	Students of the Third Age	费赛尔（R. B. Fischer）、布拉瑟伊（M. L. Blazey），等	1992
《老年学习者》	The Older Learner	沃尔弗（M. A. Wolf）	1992
《跨生命学习：理论、研究与政策》	Learning across the Lifespan: Theories, Research, Policies	特因曼（A. C. Tuijnman）等	1992
《成人学习：我们来自哪里？我们去向何方？成人与继续教育的新方向》	Adult Learning: Where Have We Come from? Where Are We Headed? New Directions for Adult and Continuing Education	梅里安	1993
《成人学习的文化与过程》	Culture and Processes of Adult Learning	索尔普（M. Thorpe）、爱德华兹，等	1993
《面向学习型社会》	Toward the Learning Society	兰森（S. Ranson）	1994
《学会倾听、学会教学：对话在教育成人过程中的力量》	Learning to Listen, Learning to Teach: The Power of Dialogue in Educating Adults	维拉（J. Vella）	1994
《学习型社会：挑战与趋势》	The Learning Society: Challenges and Trends	雷戈特、爱德华兹，等	1995

续　表

书　名	原　书　名	作　者	出版年份
《捍卫生活世界：成人学习的批判性透析》	Defense of the Life World: Critical Perspectives on Adult Learning	韦尔顿	1995
《成为批判反思型教师》	Becoming a Critically Reflective Teacher	布鲁克菲尔德	1995
《通过自我评价促进学习》	Enhancing Learning through Self-assessment	葆德（D. Boud）	1995
《终身教育》	Lifelong Education	贝朗杰（P. Belanger）、捷尔比	1995
《终身学习：21世纪的民众、组织、国家与社团之新见解、新卷入和新角色》	Lifelong Learning: New Vision, New Implications, New Roles for People, Organizations, Nations and Communities in the 21st Century	朗沃斯（N. Longworth）、戴维斯（W. K. Davies）	1996
《成人学习的边界》	Boundaries of Adult Learning	爱德华兹（E. Edwards）、汉森（A. Hanson）、雷戈特，等	1996
《成人教育的专业与实践》	The Profession and Practice of Adult Education	梅里安、伯奇特	1996
《生活在学习型社会：生活历史、认同与教育》	Living in a Learning Society: Life-histories, Identities and Education	安迪凯宁（A. Antikainen）、霍特索宁（J. Houtsonen），等	1996
《论后现代社会中成人的伦理与教育》	Ethics and Education for Adults in a Late Modern Society	贾维斯	1997
《转换中的成人》	Adults in Transition	沃尔弗、利赫（M. Leahey），等	1998
《超越教室的学习：为变化的世界而教育》	Learning beyond the Classroom: Education for a Changing World	本特利（T. Bentley）	1998

续表

书名	原书名	作者	出版年份
《成人教育的认同与冲突》	Identidades, Conflictos y Educación de Adultos	捷尔比	1998
《走进学习型社会》	Inside the Learning Society	兰森	1998
《理解工作中的学习》	Understand Learning at Work	葆德、伽里克（J. Garrick），等	1999
《老年教育》	Education for Older Adults	沃尔弗	2000
《转化学习：对过程理论的批判性分析》	Learning as Transformation: Critical Perspectives on a Theory in Progress	梅茨罗	2000
《终身学习与教育新秩序》	Lifelong Learning and the New Educational Order	菲尔德（J. Field）	2000
《学习的时代：教育与知识社会》	The Age of Learning: Education and the Knowledge Society	贾维斯	2001
《成人教育研究中的社会科学理论》	Social Science Theories in Adult Education Research	布劳恩、谢曼（M. Schemmann），等	2002
《社会运动、文明社会与激进主义成人教育》	Social Movements, Civil Society, and Radical Adult Education	霍斯特（J. D. Holst）	2002
《学习的三个维度》	The Three Dimensions of Learning	伊勒瑞斯	2002
《继续教育评价：到达成功的全面指南》	Evaluation for Continuing Education: A Comprehensive Guide to Success	诺克斯	2002
《行进中的终身学习：21世纪的教育变革》	Lifelong Learning in Action: Transforming Education in the 21st Century	朗沃斯	2003
《成人环境教育：生态学习、社会环境理论与实践》	Environmental Adult Education: Ecological Learning, Theory and Practice for Socioenvironmental	希尔（L. H. Hill）	2003

续表

书　名	原书名	作　者	出版年份
《工作生活中的学习》	Learning in Working Life	伊勒瑞斯	2004
《成人环境教育之全球观察》	Global Perspectives in Environmental Adult Education	克莱夫尔（D. E. Clover）	2004
《从教学到指导：成人教育中的原则与实践、对话与生活》	From Teaching to Mentoring: Principle and Practice, Dialogue and Life in Adult Education	赫尔曼（L. Herman）、曼戴尔（A. Mandell）	2004
《成人教育与终身学习：理论与实践》	Adult Education and lifelong Learning: Theory and Practice	贾维斯	2004
《数字化时代的终身学习：为能从容应对世界的各种变化》	Lifelong Learning in the Digital Age: Sustainable for All in a Changing World	威尔特（Tom J. Van Weert）、肯达尔（M. Kendall）	2004
《批判理论的力量：事关成人解放的学习与教学》	The Power of Critical Theory: Liberating Adult Learning and Teaching	布鲁克菲尔德	2005
《人类学习：全景分析》	Human Learning: An Holistic Approach	贾维斯、帕克（S. Parker）	2005
《论工作场所个体学习、团体学习及组织学习的意义》	The Significance of Workplace Learning for Individuals, Groups and Organisations	厄劳特（M. Eraut）、希尔什（W. Hirsh）	2007

　　这些著作，经数轮筛选，才从"浩瀚"的文献库里跃然而出。于此，再一次锁定其中的关键词，并做出初步的解说。

　　蓝领女性、青年成人、专业人员、第三年龄——从20世纪80年代开始，进入研究视野的成人群体，基于职业阶层，由沃尔肖克和塞维洛分别关照到了专业人员与蓝领女性；基于年龄阶段，又由达肯沃尔德、诺克斯和费赛尔、布拉瑟伊等分别关顾到了青年成人与第三年龄人群。

继续教育、老年教育、远程教育、环境教育、伦理教育——随着专业人员、老龄群体教育需求的扩展，继续教育、老年教育在塞维洛、贾维斯、诺克斯、费赛尔、布拉瑟伊、沃尔弗等人眼里成了研究热点；而在信息革命以及追求自然和谐、精神和谐的背景下，远程教育、环境教育、伦理教育又在霍姆伯格、希尔、克莱夫尔、贾维斯等人心中成了重要论域。

实践基础、认同、冲突、哲学、社会学、伦理——在讨论了成人教育的一些基本问题乃至事关哲学方面的一些基本问题之后，达肯沃尔德与梅里安呈现了它的实践基础；捷尔比则论述了它的认同状况与冲突现象。与此同时，伊里亚斯与梅里安、贾维斯与伯奇特，前两者共同描述了成人教育的六大哲学基础，后两者则分别填补了两大空白：成人教育社会学研究与成人教育伦理学研究。

作为学习者的成人、成人学习者、共同体、转换中的成人——诺尔斯之后，有关成人学习者的讨论不绝于耳：克罗丝设想使作为学习者的成人与扮演其他角色的成人有所区分；布鲁克菲尔德试图刻画成人学习者与学习共同体；而沃尔弗、利赫等人又想努力描画处在生活转换特别是职业生活转换中的成人及其特征。

成人学习、文化、过程、生命、生活、工作、社会、捍卫——三十年间，以"成人学习"为命题的著作数量最多。首先可以注意到的是一种意义与关系的识别：索尔普与爱德华兹探究了成人学习的社会文化与过程意义；梅里安与克拉克、赫尔曼与曼戴尔、葆德与伽里克等论述了生命、生活、工作与学习的相互关系与互动意义；贾维斯与伊勒瑞斯则又拓展到了实实在在的工作生活和社会背景下的成人学习行为。至于韦尔顿，他围绕成人学习命题，采取批判思维方式，为捍卫生活世界而努力论争。

理论、实践、研究、理解、边界、维度、转化、解放、改变、参与、帮助、促进、实施、原则、计划、指导、对话、应用理论、批判理论、来自哪里、去向何方、全景分析——有关成人学习的探索，还可以注意到，除了对其理论或应用理论建构以及实践探索有一种总体关切外，梅茨罗注重的是成人学习的解放、转化的底蕴；爱德华兹、雷戈特、伊勒瑞斯强调的是成人学习边界、维度的确定；罗宾森关注的是成人学习行为改变的效果。同时，梅茨罗与布鲁克菲尔德还将兴趣聚焦于批判理论即批判思维在成人学习过程中可能爆发的力量。更多的学者如布鲁克菲尔德、诺克斯、罗宾森、克罗丝、维拉等又力求在理解与研究的基础上，为实现帮助、促进和参与学习活动，而具体到了实施的思考、原则的确定、计划的形成、指导的设计、对话的运用等。更有意思的是，梅里安、贾维斯与帕克还分别将旨趣定格在了成人学习理论的来自哪里与去向何方，以及成人学习行为的全面考量与全景分析。

自我导向学习、转化学习、学习风格、自我测评、自我评价、学会学习——在成人学习研究中，布鲁克菲尔德、伯奇特与希姆斯特拉显然是自我导向学习的忠实追随者，他们试图为之从理论到实践打造出一条切实的通道。梅茨罗与库伯则是两位喜欢独树一帜的人物，前者试图通过各种观察揭秘转化学习及其基本过程，后者则试图通过自我测评呈现并有效利用成人丰富多样的学习风格。至于葆德和史密斯，他们又分别希望通过探究自我评价而促进学习行为，通过建构应用理论而学会学习。

工作场所、个体学习、团体学习、组织学习、意义——厄劳特与希尔什，其视线除了像伊勒瑞斯那样触及工作场所或者说工作生活中的成人个体学习，还涉猎职业活动中的团队学习与组织学习，并高度聚焦、探究了这些学习的意义。

终身教育、终身学习、跨生命学习、学习型社会、国际关系、民众、组织、国家、社团、理解、卷入、角色、政策、挑战、趋势、行进、生活历史、自我认同、超越教室、教育新秩序——对于终身教育，维恩的解读登上了哲学高度；捷尔比的思量跃入了国际范畴。终身学习更是得到青睐：贾维斯所关注的是终身学习与成人教育之间的关系及其理论与实践的发展；朗沃斯、戴维斯与菲尔德所瞩目的是终身学习时代，其民众、组织、国家与社团对它的理解、卷入和各自角色作用的嬗变，以及行进的洪流与教育秩序的重组；泰特缪斯所梳理的则是一个有关成人终身学习的国际知识系统。在特因曼眼里，终身学习似乎是一种"跨生命的学习"，对之需要建立起相关的政策系统；在本特利看来，未来的学习当是一种"超越教室"的学习，目的是为了适应世界的变化。兰森、雷戈特、爱德华兹等人则以探究学习型社会为己任，一则指出了它所面临的挑战，二则又描述了它的发展趋势与未来。至于安迪凯宁与霍特索宁等，又从生活历史、认同等特殊视角切入，结合社会与文化阐释，解析了学习型社会中的教育与学习问题。

多元化社会、数字化时代、后现代社会、知识社会、社会运动、文明社会、学习时代、应对——在对成人教育的新认知中,霍斯特将之与社会运动、文明社会关联了起来;卡撒拉将之与多元化社会关乎了起来;威尔特与肯达尔将之与数字化时代及其应对连接了起来;贾维斯则更将之与后现代社会、知识社会、学习时代对接了起来。

成人教育者、培训、批判反思型、关键角色——布鲁克菲尔德不仅希望成人教育者能够获得专门的培训,还期待其成为一种批判反思型教师;柯林斯则期许有更多的教师能够将成人教育视为自己的职业,并出色地扮演其中的关键角色。

专业、研究领域、实践、演变、成就、认识论、社会科学理论——在梅里安与伯奇特的理解中,成人教育是一门专业,并关注着它的实践深入;在贾维斯与皮特斯的表述中,成人教育是一个研究领域,而且是一个发展中的研究领域,为此他们识别了它的演变过程以及成就所在。专业也好,领域也罢,在布赖特眼中,它们都无法回避认识论的建构,而在布劳恩与谢曼看来,它们亦都无法拒绝社会科学理论的运用。

叙述完著作中的关键词,我们继续往前,深入其中,进一步有选择地叩见一些名家,拜读一些名著。

成人学习研究的女先锋——克罗丝。在成人学习研究领域,有一位女性先锋人物,她的全名叫凯瑟琳·帕特丽夏·克罗丝。克罗丝生于1926年,32岁那年获得了社会心理学博士学位。自此,她毕生致力于人类学习研究,而其《作为学习者的成人:增进参与和促进学习》一书,更是经由成人卷入学习的时代背景分析、成人参与学习的关键因素剖析、成人学习活动的基本结构解析,以及成人卷入学习与否的重要成因透析,并在前人研究基础上,自创了成人学习动机的"连锁反应模型"。为了增进学习参与水平,克罗丝竭力主张增强学习的自信水平,改善教育的认识态度,满足学习需求,实现学习期望,达到学习目标,增强学习的生活回应力度,创造学习机会,消除学习障碍,提供必要的学习信息。最后,为促进成人学习,她又以大量笔墨论述了学习与发展之间的关系,阐述了成人希望学习什么、正在学习什么、正在怎样学习等问题,并基于人类学、发展心理学、行为主义理论、存在主义理论以及诺尔斯的成人教育学学说,归结了成人作为学习者的基本特征与特征模型。①

成人教育哲学研究的热衷者——伊里亚斯。他先在天普大学（Temple University）获得教育学博士学位，后又在福德汉姆大学（Fordham University）取得教授席位。在其十余部著作中，他几乎都在思考成人教育哲学范畴的问题，而其1982年与梅里安合著的《成人教育的哲学基础》更是将注意力全部集中在了对成人教育哲学思潮的全面考察上。由于他们的努力，整个国际范围内的古典人文主义成人教育哲学思潮、现代人文主义成人教育哲学思潮、进步主义成人教育哲学思潮、行为主义成人教育哲学思潮、激进主义成人教育哲学思潮、成人教育分析哲学思潮，以及其分别所依托的哲学基础，乃至心理学与新教育思想基础，被归分得明晰通透，追溯得清清朗朗。至于因不同哲学渊源而演绎开来的成人教育之目标、起点、过程、内容、方法以及实践项目与师生关系等，又被渲染得淋漓尽致，描写得满满当当。②

成人教育实践天地的遨游者——达肯沃尔德。1976年，达肯沃尔德在美国哥伦比亚大学获得教育学博士学位，此后任教于新泽西州鲁特格斯大学（Rutgers University）。他从1975年起就有专著问世，至20世纪末，一共完成近十本大作。有趣的是，所有著作都可以证明，这二十余年间，达肯沃尔德始终没有舍弃对成人教育实践的关注，一直遨游在这片大地之中。1982年，他与梅里安合著的《成人教育：实践的基础》一书，在带领人们领略了（学校）教育的本质、终身学习的背景、成人教育的本质及其专业使命、研究活动、人才培养，乃至理论与实践、目的与目标、学习与发展、学习准备与学习倾向、自我导向与学习过程等后，真可谓花大力气掠过了好大一片实践天地：从哪些成人参与学习到学习什么，从为什么学习到用什么方法学习，从学习动力到学习障碍，从教育机构到教育环境，从政府作用到民间力量，从发达国家到发展中国家，从成人教育作为一门发展中的专业所存在的问题到作为一项社会事业所存在的争论等，几乎滴水不漏，森罗万象。③

---

① K. P. Cross. *Adults as Learners: Increasing Participation and Facilitating Learning*. San Francisco: Jossey-Bass, 1981.
② J. L. Elias, S. B. Merriam. *Philosophical Foundations of Adult Education*. Krieger Publishing Co., 1982.
③ G. G. Darkenwald, S. B. Merriam. *Adult Education: Foundations of Practice*. New York: Harper & Row, 1982.

成人学习应用理论的建构者——史密斯。1953年，他在印第安纳州立大学获得比较文学博士学位。于20世纪50年代成为美国成人教育教授委员会的奠基者之一；60年代，远赴非洲任成人教育顾问；70年代，领衔出版了闻名遐迩的"黄皮书"，并自此任北伊利诺伊大学成人教育教授达近20年之久。更令人难忘的是，他又是最先来到中国传播成人教育知识的学者之一。史密斯教授一生留下了许多著述；绝大部分著述关注的是成人学会学习的问题，并矢志为之建构一个应用理论体系，1982年出版的《学会如何学习：面向成人的应用理论》就是他的代表之作。该书要点为：其一，涉猎到了理论辨析，其中阐明了成人学习与学会如何学习的意涵，揭示了学习态度、学习风格与学习训练的关系；论述了成人学习者的类型与特征、学习的最佳条件，以及学习与指导对于学会如何学习的意义；探究了学习风格的认知、情感、环境表征及其协调与应用。其二，关涉到了应用思考，包括如何启动学习活动；自我导向学习的计划制订与学习技能评价；团队学习的氛围创建、组长责任、共同参与、计划制订与助学行动；院校学习的学生权益、课程选择、学习成效，以及如何进行非正规、非正式的日常经验学习、电视广播学习、电脑学习、直觉学习、梦幻学习等。其三，关乎到了学会如何学习的训练与帮助，其中包括自我导向学习的训练与帮助、团队学习和院校学习的训练与帮助，以及教师如何履行训练者、帮助者的角色等。[1]

成人教育研究的大运动量者——布鲁克菲尔德。1980年，他在英国莱斯特大学（University Leicester）主攻成人教育，获得哲学博士学位。观察他的教学活动，其足迹遍布英国、德国、美国、加拿大、澳大利亚等国；考察他的学术生涯，其兴趣跨度很大，从民主学校到民主学习、从成人识字到成人解放学习、从了解成人学习到促进成人学习、从自我导向学习到课堂班组学习、从技能型教师到批判型教师、从反思型成人学习者培养到反思型成人教学者训练、从成人教育学专业研究生培养到师资队伍建设等，绝对堪称一名大运动量的教学者与研究者。对于这位大运动量的学者，可来略述其两部特别抓人眼球的著作：

第一部著作的名字叫《成人学习者、成人教育与共同体》。布鲁克菲尔德在综

---

[1] R. M. Smith. *Learning How to Learn: Applied Theory for Adults*. Chicago: Follett, 1982.

述了成人教育、成人学习、成人学习者、共同体、共同体中的成人学习者等关键概念之后,切入了三个层面:其一,基于共同体中成人学习者的个体视角,诉说了成人学习的自主意义,以及某些微露端倪、需予深究的现象;其二,基于共同体中成人学习者群体的视角,重申了团组学习的意义,以及共同体发展和共同体活动;其三,基于共同体整体的视角,主张善于鉴别和研究共同体中的成人学习者,并且兵分两路,一路构思了对共同体中成人学习者个体所应提供的支持活动,另一路则构想了对共同体中成人学习者群体所需提供的支持行动。①

第二部著作是《批判理论的力量:事关成人解放的学习与教学》。让学习者与教学者共同树立反思精神,共同养成批判能力,使教与学成为一种觉醒与解放的过程,是布鲁克菲尔德的一向追求,此书更是开宗明义:为成人学习探索批判理论的意义。对此,他所洞察到的是:挑战意识形态、对垒霸权行为、消除虚情假意、克服精神错乱、学会救赎解放、弘扬理性、学习民主、警惕种族至上、避免性别至尊、剪除教学积弊。基于此,布鲁克菲尔德又将之与成人的教与学活动串联了起来,认为后者的核心任务就在于使反思的精神得以挥洒,使批判的力量得到张扬,唯有如此,成人学习者才可能获得真正的觉醒与解放。②

终身教育理念的发扬光大者——捷尔比。他1933年生于意大利米兰,2002年逝于法国巴黎。早年,捷尔比在米兰大学学习法律,后在美国哥伦比亚大学研修成人教育理论,不久又活跃于意大利文化与教育的舞台。20世纪70年代起,他受聘在联合国教科文组织工作,自此,其管理与学术活动遍及欧美亚国家,并几乎将全部才智贡献给了对终身教育理念的发扬与光大。1985年,他以成人教育国际管理者与研究者身份,撰写出版了《终身教育与国际关系》一书。开篇,揭示了终身教育的底蕴与旨归;分析了现代文化境遇中的生活价值与历史意义。上篇,围绕经济与技术,描述了劳动力分工与流动的国际变化,描绘了科技革命的国际走向,叙述了工作权利的国际理解,诉说了工薪中断者的生活状况,论述了这一背景下的教育

---

① S. D. Brookfield. *Adult Learners*, *Adult Education and the Community*. New York: Teachers College Press, 1983.
② S. D. Brookfield. *The Power of Critical Theory: Liberating Adult Learning and Teaching*. San Francisco: Jossey-Bass, 2005.

政策变迁，以及青年与成人的教育问题。中篇，聚焦文化与移民，分析了城市文化与乡村文化，解析了社区文化与社区发展，剖析了移民与创新、移民文化与教育需求的相关。末篇，紧紧扣住教育与关系概念，指出了教育发展的困境，提出了教育秩序的重建，畅想了科技、教育与文化领域的南北协作与国际交流。最后，他再次声称终身教育的推进、国际关系的发展，既有机会又有障碍，一定要进行富有创造性的斗争。①

成人学习风格的探究者——库伯。20世纪50年代起，他开始致力于心理学研究，1964年与1967年，在美国哈佛大学先后获得心理学专业硕士与博士学位。此后，除了在麻省理工学院等高校或公司工作过一段时间外，大部分年头，他都在美国凯斯西储大学（Case Western Reserve University）从事（社会）心理学、（组织）行为学等的教学与科研工作。在成人教育方面，库伯教授最为人津津乐道的是其在成人经验学习与成人学习风格方面的探究与建树。从学习风格来看，1976年，他就有以"学习风格量表"命名的专著问世，1985年，他又在此基础上出版了《学习风格量表：自我测评及其说明》一书。库伯在确认了学习风格的内涵与作用之后，指出了学习风格（也称"学习偏好"）大致可以分为六个标度，即抽象、具象、全面、排列、行动与反映。具体说来：抽象标度用以评量抽象理论学习方面的偏好；具象标度用以评定直观、实践与动手学习方面的偏好；全面标度用来测量审视宽泛图景以及对学习材料进行概念总括时的偏好；排列标度用来测定对学习材料进行细节聚焦时的偏好；行动标度希望显现学习者在直接体验或行动中的学习偏好；反映标度旨在发现学习者在教学指导、自我钻研与潜心思考中的学习偏好。基于此，库伯又遵循评价活动的标准化原则以及信度与效度原则，制定了一套完整的学习风格量表，并且在实际运用中不断修订。最后，库伯非常自信地表示，现下已经适用于自我测评并配之以详尽说明的这套学习风格量表，一定会成为帮助成人学习者进行学习风格自我评估和促进学习不断发展的有效工具。②

---

① E. Gelpi. *Lifelong Education and International Relations*. Beckenham：Croom Helm, 1985.
② D. A. Kolb. *Learning Style Inventory: Technical Manual*. Boston：McBer & Co., 1976. D. A. Kolb. *Learning-style Inventory：Self-scoring Inventory and Interpretation Booklet*. Boston：McBer & Co., 1985.

成人教育世纪之交的领头羊——贾维斯。贾维斯出生于 1937 年,在英国伦敦大学获学士学位、伯明翰大学获硕士学位、阿斯顿大学获博士学位,浸润于神学、文学、社会学的知识殿堂。20 世纪 80 年代初,贾维斯因有专著问世而崭露头角。迄今为止,他的学术作品不胜枚举,学术踪迹布满五洲,学术头衔层层叠叠,更因其主编了《国际成人与继续教育词典》(1990)、起草了《第五次国际成人教育大会宣言》(1997),并担当着《美国成人教育季刊》与《国际终身教育杂志》两本著名学术刊物的掌门人角色,而被公认为成人教育从 20 世纪走向 21 世纪的领头羊。就让我们来拜读一下他三个时期的三部著述。

其一,1987 年的《社会背景下的成人学习》。这是贾维斯的早期著述之一,他紧紧扣住"社会背景"与"成人学习",将兴奋点分别切入到:对成人学习的社会背景分析;对成人学习的基本过程识别;对个人所处社会结构的解析;对社会情境体验的描述;对社会情境体验的反思;对影响学习的其他因素的观察;对潜在学习情境中非学习性反应的分析;对潜在学习情境中非反思性学习反应的分析;对潜在学习情境中反思性学习反应的分析;对成人教育者卷入及其意义的评析。①

其二,1997 年的《论后现代社会中成人的伦理与教育》。全书分为十四章:第一章点明了人类教育的实践性质与教育知识的应用意义;第二章点击了伦理的本质以及主流学派对伦理、道德、慈善的理解;第三章明晰了广义的慈善概念与文化道德价值的区别与不同应用;第四章挑明了社会价值的实现基础——每个人都应当学习成为道德的使者;第五章探究了学习与教育、培训活动与教学技术的道德根基;第六章论证了教与学过程是体现普遍价值——权利与人格的过程;第七章论证了教师的指导活动就是一种伦理道德的引导活动;第八章、第九章分别论述了自我导向学习、契约学习与远程学习的伦理要求;第十章揭示了教育市场化、知识商品化与伦理教育、道德培养之间的冲突;第十一章识别了存在与拥有的关系、教与学的关系,以及这对关系之间的关系;第十二章剖析了成绩评估、课程评估及其关联;第十三章重申了成人教育归属社会实践的本性、襄助社会改革的意义,以及在未来社会中所应扮演的角色;最后一章,贾维斯再次诉说了学习型社会对成人教育

---

① P. Jarvis. *Adult Learning in the Social Context*. London: Croom Helm, 1987.

的无限期许。①

其三，2005年的《人类学习：全景分析》。这是一部贾维斯与帕克合作的著作，融入了众多的前人研究成果，对人类学习进行了全方位的扫描。细数扫描到的点位，共见十五个，依次为：人类学习的存在主义哲学观、人类学习的生物学观、人类学习的脑科学观、成人识字学习与多元智能理论、人类学习方略中的个体差异、人类学习的综合理解、人类认知、人类学习中的个体构造与社会构造之内在关系、人类学习与德行、经验学习与情商、人类学习与心灵、现代女性与边缘地带学习、生命发展与人类学习、学习轨迹与学习障碍，以及人类学习的重大主题。②

终身教育研究层面的提升者——维恩。维恩是欧洲岛国马耳他人，曾任马耳他大学教育学院院长。从其出版的书单来看，维恩教授先前的研究旨趣主要是在中学课程、教育政策方面。但是，他有长期的哲学教学经验，故而在其后来的学术生涯中闪烁出一个非常耀眼的亮点，即在1985年主编了《终身教育及其参与：地中海国家终身教育推进会议论文集》(*Lifelong Education and Participation: Papers Presented at the Conference on Lifelong Education Initiatives in Mediterranean Countries*)。之后，他于1987年在伦敦出版了一部重要专著——《终身教育的哲学》。由此，他将终身教育的研究提升到了哲学层面的专门思考。维恩教授主要论及了八大问题：其一，哲学思考的基本范式；其二，终身教育的底蕴所系；其三，人本主义哲学的精髓所在；其四，现行教育理论与人本主义哲学；其五，终身教育理念与人本主义哲学；其六，终身教育与博雅教育哲学；其七，终身教育与杜威教育哲学；其八，学习型社会的哲学思考。③

成人教育研究新一代佼佼者——伯奇特。1954年，伯奇特出生在美国海港城市托莱多（Toledo）。1982年，他在锡拉丘兹大学结束了成人教育学专业学习，获得哲学博士学位，不久便因连续出版专著而初露锋芒，并很快在美国成人教育教授委员会、成人与继续教育协会等机构担任要职，从而成为20世纪50年代出生者中的佼佼者。1988年至今，一直任职于田纳西大学（University of Tennessee）。其

---

① P. Jarvis. *Ethics and Education for Adults in a Late Modern Society*. Leicester: NIACE, 1997.
② P. Jarvis, S. Parker. *Human Learning: An Holistic Approach*. UK: Routledge, 2005.
③ K. Wain. *Philosophy of Lifelong Education*. London: Croom Helm, 1987.

间，他完成了大量著述，尤其值得一读的便是其 1988 年的《论成人教育的伦理问题》与 1991 年的《成人学习中的自我导向：理论、研究与实践透析》。

如果说贾维斯的《论后现代社会中成人的伦理与教育》旨在通过成人教育在成人群体中构建伦理规范的话，那么，由伯奇特组织十来位学者共同完成的《论成人教育的伦理问题》便是希望借助伦理学思想，打造成人教育本身的伦理规范。其中的要点主要在于：成人教育者与社会责任；成人教育者与伦理道德；成人教育者的伦理密码；伦理建设存在的悖论；成人教育市场的伦理思考；成人教育课程设计的伦理思考；继续教育面临的伦理尴尬；成人教学遭遇的伦理困境；成人教育课程评价的伦理误区、教育咨询和教育经纪的伦理选择；成人教育研究的伦理建构；从个人价值认同、哲学认知到实际行动的转化构思。①

《成人学习中的自我导向：理论、研究与实践透析》由伯奇特与希姆斯特拉合作完成，其关键贡献在于：识别了成人学习者的三种类型；阐明了自我导向学习即为生活方式的本质；确立了自我导向学习的理解模式；给出了自我导向学习的定义表述；评述了自我导向学习的已有认知；阐扬了自我导向学习对于人格发展的重要意义；阐发了促进自我导向学习的自我作用；探究了促进自我导向学习的指导策略；分析了自我导向学习的国际背景与伦理困境；论述了自我导向学习的制度建设；寻求了自我导向学习的政策支持；展望了自我导向学习的未来前景；阐明了自我导向学习达到理想境界需要得到的支持行动。②

成人教育研究领域的女中豪杰——梅里安。梅里安 1943 年出生在美国纽约，1978 年在罗格斯大学（Rutgers University）获教育学博士学位，此后在弗吉尼亚理工学院、北伊利诺伊大学等学府任教，1985 年至今一直在佐治亚大学任成人教育学教授。在她的著述列表里，尤其让人难移视线的，是她 1991 年与克拉克合著的《生命之线：成人生活中的工作、爱情与学习》和 1993 年的《成人学习：我们来自哪里？我们去向何方？》这两部著作。

---

① R. G. Brockett. *Ethical Issues in Adult Education*. New York: Teachers College, Columbia University, 1988.
② R. G. Brockett, R. Hiemstra. *Self-direction in Adult Learning: Perspectives on Theory, Research and Practice*. London: Routledge, 1991.

前者是在对 405 位成人进行了调研、访谈之后形成的，它点射了如下一系列知识靶位：工作与爱情的意蕴及其演变；人类学习工作的起源与演进；人类学习爱恋的萌动与演化；人到成年的工作与爱情；工作与爱情生活事件如何引发成人的学习行为；工作与爱情并行不悖的生活模式；工作与爱情相对稳定的生活模式；工作与爱情相对波动的生活模式；不同类型的工作与爱情生活模式同成人学习的内在关系；学习与工作能力发展的关联机制；学习与爱恋能力发展的关联机制。①

后者是一部专门探究有关成人学习之新旧理解与认知的著述。书中追踪了对成人学习进行理解与认知的渊源，分析了心理学发展使学习理论脱颖而出的作用，阐述了一般学习理论对理解与认知成人学习行为的意义，进而揭示了诺尔斯的成人教育学思想对理解与认知成人学习行为的突破，剖析了自我导向学习理论对理解与认知成人学习行为的改进，论证了转化学习理念对理解与认知成人学习行为的完善。最后，梅里安以展望的姿态预见说：这些来自成人教育研究阵营的，极富社会学、文化学以及反思批判理论、男女平等思想之底蕴的有关成人学习的新理解、新认知，还将得以不断深化，并进一步促进成人学习的理论建构，引领成人教育的实践发展。②

成人教育者角色发展的关注者——柯林斯。1961 年，柯林斯在英国利物浦大学（University of Liverpool）获学士学位，1969 年在加拿大萨斯喀彻温大学（University of Saskatchewan）获硕士学位，1980 年又在美国北伊利诺伊大学获博士学位。其专业旨趣从通信技术转向成人教育，并成为美国成人教育教授委员会成员、加拿大成人教育研究协会成员。1998 年起，他在加拿大萨斯喀彻温大学任职，其学术成就最让人难忘的便是 1991 年出版的《以成人教育为业：成人教育者的关键角色》一书。书中首先声称成人教育是一门专业，抑或是一种职业，需要得到精心的关顾。基于此，柯林斯所摆出的事实、陈述的观点、编织的知识大致为：其一，成人教育面临的危机——技术应用缺失、教学方法固化、自主意识流失、社会

---

① S. B. Merriam, C. M. Clark. *Lifelines: Work, Love, and Learning in Adult Life*. San Francisco: Jossey-Bass, 1991.
② S. B. Merriam. *Adult Learning: Where Have We Come from? Where Are We Headed?* San Francisco: Jossey-Bass, 1993.

本位失当、（成人教育学）专业发展偏颇；其二，成人教育研究与实践的新取向——反思理论、批判理论、自我导向学习、转化学习；其三，克服危机，顺应发展，成人教育者的角色期望——发展职业意识、尊重实际需要、遵守科技伦理、运用科学技术；其四，成人教育者的角色要求——从成人学习者的角度来测定学习需求、设计学习项目、评估学习成就；其五，成人教育者的角色培养——审慎评价教师的专业化问题、精心策划教师的职业培训与能力发展项目。最后，柯林斯又专门论述了转化学习在教育者和学习者之间所能彰显的民主意义，以及在各种成人教育实践背景中加以广泛应用的必要性和可能性。①

成人转化学习理论的首创者——梅茨罗。梅茨罗曾供职于美国加利福尼亚大学与哥伦比亚大学，并拥有不少国际组织学术或顾问头衔。他的学术旨趣从20世纪70年代起就几乎全部集中于转化学习研究，90年代达到顶峰，他在哥伦比亚大学创建了转化学习博士学位授予点，并于1998年以大会主席身份在该校举行了全美首次转化学习学术研讨会。由此，他被普遍认为是成人转化学习理论的首创者。翻开他最具代表意义的《成人学习的转化维度》（1991）一书便可大致了然他的核心意向：创新学习理论——缔造转化学习概念；建构转化学习的意义——运用经验进行学习，必定诱发学习的内在动力；阐释转化学习的内涵——个人的思考视角、预期模式以及已有经验具有重要意义，它们直接事关人的感受、感知与思维；呈现转化学习的过程——是反思与解放的过程，是问题解决与目标达成的过程；鉴定反思的价值——改变事物的含义，或者改变事物的意义；警惕可能存在的危险——谬误的预期、扭曲的成见，将遏制经验学习的能力与效果；认同转换视角的效果——有助于改变行为取向，有助于促进人的发展；倡导成人转化学习——转化学习的探索，将触发有关哲学、伦理、社会以及方法方面的问题，而所有这些问题又将在转化学习理论推向纵深的过程中，找到有效的解释与解决的路径。②

跨生命学习的系统思考者——特因曼。对特因曼的信息知悉不是很多，只知道他是一位瑞典斯德哥尔摩大学的教授。但是，他统帅十多位精兵强将在1992年合作完

---

① M. Collins. *Adult Education as Vocation: A Critical Role for the Adult Educator*. London & New York: Routledge, 1991.
② J. Mezirow. *Transformative Dimensions of Adult Learning*. San Francisco: Jossey-Bass, 1991.

成的《跨生命学习：理论、研究与政策》一书独树一帜，让人印象深刻。一则，他用"learning across the lifespan"（跨生命学习）替代了"lifelong learning"（终身学习）。其中，"lifespan"应是"寿命、生命、生命周期、预期生命期限"之意，"across"则为"穿越、穿过"之解，而"learning across the lifespan"在书中又常以"learning in the lifespan""lifespan learning""learning for life"来表示，这便瞬间极大地提升了"学习"与"生命"的厚重之感——"学习穿越生命""学习跨越生命""学习在生命之中""生命在学习之中"。另则，这项研究成果在很大程度上体现了它的包容性与系统性。全书共由五大模块十五项命题组成：模块一，生命周期发展与教育，论及了跨生命学习的内涵与意义、跨生命学习与年龄及性别、跨生命学习与人的发展任务或发展课题、跨生命学习与老年学习；模块二，生命周期的学习能力，论述了液态智力与认知思维、智能的获得与迁移，实践智能的发展与默会知识的培养；模块三，工作场所的能力造就，探讨了工作背景下能力需求、职场生活中的非正式学习；模块四，学会跨生命学习，阐述了学会学习的理论及原则、学会学习的途径与方法；模块五，跨生命学习的实践推进与政策扶持，论述了成人学习的有效策略、成人教育的范式转变、成人教育的公共干预、成人教育的公共政策。由此，他完成了一次对跨生命学习理论与实践的较为完整的思考。①

学习型社会的向往者——兰森。兰森教授原在英国伯明翰大学教育学院任教，2005年转入英国华威大学（University of Warwick）任该校教育研究院副院长。在近20年的职业生涯中，编入其自身学术研究字典里的，学习、终身学习、学习型学校、学习型社区、学习型社会、面向学习型社会、实现学习型社会等，毫无疑问是一些最为醒目而重要的词汇或词组。可见，兰森教授对学习、终身学习以及学习型社会充满向往。他在1994年的《面向学习型社会》和1998年的《走进学习型社会》等著述中，对学习型社会所作的描绘是：其基本假设是为了追求一个更富新意、更加美好、更为民主的社会；其基本任务是完善政治秩序、实现价值转化、重建社会道德；其核心原则是使全体民众同时扮演好公民角色和学习者角色；其重要途径是体现学习的民主权利、实现学习的民主意义；其必要条件是社会各种机构、

---

① A. C. Tuijnman, M. Van der Kamp. *Learning across the Lifespan: Theories, Research, Policies.* Oxford: Pergamon Press, 1992.

各种资源的共同参与；其基本的学习模式是工作胜任导向的学习、权利体现导向的学习以及民主生活导向的学习。①

学习型社会的探求者——雷戈特。雷戈特在英国詹姆斯·库克大学（James Cook University）取得心理学博士学位。他的著述不算多，但1995年与爱德华兹等合著的《学习型社会：挑战与趋势》却堪称一部力作。全书共分十七章，在其中，作者们追问我们是否正在从成人教育走向学习型社会，追溯最近30年以来终身学习理念下的教育嬗变历程，剖析成人教育扩展中的走向与问题，戏谑社会政策与成人教育的关系犹如"翻炒鸡蛋"，检视竞争社会、技术革命与欧洲变迁的事实，呼吁为老年学习者们做好政策准备，讥讽教育现下所造就的无非是一支廉价的劳动力队伍，提醒正在走近的时代是闲暇的时代，担忧成人教育正处在风险社会之中，探究消费文化与开放学习及其关系，琢磨教育疆域与市场海洋及其互动，想象学习型社会当是怎样一种样态，思索投资行为是否通过终身学习而增添价值，发现拥有弹性职业的劳动者队伍正在壮大起来，疑虑谁是员工职业发展规划的终极受益者，想象21世纪的大学将是一个什么样的概念，思忖对于灵活的学习活动应当配以怎样一种引导与协作，坚信开放学习的各种技术创新与开发将是通向学习型社会的高速之路。②

成人生活世界的捍卫者——韦尔顿。20世纪80年代，他在加拿大不列颠哥伦比亚大学获得哲学博士学位，主攻的是社会研究与教育研究，之后20余年辗转数个高校，最后来到加拿大圣文森特山大学（Mount St. Vincent University）继续从事成人教育研究工作。他最出色的一部著作就是1995年邀请到梅茨罗、柯林斯等人一起完成的《捍卫生活世界：成人学习的批判性透析》。该书所聚焦、演绎的是：其一，成人教育批判理论，指出批判理论源于马克思与哈贝马斯（J. Habermas），它与成人教育对接，不仅为其理论探索实现了转折，也为其实践改革奠定了基础。其二，成人学习转化理论，认为其要旨在于意义建构，即在学习过程中通过深刻反

---

① S. Ranson. *Towards the Learning Society*. London: Cassell, 1994.
S. Ranson. *Inside the Learning Society*. London: Cassell, 1998.
② P. Raggett, R. Edwards, N. Small. *The Learning Society: Challenges and Trends*. London: Routledge, 1995.

思、理性辨析以及解放行动而达到质变境界，这将对成人学习的理论思考产生重大变革。其三，成人教育工作者，提醒在崇尚自我导向学习和充满后现代主义情绪的背景下，必然会引来对所谓能力本位以及教师作为便利的提供者理念的质疑。第四，对于弱势群体的关怀，强调妇女具有保障人类生活的力量，以及为之付出劳动的传统，因此，没有理由放弃对这一弱势群体乃至堪称遭受压迫的群体及其生活的捍卫行动。其五，成人学习方略，认为为了捍卫生活世界，以社会为课堂的成人学习应以哈贝马斯的社会学理论为基础，以便建构新的学习方略。其六，关于后现代主义，指出有些后现代主义者的学说正在促使成人教育的实践批判产生新的疑虑。[1]

终身学习理念的追梦者——朗沃斯。朗沃斯为联合国教科文组织与经合组织欧洲委员会顾问，世界终身学习创新论坛副主席，欧洲开放、远程及终身学习项目高管，并是英国、挪威等国的多所高等学府的客座教授。他的兴趣爱好广泛到让人惊讶，高尔夫球、网球、门球、读书、写作、写歌、唱歌、钢琴、舞蹈等，甚至还获得过足球、网球、板球、羽毛球、台球和篮球的教练证书。他的生活信条是：学会把明天的生活创造得更加美好。或许正是因为如此国际身份、生活信条、兴趣爱好以及超乎寻常的学习热情，亦又使他的学术活动多到让人惊诧：1996年至2003年的短短七年间，竟出版或发表了数十部（篇）著述，而且几乎全部集中在终身学习领域，成了一名不折不扣的终身学习理念追梦者。在此，要介绍的两部著作便是他1996年与戴维斯合著的《终身学习：21世纪的民众、组织、国家与共同体之新见解、新卷入与新角色》和2003年独自完成的《行进中的终身学习：21世纪的教育变革》。

前一部开宗明义：我们已然走进一个学习的世纪。随之，靶位和观点便定格在了：重返学习田园——表明人的心窍初开、悟性甫至；决定学习行动——需要瞄准周遭世界变化；为了学习的学习——校园学习只是终身学习的开端；为了生计的学习——谋生学习仅仅是终身学习的一个部分；转换学习——转换场所、转化目标、转换内容的组织学习，旨在促进学习型组织的成长；渴望学习——标志着老年群体

---

[1] M. R. Welton. *Defense of the Life World: Critical Perspectives on Adult Learning*. U. S.：State University of New York, 1995.

的新观念；心智学习——明志益智，是大学教育的天赋使命；让学习之火熊熊燃烧——因为学习事关人的生命质量，因为学习事关人的生活质量。①

后一部更是将其靶位及其论述发散到了：学习的旨归——为了人类本身；学习的决定——基于需求确认；学习的主体——广大社会民众；学习的底蕴——学会怎样学习；学习的目的——学会怎样生活；学习的价值——人的权力体现；学习的意义——人的责任表征；学习的成功——探求有效途径；学习的评价——寻求切实的方法；学习的课程——事关知识与技能、价值与态度；学习的展开——发挥主体能动作用；学习的条件——积极的意识，必要的设备，良好的环境；学习的资源——充分整合与科学利用；学习的支持——鼓励、支持所有民众卷入学习；学习的延续——促使银发老人面貌焕然一新；学习的促进——寻找与学校教育的接口；学习的嬗变——从终结性教育到终身性学习；学习的未来——把学校带进世界，把世界带进学校。最后的呼吁是：为实现终身学习理念中的一切美好而积极行动起来。②

成人学习边界的分辨者——爱德华兹。早年，他就读于英国开放大学，主攻终身学习，现系苏格兰斯特灵大学（University of Stirling）教育学教授，终身学习研究中心管理团队成员之一。爱德华兹教授对结构主义、后现代主义情有独钟，并对知识、技能、生活、闲暇、身份、竞争、变幻、机会、平等、自主、成人学习、学习技术、终身学习、边界等颇为敏感，且颇有造诣、深有心得。而如此禀赋与感悟，又尤在其1996年与同仁们合作的《成人学习的边界》一书中显现出来。书中所聚焦、论述到的是：鉴别——从"技术理性"到"行动中反思"；建构——"促进学习（行动）中反思"的模型；破例——让一线实践者对成人教育学举起反思批判的旗帜；认同——成人教育学思想促成了成人学习技术的涌现；寻求——成人学习自身独享的理论；确认——自我导向学习与批判理论作为成人教育当今实践和研究的新取向；评论——弗莱雷与独树一帜的女性教育思想；回眸——英国成人教育

---

① N. Longworth, W. K. Davies. *Lifelong Learning: New Vision, New Implications, New Roles for People, Organizations, Nations and Communities in the 21st Century*. London: Kogan Page, 1996.

② N. Longworth. *Lifelong Learning in Action: Transforming Education in the 21st Century*. London: Kogan Page, 2003.

的百年传统;考量——教育机会平等是否依然是个神话;透析——闲暇与学习的关系;关注——妇女的日常生活、工余时间与学习;重申——世界变幻中成人学习者的自主权益;再认——职业、竞争与成人学习的关系;解读——个体职业技能获得与迁移的意义、过程及可能;审视——中学后与高等教育政策的延续与改进。[1]

学习型社会的解析者——安迪凯宁。1977 年,他在芬兰耶瓦斯奇拉大学(University of Jyväskylä)主攻教育社会学,获得博士学位,此后,辗转若干高等学府,1990 年起,便一直在约恩苏大学(University of Joensuu)工作。安迪凯宁教授的学术视线似乎一直没有离开过教育与社会、成人教育与学习型社会。1996 年,他与霍特索宁等合作,出版了一部因视角独特而脍炙人口的著作,名曰:《生活在学习型社会:生活历史、认同与教育》。作者们口诵心惟的是:如何探究生活——既不能忘却伦理,又不能忽略方法;如何认知教育——既要搞清楚教育的意义,又要弄明白何谓教育的意义;理想的方法在哪里——既然要探究生活、认知教育,而生活与教育又水乳交融,那么生活历史法能否成为一种理想的方法;生活历程向教育诉说了什么——至少可见,战争年代、社会结构剧变年代以及社会福利扩展年代,其三代人的生活故事,对教育的诉说似乎分别散落于教育缺失、教育机会与教育选择;怎样看待教育的文化建构——教育自身的文化建构显然与社会认同、个体认同、自我认同以及文化认同密切相关,而良好的教育文化又一定会生成良好的教育资源;如何评价经验与学习经验——有意义的经验固然有益于个体从中受到启发,乃至助其走向自我完善,而普通教育与职业教育又会产生有意义的学习经验,但无论如何,它们都需要与创造性和参与性实现并行思考;如何审视现代化——现代化必定会给教育带来影响,教育政策必须有效介入;如何憧憬未来——我们这个星球是否正在走向一个学习型星球,若是,那么创新学习理论、打造学习型组织、创建学习型社会便将是横亘于我们面前的重大使命。[2]

关怀生命发展的女使者——沃尔弗。20 世纪 60 年代,她在波士顿大学、巴黎大学、哥伦比亚大学分别取得学士学位和两个硕士学位,1982 年,她又在马萨诸

---

[1] R. Edwards, A. Hanson, P. Raggett. *Boundaries of Adult Learning*. London: Routledge, 1996.
[2] A. Antikainen, J. Houtsonen, H. Huotelin. *Living in a Learning Society: Life-histories, Identities and Education*. London: Routledge, 1996.

塞大学完成成人与人类发展专业的学习，获得教育学博士学位。此后，她一直在美国康涅狄格州的圣·约瑟夫学院（St. Joseph College）从事教学与研究工作。翻开沃尔弗教授长长的学术成果记录，可见她几近将全部激情与智慧贡献给了对成年与老年的探究，关注着生命与生命发展。1998年，她与利赫等合著的《转换中的成人》一书为成人年代所扯出的一条思维长线，尤为清晰地反映出如下一系列关注点：不要错过机会——人到成年，依然充满学习的机会，依然充满发展的机遇；知晓教育的转换——人到成年，教育从此将与生活直接相关，学习从此将与发展直接相系；体认成年时代的转换——成人年代，生活会发生转换，职业会发生转换；关注工作场所——社会发展会带来职业裂变，组织发展会带来工作嬗变；应对福利变化——工作福利每况愈下，需要寻找明智的应对方法；战胜孤独——也许你会遭遇孤寂的侵袭、无助的侵扰，甚至无"家"可归，那就必须尽快重筑身心的"归巢"；正视性别"转换"——社会的后现代气息愈益浓郁，需要正视性别的"客串"；奉献仁慈——面对渐渐变老而常常处在苦恼中的父辈，需要我们对于成年时期，特别是人到中年、壮年时期遭遇的种种"生命转换"给予真切的关注。①

将学习牵出教室、将教育引向社会的"坦克车"——本特利。到现在为止，本特利是所叙学者中年纪最小的一位。1973年，他生于英国，在牛津大学完成学业，遂移居澳大利亚。由于他在社会、政治、经济等诸多前沿阵地的研究与行动中取得非凡成就，曾被聘为教育与就业部长戴维·布鲁克（David Blunkett）的特别顾问。2006年起，他又始任澳大利亚维克多利亚首相内阁成员和政策执行董事。在民间，他更是因其在政府改革、民主进程、公共服务、民众学习等方面不断提出咨询意见、采取切实行动而被誉为"实干的坦克"（do tank）。其1998年出版的《超越教室的学习：为变化的世界而教育》一书亦不啻为一次将学习牵出教室、将教育引向社会的"坦克行动"。在书中，他悉数当今社会的累累变化；他胪陈当今世界的种种挑战；他深信回应的"种子武器"是理论；他珍视课堂外的学习价值；他看重实践中的主动学习；他把脉主动学习的关键所在；他揭示主动学习的特征所是；他倡导民众学习道德规范；他鼓励民众养成文明习惯；他力求维护民众的学习权

---

① M. A. Wolf, M. Leahey. *Adults in Transition*. Washington, D. C.：American Association for Adult and Continuing Education, 1998.

益；他建议妥善处理学业受挫；他分析雇员面临的能力危机；他策划建立能力的评鉴系统；他建构学习元素的关系网络；他强调学习群体的彼此合作；他前瞻人类学习的美好远景。①

工作场所学习的解密者——葆德。葆德是澳大利亚新南威尔士大学（University of New South Wales）成人教育学专业教授，他在该校创办了一个职业发展中心（Professional Development Centre），并任首席主任。促进学习、学会学习、职场学习、组织学习等，都是葆德教授30年学术生涯主要关心的课题。1999年，他与同仁伽里克等精心策划，为解密工作背景下的学习而合作完成了一部重要著作——《理解工作中的学习》。书中期待获得解密的一连串问题是：工作环境变化究竟何在？如何体现为了工作而学习？如何体现为了学习而工作？知识动力的最新特征在哪里？学习动力的最新维度在何方？何以寻觅工作场所学习的适切理论？导师的神坛能否跨越？校园的小径能否舍弃？怎样发现组织学习的全新端倪？不同性别的工作角色可曾引起关注？女性学习的重要意义可曾得以洞察？工作场所学习是否构成一种组织文化？工作场所学习是否存在不同差异？事关工作场所学习的政策与实践能否获得一种技术上的公平？工作中接受指导的学习怎样得以呈现？学习是否存在转化与迁移的可能？能力本位学习是否曾经遭遇质疑，能否获得一种肯定的未来？工作场所学习与其他形式的终身学习呈现怎样一种相互关系？语言、文化会对学习形成何种制约？权力、性别又会对学习带来何等影响？事关工作场所学习，应当寄予组织怎样一种全新的期待？②

成人教育研究的研究者——布劳恩。布劳恩在波兰华沙大学完成学业，并留校工作。从20世纪80年代起，她便开始活跃在北美、欧洲的成人教育理论研究和实践创新领域，她是《欧洲社会成人教育研究》（European Society for Research on the Education of Adults）学术期刊的创始人之一，亦是英国成人教育研究国际顾问委员会（the International Advisory Board for Studies in the Education of Adults）成员之一。现在她在德国波鸿—鲁尔大学（Ruhr-University Bochum）任成人教育

---

① T. Bentley. *Learning beyond the Classroom: Education for a Changing World*. London：Routledge，1998.
② D. Boud, J. Garrick, eds. *Understanding Learning at Work*. London：Routledge，1999.

学专业教授。在硕果累累的学术成就中，最让人注目的，显然是其 2002 年与谢曼等合作完成的专著《成人教育研究中的社会科学理论》。在对成人教育研究本身的研究过程中，布劳恩及其伙伴以其心神之槌而击出的鼓点与鼓韵是：其一，研究之研究的主要缘起——研究与实践之间的紧张关系，这种紧张关系具体表现为研究力量薄弱、原创理论稀缺、一线人员疏于卷入、实证研究缺乏理论指导、理论建构缺乏实证探索。其二，研究之研究的基本信念——应当以更多的理论，特别是社会科学理论来回应研究与实践之间关系紧张的尴尬。其三，理论的类型——形式理论（formal theory），是为解释社会而由等级概念形成的逻辑框架；中程理论（middle-range theory），是没有理论的实证研究和没有实证研究的形式理论之间的桥梁；扎根理论（grounded theory），是通过实证观察、采集数据进行理论归整的过程。其四，理论的作用——迄今，解释性理论仍然是研究活动中主要应用的理论，这种理论可以为研究者提供研究的语言与视角，并有助于其对社会现象展开实证性的知识探究过程。其五，正在或可能被应用的理论——现代化反思理论、象征理论、转化学习理论、学习组织理论、扎根理论、建构主义理论。其六，正在或可能被采用的理论视角——建构主义、后现代主义、性别主义、终身学习、文献学、生活历史、历史批判。其七，关注扎根理论——扎根理论正成为当下成人教育研究之理论应用的宠儿，然而，理论的应用又必须是兼而取之的，而且是应当经常对之作出反思与修订的。①

成人学习维度的确立者——伊勒瑞斯。伊勒瑞斯是哥本哈根丹麦教育大学（Danish University of Education）教授。从丹麦留学回来的学生曾告诉我，他是一位在成人学习特别是工作中的学习研究方面颇有造诣的学者。从 21 世纪起，他差不多每年都有一部专著问世。其有姊妹篇意蕴的是 2002 年的《学习的三个维度》和 2004 年的《工作生活中的学习》两部佳作。

《学习的三个维度》分为五大部分：其一，概念系列——解析了学习、学习过程、学习维度以及社会背景中的学习与生命周期中的学习。其二，认知与学习——主说了皮亚杰的理论发端、尼森（Nissen）对皮氏理论的细化以及库伯的理论建

---

① A. Bron, M. Schemmann. *Social Science Theories in Adult Education Research*. Munster: Lit Verlag; Piscataway, N. J.: Transaction Publishers, 2002.

模，辅述了反思学习、过程学习、转移学习以及如何学会学习。其三，情感与学习——主论了人之整体的分裂与弥合、认知结构与情感模式、学习与生活满意程度、潜在的情感抵触现象，兼述了学习与自我经历、自我反思、自我发展以及预期学习发生之前可能存在的学习行为空白、内外冲突、潜在阻力、反抗与抵制、设障与曲解、自我意识方式、自我预期习惯、自我假设模式等。其四，环境与学习——主叙了人际互动、社会学习、社会学习的传统与责任、社会学习的利弊与矛盾、实践共同体作为社会学习的基本模式，分述了基于经验的学习、学习的顺序、学习的跳跃、学习的渐进，以及学习的顺序、盘旋与循环模型。其五，学习空间与学习时段——从空间角度探秘了环境的影响力量，其中描述了日常生活中的学习、学徒生活中的学习、学校学习、组织学习、集体学习；从时间角度探究了生命不同阶段与学习的关系，其中特别描绘了儿童、青年、成年、老年之不同生命阶段与学习需求、学习动机的关系。①

《工作生活中的学习》的论述分为四大部分：其一，基本问题——工作生活作为学习的空间、工作生活中的学习过程、学习维度与学习模型。其二，基本状况——工作生活中学习的实际地位、环境要素与主要方式，同工作生活直接相关或间接相关的主动学习及其支持方略。其三，实践状态——学校理性下的学习、工作理性下的学习、参与理性下的学习、不同理念的互动与冲突、学习过程中的互动与转化、基于工作需要的课程与教育。其四，支持系统——工作生活中的学习受到社会变革与组织发展的推动，反之，又需要得到社会与政府的支持、劳动市场与教师力量的支持、雇主以及雇员本身的支持。②

成人教育学术征程的承传者——诺克斯。他在纽约锡拉丘兹大学获得一个学士学位、两个硕士学位，1958 年又在该校获得教育学博士学位。他的一些学术成就在前文已经叙述。到 20 世纪 80 年代，他以更大的爆发力、影响力，接续着成人教育的学术征程。70 年代末至 80 年代中期的三件大事——创办《成人与继续教育新方向》杂志、创建成人教育研究联合会和担任美国成人与继续教育协会主席——更是为其提供了巨大的舞台，使之成了连接成人教育学科体系发展第二座高峰与第三

---

① K. Illeris. *The Three Dimensions of Learning*. Roskilde University Press, 2002.
② K. Illeris. *Learning in Working Life*. Roskilde University Press, 2002.

座高峰并做出显著贡献的承上启下者。于此，就在其一直颇有兴趣的研究领域——成人学习及其评价中，选出 2002 年的《继续教育评价：到达成功的全面指南》一书来领略他的学术建树。全书共由三大部分组成：第一部分，诺克斯触及了两个基础问题，一为评价的基本概念，二为评价的基本原理，重点则落在了评价理性、评价方略、评价方法与评价程序的阐释上。第二部分，诺克斯便将注意力全部集中到了多样化项目背景下继续教育评价活动的实施，其中所切入的层面包括：需求分析与评价、环境分析与评价、目标评价、政策评价、教学人员评价、学员参与评价、培训项目评价、教学材料评价、教学效果评价、影响作用评价等。第三部分，诺克斯又拾级而上，阐扬了改善评价活动的指导方针。对之，诺克斯特别声称，取得评价活动成功，进而促进成人教育项目发展，定然首先取决于两个关键问题的解决：其一，对为什么评价的理性认知；其二，对怎么样评价的理性策划。[1]

成人环境教育的呐喊者——希尔。她对学业孜孜以求——1982 年就已在加拿大艾尔伯特大学（University of Alberta）取得学士学位，20 年以后，又跨入美国佐治亚大学（University of Georgia），师从梅里安教授，1999 年获得成人教育学专业哲学博士学位；她对学术孜孜不倦——1982 年起便在加拿大爱德蒙顿从事成人教育工作，此后辗转北美，做过项目助理、教学助理，但始终没有放弃一线的教学与科研，并且取得了丰硕的成果。2003 年，她更是基于独特的生态教育视角，与数位学者合作完成了《成人环境教育：生态学习、社会环境理论与实践》这样一部意义非同寻常的著述。其第一个论题是成人环境教育的积极意义，作者深信成人环境教育的新理论、新实践，将会给成人教育工作者带来关注民众生活、反思全球化浪潮等的全新视角与思考；第二个论题是语言、隐喻、精神的本质与成人教育，作者呼唤赶快行动起来，因为通过检视语言、创新隐喻，一定可以使成人环境教育工作者去重新建构精神与自然的关系；第三个论题是环境公正以及成人环境教育的拘囿，作者声称，成人环境教育应当置于社会公正理念框架之内，以警惕环境种族主义，建设一个更加平等、更加民主的社会；第四个论题是成人环境教育与社区持续发展，作者坚信，成人环境教育作为一种创新理念与实践，将有助于社区在全球化

---

[1] A. B. Knox. *Evaluation for Continuing Education: A Comprehensive Guide to Success*. San Francisco: Jossey-Bass, 2002.

进程中得到更好的生存与发展；第五个论题是成人环境教育与消除妇女压力，作者指出，妇女群体经过生态知识学习，可以摒弃狭隘的个人视角，进而将环境问题与大众传媒、市场活动联系起来，并积极投入到环境保护行动之中；第六个论题是来自印度的公众环境教育个案，作者叙述，基于环境教育理论与实践思考，印度民众开展了反对破坏环境的斗争；第七个论题是为成人群体创造有关环境的世界语言，作者期待，人类社会能够从知识至上、科技至上，埋怨民众对于环境的无知、愚昧，转向关注成人学习群体的生态智慧生成，并展开更多的环境保护行动；第八个论题是环境认知与环境教育，作者最后呼吁：形成学习生态学和向环境学习等概念系列，以进一步削减当今教育系统中愈演愈烈的环境破坏行为。[1]

成人环境教育的支持者——克莱夫尔。克莱夫尔现系加拿大维多利亚大学（University of Victoria）教授，致力于领导力、妇女领导力、妇女教育、环境教育、艺术学习等领域的教学与研究工作。世纪之交，她尤其关注成人的环境教育问题。2004年，经过对欧、美、亚、非多个国家与地区的深入考察，完成了一部力作——《成人环境教育之全球观察》。这部专著就像是上面提到的希尔的著作（《成人环境教育：生态学习、社会环境理论与实践》）的姊妹之作，对成人的环境教育问题展开了一种更加具有直观意义的全球观察，一种更加显示扩展意义的全球考量。书中，与克莱夫尔视线对接的三大焦点是：传统的生态知识与种族主义问题；妇女的生活与知识以及教育与学习；成人环境教育共同体的崛起与反思。基于此，克莱夫尔首先呈现了三个重要个案：其一，全球为反对种族主义而展开的成人环境教育——来自加拿大多伦多的个案分析；其二，牧场劳动者为保护环境而展开的集体学习——来自肯尼亚北部游牧民族的个案解析；其三，为森林、土地、文化认同与民主权利而进行的斗争——来自印度本土居民的个案研究。接着，克莱夫尔又分别以苏丹的妇女文盲现象、成人的环境教育行动以及墨西哥帕左亚湖区域创建维持生态平衡共同体、实施民众环境教育战略为依据，论述了女权主义成人环境教育理念下的政治唯美与公共场所问题、拯救植物与拯救生命的问题，以及增进妇女知识与改善妇女生活的问题。最后，克莱夫尔又进一步分析了全球环境持续恶化带来的

---

[1] L. H. Hill. *Environmental Adult Education: Ecological Learning*, Theory and Practice for Socioenvironmental. San Francisco: Jossey-Bass, 2003.

严峻挑战，指出了成人环境教育共同体正在崛起的强劲势头，分析了成人环境教育活动的实际参与状况，总结了全球化背景下成人环境教育的经验与教训。在全书末尾，克莱夫尔再次呼吁铭记改善人类生存环境的底蕴，开发环境教育的潜在资源，以将成人环境教育引向一种更加健康、更加完善的发展轨道。①

至此，从成人学习研究的女先锋克罗丝，到成人环境教育的支持者克莱夫尔，我们总共介绍了二十八位名家、三十六部名著。

接下来将这些名家对成人教育学科体系所编织的"经纬"、对成人教育知识体系所描绘的"色彩"统合并简约为：

成人学习理论的概说——成人学习，其兴起有特定的时代背景，其发展有特定的内外动因，其结构有特定的基本要素；人类学习应基于多学科、多视角而对其展开全景式的分析；成人学习行为解读，"心理学研究具有基础意义、成人教育学思想具有突破意义、自我导向学习理论具有改进意义、转化学习理论具有完善意义"；以批判性思维认识成人学习的边界；以超越性思维促使成人学习走出传统的教室。

成人学习的起源——源于工作和爱情；"学习同工作、爱恋能力发展存在关联机制"；"不同的工作与爱情生活模式与学习存在关系"。

成人学习的动机——可以建立多种理论模型，包括"连锁反应模型"。

成人学习的目的——"挑战意识形态""对垒霸权行为""消除虚情假意""克服精神错乱""剪除教学积弊""警惕种族至上""避免性别至尊""学习民主""弘扬理性""挥洒反思精神""运用批判力量""获得觉醒与解放"。

成人学习的维度——"认知""情感"与"环境"。

成人学习的时空——"日常生活""学徒生活""学校""组织""集体""青年期""成年期""老年期"。

成人学习的风格——"具有认知、情感、环境表征"；"可设抽象、具象、全面、排列、行动与反映六个标度"；"与学习训练相关"；"量表的运用，有助于测定学习风格、推进学习活动"。

成人学习的方式方法——涉及"学习的启动""课程的选择""效果的提升"；

---

① D. E. Clover. *Global Perspectives in Environmental Adult Education*. New York: P. Lang, 2004.

包括"非正规、非正式的日常经验学习、电视广播学习、电脑学习、直觉学习、梦幻学习";"以社会为课堂的成人学习,应以哈贝马斯的社会学理论为基础,建构新的学习方略"。

成人学习者共同体——"成人学习者共同体""共同体活动""共同体发展""共同体中的成人学习者个体""共同体中的成人学习者群体"。

群体学习与个体学习——"团队学习及其意义""创建团队学习氛围""组长责任""共同参与""制定学习计划""对共同体中的成人学习者群体与个体提供支持"。

社会背景下的成人学习——"分析社会背景""解析社会结构""描述与反思社会情境体验""分析潜在学习情境中非学习性以及反思性与非反思性学习的反应""识别成人学习过程""认识成人教育者卷入的意义"。

工作背景下的成人学习——需要解密"工作环境的变化""知识动力的形成""学习动力的表征""适切理论的建构""学校传统、导师权威的超越""组织的文化建构""技术分配的公平""指导活动的设计""转化与迁移""能力本位的价值""与其他终身学习活动的关系""语言、文化、性别的影响""寄予组织的期待"等。需要探究"基本问题"——"空间""维度""过程"与"模型";"基本状况"——"地位""结构""方式"与"支持",以及"与工作直接相关的学习""与工作间接相关的学习";"实践状态"——"学校理性的学习""工作理性的学习""参与理性的学习""理念间的互动与冲突""学习中的互动与转化""工作本位的课程与教育";"支持系统"——"社会变革与组织发展的推动""社会与政府的支持""劳动市场与教师力量的支持""雇主以及雇员本身的支持"。

自我导向学习——理解它的"本质""模式""定义""过程""意义"与"作用";分析它的"国际背景""伦理困境""理想境界"与"未来前景";探究它的"计划制定""学力评鉴""指导策略""制度建设""政策支持"与"支持行动"。

成人转化学习——"缔造转化学习概念""建构转化学习意义""阐释转化学习内涵""呈现转化学习过程""认同转换视角效果""运用经验学习""体现反思价值""彰显民主意义""警惕相关误区""通过深刻反思、理性辨析以及解放行动而建构意义,达到质变境界""倡导转化学习""促使成人学习理论探索产生重大变革"。

成人学习促进——"增强学习的自信水平""改善教育的认识态度""分析学习障碍""消除学习障碍""提供学习信息""创造学习机会""满足学习需求""实现学习期望""达到学习目标""训练学会学习""增强生活适应能力"。

成人学习与终身发展——不同的生命发展阶段,与希望学什么、正在学什么、正在怎样学以及学习的准备与倾向密切相关;成年时期,"不要错过教育与学习的机会""将教育与生活直接相关起来""将学习与发展直接相系起来";要"关注组织发展、职业裂变""体认生活、职业转换""应对福利变化""奉献爱心""战胜孤独"。

成人学习者及其特征——"通过人类学、发展心理学、行为主义理论、存在主义理论可以发现成人学习者的基本特征与特征模型";"成人学习者具有不同的类型及其特征"。

成人教育背景——"教育本含的再认知""终身学习的兴起""关怀弱势群体""捍卫成人生活世界""对遭受压迫的群体及其生活采取捍卫行动"。

成人教育哲学——"形成六大成人教育哲学思潮""不同的哲学思潮有不同的哲学基础乃至心理学与新教育思想基础""不同的哲学思潮对成人教育之目标、起点、过程、内容、方法乃至实践项目与师生关系有不同的约定"。

成人教育的伦理——"打造成人教育的伦理规范""成人教育者的社会责任与伦理道德""教育市场的伦理思考""课程设计的伦理思考""继续教育的伦理尴尬""成人教学的伦理困境""课程评价的伦理误区""教育咨询和教育经纪的伦理选择""教育研究的伦理建构""从个人价值认同、哲学认知到实际行动的转化"。

成人教育的评价——"明晰评价的内涵""了解评价的原理""获得为何评价的理性认知""形成如何评价的理性策划""评价活动涉及:需求、环境、目标、政策、教学人员、学员参与、培训项目、教学材料、教学效果、影响作用等"。

成人环境教育——积极意义:"确立民生关注新视角""形成全球生活新思考""打造精神与自然的新型关系""促使社区更好地生存与发展""促使社会更加平等、更加民主""增进人类生态智慧""促进妇女参与环保""剪除环境破坏行径";重大作用:"关乎生态知识更新与种族主义消弭""关乎政治唯美与公共场所建设""关乎拯救植物与拯救生命"。世界范围内，成人环境教育的"共同体正在崛起""新理念正在传播""新战略正在实施""经验与教训亦正在形成"；成人环境教育应"铭记改善人类生存环境的底蕴""开发潜在的教育资源""努力将之引向更加健康、完善的发展轨道"。

成人的伦理与教育——"成人教育具有社会实践的本质""具有社会改革的功能""道德是教育与学习的根基""教育应当注入伦理要求""学习应当体现普遍价值""正视教育市场化、知识商品化与伦理教育、道德培养之间的冲突""认清存在与拥有、教育与学习的关系，以及这对关系之间的关系""期待学习型社会中的道德提升""期待每个人学习成为道德的楷模"。

成人教育工作者——"克服危机、顺应发展""发展职业意识""尊重实际需要""遵守科技伦理""运用科技知识""基于学习者角度，测定学习需求、设计学习项目、评价学习成就""审慎评价成人教师角色及其专业化问题""精心策划成人教师职业培训与能力发展项目"。

成人教育实践推进——"技术应用缺失""教学方法固化""自主意识流失""社会本位失当""既要关注教育机构，又要关注教育环境""既要关注政府力量作用，又要关注民间力量作用"。

成人教育学——"一门专业""一门发展中的专业""一项重要的社会事业"，需要明确"专业使命"，规范"研究活动"，注重"人才培养"，确定"发展目标"。

成人教育研究——"反思理论、批判理论、自我导向学习、转化学习正成为研究乃至实践的新选择""批判理论的运用，不仅引发了理论探索的转折，也为其实践改革奠定了基础""探究成人生活，需要伦理与方法的结合""认知成人教育，需要同时厘清其意义以及意义的内涵""既要探究生活，又要认知教育，生活历史法能否成为一种理想的方法""教育的文化建构与社会认同、个体认同、自我认同、文化认同密切相关""良好的教育文化可以生成良好的教育资源""创造性和参与性具有重要价值""现代化必将给教育带来影响""成人教育研究之研究，源于研究与实践之间的紧张关系""应以更多的理论，特别是社会科学理论来回应这种紧张关系""理论的类型包括形式理论、中程理论、扎根理论""当予以兼而用之，并经常作出反思与修订"。

终身教育——"洞察终身教育的底蕴""阐扬终身教育的旨归""以国际视野透析经济、技术、文化、移民、教育背景与终身教育的关系""关注国际关系与终身教育的关系""终身教育的推进、国际关系的发展，机会与障碍并存，需要创造、需要斗争""以哲学思考范式探究终身教育底蕴""从人本主义哲学、博雅教育哲学、杜威教育哲学来认知终身教育理念"。

终身学习——"学习跨越生命""学习在生命之中""生命在学习之中""跨生命学习与性别、年龄、发展任务息息相关""跨生命学习需要实践推进与政策扶持""培养学习能力""发展工作能力""重返学习是心窍初开的表征""回归学习是适应变化的反映""校园学习是终身学习的开端""生计学习是终身学习的一部分""职场学习是人生转换的必需""开发心智是大学教育的使命""老年学习是银龄世界的选择""学习，事关人的生命质量与生活质量""学习，造福人类本身""学习，源于发展需求""学习，民众构成主体""学习，为了学会学习、学会生活""学习，体现人权、表征责任""学习，需要延绵一生、需要系统设计""学习的未来——把学校带进世界，把世界带进学校"。

学习型社会——"旨归：追求一个更富新意、更加美好、更为民主的社会""任务：完善政治秩序、实现价值转化、重建社会道德""原则：全体民众同时扮演好公民角色和学习者角色""途径：体现学习的民主权利、实现学习的民主意义"；"条件：社会共同参与"；"模式：工作胜任导向学习、权利体现导向学习、民主生活导向学习"。"我们是否正在从成人教育走向学习型社会"，对此，要："分析成人教育的走向与问题""评价社会政策与成人教育的关系""认清闲暇时代、消费文化、市场海洋、投资行为、弹性职业、老龄社会等与成人教育或终身学习的关系""反思教育造就廉价劳动力的取向""追问员工职业发展规划的最终受益方""想象大学在学习型社会中的作用""主张对于灵活、多样的学习活动配以引导与协作""坚信开发、创新各种开放式的学习技术是通向学习型社会的超速之路""创新学习理论、打造学习型组织、创建学习型社会是横亘在我们这个星球面前的重大使命""对学习型社会应引向哲学范畴的思考"。

现在，让我像回溯诺尔斯时代时那样再度放纵自己一回，先将那些在描述拓展过程中所生成的发现与感受逐一呈现开来，与读者们共同分享。

第一，聚焦中心更加鲜明了。曾经注意到，诺尔斯时代关注人本、关注学习已见端倪。诚然，越是接近现下时代，成人教育探索活动的聚焦中心越是鲜明地与成人的生活世界、成人的生命发展，特别是与成人的学习实现了明确的对接。其中，"捍卫成人生活世界""关怀成人弱势群体"，以及从"成人学习理论概说"到"成人学习与终身发展"，从"成人学习起源、动机、目的、特征的探讨"到"成人学习的维度、时空、风格、方法的解读"，从"成人学习的团队形态体察"到"成人学习的个体形态认同"，从"社会背景下成人学习的探究"到"工作背景下成人学习的探索"，从"自我导向学习研究的推进"到"成人转化学习探究的崛起"等，整整占据拓展时代多半学科知识体系份额的事实，显然都是聚焦中心更加鲜明的力证。

第二，思考视角更加全面了。诺尔斯时代，成人教育的研究视角开始有所扩展，而到诺尔斯之后的拓展时代，其探究、思考的视角俨然有了一种全景分析与全球分析的追求。具有代表意义的，无疑是贾维斯的人类学习研究，其基础理论分析得到了哲学、生物学、脑科学与多元智能学说等多源点的逻辑演绎，其实践运行分析，从学习的综合理解到认知的专门解读，从影响学习的个体构造到社会构造，从学习与德行、情商到学习与生命、心灵，从学习的主题、轨迹到学习的问题、障碍等，几乎横跨了这一领域研究的所有侧面。同样，克罗丝在考量成人学习者的基本特征与特征模型时，其理论视角也绝对不再单一；维恩在论述终身教育时，其哲学探源亦绝对不再唯一。而克莱夫尔对环境教育的研究，捷尔比对终身教育的阐述，又更是从单一的民族视角或地域视角突破到了国际视角与全球视角。

第三，学术论域更加宽阔了。拓展时代，成人教育研究涉及的学术论域得到了前所未有的扩张。这主要表现在两个方面：其一，具有分支学科特征的论域得到拓宽，成人教育伦理、成人教育评价、成人环境教育、成人的伦理与教育等的崛起，即是最为有力的证明。其二，某个分支领域，其特定的学术论域得到拓展，其中，成人学习从起源到方法，从动机到目的，从维度到风格，从时空到方式，从群体学习到个体学习，从社会学习到职场学习，从自我导向学习到成人转化学习的不断延绵，显然尤其是这第三种发现与感受的由来。

第四，探索启动更加理性了。拓展时代，逐渐改变了早先研究活动在其起始阶段"素面朝天"的尴尬,显得非常注重从一开始就对整项研究或整项探索的基本假设做出审慎的思考,或对其逻辑起点做出明确的认定,表现为:贾维斯基于断定"成人教育具有社会实践本质与社会改革功能"而演绎其有关成人的伦理与教育的全部思想,兰森基于认定"学习型社会旨在追求一个更富新意、更加美好、更为民主的社会"而阐述其对学习型社会的全部思考;伊勒瑞斯基于假定"工作生活作为学习的空间"而推进其对工作生活中的学习的全部论述;伯奇特又基于确定"自我导向学习系生活方式之本质"而展开其关于成人自我导向学习的全部研究等。

第五,学术追问更加精深了。到了拓展时代,有关成人教育一般的现象分析或关系解读似乎逐渐淡出,取而代之的是一种更为入木三分的学术追问。许多研究成果也许正因为精辟而变得精妙了,正因为精透而变得精湛了。印象尤深的是,成人的学习研究,其起源除了劳动,还远溯到了爱情;其机制除了事关工作能力的提升,还穷追到了爱恋能力的提升。进而,其维度又标刻出了认知、情感与环境;其风格又归炼出了抽象、具象、全面、排列、行动与反映。诚然,维恩基于哲学范式的终身教育思考、特因曼基于跨越生命的终身学习思考等,又何尝不是一种探底式的学术探索呢?

第六,思维锐度更加犀利了。也许有了更加深厚的学术积淀与更加先进的理论装备,也许有了更加严格的学术训练与更加强烈的创新意识,开拓时期,研究者们的思维变得更加坚定而犀利了。成人教育旨在捍卫成人生活世界,挑战意识形态,对垒霸权行为,消除虚情假意,克服精神错乱,剪除教学积弊,警惕种族至上,避免性别至尊……这是多么深刻地张扬了本真;成人教育现下技术应用缺失、教学方法固化、自主意识流失、社会本位失当……这是多么深刻地切中了要害;以批判性思维认识成人学习的边界、以超越性思维引领成人学习走出教室显得多么锋芒毕露,且锐不可当;而终身教育研究强调需要创造、需要斗争,终身学习研究声称学习在生命之中、生命在学习之中,学习型社会研究力求实现价值转化、重建社会道德则又显得多么长驱直入、雷霆万钧。

第七,知识建构更加完整了。于此,所谓知识建构更加完整,主要不是指对已有知识通过某种方式进行集结或汇合,而是指研究者们对某个领域或某个论域的研究不再局限于片段或者局部,相反,能够更加突出它们的系统意义与完整意义。比如布鲁克菲尔德的成人学习者共同体研究，不仅体现了群体视角的分析，而且关注了个体视角的讨论，不仅进行了概念、理论的探究，而且展开了实践运作、支持行动的探讨。再如贾维斯的社会背景下的成人学习研究，从社会背景分析、社会结构解析延续到了社会情境体验、情境体验反思、非学习性反应、反思性学习反应、非反思性学习反应的分析，进而又扩展到了学习过程识别、学习影响因素、成人教育者介入的讨论等。同样，梅茨罗的成人转化学习研究、伊勒瑞斯的工作背景下的成人学习研究等，也都显著体现了他们在一个特定论域知识建构过程中的深入度与细腻度、完整度与系统度。

第八，实践探讨更加密集了。拓展时代，成人教育的理论建树已然超尘拔俗，而实践探索的成就又同样有目共睹。其中，尤其令人瞩目的是许多研究活动一旦形成某种理论创新，深入而有效的应用设计或实践策划就紧跟而上。应当说，史密斯在学会学习理念引领下的成人学习应用理论建构，诺克斯在理性认知评价思想指导下的理性策划评价，伊勒瑞斯在工作生活即学习活动空间、成人学习具有三大维度等理论结论背景下的工作场所学习之环境打造、方式选择、实践过程、支持系统，以及关于成人认知与学习、情感与学习、环境与学习的实践推行之思考等，无不都是实践探讨更加深入、努力追求理论服务实践的有力证明。

第九，学科意识更加坚定了。到了拓展时代，人们对成人教育学是一门专业、一门发展中的专业、一项重要的社会事业的意识越来越明确，而明确专业使命、规范研究活动、注重人才培养、确定发展目标的呼声亦变得极其高涨。

第十，方法研究更加深入了。作为元研究一个重要而特定的组成部分，关于成人教育研究方法的研究开始得到热切关注与深入探究。如柯林斯对反思理论、批判理论的运用产生了极大兴趣，韦尔顿对哈贝马斯理论的引进表示了极大支持，安迪凯宁对生活历史法给出了积极的评价，而布劳恩不仅说明了研究之研究兴起的原因，识别了理论的类型，认定了理论的作用，而且还论证了反思理论、象征理论、扎根理论、转化学习理论、学习组织理论、建构主义理论等不同理论学说，以及后现代主义、性别主义、终身学习、文献学、生活历史、历史批判等不同理论视角在成人教育研究中得以采纳或运用的可能性与可行性。布劳恩还特别指出，扎根理论正成为当下成人教育研究之理论应用的宠儿，但务必铭记，"应以更多的理论，特别是社会科学理论来回应成人教育研究与成人教育实践之间的紧张关系",并且必须对所应用的各种社会科学理论"作出经常的反思与修订"。

第二节 本土回望

作完成人教育学科体系异域回溯,时间已经到了2008年8月末。之后数月,领受了三项短期内要求完成的课题,并且还因参与《上海市中长期教育改革与发展规划(2010—2020年)——学习型城市发展目标与绩效评价》研究花去了一段时间。回过头来梳理心绪、整理资料,再续本课题研究的时候,时间已经到了2009年2月的立春时分。于是,闲话休絮,赶紧转过身来回望成人教育学科体系在本土的兴起与延绵。

一、初创:发生在学科认定之前

在描述成人教育学科体系初创之前,有一个情况应当先向读者诸君作一交代。1992年,《中华人民共和国国家标准学科分类与代码表》(简称《国家标准学科分类与代码表》)(GB/T13745—92)发布了。这部文献对现实的科学体系按其内在联系进行了归类,依其逻辑关系进行了排列,并逐一赋予相应的代码。科学体系被分成五大门类,含58个一级学科、573个二级学科、近6 000个三级学科。其中,教育学被定为一级学科(代码为880),含18个二级学科,成人教育学亦列于其中(代码为880.57)。

毋庸置疑,从颁布之日起,《国家标准学科分类与代码表》便成为国家进行标准规约、科技统计、发展科学、优化技术乃至促进各门学科建设,推动教育科学发展等方面工作的一项极其权威、极其重要的依据。

而此时此刻,这份权威文献亦为我们立足本土,回望成人教育学科体系的编织过程带来了分段上的方便。我们可将成人教育学科被国家权威机构正式认定看作一

个无可替代的基本坐标,将其进程分为三个阶段:

其一,学科认定之前,具有积累意义的初创阶段;

其二,学科认定时代,呈现勃兴景象的挺进阶段;

其三,学科认定之后,依然奋力执着的追梦阶段。

根据我们的考察,在国内,成人教育学科体系具有积累意义的初创阶段,还可以被分成三个不同的分期。

第一个分期是20世纪20—40年代。

除了第一章中提到的梁启超、蔡元培、陶行知、俞庆棠、梁漱溟、晏阳初、黄炎培等的教育理念与实践为成人教育学的发轫奉献了尤为重要、尤为巨大的助力外。在20世纪20—40年代,还不乏值得记载于成人教育学科体系初创阶段的著作相继面世。其中主要有表2-4中所列著作:

表2-4　20世纪20—40年代中国成人教育方面的著作一览表

书　名	作　者	出　版　社	出版年份
《成人教育》	常道直、任白涛	上海商务印书馆	1925
《民众教育纲要》	钱聘	上海法学社	1929
《成人教育通论(第1辑)》	江苏省立教育学院	江苏省立教育学院	1930
《成人教育丛论(第1辑)》	雷宾南	江苏省立教育学院	1931
《民众学校设施法》	朱智贤	山东省立民众教育馆出版部	1931
《民众教育通论》	庄泽宣、徐锡龄	上海中华书局	1932
《民众教育概论》	朱秉国	上海大东书局	1933
《图书馆与成人教育》	杜定友	上海中华书局	1933
《民众教育》	孟宪承	上海世界书局	1933
《比较社会教育》《现代社会教育泛论》	马宗荣	上海世界书局	1933 1934
《民众教育行政》	童喧樵	上海汉文正楷书局	1934
《文盲研究》	黄裳	广东省立民众教育馆	1935

续表

书　名	作　者	出　版　社	出版年份
《民众教育研究》	朱佐廷	上海新亚书店	1936
《劳工教育》	陈振鹭	上海商务印书馆	1937
《乡村教育及民众教育》	赵冕、翁祖善	上海中华书局	1937
《民团制度下的成人教育》 《成人教育》	卢显能	南宁民团周刊社 广西教育研究所	1938 1946
《图书馆与民众教育》	徐旭	长沙商务印书馆	1941
《成人教育》	李之鹍	上海中华书局	1948

由此可以非常明了，在此二十余年间，有关著作论及的学习群体有成人、民众、文盲、劳工；论及的教育命题有现状、纲要、设施、行政；论及的教育渠道有学校、图书馆、社会、乡村、民团；采用的论述方式有通论、丛论、概论、泛论，等等。

它们一定不像后来的研究那样，涉猎的社会群体更多，触及的教育领域、教育渠道、教育空间更繁，论述的视角更宽，论述的方法更广，但终究是成人教育学科体系编织过程中在本土形成最初积淀而不容遗忘的重要一步。

第二个段落是20世纪50—70年代。

其实，第二段落就是指自中华人民共和国成立一直到20世纪80年代初成人教育得以统称、研究项目开始纳入全国教育科学规划之前的那段时间。在此三十年时间里，在党和政府的高度认同与有力领导下，成人教育实践虽因种种原因曾出现过短时低潮，但从总体上看，其推进是持续的，其发展是神速的，其规模是巨大的，其成就是卓越的。但在其专门的科学研究方面，在其专门的知识创造方面，却显得薄弱、贫乏，堪称处于一种空缺、空白的状态。有人曾经做过考证，这三十年间，除了20世纪50—60年代三五部介绍苏联、东欧妇女教育、函授教育、成人教育的文献，以及70年代一两部函授教育、业余教育之作品以外，再无更多踪迹可寻了。于此，虽无须去探究其中缘由，但一则可以坚持认为，中华人民共和国成立之后党和政府始终如一地充分认同、正确领导、广泛运用与大力推进成人教育，为成人教育学的诞生提供了极为有利、有益的土壤，也为成人教育学科体系的未来建构提供了深厚的实践依据和广阔的探索空间；另则可以大胆推测，也许正是因为这份薄弱与贫乏、空缺与空白，才使得一旦进入内外部条件皆具的第三分期，便迎来了一种近似"井喷"式的积累。

第三个分期是 20 世纪 80 年代初至 90 年代初。

"十年浩劫"结束，改革开放的通衢从此开始延伸，成人教育的发展就此迎来了春天。正是在此背景下，以获得统称与纳入全国教育科学规划为标志，成人教育学科体系的编织过程，亦由此迈入了一个真正意义上的、明显具有早期积累意义的初创阶段。

三十年之后，当人们回眸细数这十来年间取得的学术研究成果，特别是获得正式出版的学术著述，林林总总，竟已有一百五六十部之多。

这其中，除了在第一章已经有所提及的，直接以"成人教育"或"成人教育学"命名的著作之外，还主要可见表 2-5：

表 2-5 20 世纪 80 年代初至 90 年代初中国成人教育方面的主要著作一览表

书　　名	作　　者	出　版　社	出版年份
《职工教育经济概论》	王守安、王显润	吉林人民出版社	1981
《工农教育与教学》	李继贤	河南教育出版社	1984
《职工高等教育的结构、教学、管理》	殷明发	上海科学技术文献出版社	1984
《职工教育管理》	曾辉，等	吉林人民出版社	1984
《信息控制系统与成人教育》	邵燮麟	重庆出版社	1985
《自学的心理学问题：怎样培养和提高自学能力》	唐自杰	经济管理出版社	1985
《中国职工教育史稿（1915—1983）》 《中国职工教育简史》	臧永昌	辽宁人民出版社 辽宁大学出版社	1985 1988
《职工教育论》	陈太运	辽宁教育出版社	1986
《成人教学教育学总论》	张世魁	北京出版社	1987
《成人学习方法论》	余博	北京教育出版社	1987

续 表

书 名	作 者	出 版 社	出版年份
《继续教育学概论》	崔振凤，等	兵器工业出版社	1987
《岗位培训研究及实例分析》	刘子卿	职工教育出版社	1987
《企业人力资源开发》	王显润	吉林人民出版社	1987
《职工教育管理学概论》	孙世路、曾乂祥	工人出版社	1987
《职工教育心理学概论》 《自学学概说》 《成人高等教育学》	叶忠海、高本义	工人出版社 江苏科学技术出版社 辽宁教育出版社	1987 1988 1989
《远距离高等教育学导论》	丁兴富、高克明，等	中央广播电视大学出版社	1988
《继续工程教育概要》	马振义	辽宁大学出版社	1988
《经济管理干部教育概论》	刘志南、赵安祥	陕西人民出版社	1988
《干部教育概论》	蒋世明	湖南大学出版社	1988
《终生教育》	周蕴石	黑龙江教育出版社	1989
《高等教育自学考试浅论》	关世雄	高等教育出版社	1989
《成人教育学习方法论》	唐超群、王思文	农村读物出版社	1989
《继续教育学基础》	刘富钊	四川大学出版社	1989
《函授教育与管理》	赖春明	解放军出版社	1989
《远距离教育学》	张元栋	北京学苑出版社	1989
《在职学习方法》	邵毓奎	北京出版社	1989
《企业职工教育导论》	陈宝臻	东北财经大学出版社	1989
《职工教育微观管理》	李元海	复旦大学出版社	1989
《职工教育学》 《职工学习学》	蔡棋瑞	浙江教育出版社 浙江大学出版社	1989 1989
《成人教学论》	张有声	黑龙江教育出版社	1990
《成人学习心理与教学》	毕田增	黑龙江教育出版社	1990
《中国成人教育史纲》	董纯朴	中国劳动出版社	1990
《现代远距离教育概论》	孙华旭	辽宁人民出版社	1990

续　表

书　名	作　者	出　版　社	出版年份
《岗位培训：规范、教学与管理》	王垂芳，等	上海科学技术出版社	1990
《职工教育经济学》	韩路、左光俭	职工教育出版社	1990
《岗位培训概论》	左光俭、林克敏	山东大学出版社	1990
《论职工教育与经济效益》	孙一华	青岛出版社	1990
《职工教育心理学》	邵景峰	中国铁路出版社	1990

成果列举总是难以避免顾此失彼，甚至是挂一漏万的情况。但不管怎样，一个多少能够体现代表意义的轮廓终究显现出来了。由此，我们可以再前进一步，来捕捉一下其中的"关键词"，并由此初步体认成人教育学科体系初创阶段的积累状况。

职工、工农、成人、干部、经济管理干部、人力资源——我们在第三个分期的一百五六十部作品中，选列了以上四十余位作者的四十三部著作。其中三分之一以上的著作，其研究的目标群体都聚焦在了职工方面。可以想象，彼时彼刻，"职工"在整个社会群体结构中占据多高的地位，而"职工""职工教育"对于"成人""成人教育"的指代惯性又显得多么强劲。然而，余博、张世魁、唐超群、张有声、毕田增等学者已开始直指成人群体。至于李继贤，他以"工农"来指代"成人"，而蒋世明、刘志南与赵安祥等，又分别将视线锁定到了干部群体，甚至是经济管理干部群体。王显润对于人力资源的选择，在20世纪80年代中期则显然颇具前卫意义。

职工教育、职工高等教育、成人教育、成人高等教育、继续教育、继续工程教育、终身教育、开发——在许多学者放眼职工教育的同时，殷明发的兴趣定格到了职工高等教育；在诸多学者探索成人教育的同时，叶忠海、高本义的目光又聚焦到了成人高等教育。继续教育、继续工程教育则分别受到了崔振凤与马振义的青睐。周蕴石的终生教育、王显润的人力资源开发研究，又让人感受到了一种新颖的学术触角和一种新鲜的学术空气。

岗位培训、函授教育、远距离教育、现代远距离教育、远距离高等教育——刘子卿、王垂芳、左光俭、林克敏等众多学者开始关注岗位培训问题，这一取向似乎在努力体现1987年国务院批转的国家教育委员会《关于改革和发展成人教育的决定》所主张的大力发展岗位培训的基本精神。有意思的是，赖春明涉及了远程教育的最初传统——函授教育，张元栋则开始关注具有技术进步意义的远程教育，而孙华旭、丁兴富、高克明等，有的尝试对技术含量更高的现代远程教育展开讨论，有的则尝试对教育水准更高的远距离高等教育展开探索。

规范、实例、教学、结构、管理——王垂芳切入到了岗位培训的规范设定，刘子卿关顾到了岗位培训的实例解剖。除了殷明发特别提及职工高等教育的结构问题之外，教学问题、管理问题为更多研究者，如张世魁、张有声、毕田增、赖春明、曾辉、孙世路、曾义祥、李元海、王垂芳、殷明发等所关注，甚至成为其著作专门研究、专门论述的问题。不同之处在于研究情境选择上的差异，也就是说，有的是在函授教育、岗位培训情境下探索教学与管理，有的则是在成人教育、职工教育情境下探讨它们的教学与管理问题。

自学、自学考试、自学能力、培养、提高、职工学习、成人学习、学习方法、在职学习方法——20世纪80年代初起，我国设立了自学考试制度，于是自学、自学考试、自学能力以及自学能力的培养和提高吸引了唐自杰、关世雄、叶忠海等学者的注意。而基于一种更为广泛背景的职工学习、成人学习以及学习方法、在职学习方法等问题，则分别引来了蔡棋瑞、余博、唐超群、王思文和邵毓奎等人的特别关注和专门探索。

史稿、简史、史纲——我们记得，在国外，1815年有波尔出版的《成人学校的起源与发展》，1924年有库利出版的《成人学校运动：起源与发展》。在国内，1985与1988年有了臧永昌的《中国职工教育史稿（1915—1983）》与《中国职工教育简史》，1990年有了董纯朴的《中国成人教育史纲》。这表明，一门学科研究及其发展，特别是在其早期，其实践过程的历史追踪总是研究者们难以割舍的部分。

信息控制系统、经济效益、经济学、心理学、管理学——邵燮麟尝试着论说信息论、控制论在成人教育中的应用，孙一华尝试着揭示职工教育的经济功能，王守安、王显润、韩路、左光俭等则指望实现职工教育学与经济学的交叉。更令人目不暇接的是，唐自杰、叶忠海、毕田增、邵景峰等都试图对成人教育的某种形态或某种论域嵌入心理学元素，甚至实现学科的交叉；曾辉、孙世路、曾义祥、李元海等又都期待在职工教育领域引入管理学元素，甚或建立特定的分支学科。

在逐一列举前述篇目、捕捉关键词语时，我内心已跃跃欲试地想打开每一部著作，来对这些研究成果的所言所述探个究竟。当然，由于篇幅所限，故只能再从其中择取部分，按照著作出版时间的先后，逐一叙来。

《职工教育经济概论》（王守安、王显润）——王守安，经济学者；王显润，教育学者。两位不同专业背景的学者形成合力，共同探究职工教育的经济问题。该书阐述了职工教育产生的经济基础，揭示了职工教育发展的经济作用，同时剖析了职工教育的经济本质，指出职工教育是劳动力再生产的重要空间，是人才培养的重要途径，是企业生产活动的组成部分，是企业经济活动的重要内容。基于此，又探究了职工教育的资源集配、经济效益，以及职工教育在其实践进程中的预测问题、规划问题与统计问题。①

《工农教育与教学》（李继贤）——从该著作的名称可以明显地感受到，在国内，虽然成人教育此时已经形成统称，但由"工农教育"指代"成人教育"的气息依然浓厚，惯性依然很大。这部著作篇幅不大，却较为系统地回顾了工农教育的沿革与发展，阐述了工农教育的方针与目的，阐明了工农教育的地位与作用，叙述了工农教育的教学原则与要求，描述了工农教育的教学内容与方法，探讨了工农教育的学制设计与课程设置，探究了工农教育的行政管理与教学管理。末了，还专门论述了工农教育过程中的领导问题、经费问题与师资问题。

《职工高等教育的结构、教学、管理》（殷明发）——该著作辨析了职工高等教育与普通高等教育的基本关系，揭示了职工高等教育的基本特点，呈现了职工高等教育的基本结构。旋即，又重点论述了职工高等教育的管理与教学问题，其中包括管理机构与职责、学校开办与审批、专业设置与招生要求、教学计划与教学组织、教学过程与教学管理、教学质量管理与教学行政管理等。

《信息控制系统与成人教育》（邵燮麟）——著作以考量成人教育与普通教育之间的差异以及需要特别关注的问题领域为开局，解析了成人的智力结构、智力要素与智力优值，论述了信息、大脑、思维与学习。进而，又根据成人教学的普遍问

---

① 王守安，王显润. 职工教育经济概论[M]. 长春：吉林人民出版社，1981. 另特别说明：本章第二节"本土回望"从此处起，同样参照相应著作来简介众多国内研究者的著述，所有这些著述在此前文中集中显示成果、罗列书名时均有出版社与出版时间说明，故此后不再重注。

题，尝试性地建构了成人教学的控制系统模型；根据成人教育的发展需要，探索性地提出了成人教育的系统工程研究设想。

《自学的心理学问题：怎样培养和提高自学能力》（唐自杰）——唐自杰，心理学科班出身。20世纪80年代初，为促进自学能力的培养和提高，他从心理学视角对自学展开了探讨，指出提高自学能力对于增进学习效果具有重要意义，而提高自学能力首先需要培养良好的自学意向，其中包括自学动机、自学注意力与自学意志；其次需要培养良好的理解能力，以求形成良好的记忆；最后需要加强自学活动与实践活动的反复结合，以求在实践中进一步提升自学能力并达到预期的学习效果。全书末章，作者还论述了天资、年龄、性别、健康、个性五个方面与自学行为的关系，旨在排除相关的心理障碍，提升展开自学的信心。

《中国职工教育史稿（1915—1983）》（臧永昌）——该书分为上、中、下三编，上编追忆了新文化运动时期、五四运动时期、中国共产党成立前后、工人运动第一次高潮时期与第一次国内革命战争时期，以多种社会力量、革命力量所创办、推行的职工教育状况；中编追溯了第二次国内革命战争时期、抗日战争时期与第三次国内革命战争时期，主要是在中国共产党领导下的职工教育状况；下编追叙了基本完成社会主义改造时期、全面建设社会主义时期与社会主义现代化建设新时期，在中国共产党和中央政府领导与部署下的职工教育状况。同时，还回顾了"文化大革命"时期职工教育的遭遇。从中可以领略到，差不多在20世纪整整一个世纪中，中国成人教育的重要组成部分——职工教育，其孕育和生成、起伏和跌宕、勃兴和发展的基本脉络。

《职工教育论》（陈太运）——该著作一共论及十余个问题，其中包括职工教育与现代化建设、职工大学与普通大学的对比、职工教育的特点与活力、职工教育的行政管理与计划管理、职工教育的投资与效益、职工教育的改革与发展、职工教育的师资力量、职工教学与职工自学、职工教育的理论探索等。

《成人学习方法论》（余博）——作为一名资深学者，在其著作中廓清了学习的内涵之后，余博分析了成人学习的特点，指出了成人学习的优势；提出了"学会学习"的主张之后，他阐述了实现成功学习的四大关键——理想的追求、目标的引导、意志的磨炼、兴趣的强化；阐明了学习的战略之后，他设计了知识结构的合理形成、信息总量的获取运用、多维能力的综合发展，以及互学方式的应用、自学方式的开拓。继而，他又进一步论及了学习能力的培养、学习原则的运用、学习方法的优化、学习活动的运筹。在他看来，学习能力的培养，一要消除年长必定智衰的刻板印象，二要相信自己的学习潜力与能力，三要认同"成才有早亦有晚"的事实，四要提升观察力、注意力、记忆力和思维力。而学习原则的掌握，除了要求学习者尽快进入角色之外，还要求其处理好快与慢、博与专、思与问、学与用之间的辩证关系。至于学习方法和学习运筹，他的建议是：一要注意提高读书的效益，二要合理安排学习的时间。

《继续教育学概论》（崔振凤）——崔振凤是我国最早关注并专门系统研究继续教育问题的学者之一。该著作共由十三章组成。第一章呈现了继续教育的最初兴起与发展趋势；第二章分析了继续教育的核心内涵与最新见解；第三章观察了继续教育的发展环境与发展理念；第四章阐释了继续教育的经济基础与理论根基；第五章探讨了继续教育的效益评估与评估方法；第六章透析了继续教育的基本特点与发展规律；第七章论述了继续教育的法律建设；第八章构想了继续教育的体制改革；第九章探究了继续教育的实施规划；第十章探讨了继续教育的科学管理；第十一章论述了继续教育的教学方法；第十二章设计了继续教育的考核内容与考核方法；第十三章思考了继续教育的自我设计与自我成才。

《职工教育管理学概论》（孙世路、曾义祥）——两位作者，前者是高校理论工作者，后者是企业实践工作者。本着理论与实践相结合的初衷，他们合作完成了《职工教育管理学概论》一书。该书以职工教育管理学的产生、对象、任务、方法为"绪论"内容，进而在阐明职工教育宏观管理、领导体制、管理机构的基础上，一方面深入到企业层面，论述了企业内职工教育的管理组织与人才预测、计划管理与目标管理、经费管理与人事管理以及岗位职务培训与管理，另一方面深入到学校层面，阐述了职工学校的类型与功能、管理目标与原则、管理过程与方法、管理任务与内容、教学管理与行政管理。最后，他们还对企业如何管理职工参加国家自学考试展开了论说。

《职工教育心理学概论》《自学学概说》（叶忠海）——《职工教育心理学概论》共设四篇，第一篇阐述心理学的一般原理，涉及心理的认知过程、意向过程与个性特征；第二篇探讨职工学员的学习心理，聚焦人的成长与成年标准、成人社会化与一般心理特征、成人的认知能力与学习能力；第三篇分析职工教育的心理学问题，包含职工学员的认知能力培养、操作技能培养、学习心理差异与因材施教问题；第四篇，探究职工教员及其心理问题，包括职工教员的工作特点与心理角色、心理品质与心理特点、智能结构与心理发展。至于《自学学概说》的主要内容，其一，追溯了自学学的兴起；其二，论述了自学的含义与特点、要素与类型、价值与功能；其三，阐述了自学的生理学与心理学基础；其四，探究了自学与智力、家庭、科技、信息元素之间的关系；其五，探讨了自学的过程与规律、原则与方法；其六，切磋了自学成果的评定与保护，以及自学与自学成才之间的基本关系。

《成人高等教育学》（叶忠海、高本义，等）——高本义先生当年是我的领导，也是促使我走进成人教育研究领域的一位长者。叶忠海等与其合写的这部著作，特别具有我国传统教育学专著的编撰风格。第一章关乎成人高等教育学的产生、研究对象、研究内容、研究方法与学科边界；第二章关联成人高等教育起源与发展；第三章关涉成人高等教育的双重社会属性与六大基本特征；第四章讨论了成人高等教育在经济、社会，乃至在人与教育整体发展中的地位与作用；第五章、第六章分别解读了成人高等教育的目的与目标、制度与体系；第七章、第八章分别解析了成人高等教育的对象、特征与德育问题；第九章、第十章、第十一章和第十二章阐述了成人高等教育的专业设置与教学任务、教学内容与过程、教学规律与原则、教学形式与方法、教学考核与评价；第十三章、第十四章分论了成人高等教育的自学考试与电化教育；第十五章、第十六章分述了成人高等教育教员队伍的构成与建设、成人高等学校管理的理论与实践；第十七章探讨了成人高等教育经济效益的表征与计量，以及提高经济效益的途径与方法。

《远距离高等教育学导论》（丁兴富、高克明，等）——两位学者领衔撰写了《远距离高等教育学导论》一书。时任教育部副部长的臧伯平先生为该书作了序。这部著作首先锁定远距离高等教育的历史发展、发展原理、本质特征、地位作用、使命任务、培养目标等一系列基本命题；其后，就教学论、学习论、媒体论、教师论与管理论等问题展开了深入的讨论。很自然，鉴于媒体、现代媒体、现代教学媒体，以及有关它们的开发与运用在远距离教育中具有核心意义，故而，媒体论以及由之而相关、而演绎的教学论、学习论等，遂成了全书最出彩的地方。最后，还专设一章，讨论了远距离高等学校展开科研工作的作用与任务，以及需要关注的特点和可能选用的方法。

《终生教育》（周蕴石）——周蕴石是我国最先关注终身教育理念的学者之一。该书追忆了终身教育的思想渊源，阐述了郎格朗的现代终身教育理念。基于此，作者又描绘了现代终身教育理念产生的社会背景，以及终身教育所不断阐扬开来的一系列重大特征。从第二章开始，作者深入论述了人的终身发展与终身教育的内在关系，以及终身教育与家庭教育、终身教育与学校教育、终身教育与社会教育的彼此相关。紧接着，作者又刻画了学习型社会的未来愿景，论述了学习型社会的实践途径，以及在创建学习型社会背景下，美国、法国、日本和苏联等国为实践终身教育而采取的重大行动。

《继续教育学基础》（刘富钊）——刘富钊是位关注管理、经济、心理和教育的学者。显然，《继续教育学基础》是其多维兴趣的产物，关注的焦点之一，是继续教育的缘起，认为与终身教育思想相关，系继续工程教育的扩展；之二，继续教育的基本理论，指出需要展开对其概念、定义、性质以及作为一门学科的探讨；之三，继续教育的战略意义，认为是迎接新技术革命的对策，是传统高等教育的延伸；之四，继续教育的实施，建议确立体系、扩展途径、创新方式；之五，继续教育的思想，主张以马克思主义为指导，坚持"三个面向"，阐扬孔子与杜威的教育精神；之六，继续教育的对象，认为领导者、管理者、科技人员是继续教育的主体；之七，继续教育的教学，指出要有正确的教学思想，要有适切的方式方法；之八，继续教育与心理学，主张展开继续教育心理学研究；之九，继续教育与经济学，建议确立继续教育经济学价值。

《函授教育与管理》（赖春明）——作者以其长期的函授教育经验，用十六个篇章对函授教育的如下命题展开了系统而深入的探讨：基本内涵与产生条件、兴起与发展、地位与作用、现状与趋势、管理体制与规划管理、人才预测与招生计划、教育对象与培养目标、教育特点与教学形式、成人的身心发展与特点、成人的学习动机与特点、成人的知识结构与特点、成人的学习特点与问题、教学计划与教学大纲、教学环节与教材建设、教学组织与教学管理、教学过程与教学方法、教学评估与教务管理、函授学生管理与函授教师管理、函授辅导站建设与电化教育手段应用。最后，作者还对我国函授教育的改革以及国外函授教育的发展进行了专门的评论。

《在职学习方法》（邵毓奎）——作者用一种交谈方式，讲述了对一边工作一边学习的一系列看法：一，大路朝天，每个人都有自己的发展空间、成功的可能；二，成败取决于自己，坚持学习、终身学习本来就是一个不是问题的问题；三，学习有两个重要诱因，需求与兴趣；四，学习有一项重要动力，认为自己永远是个学生；五，学习要有自信，相信自己一定能够学好；六，学习要有毅力，不要在拐弯处被甩掉、在受挫处欲停滞；七，学习要有诚意，清除心智杂念，接受新思想，学习新事物；八，要学会钻研，不要浅尝辄止；九，要讲究方法，未得前不求后，勤动脑勤动手；十，要坚持创造，创造是更加重要的学习，它是智慧起飞的翅膀，是变得坚强的动力，是获得成熟的源泉。

《职工教育学》《职工学习学》（蔡棋瑞）——蔡棋瑞一生都对职工教育事业孜孜以求。《职工教育学》与《职工学习学》堪称其一端论"教"、一端论"学"的姊妹篇。前者的知识要点是：职工教育学的研究对象、研究意义与研究方法；职工教育的定义与属性、职能与特点、目的与任务、地位与作用、指导思想与办学原则；职工教学的特点与形式、过程与环节、原则和方法；职工学习的特征与规律、动机与方法、能力与影响因素；职工教育的德育教育与电化教育；职工教育的管理体制、职工学校管理与正规化建设。后者的知识要点是：职工学习科学的兴起——社会背景、研究范畴、研究意义、相邻学科关系；学习理论的沿革——历史发展与当今走向；职工学习的脑生理基础——人脑的基本结构、脑生理机制在学习中的意义；职工学习的心理基础——智力因素与非智力因素；职工学习的社会基础——社会环境与家庭环境；职工学习的基本样态——过程与规律、特点与原则、内容与方法、手段与形式、评价与管理。作者最后还深情展望学习型社会，指出学习必将成为每个人的生活之必需。

《成人教学论》（张有声）——《成人教学论》出版后不久，张有声于1992年又撰写出版了主题相近的《成人教育教学法》一书。两项研究成果论述了成人教学的基本原理，梳理了成人教学的方法种类，分析了各种方法在成人教学中的作用，阐述了现代化教学手段在成人教学中的运用，最后又对国外成人教育背景下的成人教学法研究展开了专门的描述和讨论。

《成人学习心理与教学》(毕田增)——作者在书中解析了学习的内涵与结构；阐述了学习理论的形成与发展；论述了成人的概念与成人的发展；分述了成人的感知与教学、成人的记忆与教学、成人的思维与教学、成人的学习动机与教学、成人的学习能力与教学等。此外，还探讨了成人的认知学习、技能学习与思想品德学习，揭示了成人教学过程的特点以及教与学之间的关系，最后还论及了成人学习的测量与评价问题。

《中国成人教育史纲》(董纯朴)——该著作共设四编十五章。从第一编，读者得以窥见中国古代包括原始社会、奴隶社会与封建社会时代成人教育的样貌；从第二编，读者得以知晓中国近代包括鸦片战争到太平天国时期、改良主义教育思想勃兴时期成人教育的身形；从第三编，读者可以了然中国现代包括五四运动时期、第一次国内革命战争时期、第二次国内革命战争时期、抗日战争时期、解放战争时期成人教育的状况；从第四编，读者既可以徜徉在中国当代包括基本完成社会主义改造时期、"文化大革命"时期、社会主义现代化建设新时期成人教育的历史沿革之路上，又可以畅想在成人教育的未来发展之林中。

《现代远距离教育概论》(孙华旭)——这本著作包含十四章。第一章以扫描国外现代远距离教育的发展过程、发展概况、共同特点作为全书开局，之后各章逐一论述了我国现代远距离教育的发展轨迹、基本特征、多元作用、教学过程、教学组织、教学媒体、视听教材、远程学习、主体作用、思想政治教育、行政工作管理、教学工作管理、电教工作管理及师生管理。最后，作者以突出现代远距离教育手段的推广运用、办学效益的逐渐提升作为未来展望而为全书画上了句号。

《职工教育经济学》(韩路、左光俭)——《职工教育经济学》揭示了职工教育的经济本质与经济功能，论析了职工教育的经济投资与经济核算，论述了职工教育的经济效益与经济效果。

《岗位培训概论》(左光俭、林克敏)——该著作第一章涉及岗位培训内涵、外延以及与其他培训形式或教育类型之间的关系分析；第二章涉及岗位培训历史成因、发展趋势的剖析；第三章关乎岗位培训实质、意义和作用的解析；第四章关涉岗位培训指导思想、本质特征和基本方式的解读；第五章切入职业岗位的分类；第六章分析岗位规范标准的制定；第七章阐述岗位能力的培养与训练；第八章、第九章、第十章分述岗位培训中的全员培训、全面培训与全程培训；第十一章探讨岗位培训的教学内容、教学过程、教学原则、教学方法与教学形式；第十二章探究岗位培训师资的概念与类型、作用与地位、任务与责任、素质与要求、来源与培养；第十三章探索岗位培训的计划管理与组织管理、教学管理与后勤管理；第十四章畅想岗位培训的正规化建设；第十五章设计岗位培训的考核与考查；第十六章构思岗位培训的实践与实施。最后一章评述了日本的企业内培训与德国的双轨制培训。

至此，细细数来，总共叙及了二十八位学者，述及了二十六部著作。

可以说，学科认定之前的第三个分期——20世纪80年代初至90年代初——是成人教育学科体系在国内构成初创阶段的三个分期中最见主体意义、最显重要意义的一个分期。以下拟对上述二十六部著作所留下的"经纬"与"色彩"作如下归结：

工农教育——"沿革与发展""方针与目的""地位与作用""原则与要求""内容与方法""学制设计与课程设置""组织与领导""经费与师资"。

职工教育——"孕育和生成""起伏和跌宕""改革和发展"；"定义与属性""职能与活力""目的与任务""地位与作用""指导思想与办学原则"；是"劳动力再生产的重要空间""人才培养的重要途径""企业生产活动的组成部分""企业经济活动的重要内容"；要把握"教学特点"；要进行"理论探索"。

职工高等教育——"职工大学与普通大学的区别""基本特点""基本结构""基本关系""管理与教学"。

职工教育管理——"宏观管理""领导体制""管理机构""企业内职工教育管理""学校职工教育管理""师生管理""投资与效益""预测与规划""统计与评估"。

成人高等教育——"起源与发展""基本特征""地位作用""目的与目标""制度与体系""教育对象与教育任务""教学与管理""效益与评价"。

继续教育——"兴起与发展""内涵与见解""特点与规律""环境与理念""教育主体与教育思想""体制改革与法律建设""规划与管理""教学与考核""效益与评估"。

岗位培训——"内涵与外延""意义与作用""成因与趋势""特征与方式""规

范与标准""能力培养与能力训练""全员培训、全面培训与全程培训""内容与方法""教学与师资""计划管理与组织管理""教学管理与后勤管理"。

函授教育——"兴起与发展""地位与作用""现状与趋势""对象与目标""特点与形式""过程与方法""教学计划与教学大纲""教学环节与教材建设""教学组织与教学管理""函授学生管理与函授教师管理"。

远距离高等教育——"历史沿革""发展原理""本质特征""地位作用""使命任务""培养目标""教学""教学媒体""教材""视听教材""学习""远程学习""教师""教师管理""电教""电教管理"。

成人教学——"专业与课程""思想与原则""任务与计划""过程与组织""规律与特点""形式与方法""内容与考核""教与学关系""感知与教学""记忆与教学""思维与教学""动机与教学""学习能力与教学""现代教学媒体""开发与应用""推广与运用"。

成人学习者——"成年标准""成人的特征""成人的发展""成人社会化""智力结构""智力优值""心理特征""主体作用""认知能力""学习能力""认知能力培养""操作技能培养""心理差异""因材施教"。

成人学习——"学习,人的生活必需""成人的感知""成人的记忆""成人的思维""学习动机""学习潜力""学习能力""学习能力培养""学会学习""学习战略""学习方法""学习运筹""相互学习""远程学习""知识的结构与形成""信息的获取与运用""能力的提高与发展",以及"脑生理基础""心理学基础""社会学基础""学习的基本样态""过程与规律""特点与原则""内容与方法""手段与形式"。

成人自学——"含义与特点""价值与功能""要素与类型""过程与规律""原则与方法""生理学基础与心理学基础";"提高自学能力有助于增进学习效果";"提高自学能力需要培养良好的自学意向与理解能力、需要加强自学活动与实践活动的反复结合";"天资、年龄、性别、健康、个性与自学行为(能力)相关";"智力、家庭、科技、信息与自学行为(能力)相关;要鼓励"自学成才";要加强"自学成果的评定与保护"。

成人学习促进——"需求""兴趣""自信""毅力""诚意""钻研""方法""创造""学习是人生成功的通道""终身学习不再是一个问题"。

成人教育教师——"教员队伍的构成与建设""工作特点与心理角色""心理品质与心理特点""智能结构与心理发展"。

成人教育历史——原始社会的"样貌";近代社会的"身形";现代社会的"状况";当代社会的"发展"。

学科交叉——探究"职工教育、继续教育的经济学意义";确立"职工教育、继续教育的心理学基础";建构"成人教学的控制系统模型";推进"成人教育的系统工程研究"。

比较研究——"日本企业内培训""德国双轨制培训""国外函授教育发展""国外成人教育发展""国外成人教学法"。

终身教育——"思想渊源""社会背景";与"终身发展"的关系、与"家庭教育""学校教育""社会教育"的关系;基于终身教育理念的"学习型社会愿景"及其"实践途径"。

不敢肯定,以上归纳全然恰当准确,但心中存有一份自信,那就是,它们一定能够帮助人们认同这样两个基本事实:

——在本土,成人教育学科体系历史编织的初创阶段,固然不可忘却 20 世纪 20—40 年代之延绵的思想渊源、50—70 年代之厚重的实践积淀,然而,更张扬"初创"、尤展现"创意"的岁月,定然当数随改革开放步伐而至的第三个分期——20 世纪 80 年代初至 90 年代初。

——以第三个分期为代表的初创阶段,其论域,难掩其力求多方位爆发的势头,其论点,难遮其力争多视角出击的势态,颇显一种势大若井喷、力沉如飞瀑的样态。

二、挺进:行动在学科认定时代

在国内,以第三个分期为代表的初创阶段,通过其多方位爆发、多视角出击,为成人教育学科体系的历史编织形成了一种最初的积累。

随着 1992 年《国家标准学科分类与代码表》将"成人教育学"纳入其中,其学科体系编织更是走进了一个呈现勃兴与繁荣的挺进阶段。至于这一学科认定时代具体的时间跨度,其开端可从稍早于学科正式认定之前的一两年算起,其尾端可以定位在其正式认定之后的第七或第八年,即大致从20世纪90年代初一直延续到新千年的来临。

在此又一个十来年的时间里,如若从广义的学科建设而言,包括投入的人力与物力、参与的组织与个体、采用的方式与方法,乃至课题的立项与实施、成果的发布与交流、专业的设置与开发、人才的培养与使用等,已经远非初创阶段所能比肩。正是在这样一种千载难逢的良好环境与氛围中,作为一门新兴学科,其知识体系的打造行动更是奋蹄挺进,留下了不胜枚举的新建树、新成就。

根据权威文献统计,这十年间,我国与成人教育学科及其体系组织相关的著作,其总数多达四百余部(该统计数据未包括港、澳、台地区)。逐一考量这些著作,除在第一章里已经有所提及,直接以"成人教育"或"成人教育学"命名的以外,心中生成的最初也是最深的印象就是:其一,有关职工教育、职工高等教育、成人高等教育、岗位培训、继续教育、自学、函授教育、(现代)远距离教育等研究领域的著述依然不断问世;其二,已经涉足的研究领域,大有以崭新触角不断深化、趋向纵深的势头;其三,尚未涉足的研究领域,亦有以全新视角确立新命题、开拓新论域的浪潮。

于此,拟选择其中部分成果记载于下。这一选择过程将尽可能同时关照到它们的延续性、纵深性与开拓性。具体见表2-6所示。

表2-6 1991—2000年中国成人教育方面的主要著作

书　　名	作　　者	出　版　社	出版年份
《成人教育评价》	刘继武	济南出版社	1991
《继续教育法制管理》	郭宏勤,等	天津科技翻译出版社	1991
《高等远距离教育概论》	周简叔	海洋出版社	1991
《老年教育与美育》	贾岩	华龄出版社	1991
《成人教学论》	陈雪峰	吉林大学出版社	1991
《终身教育论》	乔冰,等	辽宁教育出版社	1992
《比较成人教育理论》	李秉千、徐学榘	黑龙江教育出版社	1992
《成人教育经济学概论》	王殿峰	中国经济出版社	1992

续表

书　名	作　者	出　版　社	出版年份
《国外及中国台湾省高中后教育比较研究》	高志敏，等	中国劳动出版社	1992
《企业职工非岗才能的开发与管理》	张卫，等	航空工业出版社	1992
《职工教育评价概论》	马习军，等	辽宁大学出版社	1992
《田野的希望：改革发展中的农村成人教育》	赵子琴	复旦大学出版社	1992
《农民技术教育与农村经济建设》	余博、刘国钧	教育科学出版社	1992
《成人教育管理学》	谈士明	东南大学出版社	1993
《成人学习方法指南》	郭金楠	中国地质大学出版社	1993
《中国女子教育史》	雷良波，等	武汉出版社	1993
《中国高中后教育模式研究报告》	董明传，等	高等教育出版社	1993
《现代企业职工教育》	林定源	中国劳动出版社	1993
《职工教育培训模式研究》	陈莉、李树华，等	中国地质大学出版社	1993
《当代农民教育与管理》	周永亮，等	中国统计出版社	1993
《农村成人教育学》	唐士富	大连出版社	1993
《中国社区教育导论》	梁春涛、叶立安	天津人民出版社	1993
《不可替代的优势：关于成人教育的思考》	郭伯农	上海社会科学院出版社	1994
《成人教育心理学》	毕田增、季东亮	黑龙江教育出版社	1994
《成人学习学》	董守文，等	石油大学出版社	1994
《成人学习导论》	孙庆珠，等	石油大学出版社	1994
《比较成人教育》	毕淑芝、司荫贞	北京师范大学出版社	1994
《自学考试心理学》	纪延华，等	外文出版社	1994
《现代培训》	李立志，等	新华出版社	1994
《老年心理与教育》	王荣纲，等	青岛海洋大学出版社	1994
《社区教育基础》	黄云龙	华东理工大学出版社	1994

续 表

书　名	作　者	出 版 社	出版年份
《中国岗位培训制度研究》	董明传，等	中国人事出版社	1995
《中国妇女教育》	韦钰	浙江教育出版社	1995
《成人学习学简论》	孙强华，等	辽宁师范大学出版社	1996
《国际成人教育比较研究》	张维	工商出版社	1996
《中国成人教育近现代史》	李珠	黑龙江教育出版社	1996
《当代世界教育科学发展与成人教育》	高志敏	上海交通大学出版社	1997
《成人教育决策与管理》	董明传	文汇出版社	1997
《成人教育管理》	周嘉方	上海科技教育出版社	1997
《成人教育心理学》	高志敏，等	上海科技教育出版社	1997
《成人高校科研管理及潜能开发》	翟清智	辽宁人民出版社	1997
《社会主义市场经济与成人高等教育》	李炎清	厦门大学出版社	1997
《大学后继续教育论》	叶忠海	上海科技教育出版社	1997
《企业教育综合改革的理论与实践》	郝铁生	教育科学出版社	1997
《农村成人教育概论》	汪彦伟	高等教育出版社	1997
《构建学习社会》	谢国东、赖立	四川教育出版社	1997
《建立终身教育体系：北京成人教育的实践与研究》	马叔平	人民教育出版社	1998
《现代国际终身教育论》	吴遵民	上海教育出版社	1999
《知识经济与终身教育》	王平，等	武汉出版社	1999
《成人教育管理概论》	夏家夫、焦峰	河南大学出版社	1999
《成人教育教学论》	程凯、李如密	河南大学出版社	1999
《成人教育心理学》	冀鼎全	陕西人民出版社	1999
《妇女教育概论》	张定，等	北京工业大学出版社	1999
《成人学习方法指导》	卢毅	湖南科学技术出版社	2000

续表

书　名	作　者	出　版　社	出版年份
《面向21世纪我的教育观（成人教育卷）》	董明传	广东教育出版社	2000
《当代社会成人的职业再开发与指导》	王一敏	上海教育出版社	2000
《社区教育的发展和展望》	沈金荣，等	上海大学出版社	2000
《社区教育管理与评价》	黄云龙，等	上海大学出版社	2000
《社区教育学基础》	叶忠海	上海大学出版社	2000
《社区教育的理论与实验》	厉以贤	四川教育出版社	2000
《学习社会的理论研究》	李兴洲，等	开明出版社	2000
《中国社会力量办学概论》	贺向东、蔡宝田	首都师范大学出版社	2000

以上，是在同时关照延续性、纵深性与开拓性基础上遴选出来的六十余部中国成人教育方面的著作。选择过程中，以下一连串关键词不断浮现在眼前：

现代、当代、21世纪——20世纪最后十年，研究者们把握时代脉搏，以一种与时俱进的姿态来展开对成人教育学科体系的编织。林定源、李立志等锁定"现代"而论企业的职工教育与培训；高志敏、王一敏、周永亮等认定"当代"而论教育科学发展背景下的成人教育、社会发展进程中的成人职业开发和指导抑或农民的教育与管理；董明传等则更是在迎接新纪元的期待中直抒他们的成人教育思想。

职工、农民、成人、老年、妇女、大学后——职工、农民依然没有离开人们的视野，工农教育依然是成人教育研究面对的核心对象。然而，一个明显的变化就是，随着成人教育统称的形成以及运用时间的延长，"成人"一词出现的频率迅速增加，而老年、妇女、大学后（人群）这些原先关注度相对较低的特定成人群体以及其教育问题也越来越多地进入了人们的研究视线。

成人教育、职工教育、农村成人教育、农民技术教育、老年教育、妇女教育、继续教育、大学后继续教育、高等远距离教育、高中后教育、岗位培训——这十年间，直接以"成人教育"命名的著述，或成人教育某一论域的研究及其成果，显然达到了一种飙升状态，而马习军、赵子琴、汪彦伟、余博、刘国钧、贾岩、雷良波、韦钰、张定、郭宏勤、叶忠海、周简叔等，又分别关注着作为各级各类成人教育重要元素的职工教育、农村成人教育、农民技术教育、老年教育、妇女教育、继续教育、大学后继续教育、高等远距离教育等。还应关注到的是，作为在我国"七五"与"八五"规划期间先后列入国家哲学社会科学重点项目体系的"高中后教育模式研究"与"岗位培训制度研究"，更是使高中后教育、岗位培训得到了董明传、高志敏等众多研究者的高度关切。

教育科学发展、农村经济建设、社会主义市场经济、知识经济、不可替代、优势——在高志敏看来，成人教育学科子系统的萌芽与成长离不开教育科学母系统的发展与强大。余博、刘国钧、李炎清、王平等则分别将农民技术教育、成人高等教育与终身教育置于农村经济建设、社会主义市场经济、知识经济背景之下思考。在郭伯农眼里，成人教育之于社会与人的发展均有其无可替代的优势。

模式、制度——进入改革开放时代，模式建构与制度建设备受关注。旨在促进中学后教育多样化发展的"高中后教育模式研究"，与旨在促进劳动者培训制度化发展的"岗位培训制度研究"，由董明传领衔，其探索贯穿了两个五年规划。

社区教育、社会力量办学——梁春涛、叶立安、黄云龙、沈金荣、叶忠海、厉以贤等，对社区教育理论与实践的开拓倾注了思考；而贺向东、蔡宝田等，又对社会力量办学理论与实践的发展奉献了智慧。

非岗才能、职业再开发——在众多研究者关注员工岗位能力提升的时候，张卫的视线聚焦到了非岗才能的培养；在众多研究者关注职前职业开发的时候，王一敏的目光则转移到了职后的职业再开发。

开发、改革、综合改革、发展、决策、管理、法制管理、理论、实验、实践、科研管理、潜能开发——在着力推进成人教育发展的背景下，有的提出加强企业员工多元能力的开发与管理；有的主张关注农村成人教育或企业职工教育的改革与发展；有的希望加强成人教育、农民教育、继续教育的决策、管理或法制管理，厉以贤、郝铁生、翟清智则分别强调探索社区教育的理论与实验、企业教育综合改革的理论与实践、成人高校的科研管理与潜能开发。

教学、培训、评价——陈雪峰、程凯、李如密等依然青睐成人教学探索；陈莉、李树华、李立志依然热衷员工培训探讨；刘继武、马习军、黄云龙等又分别关注成人教育、职工教育与社区教育的评价问题。

成人学习、方法、指南、指导、简论、导论、学——郭金楠与卢毅试图给成人学习提供方法指南或指导，孙强华、孙庆珠、董守文则又力图建立一门分支学科，专以简论、导论乃至学的方式展开成人学习问题的讨论。

史、近现代史、比较——雷良波的目光触及了女子教育史；李珠的视线连接上了成人教育的近现代史。至于比较研究，毕淑芝、司荫贞、张维主要定位在了国际成人教育；李秉千、徐学椠定格在了理论比较，而高志敏等的工作又将兴趣点锁定在了国外及中国台湾省的高中后教育。

经济学、心理学、管理学、成人教育学——王殿峰着力打造成人教育经济学；毕田增、季东亮、高志敏、冀鼎全、王荣纲、纪延华努力构建成人教育、老年教育或自学考试心理学；谈士明、周嘉方、夏家夫、焦峰等奋力构造成人教育管理学，唐士富期待着迎来一门特别的农村成人教育学。

终身教育、终身教育体系、学习社会——乔冰、吴遵民等试图展开国内外的终身教育思想与实践；马叔平等力图证明终身教育、终身教育体系与成人教育实践和研究的关系，李兴洲、谢国东、赖立则感兴趣于学习社会的理论创建与实践构想。

在展现了关键词之后，再略作取舍，一起来阅读这些著作，看一看它们向人们诉说了一些什么。

《高等远距离教育概论》（周简叔）——他在著作中以细腻的笔触论证了高等远距离教育的定义与界说、原理与形式，以敏锐的目光考量了它的旧时代与新纪元，以开放的视野描绘了它的西方沉浮与东方变迁。基于此，他坚信高等远距离教育是社会发展的必然产物，是人类重要而必需的事业，其优势是显著的，其质量是可信的，而灵活、合作、多种形式办学又是它必须坚守的重要原则。至于实践运作，第一，必须坚持开发综合性的教学媒体系统；第二，必须坚持培育一支优质的教学者与管理者队伍，第三，必须坚持以学习者为中心，积极为学习者提供服务。

《老年教育与美育》（贾岩）——贾岩是很早关注老龄化现象的学者，他的《老年教育与美育》系洪国栋任主编的"老龄科学知识丛书"之一，分为上、下两篇。

上篇阐述了老年教育的兴起与发展、特性与特点、地位与作用、内容与渠道、教学形式与教学原则、教学方法与教学手段；下篇阐扬了老年审美与老年生活及生存质量的关系、老年审美的理论基础与心理建设、老年审美的基本特征与主要功能。

《终身教育论》（乔冰、张德祥）——《终身教育论》首先追溯了终身教育、回归教育与学会生存思想，并认为终身教育理论的诞生与社会政治生活的巨变、人类科学技术的发展密切相关，并将成为未来教育改革的首要原则。随之深入阐述了终身教育的基本原理及其与家庭教育、学校教育、社会教育、儿童教育、成人教育、老年教育的关系。最后，在环顾发达国家终身教育实践的基础上，又论述了终身教育对我国现代化建设乃至实现教育观、人才观更新的意义，提出了通过终身教育体系构建走向教育现代化的构想。

《比较成人教育理论》（李秉千、徐学絜）——两位作者的比较研究定位在了理论界面：其一，叙述了国际上六种成人教育哲学思潮；其二，追溯了从桑代克到基德的成人学习理论发展；其三，叙说了终身教育思想的历史渊源、现代倡导以及它的内容与特征、目标与实践；其四，诉说了远距离教育、继续教育、回归教育的理论发生及其实践推进。最后，以总述成人教育理论基础的基本形成、理论探索的主要领域、理论发展的世界期待为全书的收尾。

《国外及中国台湾省高中后教育比较研究》（高志敏）——《国外及中国台湾省高中后教育比较研究》是国家哲学社会科学"七五"重点项目——"高中后教育模式研究"之同名子课题的研究成果。这项成果，首先对联邦德国、英国、苏联、美国、加拿大、日本、东欧、中国台湾省等国家和地区的高中后教育分别进行了深入的研究，尔后形成了一份综合研究报告。该报告首先综述并对比了以上国家和地区高中后教育所面临的内外压力与所采取的应对策略，继而归结并分析了这些国家和地区具有共同倾向性的高中后教育结构模式，随之又探究并描述了这八个国家和地区高中后教育的实际运行状况，涉及管理体制、经费投入、专业设置、入学方式、教学组织、教学形式、学历认定、资格认可等。最后，在总结其经验的基础上，围绕合流与分流、趋同与分层、截流与沟通等命题对我国大陆高中后教育模式改革进行了深入的分析，并提出了建议。

《企业职工非岗才能的开发与管理》（张卫，等）——张卫是一位善于捕捉时代焦点的学者，在企业职工教育研究中，他敏锐地关注到了与岗位才能相对应的非岗才能的开发与管理，因为在他心目中，这定然是一件"值得引起重视的大事"。从非岗才能的产生因素与表现形式、定义与特征、类型与作用，到发展导向与规律、过渡与变异、群体结构与厂际交流，张卫与他的合作伙伴做出了富有理论意义的探究；从培训原则与方法，到特定情境下的非岗才能开发与特定人员的非岗才能开发、非岗才能的组织开发与自我开发，再到非岗才能为生产服务的基本机制与非岗才能开发所需的组织管理，张卫又与其合作伙伴做出了富有实践意义的探索。

《职工教育评价概论》（马习军，等）——马习军与其同仁合著的《职工教育评价概论》在概述了职工教育评价的含义与意义之后，逐一论述了职工学校与职工中等专业学校、职工教育与岗位培训、职工学校管理与职工学校教师、职工教育教学与企业员工学习乃至职工教育学会与职工教育科研的评价问题。在他们看来，量化评分法、数理评判法、意见综合法等是职工教育进行评价活动的主要方法。

《农民技术教育与农村经济建设》（余博、刘国钧）——两位作者以课题研究报告方式出版了他们的《农民技术教育与农村经济建设》一书。书中的总报告部分阐述了农村经济建设与发展背景下农民技术教育的指导方针与战略目标、模式建构与政策措施。分报告部分则紧紧围绕"劳动者的文化科学素质是制约农村经济发展的根本因素""农民技术教育与农村经济建设相互作用""探索农民技术教育为农村经济发展服务的新路子""经济观点、科学观点、教育观点的统一，是农民技术教育改革的新动力"这四个基本论点展开了充分的论述。

《成人学习方法指南》（郭金楠）——《成人学习方法指南》就成人学习的特点与优势、能力与目标、科学读书与时间管理、完成作业与检验作业、积累资料与复习考试、毕业设计与毕业论文等问题提出了自己的思考和建议。

《中国女子教育史》（雷良波）——作者似乎用一条韧锐兼具的绳索，将散落在远古至秦汉、魏晋南北朝至隋唐、宋元至明清、戊戌维新至辛亥革命、民国初期至五四运动以及五四以后北京政府与南京政府、中央苏区和陕甘宁边区的女子教育、妇女教育串联在了一起，中国的女子教育、妇女教育之历史脉络由之变得连贯而清晰了。

《中国高中后教育模式研究报告》（董明传）——此项研究是根据第 41 届国际

教育会议倡导的"适应就业形势,开创中学后教育多样化"精神,结合我国高中后教育改变相对单一模式需要,获得国家哲学社会科学基金资助,由董明传先生领衔,在整个国家范围内展开的。研究跨越整整一个"七五"规划,最终形成了这份颇具长久影响力的研究报告。报告分为上篇"研究总报告"、下篇"研究分报告"。前者阐述了高中后教育模式的改革走向,分析了高中后教育模式发展的可能选择,明确了高中后教育的培养规格,确定了高中后教育的目标模式,提出了迈向目标模式的实施意见和政策建议。分报告则呈现了多个行业系统如煤炭、铁道、银行、石油、农业、轻工业等,以及多个区域如浙江、陕西、贵州、上海、重庆、成都、沈阳、大连、南京、苏州、益阳以及珠江三角洲等的研究及其应用成果。

《职工教育培训模式研究》(陈莉、李树华)——《职工教育培训模式研究》阐述了东风汽车公司长期摸索而成并取得良好成效的五大培训模式,它们是分段组合式培训模式、短期强化式培训模式、岗位养成性培训模式、岗位作业达标式培训模式、工业工程与现场管理培训模式。

《当代农民教育与管理》(周永亮)——作为一位在管理学方面颇有研究和建树的学者,周永亮在"农民问题始终是中国革命和建设的根本问题"这一基本理念指导下,在《当代农民教育与管理》中分析了当代农民的现状和特点,阐述了农民教育与管理的目标和原则,分述了当代农民的社会主义思想教育与文化基础知识教育、农业科技知识教育与社会主义法制教育。除此,他又专门讨论了农民的计划生育宣传与管理、农村的家庭经济开发与管理、农民的人际关系建立与调适、农民教育与管理的艺术和方法、农民教育与管理的组织和领导,以及未来农民的精神风貌、劳动特点与生活方式。

《农村成人教育学》(唐士富)——《农村成人教育学》在认定农村成人教育亦是一门专门学科及其研究对象、研究内容与研究方法的前提下,用了长达二十六章的篇幅论述了农村成人教育的本质与目的、特点与规律、地位与作用、方针与任务,阐述了农村成人教育的思想道德教育与文化知识教育、扫盲教育与实用技术教育、高中等专业教育与干部教育,探讨了农村成人教育的三教统筹、农科教结合、乡镇企业教育、岗位培训、自学教育等问题。除此,还分别对农村成人教育的教师与教学、规划与管理、法制建设与理论研究等命题作了详尽的阐述。

《中国社区教育导论》（梁春涛、叶立安）——梁春涛、叶立安两位堪称我国改革开放时代较早投身社区教育研究与实践的专家。他们系统阐述了我国社区教育的产生与发展、原理与特点、模式与功能、机制与管理、目标与评价。此外，还专门阐述了社区教育与社区发展、社区教育与人的社会化的相互关系，并充分考量了我国社区教育的发展前景与战略。

《成人教育心理学》（毕田增、季东亮）——《成人教育心理学》一书阐述了成人教育心理学的性质、作用和研究方法，并描绘了成人心理发展的历程，刻画了成人学习能力的表征，陈述了成人学习理论的发展，探讨了成人的认知学习、技能学习与品德形成。此外，还分别从成人的学习动机、认知特征、自我意识，以及所属社会群体、职业状况、民族心理等不同角度，分析了对其学习活动可能产生的影响。

《成人学习学》（董守文、张华、李雁冰，等）——该书首先认定学习学是一门新兴学科，进而将其合著的《成人学习学》分为上、下两篇，上篇探讨了成人学习的意义与性质、类型与方式以及成人学习的生理规律、心理规律和社会规律；下篇探究了成人学习的策略与方法、指导与评量以及成人学习的能力培养与习惯养成。

《成人学习导论》（孙庆珠、杨玉强）——《成人学习导论》首先阐扬了一种信念，认为成人学习是自我完善的桥梁、人生发展的关键，成人学习可以促进社会的发展、人类的进步。基于此，他们不仅聚焦于成人学习的目标讨论与心理分析，而且还呈现了成人记忆的规律、特点与方法，探究了成人学习的计划制定与时间运筹，讨论了成人自学、互学的特点与方法，以及自学、互学能力的培养。此外，作者还以四大章的篇幅分论了成人学习过程中的课堂学习、考试技巧、论文写作、文献查阅、资料积累、资源利用等问题。最后，作者又饶有兴趣地围绕成人的职业技能训练、成人学习的心理卫生等提出了他们的见解。

《比较成人教育》（毕淑芝、司荫贞）——两位作者的研究涉及了成人教育的众多要点：发展——动力与历程；认知——属性与职能；机制——管理系统运行机制与教学系统运行机制；体系——扫盲教育、学历教育、职业培训、继续教育与社会文化生活教育；理论——成人学习的可能、需要与特点；手段与组织——函授教育、广播教育、综合媒体教育等；工作者——教学人员、管理人员与咨询人员；管理——行政制度与教学管理；立法——政府职责、财政拨款、管理机制、公民的教育权利与义务等。

《现代培训》（李立志，等）——全书共设二十四章，涉及的内容有认知培训作用、确立培训战略、梳理培训关系、确认培训人员素质、解析培训组织结构、获取培训资金、使用培训资源、分析培训需求、编制培训计划、设计教学过程、尊重成人学习特征、关照成人学习风格、加强课堂管理、创新传授技术、建立质量意识、实施课程评估、展开跟踪评估、设计未来计划、运用培训成果等。

《中国岗位培训制度研究》（董明传）——继高中后教育模式研究之后，结合我国成人教育发展以岗位培训为重心的背景，董明传先生遂又申报确立了一项被列为国家哲学社会科学"八五"规划重点课题的研究项目——"中国岗位培训制度研究"。这项研究成果最终形成了由十二个专辑组成的一套丛书，其中第一专辑为"中国岗位培训制度研究总报告专辑"，第十二专辑为"国外职业培训制度比较研究专辑"，其他则为我国若干地区和若干行业的研究成果专辑。总报告由四大章组成，第一章分析了岗位培训的历史沿革与现实发展情况；第二章揭示了建立岗位培训制度的必要性和重要性；第三章展开了建立岗位培训制度的理论思考；第四章提出了建立岗位培训制度的总体构想和实施建议。

《中国妇女教育》（韦钰）——为迎接联合国第四次世界妇女大会，作者主持编写了《中国妇女教育》。该书首先回溯了中国妇女教育的历史，呈现了中国妇女教育的现状，展望了中国妇女教育的未来；随后，以翔实而充分的数据和资料阐述了我国妇女就业与教育、妇女保健与教育，以及各级各类教育包括基础教育、高等教育、特殊教育、工读教育、职业教育、成人教育以及少数民族教育中的女性教育状况。

《成人学习学简论》（孙强华）——作者首先明确了成人学习学的研究对象与研究意义、研究内容与研究方法，随后涉足如下命题：学习理念——终身学习与自主学习；学习动力——内部动力与外部动力，以及非智力因素的作用；学习过程——生理机制与信号系统；学习实践——创造性思维及其训练；三对关系——学与思、博与专、学与用；学习方法——理论学习方法、实践学习方法；学习评估——意义与原则、标准与方法等。此外，作者还专设三章，讨论了有关时间运筹、高效记忆与自我学习的方法。

《国际成人教育比较研究》（张维）——张维任主编，并组织十多位研究者共同著成的《国际成人教育比较研究》共设三篇二十七章，首篇回顾了比较成人教育的历史沿革、理论流派，以及成人教育的模式理论与模式实践；中篇对中国、日本、美国、德国、法国、英国、俄罗斯、瑞典、南斯拉夫、泰国、巴西、坦桑尼亚等国家展开了深入的国别比较研究；末篇对扫盲教育、成人基础教育、成人职业教育、成人高等教育、大学后继续教育、远距离教育、公务员培训、农业成人教育、企业职工教育、旅游职工教育、成人环境教育、军人教育、妇女教育等进行了分类比较研究。

《中国成人教育近现代史》（李珠）——该著作呈现了维新运动、辛亥革命、五四运动时期的成人教育历史画卷，描绘了中国共产党创立、第一次国内革命战争、第二次国内革命战争、抗日战争、第三次国内革命战争时期的成人教育历史沿革。

《当代世界教育科学发展与成人教育》（高志敏）——从20世纪80年代末起，我便开始独立申报科研项目。"当代世界教育科学发展与成人教育"是国家哲学社会科学"八五"规划重点项目青年专项课题，此项研究前后历时八年。其成果共含七个部分：终身教育思想的生成与成人教育；教育哲学的繁荣与成人教育；教育社会学的开拓与成人教育；教育心理学的发展与成人教育；教育技术学的崛起与成人教育；教育管理学的建立与成人教育；教育评价学的兴盛与成人教育。当时因受经费限制，只能从全部书稿中选取三个部分即终身教育思想的生成与成人教育、教育社会学的开拓与成人教育、教育心理学的发展与成人教育先行出版。其中第一部分呈现了终身教育思想从火花闪烁到火焰升腾，论述了终身教育的内涵、原理与突破口，分析了终身教育思想诞生的背景，阐明了终身教育与成人教育的天然关系。第二部分回溯了教育社会学的形成与发展，描绘了其学科的今日之"像"；论证了成人教育对社会学的需要，评述了成人教育之社会学思考迄今留下的种种足迹。第三部分回顾了教育心理学的创建与发展，辨识了其学科的今日之"界"，论证了成人教育对心理学的呼唤，评述了成人教育之心理学思考迄今结下的种种果实。

《成人教育心理学》（高志敏，等）——20世纪90年代中期，我曾在华东师范大学心理学系工作过一段时间，研读了一些心理学方面的著述。重返成人教育研究领域不久，遂应邀与浙江金华教育学院廖正峰教授和华东师范大学高等教育研究所赵文华博士一起撰写出版了《成人教育心理学》一书。该书首先介绍了人的发展与成人发展的概念、特点与任务；随之探究了成人的智力因素与非智力因素，阐述了适用于成人的学习理论与专用于成人的学习理论；进而阐述了成人学习者的操作技能培养、认知能力培养与思想品德培养；最后又围绕成人学习者的心理差异及其与教学活动的关系，成人教学者的角色心理特征及其与职业态度、工作效率的关系展开了专门的论述。

《成人高校科研管理及潜能开发》（翟清智）——一位任职于中国劳动关系学院的学者。在成人教育方面，他选择了一个独特的命题——成人高校的科研管理。他的著作阐明了科研工作在成人高校可能彰显的意义与价值，论述了科研工作的基本特征与管理原则。在他看来，成人高校的科研工作主要涉及计划、组织、信息与成果管理，为推进成人高校科研工作，应加强其潜能的组织开发与自我开发，且务必做好科研课题的选择和设计、科研资料的收集和整理、科研过程的定量分析与定性分析，以及研究成果的科学抽象和系统建构。

《大学后继续教育论》（叶忠海）——该书开宗明义，指出继续教育一般是指大学后成人的再教育，在我国尤指大学后在职专业技术人员和管理人员的再教育。基此，作者形成了继续教育动因论与原理论、课程设计论与创造力开发论、教学实践论与自我学习论以及效果评价论与未来展望论，并且又以"群体构成特色""心理角色特点""心理素质特征"归纳出了继续教育教员队伍的"特色论"。

《农村成人教育概论》（汪彦伟）——汪彦伟主编的《农村成人教育概论》一书，围绕农村成人教育的沿革、内涵、地位、作用、特点、规律、方针、政策、任务、结构、体系、教学、教材、师资、基地、经费、效益等问题进行了理性而富有实践意义的阐述。

《构建学习社会》（谢国东、赖立）——两位作者是我国较早论述学习社会及其建构的学者。《构建学习社会》一书上篇命名为"走向终身学习"，作者视终身教育的提出为成人教育发展的里程碑，指出终身学习是人类发展的基本途径，是人才成长的阶梯，而成人学习又是终身学习的重要环节。此外，他们还对未来的成人学习做出了包括类型、方法、环境、教师角色等多方位的思考。下篇命名为"构建学习社会",作者透析了社会发展理念的全新选择,分析了科技进步、文化发展与成人教育的密切相关,解读了学习社会理念的内涵,揭示了学习社会建构的意义,评述了国外构建学习社会的举措,从而主张在我国"要为终身学习创造基本条件""要为成年人提供多种多样可供选择的机会""要实现人的职业能力的终身开发""要打破年龄限制,发展老年教育事业""要创新社区成人教育模式""要使成人教育从有限转向无限"。此外,他们还指出,学习社会建设要有法律、政策与理论的保障,要有合适的成人学习成果的社会评价。

《现代国际终身教育论》(吴遵民)——作者经由对现代终身教育概念的产生、产生背景、基本意涵的深入阐述呈现了它的基本精神,经由与回归教育、终身学习、学会生存、民主主义教育思想、国际组织最新教育理念的交叠考量明晰了其内核与外延的演进脉络,经由对国际范围内展开的终身教育理论研究的审慎观察呈现了它的基本路向和主要课题,最后又通过对日本、美国、英国、法国、德国、中国等终身教育各类鲜活实践活动的描述呈现了它的发展与繁荣,以及背后尚且存在的困难和问题。

《知识经济与终身教育》(王平)——《知识经济与终身教育》一书在解析了"教育""传统教育""现代教育""大教育观"的内涵之后,随即陈述了终身教育理论的产生以及它的意蕴和特征所在,并指出知识经济社会到来必然会对社会成员素质及其教育提出新的挑战和要求,而终身教育又必定成为知识经济社会全面发展的发动机。基于此,作者对终身教育之基本原则与内容、基本途径与形式展开了讨论,并通过分析我国在推进终身教育实践中的有利条件和不利因素,建议尽快形成教育投资保障机制、人才制度保障机制和终身教育法律保障机制,以最终建构起具有中国特色的终身教育体系。

《成人教育管理概论》(夏家夫、焦峰)——夏家夫、焦峰两位作者对成人教育尤其是对高校成人教育的管理工作颇有心得。他们的著作明确了成人教育管理的研究对象、任务和方法,界定了它与管理哲学、现代科学、系统科学、教育科学的关系,论述了成人教育管理的职能和原则、体制与法规、规划与决策、领导与评价、教学管理与机关管理、人事管理与师资管理等。

《成人教育教学论》(程凯、李如密)——《成人教育教学论》一书在阐明研究对象、任务与方法以及学科性质与基础之后，随即分析了成人学习者的身心发展、基本特征与学习能力，探讨了成人教学者的地位与作用、素质与能力、建设与管理；论述了成人教育教学的内容、课程与教材，剖析了成人教育教学过程的规律与特点。之后，又逐一探究了成人教育的教学模式与教学原则、教学方法与教学艺术、教学手段与教学组织、学习指导与教学评价。

《成人教育心理学》（冀鼎全）——《成人教育心理学》一书阐述了学习的内涵与分类、学习的作用与意义以及古今中外关于学习的理论认知，呈现了人到成年的心理特征，特别是人到成年的思维心理与个性心理特征。基于此，作者围绕成人学习的动机、原则、方法，以及知识学习、技能培养、角色适应、心理健康等一系列命题展开了系统的探索，并且还对成人教育教师的心理特点与心理品质、威信形成与影响作用发表了独到的见解。

《妇女教育概论》（张定，等）——《妇女教育概论》一书由张定及十来位研究者共同写成。这部著作首先为读者呈现了妇女教育的变革、含义、性质、内容、功能、意义、地位、目标与原则以及妇女地位与妇女教育的关系。随之，又分别论述了妇女的扫盲教育、职业教育、学历教育、继续教育、法制教育、家政教育、社会文化生活教育，以及老龄妇女教育等一系列有趣而又极具现实意义的问题。全书最后还特别指出，政府、妇女组织乃至整个社会都应当为妇女教育广泛而深入的推进提供必要的支持和保障。

《成人学习方法指导》（卢毅）——《成人学习方法指导》在阐明了事关成人学习与学会学习概念的一系列基本问题之后，主要围绕教学过程中的学习方法、自学方法、分科学习方法、学习时间管理方法、记忆方法、科研方法、信息获取方法等为广大成人学习者提供了意见和建议。

《面向 21 世纪我的教育观（成人教育卷）》（董明传）——董明传先生在成人教育界有很强的号召力。21 世纪到来之前，他聚集一批资深学者，邀其发表各自对于成人教育的真知灼见。其中亮出的观点主要有"成人教育应为公民享有教育平等权利提供保障""企业教育是企业生存与发展之本""成人高等教育应当准确把握社会经济发展的内在要求""成人教育是教育的正常顶点""没有创新就没有成人教育的发展""终身教育是面向 21 世纪的教育哲学""坚持改革，将我国成人教育顺利引向21世纪"。

《当代社会成人的职业再开发与指导》（王一敏）——王一敏是我国较早倾心于职业生涯研究的学者。她的著作首先给出了社会成人与职业生涯的释义，剖析了社会变革与职业生涯的关系，指出了职业组织与环境的变化，梳理了社会成人职业发展与指导理论，辨析了当代社会成人面临的职业危机，阐述了当代社会成人实现职业心理转机的基本谋略。基于此，她进一步指出社会成人在职业岗位上必须践行具有自我实现意义的创造活动与学习活动，成年女性在职业生活中必须关注具有持续意义的自我构筑与自我发展，退休人员在职业生涯延续中需要获得具有一生发展意义的职业咨询与设计援助。最后，作者还对社会成人如何消解可能遭遇的职业压力、人际关系与自我适应障碍，以及如何充实个人生活、改善家庭生活、提高生活质量等提出了建议。

《社区教育的发展和展望》（沈金荣，等）——《社区教育的发展和展望》一书首先将目光聚焦于国内，考量了上海、南京、香港、澳门的社区教育，其中既有历史与现状的描绘，又有事关新思路、新方案、新行动抑或新畅想、新展望的描述。随后，又将视野扩展到国外，考察了北美、东亚等地区的社区教育，其中既有对传统与发展的梳理，又有对模式与举措的比较。另外，作者还对社区教育与人众教育、成人教育、闲暇教育等之间的关系作了相关的阐述。

《社区教育管理与评价》（黄云龙，等）——在该书中，作者对社会发展中的社区、社区教育、社区教育管理之基本概念进行了阐释，对社区教育管理组织基础、组织系统、组织行为、组织文化等进行了探究，对学习型社区、创建学习型社区之基本旨要进行了分析，对社区教育的评价基础、评价实施、评价方法等进行了探讨。

《社区教育学基础》（叶忠海）——从20世纪90年代起，叶忠海既关注继续教育，又感兴趣于社区教育。《社区教育学基础》一书首先界定了社区教育学的基本概念，进而阐述了社区教育的内涵、本质与目的，论述了社区教育的哲学原理、社会学原理与教育学原理，描述了现代社区教育的基本体系、基本功能与指向学习型社区的基本目标，探讨了现代社区教育的教学理论与实践、课程设计与开发。作者最后指出，现代社区教育的推进还有赖于学校与社区的沟通结合以及社区工作者队伍的素质提升与专业化发展。

《社区教育的理论与实验》（厉以贤）——《社区教育的理论与实验》是其全国教育科学"九五"规划期间承担的一项社区教育研究课题的阶段性成果。这部著述汇集诸多学者智慧，围绕如下四大主题展开了充分的讨论：其一，社区教育与社区发展；其二，社区教育与学校教育互动；其三，社区教育的体制与模式、功能与管理；其四，社区教育与教育综合改革。

《中国社会力量办学概论》（贺向东、蔡宝田）——两位作者堪称我国改革开放之后研究社会力量办学的先行者。他们的著作围绕社会力量办学进行了概念释义、类型解析、特点分析、历史回顾、现状描述、地位认定、作用揭示、目的探索、任务框定、方针阐述、政策解读、法制探究、机构确认、管理研究、评估设计等。此外，还对如何推进中外合作办学，如何看待国外私立教育的经验、教训发表了他们的真知灼见。

以上是对五十多位研究者的四十五部著作的简略介绍，从中可以真切地感受到，进入学科认定时代，成人教育学科体系的历史编织又进一步延伸了、扩展了。其中富有鲜明延续性、纵深性与开拓性之特征的论点与论说有：

成人教育思想——"成人教育是教育的正常顶点""成人教育应为公民享有教育平等权利提供保障""没有创新就没有成人教育的发展""坚持改革，将我国成人教育顺利引向21世纪"。

妇女教育——"历史、现状与未来""含义与性质""内容与功能""意义与地位""目标与原则""妇女地位与教育""妇女就业与教育""妇女保健与教育""各级各类妇女教育""为妇女教育提供支持和保障"。

老年教育——"兴起与发展""特性与特点""地位与作用""内容与渠道""形式与原则""方法与手段"。

老年美育——"特定的心理基础与理论基础""特定的表征与功能""事关老年人群的生活质量与生存质量"。

岗位培训制度——"企业生存与发展之本""历史沿革与现实发展""社会背景与内部需求""理论思考与制度构想""实践策略与实施建议"。

现代培训——"作用""战略""关系""组织""资源""需求""计划""过程"

"评估""尊重成人学习特征""关照成人学习风格""提升培训人员素质"。

培训模式——"分段组合式培训""短期强化式培训""岗位养成性培训""作业达标式培训""工业工程与现场管理式培训"。

职业开发与指导——"社会变革与职业生涯""职业组织与职业环境""职业发展与职业指导""职业心理与职业危机""转机与谋略""压力与咨询""创造与学习""自我构筑与自我发展"。

非岗才能的开发与管理——"非岗才能"的"成因与表征""定义与特征""类型与作用""导向与发展""过渡与变异""结构与交流""组织开发与自我开发""经济效能与组织管理"。

职工教育评价——"各级各类职工教育评价""量化评分法评价""数理评判法评价""意见综合法评价"。

农村成人教育——"视为一门学科",农村成人教育的"沿革与发展""本质与目的""特点与规律""地位与作用""方针与政策""使命与任务""规划与管理""结构与体系""教学与教材""师资与基地""经费与效益""思想道德教育与文化知识教育""扫盲教育与实用技术教育""学历教育与干部教育""三教统筹与农科教结合""岗位培训、自学教育与乡镇企业教育""法制建设与理论研究"。

当代农民教育——"现状和特点""目标与原则""思想教育与法制教育""文化基础知识教育与农业科技知识教育"。

农民技术教育——"方针与目标""模式与政策""与农村经济建设互动""经济观、科学观、教育观的统一是农民技术教育的改革动力"。

农民教育管理——"未来农民的精神风貌、劳动特点与生活方式""管理的艺术与方法""管理的组织与领导"。

远距离高等教育——"定义与界说""原理与形式""旧时代与新纪元""西方沉浮与东方变迁""社会发展的必然产物""人类社会的重要事业""开发教学媒体系统""培育优质教学者与管理者""以学习者为中心,为学习者提供服务"。

继续教育——"是大学后成人的再教育""尤其是大学后在职专业技术人员和管理人员的再教育""动因与原理""课程设计与创造力开发""教学实践与自我学习""效果评价与未来展望""教员队伍特色"。

高中后教育模式——"改革走向""发展选择""培养规格""目标模式""实施意见""政策建议""合流与分流""趋同与分层""截流与沟通"。

社区教育——"视为一门学科";社区教育的"哲学原理""社会学原理""教育学原理""产生与发展""内涵与本质""目的与功能""原理与特点""体系与模式""机制与管理""目标与评价""教学理论与教学实践""课程设计与课程开发";社区教育与"人的社会化""学校教育""大众教育""成人教育""闲暇教育""教育综合改革""社区发展";"学习型社区建设""工作者队伍的专业化发展"。

社区教育发展——"新思路""新方案""新实验""新行动""新畅想""新展望""发展前景与发展战略"。

社区教育管理——"组织基础""组织系统""组织行为""组织文化""创建学习型社区""评价基础""评价实施""评价方法"。

社会力量办学——"历史与现状""地位与作用""方针与政策""类型与特点""目的与任务""机构与法制""管理与评估""推进中外合作办学"。

成人教育心理——"视为一门学科""性质、作用与方法";"人的发展与成人发展""发展特点与发展任务""认知特征与个性特征""心理个别差异""学习能力与学习理论""学习动机、认知特征、自我意识与学习""所属社会群体、职业状况、民族心理与学习""操作技能训练""认知能力培养""思想品德养成""角色适应""心理健康""教师的角色心理特征、心理品质、职业态度与工作效率""教师威信的形成与影响作用"。

成人教学——"视为一门学科""学习者的身心发展、基本特征与学习能力""教学者的地位与作用、素质与能力";成人教学的"内容与过程""规律与特点""模式与原则""方法与艺术""手段与组织""课程与教材""指导与评价"。

成人教育管理——"赋予'学'的名义""与管理哲学、现代科学、系统科学、教育科学的相关""职能和原则""体制与法规""规划与决策""领导与评价""教学管理与机关管理""人事管理与师资管理"。

成人学习——"期待成为一门学科";成人学习是"终身学习的体现""自我完善的桥梁""人生发展的关键";成人学习能够"促进社会发展""推动人类进步";成人学习的"生理规律、心理规律与社会规律""意义与性质""特点与优势""类型与方式""策略与方法""指导与评量""内部动力与外部动力""生理机制与信号系统""计划制定与时间运筹""理论学习与实践学习";成人学习中的"非智力因素作用""想象思维与创造思维""学与思""博与专""学与用";成人的"学习能力培养""学习习惯养成""职业技能训练"。

成人学习方法——"学会学习""课堂学习与自我学习""科学读书与时间管理""完成作业与检验作业""文献查阅与资料积累""复习考试与论文写作""毕业设计与毕业论文""分科学习与高效记忆""资源利用与科学研究"。

终身教育——"思想火花""思想火焰""与学会生存思想、政治生活巨变、科学技术发展相关""与家庭教育、学校教育、社会教育以及儿童教育、成人教育、老年教育相关""内涵与外延""原理与特征""原则与内容""途径与形式""路向与课题""发展与繁荣""困难与问题""条件与障碍""是面向21世纪的教育哲学""是未来教育改革的首要原则""应形成教育投资、人才制度和法律保障机制,以建构终身教育体系""通过构建终身教育体系走向教育现代化"。

终身学习——"终身学习是人类发展的基本途径,是人才成长的阶梯""成人学习是终身学习的重要环节""要为终身学习创造基本条件"。

学习型社会——"内涵与意义""要为成人提供可供选择的多样化机会""要实现职业能力终身开发""要发展老年教育""要创新社区成人教育""要使成人教育从有限转向无限""要有法律、政策与理论保障,要有适切的学习成果社会评价"。

成人高校科研——"意义与价值""特征与原则""计划与组织""潜能的组织开发与自我开发""课题的选择与设计""资料的收集与整理""过程的定量分析与定性分析""成果的科学抽象和系统建构"。

学科交叉——"教育社会学的形成与发展""成人教育对社会学的需要""成人教育的社会学思考""教育心理学的创建与发展""成人教育对心理学的呼唤""成人教育的心理学思考"。

成人教育历史——"维新运动至五四运动的成人教育历史画卷""中国共产党创立至第三次国内革命战争时期的成人教育历史沿革""远古至现代的妇女教育历史脉络"。

比较研究——"成人教育哲学思潮""成人学习理论变迁""终身教育思想沿

革""远程教育、继续教育与回归教育理论发展""历史、认知的比较""机制、体系的比较""手段、组织的比较""类型、方式的比较""管理、立法的比较""教学者、管理者的比较""理论模式与学术流派的比较""国别、地区的比较"。

在快要结束挺进阶段考察时,成人教育学科体系的历史挺进脚步给我们留下的延续性、纵深性与开拓性的印记,变得更加深刻、强烈了,这主要在于:

就延续性而言,成人教育的历史追踪并没有止步,农民教育、职工教育、企业培训、岗位培训、继续教育、远程教育等的学术探索并没有淡出,成人学习的探密兴趣并没有减弱,成人教学的探究旨趣并没有式微,相反,依然兴奋着,依然执着着。

就纵深性而言,成人教育思想开始蕴含一种信仰诉求,农民教育解读开始注入一种学科意识,职工教育研究开始贯穿一种时代精神,岗位培训探索提升到了制度水平,员工培训探究切入到了模式层面,继续教育思索开始力求完善,远程教育思考开始追求创新,成人学习研究开始张扬理论色彩,成人教学研究则精进到了学科境界。

就"开拓性"而论,农民教育方面,开始出现专门而系统的农民技术教育研究与农民教育管理研究;职工教育方面,在继续聚焦员工培训研究的同时,开始关注其职业及其非岗才能的开发、指导、管理与评价研究;成人教学方面,既持续一般的理论探索,又延续到了特定的实践设计;成人学习方面,既持续一般的原理探讨,又延展到了专门的学习指导。

再就开拓性而论,学习群体方面,妇女教育、老年教育研究崛起,使所关切的成人学习群体变得更加丰富;教育层次方面,高中后教育研究的兴起,使所关照的教育层面变得更加完整;办学主体方面,社会力量办学研究的突起,使所关心的教育力量变得愈加多样;办学空间方面,社区成人教育研究的奋起,使所关注的教育渠道变得愈加多元;学科意识方面,成人教育心理学、成人教育管理学、成人教育评价学等的奋力开创,无疑使成人教育学科体系的编织更加经纬交错、色彩斑斓;教育理念方面,终身教育、终身学习与学习型社会研究的人气升腾,又确确实实地为成人教育学科体系的编织带来了更加丰润的理论滋养和更加磅礴的创新源泉。

这一阶段，教育科学发展与成人教育理论探索的交叉研究，以及成人高校推进科研活动的探讨，又尝试性地开辟了成人教育学科体系编织的多种路向，开发了成人教育学科体系编织的潜在力量。

三、追梦：坚执在学科认定之后

此前，曾将成人教育学科体系于本土的历史编织远推到了20世纪20年代，但同时又充分认定，只是到了改革开放年代，随着成人教育实践需求的日益膨胀，成人教育发展步伐的愈益加速，且形成统称并被纳入全国教育科学规划，成人教育学科体系才开始真正迈入了一个具有明显积累意义的初创阶段。而从20世纪90年代开始，随着《国家标准学科分类与代码表》将成人教育学纳入其中，它才真正跨入了一个充分呈现其勃兴与繁荣景象的挺进阶段。

那么，摆在我们面前的事实，又可以让我们自信地认为，从21世纪起，即自2001年开始至今，成人教育学科体系于国内的历史编织仍然夙夜匪懈，锲而不舍，渴望实现一种新的超越，抵达一种新的梦境。

这一事实最显见的表征就是2001年至2008年，我国与成人教育学科及其体系编织相关的著作竟又多达四百余部（该统计数据未包括港、澳、台地区）。通过对这些著作进行阅读与梳理，对这一事实留下了如下十大鲜明印象：

印象之一，成人教育学之核心区域研究步伐依然坚定。其中，除了第一章已经有所提及的潘士君的《成人教育的理论与实践》（大连出版社，2001）、祝捷的《成人教育概论》（东北师范大学出版社，2006）以外，还可见以下著作（见表2-7）。这些著作的主要亮点在于研究者开始更加注意站在21世纪的时代背景下来探究其理论与实践的新发展和新创造。

表2-7 2001—2008年成人教育学核心区域研究主要著作一览表

书　名	作　者	出　版　社	出版年份
《成人教育学》	娄宏毅、宋尚桂	齐鲁书社	2002
《成人教育新论》	唐亚豪	湖南师范大学出版社	2002

续 表

书　名	作　者	出　版　社	出版年份
《论新时期的成人教育》	李儒寿	武汉大学出版社	2003
《民族地区成人教育研究》	杨正勇	四川民族出版社	2003
《21世纪走进每一个人的教育——当代成人教育论》	张亿钧、秦元芳	吉林大学出版社	2004
《成人教育发展论》	狄成杰，等	吉林大学出版社	2005
《社会教育概论》	王雷	光明日报出版社	2007
《成人教育发展纵论》	杜以德，等	中国人民大学出版社	2007
《成人教育研究》	刘义兵	重庆教育出版社	2007

印象之二，职工教育、企业教育研究步履依然坚实。这一方面的著作如表2-8所列。打开这些著作，与时俱进、与世共移的时代气息同样扑面而来。

表2-8　2001—2008年职业教育、企业教育研究主要著作一览表

书　名	作　者	出　版　社	出版年份
《现代企业教育理论探索与实践》	江兴林	石油大学出版社	2001
《跨世纪现代企业教育综合改革研究》	郝铁生	山西人民出版社	2001
《职业生涯开发与管理》	张再生	南开大学出版社	2003
《教育的应用探索——现代培训与提升企业竞争优势》	王北生	中国社会科学出版社	2004
《企业培训理论与实践》	林媛媛	厦门大学出版社	2005
《技师培养课程开发探索与实践》	毕结礼	中国劳动社会保障出版社	2007
《新时期企业教育改革与发展研究》	陈邦峰	高等教育出版社	2007

印象之三，农村教育、农民教育研究声腔依然高亢。著作主要如表2-9

所列。

表 2-9 2001—2008 年农村教育、农民教育研究主要著作一览表

书　名	作　者	出　版　社	出版年份
《小康后苏南农村教育研究》	陈乃林	东南大学出版社	2001
《当代中国扫盲和农村成人教育的回眸与前瞻》	廖其发	西南师范大学出版社	2002
《中国农民职业技术教育研究》	朱启臻	中国农业出版社	2003
《农民科技教育培训实践与研究》	曹首娟	中国农业出版社	2006

另外，李少元、葛玉刚、张作功、赵家骥、谢家训、李水山、严春杰、姜春燕等又分别围绕小康农村教育建设蓝图与范例、当代农村职业教育问题与对策、21 世纪农村教育发展与腾飞等问题展开了研究。由之，新背景、新关系、新命题乃至新思维、新主张一目了然。

印象之四，妇女教育、老年教育研究声韵依然悠扬。著作主要如表 2-10 所示。可以窥见，妇女教育研究从概论深移到了专论，从历史过程探究上移到了当代实践研究；老年教育研究则又更加趋于理论建构与切入社会变革视角的探索。

表 2-10 2001—2008 年妇女教育、老年教育研究主要著作一览表

书　名	作　者	出　版　社	出版年份
《妇女教育专论》	张定	中国妇女出版社	2003
《中国妇女教育实践与思考》	莫文秀	重庆出版社	2006
《辉煌的里程——上海老年教育总览》	朱根富	东华大学出版社	2002
《老年教育概论》	陈福星，等	山东人民出版社	2004
《和谐社会与老年教育》	郑令德、高志敏	上海教育出版社	2007

印象之五，干部教育、继续教育研究依旧势不可挡。著作主要如表 2-11 所示。

表 2-11　2001—2008 年干部教育、继续教育研究主要著作一览表

书　名	作　者	出　版　社	出版年份
《民族地区干部教育丛书》	牟本理，等	民族出版社	2001
《中国共产党干部教育研究》	吴林根、石作斌	黑龙江人民出版社	2001
《新世纪干部教育创新研究》	徐伟新，等	四川人民出版社	2002
《当代干部教育思想新发展》	巩联军	中国工人出版社	2002
《新时期干部教育概论》	魏茂明，等	中共中央党校出版社	2004
《少数民族干部教育问题研究》	沈桂萍	民族出版社	2004
《中国干部教育》	陈桂生	华东师范大学出版社	2007
《继续教育概论》	董华	中国社会科学出版社	2002
《当代教师继续教育论》	时伟	安徽教育出版社	2004
《继续教育教学与研究》	王盛业，等	广西师范大学出版社	2006
《专业技术人员继续教育课程开发研究》	郜岭	北京理工大学出版社	2006
《继续教育管理概论》	芦香滨	哈尔滨地图出版社	2007
《继续教育在学习型社会的创新与发展》	郑学益	北京大学出版社	2007

显而易见的是，干部教育研究一方面被置于新的时代发展框架之中，另一方面不同的干部群体也被关注到了，如少数民族干部群体；继续教育研究则在关照新时代之新要求、新挑战的同时，又进一步与教师继续教育以及如何改善教学、课程与管理进一步联系了起来。

印象之六，成人高等教育、自学考试研究，依旧锐不可敌。著作主要如表 2-12 所列。

表 2-12　2001—2008 年成人高等教育、自学考试研究主要著作一览表

书　名	作　者	出　版　社	出版年份
《成人高等教育学》	王蓉，等	中国农业大学出版社	2001
《成人高等教育概论》	宋永则	中国社会科学出版社	2002

续 表

书　名	作　者	出　版　社	出版年份
《新世纪中国成人高等教育》	陈龙根，等	科学技术文献出版社	2003
《成人高等教育探索与改革》	杨林	云南大学出版社	2004
《新中国成人高等教育发展研究》	何红玲	中国社会科学出版社	2004
《成人高等教育改革与发展探论》	黄志英	兰州大学出版社	2005
《高师成人教育发展论》	徐君、傅建明	吉林人民出版社	2005
《知识经济与成人高等教育》	马勇、任新民	云南大学出版社	2005
《成人高等教育可持续发展》	刘卫国、张峰	新华出版社	2007
《21世纪初高等教育自学考试发展战略研究》	何解山、朱顺德	江西高校出版社	2003
《走向学习社会：自学考试的不懈探索》	葛为民	武汉大学出版	2004
《自学考试制度论》	王启云	湖南人民出版社	2004
《高等教育自学考试制度研究》	康乃美	湖北人民出版社	2006

可见，成人高等教育研究被放到了中华人民共和国成立之后的发展以及21世纪之改革与发展平台上考量，并且有了知识经济视角的探索；而自学考试研究又与走向学习社会联系了起来，或关注它的战略分析，或青睐它的制度研究。

印象之七，函授教育、远程教育研究依然彩重墨浓。对之，我细数了一下，主要有以下著作（见表2-13）。

表2-13　2001—2008年函授教育、远程教育研究主要著作一览表

书　名	作　者	出　版　社	出版年份
《函授教学研究》	徐锡鸿	广西民族出版社	2002
《高等函授教育论》	徐超富	湖南科学技术出版社	2003
《现代远程教育系统原理与构建》	刘远航，等	人民邮电出版社	2002
《现代远程教育——数字化学习技能》	龚祥国	科学出版社	2003
《现代远程教育研究》	李盛聪	四川大学出版社	2003

续 表

书　名	作　者	出版社	出版年份
《现代远程教育的素质教育》	谭惠苓	东北大学出版社	2004
《信息时代远程教育论》	王浩、白文周	吉林大学出版社	2004
《现代远程教育基本理论架构》	孙绿怡	中央广播电视大学出版社	2006
《中国广播电视大学教学质量保证体系研究》	杨婷婷，等	中央广播电视大学出版社	2006
《网络远程教育研究》	丁兴富、吴庚生	清华大学出版社	2006
《技术进步中的现代远程教学》	陈建、陈守刚	中央广播电视大学出版社	2006
《中国现代远程教育发展论纲》	彭坤明	南京师范大学出版社	2006
《现代远程教育质量保证研究》	刁纯志	电子科技大学出版社	2006
《现代远程教育教学模式改革与探索》	冯双鹏、谭慧苓	沈阳出版社	2006
《现代远程教育理论及应用》	王晓东，等	科学出版社	2007
《远程教育研究方法》	张伟远、蒋国珍	高等教育出版社	2007

可以看出，远程教育研究，系统原理及其建构、基本理论及其形成、研究方法及其创新是焦点，信息时代及其利用、网络技术及其推广是热点，学习技能及其提升、素质教育及其推进是亮点，教学模式及其改善、教学质量及其保障则是基点。

印象之八，成人学习、成人教学研究依然毫挥墨泼。其中主要著作见表2-14所列。

表2-14　2001—2008年成人学习、成人教学研究主要著作一览表

书　名	作　者	出版社	出版年份
《成人学习策略论》	齐高岱，等	山东电子音像出版社	2001
《成人学习心理与学习方法》	张艳萍、李海	哈尔滨工程技术大学出版社	2003
《员工自主学习研究》	丁桂凤	中国社会科学出版社	2004

续 表

书 名	作 者	出 版 社	出版年份
《成人教育课程开发的理论与技术》	黄健	上海教育出版社	2002
《成人教育教学论：课程设计研究》	高雅莉	黑龙江教育出版社	2004
《成人教育教学论》	王娅，等	云南大学出版社	2005
《成人教育教学与研究》	黄璪、王盛业	广西师范大学出版社	2007
《成人教育教学理论与实践》	宋永则	山西人民出版社	2007
《成人教育教学与管理》	杨显杜	河南人民出版社	2007

由之可以发现，在成人学习、成人教学研究中，研究者除了持续关注成人的学习心理、学习策略、学习方法，对有关教学理论与教学实践的研究活动开始变得稠密起来，而成人教育课程开发或课程设计的探索活动亦变得炙热起来。

印象之九，成人教育管理、成人教育评估研究堪称涛声犹在。著作主要如表2-15所示。

表2-15 2001—2008年成人教育管理、成人教育评估研究主要著作一览表

书 名	作 者	出 版 社	出版年份
《成人教育评估理论与实践研究》	吴晓川、吉利	北京工业大学出版社	2001
《成人教育管理学》	刘卫国	中国科学技术出版社	2001
《现代成人教育管理概论》	马松庭	中南大学出版社	2004
《成人教育管理与研究》	沈旸，等	云南美术出版社	2005
《成人教育管理探索》	王加林，等	云南大学出版社	2005
《现代成人教育管理学》	肖玉梅	中国人民大学出版社	2006

所有这些著述，无论书名上是否有"现代"二字，在读者读过之后，都一定能够让其留下充满现代意识的深刻印象。

印象之十，成人教育历史、成人教育比较研究可谓激情犹存。著作如表2-16所示。

表 2-16 2001—2008 年成人教育历史、成人教育比较研究主要著作一览表

书　　名	作　　者	出　版　社	出版年份
《成人教育史》	董明传，等	海南出版社	2002
《中国近代社会教育史》	王雷	人民教育出版社	2003
《中国近代乡村教育史》	苗春德	人民教育出版社	2004
《新中国扫盲教育史纲》	刘立德、谢春风	安徽教育出版社	2006
《中国女子教育史》	熊贤君	山西教育出版社	2007
《迈向学习社会——美国成人教育思想与实践的传统和变革》	赵红亚	中国社会科学出版社	2004
《中德成人教育比较研究》	庞学铨，等	中国社会科学出版社	2004
《成人教育比较研究》	史芳、张江南	云南大学出版社	2005
《中外视野下的成人教育》	桑宁霞	陕西人民出版社	2006

从中可以窥见，无论是成人教育历史研究，还是成人教育比较研究，都越来越清楚地表现出一种既有总又有分的探索激情。也就是说，既可以看到对成人教育历史的整体探究，又可以看到对成人教育不同实践领域之历史沿革的分类探究；既可以看到成人教育的整体比较研究，又可以看到成人教育的国别比较研究。

面对这一股股研究热潮，面对这一簇簇研究成果，悠然间，眼前出现了这样一幅充满想象的画面：

一股股，好似激流；一簇簇，宛如泉涌，在一片本来好像还算波澜不惊的水面上，猛然间，由下而上，趵突起来，腾跃起来，而且还仿佛在趵突中角逐着各自的力度，在腾跃中比试着各自的高度。原本看似平静温和的水面，由此抓人眼球，令人瞩目。

然而，且慢，"趵突"和"腾跃"的眼点还远非就此，"角逐"的"牌儿"和"比试"的"腕儿"还远非如是！因为，放眼望去，对于成人教育学科体系编织，其坚执与追梦的事实，我们还留有更为深刻、更为重要的印象，那就是，在此八年时间内，更多成果又纷纷诞生，更多著作又接连问世（详见表 2-17）。

表 2-17　2001—2008 年成人教育方面更多著作一览表

书　　名	作　者	出　版　社	出版年份
《终身学习策略论》	董瑞美、秦桂芳	青岛海洋大学出版社	2001
《终身教育纵横谈》	陈乃林	江苏教育出版社	2001
《终身学习——走向成功之路》	王翊士	浙江教育出版社	2001
《学习、创造、创业》	胡凤英	东南大学出版社	2001
《当代社区教育的比较研究》	胡晓松，等	中央民族大学出版社	2001
《终身教育概论》	季森岭	中国社会科学出版社	2002
《面向 21 世纪中国成人教育发展研究》	黄尧	高等教育出版社	2002
《面向 21 世纪中国成人教育发展模式研究》	叶忠海	高等教育出版社	2002
《面向 21 世纪中国成人教育制度研究》	马叔平、瞿延东	高等教育出版社	2002
《面向 21 世纪中国成人教育法规建设研究》	郭伯农	高等教育出版社	2002
《面向 21 世纪中国终身教育体系研究》	陈乃林	高等教育出版社	2002
《面向 21 世纪中国成人教育学科建设研究》	谢国东、赖立、刘坚	高等教育出版社	2002
《社区教育概论》	桑宁霞	中国社会科学出版社	2002
《社区教育实验与学习化社区建设》	杨文玉	中国档案出版社	2002
《学习型家庭》	乐善耀	文汇出版社	2002
《终身职业培训体系建设》	毕结礼	中国物资出版社	2003
《学习化生存，你别无选择》	赵幼华、杨之藩	云南人民出版社	2003
《学校与社区互动》	刘淑兰	四川教育出版社	2003
《终身教育与传统文化》	董华	学苑出版社	2003
《终身教育论》	杨锐锋	黑龙江教育出版社	2003
《现代中国终身教育论》	吴遵民	上海教育出版社	2003

续 表

书 名	作 者	出 版 社	出版年份
《创建有中国特色的学习型社会》	张声雄	江西人民出版社	2003
《学习型社会》	许正中、江森源	中国环境科学出版社	2003
《创建学习型城市研究》	楼一峰、顾晓波	高等教育出版社	2003
《树立终身教育理念，创建学习型城市》	赵家骐	北京邮电大学出版社	2003
《学习型人才》《学习型企业》《学习型组织》《学习型社区》《学习型城市》《学习型政府》	连玉明，等	中国时代经济出版社	2003
《终身教育与学习型社会》	李靖琦	新华出版社	2004
《终身教育与学习化社会》	郑元齐	海风出版社	2004
《开放教育纵横》	吴克永	武汉出版社	2004
《成人教育经济论》	李志远、朱建文	吉林大学出版社	2004
《社区教育研究》	黄利群	辽宁民族出版社	2004
《虚拟学习社区原理与应用》	王陆	高等教育出版社	2004
《怎样建设学习型社会》	马述君	中国中央党校出版社	2004
《学习型社会的理念与建设》	厉以贤	四川教育出版社	2004
《学习型军队》《学习型政党》《学习型社会》	连玉明，等	中国时代经济出版社	2004
《如何创建学习型社区》	吴兆颐	人民出版社	2004
《社会、个人与终身教育》	杨晓	辽宁师范大学出版社	2005
《终身教育、终身学习与学习化社会》	高志敏，等	华东师范大学出版社	2005
《构建终身教育体系研究》	陈宜安，等	鹭江出版社	2005
《福建省终身教育立法的实证研究》	杨孔炽，等	鹭江出版社	2005
《成人教育的哲学视域》	聂琴，等	云南大学出版社	2005
《社会学视野下的成人高等教育》	刘薇琳，等	云南大学出版社	2005

续 表

书 名	作 者	出 版 社	出版年份
《社区教育与学习型社区》	石忇，等	中国社会出版社	2005
《创建学习型城市的理论和实践》	叶忠海	上海三联书店	2005
《学习型城市与城市教育》	时龙、蔡宝田	首都师范大学出版社	2005
《学习型领导》	连玉明，等	中国时代经济出版社	2005
《中国现代民众教育思潮研究》	张蓉	中国文史出版社	2005
《终身教育新论》	魏志耕	湖南人民出版社	2006
《虚拟学习社会研究》	裴伟廷	中国社会科学出版社	2006
《成人教育社会学》	高志敏，等	河北教育出版社	2006
《成人发展心理学》	许淑莲、申继亮	人民教育出版社	2006
《成人高等教育的经济学分析》	龚自力，等	云南大学出版社	2006
《终身教育研究现状与趋势》	叶世雄	中山大学出版社	2006
《跨进学习社会——建设终身学习体系和学习型社会的研究》	郝克明	高等教育出版社	2006
《现代社区教育理论与实验研究》	陈乃林	中国人民大学出版社	2006
《中国成人教育学科体系结构及其分类研究》	杜以德，等	高等教育出版社	2006
《网络学习的时代》	兰先芳	中山大学出版社	2006
《21世纪初中国社区教育发展研究》	叶忠海	中国海洋大学出版社	2006
《开放教育导学》	杨怀恩，等	陕西人民出版社	2006
《网络环境下现代远程教育教学模式改革与学习支持服务体系建设研究》	冯双鹏、谭慧苓	沈阳出版社	2006
《学习型社会新体制：教育课程超市》	康乃美	福建人民出版社	2006
《学习型城市的理论与实践》	张健华	天津人民出版社	2007
《中国城市化与社区教育研究》	李继星、龙一芝	上海教育出版社	2007

续表

书　　名	作　　者	出　版　社	出版年份
《成人教育社会学研究》	何爱霞	中国海洋大学出版社	2007
《终身教育体系中的社区学校实体化建设研究》	金德琅	上海社会科学院出版社	2007
《创新我们的学习》	孙磊	中国工人出版社	2007
《成人教育基本理论问题研究》	杜以德、柳士彬	高等教育出版社	2008

由此可见，与此前"一股股激流"和"一簇簇泉涌"一起"趵突"、共同"腾跃"的还有关于终身教育与终身学习的研究、学习型个人、学习型组织与学习型社区的研究，学习型城市与学习型社会的研究，社区教育、网络教育与开放教育的研究，攻关性与集结性的研究，以及学科与学科交叉的研究，等等。甚至可以认为，这些研究更是"趵突"的主要眼点，"腾跃"的重要源点，也更是"趵突"中力量角逐的"牌儿"，"腾跃"中高度比试的"腕儿"。那这些研究成果首先进入视线的关键词是哪些呢？且看：

21世纪、成人教育、发展、模式、制度、法规——黄尧、叶忠海、马叔平、郭伯农等站在21世纪的平台上，继续高擎成人教育旗帜，或关注其未来发展，或聚焦其模式与制度，抑或致力其法规建设。

教育思潮、基本理论——张蓉试图整体呈现现代民众教育的思想浪潮，杜以德、柳士彬试图系统阐释当代成人教育的基本理论。

终身教育、终身教育体系、终身职业培训体系、研究、构建、建设、个人、社会、传统文化、立法、现状、趋势——季森岭、杨锐锋、吴遵民、魏志耕尤其在意对终身教育作进一步的理论或实践解读；杨晓、董华尤其在乎对终身教育作进一步的与个人、社会及传统文化的关系探究；陈乃林、毕结礼、陈宜安特别追求终身教育体系的研究、构建或建设；杨孔炽、叶世雄则又特别期待对终身教育的立法问题，以及终身教育研究的现状与趋势问题表达自己的所见所闻、所思所想。

学习、终身学习、策略、创新学习、生存、创造、创业、走向成功——在新一轮的学习与终身学习认知中，董瑞美、秦桂芳、孙磊倾心于学习的策略和学习的创新探讨，王翊士、胡凤英、赵幼华、杨之藩则更希望将学习、终身学习纳入人的生存、创业、创造、走向成功的框架之中加以深层审视。

学习型社会、中国特色、理念、创建、建设、虚拟、新体制——在学习型社会研究范畴中，一种是对学习型社会单一而专门的讨论，其中许正中、江森源、连玉明重在其理论与实践的一般解读，马述君、厉以贤则突出其理念和建设，裘伟廷、康乃美强调其虚拟与新体制，张声雄念念不忘的是有中国特色之学习型社会的创建。另一种即是将其与终身教育、终身学习交叉起来的研究，其中，李靖琦、郑元齐、郝克明的兴趣在于展开终身教育与学习型社会或终身学习与学习型社会两者之间的交叉讨论，高志敏的旨趣则在于进行终身教育、终身学习与学习化社会三者之间的整合探究。

（学习型）人才、领导、家庭、社区、城市、企业、组织、军队、政府、政党、虚拟、创建、原理、应用、理论、实践——在这一系列研究中，连玉明似乎为"领头羊"，乐善耀、吴兆颐、王陆、楼一峰、顾晓波、叶忠海、时龙、蔡宝田、张健华等又似乎为积极的"加盟者"。作为"领头羊"，连玉明几乎完成了从学习型人才、领导一直到学习型政府、政党的全部思考；作为"加盟者"，乐善耀则特别关照学习型家庭的打造，吴兆颐、赵家骐、楼一峰、顾晓波、叶忠海、时龙、蔡宝田、张健华则特别关注学习型社区或学习型城市的创建以及与之相关的理论与实践。至于王陆，兴奋点又别具一格地锁定在了虚拟的学习社区及其原理与应用。

社区教育、概论、理论、发展、实验、互动、社区学校、实体化建设——许多研究者对社区教育还是一往情深，有的继续热衷于它的概论与理论；有的持续关注它的实验与发展；有的重在阐释它与城市化发展进程、学习型社区建设的关系；有的更是期待它与社区各类学校发生互动，并在终身教育框架下着力推进社区学校的实体化建设。

开放教育、网络、网络环境、网络学习、网络教育、学习支持服务体系——吴克永、杨怀恩等徜徉于开放教育；兰先芳、冯双鹏、谭慧苓等，或是关注网络学习，或是关注网络环境下的远程教育教学模式改革与学习支持服务体系建设。

学科建设、学科体系、结构、分类——谢国东等研究者以面向21世纪的姿态对中国的成人教育学科建设进行了探究；杜以德等研究者一则力求解析成人教育学科体系的结构，二则试图深化成人教育学科体系的分类。

经济论、经济学分析、心理学、成人发展、社会学、社会学视野、社会学研究、哲学视域——李志远、朱建文、龚自力等旨在对成人（高等）教育展开经济论或经济学分析；高志敏、何爱霞、刘薇琳等又意在对成人（高等）教育展开社会学或社会学视野下的研究。至于许淑莲、申继亮、聂琴等，又试图在发展心理学框架下观察与探究成人发展，或在哲学视域下审视与阐释成人教育。

捕捉完以上"关键词"，我们能发现，自新世纪以来，成人教育学科体系于本土的历史编织有了诸多新的走向、新的追逐。如下，就让我们按照此前惯例，根据著作出版的时间顺序，来看一看这些著作正在认知或认知到了什么，正在创建或创建出了什么。

《终身学习策略论》（董瑞美、秦桂芳）——董瑞美与秦桂芳的合作研究成果在终身学习名义下论及了儿童学习者与成人学习者各自不同的学习策略，指出成人学习者尤其需要采取积极的学习设计策略、时间管理策略与有效学习策略。

《终身教育纵横谈》（陈乃林）——《终身教育纵横谈》一书在认定了终身教育之价值与意义并确定其"既是一种理念与原则，又是一种制度与体系"之后，遂开始对其同若干重要社会变革之关系进行阐释，包括其同知识经济发展、信息技术革命、社会持续进步等的关系分析；对其同若干重要教育命题之关系进行解读，包括同人才成长、终身学习、大教育观、教育现代化、教育开放化、高等教育大众化等的关系进行探索；对其同作为实践途径的各级各类教育之关系展开论述，包括同传统教育、非正规教育、成人教育、远程教育、社区教育、老年教育、闲暇教育、自学考试等的关系探究。最后，作者还专门提出了构建我国终身教育体系的设想，并特别强调了它的基本原则与基本条件、基本构架与基本特色。

《学习、创造、创业》（胡凤英）——《学习、创造、创业》一书解读了终身教育之"ABC"，阐扬了成人教育之优势，阐明了社会转型之拐点，揭示了知识经济之挑战，指出了成功人生的素质构成。如此铺垫之后，作者又对创新、创造、创造力、创造思维、创造工程、创造原理、创造技能、创造力开发等展开了系统考量。进而，再经由成人学习之品质、策略、方法，以及人才成长之规律、途径的探究，对创业规律、创业方法、"面向市场，学会创业"等问题展开了思考。

《当代社区教育的比较研究》（胡晓松，等）——胡晓松与若干同仁一起，以当代社区教育为基本切入点，描述、探究了美国、德国、加拿大、澳大利亚、菲律宾、日本、北欧、拉美以及中国台湾省等国家与地区之社区（成人）教育的理论与实践、历史与现状、政策与措施、模式与特点、机构与学校、专业与课程、民众教育与大众教育等，其中还特别刻画了北欧现代民众教育——社区成人教育——的斯堪的纳维亚模式。

《终身教育概论》（季森岭）——《终身教育概论》一书追溯了终身教育理论与实践的形成和发展，揭示了终身教育之于学习创新、教育改革的意义，阐扬了终身教育之于个体发展、社会进步的价值；分析了终身教育与非正规教育、社区教育、职业教育、远程教育、成人教育、老年教育、学习型社会的内在关系。借此，作者又阐述了建立终身教育体系的重要意义与指导思想、基本条件与主要原则，以及应采取的实施策略和应注意的重要事项。末了，通过对可能性、可行性、内容框架以及在教育科学体系中之地位和作用的论证，还特别建议对之形成一门新的学科——终身教育学。

《面向21世纪中国成人教育发展研究》（黄尧）——《面向21世纪中国成人教育发展研究》是由黄尧担纲的国家哲学社会科学"九五"规划同名重点课题的研究成果。作为集体智慧的凝聚，这部著作在对21世纪充满憧憬的前提下，紧紧聚焦我国成人教育的未来发展，透析了它的背景因素，包括国际背景、国内背景与现实基础，以及由此带来的新挑战和新要求；确立了它的国际参照，包括国际成人教育发展的新理论与新思想、新实践与新走向。进而，围绕指导思想以及原则与方针、目标与重点、布局与步骤，提出了它的战略构想，并从坚持终身教育理念、形成社会共识、倡导依法治教、构建和完善制度与体系、形成与改善机制与体制、培育工作者队伍、重视理论研究、加强学科建设等维度阐述了它应采取的基本对策。最后，还竭力倡导：在构建终身教育体系中大力发展成人教育；在建立现代企业制度中大力促进企业教育；在建设现代农业和农村中积极发展农村成人教育；在创建学习型城市中积极推进市民素质教育；在西部大开发进程中努力创新与发展成人教育。

《面向21世纪中国成人教育发展模式研究》（叶忠海）——《面向21世纪中国成人教育发展模式研究》是"面向21世纪中国成人教育发展研究"的分课题之一

的研究成果,叶忠海为该分课题主持者。该著作聚焦模式,演绎了模式、发展模式与成人教育发展模式;分析了经济、科技、信息、人口、终身教育理念、城市化进程等对发展模式可能产生的影响;考察了成人教育发展模式的历史轨迹与国际经验。进而,又深入探究了分别基于数量增长、质量效益和结构优化三个维度的发展模式,以及分别基于正规学历教育、职业教育培训和社会文化生活教育的三个主干的发展模式及其相应的实施对策。

《面向 21 世纪中国成人教育制度研究》(马叔平、瞿延东)——马叔平和瞿延东两位担纲的《面向 21 世纪中国成人教育制度研究》是"面向 21 世纪中国成人教育发展研究"的分课题之二的研究成果。该著作锁定制度,阐析了成人教育制度的概念与类型、功能与属性;辨析了它与政治、经济、文化之间的关系;描述了成人教育制度建设的历程与现状;揭示了成人教育制度改革与发展的必要性与可行性;阐扬了成人教育宏观管理体制的改革思路;构想了成人教育制度的实施与推进。除此,还探究了包括岗位培训与继续教育制度、学历教育与自学考试制度、职业资格证书教育与现代企业教育制度、农村成人教育与社区成人教育制度在内的改革与发展问题。

《面向 21 世纪中国成人教育法规建设研究》(郭伯农)——郭伯农领衔的《面向 21 世纪中国成人教育法规建设研究》是"面向 21 世纪中国成人教育发展研究"的分课题之三的研究成果。该著作基于法规,但见其通过社会变迁、教育变革、终身教育体系构建、终身学习行为促进分析而寻求成人教育法规建设的现实缘由;经由终身教育作为教育改革发展之世纪目标、成人教育同其具有相伴相生之密切关系,以及强化系统思维、呼唤配套改革之思辨而探求成人教育法规建设的理论依据;借助对美、英、德、日等发达国家和地区的考察而寻求成人教育法规建设的国际参照。基于此,再经由法理思考,提出了我国成人教育与终身教育立法的基本思路、基本原则、基本框架和基本内容。

《面向 21 世纪中国终身教育体系研究》(陈乃林)——陈乃林对终身教育兴趣颇浓、心得颇多。由其负责牵头的"面向 21 世纪中国成人教育发展研究"分课题之四的研究成果《面向 21 世纪中国终身教育体系研究》,以终身教育体系为基点,考察了终身教育理论和实践的历史沿革,指出成人教育、职业教育、社区教育之于终身教育具有重要的先导作用与实践价值；分析了终身教育思想在我国的传播和实践，认为构建终身教育体系的必要性、紧迫性和可行性已然并存；透析了终身教育概念的基本含义，坚信其内涵具有特定的心理学基础，其体系具有特定的自我表征；构思了我国终身教育体系的基本框架，强调其中既包括纵向要素，又包括横向要素；既需要实现横向沟通、纵向衔接，又需要实现纵与横的整合。最后，还阐明了我国构建终身教育体系的基本条件和实施步骤，并声称加强理论研究、促进舆论宣传、关照实际、加强领导，以终身教育思想指导教育改革发展，是这一体系构建必须采取的重大举措。

《面向21世纪中国成人教育学科建设研究》（谢国东、赖立、刘坚）——谢国东、赖立、刘坚三人共同负责的《面向21世纪中国成人教育学科建设研究》，是"面向21世纪中国成人教育发展研究"的分课题之五的研究成果。该著作围绕学科，首先分析了成人教育学科的发展状况与存在问题，尔后勾勒了成人教育学科的理论体系与基本框架，再后又畅想了成人教育学科的未来发展，期待其能够拥有时代性与开放性、整体性与独立性、理论性与实践性等特点并走上宏观拓展与微观延伸的发展轨道。最后，作者们还逐一评述了成人教育与经济发展、成人教育与人力资源开发、成人教育与精神文明建设、成人教育走进社区、企业教育综合改革、扫盲教育与自学考试等命题的研究状况。

《社区教育概论》（桑宁霞）——桑宁霞与南海、丁红玲、王学雷、高德权等合著的《社区教育概论》辨析了社区教育的概念与性质、内容与功能、背景与动力，揭示了社区教育同人的社会化、社会变迁、社区建设之间的基本关系；进而，围绕社区教育的发展模式、课程开发、组织管理、文化建设、法规建设、效果评价、工作者素质、发展趋势、研究方法、研究实践等进行了系统的论述。

《终身职业培训体系建设》（毕结礼）——《终身职业培训体系建设》综述了建立终身职业培训体系的背景与意义、国内现状与国外经验、基本框架与关键要点；分析了现代企业建立终身职业培训体系的基本条件，包括建立组织机构、制定规章制度、培养师资队伍、研发培训方法、设置培训基地；阐明了现代企业建立终身职业培训体系的工作重点，包括确立法规、制定政策、确定措施、规范运作、形成培训模式等。此外，作者还对广东核电集团企业终身职业培训体系建设进行了个案分析，对若干发达国家推进终身职业培训体系建设的理论和实践进行了对比分析。

《学习化生存，你别无选择》（赵幼华、杨之藩）——两位作者在《学习化生存，你别无选择》中所阐扬的心得是：学习的本质是生存，学习的特质是创新；人是一种学习的动物，学习是人类自我完善的途径；学习是社会化过程的核心，唯有学习才决定人成其为人；学习是为了发挥人的潜能、体现人的本质，学习是为了适应世界变化，实现最佳生存；学习的最大魅力在于能够改变人的命运，要学会学习、要终身学习、要将学习社会化，要创建学习型社会。

《终身教育与传统文化》（董华）——《终身教育与传统文化》基于作者的文化、哲学、美学功底以及成人教育、终身教育实践而著成。他声称："终身教育是贯穿于人一生的神圣权利""中国传统文化流淌在每个国人的血脉之中"；他表示："终身教育与传统文化定然存在关系""探究两者关系定然具有现实意义"。基于此，作者论证了终身教育与中国传统文化的哲学基础与美学基础；追溯了中国传统教育思想与终身教育实践的历史渊源；辨析了传统文化与人文教育、终身教育与审美教育的相互关系；揭示了传统文化中有悖于终身教育的"不和谐音符"。最后，作者在针砭传统学校教育中追问：素质教育，敢问路在何方？在畅想学会生存与发展、学会交往与求知中表白：打造完美人生，是终身教育的归宿！

《终身教育论》（杨锐锋）——《终身教育论》一书首先追溯了终身教育理论的历史沿革，刻画了终身教育发展的时代背景，分析了制约终身教育发展的主要因素，阐明了建立终身教育体系的战略意义。随后，作者考察了国内外终身教育的现状与发展，分析了终身教育框架下我国教育改革的形势和任务，探究了我国终身教育体系的基本构成，提出了创建我国终身教育体系的目标指向和行动策略。最后，作者又热切期望通过终身教育实践的不断深入、终身教育体系的不断完善，创建一个真切的学习型社会。

《现代中国终身教育论》（吴遵民）——吴遵民 2003 年出版的《现代中国终身教育论》，堪为其 1999 年出版的《现代国际终身教育论》的"姊妹篇"。这部著作分为三个部分：其一，现代终身教育思想的国际倡导与本土导入，其中论及了现代终身教育思想的发展经纬、基本内涵、基本理念与在中国的导入过程。其二，中华人民共和国成立前后的成人教育实践，其中叙及了中华人民共和国成立之前的职业教育、平民教育与民众教育，以及中华人民共和国成立之初与其后不久的识字教育、扫盲教育、职工教育与校外教育。其三，中国现代成人教育的改革和终身教育的推进，其中论述了成人教育体系的建立和改革、终身教育理念的传播和深化、终身教育体系的构想与打造以及终身教育体系建设面临的课题与任务。

《创建有中国特色的学习型社会》（张声雄）——张声雄是我国最早关注和引入学习型组织理论的学者之一。他的《创建有中国特色的学习型社会》一书分成三篇，首篇是"理论篇"，阐明学习型社会系时代产物，具有六大学习特征和六大文化特征，学习型组织是它的重要基石；中篇是"策略篇"，指出要关注变革和创新，要制定策略和方案，要建设企业学习文化，要运用信息技术，要构建学习管理架构，要重视学习型组织的时间管理；末篇是"方法篇"，主张按照六大特征审视组织，开展"五项修炼"，领导需要扮演三种角色，创建学习型领导班子，建立组织学习系统，提升员工学习能力，创建学习型团队，倡导系统思维，消除组织智障，使用正确的评估理念和方法。

《学习型社会》（许正中、江森源）——《学习型社会》追溯了学习型社会理念的兴起，呈现了学习型社会实践的风靡，描绘了学习型社会的内涵与特征，论述了学习型社会中的学习与创新；进而，明晰了学习型社会的主要构成——视学习型组织为"结构核"，明辨了学习型社会的动力区位——视学习型企业为"发动机"，明了了学习型社会的引领部位——视学习型政府为"方向盘"，明确了学习型社会的主要区域——视学习型社区与学习型城市为"基石"，明朗了学习型社会的基本地带——视学习型家庭为学习型社会的"细胞"。由此，作者进一步主张：重新定位教育的战略作用；重新谋划人才的战略举措；在知识社会背景下倡导创新教育；在信息社会背景下推进开放教育；在竞争社会背景下发展继续教育。

《创建学习型城市研究》（楼一峰、顾晓波）——《创建学习型城市研究》是他们和诸多合作者共同完成的2001年上海市教育科学规划重点课题——"创建学习型城市的理论、规划与实施"的研究成果。这项研究成果除去对有关学习型社区、学习型企业、学习型组织、学习型家庭，以及在学习型城市创建过程中之远程教育、成人教育、终身教育、建立个人学习账户等命题的专门探索之外，其总报告主要透析了学习型城市的内涵和特征，分析了创建学习型城市的背景和目标，提出了构建终身教育体系的建议和设想，探究了发展各类学习型组织的标准和要求，阐明了创建学习型城市的政策和举措。

《树立终身教育理念，创建学习型城市》（赵家骥）——《树立终身教育理念，创建学习型城市》一书由八个专题组成：其一，时代发展与学习型社会；其二，城市发展与学习型城市；其三，学习与创新；其四，学习机理与学习方法；其五，学习型组织理论与实践；其六，学会学习的理性思考与亮点分析；其七，学习的途径与策略；其八，学习的自我管理与自我评价。在作者看来，创建学习型城市的关键，就是要有效推进城市的人才资源开发战略。

《学习型人才》等（连玉明）——连玉明于 2003 年至 2005 年组织一批研究力量撰写出版了有关学习型社会的一整套著作。《学习型人才》倡导让学习成为每个人的生活方式；《学习型企业》深信今天的学习型企业就是明天的商业领袖；《学习型组织》坚信学习型组织是活力和信心兼备的领先奔跑者；《学习型社区》笃信全面小康的实践首先从学习型社区开始；《学习型城市》断言学习型城市是未来唯一持久的竞争优势；《学习型政党》断定学习型政党是中国现代化的战略选择；《学习型政府》力求再造政府精神，重塑政治文明；《学习型军队》力主积极弘扬人民军队善于学习的优良传统；《学习型领导》声称领导即学习，领导力的核心即是学习力；《学习型社会》呼吁形成全民学习、终身学习的学习型社会。基于此，研究者们按照其各自所需的理论建构，各自所求的实践设计，分别进行了系统而全面的阐述。

《成人教育经济论》（李志远、朱建文）——李志远撰写了《成人教育经济论》一至五章，朱建文完成了其中的六至十章。总论三章，阐述了学科的性质与范围、成人教育经济学的理论基础、成人教育与人力资源开发的相互关系；微观研究四章，分析了成人教育的需求与供给、资源配置、投资与效率、成本和效益；宏观研究三章，解析了现代企业制度与企业教育的关系、农村现代化与农村成人教育的关系，以及成人教育发展模式与经济变革因素之间的关系。

《怎样建设学习型社会》（马述君）——《怎样建设学习型社会》一书分析了学习型社会的概念、框架、特征、功能、原则、方法与基本组织，指出学习型社会是社会发展的必然趋势，是时代进步的必然呼唤。进而，他从教育、管理、载体、方法、制度、思路六个方面论述了学习型社会的运作机制,并基于特征、原则、目标、学习内容分析,对怎样建设学习型政党、政府、机关、企业、城市、社区、家庭、个人等逐一进行了深入的探究。全书最后还专设一章,旨在重申创建学习型社会是全面建设小康社会的重要目标,呼吁全社会进一步动员起来,为建设学习型社会而努力奋斗!

《学习型社会的理念与建设》(厉以贤)——厉以贤继 2000 年出版了《社区教育的理论与实验》之后,2004 年又出版了《学习型社会的理念与建设》一书。以知识经济、知识社会为背景,作者追溯了学习型社会理念的缘起和发展,探讨了学习型社会的概念界定与模型设计;进而,辨析了终身教育与终身学习的内涵与价值,探究了学习型组织的发轫与沿革、形成步骤与创新设想,探讨了学习型社区的形成与发展、内涵与特征、目标与体系、结构与层次以及创建策略,探析了学习型家庭的内涵与特征、目标与培育以及建设策略。最后,在学习型社会框架下,又重点论述了多样化的学习模式问题。

《如何创建学习型社区》(吴兆颐)——吴兆颐在《如何创建学习型社区》中首先解读了何谓社区,何谓社区作用,进而指出学习型社区应当拥有开放化的学习系统、信息化的网络系统、公共化的服务系统、科学化的评估系统,同时还应具备良好的社区环境,要有创新型的社区领导,乃至要获得房地产开发商和建筑商的支持与配合。除此,作者还论述了学习型社区的文化与模式,阐述了创建学习型社区的途径与步骤,并声称社区终身教育是实现学习型社区的根本途径,现代远程教育是学习中心理念的技术体现,政府、社会组织、社区成员必须共同参与社区管理活动,要做好社区工作者的培养工作,要实现社区工作者的职业化发展。

《社会、个人与终身教育》(杨晓)——资料显示,《社会、个人与终身教育》2005 年由辽宁师范大学出版社出版。其实,该书确切的出版时间要稍后一些,为 2006 年 4 月,书名亦更改为《国际终身教育的基本原理研究》。全书共设四章:第一章,基于哲学视角,完成了中西古代哲学中的终身教育思想探源,进行了马克思主义哲学中的终身教育思想探析,并揭示了当代终身教育思想中的解释学之元素与复杂哲学因子;第二章,基于社会需求导向,分析了知识社会来临、民主社会发展、现代社会异化对于教育的挑战,解析了终身教育对社会变化与发展的敏感及其本身之于社会变化与发展的意义，并阐释了终身教育社会需求导向的理论基础；第三章，基于个人需求导向，剖析了人作为"心理人""文化人""社会人"的终身教育需求，并指出，终身教育之于"心理人"是一生的心理支持，之于"文化人"是一生的精神支撑，之于"社会人"是一生的社会化表征。第四章，基于现代终身教育的理论建构，一方面反思了学校教育的理论困境——教育过程的终结性、教育空间的封闭性、教育方式的保守性、教育管理的专制性、教育机会的不平等、教育供求的不平衡、各种教育形式的非协调性等，都被一一晾到了阳光底下；另一方面又再次论证了人的发展为终身教育思想的理论核心，从教育社会走向学习社会为终身教育理念的根本旨归。

《终身教育、终身学习与学习化社会》（高志敏）——我本人自20世纪80年代末起开始关注终身教育、终身学习与学习化社会三大理念。这部专著是由我担纲的上海市教育科学规划课题——"终身教育、终身学习与学习化社会的现代理论支撑与实践运作策略"的研究成果。全书分成三篇，上篇为"三大理念概说"，追溯了它们的缘起与提出，透析了它们的定义与要义，廓清了它们的异同与关系，洞察了它们的背景与初衷。中篇为"现代理论支撑研究"，描述了脑科学、心理学、医学、经济学、文化学、物理学等的建树与成就及其为三大理念所奉献的理论养分。下篇为"实践运作策略研究"，其中首先对三大理念之整体提出了确立法律、组织、认证、财政、时间、舆论之六大支持系统的设想，进而又分别对终身教育提出了教育资源之开发与整合、教育渠道之沟通与衔接、基础教育之和谐与超前、职业教育之改革与发展、大学教育之扩展与开放、成人教育之投入与扶持的建议；对终身学习提出了为成功学习而构筑新的学习力、为成功教学而确立新的出发点的建议；对学习化社会提出了为保障学习权利、公平提供机会，清除学习障碍，人参与学习而构建相关体系的设想。

《构建终身教育体系研究》（陈宜安、王豫生，等）——陈宜安与王豫生等共同主编的《构建终身教育体系研究》解析了现代国民教育体系和终身教育体系的内涵与特征、联系与区别；明确了完善现代国民教育体系和终身教育体系的历史任务；分析了福建省进行终身教育立法的思想理论基础和社会现实需求；重申了终身教育地方立法的价值与意义、原则与依据、内容结构与地方特色等。进而，作者又对终身教育体系、社区终身教育、农村终身教育、学校终身教育等专题展开了讨论。

《福建省终身教育立法的实证研究》（杨孔炽）——由杨孔炽担纲完成的《福建省终身教育立法的实证研究》主要围绕以下四个命题展开论述：其一，福建省终身教育立法的思想理论基础；其二，福建省终身教育立法的社会文化背景；其三，福建省终身教育立法的现实需求；其四，福建省终身教育立法的必要性与可能性。最后，作者们还提供了含有详细说明的《福建省终身教育条例》之专家建议稿。

《成人教育的哲学视域》（聂琴、韦晓、窦刚，等）——《成人教育的哲学视域》是一部充满哲学韵味的论著。作者们通过对理论与实践失衡、不同认知间冲突、自在向自为转换等问题的深入剖析，再度界定了成人教育的基本内涵，再次确定了成人教育学科建设的大学责任。以此为基，作者们又逐一对成人教育的价值做出判断，对成人教育的职能做出界定，对成人教育的组织做出透析，对成人教育的发展做出考量，对成人教育的未来进行了展望。

《社会学视野下的成人高等教育》（刘薇琳、李炎、施芳）——《社会学视野下的成人高等教育》首先阐明了社会学视野下成人高等教育所能彰显的意义和所要面临的问题，继而，探索了社会分层、社会流动与成人高等教育之间的关系，个体发展、社会发展与成人高等教育之间的关系，社会制度、社会心理与成人高等教育之间的关系，以及社会个体、社会群体与成人高等教育实体之间的互动过程。此外，作者们还探究了社区发展特别是少数民族社区发展、现代社会尤其是后现代社会同成人高等教育之间的相关联系，并期待后者能够在此特定的社会领域和特定的社会变革进程中彰显特定的意义，发挥特定的作用。

《社区教育与学习型社区》（石玚、卓斯廉、汪志广）——《社区教育与学习型社区》探究了社区教育的由来与发展、原则与特征，分析了社会教育与社区教育的异同，梳理了学习型组织与学习型社区以及社区教育的关系。在他们看来，社区教育不仅是教育现代化的标志，而且在推动社会持续发展、全面提升公民素质、促进市场经济建设以及创建学习型社会中都具有无可替代的作用。

《创建学习型城市的理论和实践》（叶忠海）——《创建学习型城市的理论和实践》一书分析了学习型城市提出的历史背景，探索了学习型城市形成的动力、基础与标志以及国内外的实践行动状况。进而，聚焦上海，论述了创建学习型城市的背景和条件、进展与问题以及指导思想与基本原则、战略目标与战略重点、根本途径与具体途径。最后，作者又提出了一系列对策措施，其中包括制定系统化的终身教育法规、构建高标准的终身教育体系、创建多样化的学习型组织、发展新时代的学习文化、倡导全员性的终身学习、打造高素质的管理人员队伍乃至建立和完善学习型城市创建的管理体系。

《学习型城市与城市教育》（时龙、蔡宝田）——《学习型城市与城市教育》阐明：学习型社会同终身教育思想及全民教育思想密切相关，也是经济全球化、科技高新化、社会知识化的产物；学习型社会是中国社会发展的战略选择；学习型城市是中国城市发展的新型模式；提升城市素质是创建学习型城市的旨归；加强城市教育是创建学习型城市的基础；创建学习型企业将为学习型城市带来经济活力；创建学习型社区将为学习型城市搭建基本构架；面向多元社会群体将为学习型城市开辟广阔的实践空间。最后，作者们又通过国内外理论与实践比较，探究了衡量学习型城市的指标体系，并特别强调了它的基本特征与基本要求、基本内容与基本结构、参照意义与动态意义。

《终身教育新论》（魏志耕）——《终身教育新论》共有"四论"。一论源流，叙及了终身教育思想的产生、内涵、特征、意义与流派；二论特质，阐明了终身教育的人本特质、文化特质、创新特质；三论载体，阐述了作为终身教育之基础部分的普及化基础教育、之主导力量的大众化高等教育、之关键环节的多样化成人教育、之"立交桥梁"的实用性职业教育、之崭新载体的现代化网络教育、之延伸开去的多元化家庭教育、之不断扩展的开放性社区教育；四论发展，考察了国内外终身教育的现状与趋势、发展特征与策略，并阐明了它的最高追求——学习型社会。

《成人教育社会学》（高志敏，等）——我本人自1997年出版《成人教育心理学》一书之后，又意欲在成人教育社会学研究方面有所突破，故以"回应新世纪发展的成人教育社会学研究"为题申请立项。该课题被批准为全国教育科学规划教育部"十五"重点课题。由若干研究生参与完成的《成人教育社会学》一书即是这项课题的研究成果。全书分成两篇，上篇为"基础篇"，其主要命题是成人学习者与社会、成人教育者与社会、学习者社会群体与教育者社会群体、成人教育的内部文化、成人教育与社会文化、成人教育与社会经济、成人教育与社会流动；下篇为

"现实篇",主要论述了 21 世纪我国面临的经济全球化、文化多元化、职业环境嬗变、老龄社会来临、网络发展、社区建设、弱势群体凸显、流动人口膨胀、青年失业加剧、闲暇时间增多等一系列重大社会变迁及其对成人教育提出的严峻挑战,以及成人教育对之应采取的对应策略。

《成人发展心理学》(许淑莲、申继亮)——该著作是对成人教育、成人学习一种极具基础意义的研究。他们告知读者什么叫"年龄",什么叫"成人",什么叫"发展",什么叫"成人发展心理学"。他们阐述了成人发展心理学研究的技术与方法、历史与未来;分析了人到成年的视觉与听觉变化、大脑与神经变化、病患与老化状况;描述了人到成年的记忆发展、智力发展、个性发展、情绪发展及其与家庭生活、职业生活、闲暇生活、退休生活之间的关系。此外,作者还特别论述了老年的心理健康和生命的自然轮回问题。

《成人高等教育的经济学分析》(龚自力、胡宏斌、李伊)——《成人高等教育的经济学分析》一书确认了成人高等教育中的"稀缺性假设"与"经济人假设",探究了成人高等教育中经济关系的博弈分析框架,梳理了适用于成人高等教育的教育经济理论,论述了成人高等教育的成本核算与投资效益。最后,作者还对成人高等教育制度演进中的博弈状况进行了专门分析。

《跨进学习社会——建设终身学习体系和学习型社会的研究》(郝克明)——该著作刻画了我国建设终身学习体系和学习型社会的背景,并对之阐述了指导思想与关键目标、主要任务与基本途径、理论基础和指标体系;进而,又论述了终身学习体系下的学校教育、员工培训与继续教育,探讨了学习型城市建设、学习型社区建设与学习型企业建设,探究了终身学习体系下如何推进教育信息化、发展现代远程教育、培育终身学习中心以及旨在构建终身学习体系、创建学习型社会的体制改革问题与制度创新问题。

《现代社区教育理论与实验研究》(陈乃林)——《现代社区教育理论与实验研究》一书,在理论探索方面,论述了社区教育的历史沿革与核心特征、现实问题与发展趋势、发展环境与发展模式、课程开发与管理方式、学习型社区建设与学习型组织建设;在实践试验方面则报告了江苏社区教育的发展目标,发展优质社区教育的实验,整合社区教育资源的实验,创建学习型社区的实施方案,建设社区教育志愿者队伍的实验，加强失地农民再就业培训的实验，社区教育信息网络建设的实验，普及老年教育的新举措，社区流动人口的教育个案，创建文化特色的社区教育、彰显社区教育的人文关怀等重要信息。

《中国成人教育学科体系结构及其分类研究》（杜以德）——《中国成人教育学科体系结构及其分类研究》是杜以德担纲的国家哲学社会科学"十五"规划重点同名课题的研究成果。该书共设十章，第一章是中国成人教育学科独立的必要性与可行性分析；第二章、第三章是国内外成人教育学科发展的历史、现状、前景描述；第四章是中国成人教育学科体系构建的原则考量；第五章是中国成人教育学科体系构建的基本依据与逻辑起点判断；第六章是中国成人教育学科体系的结构与分类解析；第七章是成人教育学科与相关学科的关系澄清；第八章、第九章是成人教育学科体系中主要学科的拓展与深化探究；第十章是中国成人教育学科体系的推进方向与推进方略思考。

《网络学习的时代》（兰先芳）——《网络学习的时代》告知读者：进入网络时代，当为网络学习做好充分的准备；警惕网络陷阱，当一个定力十足的"网中人"；数字图书馆，是手指上的知识海洋；数据信息库，是网络世界的香格里拉；营造网络学习家园，让网络为人的一生发展充电；享受网络学习资源，让网络为人的终身学习服务。

《21世纪初中国社区教育发展研究》（叶忠海）——该书立足21世纪初，描绘了中国社区教育发展的国际与国内背景、基本特点与关键问题、国际重要参照与国内现实基础，论述了中国社区教育发展的指导思想和基本原则、发展目标和重心、发展关键和特色。随后，作者又对中国社区教育发展的不同空间、根本途径、基本思路、多维模式、对策举措等问题展开了探究。

《开放教育导学》（杨怀恩）——《开放教育导学》在现代远程教育背景下论述了开放教育的基本理论以及开放教育框架中的学习理念、学习计划与学习过程，提出了"导学群"概念以及学员与管理群、教学群、助学群之间的关系，论述了开放教育框架中导学的内涵与结构、地位与作用，以及与之相关的教学资源助学、教学信息助学、学习交互助学、教学设施助学等。

《网络环境下现代远程教育教学模式改革与学习支持服务体系建设研究》（冯双

鹏、谭慧苓）——该著作主要聚焦于网络背景下现代远程教育的教学模式及其改革问题，以及学习支持服务体系及其建设问题。在教学模式及其改革方面，作者主要分析了传统教学模式与现代教学模式的差异，揭示了现代远程教育教学模式的基本特点，其中特别强调：学生是学习活动的主体，教师是教学活动的组织者、指导者和帮助者；在学习支持服务体系及其建设方面，作者主要阐释了学习支持服务体系建设的内涵与目标、作用与意义，并提出了基础设施要"三网合一"、教学平台要"四级构建"、教学资源要开发整合、技术手段要配套使用、技术规范要有效形成等建议，以期真正达到服务于大众教育与终身教育的目的。

《学习型社会新体制：教育课程超市》（康乃美）——《学习型社会新体制：教育课程超市》一书试图打造一个"教育课程超市"，以为学习型社会建构一种新的体制。在作者眼里，教育课程超市因大众教育而确定了其重要性，因开放教育而奠定了其可行性，因视频教学而彰显特色，因远程技术而获得运行；并指出人员队伍建设是其健康发展的关键所在，"学分银行"建设是其持续发展的重要举措，注册与修业是其实施过程的重要环节，而课程组合方式与课程学习方略又是教与学双方需要不断探索的重要领域。说到底，教育课程超市的直接旨归，在于实现"既定专业决定修课"向"实际修课体现专业"的转移。

《学习型城市的理论与实践》（张健华）——张健华在《学习型城市的理论与实践》一书中，首先视终身教育为创建学习型城市的理论基础，进而指出我国的学习型城市建设必须坚持以人为本的原则、政策引导与群众参与的原则、整体推进与重点突破的原则、注重创新与可持续发展的原则，必须采取如下举措：传播全民学习、终身学习新理念的举措，开创全社会共同参与新局面的举措，完善建构学习型城市新环境的举措，重构终身教育体系、打造全民学习新平台的举措。此外，作者还考察了北京、大连、常州等学习型城市的创建模式，并描述了学习型机关、学习型企业、学习型学校、学习型社区、学习型家庭构建的理论与实践。

《中国城市化与社区教育研究》（李继星、龙一芝）——《中国城市化与社区教育研究》分析了城市化背景下社区教育的结构、类型及其优化问题，解析了农村城镇化过程中社区教育的多元因素机制与多维统筹体制，阐述了城镇社区学院建设的主要误区与基本路向，论述了城镇学习型社区的定义与特性、标志与类型，揭示了创建学习型社区与终身教育、终身学习，乃至建设小康社会、促进社区发展、推进社区教育之间的内在联系。最后，作者还专门探讨了城镇社区教育的原创性问题，其中既揭示了导致原创性匮乏的原因，又提出了解救原创性不足的举措。

《成人教育社会学研究》（何爱霞）——《成人教育社会学研究》在对成人教育社会学的研究对象、学科性质、历史沿革与现实状况做出说明之后，逐一对政治与成人教育、文化与成人教育、人口与成人教育、社区与成人教育、社会变迁与成人教育、社会流动与成人教育、成人社会化与成人教育等命题进行了探究。最后两章又分别对成人教育的教学问题与课程问题做出了相关的社会学分析。

《成人教育基本理论问题研究》（杜以德、柳士彬）——《成人教育基本理论问题研究》一书认为，在成人教育学科群中，成人教育基本理论堪称一门最为基础的学科，具有前提性、普适性、预见性、指导性。基于此，他们选取了成人教育之本质、起源、价值取向、体系结构，以及成人教育与成人发展、社会发展、其他类型教育之间的关系，乃至成人教育本身的改革与发展等一系列最为基本的理论问题进行了探究。最终，在成人教育的本质方面，形成了多维视角透析；在成人教育的起源方面，描述了根本起因与原始形态；在成人教育的价值取向方面，确定了本体论的核心地位；在成人教育的体系结构方面，辨识了元素与类型；在成人教育同成人发展、社会发展的关系方面，厘定了它与此两者之间的辩证关系；在成人教育同其他类型教育的关系方面，澄清了其与普通教育、职业教育、继续教育以及终身教育之间的相互关系；在成人教育的改革和发展方面，既指出了其存在的问题与障碍、经验与教训，又描画了它的未来设想与推进策略。

上述罗列中，被提及大名的学者大概有六十余位（参与完成这些著作的学者人数应当远不止这个数字），而被略述到的著作恰好是六十部。这些著作涉及的论题与论说有：

成人教育的背景——"经济与科技""信息与人口""城市化进程""终身教育理念""社会转型拐点""知识经济挑战"。

成人教育的基本理论——"一门最为基础的学科""前提性与普适性""预见性与指导性""本质""起源""价值取向""体系结构""与个体发展的关系""与社会发展的关系""与其他教育之间的关系""成人教育本身的改革与发展"。

成人教育的发展——"现实基础""国际参照""战略构想""基本对策""指导思想""原则与方针""目标与重点""布局与步骤""坚持终身教育理念""形成共识""依法治教""完善制度与体系""改善机制与体制""培养队伍""加强理论研究""推进学科建设""促进企业教育""推进市民素质教育"。

成人教育的发展模式——"三'维度'发展模式""三'主干'发展模式"。

成人教育制度——"概念与类型""功能与属性""历程与现状""必要性与可行性""体制改革""制度推进""岗位培训制度""继续教育制度""学历教育制度""自学考试制度""职业资格证书教育制度""现代企业教育制度""农村成人教育制度""社区成人教育制度"。

成人教育的法规建设——"现实缘由""理论依据""国际参照""思路与原则""框架与内容"。

成人教育哲学——"理论与实践失衡""不同认知间冲突""自在向自为转换""学科建设的大学责任";成人教育的"内涵与价值""职能与组织""发展与未来"。

成人发展心理学——"成人""发展""成人发展心理学""视觉与听觉""大脑与神经""病患与老化""记忆发展与智力发展""个性发展与情绪发展""家庭生活与职业生活""闲暇生活与退休生活""心理健康与生命轮回""素质构成与成才规律"。

成人教育社会学——"学科性质与发展脉络""成人学习者与社会""成人教育者与社会""学习者社会群体与教育者社会群体的关系""成人教育内部文化""与政治、经济、文化、人口、社会制度、社会心理及其变迁的关系""与社会分层、社会流动的关系""教学与课程社会学""经济全球化、文化多元化、职业环境嬗变、老龄社会来临、网络发展、社区建设、弱势群体凸显、流动人口膨胀、青年失业加剧、闲暇时间增多的挑战""回应策略"。

成人教育经济学——"学科性质与研究范围""理论基础""需求与供给""资源配置""投资与效率""成本和效益""现代企业制度与企业教育""农村现代化与农村成人教育""经济变革与成人教育发展模式"。

成人学习——"人是学习的动物""学习决定人成其为人""本质是生存""特

质是创新""自我完善的途径""社会化过程的核心""发挥人的潜能、体现人的本质""适应世界变化、实现最佳生存""学习改变命运""学会学习与终身学习""学会生存与发展""学会交往与求知""学习机理""学习设计""学习策略""学习途径""学习方法""时间管理""自我管理""自我评价"。

终身教育——"国际倡导""本土导入""哲学渊源""制约因素""理论形成""实践发展""思想与流派""含义与特征""理念与原则""制度与体系""价值与意义""经纬与策略""人本特质、文化特质与创新特质""与社会变革相关""与传统文化相关""有社会学基础""是社会发展的本身""对社会变迁敏感""促进社会进步""与人的发展相关""有心理学基础""促进个体发展""一生的神圣权利""一生的心理支持""一生的精神支撑""一生的社会化表征""与各级各类教育相关""普及化的基础教育是基础""大众化的高等教育是主导""多样化的成人教育是关键""实用性的职业教育是桥梁""现代化的网络教育是载体""多元化的家庭教育是延伸""开放性的社区教育是扩展""促进学习创新""触发教育改革""走向学习型社会,是终身教育理念的根本旨归""打造完美人生,是终身教育理念的最终归宿"。

终身教育体系的构建——"必要性、紧迫性和可行性""战略意义与历史任务""指导思想与目标指向""实施策略与实施步骤""构想与打造""原则与条件""构架与特色""纵向要素与横向要素""横向沟通、纵向衔接与纵横整合""加强理论研究""促进舆论宣传""教育资源之开发与整合""教育渠道之沟通与衔接""基础教育之和谐与超前""职业教育之改革与发展""大学教育之扩展与开放""成人教育之投入与扶持""建立终身教育学"。

终身职业培训体系的建设——"建立组织机构""制定规章制度""培养师资队伍""研发培训方法""设置培训基地""形成培训模式""确立法规""制定政策""确定措施""规范运作"。

终身教育的立法——"思想理论基础""社会文化背景""社会现实需求""终身教育地方立法的必要性与可能性""价值与意义""原则与依据""结构与特色"。

终身教育与成人教育的关系——"成人教育与终身教育具有相伴相生的密切关系""成人教育之于终身教育具有先导作用与实践价值""成人教育体系的建立和改

革是终身教育理念传播和深化的表征"。

终身学习——"内涵与价值""多样化学习模式""为成功学习而构筑新的学习力""建设终身学习体系""推进教育信息化""发展现代远程教育""培育终身学习中心"。

学习型社会——"理念的兴起""实践的风靡""内涵与特征""框架与功能""原则与方法""六大学习特征""六大文化特征""社会发展的必然趋势""时代进步的必然呼唤"。

学习型社会的创建——"运作机制""模型设计""基本组织""基本结构""学习型组织是'结构核'""学习型企业是'发动机'""学习型政府是'方向盘'""学习型社区与学习型城市是'基石'""学习型家庭是'细胞'""保障学习权利""公平提供机会""清除学习障碍""人人参与学习""打造教育课程超市""是全面建设小康社会的重要目标""全社会动员起来,为建设学习型社会而努力奋斗"。

三大理念的关系——"相关学科的建树与成就,为三大理念奉献了理论养分""终身教育与学习型社会具有内在关系""终身教育、终身学习与学习型社会的内涵有异亦有同""对三大理念整体而言,应确立法律、组织、认证、财政、时间及舆论支持系统"。

学习型组织——"学习型社会的重要基石""发轫与沿革""标准和要求""策略和方案""建设企业学习文化""建立组织学习系统""组建学习管理架构""坚持五项修炼""领导扮演三种角色""创建学习型领导班子""创建学习型工作团队""提升员工学习能力"。

学习型社区——"形成与发展""内涵与特征""目标与体系""结构与层次""创建策略""良好的社区环境""创新的社区领导""开放化的学习系统""信息化的网络系统""公共化的服务系统""科学化的评估系统""政府、社会组织、社区成员共同参与""终身教育是实现学习型社区的根本途径""推进社区工作者职业化发展""全面小康实践,从学习型社区开始"。

学习型城市——"是社会发展的战略选择""是城市发展的新型模式""内涵与特征""背景与条件""基础与标志""指导思想与基本原则""战略目标与战略重点""根本途径与政策举措""科学评价与指标体系""制定人才开发战略""传播终

身学习理念""搭建终身学习平台""打造高素质的管理人员队伍""建立和完善学习型城市创建的管理体系""创新远程教育""发展成人教育""促进终身教育""建立个人学习账户"。

网络学习——"营造网络学习家园,为人的一生发展充电""享受网络学习资源,为人的终身学习服务"。

远程教育——"改革现代远程教育教学模式""体现学习者主体""构建学习支持服务体系""基础设施三网合一""教学平台四级构建""开发整合教学资源""配套使用技术手段""有效形成技术规范""服务大众教育""服务终身教育"。

开放教育——"学习理念""学习计划""学习过程""建立导学群""教学资源助学""教学信息助学""学习交互助学""教学设施助学"。

社区教育——"由来与发展""内涵与特征""结构与类型""内容与功能""发展环境与发展模式""国际背景与国内背景""现实问题与发展趋势""主要误区与基本路向""指导思想和基本原则""目标与重心""关键与特色""空间与途径""对策与举措""多元机制""多维统筹""课程开发""组织管理""文化建设""法规建设""效果评价""工作者素质提升""推进试验环节""注重原创价值""关注国际动向""是教育现代化的标志""事关人的社会化""事关社区发展""事关学习型社会创建"。

成人教育的学科发展——"学科独立的必要性与可行性""历史与现状""问题与前景""体系与边界""结构与分类""基本依据与逻辑起点""推进方向与推进方略""时代性与开放性""整体性与独立性""理论性与实践性""宏观拓展与微观延伸"。

至此,我们至少可以清晰地感受到:

第一,基于核心区域的构筑,但见愈加精进。闪亮的表征就是:其一,时代性,既有新纪元的探索,又有新时期的思考;其二,发展性,既有新路向探寻,又有新发展探求;其三,思想性,既有远古理解与近代认知,又有现代诠释与当代解读;其四,完整性,既有多元素的分析与多视角的阐述,又有多层次的解析与多维度的阐释;其五,基础性,既有相关性问题思索,又有基础性问题探讨。而所有这一切,当打开潘士君、祝捷、娄宏毅、宋尚桂、唐亚豪、李儒寿、张亿钧、秦元芳、狄成杰、杜以德、柳士彬、刘义兵等人之相关著作的时候，其闪亮的光芒一定会向人们舞动而来，而显现在光芒中的，俨然是一个强固核心区域的梦想，即一个促使其变得更加富有理论解释力和实践引导力的梦想。

第二，基于分支学科的打造，但见更多建树。显著的趋势就是：其一，新的分支学科的创立。如果说挺进时代开始萌生（分支）学科意识，从而有了成人教育心理学、成人教育管理学、成人教育评价学等的面世的话，那么，进入21世纪，新的分支学科遂纷纷创立，具有典型意义的恐怕当数成人教育哲学、成人发展心理学、成人教育社会学、成人教育经济学等的脱颖而出。其二，老的分支学科的创新。其中，最富佐证力量的，便是成人教学论与成人学习论一直没有停歇脚步而不断趋向纵深。新成员的加盟，老成员的创新，所追逐的显然是一个扩展学术躯体的梦想，即一个促使其知识体系变得更加宏大、学术系统变得愈加完整的梦想。

第三，基于学科体系的建设，但见异军突起。这是一种由小试牛刀向大刀阔斧转变的学术激情，由单一视点向全景视野转换的学术胸怀，由局部管窥向系统考量转移的学术追求，由星星之火向燎原之势迈进的学术抱负。谢国东等的《面向21世纪中国成人教育学科建设研究》是一例，杜以德等的《中国成人教育学科体系结构及其分类研究》亦是一例。说到底，异军突起背后所承载的，定然是一个竖起学科体系的梦想，一个欲使成人教育这门新兴学科从依附走向独立、从分散走向集结、从片段走向完整、从单一走向系统、从青涩走向成熟、从弱小走向强大的伟大梦想。

第四，基于总体发展擘画，但见方阵出击。站在成人教育总体发展层面，叶忠海负责的是一个模式研究的方阵，郭伯农牵头的是一个法规研究方阵，马叔平牵头的是一个制度研究方阵，陈乃林领衔的是一个终身教育体系研究方阵，而所有这些方阵又汇合在黄尧先生任主帅的成人教育发展研究这一总的方阵之中。毫无疑问，这如此具有集体攻关意义、实践引领意义之大型研究所放飞的，显然是一个实现知行融合的梦想，也就是说，这其中不仅体现了方阵集结者心中有一种以高屋建瓴的姿态去擘画成人教育实践总体发展的至深情结，同样说明方阵集结者心中有一个以坚韧不拔的意志去实现学科知行体系完美融合的美丽梦想。

第五，基于分支领域谋略，但见战旗飞扬。旗帜上标示"关注群体"的是一个分支——在社会群体结构不断嬗变的情况下，农民（工）群体、妇女群体、老年群体，乃至青年群体、失业群体、弱势群体等的教育与学习研究开始更受关注；标示"关注空间"的是又一个分支——在新农村建设与社区发展背景下，农村成人教育、社区成人教育研究开始更受关照；标示"关注方式"的是再一个分支——在网络信息技术不断发展的前提下，远程教育、网络教育、开放教育等开始更受关顾。此外，在成人学历教育、成人职业教育依然受到热烈议论的同时，人们又开始给予成人的社会生活教育、精神生活教育、闲暇生活教育等以必要的关怀。如此这般所表征的，俨然是一个增添探索经纬的梦想，即正在追逐一个促使成人教育学科体系扩大版面、丰富经纬乃至趋向纵深、加厚底蕴的梦想。

第六，基于同终身教育的对接，但见进入 21 世纪，成人教育领域的终身教育研究热潮一再四处掀起。一是聚精会神于终身教育的底蕴探究、原理探索、内外关系分析等；二是全神贯注于终身教育体系的构建，乃至终身职业培训体系的创立；三是凝神专注于终身教育的国家立法和地方立法；四是专心致志于对终身教育同成人教育关系的说明乃至证明。显然，对于终身教育如此声势浩大、执一不变的研究行动所要渲染的，除去为了印证成人教育与终身教育之间的天然缘分、彰显成人教育在实践终身教育理念中的巨大作用、体现成人教育在实践终身教育思想中的重要价值之外，又何尝不是一个提升理论神韵的梦想，即一个促使成人教育学科体系本身能够获得一种更富终身教育理论韵味、更显终身教育理论导向的发展梦想。

第七，基于同终身学习的对接，但见进入 21 世纪，成人教育领域的终身学习研究热浪更是四处袭来。一是坚定不移于终身学习的重要性与必要性；二是锲而不舍于终身学习的多样性与成功性；三是延颈举踵于终身学习的学习力与创造力；四是摩顶放踵于终身学习的服务性与支持性。他们所要张扬的，除去为了尽快实现从传统教育之教学转移到终身学习理念之自学的轨道上来，显然又是一个增添理论华彩的梦想，即能够在终身学习乃至促进终身学习的名义下，企足而待成人教育学科体系变得更加完整、完善，引颈而望成人教育学科体系可在一种更加深远、更加深刻的意境中阐扬它的价值、见证它的力量。

第八，基于同学习型社会的对接，但见进入 21 世纪，成人教育领域的学习型社会研究同样更见波涛四处旋起。一是社会发展之必然、时代进步之呼唤，已趋共识；二是内涵与原理、目标与原则、框架与特征，已臻明朗；三是创建行动的构想，已窥轮廓——学习型个人、学习型家庭、学习型团队、学习型组织、学习型社区、学习型城市、学习型政府等，已经让人耳熟；四是创建行动的举措，已见尝试——保障学习权利、公平提供机会、清除学习障碍、人人参与学习、打造教育课程超市等，已经让人能详。总之，始于成人教育现实基础上的学习型社会之思索，以及站在学习型社会创建平台上的成人教育之思考，已使两者紧紧地关联、依存了起来。由之，不仅促使成人教育的实践发展有了更加坚强的理论依托，亦促使学习型社会的思想升华有了更加真切的实践根基。而在这里边，深信又必定深藏着一个追求更高旨归的梦想——憧憬着成人教育学科体系建设亦能通过与学习型社会的对接被引领到一个学术追求愈加坚定、学术志向愈加高远、学术品位愈加高端的阳光地带，被牵领到一个学术激情愈加飞扬、学术魅力愈加四射、学术价值愈加爆发的绚烂世界！

第九，基于同个体发展的连接，但见脚印愈深。研究者开始相对深入地考量人到成年的身心发展及其特征，考量人到成年的多维生活及其特点，阐释人作为一种心理、文化、社会的同时存在可能呈现的教育需求与学习需求，以及成人教育、成人学习、终身教育、终身学习可能对之产生的支持作用。总之，当将"人的一生发展、全面发展作为终身教育理论核心"之意识，以及将"人的一生发展、全面发展作为成人教育基本指针"之精神进一步嵌入到成人教育学科体系中来时，其追逐人本理念的梦想遂变得更加清晰可辨，其张扬人文情怀的梦想遂变得愈加醒豁明朗。

第十，基于同社会发展的连接，但见步履弥坚。研究者不仅以一种更加宽阔的视野关注社会变革，将笔墨挥洒在科技发展、社会转型、城市变革，以及经济全球化、文化多元化、职业环境嬗变、老龄社会来临、网络发展、社区建设、弱势群体凸显、流动人口膨胀、青年失业加剧、闲暇时间增多等与成人教育的相关、互动研究之中，而且开始以一种更加富有切入与渗透意义、基础与专门意义的方式，将智慧与能量倾注到了与社会学、经济学等的交叉探究之中。由此，同样清晰可辨，研究者们在促使成人教育学科体系变得愈加色彩斑斓的过程中，又正在进一步牵引出一个希望其与社会变革走得更近、与社会发展贴得更紧，以实现蕴含更多智慧与力量的梦想以及愈能辨识路径与方向的梦想。

一言以蔽之，进入 21 世纪，在成人教育学科体系建设中，为铸就其属于自己的骄傲，为释放其属于自己的魅力，研究者们正在编织一张硕大的网，正在放飞一串瑰丽的梦，尽管这一张巨网距离完美也许还很远，尽管这一串美梦距离成真也许还很远。

第三节 本章结语

以下就让我用短短的篇幅，再来对成人教育学科体系在其"两辙一线"的历史编织中留下的重要映象作一归纳，并就由此产生的主要心得作一简要陈述。

一、两辙一线：留下的六幅映象

如前所述，成人教育学科体系编织一辙在异域延绵，一辙在本土延伸。它们在齐头并进中为成人教育学科体系这篇长卷刻录下了一幅幅宏大而不乏精妙、博大而不失精深的映象。

来自异域的映象主要有三：

映象之一——诺尔斯时代之前，成人教育学科体系编织初秀芳躅。时间跨度定格在 20 世纪上半叶。历经半个世纪，成人教育学科体系编织的异域一辙犹如越过首座高峰，已经初露轨躅。林德曼留下了"成人教育学唤醒者"的美名；曼斯布里奇留下了"成人教育建筑师"的美誉；陶纳留下了"成人教育守护神"的美称；桑代克成了"成人学习理论的奠基者"；耶克斯里成了"终身教育理念的开拓者"。从此，成人教育的原动与本质、价值与功能、途径与旨归、方式与方法、基本原则与自我形象等基本命题有了"第一阶梯"般的阐释与解读；成人教学者与成人学习者、现代学习机理与成人学习能力、终身教育与成人教育及其关系等同样有了"首桶知识"般的开拓与积累。

映象之二——诺尔斯时代，成人教育学科体系编织闪亮辉煌。时间跨度为20世纪50年代初至70年代末。第二座高峰的三十年，是诺尔斯叱咤风云的时代，是人才辈出的时代。诺尔斯因其学术睿智与实践创新被誉为"成人教育学之父"；基德以其理论建树与活动能量被视为"世界成人教育的促进者"；弗纳投身于专业建设与人才培养，被称为"成人教育专业能量的积聚者"；伯奇文专注哲学命题与哲学探究，被看作"成人教育哲学思考的先行者"；赫钦斯因其敏锐洞察与学术智慧，成为"学习型社会的筑梦者"；郎格朗因其丰富阅历与学术胆魄，成为"终身教育理论的奠基者"；伊里奇以其洞察天赋与批判能力，成为"非学校化社会的倡导者"；弗莱雷以其民主追求与民众关怀，成为"被压迫者教育的呐喊者"；塔夫以其对学习行为的关注和对学习者的青睐，成为"成人学习的积极推动者"；霍尔以其对教育革新的关注与对教育策划的造诣，成为"成人教育一线实践的设计者"；富尔则以其特殊地位与前瞻意识，成为终身教育、终身学习与学习型社会之"三大理念的权威传播者"。加之有阿普斯、戴夫、胡森等人的集结，有哈伦贝克、杰森、利威莱特以及史密斯、阿克为核心人物的两个团队的加盟，从而共同为成人教育学科体系建设迎来了一个闪亮辉煌的时代。最为耀眼的光芒显然在于：诺尔斯的成人教育学思想以一种核心落力而激起了无穷的知识涟漪；平民群体、劳工群体、被压迫者群体、被忽略者群体以一种核心磁力引出了无限的学术思索；成人教育各种基本命题以一种核心引力而导出酣畅淋漓的学说扩展或丝丝入扣的学识贯通；"教"的论域成为传统，已多有积聚；"学"的论域成为新宠，已多有突破；基于哲学、史学、心理学、社会学等多元学科的交叉探索，不仅开拓了成人教育的认知视域，更使成人教育的知识体系变得宏大起来；终身教育、终身学习与学习型社会三大理念的同时崛起，不仅赋予成人教育实践以无限疆域，更使其获得了理论发展、知识创新的无限空间。此外，在知识生产速度加快、知识总量不断增多的背景下，成人教育学的元研究行动开始起步，元知识积累开始显现。

映象之三——诺尔斯时代之后，成人教育学科体系编织继续恢廓。时间上，始自20世纪70年代末80年代初，并延续至今。在此将近三十年时间里，成人教育学科体系编织的国外一辙又如同在翻越一座持续恢廓成人教育学科疆域的高峰，一座不断恢廓成人教育学科基业的高峰。克罗丝、伊里亚斯、达肯沃尔德等一大批学者的辛勤耕耘，成人教育学科体系更是被做大、做深、做强了。"大"是指分析的背景元素扩充了，照拂的成人群体增多了，关注的教育内容扩大了，采用的学科视角增加了；"深"是指对社会经济、文化切入得更深了，对人的生命、生活洞穿得更透了；"强"是指实践研究加强了，教师研究加紧了，元研究发力了。此外，还可以特别注意到的是，成人学习研究与三大理念研究在做大、做深、做强方面又显得尤为突出：前者，其之"大"，可以它基本论域的扩展、新型论域的产生、多种样态的发现而彰显；其之"深"，可以它对个体与社会的存在及其范畴之天然关系的深入探索与昭示、对个体与社会的发展及其价值之必然关系的不断发现与揭示而表征；其之"强"，可以它频繁的学术创新、学说建构以及新的实践设计与探索而印证；后者，其之"大"，显然在于已见其弥漫着权利意义、民主意义与道德意义的张扬，以及国际意义、世界意义与未来意义的阐扬；其之"深"，又显然在于已见其充满着与社会各种组织及其角色相连接的思考、与社会各种力量及其行动相衔接的思量，以及与人的生命存在及其意义相结合的思忖、与人的生活质量及其价值相融合的思索；其之"强"，毫无疑问，则是因为它已经生成了对传统教育模式的冲击力量、对传统生活模式的改造力量以及对现行社会形态的创新力量。

来自本土的映象亦主要有三：

映象之一——学科认定之前，成人教育学科体系学编织累积跬步与爆发。成人教育学科体系编织的本土一辙，其首个映象的起讫时间，是从20世纪20年代开始一直延续到20世纪90年代初。在这漫长的七八十年中，其大部分时间堪称跬步积累，但最后十年，则迎来了爆发，以近乎"井喷"之势迈入了一个更具明显积累意义的初创阶段。此十年间，正式出版的相关学术著述已有一百五六十部之多。纵观这些研究成果，特别是通过对王文林、孙世路、王茂荣等人的著作，以及从王守安、王显润、李继贤、殷明发、邵燮麟一直到董纯朴、孙华旭、韩路、左光俭、林克敏等数十位作者及其数十部著作的阅读，可以看到，研究者们对成人教育的历史沿革有了初步关涉，对基本原理有了初步剖析，对学习群体有了初步了解，对教育层级有了初步建构，对实践方式有了初步解析，对教学活动有了初步解释。此外，成人学习研究、学科交叉研究、国外比较研究、终身教育思想研究也同样初现端倪。

映象之二——学科认定时代，成人教育学科体系编织进入快车道。1992年，《国家标准学科分类与代码表》将成人教育学纳入其中。自此前一两年起，至新千年来临，成人教育学科体系编织之本土一辙俨然进入快车道，堪以"挺进"之势开创出了一片属于它自己的繁荣景象。十年间，正式出版的著作已达四百余部。忍痛割爱中，我罗列了1991年至1995年刘继武、郭宏勤、周简叔等数十位作者的三十余部著作，以及1996年至2000年孙强华、张维、李珠等数十位作者的三十余部著述；难舍难取中，我又对其中五十多位研究者的四十五部著作进行了概述。它们留下的种种印迹是：市场经济、知识经济、农村经济、改革开放等，正成为一种新的动因及其背景关注；老年教育、妇女教育、高中后人群教育、大学后人群教育等，正成为一种新的人群及教育关怀；乡村农民技术教育、企业人力资源开发、社区成人教育、社会力量办学等，正成为一种新的空间及其能量关顾；职业能力开发、非岗才能开发、闲暇生活教育等，正成为一种新的教育内容及其价值关切；法律与法规、制度与模式、决策与管理、改革与发展等，正成为一种新的运作及其效能关照；职工教育、农民教育、岗位培训、成人高教、继续教育、远程教育等，正成为一种研究传统；成人教学理论及其实践、成人学习理论及其应用等，正成为一种探索潮流；经济学、心理学、管理学等，正成为一种新的分析视角；终身教育、终身学习、学习型社会，正成为一片新的思想天空。还必须注意到的是，必要的信念与信仰打造、原理与关系解构，以及学科与分支学科探索、国际参照等，又正成为一种挺进力量的新锐，以为成人教育博取一种更具解释力、说服力及应用力的解读与认知。

映象之三——学科认定之后，成人教育学科体系编织追逐新的梦。时间上是指进入21世纪以后至2008年。这是成人教育学科体系编织之本土一辙用坚定与坚韧追寻梦想的八年，用执拗与执着追逐梦想的八年。其间，我国共出版了多达四百余部（该统计数据未包括港、澳、台地区）与成人教育学科及其体系建设相关的著作。其中，在此前被提及的作者与书名分别有190余位和160余部，而被简单介绍的作者与著作又分别为70余位和60部整。他们期望背景因素的洞悉变得更加真切，核心区域的认知变得更加充实，传统区域的探索变得更加完善，分支学科的建构变得更加多元，分支领域的经纬变得更加交织，实践推进的擘画变得更加科学，学科体系的元性变得更加张扬；他们希望通过与社会变革的对话加倍体现成人教育及其学科的意义存在，通过与人的发展的对接加倍弘扬成人教育及其学科的价值力量，通过与三大理念的连接来充分显示它们的天然关系与必然关系，通过成人教育背景下的三大理念研究来丰润后者并使前者获取更加坚强的理论根基与引领，通过三大理念背景下的成人教育研究来启迪后者并使前者博取更加广阔的实践根基与印证……总之，研究者们在点亮梦想、放飞梦想，坚韧不拔地追寻着梦想、坚定不移地追逐着梦想。

二、两辙一线：获得的十点心得

和追溯第一章时一样，在本章追溯成人教育学科体系历史编织过程中，也发现有异域一辙与本土一辙的相同与相异之处，并自然而然地形成了自己的心得。

关于相同情况的心得主要有五点：

心得之一——核心意识，一样的坚强。所谓核心意识，就是在成人教育学科体系的整个编织过程中，能够保持成人教育学的中心位置，能够对成人教育不断做出具有明显源点性、基础性、绪论性等特征的反映。如此核心意识，无论是异域一辙，还是本土一辙，就总体而言，都一直体现得非常坚定、非常强烈。具体则表现为对渊源、背景、定义、特征、本质、元素、关系、界限、原则、旨归、地位、价值、功能、意义、作用、方式、方法、改革、发展等的持续探索，以及对相关认知的积淀和完善。

心得之二——平民情愫，一样的炽热。当在电脑上敲下"平民情愫"四字时，郎格朗在《终身教育导论》里的一段描写浮现在了脑海："一代又一代工人开始进入夜校学习了，因为是要通过教育寻找获得更好的生活条件和更多的安全的途径，或者是因为他们希望满足自己的求知欲和理解欲，再就是因为他们必须掌握竞争的武器。"[①] 这是在潜意识里再度提醒自己，公认的现代成人教育的源起是工业革命的爆发，公认的现代成人教育的主体是在工业化背景下形成、壮大起来的劳工（劳

---

① 保罗·朗格让. 终身教育导论[M]. 滕星, 等, 译. 北京：华夏出版社, 1988：41.

动者）队伍。也就是在极大程度上可以说，成人教育的主要基因是由低端阶层、普通阶层的平民教育、民众教育而构成的，成人教育的生命是由低端阶层、普通阶层的广大社会平民、社会民众及其教育所给予的。也许正是因为这样，在漫长的成人教育学科体系历史编织过程中，无论是异域，还是本土，就整体而言，研究者们的民众情怀从未消释，平民情愫从未褪色，而是长久地坚定着并益发地升温着。

心得之三——内容思量，一样的宽阔。这里的"内容思量"指的是在成人教育范畴对有关教育内容的考量。虽然现代意义上的成人教育一开始是比较注重生产劳动技能教育的，而且这至今还是一个十分重要的内容选择，然而，随着时间的推移，不管是国外还是国内，有关成人教育内容的思量，其宽度变得越来越显著了。在国外，常见有回应职场变化的教育、回应生活变化的教育、伦理教育、环境教育、生态教育乃至还有觉醒教育、解放教育、生命教育等；在国内，除了出现最多的学历教育、岗位才能培训以外，还可见文化基础教育、思想政治教育、身心健康教育、社会生活教育、精神生活教育、闲暇生活教育等。总之，扩展成人教育内容的探索，并对之形成专门的知识系统，是其共同取向。

心得之四——理论旨趣，一样的强烈。国内外的成人教育学科体系编织有一个显著的共同特征，那就是自始至终抱着强烈的理论旨趣，以不断彰显学术韵味、提升学术品位。主要的表征就是：思维高度的不断提升——从内容感知到形式感知、从具象感知到抽象感知、从经验感知到理论感知等，便是最好的佐证；思维深度的不断精进——从现象描述到本质分析、从事实罗列到特质揭示、从表象认知到规律探求等，便是最好的印证；思维准度的不断精确——从信手拈来到审视背景并确定目标、从"素面朝天"到阐明前提并确认原点等，便是最好的例证；思维宽度的不断开阔——两个最好的证明就是：其一，哲学、人类学、伦理学、脑科学、心理学、社会学、文化学、经济学、管理学、评价学等不仅增添了新的理论视角，更加强了新的知识打造，其二，一个论域如成人学习之新命题的生成、新元素的发现，不仅大大加强了它的理论厚度，亦拓宽了它的知识宽度；思维长度的不断延绵——最为有力的证明就是：其与个体及社会的相关研究，前者的触角正延伸至社会及其存在与发展的各个角落，后者的触角又正在延伸至人及其存在与发展的各个侧面。

心得之五——三大理念，一样的执着。自 20 世纪 60—70 年代郎格朗、赫钦斯、富尔等分别提出与论述或弘扬与倡导终身教育、终身学习与学习型社会三大理念以来，整个世界对之趋之若鹜。一样的认同、一样的激情，不仅完善着三大理念本身的阐释，并且还建构着其与成人教育之间关系的认知以及如何从理念转化为实践的认知。在国外，贝朗杰与捷尔比的《终身教育》、戴夫的《终身教育的基础》、泰特缪斯的《国际成人终身学习手册》、菲尔德的《终身学习与教育新秩序》、胡森的《学习型社会》、兰森的《面向学习型社会》与《走进学习型社会》等，在本土，周蕴石的《终生教育》、吴遵民的《现代国际终身教育论》与《现代中国终身教育论》、王翊士的《终身学习——走向成功之路》、许正中与江森源的《学习型社会》、连玉明的《学习型社会》系列丛书、高志敏等的《终身教育、终身学习与学习化社会》、郝克明的《跨进学习社会——建设终身学习体系和学习型社会的研究》等，何尝不是共同执着三大理念的重要见证！

最后，关于异域一辙与本土一辙之间的相异情况，心得亦主要有五点：

心得之一——整体与部分，不一样的偏重。这里的"整体"是指在成人或成人教育（学）名义下展开的研究，部分则是指对成人教育某一领域如职工、职工教育、远程教育、社区教育展开的探索。就成人教育学科体系编织之整体而言，异域的取向更多偏重于前者，本土的取向则更多偏重于后者。对此，林德曼的《成人教育的意义》（1926）、汉塞尔曼的《成人教育学：成人教育的本质、可能性和界限》（1951）、玻戈尔的《成人教育学导论：成人教育的基本问题》（1957）、基德的《成人怎样学习》（1959）、伯奇文的《成人教育的哲学》（1967）、诺尔斯的《成人教育的现代实践：成人教育学与儿童教育学》（1970）……都可以作为国外偏重整体的证明；在本土，尽管 20 世纪 80 年代已经形成统称，但农民教育与职工教育一类、岗位培训与学历教育一类、学校教育与远程教育一类，以及农村教育、企业教育与社区教育一类，又似乎还是很有各自鲜明的传统，由此也就让人有了本土偏重部分的印象。究其原因，异域的偏重也许因波尔与凯普早在 19 世纪就形成"成人教育"与"成人教育学"概念使然，本土的偏重则更因其特定的社会背景以及实践过程所导致。

心得之二——宏观与微观，不一样的偏重。在此，所谓宏观与微观，是指对成人教育实践的宏观层面研究与微观层面研究。也许，我的目力所及还相当有限，特别是对异域的信息掌握还不一定充分,但从现有的文献资料来看,在异域,研究者们往往会在某一研究命题下相对比较微观、细致地去探索成人教育及其教学上的运作问题,其中可以包括项目开发、经费筹集、计划制定、过程推进、方法选择、技术运用、环境优化、教师配备、教学促进、学习援助、评价实施,包括会分析可能遇到的障碍以及可能采取的排除方法等。这种倾向很容易在前述国外学者的著述中看到。然而,在本土,情况有所不同,即研究者们很多时候一方面会决定去探究以上微观层面的问题,尽管在细致性、可操作性方面还有待进一步观察,而另一方面又会决定,有时甚至还会采用大规模、攻关性的方法去探索一些绝对属于宏观层面的问题,如整个国家的成人教育制度与制度建设、体系与体系构建、体制与体制改革、机制与机制优化、发展与发展模式等。

心得之三——学习与学习主体,不一样的考量。在这里,"学习"是指成人学习、终身学习;而"主体"显然又是指实践成人学习、终身学习的学习者。虽然近些年,特别是进入21世纪以来,整个国际范围内关注学习、学习主体的势头变得愈发强劲,但在成人教育学科体系编织过程中,国内外在对学习与学习主体的具体考量方面还是存在着某些相异之处。比较突出的表现就是,在异域,特别是在一些发达国家或地区,在充分认同"终身学习是21世纪之生存概念"的前提下,随着时间的推移,越加关注成人学习、终身学习同人的生命存在与质量、生存方式与质量,以及生存责任与义务之间存在的内在关系,堪称直接切入了"学习者中心"的核心部位。故而,类似生命、跨生命、生长、变化、发展、转化、生命季节、生命过渡、生活变化、回应变化、拓展生活等概念不绝于耳;类似个体、群体、社团、过程、变迁、觉醒、解放、民主、参与等思想接踵而至;类似学习穿越生命、学习跨越生命、学习在生命之中、生命在学习之中、学会学习、学会做事、学会共处、学会生存等新理念、新主张及其新解读、新阐释更是源源而来。总之,在生存与学习相融合、生活与学习相交织的考量中,新的认知不断形成,新的知识不断建构。再从本土的情况来看,进入21世纪以来,研究者们同样开始愈发关注生命与生活,特别是人到成年阶段的变化与发展,并在许多情况下,其考量的取向主要集中在发现和阐释与之相关的学习的本质、意义以及人的发展潜能与任务、发展规律与特点等。如此,便促使成人学习与完善自我、改变命运、奋发创新、体现人的本质、发挥人的潜能、促进人的继续社会化、适应外部世界的飞速变化等命题有了十分密切的关系，并且特别期待所给予的教育、教学活动在内容或方法上能够与之适应或匹配。

心得之四——学习与学习研究，不一样的取向。也许，这是心得之三的延伸，或者说是第三点心得的辅心得。基于学习融入生命、学习化入生活这样一种意识或取向，在国外出现了很大程度上可以说尤能体现学习者主体性特征的自我导向学习、非正式学习、偶发性学习、经验学习、情境学习、转化学习、职场学习、实践共同体等成人学习理论与方法的研究和积累。基于学习关涉人的发展、学习促进人的发展这样一种意识和取向，在国内则出现了一种在很大程度上可以说尤能张扬人本色彩的，关于学习、成人学习理论的重新探讨，并开始显现一种意欲先从总体上对成人的学习设计、学习策略、学习途径、学习方法、学习的时间管理、学习的自我管理、学习的自我评价等进行几近重新洗牌式的研究与积累之趋势。

心得之五——学科与学科发展，不一样的选择。成人教育学，在异域，自诺尔斯时代开始发轫；在本土，自20世纪80年代末开始升温。有趣的是，有关它的学科发展问题，在异域，虽然其相关知识的总量在不断发展、扩张，却罕见有学者基于元论层面专门探究它的学科体系建构，而关注与选择更多的是同样可能促进其学科发展的有关研究方法的研究——布劳恩的《成人教育研究中的社会科学理论》及其中"用社会科学理论来回应研究与实践之间关系紧张"的信念和主张，也许是一个颇为典型的例子。然而，在本土，虽然起步较晚，并且至今还在追赶似地为其知识体系的发展、壮大做出艰辛的努力，但早有研究者有意无意地在元论层面开始专注其学科体系的构筑问题了——高志敏，于1996年向全国教育科学规划小组申报确立了一个国家教委重点课题"成人教育科学的体系构建与发展研究"，或许也是一个颇具典型意义的例子。至于同样可能促进学科发展的有关成人教育研究方法的专门研究，则堪称寥若晨星、几近空白。如此相异缘故何在，或许，每个对之感兴趣的研究者都会有各自的答案，也或许，没有一位研究者能够找到确切的答案。但无论如何，看似路径不同，其最终目的都是为了促进学科的发展。

至此，有关成人教育学科体系编织国内外的相同与相异的心得要告一段落了。

事实上，在我心里，成人教育学全世界只有一个，成人教育学科体系全人类也只有一个。无论是国外还是国内，其依循主线而不断延伸的全部目的都是为了让成人教育学及学科体系不断繁荣壮大，惠泽全人类。

第三章
成人教育学科体系的反思

> 我们关于成人学习这一现象的理论，带有极大的主观性。……尽管如此，对于那些勇于探索新鲜事物的人来说，成人教育是可以形成新理论的最为振奋人心的领域。因此看来，我们对探讨气氛必须有一个特点，这就是，敢于探索，敢于试验，勇于从错误中吸取教训，乐于不断发展与完善我们的理论。①
>
> ——美国"成人教育学之父"诺尔斯

---

① 诺尔斯. 现代成人教育实践 [M]. 蔺延梓, 译. 北京：人民教育出版社, 1989：3.

第二章，历经一年多时间的努力，终于在 2009 年 7 月 28 日画上句号。

在正式开始第三章之前，必须先行说明如下四点：

其一，预设中的"三步走"。其实，自 2007 年 9 月此项研究与叙述拉开序幕，心里面就一直有一种随时间推移变得愈加坚定的预设，那就是分成三个步骤来完成本书：回望、反思与前瞻。

此前已告一段落的"追问与追溯"，是回望，其旨趣在于为成人教育学科体系获取一种真切的自我成长和自我成就认定，并由此展现它已有的基本面貌与基本框架。

现下准备启动的"解读与解析"，是反思，其旨意在于为成人教育学科体系获得一种必要的自我样态和自我形象审视，并由此形成它必需的新的觉醒与新的认知。

此后设定展开的"思索与抉择"，是前瞻，其旨归在于为成人教育学科体系获得一种积极的自我发展和自我完善选择，并由此生成它面向未来的新的指针与新的建构。

其二，不可忘却的"整合"。在作成人教育学科体系异域回溯和本土回望前，曾与自己约定，除初始阶段外，每个阶段叙说结束时，都要与前一阶段的成长与发展情况进行专门的、理性的对比，而全程叙说完毕，又设想水到渠成般地作一归纳、整合。然而，在对诺尔斯时代的叙说过程中，因为随性感受多多、随性对比频频，遂改变计划，决定让随性先行，将理性暂时搁置。故而，成人教育学科体系编织，无论是异域留下的智慧，还是本土挥洒的功夫，至此还都未根据"运演梗概"惯例而将其置于同一节位上，完成一种历时性、发展性的归结与串联，也更未基于"共同拥有"意识而将其放在同一平面上，完成一种现时性、框架性的集结与整合。这份"欠账"，将在本章第一节先行"还清"，并且期待着这一"纵横整合"一方面能够对全部的研究与叙述活动起到一种承上启下的作用，另一方面又能够对既有的学科体系形成一种框架把握，甚或促成今后更多的意义发现。

其三，关于"小写"与"大写"。此前，曾多次提及核心区域与边缘区域研究概念，并指出，前者具有源点性、绪论性、基础性等特点，后者则呈现渊源性、深入性、扩展性等特征。当然，它们的原始动机与最终追求则是完全一致的，即都是为了实现成人教育知识体系的打造，都是为了实现成人教育学科体系的建构。在研究与叙述进程中，这两层概念会在大脑里时常出现，且会被有意无意地回味一番。渐渐地，它们和早年储存在记忆中的"单数"与"复数"、"小写"与"大写"概念关联了起来。也就是说，核心区域及其研究，感觉似"单数"与"单数研究"；边缘区域及其研究，又感觉若"复数"与"复数研究"。再或者说，作为源点性、绪论性、基础性的成人教育学及其研究，可标上成人教育科学及其研究的"小写"符号；而作为渊源性、深入性、扩展性的成人教育学科体系及其研究，又可贴上成人教育科学及其研究的"大写"标签。在此，将其作为需要交代的事项之一，旨在规约自己和提示读者，本章从第二节开始，仍将以此区分，来分别反思基于"小写"和属于"大写"的成人教育科学研究。

其四，关于原则与方法。毫无疑问，对业已形成的、偌大的成人教育学科体系进行反思，有关其原则、方法问题，无疑是需要斟酌与定夺的。权衡再三，认为对于"小写"和"大写"的成人教育科学研究及其构成体系，与其分别进行容易滑向表层性、笼统性的整体性反省，还不如坚持能够体现穿透力的原则，采取能够显示渗透性的方法着力尝试一回个例式的反思。也就是说，本章第二节和第三节将在"小写"与"大写"的研究成果中，分别选择一个个例，采用深入解读的方法来展开反思。相信这样一种方法选择，会生成更多的认知连接点位与联想交叉空间，会产生更多的辐射意义与象征意义。

第一节　框架整合

第二章中有关"成人教育学科体系的历史编织"，既回溯了异域一辙的延绵，又回视了本土一辙的延伸。现在，就试将其各自三个阶段的发展置于同一节位，对其作一归结与串联，并试将这"两辙一线"的历史运演成就置于同一平面，对其进行整合与集结。在本节最后，将说一说于此过程中获得的发现。

一、串联：异域智慧

成人教育学科体系的历史编织，异域一辙，犹如攀越三座高峰而被粗分成三个阶段，即20世纪初至40年代末的"前诺尔斯时代"，20世纪50年代初至70年代末的"诺尔斯时代"，以及从20世纪80年代初起延续至今的"后诺尔斯时代"。

诺尔斯时代之前，从曼斯布里奇、陶纳，到耶克斯里、林德曼，再到桑代克等，其有关成人教育命题的天赋与才智主要洒落在了如下13个点位：

成人教育的本质、成人教育原理、成人教育的旨归、成人教育的价值、成人教育的功能、成人教育的发展、成人教育的方式、成人教育师生、成人教学的原则、成人教学的方法、学习心理学、成人学习能力以及成人教育与终身教育的关系。

诺尔斯时代，领军人物诺尔斯，巅峰人物基德、弗纳、伯奇文、赫钦斯、郎格朗、伊里奇、弗莱雷、塔夫、霍尔、富尔等，以及以哈伦贝克、杰森等为首和以史密斯、阿克等为主的两个团队，其有关成人教育命题的天赋与才华，又主要倾落在如下25个点位：

成人教育的定义、成人教育的元素、成人教育的地位、成人教育的旨归、成人教育的价值、成人教育的功能、成人教育的方式、成人教育的背景、成人教育的发展、成人教育的机构、成人教育的项目、成人教育的实践、成人教育的过程、成人学习者及其特征、学习与成人学习、自我导向学习、终身学习、教学与成人教学、终身教育、成人教育工作者、学校教育、学习型社会、成人教育哲学以及成人教育学与成人教育研究。

诺尔斯时代之后，克罗丝、伊里亚斯、达肯沃尔德、布鲁克菲尔德、捷尔比、库伯、贾维斯、维恩、伯奇特、梅里安、柯林斯、梅茨罗、特因曼、兰森、雷戈特、韦尔顿、朗沃斯、爱德华兹、安迪凯宁、沃尔弗、本特利、葆德、布劳恩、伊勒瑞斯、诺克斯、希尔、克莱夫尔等才俊，将其对于成人教育命题的天资与才略，奉献给了对如下30个点位的探究与考量：

成人学习理论、成人学习的起源、成人学习动机、成人学习的目的、成人学习的维度、成人学习的时空、成人学习的风格、成人学习的方式方法、成人学习者共同体、群体学习与个体学习、社会背景下的成人学习、工作背景下的成人学习、自我导向学习、成人转化学习、成人学习的促进、成人学习与终身发展、成人学习者及其特征、成人教育的背景、成人教育哲学、成人教育的伦理、成人教育评价、成人环境教育、成人的伦理与教育、成人教育工作者、成人教育实践的推进、成人教育学、成人教育研究以及终身教育、终身学习与学习型社会。

当将成人教育学科体系三个阶段的异域运演成果聚缩到同一个节位，置放于同一张页面的时候，很快发现：

——很多情况下，特别是相对早先一些的成人教育论说，这些论题是直观的，如研究者们会更多地直言其本质与旨归、价值与功能，或会更多地直诉其方式与方法、学习心理与学习能力等。

——此前，我在对之统合与归聚时，亦是直接的，即没有太注意它们严格的上下位之分，甚或没有太注意它们明确的区别，基本上是一种有"论"便"归"之，有"说"便"纳"之的粗线条归聚做法，并且一直沿用到了本土回望三个阶段叙说的结束。

而此时此刻，为了更好地梳理其经纬，展现其纹理，也为了能够将异域学者至此所留下的智慧结晶作一归结与串联，感觉还得付出如下三种努力。

努力之一：三个阶段的归类。

首先，从前诺尔斯时代的情况来看，其涉及的"点位"大致可作如下归类：

——相关基本问题的研究，含本质、旨归、价值、功能、原理；

——相关实践推进的研究，含方式、发展；

——相关教学活动的研究，含教学原则、教学方法、师生关系；

——相关成人学习的研究，含成人学习心理、成人学习能力；

——相关先进理念的研究，含终身教育。

其次，从诺尔斯时代的情况来看，其关涉的"点位"大致可作如下归类：

——成人教育学研究，含成人教育学；

——相关基本问题的研究，含定义、元素、地位、旨归、价值、功能、过程；

——相关实践推进的研究，含背景、发展、方式、机构、项目、实践、成人学校教育；

——相关教学活动的研究，含教学与成人教学、成人教育工作者；

——相关成人学习的研究，含成人学习者及其特征、学习与成人学习、自我导向学习；

——相关先进理念的研究，含终身教育、终身学习、学习型社会；

——相关学科交叉的研究，含成人教育哲学；

——相关学科元论的研究，含成人教育研究。

最后，从后诺尔斯时代的情况来看，其关乎的"点位"大致可作如下归类：

——成人教育学研究，含成人教育学；

——相关实践推进的研究，含背景、实践推进；

——相关教学活动的研究，含成人环境教育、成人的伦理与教育、成人教育评价、成人教育工作者；

——相关成人学习的研究，含理论概说、起源、动机、目的、维度、时空、风格、方式方法、学习促进、成人学习者共同体、群体学习与个体学习、社会背景下的成人学习、工作背景下的成人学习、自我导向学习、转化学习、成人学习与终身发展、成人学习者及其特征；

——相关先进理念的研究，含终身教育、终身学习、学习型社会；

——相关学科交叉的研究，含成人教育哲学、成人教育伦理；

——相关学科元论的研究，含成人教育研究。

由上可见，真正到了要梳理其经纬、展现其纹理的时候，因为事物本身的多面性，也不尽让人感到这般顺当、这般轻易。比方说：有关成人教育基本问题方面的研究，也可以归为成人教育学范畴的研究；再比方说，成人学习方面的研究，又可以细化为理论类研究与实践类研究、一般或上位的研究与专项或下位的研究。此外，还可以注意到，有些论题，如能力、动机和成人学习与终身发展，以及背景与实践等，尤其分别关注与人的身心发展、社会变迁之间的相关性，或者说，分别充满心理学、社会学视角的分析，因而，还可以看成成人教育（学习）心理学或成人教育社会学范畴的研究。显然，分类、归纳是大有学问的，其标尺、方法是大有选择空间的，但愿在后续的研究与叙述中有再对此进行弥补、完善的机会。

努力之二：三个阶段的串联。

尽管分门别类的工作还可能存有许多标尺、方法选择的空间，但无论如何，此前对三个阶段各种论题所做的分类，终究为凸显其整个基本框架奠定了依据和基础。在此，遂尽量规避重叠，试将三个阶段作如下串联与合成：

——成人教育学研究，含成人教育学；

——相关基本问题的研究，含定义、元素、本质、旨归、价值、功能、地位、过程、原理；

——相关实践推进的研究，含背景、方式、发展、机构、项目、实践、实践推进、成人学校教育；

——相关教学活动的研究，含教学原则、教学方法、教学与成人教学、师生关系、成人环境教育、成人的伦理与教育、成人教育评价、成人教育工作者；

——相关成人学习的研究，含理论概说、学习与成人学习、成人学习者及其特征、成人学习心理、成人学习能力、起源、动机、目的、维度、时空、风格、方式方法、学习促进、成人学习者共同体、群体学习与个体学习、社会背景下的成人学习、工作背景下的成人学习、自我导向学习、转化学习、成人学习与终身发展；

——相关先进理念的研究，含终身教育、终身学习、学习型社会；

——相关学科交叉的研究，含成人教育哲学、成人教育伦理，另还可含成人教育心理学、成人学习心理学与成人教育社会学；

——相关学科元论的研究，含成人教育研究。

努力之三：运演特征的呈现。

在对成人教育学科体系的"异域回溯"（"诺尔斯时代"与"后诺尔斯时代"）结束时，我对诺尔斯时代的11个感慨是：

"关注焦点翻番""研究热点增多""研究视角扩展""研究触角深入""认知重心转移""思维阶梯升格""学术韵味增强""三大理念崛起""研究背景开拓""知识资源集结"及"元研究的启动"。

对后诺尔斯时代的10个感受是："聚焦中心更加鲜明""思考视角更加全面""学术论域更加宽阔""探索启动更加理性""学术追问更加精深""思维锐度更加犀利""知识建构更加完整""实践探讨更加切入""学科意识更加坚定"及"方法研究更加深入"。

这些感慨和感受，尚是趋于即兴而散漫、随性而散状的。现在，就让我们更多聚焦于成人教育学科体系、知识系统本身，来发现、来简括其随时间推移而发生的变化及其特征。

对之，可以先行将其精括为四个字：生、长、发、展。

所谓"生"，是指学科体系、知识系统完成了一个从无到有的过程。其首要标志就是发明了术语"成人教育"与"成人教育学"，这要归功于波尔、凯普与汉塞尔曼等人。而其核心标志又是从20世纪初起正式开始有了成人教育知识系统积累的最初启动，即开始以一种相对直观的方式，也可以说开始以一种相对朴素、朴质的方式，重点进行了属于如何认识成人教育的基本问题研究、如何促进成人教育的实践推进研究、如何实施成人教学的教学活动研究，以及主要旨在确认成人学习之可能性的成人学习研究等。毋庸讳言，所有这些研究，其涉及的下位命题尚是比较有限的、单一的。

所谓"长"，是指学科体系、知识系统在纵向坐标上随时间推移，逐渐从低处走向高处、从低端攀向高端的过程。其说明性的表征主要可见：

从事实性描述走向专门性研究。如，较之前诺尔斯时代更多基于事实的描述与探究，诺尔斯时代开始有了更加专门的成人教育学说。

从实践性探索走向理论性研究。如，较之前诺尔斯时代更多为了推进具体操作、实践的探索，诺尔斯时代，特别是进入后诺尔斯时代之后，形式感知与逻辑感知、学术感知与理论感知的力量，开始超越内容感知与具体感知、实操感知与经验感知，其中不仅有了专门的成人教育学思考，并且还出现了心理学、社会学乃至伦理学与哲学层面的探究。

从局部性摸索走向系统性研究。如，较之前诺尔斯时代较为局限、片段的成人学习心理、学习能力研究，诺尔斯时代开始有了一种比较连贯的成人学习者角色、成人学习者特征、成人学习行为、自我导向学习研究，而于诺尔斯时代之后，有关成人学习问题的研究变得更加系统了。

从基础性关照走向引领性研究。成人教育、成人教育学从一开始就未曾忘却过自身一系列基本问题及对基础问题的关照和探索。与此同时，它们又逐渐走上了一条寻求具有更高引领价值之理论导向的探索之路。可见，前诺尔斯时代，耶克斯里开创了寻求终身教育理念引领的先河；诺尔斯时代，郎格朗、赫钦斯、富尔等，开始同时寻求终身教育、终身学习与学习型社会三大理念的引领；而到了后诺尔斯时代，捷尔比、维恩、特因曼、雷戈特、爱德华兹、贝朗杰、朗沃斯、兰森、贾维斯等，更是成了寻求三大理念引领的坚定探索者。

所谓"发"，是指学科体系、知识系统在横向坐标上随时间推移，不断演化扩展的过程。其说明性表征可以体现在以下两个层面：

第一，总体层面。从总体层面看：诺尔斯时代和后诺尔斯时代，从先前主要涉足的基本问题、实践推进、教学活动、成人学习等的研究，演化到了一个同时包括成人教育学、基本问题、实践推进、教学活动、成人学习、先进理念、学科交叉和学科元论等在内的更宽、更大范畴的研究。

第二，分类层面。有关这一层面的扩展情况，可谓更加淋漓尽致。且看：

——关于基本问题的研究，从前诺尔斯时代的本质、旨归、价值、功能研究，扩增到了诺尔斯时代的定义、元素、地位、过程研究等。

——关于实践推进的研究，在方式、发展上，又增添了背景、机构、项目、成人学校教育等。

——关于教学活动的研究，就其教学过程而言，在早先的成人教学原则、成人教学方法上，又添加了成人教育评价；就其教学内容而言，在早先主要关注的职业教育、博雅教育方面，又平添了成人环境教育、成人伦理教育等。

——关于成人学习的研究，从其较为基础性的研究方面来看，前诺尔斯时代主要涉及成人学习心理、成人学习能力，诺尔斯时代明显添加了成人学习者的角色、成人学习者的特征，而到了后诺尔斯时代，则呈现出一种近乎爆发的态势，开辟了有关起源、动机、目的、维度、时空、风格、促进等的探索空间。

——关于学科交叉的研究，又由与史学、哲学、心理学等的交叉，扩展到了与伦理学、社会学、社会心理学等的交叉，从而拓展了成人教育的认知视域，扩展了成人教育的知识系统。

所谓"展"，是特指学科体系、知识系统再度基于纵向坐标随时间推移，逐渐由表面沉入深层、由浮面潜入底端的过程。作为其表征，最激动人心的，莫过于定格在了成人学习研究的天地之中。早先，其主要涉及成人学习心理的一般研究，以及成人学习能力的基本确认，稍后，开始关注成人学习者的角色、成人学习者的特征与自我导向学习，而时至今日，则显然已经趋向沉入式与渗透式、潜入式与探底式的考量与探究了。君不见：

最能呈现其基本样态的群体学习、个体学习、成人学习者共同体等，已悄然启动？

最能呈现其原始样态的社会背景下的成人学习、工作背景下的成人学习等，已悄然兴起？

最能张扬其终极样态的成人学习与终身发展、终身学习贴近生活、终身学习跨越生命等，已踌躇满志，奋力扬开了远航的风帆？

二、归结：本土功夫

成人教育学科体系的历史编织，本土一辙，以1992年《国家标准学科分类与代码表》将"成人教育学"定为"教育学"所属二级学科为标志，同样可粗分成此前、此间与此后三个阶段，即学科认定之前的初创阶段、学科认定时代的挺进阶段与学科认定之后的追梦阶段。

第一阶段，其更富学科体系积累意义的时间段落，始于20世纪80年代初至90年代初。在此十来年光阴中，从关世雄、王垂芳、王文林、刘国瑜、王茂荣，到孙世路、张谓诚、秦向阳、关学丰、王兰英等；再从王守安、王显润、李继贤、殷明发、邵燮麟、唐自杰、臧永昌、陈太运、余博、崔振凤、曾义祥、叶忠海、高本义，到丁兴富、高克明、周蕴石、刘富钊、赖春明、邵毓奎、蔡棋瑞、张有声、毕田增、董纯朴、孙华旭、韩路、左光俭、林克敏等，他们以开路先锋的姿态，将其才智与才能挥洒在了如下28个点位：

成人教育的沿革、定义、原理、特点、目的、地位、意义、功能、任务，以及工农教育、职工教育、职工高等教育、职工教育管理、成人高等教育、继续教育、岗位培训、函授教育、远距离高等教育、成人教学、成人学习者、成人学习、成人自学、成人学习的促进、成人教育教师、成人教育历史、学科交叉、比较研究、终身教育。

第二阶段，从20世纪90年代初一直延续到新千年来临。其间，从陈孝彬、周韫玉、王北生、姬忠林、张维，到季东亮、毕田增、韩崇礼、陈明欣、叶忠海等；从周简叔、贾岩、乔冰、张德祥、李秉千、徐学楔、高志敏、张卫、马习军、余博、刘国钧、郭金楠、雷良波，到董明传、陈莉、周永亮、唐士富、梁春涛、叶立安、毕田增、季东亮、董守文、孙庆珠、毕淑芝、司荫贞、李立志、韦钰等；再从孙强华、李珠、翟清智、汪彦伟、谢国东、赖立、吴遵民、王平、夏家夫、焦峰、程凯、李如密，到冀鼎全、张定、卢毅、王一敏、沈金荣、黄云龙、厉以贤、贺向东、蔡宝田等，他们以中坚力量的风采，既有继承又有开创地将其才华与才干倾注在了如下33个点位：

成人教育思想、妇女教育、老年教育、老年美育、岗位培训制度、现代培训、培训模式、职业开发与指导、非岗才能的开发与管理、职工教育评价、农村成人教育、当代农民教育、农民技术教育、农民教育管理、远距离高等教育、继续教育、高中后教育模式、社区教育、社区教育发展、社区教育管理、社会力量办学、成人教育心理、成人教学、成人教育管理、成人学习、成人学习方法、终身教育、终身学习、学习型社会、成人高校科研、学科交叉、成人教育的历史、比较研究。

第三阶段，从21世纪初一直延续至今。在此期间，除了潘士君、祝捷等继续让成人教育、成人教育学研究步伐坚定，江兴林、郝铁生等继续让职工教育、企业教育研究步履坚实，陈乃林、廖其发等继续让农村教育、农民教育研究声腔高亢，张定、莫文秀等继续让妇女教育、老年教育研究声韵悠扬，牟本理、吴林根等继续让干部教育、继续教育研究势不可挡，王蓉、宋永则等继续让成人高等教育、自学考试研究锐不可敌，徐锡鸿、徐超富等继续让函授教育、远程教育研究彩重墨浓，齐高岱、张艳萍等继续让成人学习、成人教学研究毫挥墨泼，吴晓川、刘卫国等继续让成人教育管理、成人教育评估研究涛声犹在，董明传、王雷等继续让成人教育历史、成人教育比较研究激情犹存之外，从董瑞美、秦桂芳、陈乃林、胡凤英、胡晓松、季森岭、黄尧、叶忠海、马叔平、瞿延东、郭伯农、谢国东、赖立、刘坚、桑宁霞、毕结礼，到赵幼华、杨之藩、董华、杨锐锋、吴遵民、张声雄、许正中、江森源、楼一峰、顾晓波、赵家骐、连玉明、李志远、朱建文、马述君、厉以贤、吴兆颐；再从杨晓、高志敏、陈宜安、杨孔炽、聂琴、刘薇琳、石玚、时龙、蔡宝田、魏志耕、许淑莲、申继亮,到龚自力、郝克明、兰先芳、杨怀恩、冯双鹏、谭慧苓、康乃美、张健华、李继星、龙一芝、何爱霞、杜以德、柳士彬等,他们又以前仆后继的精神,将自己的才略与才力,投入到了如下28个点位:

成人教育的背景、成人教育的基本理论、成人教育的发展、成人教育的发展模式、成人教育的制度、成人教育的法规建设、成人教育哲学、成人发展心理学、成人教育社会学、成人教育经济学、成人学习、终身教育、终身教育体系的构建、终身职业培训体系的建设、终身教育的立法、终身教育与成人教育的关系、终身学习、学习型社会、学习型社会的创建、三大理念的关系、学习型组织、学习型社区、学习型城市、网络学习、远程教育、开放教育、社区教育、成人教育学科发展。

于此,同样的,为了进一步梳理其经纬、清晰其纹理,也为了能够对本土学者至此所花出的功夫、所获得的成果进行串联与归结,我亦试作如下三项努力。

努力之一:三个阶段的归置。

首先,从初创阶段来看,其点位大体可作如下归置:

倾向于基本问题的研究(在成人教育学研究名义下),含成人教育的沿革、定义、原理、特点、目的、地位、意义、功能、任务;

倾向于不同群体的研究,含工农教育、职工教育;

倾向于不同层级的研究,含职工高等教育、成人高等教育、继续教育;

倾向于不同方式的研究,含岗位培训、函授教育、远距离高等教育;

倾向于实践推进的研究,含职工教育管理;

倾向于教学活动的研究,含成人教学、成人教育教师;

倾向于成人学习的研究,含成人学习者、成人学习、成人自学、成人学习的促进;

倾向于先进理念的研究,含终身教育论;

倾向于学科交叉的研究,含成人教育的历史、学科交叉(如经济学意义、心理学基础、控制论与系统论应用研究等);

倾向于比较教育的研究,含比较研究(如日本企业内培训、德国双轨制培训、国外函授教育发展、国外成人教育发展、国外成人教学法研究等)。

其次，从挺进阶段来看，其点位大体可作如下归置：

倾向于基本问题的研究，除了有与第一阶段相同的问题研究之外，还含成人教育的思想；

倾向于不同群体的研究，含妇女教育、老年教育、农村成人教育、当代农民教育；

倾向于不同层级的研究，含高中后教育模式、继续教育；

倾向于不同空间的研究，含社区教育；

倾向于不同方式的研究，含岗位培训制度、远距离高等教育；

倾向于实践推进的研究，含现代培训、职业开发与指导、非岗才能的开发与管理、社区教育发展、社会力量办学、农民教育管理、社区教育管理、成人教育管理；

倾向于教学活动的研究，含成人教学、培训模式、农民技术教育、老年美育、职工教育评价；

倾向于成人学习的研究，含成人学习、成人学习方法；

倾向于先进理念的研究，含终身教育、终身学习、学习型社会；

倾向于学科交叉的研究，含成人教育的心理、成人教育的历史、学科交叉（如成人教育对社会学的需要与基于社会学的思考等）；

倾向于比较教育的研究，含比较研究（如历史与认知的比较、机制与体系的比较、手段与组织的比较、类型与方式的比较、管理与立法的比较等）；

倾向于学科元论的研究，含成人高校科研。

最后，从追梦阶段来看，其点位大体又可试作如下归置：

倾向于基本问题的研究，除与先前相同的基本问题研究之外，再添基本理论；

倾向于不同群体的研究，含职工教育、农民教育、干部教育、妇女教育、老年教育；

倾向于不同层级的研究，含成人高等教育、继续教育；

倾向于不同空间的研究，含农村教育、企业教育、社区教育；

倾向于不同方式的研究，含函授教育、自学考试、远程教育、开放教育；

倾向于实践推进的研究，含背景、发展、发展模式、制度、法规建设、成人教育管理；

倾向于教学活动的研究，含成人教学、成人教育评估；

倾向于成人学习的研究，含成人学习、网络学习；

倾向于先进理念的研究，含终身教育、终身学习、学习型社会、三大理念的关系、终身教育与成人教育的关系、终身教育体系的构建、终身职业培训体系建设、终身教育立法、学习型社会的创建、学习型城市、学习型社区、学习型组织；

倾向于学科交叉的研究，含成人教育的历史、成人教育哲学、成人发展心理学、成人教育社会学、成人教育经济学；

倾向于比较教育的研究，含成人教育比较（如中美成人教育比较、中德成人教育比较、中外成人教育比较等）；

倾向于学科元论的研究，含学科发展。

努力之二：三个阶段的归结。

再次承认，分门别类这一活儿，因为研究对象本身所具有的多种特性，可以采取多种方式的分类选择（比如成人教育管理也可以归置于"学科交叉"一类；远距离高等教育也可以归置在"教育层级"一类，等等），但无论如何，此前对本土学者三个阶段为成人教育学科体系编织所付出的努力、所获得的成果而作的归置，同样也为显现其整个基本框架提供了依据和基础。在此，亦欲将此三个阶段作如下归结与合成：

倾向于基本问题的研究（在成人教育学研究名义下），含成人教育的沿革、定义、原理、特点、目的、地位、意义、功能、任务、思想、基本理论；

倾向于不同群体的研究，含工农教育、职工教育、农民教育、妇女教育、老年教育、农村成人教育、当代农民教育、干部教育；

倾向于不同层级的研究，含高中后教育模式、职工高等教育、成人高等教育、继续教育；

倾向于不同空间的研究，含农村教育、企业教育、社区教育；

倾向于不同方式的研究，含岗位培训、岗位培训制度、函授教育、远程教育、远距离高等教育、自学考试、开放教育；

倾向于实践推进的研究，含背景、发展、发展模式、制度、法规建设、现代培训、职业开发与指导、非岗才能的开发与管理、社区教育发展、社会力量办学、职工教育管理、农民教育管理、社区教育管理、成人教育管理；

倾向于教学活动的研究，含成人教学、农民技术教育、老年美育、培训模式、职工教育评价、成人教育评估、成人教育教师；

倾向于成人学习的研究，含成人学习者、成人学习、成人学习方法、成人学习的促进、成人自学、网络学习；

倾向于先进理念的研究，含终身教育、终身学习、学习型社会、三大理念的关系、终身教育与成人教育的关系、终身教育体系的构建、终身职业培训体系建设、终身教育的立法、学习型社会的创建、学习型城市、学习型社区、学习型组织；

倾向于学科交叉的研究，含成人教育的历史、成人教育哲学、成人发展心理学、成人教育心理学、成人教育社会学、成人教育经济学、控制论与系统论应用；

倾向于比较教育的研究，概括起来说，有选择一个或多个领域的比较研究，也有与一个或多个国家的比较研究。

倾向于学科元论的研究，含成人高校科研、学科发展。

努力之三：运演特征的呈现。

在第二章叙说完挺进阶段之后，我发出过感慨；叙说完追梦阶段之后，抒发过感受。

挺进阶段之后的感慨是：惊叹成人教育学科体系编织，在本土得以鲜明的延续发展、纵深发展与开拓发展。

追梦阶段之后的感受是：核心区域构筑愈加精进，分支学科打造更多建树，学科体系建设异军突起，总体发展擘画方阵出击，分支领域谋略战旗飞扬，同个体发展的连接脚印愈深，同社会发展的连接步履弥坚，同终身教育、终身学习、学习型社会的对接方兴未艾。

显然，这些感慨和感受与成人教育学科体系的本土运演过程及其特征是紧密关联的，但多少是呈一种即兴式或散开式的表达。如下，亦拟一方面将这些感慨与感受作为参照，一方面将以上归置与归结作为基础，即再以更加严谨、更加聚焦于成人教育学科体系、知识系统本身的姿态，来揭示其随时间推移而在本土发生的变化及其特征。

对之，亦可先行将其精括为四个字：开、拓、衍、进。

所谓"开"，是指成人教育学科体系、知识系统的编织进入启动状态，并逐渐形成初步积累的过程。在本土，这个过程可以包含三个段落，而其中20世纪80年代初至90年代初的第三段落，显然最具直接而鲜明的开创与积累意义。此十年间，不仅始用具有统称意义的"成人教育"概念，更开始有了"成人教育说"甚或"成人教育学说"。此外，研究者们的功夫主要集中在有关基本问题、工农教育、职工（高等）教育、成人高等教育、函授教育、成人教学、成人教育的历史沿革、国外成人教育等领域的初步探索之中。

所谓"拓"，在此是指成人教育学科体系、知识系统在横向坐标上随时间推移，在相对上位的层面上，不断拓宽、拓展新的研究领域，或使先前的初创领域得以更加充实、更加成形的过程。这一过程，主要发生于挺进阶段，研究者们不吝其开拓、创新之功夫，大致形成了涉及基本问题、不同群体、不同层级、不同空间、不同方式、实践推进、教学活动、成人学习、先进理念、学科交叉、比较教育、学科元论等领域研究活动与研究成果的基本格局。

所谓"衍"，在此是指成人教育学科体系、知识系统再次基于横向坐标随时间推移，而在相对下位的层面上，演化、延伸的过程。其具体表征可见：

基本问题研究方面，在第一阶段基础上，第二阶段、第三阶段又出现了成人教育思想和专门的基本理论。

不同群体研究方面，在早先的职工教育、农民教育基础上，又见有妇女教育、老年教育、干部教育等的崛起。

不同层级研究方面，高中后教育模式、继续教育成为第二阶段和第三阶段研究的新锐。

不同空间研究方面，从早先对成人学校教育的关注，扩展到了农村成人教育、企业成人教育乃至社区成人教育等。

不同方式研究方面，在原先的函授教育、岗位培训基础上，又有了自学考试、远程教育与开放教育等。

教学活动研究方面，在原先成人教学的一般论说之外，开始有了事关方式的培训模式，事关内容的农民技术教育、老年美育，事关评估的职工教育评价、成人教育评估等。

成人学习研究方面，在第一阶段学习者、自学、学习促进等的基础上，又有了第二阶段和第三阶段的成人学习方法、网络学习等。

学科交叉研究方面，由早先较为侧重的成人教育历史、成人教育心理，逐渐延伸到了成人教育哲学、成人发展心理学、成人教育社会学、成人教育经济学等。

所谓"进"，在此是指成人教育学科体系、知识系统在纵向坐标上随时间推移，一是意欲走向高端或上端的精进过程，二是试图接近下端或底端的精深过程。其中，倾向于上端精进的具体表征主要有：从倾向于一般性的实践描述，提升到成人教育学的确立及其思想与理论认知；从倾向于一般性的发展策划，提升到模式、制度、体系、法规层面的擘画；从倾向于基础性的学术研究，提升到了与三大理念对接的理论探索；从倾向于自由式的自我认知，提升到了自为性的学科元论、学科发展研究。

倾向于底端精深的具体表征主要有：

从领域研究向学科研究转化。对于成人教育因不同群体、层级、空间、方式而构成的不同分支研究领域，研究者们至少在主观意识上，往往试图将之冠以分支性学科的名义，或者说试图为之在获得一种底端理论基础分析或基本理论支撑思考的前提下，而予以专门的深入探索。因此，常常可见类似职工教育学、农民教育学、继续教育学、农村成人教育学、社区教育学、远距离教育学、开放教育学等的论说的发轫。

从理念研究向行动研究深化。显然，这是指从对终身教育、终身学习、学习型社会三大理念之最初重在吸收引进、随之重在内涵解读、再后重在实践应用的这样一种趋势。其中，进入第三阶段大量出现的终身教育体系的构建、终身职业培训体系建设、终身教育的立法、学习型社会的创建、学习型城市、学习型社区、学习型组织等，尤其是这一从倾向形而上的、学术性的理念探讨层，向趋于形而下的、实践性的行动研究层下沉与深化最具说服力的证明。

对个体的贴近。成人教育与成人学习者及其终身发展之间的关系逐渐受到研究者们的重视，从而促使成人教育学科体系编织更加潜至底端，贴近源头。其中，知识内涵越来越丰富的成人学习者、成人教学、成人学习、终身教育、终身学习等论题，其众多有关深入到成年时期之身心发展水平，以及与年龄角色、性别角色、职业角色相结合的理论思考与实践设计等，显然是这种走向的重要表征。

对社会的渗透。从成人教育与社会及其变迁的相关性研究来看，亦呈现从相对粗线条走上了相对细线条的发展轨道的特点。显著的表征就是，随着学科交叉意识与交叉研究的推进，可见在成人教育社会学、成人教育经济学，乃至背景、发展等方面，正在发生一种成人教育与社会及其变迁之间越来越走向多元而深入、多维而细致的探究。

三、整合：缘于共同的拥有

虽然，第一章既有"异域追踪"又有"本土寻迹"，第二章既有"异域回溯"又有"本土回望"；虽然，每章最后还会对"异域"与"本土"之间的相同和相异作一番评说，但是，在每章最后，我又都曾这样做出说明：这样做的目的，并不是为了隐喻异域有异域的成人教育学或成人教育学科体系，本土有本土的成人教育学或成人教育学科体系，而主要是想借助如此叙说方式，帮助我们对世界范围内的成人教育学以及成人教育学科体系形成一个更加深切、更加全面的了解。换言之，"成人教育学"全世界只有一个，"成人教育学科体系"全人类只有一个。异域的智慧可以开创它们，建构它们；本土的功夫，同样能够开拓它们，丰富它们。说到底，成人教育学与成人教育学科体系迄今为止乃至在未来时间里的全部积累，当是一种全世界的共同财富，当是一种全人类的共同拥有。

诚然，于此，还需要对之进一步说明的是：

——也许有人会以为，因为基本立场或基本视角相左，有些思想、有些观点，是否可能放在一个如此并合的框架之中。对之，我心中的标杆是，只要它为成人教育与成人学习或终身教育与终身学习阐扬一份真知或灼见，只要它为成人教育学或成人教育学科体系献上一份本真或纯真，只要它为裨益世界发展、惠泽人类进步奉献一份关爱或力量，那么，就都可以在成人教育学或成人教育学科体系框架中，占据一个重要的位置。

——也许有时会寻思，因为所处背景或所处情境相异，有些认知、有些学说，是否可能难以呈现普适性或引用性。对之，我心中的想法是，既要认同异域或本土的特定性与特殊性，又要善于发现与认同其中的同质性与适用性；既应允许不同元素的各自张扬甚或百花齐放，又应鼓励不同元素的相互包容甚或取长补短，从而能够为成人教育学或成人教育学科体系生成更多的共同语言，达成更多的共同认知。

总而言之，成人教育学是全世界的共同财富，成人教育学科体系是全人类的共同拥有。正是基于这样一种共同财富意识，源于这样一种共同拥有思想，遂一直以来都是充满期待地守候着异域一辙同本土一辙的合成。现下，便来到了对之加以整合的时候了。

根据以上对成人教育学科体系异域运演三个阶段的串联，以及对本土编织三个阶段的功夫的归结，迄今为止，成人教育学科体系的基本框架可以被整合为：

关于成人教育学的研究，含成人教育学；

关于基本问题的研究，含沿革、定义、元素、原理、本质、旨归、目的、价值、意义、地位、功能、特点、任务、过程、思想及基本理论；

关于不同群体的研究，含工农教育、职工教育、农民教育、妇女教育、老年教育、农村成人教育、当代农民教育及干部教育；

关于不同层级的研究，含高中后教育模式、职工高等教育、成人高等教育及继续教育；

关于不同空间的研究，含农村教育、企业教育、社区教育；

关于不同方式的研究，含岗位培训、岗位培训制度、函授教育、远程教育、远距离高等教育、自学考试、开放教育；

关于实践推进的研究，含背景、方式、机构、项目、实践、实践推进、发展、发展模式、制度、法规建设、现代培训、职业开发与指导、非岗才能的开发与管理、社区教育发展、社会力量办学、成人学校教育、职工教育管理、农民教育管理、社区教育管理及成人教育管理；

关于教学活动的研究，含教学与成人教学、成人教学、教学原则、教学方法、成人环境教育、成人的伦理与教育、农民技术教育、老年美育、培训模式、职工教育评价、成人教育评估、师生关系、成人教育教师及成人教育工作者；

关于成人学习的研究，含理论概说、成人学习起源、成人学习与终身发展、成人学习者、成人学习者及其特征、学习与成人学习、成人学习、成人学习心理、成人学习能力、成人学习的方式方法、成人学习的促进、成人学习动机、成人学习目的、成人学习维度、成人学习时空、成人学习风格、成人学习者共同体、群体学习与个体学习、社会背景下的成人学习、工作背景下的成人学习、自我导向学习、转化学习、成人自学及网络学习；

  关于先进理念的研究，含终身教育、终身学习、学习型社会、三大理念的关系、终身教育与成人教育的关系、终身教育体系的构建、终身职业培训体系建设、终身教育的立法、学习型社会的创建、学习型城市、学习型社区及学习型组织；

  关于学科交叉的研究，含成人教育的历史、成人教育哲学、成人教育伦理、成人发展心理学、成人教育心理学、成人学习心理学、成人教育社会学、成人教育经济学及控制论与系统论应用；

  关于比较教育的研究，概括起来说，有与一个或多个领域的比较研究，也有与一个或多个国家的比较研究；

  关于学科元论的研究，含成人高校科研、成人教育研究及学科发展。

四、分享：基于对比的发现

  整合完以上成人教育学科体系基本框架之后，我突然发现自己的心情尤其别样，甚至连呼吸都变得有点局促起来。原来，大脑皮层里的通道，那一刻至少被同时急驰而来的四辆"感触"之车严严实实地堵上了：

  其一，成就感。作为一名成人教育学研究者、教学者，知晓它的最初渊源，了解它的历史运演，是我难以割舍的一个夙愿，而经由此前回望，终见其一路走来的脚印；发现它的异域风采，熟悉它的本土景色，是我难以抑制的一种冲动，而经由此前观察，终见其历尽磨砺的风姿。显然，认知成人教育的学科体系，归炼它的知识系统，又是最难以搁置的一项使命，而经由此前探究，终见一个昭示实然、充满真切的框架浮出了水面。这一点，是最为撩拨心弦、激动人心的。

  其二，释然感。作为一名成人教育学的倾情者、痴迷者，常为人妄断其少学问而郁闷，妄称其缺理论而纠结，而此刻，我眼前所浮现的成人教育学科体系的真切框架（虽然它还有所不足）、心中所跃出的成人教育知识系统的真切轮廓（虽然它还有待完善），陡然使长久以来的窝心感消解了。

其三，遗憾感。曾经动念，在成人教育学科体系的回望中，是否还可考察一下中外期刊中的学术论文，以增进学科体系框架显现的完全意义；在成人教育知识系统的回视中，是否还可关注一下中外大学成人教育学专业的学位课程，以提升知识系统轮廓呈现的完整意义，但是，一来担心篇幅超长，二来生怕"长考反易出臭招"，遂将已备及的文献、数据略下了。为此，心中自然有些遗憾。然而，又倍感欣慰的是，基于学术著作类的考察及其各种论题的整合，终在一个更能彰显其基础价值、体现其核心意义的层面上，使学科体系的大体框架、知识系统的大致轮廓真切而鲜活地展现在了世人面前！

其四，未尽感。虽然为成人教育学科体系框架的浮现、知识系统轮廓的跃出而倍感激动和兴奋，虽然还对通过学术著作导出成人教育学科体系框架、通过各种论题显现知识体统轮廓充满学理上的自信，但是，就在对"异域智慧"与"本土功夫"花时间进行具体、逐一的合并过程中，却又依然可见其中留下了些许言犹未尽的地方。所幸，无论是在"异域回溯"还是在"本土回望"中，早在其每一阶段主要学术著作名称罗列以后，都曾首先锁定并解读了它们的"关键词"，深信这些"关键词"不仅对彼时彼刻知晓成人教育学科体系框架之不同阶段的状况有所裨益，同样也完全可能或可以在如下对基本框架整合过程中所发现的相关情形提示里会对言犹未尽的地方起到一定的弥补作用。

以下，就拟对以上基本框架整合过程中基于对比而发现的有关成人教育学科体系或知识系统本身的一些情形，再作一简略的呈现，或者说提示与分享：

第一，关于成人教育学的研究。这是异域与本土学者共同关心的，但细究起来，前者更多关注的是对特定理论根基的发现，后者更多关注的是对特定事实的阐释。

第二，关于基本问题的研究。这亦是异域与本土学者共同关心的，但其具体的论题选项略有差异。另外还可以注意到，在异域，此类研究起步较早，社会认同度较高，逐渐趋向稳定，而在本土，此类研究中的许多论题选项因为起步较晚，至今依然备受关注。

第三，关于不同群体的研究。也许因为直至20世纪80年代才有"成人教育"之统称，故在本土对不同成人群体的研究较多，如工农教育、职工教育、农民教育等；也许因为从一开始就使用"成人教育"名称，故在异域，研究活动更多是在"成人教育"名义下展开的，但是，从先前的关键词锁定中，同样可见其对劳工阶层、蓝领女性、青年、专业人员、第三年龄、被压迫者群体等的真切关照。

第四，关于不同层级、不同空间、不同方式等的研究。对成人教育事实作分门别类的研究是本土非常常见的一种选择。但这并不意味着异域类似研究的缺失，而是被融合到了"成人教育"名义下的研究中，比方说，在依据成人教育学理念而展开的教学实践设计中，就往往会涉及关于教育空间、手段、技术、媒体的思考和选择，而先前的关键词锁定更是提醒我们注意，类似社区（社会）教育、职场培训，异域研究也许还会表现得更有心得。

第五，关于实践推进的研究。在异域，研究者似乎更乐意将视线与相对微观的层面结合起来，从而会更多地专注机构、项目、方式等问题的讨论；在本土，研究者又似乎更愿意将视角与相对宏观的层面对接起来，从而会更多地关注体系、体制、制度、模式等问题的探索。

第六，关于教学活动的研究。这是异域与本土都极为关注的一个论域，而且明显表征出四个趋于一致的兴奋点：扩展成人教育的教学内容；建构符合成人学习特征的教学过程；探求符合成人学习特征的教学方法；建立新型的师生关系。

第七，关于成人学习的研究。这方面的知识构建，可以非常坦率地说，异域的宽度和广度、高度和深度要远远超过本土。新近的信息还表明，异域学者在推进自我导向学习、转化或质变学习的同时，又将成人的非正式学习、偶发学习、情境学习、情感学习、身体亲历学习等引入到了一个方兴未艾的时代。

第八，关于先进理念的研究。终身教育、终身学习、学习型社会乃至学习型组织等源于异域，其探索活动的推进自不待言，更让人们可以注意到的是，自21世纪以来，在本土，有关从理念转化为实践的探索，其势头显得尤其强劲，终身教育的立法、终身教育体系的构建、学习型社会的创建、学习型城市的建设、学习型社区的创建、学习型组织建设等无不都是这种趋势的有力证明。

第九，关于学科交叉的研究。这方面的研究活动与研究成果从涉及的学科交叉对象来看，异域与本土之间的差别不是十分明显，细微的差异在于，异域似乎更早、更多关注稍"软"一些的学科，如哲学、伦理学、社会学，本土则似乎略晚、更多关注稍"硬"一些的学科，如经济学、控制论、系统论等。

第十，关于学科元论的研究。总体说来，异域学者似乎更乐意讨论研究方法的问题，而并不多见专门的成人教育学科体系建构或发展研究；本土学者似乎更愿意专门探究成人教育学科体系建构与发展的问题，而很少涉及研究方法的专门探究。

此前，曾有成人教育学科体系历史运演叙说后对"五同""五异"的即时性陈述；于此，又有成人教育学科体系基本框架整合后基于论域对比发现的归总性呈现，前者有些感性、随意化，后者有些理性、格式化。这些都是我个人的体悟与作为，相信读者们定然还会以其更加细心的目光，更加宽阔的视野，或依照此前提供的信息，或根据自己掌握的材料，去对迄今为止的成人教育学科体系框架作更多的探知。

第二节 "学之说"的个例解读

细细咀嚼自己预先设定的研究与叙述步骤，心中慢慢冒出了三种不同的滋味：

回望——带来的一定是兴奋和喜悦，因为可观其成长和发展；

反思——带来的也许是幽忧和沉思，因为要窥其"脸上尘"和"身上土"；

前瞻——带来的必将是希望和期待，因为会明其"前进的灯塔"和"发展的路向"。

虽然心里十分明了反思的意义，但终因两年多来一直陶醉在其成长的欢欣之中，沉浸在其发展的鼓舞之中，现在要马上以忧患意识去揭其"短"，以责任意识去挑其"刺"，感觉就像是一部开足马力、风驰电掣的列车，猛然间，运行显示系统命令你必须马上停下来，说列车疑有故障，前行已有风险……

其实，在此想要表白的无非是：要从享受成长之快乐，速转到发现成长之烦恼；要从沉浸发展之愉悦，急拐到窥探发展之忧患，也许还真不是一件轻而易举的事。

但是，很快冷静下来：

从一般的学理层面上讲，特别是从人类认知不断走向深化之必然的角度上讲，成人教育学科体系百年的历史编织，定会留下瑕疵与破绽，需要检视与修订；

从真切的实际层面上讲，特别是动态地从理论与实践之平衡对接的角度上讲，成人教育学科体系百年的历史运演，定会存在瑕疵与谬误，需要审视与修正。

来自方方面面的信息表明，现实情况何尝不是如此，比如：

从成人教育学方面说，早已有人开始不满足于它现有的理论支架与知识样态；

从成人教育学科体系方面说，亦早已有人开始诟病它既有的认知源点与形象构成。

总之，依然坚信苏格拉底的表白：人类生活的真正价值，存在于查问和审视之中，存在于对人类生活的批判态度之中——"未经审视的生活还不如没有的好。"

如下第二节和第三节，就让我们根据先前的设定，在"小写"与"大写"的成人教育科学研究既有成果中，或者说在其学科体系编织的现有成就中，分别选择一个个例，采用深入解读与解析的方法，来对其样态和形象作一具体的审视与反思，期待由此能够为我自己和大家带来一种新的觉醒与认知。

一、感佩：大师风范

在"小写"的成人教育科学研究成果中，被选择进行反思的个例，是诺尔斯的成人教育学论说（简称"学之说"）。

在第一章和第二章，我曾经追述了诺尔斯的人格发展、治学理念和学术成就，其中不仅有来自我本人对其学术造诣和学术创造之钦佩，也有来自其故土和国际社会对他的学术智慧和学术贡献之赞美。

之所以将这样一位大师的成人教育学论说作为个例进行反思，其缘由可以分成三个层面：

从大道理层面说，为了成人教育学科及其体系的建设，为了成人教育实践及其发展的深入。

从中道理层面说，诺尔斯的成人教育学论说，一则集西域成人教育思想与实践之大成，另则又对国际成人教育理论与实践产生过并还将产生重大影响，因而，特别有其反思的典型意义。

从小道理层面说，其实也可以说是一个最直接、最重要的缘由，那就是，因为诺尔斯这位大师的胸怀和气派让我心生感动，他的胸襟和气度亦让我心生钦佩，以至于我欲与大师作一番学术、心灵的对话。对之，需要作出的具体陈述是：

诺尔斯的成人教育学之论说，主要集中在其 1970 年出版的《成人教育的现代实践：成人教育学与儿童教育学》(*The Modern Practice of Adult Education: Andragogy versus Pedagogy*) 一书当中，或者说，主要集中在其经修订而于 1980 年出版的《成人教育的现代实践：从儿童教育学到成人教育学》(*The Modern Practice of Adult Education: From Pedagogy to Andragogy*) 一书当中。而欲将直接择之作为反思文本的，即《成人教育的现代实践：从儿童教育学到成人教育学》一书，在其开篇"探讨的准备——形成探讨的气氛"中，诺尔斯就郑重其事、推心置腹地说道：

"我不是传统意义上的教师，而是您（读者）的帮助者。

"我将充满信心和满怀热情地写出自己的观点。但我并不认为我的观点一定是真理或者是最正确的。我的态度是，我是在同您分享我的经验、所受的训练和见解，而不是将之强加给您。

"也就是说，我希望您以探讨的态度来阅读本书，而不是把书中的内容当作可以依赖的教诲。"

在他看来，"学习者（即读者）同样应当是主动的探索者……（应该）以探索的精神来共同探讨问题，应该与本书展开对话"。

总而言之，"对于那些勇于探索新鲜事物的人来说，成人教育是可以形成新理论的最为振奋人心的领域。因此看来，我们对探讨气氛必须形成一个特点，这就是，敢于探索，敢于试验，勇于从错误中吸取教训，乐于不断发展与完善我们的理论"。①

---

① 诺尔斯. 现代成人教育实践 [M]. 蔺延梓，译. 北京：人民教育出版社，1989：3.

正是因为大师如此宽阔的人格张力及如此宽广的学术胸襟，让我感佩之至，进而激励我去与大师切磋一回，对话一回。

二、呈现：基本构架

作为"对话"的头一步，首先来看一看诺尔斯在他这部经过修订的著作中，究竟向读者诉说了一些什么，即在他的认知与理解、经验与见解中，"成人教育学"究竟当是怎样一个基本的知识框架。

《成人教育的现代实践：从儿童教育学到成人教育学》一书共分三大部分，十一章，并含有相当篇幅的"附录"。

第一章题为"探讨的准备"。该章很有开篇之序的样态，但内容颇为独特：其一，于第一时间便显现出作者所推崇的"成人教育学"原则，即以帮助者的姿态，指出成人教育学尚属"新鲜事物"，希望所有读者能够和作者一起开始对它的探索；其二，在"部分"和"章"的层面，描述了全书的内容框架；其三，说明阅读此书的不同方法以及可能产生的不同效果。

第一部分的标题是"成人教育面临的任务和方法"。其中设第二章、第三章和第四章。这一部分大抵是涉及成人教育之基本理论范畴的探讨。且看：

第二章题为"何为现代实践"。作者基于如下五个方面论述了成人教育实践的现代意涵：加速变化的当今世界、成人教育目的的重新定位、"教"与"学"之关注点的逐渐转换、学习成为一个终身过程、人类生活环境新近涌现并必将和学习者联系起来的学习资源。

第三章题为"成人教育工作者的职责与使命"。其中包括如下六个议题：成人概念的定义、成人教育的含义、成人教育工作者的定义及其队伍构成、成人教育工作者的基本职能、成人教育工作者的基本使命、成人教育工作者随成人教育研究深入而发生的职责嬗变与任务更迭。

第四章题为"什么是成人教育学"。在这一章，在明确的学理层面，诺尔斯尝试对"成人教育学"进行了专门的思考。其中的思维推进节点是：最初问世的儿童教育学、此后形成的成人教育学、儿童教育学的理论基础与成人教育学的理论基础、成人教育学理论对成人教育教学实践可能产生的意义、对成人教育或成人学习具有影响力的相关的"学"与"教"理论、成人教育学对儿童教育学可能发生的某些适用意义、体现成人教育学理念的"教"或"学"之计划制定及其过程、对儿童教育学模式与成人教育学模式孰优孰劣之提问定势、为针对不同情境思考选择何种模式更为合适的设问方式。

基本理论探讨暂告一段落之后，诺尔斯又针对成人教育如何运作的问题进行了大量的设计和思考。由此，他为全书第二部分所确定的标题是：成人教育全面计划的组织与管理。也就是说，如何根据前述的成人教育学基本原理，来对成人教育、成人教学活动进行一种全面、完整、系统的思考和设计、实施和管理。其中，共设六章，即由第五章至第十章所组成。

第五章题为"形成一种组织气氛与组织结构"。对之，诺尔斯就如下六个议题展开了讨论：提供成人教育活动之组织机构的组织目的、提供成人教育活动之组织机构的组织环境、组织机构实施成人教育活动的政策基础、组织机构建立成人教育及其相关委员会、委员会系统提高工作效率的指导方针、为成人教育工作者提供相关的服务。

第六章题为"需要和兴趣的确定"。该章伊始，诺尔斯就旗帜鲜明地表示，确定需要和兴趣对全面制定与实施成人教育计划而言，是具有"极端重要意义"的一个步骤，是全部计划工作之基础的基础。因为诺尔斯深信，它犹如一柄可致最终之"福"或最终之"祸"的魔杖——若真切"了解了计划服务对象的需要和兴趣，那么这个计划定将是一个繁荣昌盛的计划"，[①] 反之，就一定会遭受服务对象的冷待，致使计划面临失败的命运。基于此，他论述了"需要的本质""兴趣的本质"以及"需要与兴趣的确定"这样三个重大问题。

第七章题为"目的与目标的确定"。这一章涉及四个具体的议题：目的与目标的意涵和作用、如何确定服务于社会或组织机构的成人教育计划的总体目的、如何确定服务于特定阶段之特定教育效果实现的成人教育计划的具体目标（包括如何确定服务于一个特定群体之特定学习活动效果实现的"学习目标"），以及如何将需要

---

① 诺尔斯. 现代成人教育实践 [M]. 蔺延梓，译. 北京：人民教育出版社，1989：89.

转换成目标。

第八章题为"全面计划的设计"。在诺尔斯眼里，成人教育学不仅是一门科学，亦是一门艺术。故而，本章的首个议题是"成人教育作为一种艺术形式的最新见解"，第二议题是"运用于成人教育的艺术原则"。在充分表达了成人教育学的艺术思维之后，第三和第四议题则分别涉及"学习方式的选择"和"设计范例的描述"。

第九章题为"全面计划的管理"。该章关涉的是一个关于计划如何实施和推进的问题。作者先是讨论了管理的艺术意蕴，随后的议题是：领导者与教学者的招聘与训练、教育咨询问题（包括教育咨询的作用、测试方法的运用、咨询服务的组织等），以及教育计划的推广和社会公共关系的建立。

第十章题为"全面计划的评价"。诺尔斯首先说明了关于"评价"之或褒或贬的观点，以及一方面主张使用科学方法，另一方面又很难找到恰切方法的两难处境。随后，他触及了五个议题，依次为：评价的价值观冲突（强调外部控制 vs 强调自我实现）、评价的目的、评价的过程、资料收集方法、评价的效果。

诺尔斯为全书最后一个部分即第三部分所确定的标题是：帮助成人学习。很特别的是，其中仅设一章，即第十一章，以专门站在成人学习者的角度，讨论如何帮助他们展开学习活动。其名称和议题为：

第十一章"学习活动的设计与管理"——学习活动的过程、学习气氛的形成、明确制订合作性学习规划的方式、诊断学习需要、形成学习目标、设计学习模式、管理学习活动、尝试合同式学习、根据成人教育学原理制订学习规划的实例、学习活动评价的效果与学习需要的再诊断。①

三、解读：对话大师（A）

无须掩饰，作为一名追逐成人教育学的后辈研究者，我一边反复阅读、用心体会，一边在心中升腾起对大师充满真情的感佩，但见这部著作：

---

① 诺尔斯. 现代成人教育实践 [M]. 蔺延梓，译. 北京：人民教育出版社，1989.

——第一次在最为正式的意义上为"成人教育学"竖起了界碑,虽然我们同样不会忘记波尔、凯普等人的历史功绩,不会忘记罗森斯托克、林德曼等人的先期贡献;

——第一次对"成人教育学"有了一种专门的学术意涵注解;

——第一次对"成人教育学"有了一种刻意的理论源点探索;

——第一次对"成人教育学"有了一种逻辑的知识体系构建;

——第一次对"成人教育学"有了一种系统的实践运作演绎;

……

然而,感叹之余,又细细想来:

——也许正是因为前述的头一个"第一次",开创的功绩中还必定携带着某种粗疏(预留着某些新的探索天地),所以也同样会特别引人瞩目,也同样会特别让人期待在切磋与反思中使之不断趋向纵深;

——也许正是因为前述的后几个"第一次",初获的建树中还必定裹挟着某些不周(预留着某些新的商榷空间),所以也同样会特别令人关注,也同样会特别让人期待在对话与反省中使之不断走向完善。

诚然,对于我以下所要作的这一成人教育学的个例"解读",想要预先告诉读者的两个真实心态是:

其一,作为晚辈,我自然十分乐意接受大师的鼓励,来参与"切磋",但与其说如下解读中发生的切磋里会有一种"斗胆式"的"质疑",倒不如说更会含有一个带着问题意识,一则面向大师诉说体悟,另则面向广大读者同仁求教,甚或是企求共同索解的过程;

其二,作为晚学,我自然十分愿意接受大师的激励,来卷入"对话",但与其说如下解读中展开的对话里会有一种"造次式"的"问难",倒毋宁说其中更将呈现一个带着探究意识,一来面向大师诉说体认,二来面向广大读者同仁求知,甚或是祈盼共同索释的过程。

以下,就请允许我将这样一个包括如此特别之"切磋"以及如此特别之"对话"在内的,有关诺尔斯的"成人教育学"的解读过程,一步一步地展现开来。

首先,在我自身现今(也许依然还是十分谫陋)的认知宽度与深度里,以为一门学科及其体系的建构，一定会有与"认识论""方法论"乃至"本体论"密切相关的，其伦理与纲领、性质与目标、意义与作用、源点与路向、内容与边界、空间与方法等一系列基本命题的考量。诚然，不同的作者、不同的著述可能会有不同的兴趣、不同的侧重，而且有时可能会选择某些问题进行专门或显性的阐述，有时则又会以附带或隐性的方式对之加以表达。另外，还需要说明的是，在我个人的认知范畴中，当然还会有许多尚未能够顾及的其他命题。

那么，以诺尔斯在《成人教育的现代实践：从儿童教育学到成人教育学》一书中所呈现的成人教育学为例切入，围绕这些基本问题，又可以对之展开怎样的具体切磋与具体对话呢？

其一，关于伦理与纲领。

"伦理"一词常挂在嘴边，且常和"道德"一词互换使用或联结使用，用多了、说多了，往往会忽略了去仔细考究一下它们的具体含义。

武汉大学哲学学院的张传有教授在《伦理学引论》一书里告诉我们：

——西语中，"伦理"（ethikee, ethics）一词由"习惯与特质"（ethos）一词演变而来；"道德"（morality）一词则源于"风俗"（mores），而"mores"又为"mos"（拉丁文"风俗、性格"）这个词的复数形式。

——汉语中，"伦理"由"伦"和"理"组成，"伦"含"辈分与等级""伦常与纲纪"之意，"理"有"纹路与纹理""秩序与规则"之解；"道德"由"道"和"德"组合，"道"有"道路""天道""人道"之意，"德"则意味着主体对"道"的体悟和肯认，形成合适行为，并经内化而生成的品质和德性。

——由此，"伦理"和"道德"可被认为是"群居生活中，人们所必须遵循的规则和习惯，以及由于这种遵循所形成的德性或品质"。①

随着时间的推移，原本针对主体而言的"伦理""道德"又被移用到了人类的某些活动范畴，比如"学科伦理""学术道德"等。诚然，"学科伦理""学术道德"又必定是主体之"伦理"与"道德"的反映。

虽然诺尔斯在他这部著作中罕见地专门以"伦理"或"道德"的名义论述成人

---

① 张传有. 伦理学引论 [M]. 北京：人民出版社，2006：4.

教育学，即作为一门学科，其存在、成长当形成何种习惯，当遵循何种规则，当展现何等品质，当养成何等德性，但如此意念和思索却自始至终反映在其著述的全部过程之中。

最让人容易注意到的是：

"端点"的确立。我们已经知道，现下被择来作为主要反思文本的《成人教育的现代实践：从儿童教育学到成人教育学》，是其于1970年出版的《成人教育的现代实践：成人教育学与儿童教育学》的修订本。首先从后者来看，其中的"成人教育学与儿童教育学"显然译自英语"Andragogy versus Pedagogy"，其实"versus"一词更为恰切的含义当为"对"，如诉讼中的甲方对乙方，比赛中的甲队对乙队，或可作"与……相对""与……相比"之解，如自由贸易对保护贸易。这样，便可发现，诺尔斯的逻辑初衷便是希望面对或相对"儿童教育学"（pedagogy）而凸显出一个具有完整意义、系统意义的"成人教育学"来。换言之，在教育科学的整体系统中，相应或者说对应"儿童教育学"这一端点，能够竖立起"成人教育学"这样一个新的端点，并且期待从此在教育科学范畴乃至更大的人类探索范畴中，形成一种如同关注儿童教育学一般的、热衷探究成人教育学的风尚与习惯。

"纹路"的阐析。于此，再回过头来看《成人教育的现代实践：从儿童教育学到成人教育学》，其中的"从儿童教育学到成人教育学"（from Pedagogy to Andragogy）显然是对"成人教育学与儿童教育学"（Andragogy versus Pedagogy）的修订，即原先的"... versus ..."被改为"from ... to ..."。这一改动，据我早先的了解以及通过对诺尔斯著作的阅读，原因似乎有三：其一，是为了对质疑做出回应——自1970年《成人教育的现代实践：成人教育学与儿童教育学》出版之后，在受到认同、赞扬的同时，亦有人质疑，认为将"儿童教育学"与"成人教育学"截然"相对"并非明智，因为在成人学习者身上所表现出来的某些基本特征以及由之而对成人教育（学）形成某些特定规约，同样可能发生在儿童学习者身上，以及有关他们的学习和教育及其理论架构之中；其二，是为了对误问进行纠正——诺尔斯告诉读者：常常有人问他，成人教育学模式和儿童教育学模式孰优孰劣？诺尔斯表示，这是一个"不应当提出的问题"，因为如此非此即彼的问题早已被公认为一种世界通病，况且"没有人，包括我在内，说过成人教育学的模式优于儿童教育学的模式"；①其三，是为了对事实本身及其关系进行梳理——不论孰优孰劣，并非意味着就此不再需要考虑何谓儿童教育学、何谓成人教育学，以及它们之间的相互关系。而作为"回应""纠正"和"梳理"，诺尔斯采取的具体行动是：从"儿童教育学"之开初，一直到"成人教育学"之形成，作了其过程的说明性阐述，并且承认，一开始的确是试图通过直接"对照"（versus）儿童教育学的方法来凸显成人教育学的意涵，后来则更乐于认为，成人教育学只是又一种新的事关（成人）学习者及其学习现象的理论模式，很大程度上"可以与儿童教育学的模式同时应用"；②对怎样进行合适的提问给出了意见，他说："确切的提问应当是：'哪些研究结果证明了在什么情况下成人教育学的模式更合适，不管是部分地合适还是整个地合适'"；③对于事实本身及其关系，诺尔斯不仅在这部著作中对之进行了倾心的探究与深入的推理，更是毕其一生精力为之做出了贡献。在他心里，最后形成的一个基本看法便是："如果把这两种模式看作一个系列的两个端点，而不是看作相互矛盾的东西，那么，对于处在两个端点中间的特定情境，它们就更加有用，可以使理论更加切合实际。"④由此，"质疑"得以化解，"误问"得以消解，两个模式的个性及其关系亦得以梳理。显然，所有这一切都喻示着诺尔斯义无反顾地履行着阐析成人教育学之纹路、剖析成人教育学之纹理的神圣使命，而其为之所付出的全部努力、最终旨意又全然在于为成人教育学获得一种学理上的，且为社会所认同与遵循的秩序与规则。

"终身学习"的认同。面对世界变化加速、教育理念更迭、教育手段更新等新情况，诺尔斯心中逐渐形成的一个基本信条是："在一个加速变化着的世界里，学习必须是一个终身进行的过程"，⑤而终身教育理念又必将成为认知和发展各项教育事业的一种基本的组织原则，从而"帮助成人在一个加速变化的世界里更加成功地生活"。⑥他进一步声称：面向青少年儿童的学校教育，"必须主要考虑培养学生

---

① 诺尔斯. 现代成人教育实践［M］. 蔺延梓，译. 北京：人民教育出版社，1989：65.
②④ 同上：40.
③ 同上：65.
⑤ 同上：11.
⑥ 同上：10.

的探索技能",而对于"离开学校以后"的终身教育,则"必须主要考虑向独立的探索者提供资源和支持"。①基于此,可以非常明显地感受到,在诺尔斯心中,成人教育学作为一门学科必定要体现它的实践价值,而这种实践价值的体现,就是要把为成人的终身学习过程提供便利和资源、支持和帮助,作为一种根本的使命、核心的任务,从而建构起学科的基本价值乃至基本品质。

"成人学习者"的关照。诺尔斯曾经写过一段充满批评性的话语,他说:"我觉得,许多传统的教师(还有一些有学识的理论家们)对儿童教育学的模式几乎有一种思想意识上的崇拜。儿童教育学的模式是一种他们必须为之献身,必须用制裁(规范地区别等级)强化,必须用狂热来保护的东西"。②可以发现,在此前的有关儿童教育学模式与成人教育学模式及其关系的描述里,诺尔斯的态度是温和的,也就是说,对于儿童教育学模式本身,他并无太多指摘,并且认为它与成人教育学模式之间亦存有一种互补的关系,而当论及有人在思想意识上出现"崇拜过头"、行为表现上采取"制裁强化"、情绪取向上一味"狂热保护"的时候,他便给出了措辞激烈的驳斥。探究个中原因,不禁让人想起了他1973年出版的《成人学习者:被忽略的一族》一书。这部著作堪称1970年《成人教育的现代实践:成人教育学与儿童教育学》的延展,而其中有些重要思想和见解又在1980年《成人教育的现代实践:从儿童教育学到成人教育学》的修订本中得到体现。诺尔斯在该书中声称:长久以来,社会关注力量与教育研究力量的释放,主要定格在了儿童学习者与儿童学习方面,而成人学习者与成人学习却被莫明其妙地忽略了、冷落了。然而,无论从哪个角度来说,成人学习者与成人学习没有任何理由被搁置在几近边缘的区域,或被冷落在渺无人烟的部落。毫无疑问,这种情况应当得到一种彻底的改变。也许,正是因为对这样一种严重失衡状况的发现,以及想改变此状况的决心,促使诺尔斯将自己的一生及其智慧和创造、思想和行动,奉献给了对成人学习者的关照,并将之注入自己的成人教育学的德性打造之中。其中,亦祈求人类的教育及其科学研究能够确立起一种新的德性意识,那就是在关注儿童学习者与儿童学习的同时,千万别忘了关照成人学习者与成人学习。最后,他又独领风骚地表

---

① 诺尔斯. 现代成人教育实践 [M]. 蔺延梓,译. 北京:人民教育出版社,1989:11.
② 同上:65.

示:"我根本不把成人教育学视为一种思想意识。我认为它只不过是一种关于学习者情况的理论系统。而且这种系统还有待于在不同的环境和不同的学习者身上作进一步的检验"。①

由此可见,诺尔斯一生为成人教育学,试图通过"端点"竖立而成其伦,通过"纹路"阐析而明其理,并且在遵此"伦"、循此"理"的基础上,又试图通过对终身学习的认同、对成人学习者的关照,而确定其品质,养成其德性。

毫无疑问,对于大师的如此开拓与创新、执着与追求,也许任何人都会为他的成就与辉煌、意志与精神而钦佩之至。然而,作为一名晚学,我在时隔30年重读其著作的时候,心中却也不免生出这样一些想法来:

首先,不否认以对照方式站在"儿童教育学"这个端点之对侧试图生成"成人教育学"这样一个新的端点会遭到如前述那样的质疑,但其中终究蕴含着一种强烈的创新意识和突破行为。然而,对此我心中的疑问是:为什么成人教育学作为一门学科而生成,并希冀其成为一种风尚与习惯的探索行为,初看起来仅仅是作为对照或比照儿童教育学之后的一种结果?

其次,也不否认基于"一个系列"的假定以推演的方式试图证明"开初是儿童教育学,现在是成人教育学"堪称是教育理论系统的伟大进步,甚至是里程碑式的发展,而且,其最直接的效应便是人们(也最可能是那些被诺尔斯批评的人们)少了一份对"...versus..."可能相对"扎眼"的不适与排斥,多了一份对"from...to..."可能相对"顺眼"的温和与接纳。然而,我心中的不解是:为什么成人教育学作为一门学科而崛起,并企盼其成为一种秩序与规则的探究行为,乍看起来好似仅仅是由儿童教育学衍生而来的一份产物?

再次,诺尔斯倡导终身学习,并且认为在终身学习背景下,成人教育的重要职责就是要向独立的探索者即独立的学习者提供资源和支持。这样一种特定的见解折射到学科范畴,便规约了它的使命和任务,即旨在探究一种支持价值的实现理论与兑现途径,进而有望借此而形成学科本身的基本品质。显然,将支持终身学习作为成人教育学得以安身立命的一种基本品质至关重要,相信没有人会提出任何疑义,

---

① 诺尔斯. 现代成人教育实践 [M]. 蔺延梓,译. 北京:人民教育出版社,1989:65.

但我的问题在于：学科品质的横向跨度是否还存有更加宽阔的延绵地带？学科品质的纵向深度是否还存有更加深邃的推进空间？比如，我经常会思忖：诺尔斯提出的"帮助成人在一个加速变化的世界里更加成功地生活"这样一个重要的命题，在品质范畴中，人们又可以给予它一种什么样的名分？

最后，在对成人学习者的观察与思考中，诺尔斯认为，在儿童教育、儿童教育学被尊奉到至高无上之地位的背景下，他们已经成了一个被忽略、被遗忘的族群。他的呐喊是：对于儿童教育与儿童教育学过分"崇拜"、过于"强化"，甚至已经达到"狂热保护"程度的势头应当有所遏制，与之相反，应将长久遭遇旁落的成人学习者以及长期处在式微状态的成人学习研究推引到充满光亮的舞台中央来；并由此构成成人教育学的德性。显然，在儿童教育、儿童教育学至上的时代，提出关怀成人学习者、关照成人学习是需要勇气和胆魄的，而由此所产生的意义又是深远而无可估量的。然而，盘旋在我心中的一个问题则是：虽然过分"崇拜"、过于"强化"，乃至"狂热保护"绝不足取，但为何诺尔斯不愿将成人教育学置放到一个恰切的思想意识范畴或层面上去进行必要的理性思考，而仅仅是为了探讨"一种关于学习者情况的理论系统"而已？如此这般，不仅有可能限制成人教育学本身的认知范畴，更有可能难以探及成人教育及其学科最富真谛的区域，抑或最显本真的地带。早在20世纪80年代中后期，我曾经反复阅读并翻译出版了伊里亚斯和梅里安合著的《成人教育的哲学基础》一书。从中得知，1979年9月，诺尔斯受出版方邀请为该书在美国出版撰写了前言。其中有一段表述，其大意是：当从克利格尔（R. E. Krieger）那里得到让我为伊里亚斯与梅里安合著的《成人教育的哲学基础》一书撰写前言的通知之后，我便一直在一种急切却又掺杂着疑惑与偏见的心理状态中等待他们的书稿。得到书稿的当天，我便丢下了手头的全部工作，埋头读了起来……他们的分析如此透彻，他们的观点如此鲜明，使我全然抛弃了原先对哲学的不理解和不信任……[①]从这段话语中，可以感受到，诺尔斯当时，至少是在阅读书稿之前，对属于思想意识范畴的成人教育哲学思考是存有不屑与偏见的。如果情况确实如此，那么一方面，也许可以解释为什么诺尔斯"根本不把成人教育学视为一

---

① J. L. Elias, S. B. Merriam. *Philosophical Foundations of Adult Education*. [S. l.]: Krieger Publishing Co., 1982.

种思想意识",而更愿意在不受其影响的情况下,仅仅将之看成一种"关于学习者情况的理论系统";另一方面,又产生了一个更加让人难以找到答案的问题,那就是:为什么诺尔斯对思想意识抑或哲学思考抱有如此狐疑和偏见,而更乐意紧紧地守在他的"关于学习者情况的理论系统"之中呢?

以下,再让我们进一步来解读学科纲领的问题。

所谓"纲领",在一般的释义里,主要是指对事物运演具有引领和指导作用的要领或原则。

乍看起来,诺尔斯好像并没有在其相关研究方面贴上"要领"或"原则"之类的纲领性标签,但是,他在《成人教育的现代实践:从儿童教育学到成人教育学》第一章"探讨的准备"中所涉及的事实,以及由之而导出的观点则是非常具有成人教育学之纲领韵味的。

作为事实,主要有三点:

——"成人教育像文明史一样古老",但是,"作为一种独立的研究和实践领域",其时间却还不是很长。

——成人学习有各种各样的起因,特别应当注意到的是,成人学习者所采用的学习方法从一开始就是各不相同的,或者说是缤纷多样的。

——迄今为止,"我们在帮助成人如何学习方面的知识主要还是一些学术经验的结果。我们关于成人学习这一现象的理论,还带有极大的主观性。甚至我们给这些现象贴上去的标签和我们用来组织它们的分类方法也很粗糙"。[①]

总之,"对于那些勇于探索新鲜事物的人来说,成人教育是可以形成新理论的、最为振奋人心的领域"。[②]

由此,诺尔斯为成人教育学探索确立了一种纲领、一种原则,那就是:要"敢于探索、敢于试验";要"勇于从错误中吸取教训";要"乐于不断发展与完善我们的理论",从而"取得更多的研究成果",以奠定"成人教育方法的科学基础"。[③]

说到底,诺尔斯力求给成人教育学灌注一种态度、一种精神,要求成人教育学

[①②③] 诺尔斯. 现代成人教育实践[M]. 蔺延梓,译. 北京:人民教育出版社,1989:3.

在其探索过程中，要承认自己还处在初创阶段，要预见自己还会面临种种困难和挫折，乃至错误和失败，而唯有坚持一个"敢"字、发扬一个"勇"字、倡导一个"乐"字，方能赢得研究成果的诞生与添加、理论成就的发展与完善，科学基础的奠定与加强。

对于这样一种学科纲领，若基于诺尔斯本身所秉持的学科伦理抑或道德而言，显然是无可指摘的，其中甚至充满着坚定和执着、追求与向往。然而，若突破其"学"之本身，或者说再渗进一点思想意识，甚或再进一步，即明确基于"帮助成人更加成功地生活"这样一个视角来考虑问题的话，那么，我心中不禁产生一个非常希望得到大师首肯乃至赞赏的想象，那就是：成人教育学由之而要坚持的原则，或者说由之而要遵循的纲领，其思想及其科学基础半径是否就会变得更加博大，其理论及其学术意境是否就会变得更加深远呢？

其二，关于性质与目标。

"性质"一词，最为规范的释义也许是指"事物所具有的特质"。而就我个人的理解来讲，它是指可以说明或证明何物为何物的最根本、最内在，乃至别无替代的质性意涵。

就一般的"教育学"概念而言，我国著名教育家顾明远教授主编的《教育大辞典》将之表述为"研究人类教育现象及其一般规律的科学"。①可见，它的特质在于探究人类的"教育现象及其一般规律"。

至于成人教育学的性质界定，诺尔斯的认知显然存在随"…versus…"到"from…to…"之变化的变化。也就是说，初始，诺尔斯是在与儿童教育学的对照中呈现该概念性质的。他说："儿童教育学是教儿童的艺术和科学。开初，我对照儿童教育学把成人教育学定义为帮助成人学习的艺术和科学"。②

后来，他是在发现成人教育学观点有时也适用于儿童教育，并且效果非常良好，从而促使"from…to…"之意识得以进一步强化的情况下，再度对之予以阐释的。对此，诺尔斯又描述说："现在，我倾向于认为，成人教育学只是另一种

---

① 顾明远. 教育大辞典（第1卷）[Z]. 上海：上海教育出版社，1990：81.
② 诺尔斯. 现代成人教育实践 [M]. 蔺延梓，译. 北京：人民教育出版社，1989：40.

有关学习者的模式，可以与儿童教育学的理论模式同时应用"。①

诚然，此前一再提到的"我根本不把成人教育学视为一种思想意识。我认为它只不过是一种关于学习者情况的理论系统"的观点，无疑是对如此性质界定的反复强调。

于此，不必再去重复诺尔斯发生从"…versus…"到"from…to…"之变化的缘由，也无须再去揣测诺尔斯拒绝思想意识的原始动因，而只想借助其在著述中所表达的思考与见解，来捕捉和证实他对成人教育学性质的判断：

成人教育学有其生成和成长的必然。"…versus…"或许让人感觉"扎眼"，而"from…to…"又或许变得"顺眼"，但无论如何，诺尔斯心中从未动摇过对成人教育学的坚定信念。他表示：尽管儿童教育学模式与成人教育学模式有时可以相互取长补短，但还是一定要郑重地"提出一种警告：一个思想意识教师——即非常忠诚于儿童教育模式的人——可能极想低估成人教育学理论的适应性，可能极想在一个学习者已经能够独立学习时还想使他依赖他人"。②显然，在诺尔斯的内心深处，认同、培育成人教育学是第一位的，是底线；切磋、商榷与儿童教育学的相互关系则是第二位的。

成人教育学有其生成与成长的土壤。在《成人教育的现代实践：从儿童教育学到成人教育学》之第四章"什么是成人教育学"中，诺尔斯区分了儿童教育学理论与成人教育学理论之间的异同，认为成人学习者的自我概念、经验积累、学习准备、学习倾向有别于儿童学习者的，这些是催生成人教育学的直接而特定的土壤，或者说是直接而特定的源点（有关学科的源点问题，后面还将作专门的讨论）。显然，直接而特定的土壤或直接而特定的源点，自然会为成人教育学规约特定的学科性质。

成人教育学是一门"帮助成人学习的艺术和科学"。通过对照儿童教育学，诺尔斯最初认为成人教育学是一门"帮助成人学习的艺术和科学"。其实，如此特质界定，从其生成与成长之土壤的特性来看并无不妥，从其生成与成长之源点的特性来看亦非失当。加拿大蒙特利尔大学成人教育学系的大楼走廊的墙上就写着："成

---

① 诺尔斯. 现代成人教育实践 [M]. 蔺延梓, 译. 北京：人民教育出版社，1989：40.
② 同上：41.

人教育学：一门帮助成人学习的科学与艺术"。可见，如此界定还是颇得成人教育学业内人士之认可的。

成人教育学是"另一种有关学习者的模式"。显然，这是一种更加委婉的说法而已。虽然诺尔斯认为儿童教育学和成人教育学都是"艺术与科学"，但其中的"分水岭"在他心中是十分清晰的：前者是一门倾向于"教"的"艺术与科学"，后者则是一门倾向于"帮"的"艺术与科学"。一字之差，却彰显了两者在"质"的层面上的迥异。而此种说法，又终究开辟了一条"教"同样可含"帮"，而"帮"又可寓有"教"的通道。我忽然异想天开：在尊重诺尔斯本意的前提下，可否将这两层意涵合并起来，即将成人教育学的性质界定为"一门关注成人学习者，重在帮助其展开学习活动的科学与艺术（模式）"？

将成人教育学的性质界定为一门"帮助成人学习的艺术和科学"，抑或将之视为"另一种有关学习者的模式"，若基于成人学习者相比儿童学习者在自我概念、经验积累、学习准备以及学习倾向等方面所呈现的特定差异角度来讲，不仅无可挑剔，甚至应当充分肯定它的创新价值与超越意义。问题是，若以 21 世纪的眼光，并潜入更深层面、朝向更能彰显其最根本、最内在之性质的方向前进一大步的话，那么，我还是想继续对话、询问大师一个在此前讨论学科伦理时已经触及的问题，那就是："帮助成人学习的艺术和科学"或"另一种有关学习者的模式"，是否已经真正触及成人教育学性质的核心？如若未及，那么，它的真切性质又深埋在哪里，又该到何方去探寻呢？

接下来，要切磋与对话的是，关于成人教育学的目标问题。

许多时候，"目标"与"目的"常被交叉、混合使用。在我心里，它们都是意在表示一项计划或一个行动所蕴含的一种希望产生的效果或预期达到的结果。如若一定要做区分，"目的"所指有时可能更笼统些、宽泛些，"目标"所指则常常可能更明确些、具体些。

关于成人教育学的目标问题，我感觉诺尔斯有多个层面的思考，而之所以产生这种感觉，全然是由其在第一章"探讨的准备"里的那句话引起的。他说：对于成人教育，我们迄今为止还没有"清晰的分类""现成的答案"，更难言"定型的理论"。因此，"我们有待取得更多的研究成果，然后才有可能谈论成人教育方法的科学基础问题"。①

此前，为说明诺尔斯坚持一个"敢"字、发扬一个"勇"字、倡导一个"乐"字所蕴含的指向时，我曾经提到过其"取得更多的研究成果"以及"（奠定）成人教育方法的科学基础"这样两段话。将其放到目标背景之下来作专门讨论，不仅体悟的层面多了起来，而且思考的空间也大了起来。

从第一层面来讲，诺尔斯期待成人教育学"敢于探索""敢于试验"，其最直接的目标显然在于获得有关成人教育的更多认知，抑或有关成人学习的更多知识，从而能够摆脱其在主观经验世界中的反复盘旋。

从第二层面来讲，诺尔斯期待成人教育学"敢于探索""敢于试验"，乃至"勇于吸取经验、教训""乐于发展、完善理论"，其更深远的目标又显然在于打造成人教育方法的科学基础，从而能够真正告别一个成人教育仅"按直觉办事"——其"实践没有理论支持"——的时代。

进而，再细细琢磨"然后才有可能谈论成人教育方法的科学基础问题"，发现诺尔斯极为慎重地在"科学基础"之前做了一个特别的限定，即专门强调与成人教育方法相关的科学基础。对此，油然生成的一种体悟就是：在诺尔斯眼里，成人教育学打造的科学基础是直接作用于或者说直接服务于成人教育方法的。而这里所谓的"成人教育方法"，也许完全可以被理解为"成人教育实践"。这样，又不禁使我将之与承担成人教育实践、运用成人教育方法的成人教育工作者联系了起来，抑或是同诺尔斯所确认的"成人教育工作者的使命"联系了起来。诺尔斯在其《成人教育的现代实践：从儿童教育学到成人教育学》中专设一章，以讨论"成人教育工作者的职责与使命"。他描述说：

"乍看起来，成人教育工作者的使命似乎非常简单，为成熟的男女组织成功的教育活动……但回顾一下美国的成人教育运动史，人们便不难看出，成人教育工作者的使命远非如此。实际上，它应当与满足三种不同的需要和目的相联系……这三种需要和目的分别为：（1）个人的需要和目的；（2）组织机构的需要和目的；（3）社会的需要和目的。"②

---

① 诺尔斯. 现代成人教育实践 [M]. 蔺延梓, 译. 北京：人民教育出版社, 1989：3.
② 同上：18.

虽然将成人教育工作者的使命直接等同于成人教育学的使命会显得牵强附会，但从成人教育学旨在为成人教育方法奠定科学基础的角度来说，如此成人教育工作者之使命、之追求，又何尝不是成人教育学之追求、之目标的一种折射、一种阐扬呢？这就是我思考空间亦变得大了起来的具体表征。

总而言之，投身成人教育学，旨在从今开始致力于摆脱经验束缚、走向理论系统建构，不仅是成人教育作为一种人类社会活动不断进步的必然，亦是其作为一种人类社会活动持续发展的必需；效力成人教育学，旨在从今开始致力于消解主观随意，迈向科学基础打造，不仅是成人教育作为一种人类社会活动品位提升的必然，亦是其作为一种人类社会活动品质完善的必需。

再转换视角而言，可能作用于成人教育实践的理论系统，亦可能服务于成人教育方法的科学基础，又将经由成人教育工作者履行其三大使命这样一种媒介，而使其得到一种更富意义的兑现，抑或一种更具价值的展现。

至此，心里边又忽隐忽现地产生了这样一种感受：如果一味囿于狭窄的学科本身，而仅仅将目标锁定在经验摆脱、主观消解的话，那么，似乎总让人心里若有所失，有时感觉是失之更宽，有时感觉则是失之更远。

幸好，一旦将科学基础与成人教育方法联系起来，或者说一旦将理论系统与成人教育实践联系起来，并透过"成人教育工作者使命"这扇窗口，人们便窥见了更富意义、更显价值的目标所在。

最后，我还想告诉读者一个属于我自己的突然"发现"，那就是：

如前所述，诺尔斯曾多次声称他"根本不把成人教育学视为一种思想意识"，也就是说，他不愿意把成人教育学当作一种思想意识来看待，或者说，他不希望在成人教育学研究中与思想意识发生牵连。就我个人而言，虽然对此"思想意识"究竟是何意指不甚了了，但从其读完伊里亚斯与梅里安合著的《成人教育的哲学基础》一书之后所发感慨中的蛛丝马迹来看，他所称的思想意识又似乎与该书所论及的"个人与国家""民主与控制""经济与文化"等一系列哲学乃至可以细分到心理学、社会学等范畴的命题密切相关。有趣的是，不愿和思想意识发生瓜葛的诺尔斯似乎并没有百分百地兑现其诺言。因为，在我个人看来，即便不再细究成人教育学与成人教育工作者使命之间的关系，而仅在一部以"成人教育学"为命题的著作中用整整一章来讨论"成人教育工作者的职责与使命",并用绝大部分篇幅来阐述其使命指向"个人的需要和目的"、指向"组织机构的需要和目的",以及指向"社会的需要和目的",那么,这一切又怎么可能阻断其与思想意识的对接,切断其与思想意识的关联呢?而恰恰又是因为思想意识的"介入",才使人们不但见证了成人教育工作者的神圣使命,而且亦由之窥见了成人教育学在一些必然、必需之目标以外的,更见宏大、更显深远的目标与旨归。当然,仅仅透过"成人教育工作者使命"这扇窗口所窥见的,也许还全然不能构成成人教育学目标指向的全部。

其三,关于意义与作用。

无论是在日常生活中,还是在特定的职业生涯或学术活动中,"意义"是一个使用频率很高的词,比如语言的意义、符号的意义、生活的意义、工作的意义等,可见其词义通常是指语言文字、信息符号等所表示的内涵,或生存生活、工作劳动所具有的价值,等等。而于此,所谓"意义",就是指成人教育学的内涵所蕴、价值所系,并且特别是指诺尔斯对之所作的分析与阐释。

在"什么是成人教育学"一章里,诺尔斯基于自我概念、经验积累、学习准备、学习倾向四个维度区分了儿童教育学理论与成人教育学理论之间的异同。其中,对比儿童,成人学习者"独立自主的自我概念""丰富多样并且人格化了的经验""与作为社会职责(或社会角色)变化之结果的发展任务保持一致的学习准备"以及"注重现时,旨在解决生活中的实际问题,期待学以致用的学习倾向",在诺尔斯看来,一方面可以被看成成人教育学得以产生的直接而特定的土壤和源点;另一方面又可以被视为成人教育学得以彰显其内涵、体现其价值的线索和依据。诺尔斯在书中写道:

成人学习者"独立自主的自我概念",其意义至少会涉及:

——对学习气氛的规约,要求创建适合成人学习的物理环境与心理气氛。

——对诊断需要的规约,要求由成人学习者自己"诊断学习的需要"。

——对计划过程的规约,"让成人学习者参与他们自己的学习计划过程"。

——对组织学习过程的规约,将"学与教的相互作用看作是由学习者和教师共同负责的东西"。

——对学习评价的规约，要求"由评价向自我评价或再诊断的（方向）转变"。①

成人学习者"丰富多样并且人格化了的经验"，其意义表现在：

——经验成为学习资源，并使各种经验学习方法的应用成为可能。

——有助于学习新经验，并有助于将新经验用于实践与现实生活。

——要求注意经验亦易变成见，故有效的学习还需事先排除定型了的经验。②

成人学习者"与发展任务保持一致的学习准备"，其意义在于：

——根据不同阶段所面临的不同发展任务来设计课程，或提供学习项目。

——教学过程中，可以让有类似发展任务的学习者聚集在一个班组进行学习。③

成人学习者"注重现时，旨在解决生活中的实际问题，期待学以致用的学习倾向"，其可能显现的意义是：

——要求首先满足个人及其所在组织机构的当前学习需要。

——教与学的内容，要求由"知识中心"转向"问题中心"。

——教与学的设计，要有"问题意识"，要从"问题解决"着手。④

对之，人们首先可以确认如下两种情况：

其一，在诺尔斯笔下，基于成人学习者自我概念、经验积累、学习准备、学习倾向等特征而生成的成人教育学，其意义主要体现在教与学的过程之中。或者说，在确定了成人教育学的生成土壤或理论源点之后，他又主要通过这些土壤和源点本身，来细究其指向教与学过程的意义与价值。

其二，诺尔斯将基于成人学习者"四维"特征的成人教育学指向其教与学过程的意义探究，从学理上来讲，是顺理成章的，是符合逻辑的；从推理的过程来看，又是非常细腻且充满其自身丰富经验之力量的。

然而，即便搁置与思想意识层面的对接，仅从教育学视角出发，心里面亦还有

---

① 诺尔斯. 现代成人教育实践 [M]. 蔺延梓，译. 北京：人民教育出版社，1989：45～50.
② 同上：51～52.
③ 同上：55～56.
④ 同上：57～58.

些未过"瘾"的感觉。比如：

——就学科间的横向关系而言，还未及从大师那里明确知晓，即使是在教与学层面，成人教育学模式与儿童教育学模式究竟在哪些具体方面犹有可能形成互补意义？

——就与教育科学的关系而言，还未及从大师那里分明感知，成人教育学的崛起对整个现行的教育科学体系将直接体现或可能潜伏着一些什么样的影响力量？

深信，如果这些问题能够在大师的著述中或者在成人教育学的未来探索中得以阐明的话，那么，它必定会为终身教育倡导者们所梦寐以求的，应"把与（教育）有关的多种因素加以体系化"，① 以及实现"正规教育和非正规教育之间关系的发展"②的未来蓝图，获取更具原始价值，抑或更具基础底蕴的理论证明。

下面，再来言说关于学科作用的问题。

在我们的日常口语以及写作过程中，"意义"与"作用"是经常被并列使用的两个词。初听起来，它们好像颇有同义之感，实则有所区别。我个人的理解是：如果说"意义"倾向于表达事物本身所蕴有的"内涵"与"价值"的话，那么，"作用"则更倾向于意指某事物可能对其他相关事物所产生的"影响""效果"与"效应"。

那么，诺尔斯对于自己孜孜以求的成人教育学的"作用"，或者说事关其"效果"与"效应"的问题，又心存一种什么样的判断呢？

在其著述中，诺尔斯并没有专门阐述成人教育学的作用问题，但是，在成人教育学这一核心命题下，或者说，在既以创建成人教育学为初衷，又以打造成人教育学为归宿这一贯穿始终的大前提下，其具有开宗明义之意涵的，即第一部分"成人教育面临的任务和方法"之首章——"何为现代实践"——可以说在很大程度上表明了其对成人教育学之效果、效应的一种心理企盼。

首先，从总体层面来看，"何为现代实践"作为第一部分之首章，其用意无疑在于从一开始就明确告诉读者，著述中有关成人教育学的全部思考皆因成人教育正在走进现代实践而起。换言之，著述中围绕成人教育学而建构的全部知识与方法，

---

①② 高志敏，等. 终身教育、终身学习与学习化社会 [M]. 上海：华东师范大学出版社，2005：9.

正是为了能够形成一种对于成人教育正在进入现代实践的积极的回应效应或者说回应效果。这是诺尔斯的基本态度，也是诺尔斯的真心企盼。

其次，从具体层面来看，面对成人教育"在一个加速变化之世界里"的现代实践，通过成人教育学打造，诺尔斯又认为当在哪些方面做出回应，或者说在哪些方面发生一种回应效应、产生一种回应效果呢？且看：

——对"成人教育目的新观点"的回应。诺尔斯指出，在知识剧增、技术革命和教育机会均等的时代，以传授知识为目的的教育信念开始动摇了，取而代之的是开始崇尚面向未来而培养"有能力的人""有终身学习能力的人"。①对于成人教育目的的重新定位，诺尔斯认为这必然要求人们对成人教育进行全新而系统的理论与实践思考。

——对"从注重教转为注重学"的回应。诺尔斯告诉我们，因为皮亚杰（J. Piaget）、布鲁纳（J. S. Bruner）、艾伦·塔夫（A. Tough）等人的贡献，人们开始从对"学习者的教学反应"的关注，逐渐转移、聚焦到了对"学习者的内心变化以及自然学习过程"的关注。诺尔斯认为，"从注重教转为注重学"的变化态势，亦要求成人教育在理论与实践上做出必要的回应性谋划。②

——对"终身学习"要求的回应。诺尔斯指出，随着世界变化的加速，人类开始进入了一个倡导终身学习的时代。在此背景下，成人教育又需要为"独立的探索者"，即为以自我导向为主的成人学习者、终身学习者，在教与学过程中的资源、支持提供方面务必做出回应性的策划。③

——对"新提供的系统"的回应。诺尔斯注意到，在终身学习理念日益深入人心的日子里，非传统教育、校外学位课程、多媒体学习系统、社区教育、学习社区、学习资源中心、学习网等新机构、新系统纷至沓来，这表明"在思考学习怎样发生、在何处发生的过程中，我们有了一个新方向。教育不再被认为是教育机构和教师统治的东西"。④面对这种情况，诺尔斯很坚定地表示：我们所要承担的回应性

---

① 诺尔斯. 现代成人教育实践［M］. 蔺延梓，译. 北京：人民教育出版社，1989：10.
②③ 同上：11.
④ 同上：12.

任务"就是要找出新的方式，将学习者与学习资源联系起来"。①

由此可见，诺尔斯紧紧围绕成人教育的现代性，即紧紧围绕发生在其近距离部位的新目的、新焦点、新理念、新系统，并以对之形成有效回应的姿态，相应表达了成人教育学探究的作用所在。

解读完诺尔斯关于成人教育学探究的作用之后，我心里面又很自然地产生了两种特别明显的感受：

第一种感受就是，诺尔斯的"作用说"就学术探究的精神与态度层面而言，是率真的，彰显出一种明朗的指向性；就成人教育的理论与实践建设而言，它又是直接的，表现出一种明确的指对性。

第二种感受，则带有晚学请求大师"赐教"之意。对此，可以分两个方面来说：

其一，如果再从成人教育的"近距离部位"大步走开去，即窥探一下整个教育世界乃至整个人类社会的变革，那么，需要回应的坐标不就会变得更多一些，而其作用的发散不就会变得更广一些吗？

其二，以回应的姿态来折射成人教育学的作用，显然是一种符合逻辑的方法选择，但是，它终究是一种处在相对被动一端而做出的回应（反应）。试想，假如能够从相对被动一端转向相对主动一端，即能够变被动的回应姿态为主动的出击姿态，那么，对于成人教育学作用的辐射之面乃至辐射之力，人们又将形成怎样一种发现与认知，而其本身又将达成怎样一种令人充满期待的实际状态呢？

四、解读：对话大师（B）

根据先前的设定，欲与大师进行具体"切磋"的命题有：伦理与纲领、性质与目标、意义与作用、源点与路向、内容与边界、空间与方法。上文完成了前三对命题的"对话"，现在进入关于后三对命题的讨论。

其一，关于源点与路向。

---

① 诺尔斯. 现代成人教育实践 [M]. 蔺延梓，译. 北京：人民教育出版社，1989：12.

所谓"源点",就是"源起"或"源头"的意思,和成人教育学联系起来,就是事关这门学科得以建构起来的最初之源起,或者说是得以演绎开来的最初之源头。

在讨论性质与特质、意义与价值时,已经提到过诺尔斯将成人学习者有别于儿童学习者的自我概念、经验积累、学习准备、学习倾向作为建构与演绎成人教育学之"直接而特定的源点"。

诺尔斯在著述中透露了这样一段心路历程:

最先,他注意到,1929年到1948年间,美国成人教育协会主办的《成人教育杂志》刊登了不少取得成功的教师即能够摆脱儿童教育学模式、吸引成人学生的教师的文章。但是,他们大都基于实用的视角来考虑问题,缺乏相应的理论根基与理论支撑。

接着,他关注到,20世纪50年代,开始出现了一些专门分析这些教师文章的著述,其意图就是想梳理出一些有关成人教育的基本原则。他自己于1950年出版的《非正规成人教育》亦是一部列举这些原则的作品,但他当时还尚未"试图将这些原则形成一种统一的理论"。

随之,他观察到,从20世纪60年代起,以霍尔及其《探究精神》一书为标志,研究者们包括塔夫等开始关注成人学习的内部过程和成人如何自然地进行学习。

其间,他还发现,20世纪60年代,有关成人学习的知识开始得益于治疗心理学、发展心理学、老年学、社会学和人类学等学科的研究成果。由此,教师们原先的一些直觉开始得到理论支持,或者说,他们的经验和这些跨学科的研究成果开始发生交织,有关成人学习的知识系统开始变得相对丰富而严谨起来。

再后,他进一步了解到,"欧洲的成人教育工作者觉得需要给这种新的理论模式确定一个名称,这样,他们就可以像谈论儿童教育学一样,谈论这种模式了"。于是,"他们发明了'andragogy'这一术语"。①

最后,他与"andragogy"不期而遇。诺尔斯告诉读者说:"我是在60年代中

---

① 诺尔斯. 现代成人教育实践[M]. 蔺延梓,译. 北京:人民教育出版社,1989:40.

期从一位南斯拉夫成人教育家那儿听到这一术语的。1968年，我在一篇题为《成人领导》的文章中第一次使用了这个术语。打那以后，这一术语便越来越多地出现在了世界各地的文献中。"①

诺尔斯在这里提到的南斯拉夫成人教育家，其实就是我在本书第一章提到的那位"神秘人物"——杜桑·萨维斯韦克。也正是"打那以后"，诺尔斯对成人教育学的探究变得更加投入，而其用心最深，乃至影响最大的，莫过于通过对成人学习者与儿童学习者的特征比照，为这门学科探寻到了或者说确定了一种最初的理论源点。

诺尔斯紧接着分析说：

从自我概念维度来看，儿童学习者的自我概念包括职责意识是依赖型的，教师作为社会代言人，规定着其应当学什么、何时学、如何学等；成人学习者的自我概念包括职责意识是独立型的，他们虽然在特定情境下也需要暂时依赖他人，但总体上是以独立自主的姿态去面对生活与学习的。据此，教师的职责便在于鼓励和培养这种独立性、自主性的不断生成与发展。

从经验积累维度来看，儿童学习者能够带到学习情境中的经验是少量的，而且其意义也是十分有限的；成人学习者则因为达到了一定的发展与成熟程度，会具有相当丰富的经验积累，而这些经验又完全有可能成为自己和团队学习的宝贵资源，并且有助于获取新的知识以及形成一种经验利用型的教学技术或教学方法。

从学习准备维度来看，当儿童学习者有足够的压力，如担心失败等，就会准备学习社会特别是学校认为他们需要学习的东西。事实上，大多儿童所准备学习的东西又具有很大的相似性，从而形成了标准的课程乃至同步的节奏；成人学习者则往往是为成功完成实际生活任务或解决实际生活问题而产生学习需求，并由这种需求而形成学习准备的。教育工作者的职责是帮助其澄清需要，为其创造新的学习的条件、提供新的学习工具，并且根据他们的生活需要来组织学习活动，根据他们的不同要求来安排学习步骤。

从学习倾向维度来看，儿童学习者往往把教育看作一个学习书本知识的过程，

---

① 诺尔斯. 现代成人教育实践 [M]. 蔺延梓，译. 北京：人民教育出版社，1989：40.

而且人生前阶段所学的大部分东西要在以后才会显现作用，由此，用于儿童学习的课程通常是以书本知识的单元及其逻辑顺序而组织、设计的，从而呈现出以书本知识为中心的倾向；成人学习者则把教育看成一个旨在不断提高能力、充分发展生命潜力的过程，并且希望今天之所学能够有效而快捷地用于明天的生活，因此，事关成人的学习活动总会围绕其能力的提高来组织和推进，从而体现出以实用为中心的倾向。①

诺尔斯最后总结说：现在的理论是，"当个体成熟时，第一，他们的自我概念从依赖型人格转变为独立型人格；第二，他们积累了大量的经验，这些经验成为他们丰富的学习资源；第三，他们的学习计划日益结合他们的社会职责；第四，他们的时间观念出现了变化，从推迟运用知识的观念变为及时运用知识的观念。因此，他们的学习倾向性从以书本知识为中心转变为以操作为中心。"而"成人教育学又至少是以有关学习者特点的（上述）四种关键理论为前提的。"②

由之，在诺尔斯心中，成人教育学不仅其端点相对儿童教育学而立，其性质相对儿童教育学而成，其源点也是通过成人学习者与儿童学习者对教育（教学）过程可能最具直接关联意义的特点对比而被发现、被确认的。

对此，让我们在回眸诺尔斯学术生涯的基础上，再具体一点说：

——通过对"被重视的儿童学习者"与"被忽略的成人学习者"的分析而发现后者是如何被旁落、被边缘化，从而唤醒了一种对之朴素而真切的恻隐之心；

——通过"儿童正规教育"与"成人非正规教育"的分野而发现两者各有其教与学的原则，期待后者能够尽快"形成一种统一的理论"；

——通过"儿童教育学模式"与"成人教育学模式"的分界而发现两者各有其特定的性质，确认前者重在"教"，后者重在"帮"；

——而为了"帮好""帮实"，且又通过与儿童学习者对比的方式，来倾心考量所需帮助的对象即成人学习者最容易近距离作用于教育（教学）过程的特点，并试图将之作为构建与演绎成人教育学最初的理论源点。

应当说，按照这样一种思路最终确认学科的最初源起，抑或说最终确定学科的

---

① 诺尔斯. 现代成人教育实践 [M]. 蔺延梓, 译. 北京：人民教育出版社, 1989：41~42.
② 同上：42.

最初源头，是非常自然的，是顺理成章的。

然而，我心里还有一个疑惑。对于成人教育，在我的意识中，自 20 世纪 90 年代开始逐渐加深了如下两组印痕：

第一，从成人作为各种社会生活之主体的角度来看，作为劳动者，成人在职业生活与教育活动的交叉点上形成了学习需求与学习行为；作为社会文化的承载者、创造者和享受者，成人在文化生活和教育活动的交叉点上形成了学习需求与学习行为；作为国家公民、社区居民，成人在公民生活、社区生活与教育活动的交叉点上形成了学习需求与学习行为；作为家庭主要成员，成人在家庭生活与教育活动的交叉点上形成了学习需求与学习行为；作为社会的中坚力量，成人在社会生活与教育活动的交叉点上形成了学习需求与学习行为……总之，成人作为各种社会生活的主体，必定会受到来自社会生活各领域的不同挑战，而不同的挑战又必将会促使其产生不同的学习需求与学习行为。①

第二，从人作为一个"未完成"之个体的角度来看，成年早期的个体有成年早期的发展特征与发展任务；成年中期的个体有成年中期的发展特征与发展任务；即便进入老年，亦还有一个晚年生活需求与晚年发展相协调的问题。而不同发展阶段的不同发展任务，又必然规约着其不同学习需求与不同学习行为的持续发生。②

正因为有此印痕，我对大师著作中的相关论断或相关论述就显得非常在意，其中记忆犹新的是：

诺尔斯在开宗明义的"何为现代实践"一章中写道："以能力为基础的教育"（或译"基于能力的教育"，意为一种面对世界万千变化而主张基于人的各种生活实践能力的教育），"对儿童和青年的教育有着巨大的意义，可是对成人教育的实践则有着更大的意义。因为这种实践的目的是帮助成人在一个加速变化的世界里更加成功地生活"。③

如此精辟的论断，毫无疑问，一是缘于对成人作为社会生活主体的高度认同，二是来自对成人作为社会生活主体与教育、学习之间之特定关系的敏锐洞察。否

---

① 高志敏. "成人教育"概念辨析 [J]. 陕西师范大学继续教育学报，2000（1）：9～10.
② 高志敏，等. 成人教育心理学 [M]. 上海：上海科技教育出版社，1997：23～31.
③ 诺尔斯. 现代成人教育实践 [M]. 蔺延梓，译. 北京：人民教育出版社，1989：10.

则，他绝对不会断定"基于能力的教育对成人教育的实践有着更大的意义"，也绝对不会断言这样一种取向的教育实践，其目的就是为了"帮助成人更加成功地生活"。

诺尔斯在第四章"什么是成人教育学"中阐述成人学习准备时又强调："人们准备学习某种东西是因为觉得有一种需要，为了更加满意地完成实际生活中的任务（即发展任务），解决实际生活中的问题。"换言之，"每一种发展任务都会产生一种'学习的准备性'。学习准备性达到高潮便会产生一个'可教时刻'"。①

随后，他又非常认真地做了两项工作：一项是推介了美国著名发展心理学家哈维格斯特（R. J. Havighurst）对成人生命中的三个阶段，即成年早期、成年中期和成年晚期之发展任务的总体性、一般性刻画，其中所显示的发展任务可见 21 项；另一项是从职业与事业、家庭生活、个人发展、闲暇时间利用、健康保持与社区生活等六个方面，对成年时期三个不同年龄阶段的发展任务（或者说生活任务）进行了更为细致的划分与说明，其中所列出的生活任务竟多达 145 项。②

由此，我心中产生的疑惑与不解便是：

既然对成人或者说成人学习者作为社会生活主体有如此高度的认同，对社会生活主体与成人教育之间的特定关系有如此敏锐的洞察，对成年时期所面临的生活任务有如此深入的刻画，对生活任务与学习准备的关系有如此言之凿凿的认定，再进而言之：既然认定成人学习的需求源自成人所扮演的社会角色，肯定成人学习的需求源自成人所承担的社会职责，论定成人教育的目标是为成人完成好他的发展任务，确定成人教育的目的是为成人履行好他的生活任务，总而言之，既然成人教育的行动发端于成人的现实生活，其目的是"帮助成人更加成功地生活"，那么，一门本是探索成人教育实践的学科，其源点或源头为何不那么径直地并且必将更见宽度和更显深度地，同成人群体丰富而鲜活的生活世界连接在一起、贯通在一起，而一定要将那些多多少少已经拐过弯了的自我概念、经验积累、学习准备、学习倾向作为其源头或源点呢？

答案可能有许多，而最后，我只能这么揣测：诺尔斯虽然表示"基于能力的成

---

① 诺尔斯. 现代成人教育实践 [M]. 蔺延梓，译. 北京：人民教育出版社，1989：55.
② 同上：322.

人教育实践"是为了"帮助成人更加成功地生活",但在他的基本认定中,成人教育学的核心之意是为了帮助成人学习,故而,他更愿意将那些经由生活阅历、生活磨砺而形成的自我概念、经验积累、学习准备、学习倾向等视为成人教育学的理论基点。换言之,在"帮助成人学习"这个坚定的核心意识引导下,诺尔斯也许更愿意将那些成人学习者在学习过程中表现出来的有别于儿童学习者的特点元素,即那些与教育(教学)活动的实际距离显得更为接近,也更易要求其与之相适应、相吻合,从而实现帮助学习之承诺的元素,作为成人教育学这门学科最初的理论源点。

然而,虽然未及印证,但我依然想向诺尔斯求教索解,也想向读者求知索释的是:

诺尔斯确立的成人教育学之理论源点说固然是一个伟大的创举,因为此前无人有过这样系统的梳理与透彻的阐述,也无人做过如此坚定的确认与深入的演绎,弥足珍贵的是,成人教育的实践行动由此开拓了新的局面,成人教育的理论探索由此进入了新的旅程。但是,如若径直基于成人生活,在成人丰富而鲜活的生活世界中寻找并确定其逻辑起点、理论根基,那么成人教育学的学术视野又将会是何等的宽阔,其理论底蕴又将会是何等的深厚?除此,它的学术意识又将会发生怎样一种嬗变,它的学科性质又将会迎来怎样一种认知?而在一种更加广阔与更加久远的空间和时间上来讲,这将会给成人教育的理论探索与实践行动带来何等磅礴的气势与何等壮观的景色?

源点的议论暂告段落,路向的讨论也就紧接着开始。

曾经无数次琢磨过源点与路向这对议题的本义,感悟就是:如若说源点要涉猎的是成人教育学的逻辑起点、理论根基——确定"它从哪儿来"的话,那么,路向要关照的便是成人教育学的逻辑演绎、理论延伸——确认"它往哪里去"的问题。

诺尔斯在确定了成人教育学"以有关学习者特点的四种关键理论为前提"之后,又是将其沿着何等路向而演绎开来、延伸开去的呢?

诺尔斯曾经指出:

从成人学习者特殊的自我概念出发,它会关涉到:对学习气氛的规约;对诊断需要的规约;对计划过程的规约;对组织学习过程的规约;对学习评价的规约。

从成人学习者特有的经验积累出发,它会关系到:经验作为学习资源的利用;

经验作为学习方法的利用；成见性经验的排除；定型化经验的消减。

从成人学习者特定的学习准备出发，它会关联到：与发展任务相一致的学习项目提供；与发展任务相吻合的学习课程设计；根据不同社会角色的学习班组安排。

从成人学习者特别的学习倾向出发，它关乎：当前学习需要的满足；基于"问题中心"的教学内容选择；基于"问题解决"的教学活动设计。

很明显，当诺尔斯在揭示基于"成人学习者特点之四种关键理论"的成人教育学之意涵、意义的时候，其实也已经将大致的路向框架展示在了众人面前。也就是说，成人学习者特殊的自我概念一旦得到认同，其研究工作就一定会（要）迈向与之相应的学习需要、学习气氛、学习计划、学习过程、学习评价等的探索；成人学习者特有的经验积累一旦得以认定，其研究工作就一定会（要）走向关于经验利用、经验分享、经验负面作用克服等的探究；成人学习者特定的学习准备一旦得以确认，其研究工作就一定会（要）迈进特定的学习项目提供、学习课程设计等的研究空间；成人学习者特别的学习倾向一旦得以确定，其研究工作就一定会（要）走进如何满足学习需要、如何以问题学习为中心、如何以问题解决为目的等的思考空间。

进而，诺尔斯从"成人学习活动具体设计与管理"与"成人教育计划综合设计与管理"两个部分入手，一方面进一步具体体现了基于"成人学习者特点之四种关键理论"的成人教育学之意涵和意义；另一方面又切切实实地呈现了基于"成人学习者特点之四种关键理论"的成人教育学之探索路径和研究路向。

从"成人特定学习活动的设计与管理"方面来看，其探索路径被演绎为：学习气氛的形成→学习计划合作小组的组建→学习需要的诊断→学习目标的形成→学习活动模式的设计→学习活动的管理→学习结果评价→学习需要的再诊断。①

从"成人教育全面计划的设计与管理"方面来看，其研究路向被延伸至：设计工作气氛的形成→设计工作班子的建立→学习兴趣与学习需要的认知与测定→计划目的与计划目标的确定→全面计划的设计→全面计划的管理→全面计划的评价。②

由此可见，成人教育学基于"成人学习者特点之四种关键理论"的源点被确定

---

① 诺尔斯. 现代成人教育实践 [M]. 蔺延梓，译. 北京：人民教育出版社，1989：277~313.
② 同上：69~274.

以后，经由"关键理论"对成人教育、成人学习实践可能且应当发生的意义的逐一连接和深入揭示，诺尔斯的探索活动便出现了两条主要的行进路向：一是针对那些具体的、特定的成人学习活动或成人学习项目而展开；二是围绕那些具有一般性、总体性，或者说具有全面性、整体性特征的成人教育活动或成人教育项目而延伸。显而易见的是，"成人学习者特点之四种关键理论"及其可能且应当发生的意义，又自然而然地被包含、贯穿在其中了。

至此，我的不解、困惑似乎变得强烈起来。可以看到，无论是"成人特定学习活动的设计与管理"这一路径的演绎，还是"成人教育全面计划的设计与管理"这一路向的展开，除了为尊重与体现成人学习者"独立自主的自我概念"特点而设有一个"预热式"与"保障式"的路段，即"形成鼓励参与、体现民主的气氛"与"组建学习活动合作小组或教育计划设计工作班子"以外，就其相对主体的部分而言，它们都始于对"学习需要的诊断"或对"学习兴趣与需要的认知与测定"。而恰恰在这一真切的起始路段中，诺尔斯的关注焦点又自然而然地落到了"学习计划应当围绕生活中的需要来组织"[①]上，而且再次强调不仅要关照个体社会生活的各种需要，还要关照个体随生活变化而变化的兴趣爱好；不仅要关照到个人的需要，还要关照到组织、社区乃至社会的需要。应当承认，成人学习者因承担各种社会角色而产生的多样化学习需要，固然可以通过理论转换了的学习准备再重新回转过来而在实践策划或实施计划中复予体现，但终究会让人产生疑惑，那就是，在诺尔斯那里，成人教育学科演进的起点似乎倾向基于成人学习者的特点，而其实践策划的起点又似乎倾向基于成人学习者的需要。

说到底，我最终想获得的释然是：

情形如若确似此前所述——学科从学习者的特点发轫，实践从学习者的需要发端，那么，需要是否可以不经所谓"关键理论"的转换而径直成为学科发现与确立其理论源点的一个更具原生态意义的空间呢？

说成人教育学的逻辑起点也好，说成人教育学的理论源点也罢，其实，它们都全然如同一棵灵魂之树，在我现下的体认中，如果能够将之同样径直栽植在成人学

[①] 诺尔斯. 现代成人教育实践［M］. 蔺延梓，译. 北京：人民教育出版社，1989：42.

习者的生活世界里，径直栽培在成人学习者为成功生活而生成的学习需求里，那么，且不再论其学术视野与理论底蕴、学术意识与学科性质等将发生什么样的变化，仅就它的行进路向而言，又将会有一种什么样的始料未及的，而且可能更富意义的意外发生呢？

其二，关于内容与边界。

接下来，尝试解读诺尔斯有关成人教育学之知识体系（研究活动）的内容构建与边界思考。

《辞海》将"内容"释义为"构成事物的内在诸要素的总和"；《现代汉语词典》的界定是："事物内部所含的实质或存在的情况"。那么，诺尔斯的成人教育学知识体系或研究活动这样一个"事物"，其内部又包含着一种什么样的"总和"或"实质"呢？

关于这个问题，我们通过对诺尔斯《成人教育的现代实践：从儿童教育学到成人教育学》基本框架的描述而有了大概了解。此时此刻，这样一个基本框架似乎又在我心里幻变成一个近似射击标靶样子的图案，也就是说，可以试图先行打散它原先编排的篇章顺序，然后根据我自己浅识的"内在理路"，将其有关成人教育学的知识体系或研究活动一环一环地分解并重新组合成如下所述的内容体系：

"靶心"——概念的厘定与确立：现代成人教育实践、成人教育学。

"九环"——成人教育面临的挑战与机遇分析：变化的世界、更新的目的、教与学焦点的互移、终身学习的兴起、学习资源的增多。

"八环"——成人教育学的基本理论阐述：从儿童教育学到成人教育学、成人教育学的理论源点、理论源点确认对实践活动的意义、成人教育学与儿童教育学之间的互补。

"七环"——成人教育工作者的角色识别：基本界定、队伍构成、基本职能、基本使命、新的职责、新的任务。

"六环"——成人教育全面计划的设计与管理：兴趣与需要的概念辨析；学习兴趣与学习需要的测定；目的与目标的内涵分析；目的与目标的确定；全面计划的设计及其原则、方法与范例；全面计划的管理及其管理艺术、管理者聘用、教学者培训、宣传与推广、咨询与公关；全面计划的评价及其评价的价值观、目的、过程、资料收集与效果分析。

"五环"——成人特定学习活动的设计与管理：基本过程的确认、学习需要的诊断、学习目标的形成、学习活动模式的设计、学习活动的管理、合同学习的推介、设计工作的例举、学习结果的评价、学习需要的再诊断。

"四环"——全面计划与管理的组织及政策环境建设：组织机构的组织目的与组织环境、成人教育政策、成人教育委员会、相关的委员会、委员会系统提高工作效率的指导方针、为成人教育工作者提供服务。

"三环"——特定学习活动的气氛打造：物质环境、心理环境、学习计划制订的民主参与、共同参与。

"二环"——（不可或缺的）附录配套：A. "成人教育学"的词源；B. 自我诊断等级表；C. 美国成人的生活任务（表）；D. 终身教育的模式；E. 成人教育学的论文和研究报告目录；F. 政策阐述（实例）；G. 目的与目标的阐述（实例）；H. 纽约大奈克成人教育计划课程与时间安排；I. 计划的管理工具；J. 评价材料；K. 组织学习活动的若干工具。

"一环"——点燃探索的激情：学科现有水平的判断、学科未来发展的预见、学科探索激情的唤起。

可见，围绕"现代成人教育实践与成人教育学"而一圈一圈扩展、一环一环延展开去的内容体系，其思路是非常清晰的，其理路是非常有逻辑的。

其中尤其让我心生感佩的是：

第一，由"靶心""九环"与"八环"总体说来属于基础理论范畴的阐述导出了其他各环属于实践操作范畴的探索。

第二，"六环"与"五环"在其全部的知识体系构成中所占比重最大，其中所呈现的内容不仅是深思熟虑的、真切踏实的，而且是力求完备的、力争系统的，同时又几乎无处不显示出诺尔斯履行"以成人学习者特点的四种关键理论为前提"的郑重承诺。

第三，"四环"和"三环"的内容虽然在原著中被分别建构在"六环"与"五环"的开端部分，但因其作为尊重成人学习者之特点的特别体现，而在我的"靶环图式"分解中被单列了开来。这样做的目的就是想让自己和读者能够充分注意到诺尔斯对于成人学习者特点之"四种关键理论"的特别坚守。

第四,"二环"中的一系列附录内容不仅是对"六环"与"五环"、"四环"和"三环"内容的配套与补充,而且更可与"七环"的内容相连接。因为如若对之加以用心理解和参照使用,那么它们对成人教育工作者出色地履行职能与职责、成功地担当使命与任务,无疑是大有裨益的。

当然,我最终还有一个想象:如果像审视成人教育实践的源头一样,将成人教育学的理论源点径直下落到成人的生活需求以及学习需求,抑或径直着落到成人的生活世界与成人的社会角色这样一条地平线上,真正地使其由之而发端,由之而伸展,那么,有关它的内容及其体系又会是怎样一种不尽相同的格局呢?

进而续说"边界"。"边界"在成人教育的学科研究中指的是成人教育学在自身的知识建构过程中应当充分体现其自身的个性与形象,确立起与其他学科,特别是与相关教育学科之间的界线。学科边界问题的考量其实是至关重要的,因为只有在切实确立起它无可替代的个性特质与形象特色的前提下,成人教育学才会真正彰显出其特定的存在价值与发展意义。

至于诺尔斯对成人教育学边界问题的辨识,其实在他有关学科伦理与纲领、性质与目标、意义与作用、源点与路向等的探究中都已有所反映了。在此,我将之简明、扼要地概括出来:

第一,最关键的一条边界线的划定是在儿童教育学与成人教育学之间。对此,仅从诺尔斯"儿童学习者是被狂热保护的一族,成人学习者是被严重忽略的一族""成人教育学与儿童教育学"以及"从儿童教育学到成人教育学"等的论断与表达中,便可见一斑。

第二,最核心的一个边界点的打造是在儿童学习者与成人学习者的特点之间。成人学习者的特点认定,一方面成了诺尔斯成人教育学的理论源点,另一方面又成了他构建成人教育学知识体系的分野点。

在此,不妨再将诺尔斯的判断作一简单的概括:

——从自我概念维度看,儿童学习者的自我概念是依赖、他律型的;成人学习者的自我概念则是独立、自主型的。

——从经验积累维度看,儿童学习者的经验是少量的;成人学习者的经验则是相当丰富多样且人格化了的。

——从学习准备维度看，儿童学习者通常是准备学习社会特别是学校认为他们需要学习的东西；成人学习者则往往是为完成自己的生活任务、发展任务而产生学习需要，并由之形成学习的特定准备。

——从学习倾向维度看，儿童学习者的时间观着眼于未来，其学习活动呈现以书本知识为中心的倾向；成人学习者的时间观着眼于现时，其学习活动呈现出以提高实操能力、解决问题为中心的倾向。

话说至此，又不由得回想起了自己当年在加拿大蒙特利尔大学读书时的一次会议。那是一次专门讨论诺尔斯学术思想的讨论会，对于他关于儿童学习者与成人学习者特点的以上判断，参会成员有两种不同的意见，一种对之表示认同与赞赏，一种则引经据典，认为其中还有诸多值得商榷的地方。商榷的声音是：

——人到成年，固然有鲜明的独立意识与自主意识，也确实会对教育实践、学习活动产生巨大的影响，但是根据弗洛伊德的心理观察，人的独立意识、自主意识产生的时间早早先于成年时代的来临，甚至在2岁左右就可见端倪。而皮亚杰的研究更是表明，青少年从十一二岁起就可能在学习中发挥智能上的最高水平，来进行自我决定。

——人到成年，固然积累了相当丰富的生活经验，包括社会生活经验与职业生活经验等，并可视其为一种永不枯竭的教育与学习源泉。但是，从杜威时代开始，基于经验的教学模式，同样在许多情况下已经被应用于儿童的教育教学过程之中。

——人到成年，固然有与其社会角色相应的，并随其变化而变化的发展任务，而且会导致其学习准备的形成。然而，儿童同样也有可被称为发展性的任务，他们的学习准备有时也会依据发展任务而产生、而变化。

——人到成年，固然可以在其身上看到一种明显的时间观念变化，即变得越来越注重当下，越来越珍惜现时，进而，希望自己所学的知识能够迅速地运用于实际。然而，进步主义传统的教育实验表明，儿童学习者虽然更多地着眼于未来，但除了同样可以进行经验性教育以外，也可以进行现时性的教育。

后来，我还了解到，即便是伊里亚斯等一些比较资深的成人教育研究者，也在诺尔斯这部著作出版后不久曾经发表过类似的商榷意见。在加拿大学习结束回国次年，我便以"关于'成人教育学'的争论与思索"为题，将国外学术界对于这些问题的商榷情况，以及自己的意见撰写成文，发表在学术刊物《成人高等教育研究》（1987 年第 1 期）上。在此，有两个事实需要加以说明：

第一，当时，为了维护刚刚在国际社会流传开来的"成人教育学"概念，并且希望其能够得到国内学者的关注，从而促进本土成人教育学研究的起步与发展，也因为自己初涉这一新兴的研究领域，故而，我在承认"商榷意见"亦有一定道理的前提下，用以下观点支持了诺尔斯的学说："成人身上的'自主性'与儿童所表现的'自主性'存在质的区别"；"成人较之儿童，其经验无论是在数量上，还是在质量上都有悬殊的差别"；"人越成熟，其学习需要越连接他的社会生活与职业生活，其学习准备越迎合他的发展任务或生活任务"；"注重现时的意涵，在于成人相比儿童，尤其要求缩短知识转化为能力的周期，加快知识应用于实际的速度"。①

第二，当下，我依然认为将以上儿童学习者与成人学习者的这些不同特点来作为成人教育学面对儿童教育学而构建其知识体系的边界点，是一种需要胆量的创举，亦是一种需要智慧的建树。但是，为了成人教育学这门新兴学科走得更好，行得更远，我想，这个边界点如若能够径直进入到更加有别于，甚至可以说迥然有别于儿童的成人的社会角色、社会职责，乃至成人的生活任务、生活世界里去寻找、去矗立，那么，它是否会变得更加醒目、更加坚强，而其学科之间的整个分界线又是否会因之而变得更加清晰、更加明朗？诚然，至于两者之间的相互影响、相互关照、相互作用、相互交融，也许又是另外一个重要的话题。

其三，关于空间与方法。

《辞海》将"空间"释义为"是物质存在的广延性。"在此借用"空间"一词，来意指研究活动可能与可以到什么地方去进行，或应该与必须到什么地方去展开。

诺尔斯的《成人教育的现代实践：从儿童教育学到成人教育学》除了对成人教育理论与实践进行思考以外，主要触及以下三个领域：第一个是与成人教育学构建有关的相邻学科学术空间；第二个是成人教育实践活动实施空间；第三个是成人教育实践帮助对象的人群组合空间。在此不妨将其分别简称为"学术空间""实践空

---

① 高志敏. 关于"成人教育学"的争论与思索 [J]. 成人高等教育研究，1987 (1).

间"与"人群空间"。

从其进入"学术空间"的主要目的来看,是试图借鉴、利用相关或相邻学科的研究成果,以使本学科得到相应的理论印证与支持,或者相应的方法解释与应用。诺尔斯在其整个学科构建研究中所遨游的"学术空间"主要有:普通教育学、心理学、社会学、组织管理学、组织行为学、评价理论与方法、艺术原理与技巧等。

从其进入"实践空间"的主要目的来看,一是为了把握与考量成人教育实践过去和当下的运行状况,二是为了推进或推广成人教育实践的新理念、新举措,抑或新项目、新方法等。诺尔斯所关切的"实践空间"主要涉及学校与成人学校、组织、企业、公司、社区、社会组织与宣传媒体。

从其进入"人群空间"的主要目的来看,一则旨在了解、分析成人学习者的需要和兴趣,另则为了策划、设计合适的学习活动项目,并试图帮助其顺利展开学习项目,圆满完成学习活动。在诺尔斯著作中,被经常强调和重申的是"要从人们(学习者)本身了解需要""要从人们(学习者)本身了解兴趣",而得到较多关切的便是"潜在的成人学习者"和"不同年龄段的成人学习者"这样两个"人群空间"概念。

虽然对研究者单一个体来讲,所涉及的空间肯定会有不完整的地方;虽然对一门新兴的学科来讲,所涉足的空间肯定会有不完备的地方;虽然可以假设将理论源点径直而坚定地与成人的生活任务、成人的生活世界连接起来,贯通起来,所涉猎的空间肯定还会变得更加宽广、更加深远,但作为一名探索者和开拓者,诺尔斯的视野已足够宽阔,他的视域已足够深邃。换言之,作为一名研究者和奠基者,诺尔斯的学科空间感是非凡的,他的学科空间穿透力是卓越的。

最后一个要讨论的问题,是学科研究所采取的方法问题。

通过《成人教育的现代实践:从儿童教育学到成人教育学》一书,人们可以注意到诺尔斯在整个研究过程中所遵循的具有方法论意义的三种取向:

第一,坚持理论联系实际的取向;

第二,坚持理论应用于实际的取向;

第三,坚持帮助成人教育工作者切实学会实际运作成人教育活动的取向。

说其"坚持理论联系实际",我感受最深的是,在这部开创性著作的总体布局中，他以第一部分基础理论研究的选择和第二部分、第三部分实践操作研究的设计，充分体现了对理论与实践两者的兼顾。

说其"坚持理论应用于实际"，我体会最深的是，诺尔斯既能够在实践设计的时候反映出理论的引领，又能够在理论阐述的时候连接到其对于实践的意义。他不但能够将自己对于学科的理论信念与理论内涵贯穿于成人教育实践设计的各个重大环节，而且还能将之渗透到众多细微的地方。比如，在关照成人学习者特点的理论背景下，他可以极具耐心地告诉你，了解学习者的学习需要可以通过问卷调查方式从潜在的成人学习者那里获取信息；可以从为成人提供帮助的人们包括家庭服务咨询人员、社工、护士、医生等那里获得信息；可以从大众媒体那里索取信息；还可以从专业文献、工作单位、社区组织等方面收集信息。他甚至还会告诉你，问卷设计应该选择什么样的问题选项，并且提供一连串可资参考的问题。

说其"坚持帮助成人教育工作者切实学会实际运作成人教育活动"，令人感触良多的是，著作通篇，一方面让人感觉诺尔斯正在进行一场有关"帮助成人学习的艺术和科学"的思想理论和实践操作的伟大讨论；另一方面，又让人感受到他在殚精竭虑、用心良苦地帮助广大成人教育实践工作者切实学会帮助成人学习的方法和技术。其中最能说明问题的细节是，他甚至会"教"给你：政策举措如何阐述，访谈活动如何展开，学习需要如何诊断，需要如何转换为目的与目标，目的与目标如何陈述，学习方式如何选择，课程时间如何安排，课堂座位如何置放，学习咨询如何展开，学习气氛如何形成，学习过程如何掌控，小组讨论怎样安排，帮助学习的技术有哪些，评价问题怎样形成，评价信息怎样收集，过程评价怎样推进等。最后，他又在附录里为成人教育实践工作者提供了众多的与之相关的实用性范例、表格、工具等。

我心里在想：如果我们能够从诺尔斯那里继承并且不断坚持对成人教育学的那份投入，接承并且不断坚定对成人教育学的那份用心，如果哪天这份被愈加坚定了的投入使得我们能够将成人教育学的探索引向一种与成人社会角色更加径直的对接，这份被愈加坚定了的用心使得我们能够将成人教育学的探究引向一种与成人社会生活更加径直的对接，那么，当我们依然强调要坚持理论联系实际的时候，这个理论与实际联系的空间便完全有可能变得更加的宏大；当我们依然强调要坚持理论应用于实际的时候，这个理论可能被实际应用或者说这个实际需要理论应用的密度和深度，便又完全有可能变得更加密集和深入；当我们依然强调要坚持帮助成人教育工作者切实学会实际运作成人教育活动的时候，便有可能使实践操作思考变得更加贴切与全面，使实践操作方法变得更加多样。

第三节 "体系说"的个例解析

本节的任务是对"大写"的成人教育科学研究及其构成体系以个例解析的方式进行审视与反思。关于"大写"的研究个例，我想与自我进行对话，即决定对自己于20世纪最后五年间所作的一项课题——"成人教育科学体系的构建与发展研究"（简称"体系说"），进行深入、深刻的审视与反思。

一、回忆：封存往事

20世纪80年代初，我在阅读原版的《世界报》(Le Monde)、《费加罗时报》(Le Figaro)等外刊时，认识了职业继续培训（la formation professionelle continue）、成人教育（l'éducation des adultes）、成人学习（l'apprentissage des adultes）、终身教育（l'éducation permanente）等在那时看起来还是十分前卫、十分陌生的词汇，并且产生了一种对之作些探究、加深了解的兴趣。因为机缘巧合，1984年，我通过加拿大国家外语考试，接受当时中加国际人才开发与交流合作项目资助，次年，来到了蒙特利尔大学教育科学学院成人教育学系研读成人教育学专业，从此再也没有改过道，易过辙，痴痴地迷恋在了成人教育学专业的学习与研究之中。

1986年深秋，我结束了在加拿大蒙特利尔大学的学习甫返故里，就参与了由时任国家教委成人教育司司长董明传先生领衔的国家哲学社会科学基金"七五"重点项目"高中后教育模式研究"的研究工作,并作为负责人承担了其中的一项子课题"国外及中国台湾省高中后教育比较研究"。其同名著述作为研究成果于1992年由中国劳动出版社出版。我曾经将之喻为生平与教育部全国教育科学规划成人教育方面课题的第一次"零距离接触"。

进入20世纪90年代,我又参与了由董明传先生担纲的国家哲学社会科学基金"八五"重点项目"中国岗位培训制度研究"的研究活动,并再次作为负责人,承担了其中的一项子课题"国外职业培训制度比较研究"。其同名著述作为研究成果于1995年由中国人事出版社出版。对于这一经历,我又曾将之喻为与教育部全国教育科学规划成人教育方面课题的"第二次握手"。

"八五"规划启幕之际,我通过"打擂台",为自己长期酝酿、精心准备并择定的"当代世界教育科学发展与成人教育"课题取得了所供职大学的青年教师专项科研基金立项。此后,经校方准许,又向全国教育科学规划办提出申报,1992年春,该课题通过审批,被立项为教育部"八五"重点项目青年专项课题。再后,该课题又得推荐、升格,最终获批立项为全国哲学社会科学基金重点项目青年专项课题。为达到课题研究的预期目标,我前后共花费了八年时间,著成了七个部分(具体篇目已在第二章有所介绍)近63万字的书稿,其中三个部分(具体名称亦可见第二章)于1997年由上海交通大学出版社出版。对于这次独立的研究行动,我也曾经将其比作与全国教育科学规划成人教育方面课题的首次"单独牵手"。

也就是在此十余年间,我又翻译了伊里亚斯与梅里安合著的《成人教育的哲学基础》(1990年,职工教育出版社),与孙世路等合著了《成人教育》(1989年,黑龙江教育出版社),主编了《成人教育心理学》(1997年,上海科技教育出版社)等著述,发表了《关于"成人教育学"的争论与思索》《论"学习者中心说"的哲学基础及其实践意义》《成人学习者的心理障碍及其排除方法初探》《试析当代世界成人教育发展诸因素》《终身教育理论对成人教育意义的若干认定》《论社会结构对成人教育的规定性》《论成人教育与社会文化的关系》等多篇论文。

基于上述学习和研究,我渐渐形成了一些新的体认,生成了一种新的信念以及将信念转化为行动的自信。我曾经对之有过这样一些初始心态的描述:

其一，我认定了一个事实——"过去半个多世纪，成人教育发展经历了一段辉煌而充满艰辛的历程。谓其辉煌，是因其已冲破传统，通过以往学校教育所无法想象的渠道、方法与手段，为人类主体——数十亿成人提供了精神食粮——教育，并取得了从未有过的业绩。谓其艰辛，是因其虽已见法制化、制度化端倪，但还是常常需要依靠传统学校教育所节余的'边角资源'来支撑其巨大无比的身躯，以致往往一波三折、步履蹒跚。至于它的学术理论与学科建设更是与其实践需要相去甚远，以致时遭误解、步履维艰"。①

其二，我形成了一种预见——"21世纪，成人教育将面临更加严峻的挑战，也将迎来更加有利的机遇。论其面临挑战，是因为人类将跨入知识社会，人与社会以及自然的协调发展将成为社会进步的主轴，在此背景下，成人教育任重而道远。论其迎来机遇，是因为在知识社会以及在强调人与社会、自然的协调发展的日子里，终身教育、终身学习将成为人类教育模式、学习模式乃至生活模式得到根本变革的全新主题，显然，成人教育作为'传统学校教育向终身教育发展的一种新型教育制度'，其理论与实践的发展疆域与空间将是何等的辽阔、何等的宽广"。②

其三，我生成了一种信念——"作为以上'回眸'与'前瞻'的必然，使我们强烈地意识到应当以'科学'的名义来关照成人教育的知识构建与学科建设，并深信只有这样，才有可能使其以一种充满知识力量与理论活力的姿态来推进它在新世纪的发展与完善"。③

其四，我积淀了一种自信——"通过先前十多年的研究，特别是上一个五年规划中的'当代世界教育科学发展与成人教育'研究，我们对成人教育科学体系的构建与发展研究有了一定的知识积累与能力准备。更重要的是，在此过程中不仅逐渐培养了成人教育学科建设的责任意识，同时又慢慢积淀了成人教育学科建设的充分自信"。④

总而言之，"通过学科建设促进成人教育理论与实践发展已经时不我待，而展开成人教育科学体系的构建与发展研究，也已经形成了一定的知识能力储备和必要

---

①②③④ 高志敏. 一名成人教育研究者经历的自述［A］. 全国教育科学规划领导小组办公室，编. 中国教育科学规划回顾与展望——从"六五"到"十五"［C］. 北京：教育科学出版社，2006：609.

的信心积累"。①

新的体认、新的信念、新的自信，随之而来的便是新的行动。我申报、承担了全国教育科学"九五"规划国家教委重点课题"成人教育科学体系的构建与发展研究"。几度寒暑，课题得以顺利完成，成果得到了积极评价，随之而来的，便是一种新的憧憬——期待着依照在课题研究中规约的学科构建要求和发展目标去做出进一步的努力。

诚然，无论其后对此研究成果将要作怎样一种回眸性的、切入性的审视与反思，我都必须在这里首先认真表达好这样两层意思：

第一层意思是谢意。尽管课题结题并通过全国教育科学规划国家教委重点课题成果鉴定迄今已经十年，也尽管由我设计了研究框架，完成了共八章著述的第二章、第五章、第六章、第七章和第八章的写作，但我还是要特别感谢（哪怕迟到了很久的感谢）每一位课题研究成员为之做出的重要探索与努力：感谢楼一峰、蒋莉、鱼霞和黄健分别完成了前期性探讨论文《成人教育：变化着的领域》《成人教育本质探析》《构建成人教育科学体系的条件和成熟度分析》和《成人教育：教育事实分析》，感谢楼一峰执笔完成了第一章和第三章，感谢黄健执笔完成了第四章，感谢张翠珠、朱乃识、陈莉的参与和所提供的真知灼见。

第二层意思是歉意。该项课题研究的全部著述将近二十万字，其中除了"成人教育""成人教育科学"概念辨析等一小部分作为阶段性研究成果在学术刊物上发表过以外，整部书稿，终因多种缘故而未能获得公开出版。迄今，作为课题负责人，我一直为此而对我的合作伙伴心存难以驱走的歉疚，在此，谨表深深的歉意！

最后，我还必须郑重声明：以下审视，若有积极评价，功劳一定归功于整个团队；以下反思，若有瑕疵疏漏，过错一定归咎于作为课题负责人、学术责任人的我！

二、呈现：基本构架

这项全国教育科学"九五"规划期间的课题及其成果名称为《成人教育科学体

---

① 高志敏. 一名成人教育研究者经历的自述 [A]. 全国教育科学规划领导小组办公室，编. 中国教育科学规划回顾与展望——从"六五"到"十五" [C]. 北京：教育科学出版社，2006：609.

系的构建与发展研究》，而"十一五"的课题研究工作则以"成人教育学科体系"相称。其中，究竟何以一则称为"科学体系"，另则又称为"学科体系"？这里面，既有当时一个特定的思考，又有一个于现下需要说明的地方。

所谓特定的思考，那就是，一如此前在描述初始心态时所刻画的那样，时至20世纪末：

——我们一方面观察到，成人教育早以一种"反传统"的姿态，即通过传统学校教育所无法想象的渠道、方式、手段，在为数十亿成人提供精神食粮（教育）的过程中呈现着力量、展现着辉煌；另一方面，我们还看到其前行的路程似乎总是布满荆棘、充满坎坷。

——我们一方面注意到，成人教育的理论探索，从西半球到东半球，已经开始启动，并且人们对这一伟大而又独特的社会实践逐渐有理性的认识与积累；另一方面，我们又不得不承认，其理论建设和青少年教育的理论功底相比，以及和旨在促进其自身发展的理论需求相比，又显得不那么齐整，不那么深厚。

——我们一方面预见到，在促进人的认知发展、能力发展，乃至终身发展、全面发展方面，成人教育自然面临着许多新的挑战、新的使命，从而不仅需要其进行新一轮的实践开拓，某种意义上，更需要其实现新一轮的理论建构；另一方面，我们又洞察到，在社会进步主旋律的传动下，终身教育、终身学习必将成为人类自身教育模式、学习模式乃至生活模式得以根本改变的全新主题，必然地，教育、学习如果延伸不到成人阶段，就无所谓终身教育、终身学习，教育、学习如果扩展不到成人世界，就无所谓学习的社会、学习的世界，如此背景下，成人教育的实践发展空间将是何等的辽阔，其理论创新之机遇又将是何等的千载难逢！

——我们一方面万分欣喜，成人教育的实践发展取得了伟大的成就，《中华人民共和国教育法》做出规定："国家实行……成人教育制度"，"鼓励发展多种形式的成人教育"；同时，其理论探究也已经拉开帷幕，甚至进入了专业化发展的轨道——它以"成人教育学"之称，先后得到了国家技术监督局《国家标准学科分类代码表》（1992）、国务院学位委员会与教育部《授予博士、硕士学位和培养研究生的学科、专业目录》（1997）的认同与收纳，并在高等院校设立了硕士学位授予点；另一方面，我们又不得不正视这样两个在我国尤其显得明显而沉重的事实，那就是：其一，它的实践前行步伐还是那样蹒跚，甚至常常迎面遭遇"取代风""兼并风"；其二，它的理论探索步履还是那样踟蹰，甚至常常迎面袭来"替代风""涵盖风"（20世纪90年代起，仅仅因为成人高等学历教育规模减缩，就有人认为成人教育可被其他类型的教育所取代或替代、涵盖或兼并）。其学术底蕴尚不深厚、其学术腰板尚不坚挺，是其中一个重要而致命的因素。

既然就全球总体而论，成人教育实践发展在展现力量、创造辉煌的同时，又面临艰难与困境；成人教育理论探索在迈出脚步、有所积淀的同时，又未尽深厚与完善；就新的世纪而论，成人教育的实践开拓与理论创新，一方面面对种种严峻的挑战，另一方面又面临种种难得的机遇；就我国现实而论，实践发展取得成就，理论探索上了台阶，但前进中有障碍，发展中有危机，那么，就让我们在这些不争的事实面前，干脆赋予其一个铿锵而有力的字眼——科学，去审视成人教育这样一个既伟大又充满复杂性的社会活动现实，去构想成人教育这样一个既宏大又充满诱惑力的知识体系框架。

没有忘记，在课题研究最终成果的"前言"里，我曾经这样写道：

"课题研究的基本信念是：尊重历史，面向未来，赋予成人教育以'科学'的名义，勾画成人教育的未来发展。""课题研究的特定目标是：在成人教育理论与实践已经走过的历程，特别是在其近半个世纪来所打下的基础上，尽力明晰它的研究领域，着力构建它的科学体系。"

至于需要说明的地方，就是"科学"与"学科"、"科学体系"与"学科体系"这样两组概念。成人教育是一个具有科学研究意义的领域，或者说应当被视作一门"科学"来对待、来探究，从而表达了这样一个特定研究领域的基本属性。而这样一个特定的研究领域，一旦被冠之以"科学"，便将是整个科学知识范畴中的一个组成部分，并呈现专业化的特征，换言之，它便将是整个教育科学乃至更大的社会科学范畴中的一个具有专业化意义的"科目"或"学科"。而所谓成人教育"科学体系"，主要是指成人教育科学本身所包含的一个关于其自身的知识系统，以及它的成长与变化、发展与创新。至于成人教育"学科体系"，除了将同样事关其知识系统及其变化与发展以外，它还将关照到其特定的本质与目标、价值与意义、源点与归宿、内容与边界、语言与方法等一系列问题的思考。但说到底，两者之间是紧密联系着的。所以，在我们这里的研究背景下，前者主要重在赋予它以科学的名义以及彰炳它的科学意义而言之，后者则是在对其成为或作为一门科学表示认同的情况下而称之。

那么，我们当初为成人教育这门科学或者说为成人教育这一学科而思索、认知的，究竟是怎样一个基本的系统呢？换言之，作为一项全国教育科学"九五"规划期间的研究成果——"成人教育科学体系的构建与发展研究"，它所追求和呈现的，究竟是怎样一种基本的构架呢？如前所述，全部著述共设八章，具体的名称以及相关的主要内容是：

第一章，题为：构建成人教育科学体系的背景分析。其中包括三项内容：其一，成人教育及其科学研究的回顾；其二，构建成人教育科学体系的时代背景分析，其中涉及科学技术进步、知识经济崛起、社会生活变迁、教育改革发展的讨论；其三，构建成人教育科学体系的成熟度分析，其中包括两个视角，一是基于主观条件视角的成熟度分析，二是基于客观条件视角的成熟度分析。

第二章，题为："成人教育""成人教育科学""成人教育实态"。"成人教育"概念分析，呈现了国内外相关的多样化理解，辨识了多样化理解中的确定性与不确定性，以及我的认识和见解；"成人教育科学"概念分析，首先展开了有关"科学"与"教育科学"概念的讨论，尔后，认知了"成人教育科学"的基本含义与基本特征；"成人教育实态"的分析，一方面界定了"成人教育实态"的基本内涵，另一方面又解析了"成人教育实态"的宏观因素与微观因素构成，以及它们的性质、意义和关系。

第三章，题为：成人教育实态——教育领域与教育机构分析及其相关学科的设立。首先，对属于成人教育实态中的宏观因素——教育领域与教育机构的沿革、现状与未来进行了阐述；其次，对我国现行的成人教育领域与成人教育机构进行了类分与综合：基于领域视角，成人教育有不同的对象、内容、层次、空间、学历与非学历之分；基于机构视角，成人教育又有不同的办学机构与管理机构之分；最后，基于成人教育科学体系及其构建视角，导出了它所应包含的主要的分支学科，其中包括成人教育学、成人高等教育学、大学后继续教育学、职工教育学、妇女教育学、老年教育学、成人教育管理学等。该章尾节还专门阐明了各个分支学科之间的关系。

第四章，题为：成人教育实态——教育情境与教育事实分析及其相关学科的设立。其中，首先明确了教育情境与教育事实属于成人教育实态中的微观因素，其实质就是从不同层面反映具有各种不同特征的成人教育教学活动实践。该章回顾并分析了成人教育教学活动实践的历史过程，呈现并剖析了成人教育教学活动实践的构成因素与相互关系，列举并解读了成人教育教学活动实践的主要样态。进而，基于成人教育科学体系及其构建视角，导出了它所应包含的主要的分支学科，其中包括成人教育生理学、成人教育心理学、成人教育课程论、成人教育教学论、成人教育评价学、成人教育教师学、成人教育技术学。该章尾节也专门阐明了各个分支学科之间的基本关系。

第五章、第六章，是一个重大议题讨论的上下两个部分，其名称为：成人教育实态与社会关系分析及其相关学科的设立。

第五章首先展开了成人教育与两组社会变量之间关系的分析，第一组变量包括哲学、政治、科技、经济、就业、文化与人口，第二组变量包括社会发展、管理革命、教育、教育科学以及国内外成人教育的历史发展；其后，对成人教育在与这些社会变量关系中可能产生的意义进行了解读。

第六章再次基于成人教育科学体系及其构建视角，导出了它所可能包含的分支学科，其中主要包括成人教育哲学、成人教育社会学、成人教育经济学、成人教育文化学、成人教育史学、成人教育未来学、比较成人教育学，以及教育、教育科学与成人教育、成人教育科学的关系研究。该章末尾亦阐明了这些分支学科之间可能存在或发生的相互关系。

第七章，题为：构建成人教育科学体系的综合分析。这一章再次明确通过宏观因素分析与微观因素分析以及成人教育实态与社会变量之间的关系分析，导出了三个不同的分支学科群，并随即合成在了同一个成人教育科学体系的框架之中。进而，指出了三个分支学科群各自所处的位置，分析了三个分支学科群各自所含的属性，阐释了三个分支学科群之间的相互关系。

第八章，题为：成人教育科学体系构建与发展的思考。其中涉及三个议题：一是有关成人教育科学的认识论问题，评述了彼时风生水起的"多余论""替代论"

"兼并论""萎缩论""淡化论"等；二是有关成人教育科学体系构建与发展的目标问题，提出了构建与发展的预期目标，分析了实现预期目标的条件与障碍；三是有关成人教育科学的研究方法问题，提出了个体研究和群体研究相结合、专职研究者和兼职研究者相结合、研究机构和研究机构之间相协作、研究机构与经济部门相合作、成人教育科学研究和教育科学研究相结合等设想与主张。

三、解析：对话自我（A）

为了进行自我对话，我已经无数次地重读了当年那部用以课题成果鉴定，虽然没有机缘出版，却一直被珍藏着的《成人教育科学体系的构建与发展研究》著述副本。

书中内容的每一次再现，不仅会引起我对此项课题研究缘起、工作过程等方面的回忆，更会唤起我在理论思索、学术思考等方面的追忆。这项课题研究成果不仅同样时隐时现地触及了认识论、方法论乃至本体论等层面的思考，而且也完全适合从它的伦理与纲领、性质与目标、意义与作用、源点与路向、内容与边界、空间与方法等一系列基本命题的原始考量，来进行自我解读与自我审视、自我解析与自我反思。

以下，我就以《成人教育科学体系的构建与发展研究》副本中的陈述为线索、为基础，以当时可能隐藏于其背后的理论思索、学术思考为缘起、为依据，而展开以下"自我对话"。

其一，关于伦理与纲领。

首先，来解析、反思关于伦理的问题。

和诺尔斯一样，在《成人教育科学体系的构建与发展研究》中，也不曾专门讨论有关成人教育科学的伦理问题。然而，在以白纸黑字表达出来的相关话语背后，同样蕴含着自己对这个问题的认识与考量。

著述几乎一开始就试图确认它在"伦"之意义上的"辈分与等级"，辨识它在"理"之意义上的"纹路与纹理"。在第二章"关于'成人教育科学'概念的理解"这一段落中，有这样的文字表述：

"率先提出'成人教育科学'这一概念,显然没有现成的定义可资借鉴。但是,我们(首先)坚信如下四种假设的成立:

"成人教育属于教育范畴;

"'成人教育学'是'教育学'的分化;

"'成人教育科学'的母体是'教育科学';

"既然科学观的形成和发展必然会反映到作为科学大家族一员的教育科学中来,那么,作为教育科学大家族中地位越来越重要的成人教育科学,就不可能有理由拒绝科学观和教育科学观的双重影响。"

很明显,这是一段为解释"成人教育科学"而作的开场白。而恰恰就是在这段以四种假设而论的开场白中,隐含和折射着我对成人教育科学之"伦"与"理"的认知与判断,其中,可以先行表露与解析开来的,便是当时一连串匿于其背后的想法:

第一,有一个看起来似乎是不容置疑的认定,那就是:成人教育也是教育,成人教育也是"教育圈"的事。我不否认这里边有一定的学理思考成分,比如多少会关照到成人教育与其他类型教育之间的共性与个性,但事实上,似乎更有一种表达心声,甚至是一种宣泄情绪的元素在里边。也就是说,我极其希望能够让成人教育至此依然莫明其妙地聒噪在某些人士,甚或是某些教育人士中间的,那些被质疑、被轻视、被以为无足轻重、被认为可有可无,甚至常常会因其本身固有的"非学校"与"非学历"、"非正式"与"非正规"等特性而被误读与曲解、被嘲弄与诋毁的困境中"解脱"出来。虽然,我知道,个人的力量是微不足道的,但我还是这么做了,这么说了。于此瞬间,我又突然感觉,诺尔斯当年竭力主张关注"被忽略的一族——成人学习者",是否也是缘于这样一种愤然不平的情愫?诚然,对于这项课题研究本身而言,先行确定"成人教育属于教育范畴"显然也是一个最为基本的前提。

第二,我曾经有过这样一段言说,认为通过考察教育学(即倾向"小写"的教育科学研究及其构成体系)、教育科学,我们已然非常清晰地发现:"在教育学不足以解释教育现象全部的时候,通过交叉和分支学科的建立而产生了教育科学。"

由此,可以进一步叙来的是,基于"成人教育学"视角,"教育学"的演进,还似乎真有如下一种历史事实：

在最初，远则可以追溯到西方的苏格拉底（Socrates）、柏拉图（Plato）、亚里士多德（Aristotle）时代，以及东方的孔子、孟子时代，近则可以追忆到西方的夸美纽斯（J. A. Comenius）、裴斯泰洛齐（J. H. Pestalozzi）时代，以及本土的梁启超、蔡元培时代，在他们那里，有关教育、教育学的思考，似乎并没有纠结于单一的儿童教育（学）问题，相反，他们能够同时关照人的一生的教育，甚至秉持一种"童叟无欺""有教无类"的思想，就像夸美纽斯所主张的那样。"凡是生而为人的人，都有受教育的必要"。①

到后来，也许因为有太多的理由和原因，儿童教育问题几乎成了教育、教育学讨论的核心，浩浩荡荡的学术流派，铺天盖地的学术理论，似乎一夜之间让儿童教育（学）成了教育、教育学世界中"唯我独尊""唯我独大"的东西。

到20世纪六七十年代，基于社会种种变革，国际社会开始大力倡导终身教育理念，并且认定"成人教育是整个终身教育的火车头"。②当然，也可能是因为诺尔斯成人教育学思想开始在全球范围内传播，整个国际社会关心成人教育及其研究活动的人开始多了起来，两个显著的表现就是：第一，在教育学研究或著述中，开始出现了有关成人教育的议题与篇章；第二，以成人教育命名或类似命名的专门著述，开始大量见诸书市、图书馆或资料中心的书架上。

"童叟无欺""有教无类"之全民教育与一生教育的思想与实践延绵了数千年，但终因后来强势出现的以学校教育为主的儿童教育而渐渐淡化，甚至渐渐被吞没。直到人们真正再次意识到终身教育与终身学习、成人教育与成人学习之重要性的时候，有关成人教育的理论探索或学科建设问题才又正式浮出水面。在这种情况下，同时也在儿童教育、儿童教育学依然强势的背景下，当时的我很自然地形成了这样一种见解：（同样是）在教育学不足以解释教育全部现象的时候，成人教育学开始从教育学那里剥离、分化出来，逐渐成为一门与侧重儿童教育的教育学相对应的、专门关注成人教育与成人学习问题的学科。

第三，对同一问题，我还曾有过这样一段言说："不知是巧合还是必然，同

---

① 夸美纽斯. 大教学论［M］. 傅任敢，译. 北京：教育科学出版社，1999：27~28.
② 保罗·朗格让. 终身教育导论［M］. 滕星，等，译. 北京：华夏出版社，1988：142.

样的，在成人教育学（即'小写'的成人教育科学研究及其构成体系）无法阐释成人教育所有现象的时候，一方面致使其在数十年的时间里已经分化或正在分化出一些相互联系的分支学科，另一方面又促使其多方位地与其他学科相联系，产生了一系列新的交叉研究，有的业已形成了专门的学科，以致我们具有首创意义地提出了成人教育科学的概念。"我试图通过如此认识和表达来呈现这样一种推演路线：一则，在教育学不足以解释全部的教育现象的背景下，"教育科学"概念得以诞生；另则，成人教育学由教育学分化而来，虽然开始走向独立，却不可能摆脱它与教育学的关系；再则，在成人教育学不足以解释全部的成人教育现象的背景下，"成人教育科学"概念得以崛起，但它又不得不以"教育科学"为母体。

第四，既然要确立"成人教育科学"概念，就必须阐明其内涵。既然认为成人教育科学的母体是教育科学，而教育科学又必定是整个人类科学大家族中的一员，那么，对于成人教育科学内涵的认知，就必须依助"教育科学"乃至"科学"概念本身的诠释。正是基于这样一种演绎，才有了"成人教育科学，不可能有理由拒绝科学观和教育科学观之双重影响"的判断。

说到底，成人教育是人类教育活动的组成部分。成人教育学之"伦"，就其"辈分"，于教育学而言，为"老二"，或就其"等级"，于教育学而言，为"次级"；成人教育科学之"理"，就其"纹路"，于教育科学而言，为"支流"，或就其"纹理"，于教育科学而言，是"子系"。而至于其内涵的生成，又必定要接受来自科学，特别是教育科学之遗传因子的规约。

于成人教育（学、科学）而言，无论是对其归属做出"属于教育范畴"的认定，还是对其"伦"做出是"老二"或"次级"的鉴定，包括对其"理"做出是"支流"或"子系"的裁定，甚或，再对其内涵做出了必须接受科学与教育科学规约的断定，作为它们原生态式的初衷，显然不外乎促使其作为一门学科能够变得独立、坚强起来，进而使教育科学研究的风尚与习惯、秩序与规则，乃至品质与德性发生一种包括成人教育及其科学研究鲜明元素在内的全新变化。

以上认定、鉴定、裁定与断定的做出，迄今已经整整十个年头。著名的社会学家、心理学家弗罗姆（E. Fromm）曾经说过这样一句话："个人的整个一生，只不过是（一个）使他自己诞生的过程。"对之，联合国教科文组织的解释是："人类生下来就是'早熟的'。……他总是不停地'进入生活'，不停地变成一个人"。①

那么，"诞生"在十年之后的我，因为"不停地进入生活"，"不停地变成一个人"，对照"诞生"在十年前的我，其所想、其所识，又可能会生成什么样的新审视与反思呢？对之，还是有如下三个话题值得展开：

话题之一，我们对于成人教育科学的生成、发展而不胜翘企的愿望与憧憬是值得肯定的。如前所述，我们不仅窥见成人教育有它的历史理念与历史实践，也更感受到成人教育在现实中被误解和诋毁，诚然，我们也曾认真考量过其已经迈出的科学研究的脚步，以及进行科学体系构建的现实要求和机遇，基于此种种，渴望成人教育科学研究活动的爆发，憧憬成人教育科学体系的崛起，显然，是无可厚非、不容指摘的。

话题之二，我们对于成人教育科学之伦理的思考，若从"臣服"于教育、教育学、教育科学相对有更多积累，亦呈绝对强势的现实角度来思考，那么，将成人教育学视为教育学的分化，将成人教育科学视为教育科学的子系，以及认为它的内涵必定会受到来自"科学""教育科学"概念诠释的规约，似乎也不为过，更何况可以进一步表露的是，在那段岁月里，我的头脑里还时不时地被两个信息激奋着，被一项成果盘踞着。

两个信息即是此前已经有所提及的：1992年，国家技术监督局颁发了《中华人民共和国国家标准学科分类与代码表》（GB/T13745—92），确定教育学（即教育科学）为一级学科，代码为880，成人教育学为18个二级学科之一，代码为880.57；1997年，国务院学位委员会与教育部联合颁发了《授予博士、硕士学位和培养研究生的学科、专业目录》，教育学被列为一级学科，代码为0401，成人教育学亦是其下设的10个二级学科之一，代码为040107。无疑，大凡成人教育界人士，特别是专注于成人教育科学研究或学科建设的人士，自然都受到这两个重大而权威的信息的激励与鼓舞。

一项成果亦是此前提到的，即由我自己单独承担的"八五"全国哲学社会科学

---

① 联合国教科文组织国际教育发展委员会. 学会生存——教育世界的今天和明天 [M]. 华东师范大学比较教育研究所, 译. 北京: 教育科学出版社, 1996: 197.

基金重点项目青年专项课题——"当代世界教育科学发展与成人教育"。历经八个寒暑,这一研究终于在教育科学这一大屋檐下,或者说,在与教育哲学、教育社会学、教育心理学、教育技术学、教育管理学、教育评价学等相近似的知识框架下,"顺势"形成了成人教育多少受其影响或濡染的 63 万字的著述,并且在当时还得到了不错的社会反响与自我心理满足。

于是,我心中便留下这样两个"刻板印象":第一,成人教育(学、科学)"正在被世界教育科学殿堂接纳为一名新的成员";第二,既然"作为教育科学家族中的一员,它必然可以从其母学科中汲取更为丰富、更加有益的养分,借此尽快形成既充分反映共性,又充分体现个性的成人教育科学理论与实践知识"。①

总之,在这样一种学术力量的感召下,在这样一种学术思维惯性里,于正式进入《成人教育科学体系的构建与发展研究》之主体讨论之前,早早做出如上所述的"认定""鉴定""裁定"与"断定"等"定位",并期待其由此逐渐变得独立、坚强起来,似乎成了一件无须更多说明的事。

话题之三,对于成人教育科学之伦理问题的四项"定位"思维,若从现今对照诺尔斯思想的角度,抑或,从十年后诞生的"我"的认识角度来审视、反思,就有许多值得重新评量的地方了。

首先,在我当时的思考当中,显然不存在一种像诺尔斯那样的极具勇气、极具魄力的"versus"意识,即大胆尝试在成人教育科学与(儿童)教育科学双方"相对"的状态下,甚或在两者"相比"的过程中,去寻找前者存在的理由,甚或去确立前者的端点,尽管这样做也许会因可能存在某种偏颇或缺失而招来非议。但是,可以相信的是,如若采取如此"对撞式"的行动,其爆发力、影响力,一定会带来一种难以想象的效果和局面。事实上,我却在一种太过"从属"与"归属"的意识中忽视了它本就有的崛起力量与空间。至此,如若再鼓足勇气,连接起先人们早已有之的"童叟无欺""有教无类"的思想与实践,那么究竟该是谁衍生谁、谁从属谁,也许还真成了一个难解的谜!

其次,在我当时的思索当中,似乎更不具备一种像诺尔斯那样的"from …

---

① 高志敏. 当代世界教育科学发展与成人教育[M]. 上海:上海交通大学出版社,1997:1.

to..."的意念,即试图按照从(儿童)教育科学到成人教育科学的思路,去条分缕析地厘清后者的"纹路",廓清后者的"纹理",虽然这样做或许也会存在难以预见的风险,但是,其中所可能飙扬的学术自信,所可能张扬的学术形象,又肯定会衍生出一种超乎想象的魅力与活力。事实上,我又沉浸在"分化"与"子系"认同中,使之失去了这样一种可能彰显其独特魅力和无限活力的机会。同样地,于此,如若再回叙起诗人罗伯特·弗罗斯特"我们在属于成人教育学之前,成人教育学就已经属于我们了"的那段充满意境的诗文,那么谁派生谁、谁归属谁,也许又真成了一个难释的结!

在进入以下"最后"方面的表达之前,我觉得我还必须给出一个郑重的说明,那就是:刚才"首先"与"其次"这两段叙述,好像都是在和大师诺尔斯思想的比较中展开的,事实上,我定然无意,也不敢妄和大师一比高下,而最直接的原因,无非就是为了通过这样一种比照,来发现、来证明自己文墨的贫乏、学识的谫陋。以下若再发生类似情况,原因也大抵如此。而至于在上一节又何以斗胆用大师的"成人教育学"作为个例进行检视与反省,个中缘由,已在上一节多有说明,于此不再赘复。

最后,也许正是因为文墨赏之,我只能管见所及,正是因为学识谫陋,我只能浅尝辄止。至于管见所及与浅尝辄止的"后果",如果用"诞生"于十年之后的我的眼光再来看的话,那么:

说"成人教育属于教育范畴",虽然藏匿着一种在本土情境下为其求取"名正言顺"之地位的恻隐之心,但说到底,它终究还是一个尚未经过自己严格意义上的学理推究,或深度辨析而给出的认定,甚至可以说,如此认定还深受当时自己仅见其发生在所谓教育系统,或所谓教育情境之下的那一部分事实的影响。而今,我虽然不敢说,也不可能说,它不是"教育范畴的事",但至少,我心中已经开始有些别样的感觉在慢慢产生,那就是,它是属于教育范畴的事,但不一定是仅仅属于教育范畴,尤其不一定是仅仅属于传统学校教育理念与实践下的教育范畴。个中缘由,或许是因为我已经开始意识到,在不作深度辨析、不作真切认识的情况下,笼统地将之归结为"属于教育范畴的事",到后来,除了容易跌入就教育论教育的窠臼,甚至套上就教育论教育的桎梏以外,最要命的,就是它很可能成为那种已经有根深蒂固之理念、已经成循规蹈矩之实践的难以名状的复制品！

说"成人教育学是教育学的分化"，那是因为如前所述，自18、19世纪以来，特别是自1806年德国教育家赫尔巴特出版《普通教育学》一书，使"教育学"得以正式命名之后，尽管时有教育学者乃至教育大师论及成人教育、一生教育的问题，而且凯普也早在1833年就提出了"成人教育学"概念，但是，儿童教育终究逐渐成了教育、教育学讨论的核心，或者说，以儿童教育为主要研究对象的教育学或普通教育学，俨然备受青睐，以致其首先得到了相当的发展与积累，成人教育学的成长过程则因种种原因而显得时断时续，直至20世纪70年代才真正崛起。总之，可以认为，教育学或普通教育学起步早、受关注度高、积淀深，成人教育学起步晚、受关注度低、积淀浅。另外，也无须否认，在既有的成人教育知识当中，亦有不少堪称是在普通教育学基点上推衍形成的。基于此，认为成人教育学分化于教育学，也许并不偏颇。但是，第一，如果我们折回头来，重新看一看柏拉图在雅典城外创办的"学园"，有成批接受哲学教育与管理训练的成年男子，抑或，孔夫子周游列国，亦有众多受诲于他的成年弟子；第二，如果我们返回身来，重新瞅一瞅最近两百年中所积淀的普通教育学知识，又有多少来自此前甚或此间的有关成人教育或一生教育思想与实践的渗透；第三，如果我们关顾现下，再去认真琢磨一下"教育过程的正常顶点是成人教育"这句话；① 第四，如果我们展望未来，再去真切憧憬一番终身教育、终身学习与学习社会三大理念，以及它们正在阔步前行的理论与实践，那么，成人教育学分化于教育学的这样一种鉴定，其根基也许会发生动摇。以发生在眼前的事实来看，也许因为太过强调教育学的下位意识，或者，因为太过拘泥于教育学的现成衣钵，成人教育学的研究活动已经有了太多的临摹痕迹。

说"成人教育科学的母体是教育科学"，那是因为，既然成人教育属于教育范畴，成人教育学是教育学的分化，那么，由之扩展并逐渐生成的"成人教育科学"概念又一定会和"教育科学"概念维系在一起，并被裁定为后者的子系。然而，近些时间以来，我在内心又形成了一些新的意念：第一，如果现下的"教育科学"依然主要迷恋儿童教育、儿童教育学，那么，它的母体意义也许会变得不再充分了；

---

① 联合国教科文组织国际教育发展委员会. 学会生存——教育世界的今天的明天 [M]. 华东师范大学比较教育研究所，译. 北京：教育科学出版社，1996：247.

第二，在终身教育、终身学习思想传统及其当代理论和实践不断深入的背景下，就我自己而言，对人之一生所受教育无非由儿童教育与成人教育两段构成的心理认同，变得越来越清晰，越来越坚定，并且由此会经常趵突出这样一种思忖：如果能够为成人教育（科学）找到一种更具独到意义、更具本原风采、更具逻辑力量的源点或支点，那么，在与儿童教育（科学）可能发生互融、互动，共存、共进的情况下，它们可不可以要么一起被统揽在真正具有鲜明的终身教育、终身学习思想的教育科学殿堂之中，要么干脆一同被统帅在终身教育学或终身学习学的旗帜之下？

说"界定成人教育科学的内涵，尚需接受教育科学乃至科学概念诠释的规约"，若从同属人类科学探索行为的一般意义上来判断，这应该没有什么太大的谬误。但是，我现在又为此平添了一份隐隐约约的担忧，即唯恐其由此或因此过多关照了它与"科学""教育科学"的共同属性，而陷入忽略其本身作为一门科学的特性、特点与特色的尴尬。

至此，我已经用了很长的篇幅作了有关成人教育科学伦理问题的自我审视与反思。

接下来要审视与反思的是有关成人教育科学纲领的问题。

诺尔斯为"成人教育学"建构确定的纲领是：要"敢于探索，敢于试验"；要"勇于从错误中吸取教训"；要"乐于不断发展与完善我们的理论"，从而"取得更多的研究成果"，以奠定"成人教育方法的科学基础"。

那么，在《成人教育科学体系的构建与发展研究》中，它又为成人教育科学发展确定了什么样的纲领，或者说，对于成人教育科学的实际运演，它又确定了怎样一种具有引领和指导作用的要领或原则呢？

在《成人教育科学体系的构建与发展研究》的"前言"部分，我基于"课题研究的基本信念"和"课题研究的特定目标"演绎并确定了"课题研究的指导思想"，透过这一指导思想，便能够非常清晰地窥见我对于"成人教育科学"纲领问题的思考和认知：

"视成人教育理论与实践为一门科学，努力探获其作为一门科学的理论依据之所在，实践根基之所系，尤其是她的体系构架之所是，从而，希望成人教育能够开始走向学科化和科学化的发展轨道——使她的理论功底发生量和质的飞跃,使她的实践运作更加走向理性和科学。终而,期待着她,面对新世纪的挑战,将更显成竹在胸,从容以对,面对新世纪的机遇,将更显踌躇满志、志在必得。"

此段言说,首先,和诺尔斯"纲领"有近似感。且看:

——诺尔斯的"敢于""勇于"与"乐于",同我的"努力""希望"与"期待",都是从一开始就试图为成人教育学、成人教育科学灌注一种最基本的态度和精神。也许我们都深知,相比教育学或教育科学,成人教育学、成人教育科学起步晚、受关注度低、积淀浅,而且在它们的未来征程中,必定还会遭遇困难和挫折,必定还会面临错误和失败,也就是说,横亘在它们面前的,很可能就是一条乱石盘陀之道,一条荆棘丛生之路。然而,一方面,我们必当"努力",并且"敢于"努力,"勇于"努力;另一方面,我们又必当"乐"在对"期待"的追逐中,"乐"在对"希望"的实现中。

——诺尔斯的获得"研究成果"的诞生与添加、取得"理论成就"的发展与完善,"科学基础"的奠定与加强,同我的探获"理论依据所在""实践根基所系"与"体系构架所是",祈盼"理论功底实现飞跃""实践运作走向理性",以此迈入"学科化"与"科学化"的发展轨道等,可以说明这一切,又使得上述这样一种态度都被跟进了所要追求的相关"内容",上述这样一种精神也都被设定了所要谋求的相关"实质"。其中,理论演绎的路向似乎是相同的,学术逻辑的走向好像是一致的。

其次,和诺尔斯"纲领"也有相异感。也就是说,除了一种是基于"小写"的成人教育科学研究及其构成体系的思考,另一种是基于"大写"的成人教育科学研究及其构成体系的思考以外,在聚焦指导思想问题时,因为已感受到了 21 世纪的气息,故而,对于未来我又有了一种特别的憧憬与表达,即渴望通过成人教育科学探索,为成人教育而建构的理论依据、实践根基乃至知识体系足以回应 21 世纪之挑战,而为成人教育所打造的理论功底,乃至为成人教育所设计的实践运作不会辜负 21 世纪之机遇。

遗憾的是,若用十年后的我的眼光再来审视、反思的话,围绕我自己十年前的这样一种纲领认知,除了那份依然值得珍藏下来的追求意识与勤勉意向之外,我感觉又油然滋生出一种苍白感来：

——说到底，与诺尔斯"纲领"的近似感，还是一种流于形式的近似感，因为诺尔斯针对成人教育被轻视、被忽略的窘境，在提出要"敢于""勇于""乐于"展开成人教育科学活动的同时，已经找到了促使成人教育学崛起的最初的理论源点，尽管这种理论源点也许并不非常充分。而我在成人教育被误读与曲解、被嘲弄与诋毁的困境下，提出要"视成人教育理论与实践为一门科学，努力探获其作为一门科学的理论依据之所在，实践根基之所系，尤其是她的体系构架之所是……"的时候，却还不曾发现，甚至还没有任何意识去首先确定这样一种科学探索活动在理论上最具支撑力量的初始根基或最初源点，哪怕这种根基或源点需要得到反复权衡。故而，在言语形式上，也许是近似的，但在实质上，则显得颇为绵软无力。

——兴许就是因为初始根基的缺漏、最初源点的缺欠，所以，有关指导思想的整段描述，虽然初读起来似乎还是可以让人一时间激情满怀、豪情万丈，但是细细品味，却还是感觉流于"书生味"了。而无所根基、无所源点的纲领，定然也就显得有些华而不实、浮泛空洞了。至于那时还津津乐道于其中的，即那些对于新世纪的未来憧憬之说——成竹在胸、从容以对、踌躇满志、志在必得等，或许也只能是一种汗漫之言，或口惠而实不至的东西了。

其二，关于性质与目标。

如前所述，在我个人的认知记忆中，所谓"性质"就是指可以说明或证明何物为何物的一种最为根本、最为内在，乃至充满特定意义的质性意涵。

关于成人教育科学的性质，我是经由如下五个步骤加以分析和认定的。

第一个步骤是展开了关于"科学"意涵的讨论，最后接受了科学学创始人、英国科学学家贝尔纳（J. D. Bernal）的观点。在他看来，"科学"不能以严密、简单的定义来诠释，而应用广泛的、阐明性的叙述来表达；"科学"在不同的场合会具有不同的意义，只有在它发展的总体图景中才能将这些意义联系起来；"科学"具有多元的质性规定，唯有通过对这些质性规定的全面透视，才能提炼出它的完整意义。贝尔纳围绕科学是一种"建制""方法""知识系统""维持和发展生产的主要因素""新观念的重要来源"而进行了阐明性的叙述。对于贝尔纳的见解，我当时的感受是：它不仅揭示了科学的静态特征，还表现了科学的动态特征；不仅阐明了科学活动的过程与结果,还刻画了科学活动的本质与形式;不仅描绘了科学的既成形态,还明确了科学的社会功能。

第二个步骤是进行了关于"教育科学"意涵的讨论,最终认同了北京师范大学安文铸等人在1997年出版的《教育科学学引论》一书中提出的(同时也融入了贝尔纳科学观的)"教育科学"之见解。在他们看来,教育科学包含三种不同的形态:一是知识体系形态,即分门别类的、系统化的理性知识形态;二是研究活动形态,即科学劳动的方式、过程与机制形态;三是实践功能形态,即改造教育世界的能力与作用形态。他们的原话是:"现代教育科学是科学知识、科研活动、科学应用的统一……是知识体系、研究体系、功能体系的三位一体。"① 基于此,它可被描述为"关于教育世界本质联系的客观真理的动态体系,这些客观真理由教育研究活动而获得、而发展,它们被广泛地应用于教育实践,从而转化为直接改造教育世界的实践力量"。②

第三个步骤是参照以上"科学"与"教育科学"的诠释,试图从多个侧面来阐明性地推导"成人教育科学"概念中与之具有共性意义的基本意涵。最后指出,成人教育科学是一种研究组织系统,包括(半)专门化或(半)制度化了的研究力量;是一种研究活动系统,包括探索性、开拓性和创造性行为;是一种研究方法系统,包括研究工具与手段;是一种研究结果系统,包括被累积起来的系统化了的理性知识;是一种创新系统,包括新理念、新思想与新方法的创造;是一种实践运用系统,包括理论与实践的统一、理论对实践的应用;是一种生产力,即可以构成一种促使实践活动得以有序运行与持续发展的因素。

第四个步骤是对比"科学"与"教育科学",试图说明成人教育科学具有个性色彩的意涵。具体的表述是:如果说三者都具有"建制""研究""方法""知识""创新""实践"和"生产力"的共性,那么,成人教育科学便是一种专门从事成人教育科学研究的组织系统,一种专门围绕成人教育现象而展开的研究活动,一种研究成人教育问题的方式方法,一种关于成人教育系统的知识体系。此外,成人教育科学创新活动成果的享用主体或其研究成果运用的主要领域首先是成人教育,成人教

---

①② 安文铸,等. 教育科学学引论[M]. 南昌:江西教育出版社,1997:39.

育科学又必定构成成人教育这样一种特殊社会实践活动的生产力。总而言之,"成人教育科学同其母学科——教育科学,乃至母学科的母学科——科学,是具有共性的,但是,(因为其具体研究对象的不同),三者在上述各方面又都是有差异的。"

第五个步骤是特别对比"教育科学",即在以上所谓个性描述的基础上,再来进一步阐述成人教育科学的特定意涵所在。我尝试着将其简括为:就社会建制而言,前者主要构建在教育体系内部,后者不仅可以如此,而且还能延伸到社会其他部门;就研究活动而言,前者主要是探索和揭示教育特别是青少年教育的真相和规律,后者则主要是一个获取和处理成人教育信息的过程;就研究方法而言,前者运用的方法一般都能为后者所采用,但后者有时根据需要所使用的方法则是特定的,比如直接与企业或用人部门展开合作研究等;就知识系统而言,后者不可能通过一般的教育科研而获得,也不可能由传统的学校教育知识体系所替代;就创新活动而言,前者的创新成就对后者来讲也许是边缘的、附带的,只有通过后者本身的真切投入,才有可能使它的创新活动产生一种具有直接意义和针对意义的力量;就实践应用而言,后者在极大程度上可以说是一种不受传统教育模式束缚的探索活动,因而也只有突破了传统教育意义的成人教育,才有可能成为其创新研究成果唯一独特的实验田园;就生产力而言,以郎格朗的终身教育思想和诺尔斯的成人教育学为例,后者的生产力属性对成人教育这一社会活动的发挥,其完全切入的针对意义和势大力沉的推动意义是一般的教育科学研究所无法取代的。

就以上五个步骤本身而言,我当时有两种特别强烈的意念:一是想为确定成人教育科学的质性意涵寻觅顺理成章的凭据;二是想为确认成人教育科学的质性意涵呈现无可替代的凭证。

第一种意念的直接证明,就是如前所说的:既然科学观的形成和发展必然会反映到作为科学大家族一员的教育科学中来,那么,作为教育科学大家族中地位变得越来越重要的成人教育科学,就不可能有理由拒绝科学观和教育科学观之双重影响。

第二种意念的直接证明,就是我曾经说过的:如果成人教育科学概念的个性得不到进一步的说明和揭示,那么,最有可能出现的情况就是成人教育科学完全可被教育科学所涵盖、所替代,而提出"成人教育科学"概念随之也就成了多此一举,建立和发展成人教育科学体系也就几乎没了必要性和可能性。

兴许,这样的意念和行动确实有其成立或存在的意义与价值:一来让我顺着"科学"与"教育科学"的导向,似乎找到了理解"成人教育科学"意涵的途径;二来让我借着"科学"与"教育科学"的思路,似乎确立了推衍"成人教育科学"意涵的视角;三来让我凭着"科学"与"教育科学"的诠释,似乎全然完成了"成人教育科学"之共性意涵的呈现;四来让我比着"科学"与"教育科学"的阐释,似乎全然实现了"成人教育科学"之个性意涵的辨认。总而言之,一方面它们似为解析"成人教育科学"的质性意涵打开了一条门道,另一方面它们又似为赋予成人教育以"科学"的名义找到了理由。

然而,用现下的目光看,眼前又浮现出了以下一些图景:

——诺尔斯用严密、简单的定义将成人教育学诠释为一门"帮助成人学习的艺术和科学",其中的原创性和影响力是不言而喻的。但是,我却无法用一句话来精确概括成人教育科学的质性意涵,俨然一副畏首畏尾、怯生生的样子。

——贝尔纳用广泛的、阐明性的叙述来解读科学的完整意义,其中的创新作用与解释力量亦是有目共睹的。然而,我将这样一种方法简单地演化成一种解读成人教育科学不可或缺的"模板",俨然一副执意效仿、学学看的样子。

——从一般的道理上来讲,当人尚处蒙昧状态的时候,学习、借鉴别人的思想和方法不失为一种可资一试的办法。但是,虽然"五个步骤"走下来,似乎层层推进、入情入理,但最终留下的还是一幅没有太多根基感、风骨感的画面,虽然也曾为烘托成人教育科学的必要性和可能性,乃至它的特定意义或个性意义而付出过努力。

那么,问题究竟出在哪里呢?

此前对话诺尔斯成人教育学性质的时候,一方面钦佩他通过成人学习者相比儿童学习者在自我概念、经验积累、学习准备以及学习倾向等方面所存在的差异而发现了其作为一门学科之生成与成长的土壤,一方面又询问他将之定性为一门"帮助成人学习的艺术和科学",是否已经足够触及显现它"质性意涵"的核心地带。

于此,我没有任何资本可以自我钦佩。因此,对此进行质疑的机会也似乎荡然无存了。剩下的,或许只能是让自己关照好以下两件事情:

第一，我必须再次承认：那个时候的我能够从"科学""教育科学"中演绎出有关"成人教育科学"的意涵，尽管看起来像是一种不错的选择，但终究难以摆脱简单套用的嫌疑，更重要的是，眼下见到的"质性意涵"还远远无法接近其本身最具有根本意义、最彰显内在意义的"核心地带"。

第二，我必须充满期待：从现在开始的我，能够首先去发现、去明了可以规约成人教育科学性质的原始理由，可以演绎成人教育科学性质的初始根源。或者说，从现在开始的我，应当首先要求自己去找寻促使成人教育科学得以生成与成长的真正土壤；去探寻促使成人教育科学得以生存与发展的真正源头，从而转过身来，从始发于其自身基点的视线，再来重新审视它的固有性质，再来重新提炼它的特定意涵。也许，这样做的最终结果会大相径庭，它的灵动感、风骨感会判若云泥，但这并不妨碍此后再来分析科学、教育科学可能对之产生的影响，乃至辨识它们之间的相互作用与伦理关系。

接下来继续展开有关成人教育科学目标的自我对话。

在《成人教育科学体系的构建与发展研究》第八章里，曾经专设一节讨论"成人教育科学体系构建与发展"的目标问题。其中包括三个议题：一是"预期目标的设定"；二是"实现预期目标的条件"；三是"实现预期目标的障碍"。有关"预期目标"的设定是：

"从新纪元开始，争取用四分之一世纪左右的时间，使前述成人教育科学体系的基本构架能够转化为现实。同过去 20 年的成人教育科学研究活动相比，能够正式进入学科化、体系化的轨道；同现有的成人教育科学研究水平相比，能够达到更高的理论水平和更强的操作水平；同普通的学校教育科学研究相比，能够达到有所接近的水平；同国外的成人教育科学研究相比，能够达到持平甚至有所领先的水平。"

很清楚，这里边包含六个着眼点：

第一，有一种基本的假定，即此前设计的成人教育科学体系框架全然可以成为蓝图；

第二，有一种时间的限定，即计划用大约二十五年的时间，来使设计框架变为现实框架；

第三，有一种与过往的比较，即同其此前的研究相比，真正实现学科化、体系化；

第四，有一种与现时的比较，即同其时下的研究相比，体现更高的理论与应用水平；

第五，有一种学科间的比较，即同一般的儿童教育科学相比，达到与之接近的水平；

第六，有一种国家间的比较，即同国外相关的科学研究相比，达到持平或领先水平。

我甚至还在分析了实现预期目标的条件与障碍之后，又根据二十五年的时间限定，提出了分三个步骤达标的预想：用三分之一左右的时间，集中突破成人教育理论与实践研究尚属空白或刚刚起步的领域；再用三分之一左右的时间，使其预设的基本构架能够开始接近它的现实轮廓；在最后剩下的三分之一时间里，补充、完备作为构建成人教育科学体系基本所需的分支学科，并对先前两个步骤的研究成果进行深化或改善。

这其中同样有着某种事关成人教育科学本身之学理目标的思考元素，但细细品来，却感觉基于成人教育科学之建设、之发展目标的思考，颇有远远超过基于成人教育科学之固有、之天然目标思考的迹象。或者说，前者更多的是一种通过外部工作力量，使之应当"建设"与"发展"到什么程度或什么样态的表达；而后者更多的是一种对于其在学理意义上会产生什么效果的阐述，或者达成什么结果的阐明。而这里的实际情况就是，前者倾向于工作目标式的表达，超过了后者倾向于学理目标式的阐扬。

在此，可以回顾一下诺尔斯对于成人教育学目标的思考：

——投身成人教育学，旨在从此开始致力于摆脱经验的束缚，走向理论系统的建构，并由之作用于成人教育的实践；

——效力成人教育学，旨在从此开始致力于消解主观的随意，迈向科学基础的打造，并由之服务于成人教育的方法；

——可能作用于成人教育实践的理论系统，以及可能服务于成人教育方法的科学基础，又必将经由成人教育工作者履行其"使命"这样一种中介，得到更富意义的兑现，或更具价值的展现。

很清楚，诺尔斯的目标思考是一种更加接近于学理目标的思考。

那么，对于我自己来讲，在《成人教育科学体系的构建与发展研究》整部著述里，有没有一种明显倾向于对其学理目标的阐扬呢？细细搜索，有关这一层面的问题还是有多处思维连接的。

首次倾向学理目标的思维连接，发生在回顾与前瞻成人教育及其研究活动并决意展开科学体系构建与发展研究的时候，其佐证就是我在其"前言"里写的："课题研究的特定目标是：在成人教育理论与实践已经走过的历程，特别是在其近半个世纪来所打下的基础上，尽力明晰它的研究领域，着力构建它的科学体系。"

再次倾向学理目标的思维连接，发生在推衍与描述成人教育科学之质性意涵的时候，其佐证就是在其第二章里，我曾经表示过，成人教育科学及其研究活动：旨在"探索和揭示成人教育的真相和规律"；旨在对"对成人教育的特定对象、特定需求、特定制度形成规律性的认识，对成人教育的特定内容、特定目标和特定方式做出理智的选择，并且诠释它的各种内部关系，阐释它的各种外部关系"；旨在形成"一种具有直接意义和针对意义的推动力量，不断丰富成人教育'专有'的知识宝库"；旨在使它的创新成就或研究成果能够"在相应的成人教育实际活动中得到反映和检验"；旨在对"成人教育这样一种特殊社会实践活动的有序发展、持续发展产生巨大的影响力量"。

第三次倾向学理目标的思维连接，发生在设定工作目标之前，也就是说，在工作目标式的表达之前。我在其第八章曾经有过这样一段表述：

"成人教育科学体系的构建与发展，（除了将有助于成人教育科学及其研究活动迈向学科化、体系化的轨道以外，还）将有助于广大的成人教育研究者从中获得新的研究思路和新的研究起点，乃至新的研究方式和方法；将有助于广大的成人教育实践者从中获得有益的理论指导和有效的实践方法。总之，它将促使新世纪的成人教育理论研究工作与实践运作活动，在一种更加科学、理性，更加合理、有序的状态下，进入一种更具活力、更见成效的运行与滚动。"

由此可见，在我心里面，倾向于成人教育科学的学理目标，概括起来主要有这样一些指向：

明晰研究领域，建构作为一门科学的学科体系；

探索真相，揭示规律，梳理关系，明确路向，丰富知识宝库；

形成"检验""应用"与"生产力"作用；

使研究者获得新思路和新起点，使实践者获得新指导和新方法；

使理论研究与实践运作变得更加科学与理性，更为合理与有序，更富活力与成效。

一边写着，一边想着：

"明晰研究领域，建构学科体系"是否与诺尔斯的理论系统建构近似？

"探索真相……丰富知识宝库"是否与诺尔斯的科学基础打造相似？

"形成检验、应用与生产力作用"是否与诺尔斯的"作用于成人教育实践""服务于成人教育方法"类似？

"使研究者获得新思路和新起点，使实践者获得新指导和新方法"以及"使理论研究与实践运作变得更加科学与理性，更为合理与有序，更富活力与成效"，又是否与诺尔斯的"经由成人教育工作者履行其使命这样一种中介，从而（使理论系统、科学基础）得到更富意义的兑现，或更具价值的展现"酷似？

诚然，个中也存有一定的差异，比方说：

诺尔斯建构理论系统的原因是为了摆脱经验的束缚，我提出"建构学科体系"的动因是为了走出被误读、被误解的困境；

诺尔斯打造科学基础的缘由是直接指对消解主观的随意，我提出"丰富知识宝库"的缘起则是基于学科成长到了该从"小写"走向"大写"的考虑。

除此以外，诺尔斯还专门通过成人教育工作者的使命描述，进一步折射出学科的目标意涵，而我是添加了一个新的关注点，即成人教育科学的成长、成熟过程必将伴随理论研究者和各种理论研究活动本身的进步和完善。

现下，我心里正发生着两股"自我折腾"的浪潮：

第一股浪潮是，当意欲确定一门科学或学科目标的时候，究竟应当如何考虑它在横向上所应涉及的广度？我不断地质问自己：彼时彼刻的成人教育科学之学理目标的阐扬，是否被圈定在一种太过就学科范畴本身而论学科目标的区域？君不见，我的视野从来没有离开过属于这门学科范畴的"本土语言"系统，如学科知识、学科体系、成就检验、成果应用、研究的新思路和新起点、实践的新指导和新方法等？

第二股浪潮是，当意欲确定一门科学或学科目标的时候，究竟应当如何考虑它在纵向上所应探及的深度？我不断地拷问自己：彼时彼刻的成人教育科学之学理目标的阐扬，是否驻足在一种太过就学科范畴本身而论学科目标的层面？君不见，我的视线从来没有穿透过属于这门学科范畴的"本土思维"惯力？最具佐证力量的就是，我曾经说过："总之，它将促使新世纪的成人教育理论研究工作与实践运作活动，在一种更加科学、理性、更加合理、有序的状态下，进入一种更具活力、更见成效的运行与滚动。"

总而言之，在当初有关学理目标的考量中，无论是思维过程，还是语言表达，都被紧紧地裹挟在一种狭窄的、关涉学科范畴本身的"思维惯力"与"语言惯性"之中。所以，它们的最终结果表现得有些单一、肤浅。

其三，关于意义与作用。

关于"意义"，此前对其已经有专门的词意解释，而平素印象颇深，且经常出现在认知区域里的一种理解，就是以为它是指事物所能体现的内涵，特别是事物所能张扬的价值。

通过对诺尔斯成人教育学的个例分析，我们已经知道，他一方面将成人有别于儿童的自我概念、经验积累、学习准备和学习倾向视为成人教育学得以产生的土壤和源点；另一方面，他又将之视为彰显学科内涵、体现科学价值的线索和依据，而更要紧的是，这样一种线索和依据，又与成人教育的实践活动特别是成人教育的教学实践活动紧紧地连在了一起。

那么，我的成人教育科学之意义思考，又与哪些方面形成连接了呢？

《成人教育科学体系的构建与发展研究》中关于成人教育科学及其研究活动的意义问题，至少有三个方面的连接点：

第一个连接点，发生在与"取得学科席位"之间。

第二章里，我在分析、阐明了"成人教育科学"于"科学""教育科学"而言的共性表征，以及于"教育科学"而言的个性表征之后，随即表白了心中"特别愿意强调的三点意见"：

"第一，成人教育科学既然具有与科学、教育科学相同的共性，就有资格在科学的殿堂，特别是教育科学的殿堂里占有一席之位。

"第二，成人教育科学既然具有与一般教育科学不同的个性，就更有必要在教育科学的殿堂里占据无可替代的一席。

"第三，强调成人教育科学的个性并不意味着对一般教育科学成果的排斥，而为了丰富和完善其自身，还必须对之毫无商量余地地加以认真的借鉴和有效的吸收。反过来，成人教育科学的新探索和新成就，同样也会有利于教育科学整体的发展和完善，甚至可能对其发生出乎意料的促进作用。"

在我心里面，成人教育科学及其研究的意义直接与其在教育科学的殿堂里取得学科席位，或者说占有一席之地，乃至占据无可替代的一席之地而密切相关。同时，多少也注意到了它与教育科学之间可能存在的互动意义。

第二个连接点，发生在与"解读成人教育实态"之间。

同样是在第二章，我根据自己的"成人教育"概念分析结果，通过设问的方式试图为成人教育实态确立一种可能的解读途径或认知框架。这些设问主要有：

对达到一定生物生理发展水平和一定心理社会发展水平的人们所实施的教育，究竟是怎样一种具体的分类构成？

成人教育作为一种制度，其实施机构（包括管理机构和教学机构）究竟是怎样一种组织系统？

成人教育在实施过程中，其教育内容究竟是怎样一种多样化的结构？

成人教育在实施过程中，其教育水平究竟是怎样一种多层次的结构？

成人教育的实施空间又呈现出怎样一种布局？

成人教育究竟通过哪些教学人员、教学媒体和教学方法展开教学活动？

为了达到成人教育的目的，在其教学过程中，教与学之间究竟表现为怎样一种相互影响的关系？

很明显，在我当时的潜意识里，成人教育科学及其研究活动要解读、解答，或者说要阐释、阐明的，首先是一个有关"成人教育究竟是什么"的问题。而正是这样一种思维连接，再次表明了我对成人教育科学及其研究活动之意义的又一种内心领悟。

第三个连接点发生在与"构成知识体系"之间。

且再来看看八个篇章的名称及其意旨：

第一章"构建成人教育科学体系的背景分析"——意在说明成人教育科学及其体系构建的重要性和必要性。

第二章"'成人教育''成人教育科学''成人教育实态'"——意在阐明成人教育科学体系构建的理论依据与初始起点。

第三章"成人教育实态——教育领域与教育机构分析及其相关学科的设立"——试图通过对成人教育领域与成人教育机构的分析，导出第一个相关的分支学科群。

第四章"成人教育实态——教育情境与教育事实分析及其相关学科的设立"——试图通过对成人教育情境与成人教育事实的分析，导出第二个相关的分支学科群。

第五章与第六章"成人教育实态与社会关系分析及其相关学科的设立"——尝试通过对成人教育与两组社会变量之间的关系分析，导出第三个相关的分支学科群。

第七章"构建成人教育科学体系的综合分析"——尝试将三个不同的分支学科群组合在同一个成人教育科学体系的框架之中。

第八章"成人教育科学体系构建与发展的思考"——希望对成人教育的科学构建活动形成正确的认识、明确的目标与有效的方法。

人说"三句不离本行"，而我于此却是"句句不离本行"。因为几乎每一章似乎都在围追并呈现一种有关学科意义的"梦想"，也就是说，无论是作为一门学科本身，还是作为一种对之而做出的努力，其首先谋虑张扬的意义，均被定位在它必将促成一门有关成人教育的科学体系，或者说，均被锁定在它必将为成人教育这样一种特定的人类社会实践活动而构成一个完整而体面的知识体系！

概而言之，成人教育科学及其研究活动可能蕴蓄的内涵，特别是其可能涌溢的价值，被十年前的我主要规约在一席学科地位的获得、一种教育实态的认知，以及一个知识体系的形成。

然而，于今看来，这样一种有关成人教育科学及其研究活动意义的思考，显然有些失之偏颇。成人教育科学固然要确立、提升自己的学科地位，固然要解析、认知自己的研究对象，固然要打造、建构自己的知识体系，但是，这样一些意义审读，尤其是后两项的意义审读，显然只是表达了一种倾向于"形而上"的，而且也不一定足够全面和完整的，甚至是有些倾向于就事物认知而认知、就知识建构而建构的意义认同。再透彻一点说，暂且撇开学科地位的确立和提升问题，仅就自己当时的基本心理倾向而论，尤其表现出了一种单向"往上看"的学科建构心态，或者说，尤其展现了一种单向"往上走"的知识打造姿势，尽管在具体涉猎某个分支学科抑或其相关的知识构成时，会有一些触及实践层面的思考，但少了一种能够聚焦"形而下"的考量——既没能以"往下看"的鲜明心态，又没能以"往下走"的坚定态势，去同时深入透析与充分揭示成人教育科学及其研究活动，其内里还可能包含着的对于成人教育实践推进的具体而实际的应用价值，以及对于成人教育实践发展的真切的引领意义。

这样一种意义考量的不足，现在看起来实在是有些糟糕。因为一个简单的有关认识世界与改造世界的问题就会使自己陷入哑然无语的尴尬。这个问题就是："往上看"是知识打造，"往上走"是体系建构，那么，如此打造和建构究竟是效力于什么，服务于什么？或者说，它们究竟要在以及能在哪一片真实的空间里展现自己的力量，闪耀自己的光芒呢？

忽然间，心里边又情不自禁地跃升起一种对于大师诺尔斯的敬意。敬佩他通过对成人在自我概念、经验积累、学习准备和学习倾向等方面的特征确认，并将之直接切入成人教育实践活动，特别是成人教学实践活动的思考与设计之中，从而使成人教育学及其研究的价值，在"形而下"的意义指向过程中，得到了一种具体而真切、极具说服力的体现。

说了成人教育科学的意义，再来说一说成人教育科学的作用。

所谓"作用"，"意指某事物对其他相关事物所可能产生的影响、效果与效应"。

通过对诺尔斯成人教育学的个例解读，我们已经看到，成人教育学的作用主要被定位在了可以对成人教育现代实践的新目的、新系统、新中心以及终身学习新理念等产生预期的回应效应，或形成积极的回应效果。

那么,对于成人教育科学的作用问题,《成人教育科学体系的构建与发展研究》又作了哪些具体的"回应效应"或"回应效果"思考呢?

第一章的"构建成人教育科学体系的时代背景分析"中提到:

——数字化时代的到来,必将导致成人教育信息化进程的加速,并将促使成人教育目标、任务、课程、教材、形式等的变革。

——知识经济时代的到来,要求成人教育学科建设工作及其实践活动聚焦具有综合能力、创新能力和终身学习能力人才的培养;聚焦教学手段与教学内容的更新。

——对于成人教育学科建设而言,随着老龄人口规模的不断扩大,老年教育学必将成为一个需要特别关注的领域。

——物质生活水平的改善,必然导致精神生活需求的攀升。面对日益趋向多元的成人教育需求,以一种真正的科学研究姿态来研究成人教育显然已经成为必需。

——随着全球化生活方式的不断普及,定然希望通过成人教育学科建设以及成人教育实践活动的不断深入来保持和弘扬中华民族优秀文化。

——在人们普遍追求丰富心灵和提升生存意义、充分展现自我个性和实现自我价值的当代社会生活中,帮助人们树立"学会关心"的价值观念又成为成人教育的重要任务之一,也成了加快成人教育科学体系建设步伐的一种不可或缺的推动力量。

——在体现学习—工作—闲暇相结合的"循环型生命计划"变得愈益普遍的日子里,研究成人的闲暇教育、回归教育又加剧了成人教育科学体系建设的紧迫性。

——在包括成人教育在内的教育改革和发展声浪中,构建成人教育科学体系,推进成人教育学科建设已经成了一种必须。

总之,"变化莫测的新世纪的到来,成人教育将面临全新的时代背景,将迎接一个个全新的严峻挑战。时代发展的要求呼唤着成人教育务必真正以一门科学的面目来进行富有理性的探索。"

第一章的"成人教育及其科学研究的回顾"中描述说:

——20世纪80年代中后期起,"随着改革和发展势头的不断推进,高等教育自学考试异军突起,远距离教育方兴未艾,岗位培训教育、继续教育、专业证书教育、职业资格证书教育等也应运而生。同时，成人教育的办学机构也开始更多地在生产部门和经济系统中创立"。

——改革开放以来，我国的成人教育科学研究发展表现为："第一层面，国家教育行政部门开始对全国成人教育科学实施有领导、有组织、有计划的研究活动；第二层面，在群众性成人教育研究活动的基础上，中国成人教育协会及其分会建立并开展研究活动；第三层面，以中央教科所和高等学校建立成人教育研究所（室）为基础，成人教育学作为教育科学的一门分支学科由此得到了一种更加持续性的发展"。

对之，第八章又重申："过去半个多世纪，成人教育的理论与实践发展，经历了一段辉煌而充满艰辛的路程。而仅仅是成人教育科学体系构建与发展的提出，便足以标志着成人教育的理论研究工作又迈上了一个更高的水平层次，并且在极大的程度上显示了它的实践活动正渴望着进入一种更为理性、更为科学的发展轨道。"

第八章在"关于成人教育科学的认知论问题"中提到：

——"近 30 多年来，从实际影响成人教育及其学科建设的层面上来看，无论是国内还是国外，在成人教育科学的认识论问题上，都曾形成过颇为激烈的论争。"

——"（曾经弥漫于我们周围的）多余论、替代论、兼并论、萎缩论、淡化论等，表面看来，似乎多为成人教育实践中一些很现实、很具体的认识问题。但实质，则显然属于成人教育科学认识论范畴的问题。因为就像法国著名教育科学专家米亚拉雷（G. Mialaret）所说的那样，这些问题归根到底，都将涉及'（成人）教育科学是否真正有理由存在'。事实更是这样，如果类似问题不解决，人们还有什么基础可以去谈论成人教育科学，又有什么前提可以去讨论成人教育科学体系的构建？"

——总之，"在社会、经济飞速发展的背景下，在构建终身教育体系、创建学习化社会的国际潮流中，如若将成人教育放在一个更宽的视界与范围和一个更高的要求与理想中来审视，那么，在相当大的程度上，人们对它的理解尚呈模糊，对它的认识尚有误区……其中一个极为重要的原因，便是成人教育至今尚未真正确立起一个充满个性的形象。而成人教育科学体系的构建与发展将有助于其获得一个无可替代的形象。"

除此以外，第一章和第八章的相关段落还将终身教育思想的传播、素质教育理念的提出、教育创新思想的建立、学习社会理念的提出、成人教育被视为教育过程的正常顶点等，以及成人教育制度的确立、国家法律对于终身教育与成人教育的认定、人民群众对于终身教育与终身学习的热情、成人教育学专业工作者队伍的形成、一大批科研成果和专门著作的出版等，分别视为在主观和客观两个方面，已经为成人教育科学体系的构建与发展创造了必要的条件。

对于以上思考与阐述，从成人教育科学的作用视角出发，可以将其梳理并概括为：在已经拥有的必要条件基础上，面临社会嬗变，成人教育科学及其研究活动需要为顺应社会变革而做出回应；面对认知偏差，成人教育科学及其研究活动需要为摆脱认识困境而做出回应；面向实践发展，成人教育科学及其研究活动需要为推动实践进步而做出回应；面对力量扩充，成人教育科学及其研究活动需要为推进研究活动而做出回应。

所有这一切回应行动，便是盘踞在当时理解范畴中的成人教育科学及其研究活动所可能折射的效应所在，或者说，所可能映射的效果所系。

现在看来，这样一种作用判断，固然有一定的高度与尺度，既能"登高望远"——站在一种顺应社会变革、校正社会认知等相对高端的界面来窥视它的效应，又能"环顾左右"——基于一种外部世界多元变化，以及自身内部实践与理论相应发展等相对宽阔的视野来窥察它的效果，但是，就其深度与角度而言，就显得有些不敢自我恭维了。

深度不足，表现在作用窥探的视线，在注意纵向攀高而窥的时候，忽略了沉底而探的取向。也就是说，有关成人教育科学及其研究活动的作用，彼时彼刻，似乎更愿意从所谓的"高端界面"做出考察，而往往忽视了站在成人教育、成人教学的一线实践层面，来对其可能产生的效应与效果展开探究。说到底，就是少了一份以坚定姿态为之做出真切而深刻且着实能够使人留住印象、点亮心智，尤其是能够使人由此脚踏实地，从中体验收获的考量。

角度缺失，表现在作用窥探的视角，在基于外部角度而探索应对行动的时候，忽略了始于自身角度而着力发现其作为一种行动主体之主动出击的力量。也就是说，有关成人教育科学及其研究活动的作用，彼时彼刻，似乎都是首先基于外部变化来审视其对成人教育及其科学研究产生何等影响，尔后再来窥探它可能存在与发生的应答性效应或回应性效果。其中，俨然少了另一种角度或者说另一种路径的思考，即一种首先始于成人教育科学及其研究活动本身来审视其对于外部世界可能存在与发生的影响作用，进而再来分析通过这样一种影响作用，又可能回弹过来而惠及自身的回报作用的思考。总之，就像在与诺尔斯进行成人教育学作用对话时所说的那样：当年的作用考量，终究是一种处在相对被动一端而做出的回应（反应）性探索。毫无疑问，未来的思维与行动，若能从相对被动的一端转向相对主动的一端，即能变被动的回应姿态为主动的出击姿态，那么，其作用的辐射之面，乃至辐射之力，必将为人们带来新的发现、新的认知，而其本身，又必将达成一种令人充满期待的真切状态。

四、解析：对话自我（B）

接下来开始进入有关成人教育科学之源点与路向、内容与边界、空间与方法问题的自我对话。

其一，关于源点与路向。

诺尔斯的成人教育学之源点，是经由成人学习者与儿童学习者对教育（教学）过程可能最具直接关联意义的特点对比与分析，而被发现、被确认的。也就是说，他是在"帮助成人学习"这一核心理念引导下，认为成人学习者经由生活阅历与生活磨砺而形成的，全然有别于儿童学习者的自我概念、经验积累、学习准备与学习倾向，是成人教育学及其学科体系得以衍化开来的逻辑源点。

那么，在《成人教育科学体系的构建与发展研究》这项探索活动中，我又是如何来思考和判定成人教育科学之源点的呢？对此，在第二章初始部分的引语中，有一段十分值得注意的言说：

"毫无疑问，（第一章）作了背景分析之后，自然要进入成人教育科学体系构建与发展研究的正题。但在真正进入正题之前，进行与成人教育科学体系直接相关的三个基本概念的探讨是必需的。这三个基本概念就是：成人教育、成人教育科学和成人教育实态。

"我们试图通过对'成人教育'和'成人教育科学'概念的讨论，使其中的内涵得到一种尽可能充分的反映，从而为下一步成人教育科学体系构建思考的延伸做好基本的理论准备；通过对'成人教育实态'概念的分析，使成人教育的实际构成得到一种尽可能清晰的展现，能够为成人教育科学体系的构建在实践上确立初始的逻辑起点。"

这段言说的字里行间，透露着三条极其重要的信息：

第一，若要探究成人教育科学及其体系构建，必须首先厘清成人教育、成人教育科学与成人教育实态这三个与之直接相关的基本概念；

第二，成人教育和成人教育科学之概念的解读、内涵的剖析，意在为成人教育科学体系构建行动完成必要而基本的理论准备；

第三，成人教育实态的概念解析以及成人教育实际构成的解析与呈现，旨在为成人教育科学体系构建行动确定必要而初始的逻辑起点。

就第三条信息而论，所谓"必要而初始的逻辑起点"，即是成人教育科学及其体系构建行动的源起或源点。而且，成人教育科学及其体系构建行动当从哪里出发、应从哪里着手，答案已经有了，那就是：它将起始于成人教育的实际存在状况或实际构成样态之中。

再进一步说，确定"成人教育实态"作为成人教育科学及其体系构建行动的"起始线"与"起跑点"，其具体的择定过程又主要是经由如下五个步骤得以完成：

第一个步骤是在成人教育概念解读、内涵剖析的基础上，揭示它的基本特点、关键特征所在，其具体结果被表述为：

从成人教育是指一种对象的角度来看，其无可替代之处在于他们是达到了一定的生物生理发展水平和一定的心理社会发展水平的人；

从成人教育是指一种制度的角度来看，其无可替代之处在于它是极为多元、开放和发散型的制度；

从成人教育是指一种行为的角度来看，其无可替代之处表现为它在本质上是一种由学而决定教的行为；

从成人教育是指一种内容的角度来看，其无可替代之处表现为它既涵盖着、紧贴着人在成年阶段发展需求的全部，也覆盖着、紧连着其扮演多重社会角色需求的全部；

　　从成人教育是指一种目的的角度来看，其无可替代之处表现在更为全面而且终身促进人的发展，更为直接而且有效地促进经济发展和社会进步。

　　第二个步骤是在成人教育特征得以揭示的基础上，一方面，为解读和认知成人教育实态而进行相关的设问，以形成一种必要的路径或框架；另一方面，又由此作了必要的事实观察和初步的构成分析，从而形成了一个有关成人教育实态的倾向操作意义的概念界定。

　　我在第二章第三节关于"成人教育实态"的基本解释这一段落中写道："概括上述问题（即各项设问）中的各方面因素，所谓'成人教育实态'，就是指成人教育这一社会实践活动，其具体对象、教育内容、教育水平构成、实施机构和实施空间等的实际状况，以及它的管理和教学运作的实际情况。"

　　第三个步骤是根据成人教育实态的释义，进一步就其中的构成因素进行大致的分类。具体结果可被表达为：

　　第一类是较为宏观的因素，含"教育领域"和"教育机构"两个亚类。教育领域是指针对不同对象的成人教育、实施不同内容的成人教育、面向不同水平人士的成人教育，以及在不同空间进行的成人教育；教育机构是指成人教育的管理机构和教学机构（或称办学机构）。

　　第二类是较为微观的因素，亦含两个亚类，可称为"教育情境"和"教育事实"因素。教育情境是指利用不同教学场所、不同教学手段和不同教学媒体使成人的教与学活动能够得以展开的不同类型的教学形态；教育事实是指在不同的教育情境中采取不同的教学方式方法，使教与学之间发生相互作用，改变学习者的行为，从而达到教学目的、实现教学目标的不同形态。

　　第四个步骤是对成人教育实态构成的两个大类，就其基本性质、基本意义和基本关系做出初步的认定。其原始表述是：

　　基本性质——作为宏观因素的"教育领域"和"教育机构"，是成人教育的"躯壳"；作为微观因素的"教育情境"和"教育事实"，是成人教育的"内脏"。

　　基本意义和基本关系——作为"躯壳"，它使成人教育有了一种生命的外在构架，它一方面有力地从整体上推进着成人教育事业的发展，另一方面又有效地保障着"内脏"系统的运行;作为"内脏",它使成人教育获得了一种生命的内在组织,它一方面实实在在地推动着成人教育教学活动的展开,另一方面又毫无疑义地为成人教育的外在构架创造着存在的意义和价值。

第五个步骤是在完成了对成人教育实态构成因素的分类与阐释之后,又进一步对其与外部社会之间的关系进行相关的思考和确认。其原始性的两大基本认定是:

——20世纪80年代,由孙世路教授领衔,我和项秉健先生参与,合著了《成人教育》一书。其中第四章的命题是"成人教育与现代社会"。我在一开始就写道:"成人教育的演变过程表明,它是一定历史条件下的产物,而且始终受到社会发展,特别是经济发展的制约,同时又服务于社会发展和经济发展。这是成人教育,也是任何其他教育的一条基本规律。"[①] 如此"规律说"在脑海里深深定格,站在成人教育科学及其体系构建背景下,它又自然地被移了过来,并认定:"教育领域""教育机构"和"教育情境""教育事实"共同构成了成人教育实态,而这一实态,作为一个特定的社会活动子系统,又必然会与社会活动大系统之间形成相互影响的关系。

——进而,根据成人教育或一个国家的成人教育与经济、社会之间广泛而密切相关的实际情况,又认定与之有关的社会变量主要有:哲学、政治、科技、经济、就业、文化、人口、社会发展、管理革命以及教育、教育科学发展与国家间的成人教育发展等。

不知为何叙述到这里,一种"自鸣得意"的感觉油然而生。一开始,我有了成人教育的概念解读与剖析;以此作为基点,还有了成人教育的特点窥见与呈现;以此作为切入点,又有了成人教育实态的基本释义与确认;以此作为铺垫,再有了成人教育实态的构成因素分类与表述;以此作为台阶,更有了成人教育实态各类因素的性质、意义和关系的确认与锁定。最后,又在此基础上,再认了成人教育实态与外部社会之间的交互关系,并指出了与之相关的种种社会变量。

兴许,十年前,更为之而感到"沾沾自喜",因为我曾经非常自信地反复强调过:

---

① 孙世路,等. 成人教育[M]. 哈尔滨:黑龙江教育出版社,1989:82.

至于本课题研究的逻辑路线，是在对成人教育（当然也包括对成人教育科学）概念进行解析的基础上，"视'教育领域'和'教育机构'如'躯壳'而从外在，视'教育情境'和'教育事实'如'内脏'而从内里，共同组成了成人教育之实态，即共同构成了人类社会活动大系统中的一个特定的社会活动子系统。而作为社会活动子系统，这又必然会与社会活动大系统之间形成多方面的交互影响。"

兴许，十年前，更为之而感到"洋洋自得"，因为我曾经非常畅然地自我确定过：

"由此，踩住三个始点而作演绎，也就是，通过俯瞰成人教育之'躯壳'，通过窥析成人教育之'内脏'，通过透视成人教育子系统与社会大系统之间的关系，分别推导出它们所需或所应建立的分支学科系列。尔后，再对三个分支学科系列加以归并整合，以最终凸显出成人教育科学体系的基本框架。"

自喜也好，自得也罢，归根结底，一是认为勾画并彰显了成人教育这一社会活动子系统的"躯壳""内脏"与"关系"；二是以为探获并确定了成人教育科学及其体系建构行动可能得以演绎开来的逻辑源点。

然而，现在却又发现疑窦多多，其中两个最需要拷问自己的问题便是：

——既然通过成人教育的概念解读与内涵剖析发现了成人教育在对象、制度、行为、内容与目的等方面较之普通学校教育、儿童教育更具有无可替代的特征，那么，为何没有点燃一种直接将之确定为成人教育科学及其体系建构行动之源点的意念，而一定再要往上蹿到"教育领域"和"教育机构"、"教育情境"和"教育事实"，包括它们同外部社会之间的关系，这样一种看起来似乎足够规范的语境层面，去点击和确认它的源点呢？

——即便是将源点的探寻与定位下沉到成人教育的对象、制度、行为、内容与目的特征层面，是否可称其已经到达了一种探底性的深度，抑或依然还远远未及触底、未至极致？

虽然，通过成人教育多种无可替代特征的分析，并往上拐至"教育领域"和"教育机构"——"躯壳"、"教育情境"和"教育事实"——"内脏"，及其同外部社会的相关——"关系"层面，将之作为源点，最终让我在当时"顺顺当当"地演绎了成人教育科学体系的框架；虽然，无法肯定在当时甚或现下，直接基于成人教育在对象、制度、行为、内容与目的等方面所显示的无可替代的特征，我是否同样可以做到顺顺畅畅地完成成人教育科学体系的推导过程，但无论如何，面对第一个问题，我终是深感惭怍、汗颜无地了。那是因为，一个不争的事实摆在面前：诺尔斯主要是使用类似思维、类似方法，即基本上是直接依据成人学习者的基本特征而衍生出关于成人教育学的整个思想与实践体系，而我却没有。

至于第二个问题，答案显然是两个"没有"：没有触底，没有达到极致。其实，这是一个非常挑战自我的问题。也就是说，即便是将成人教育在对象、制度、行为、内容、目的等方面所蕴含的特征作为演绎其科学体系的源点，对于"诞生"在十年之后的我而言，似乎也感觉尚未探到其真正的发端之源，尚未抵达其真正的发轫之点。

在同样有关源点这个问题上，我曾经质疑过大师诺尔斯：既然已经认定成人教育的行动发端于成人时期所面临的生活任务，其目的是"帮助成人更加成功地生活"，那么，成人教育学的源点为何不那么径直地同成人群体丰富而鲜活的生活世界连接、贯通在一起，而非要将那些多多少少已经拐了个弯的自我概念、经验积累、学习准备、学习倾向作为其源点呢？

现在，全然可依同样的思路来质问自己：

自 20 世纪 90 年代开始，自我意识里有一种印迹逐渐变浓，那就是"成人作为各种社会生活的主体，必定会受到来自各种社会生活领域的不同挑战，而不同的挑战，又必将促使其产生不同的学习需求与学习行为"；自我认知中有一种印痕逐渐变深，那就是"人作为一个'未完成'的个体，成年早期、中期和后期各有不同的发展任务，而不同的发展任务，又必然规约着其不同学习需求与不同学习行为的持续发生"。

既然如此，为何在成人教育科学及其体系建构的总体思考，特别是在对其基本逻辑源点进行确认的时候，却将之忘记得如此干净、彻底？换言之，究竟是一种什么样的力量在支使自己发生如此意识与行为之间的偏差、如此认识与行动之间的背离？一时间，有些缘由好像是明朗的，有些缘由则又好像是模糊的。即便如此，我还是要最后设问自己：

如若径直基于成人生活，即径直在成人丰富而鲜活的生活世界中寻找并确定其逻辑起点、理论根基，那么成人教育科学及其体系构建的学术视野又将会是何等的宽阔，其理论底蕴又将会是何等的深厚？此外，其学术意识又将会发生怎样一种嬗变，其学科性质又将会迎来怎样一种认知？而在一种更加广阔的空间与更加久远的时间上来讲，这又将会给成人教育科学理论与实践带来何等磅礴的气势与何等壮观的景色？

总觉得源点和路向是紧挨着的。如若说源点要涉猎的是学科的逻辑起点、理论根基——确定"它从哪儿来"的话，那么，路向要关照的便是学科的逻辑演绎、理论延伸——确认"它往哪里去"的问题。下面，就让我一鼓作气，来展开关于路向问题的自我对话。

此前在自我对话源点的时候，有关路向的问题其实已经有所呈现了，最具显现力的那句话语便是："由此，踩住三个始点（躯壳、内脏、关系）而作演绎……分别推导出它们所需或所应建立的分支学科系列。尔后，再对三个分支学科系列加以归并整合，以最终凸显出一个成人教育科学体系的基本框架。"对之，似乎可以一言喻之：兵分三路，从不同的点位进发，最终会师，并以"集团军"即以"学科体系"的姿态，合纵连横于成人教育科学的麾下。

再来仔细看一看，始于不同点位——源点，其路向究竟是怎样一种具体的延伸？而最终统帅在成人教育科学麾下的聚合，又究竟是怎样一种真实的构成？

始于第一个源点——"躯壳"的一支。第一步，回溯了成人教育领域与成人教育机构的发展轨迹；第二步，呈现了现行成人教育领域与成人教育机构的基本框架；第三步，从对象、内容、层次、空间以及学历与非学历五个维度，澄清了成人教育所涉足的领域，从办学与管理两个维度，厘清了成人教育所拥有的机构；第四步，根据综合、归纳与优先原则，导出了相应的分支学科，并形成了第一个分支学科群；第五步，根据每个分支学科所应体现的知识体系及其相关要求，对其进行了研究议题的分析与拟定；第六步，说明了各分支学科之间的关系。

始于第二个源点——"内脏"的一支。第一步，回顾了成人教育教学活动实践的历史沿革；第二步，解析了成人教育教学活动实践的构成因素；第三步，陈述了教学结构因素分析的相关学说；第四步，从教学者与学习者、目标、内容与教材、教学组织形式、教学方法与手段、教学环境与效果等多个方面，阐述了它们的意涵和关系；第五步，以个别教学、课堂教学、现场教学、函授教学、计算机辅助教学、网络教学等为例，阐析了它们的特点和意义；第六步，依据内部因素分析及其关系提炼，导出了与之相应的分支学科（或研究领域），并形成了第二个分支学科群；第七步，根据每个分支学科所应体现的知识体系及其相关要求，对其展开了研究课题的分析与认定；第八步，阐明了各分支学科之间的基本关系。

始于第三个源点——"关系"的一支。第一步，将成人教育置于社会整体背景之中，发现并整理了其深受社会活动大系统影响的有关变量以及相关的影响因素；第二步，分析并揭示了各种社会变量及相关因素对成人教育的影响和作用；第三步，分析并确认成人教育对各种社会变量及相关因素可能产生的意义；第四步，经由各种社会变量及相关因素与成人教育之间交互影响关系的澄清，再次导出了与之相应的分支学科（或研究领域），并形成了第三个分支学科群；第五步，根据每个分支学科所应体现的知识体系及其相关要求，对其展开了研究命题的分析与框定；第六步，阐释了各个分支学科之间的基本关系。

三个分支路向行进完毕，便进入一个对整个成人教育科学体系进行整合的过程。这一过程，其具体的行进路向选择是：

第一环节，以图示的方式，合成了成人教育科学体系。

第二环节，以定位的方式，阐释了三个分支学科群各自在整个学科体系构架中的位置。

第三环节，以透析的方式，分别确认了三个学科群的基本属性，指出：第一学科群是使成人教育之"身躯"得以竖立的根基；第二学科群是使成人教育之"生命的内在组织"体现其活力的保障；第三学科群旨在谋求成人教育与社会相关领域共同的、和谐的发展。

第四环节，以贯通的方式，阐释了三个学科群之间的基本关系，认为它们是个性化的三位一体、互联性的三位一体、互动性的三位一体、互补性的三位一体。

总而言之，正如前所述，对于成人教育科学及其体系构建，就其相对更显核心意义的路向选择来看，首先基于"躯壳""内脏"和"关系"三个不同的始发点位，完成了三个不同学科群的演绎与生成；其后，它们又被共同聚合在学科体系的整体框架之中，从而呈现了成人教育科学体系的基本样态。

就当时的思维定势而言，感觉如此路向选择，且沿此路向一步一步地朝前推进，其总体方向俨然是准确无误的，其整体过程是逻辑有序的。然而，"诞生"在十年之后的我再来审视这些，眼里有了疑惑，心里亦有了惶恐：

——当你已经开始质疑自己何以没有点燃一种直接将成人教育一系列无可替代的特征确定为成人教育科学及其体系建构源点之意念的时候，你还有多少底气可以说自己当初的路向选择是准确的？

——当你已经开始提醒自己即便将成人教育科学及其体系建构的源点锁定在成人教育无可替代的特征层面，亦不足以达到探底、触底甚或极致水平的时候，你还有多少真气可以说自己当初的路向选择是无误的？

——进而，在缺少底气的路向里所演绎而成的分支学科系列，又能斩获一种什么样的信度和效度？

——再进而，在缺乏真气的路向中所归结而成的整个科学体系，又能阐扬一种什么样的原本意义和说服意义？

这样看起来，在此前同大师的对话里，将一门学科的逻辑起点或理论源点比作"灵魂之树"，似乎还真没错！因为，心中再一次体悟并确认，如果能够将起点的认定进一步移向前端，直接起始于成人学习者的生活世界，抑或是能够将源点的探寻进一步推向纵深，径直嵌入成人学习者为成功生活而生成的学习需求之中，那么，有关成人教育的科学探索及其体系构建，暂且不论其学术视野将变得愈加宽阔，理论底蕴将变得愈加深厚，以及它的学术意识将变得愈加贴近真实，学科性质将变得愈加彰显真谛，仅就其行进的路向而言，又必将会呈现一种全新的指南，规约一种全新的选择，而由之所带来的一切，又一定会铸就更加坚强的理论解释力量，以及更加坚强的实践行动力量。总之，想对自己说：也许只有这样，才有可能真正摆脱为认定学科而认定学科之嫌，远离为构建体系而构建体系之忌。

其二，关于内容与边界。

对话诺尔斯成人教育学的内容与边界，是 2010 年 2 月春节前，专门找一僻静的地方，将自己关起来，连同其空间与方法的讨论，奋战一周而完成的。现在，到自我对话成人教育科学及其体系构建的内容与边界问题的时候了。

首先来进入有关内容的审视与反思。有关"内容"的意涵，留在心中的印象，还是"泛指事物内部所包含的一切"或"事物内部所含的实质"。

那么，十多年前，在《成人教育科学体系的构建与发展研究》这项探索活动中，成人教育科学及其学科体系构建又被认为包含了什么样的一切或实质呢？

相信，细心的读者已然通过此前所叙，特别是通过对该项全国教育科学"九五"规划课题研究成果的基本构架的介绍，以及对源点与路向的讨论，窥见到其大致轮廓了。

此时此刻，一方面，想让读者加深印象，另一方面，也想让自己再次对之加以重新组合，以再次浮现它的基本轮廓，并对之进行必要的反思。

基于"内在理路"，我试将体现在"九五"课题研究成果中有关成人教育科学及其体系构建的总体内容，比画成中间一个"大圆"，周边与之交叠，拥有三个呈品字形"小圆"的结构框架。

"大圆"显然倾向呈现学科体系的主体，其一切或实质主要包括：

教育领域与教育机构分析，并由之导出的第一个分支学科群，包含成人教育学、成人高等教育学、大学后继续教育学、职工教育学、老年教育学、妇女教育学、成人教育管理学以及有关各分支学科的研究命题与相互关系分析。

教育情境与教育事实分析，并由之导出的第二个分支学科群，包含成人教育生理学、成人教育心理学（学与教的心理学）、成人教育课程论、成人教育教学论、成人教育技术学、成人教育评价学、成人教育教师学以及有关各分支学科的研究命题与相互关系分析。

成人教育实态与社会变量及相关因素之间的关系分析，并由之导出的第三个分支学科群，包含成人教育哲学、成人教育社会学、成人教育经济学、成人教育文化学、成人教育历史学、成人教育未来学、比较成人教育学、教育（科学）和成人教育（科学）关系研究以及有关各分支学科的研究命题与相互关系分析。

三个分支学科群的合成，并由之而形成的成人教育科学体系的基本构架，以及有关各学科群的基本属性和基本关系分析。

与"大圆"交叠，呈品字形的三个"小圆"，其研究内容的设立，显然旨在服务于学科体系主体的构建与发展，它们的一切或实质分别包括：

处在上端的"小圆"，包含概念的厘定与确立（成人教育、成人教育科学、成人教育实态)、学科认识论问题的发现与澄清。

处在下端左侧的"小圆",包含成人教育的历史观察、成人教育科学研究的回顾、学科体系构建之多样性时代背景的分析、学科体系构建之主客观成熟条件的考量。

处在下端右侧的"小圆",包含成人教育科学体系构建与发展的目标设定、成人教育科学研究的方法选择。

这样一种内容构架的廓清,打散、重组了十多年前课题研究成果的篇章顺序。有意思的是,这样的内容构架很像一架飞机的样式——"大圆"似机身,承载着学科体系的知识主体、内容主体;上端"小圆"似机首,以基本概念的厘清、基本认识的澄清,而期待其发生基础意义与导向意义;左侧"小圆"似左侧机翼,右侧"小圆"似右侧机翼,因为历史积淀的力量、时代背景的力量、条件成熟的力量,加之行动目标的考量、研究方法的设定,而期盼其促使整架"飞机"——成人教育科学及其体系构建的全部行动——得以起飞。

随后又发现这样一种对于内容构架的拿捏,还真是存疑的一面远甚于肯定的一面。

从肯定的一面来看,在一定的历史段落,无论是于显意识还是于潜意识,就自我设定好了的行进路线和方法这个断面而言,这样一种对于内容构架的规约,似乎在逻辑演绎的合理性和清晰度上还是能够让人,至少能够让自己感到是可接受的。

从存疑的一面来看,这架"飞机"若要起飞、远行的话,它是否真正选定了在哪一条地平线上起飞?它是否真正择定了在哪一个停泊点上着落?它是否真正找到了不至枯竭的原始动力?它是否真正确定了张扬本真的终极目标?

再进一步拷问自己:

对成人教育、成人教育科学认识的现有澄清,是否已然足以进入远航的起跑线?

对成人教育及其科学、实态概念的初步厘清,是否已然足以成为起飞的地平线?

现下三个分支学科群的导出,是否已然是成人教育科学探索之真切的着落区域?

现下三个分支学科群的合成，是否已然是成人教育科学追求之最终的归宿地带？

历史积淀、时代敦促、条件初具，是否果然能够替代成人教育科学的原始动力？

若干研究行动的工作目标与方法，是否果然能够满足成人教育科学的终极追求？

如若不然，那么，我心里又开始渐渐升腾起几多有关"内容"命题的新的信念：

一种旨在贴近成人教育事物之本源，而非学科本身之起飞地平线的选定，必将使"机首"部分的内容发生全新的倾注；

一种意在接近成人教育事物之本然，而非体系本身之着落停泊点的择定，必将使"机身"部分的内容形成全新的承载；

成人教育之原始动力的发现，以及成人教育之终极目标的确定，又必将使它的"双翼"被输入新的质料、新的内涵，从而变得更加有力，更加坚强。

接下来关注有关成人教育科学及其体系构建的边界问题。首先有一个认知需要重现一下，有一个判断需要重申一下。

需要重现的认知，就是关于边界的释义。它原指国家之间或地区之间的界线，引申到学科研究中来，便是指一门学科与其他学科之间的分界。边界问题的考量，旨在发现学科的个性特质与形象特色，从而体会其特定的存在价值与发展意义。

需要重申的判断，就是关于诺尔斯对成人教育学边界的确立。在诺尔斯的学说里，其核心边界点的打造是在儿童学习者与成人学习者的特点之间；其关键边界线的辨识是在儿童教育学与成人教育学的差异之间。

那么，在"九五"课题研究成果中，关于成人教育科学及其体系构建的边界问题考量又呈现为怎样一种倾向呢？其实，此前在伦理与纲领、性质与目标、意义与作用、源点与路向以及内容方面的自我对话中，个中态势已见端倪。比如：

——成人教育科学的独立，成人教育科学的内涵，成人教育科学的个性；

——明晰论域，探索真相，揭示规律，梳理关系，明确路向，丰富知识；

——成人教育的特点，成人教育实态，宏观因素，微观因素，社会关系；

——始于"躯壳"的演绎，始于"内脏"的演绎，始于"关系"的演绎；

——体现体系总体内容的一个大圆，呈现体系分支内容的三个小圆。

对之，其描述或刻画，无不意味着趋向成人教育科学之基本面目或面貌的呈现已然隐伏着一种关于学科边界的思量与思考；

对之，其阐释或诠释，无不意味着指向成人教育科学之基本样态或样貌的呈现已然隐伏着一种关于学科边界的认定与划定。

无论什么时候，只要与"边界"问题相关，脑海里自然而然出现的思辨当然还是在成人教育（学、科学）与儿童教育（学、科学）这两者的分野之间。其中，最具有代表意义的便是：

有关成人教育基本特点的思考，透露着与儿童教育的比较意识，虽然我已经为没有直接将之作为源点而作过反思；

有关成人教育实态构成的思考，透露着与儿童教育的比照意识，虽然我所采用的词语表达还是缘于一般教育科学研究的传统；

有关成人教育科学个性的思考，透露着与儿童教育科学的比对意识，虽然我所选择的演绎路线是"科学→教育科学→成人教育科学"。

于此，若真要将之进一步亮相开来，那么，也许可以这样说：

其一，成人教育的基本特征——从对象、制度、行为、内容与目的这五个方面，在对比传统学校教育或青少年教育的意识中，凸显了它们无可替代的意义。显然，这些基本特征对成人教育科学及其体系建构而言，一方面蕴含着某种源点意义，另一方面也从一个特定而必要的基点阐扬了一种自我边界的设定意义。

其二，成人教育的实态表征——从"教育领域"与"教育机构"、"教育情境"与"教育事实"，以及与社会变量及相关因素关系这三个视角，在对比传统学校教育或青少年教育的意识中，很大程度上彰显了属于它们自己的实际样态。无疑，它们不仅对导出三个分支学科群具有实际的起始意义与推衍意义，同样，它们也具有重要的边界辨识意义与规约意义。因为在当时，不仅让自己拥有了一份自信，而且还有了一份谨慎，以至于最终将其整合成属于成人教育的一个学科体系。

其三，成人教育科学的个性表征——在认同成人教育科学与科学、教育科学具有共性的前提下，通过与之对比，特别是通过与专注传统学校教育或青少年教育之教育科学的对比，从社会建制、研究活动、研究方法、知识系统、创新活动、实践应用与生产力这七个方面，显示了成人教育科学的个性表征。这些个性表征不仅使成人教育科学的性质意义得到了呈现，同时也使它的独到意义、边界意义得到了张扬。

除此以外，还可以提醒自己的是，在基于"关系"视角而推衍第三分支学科群的过程中，被确定为该学科群之特定研究领域之一的"教育（科学）和成人教育（科学）关系研究"，其中所设想、罗列的一系列具体研究课题，作为其研究范畴之又一种特定方式的框定与显现，在其背后，亦不乏对学科边界问题的思考。

这些具体的研究课题是：

——时代发展中，教育新思想、新理念、新理论对成人教育的影响；

——时代发展中，教育的整体改革以及整体发展对成人教育的影响；

——成人教育改革与发展，对教育整体变革与进步可能发生的影响；

——成人教育与普通教育之间的互动关系；

——成人教育与高等教育之间的互动关系；

——成人教育与职业教育之间的互动关系；

——成人教育相比一般教育的共性特征与个性特征；

——成人教育相比一般教育的共同功能与不同功能；

——成人教育相比一般教育在组织形式上的差异；

——成人教育相比一般教育在教学形式上的差异；

——成人教育相比一般教育在教学内容、方法、评价等方面的差异；

——成人教育在知识传授、能力培养过程中与传统学校教育的衔接；

——教育科学整体发展与成人教育科学发展的互动作用；

——教育科学有关分支学科发展，对成人教育相应分支学科之确立与成长的意义；

——成人教育科学有关分支学科的形成与发展，对教育科学相应分支学科的作用。

总而言之，在我心里总有这样一些隐性的认同，那就是：

成人教育实践的特征，在阐扬其学科源点意义的同时，会规约属于它自己的流向；成人教育的实态表征，在体现其学科起始意义的同时，又会规定属于它自己的范畴；成人教育科学的性质，在张扬其学科内涵意义的同时，同样也会约定属于它自己的外延。诚然，在教育（科学）和成人教育（科学）关系问题上，一个有关其研究课题框架的预设，其实亦是一种事关边界问题的思索，而至于其中所倡导的共同研究、异同研究与互动研究，还似乎既包含着对边界的当下考虑，又蕴含着对边界在未来能够变得更加清晰的企盼。

显然，以上有关"边界"问题的陈述和辩说，用现今的眼光看，似乎又有许多值得商榷的地方了。我询问自己：如果在学科建设这个问题上——

自己的思维原动，能够更加坚定地青睐"人间"，即坚持到成人的发展过程和发展任务中去寻找并确定其源点、性质乃至关系的话，那么，它由之而为自己规约的视线、视域，会不会发生一种成人生活与成人教育难以想象的"结义"？

自己的思维取向，能够更加坚定地关怀"人性"，即坚持到成人的社会角色、社会职责中去发现并认定其源点、性质乃至关系的话，那么，它由之而为自己规约的流向、流域，会不会发生一种成人生活与成人教育难以想象的"结伴"？

自己的思维延绵，能够更加坚定地敬畏"人道"，即坚持到成人的生活境遇、生存境遇中去探讨并鉴定其源点、性质乃至关系的话，那么，它由之而为自己规约的航向、航域，会不会发生一种成人生活与成人教育难以想象的"结缘"？

倘若成人生活与成人教育之间果真"结义""结伴"了，甚或果真"结缘"了，那么，定然可以坚信，成人教育科学及其体系构建的自我领地、自我个性、自我形象，以及它与其他学科之间的边界，特别是与专注传统学校教育或青少年教育的教育科学之间的边界（当然并不排斥它们之间的互动意义），必将会变得更加清晰与明朗。

其三，关于空间与方法。

在落笔内容与边界的时候，心里计划着在酷暑到来之前能够结束这一节自我对话的全部内容。然而，计划永远赶不上变化。六月上中旬交替间，正拟着关于空间与方法自我对话腹稿的时候，接到盛邀，为《中国成人教育》杂志写了一篇有关对我国出台《国家中长期教育改革和发展规划纲要（2010—2020年）》的心得文章，为《成人教育（黑龙江）》杂志写了一篇有关其创刊三十周年的纪念文章。回过头来，已然又是酷热难当的盛夏了。

现在就让自己放下一切，首先来对空间问题进行自我对话。

在反思诺尔斯成人教育学思想时，曾经确认，这里所谓的"空间"是"意指我们的研究活动可能与可以到什么地方去进行，或应该与必须到什么地方去展开"，并且发现，诺尔斯的思维主要漫游在"学术""实践"与"人群"这样的空间里。

在《成人教育科学体系的构建与发展研究》里，虽然没有就空间问题展开过专门的讨论，但是通过其最后形成的成果同样可以发现其中所蕴含的空间考量。也就是说，就整个成人教育科学及其体系构建层面而言，本项全国教育科学"九五"规划课题研究中并没有专设关于空间问题的讨论。然而，这并不妨碍透过其伦理与纲领、性质与目标、意义与作用、源点与路向，以及内容与边界等的讨论，清晰地感受其中所包含的空间规约。

在我当时大脑的兴奋指向上，有三个与上述源点与路向、内容与边界尤其相关的标的空间，它们是：成人教育事实的空间、成人教学事实的空间，以及它们与外部之间关系事实的空间。也就是说：

第一，意在到已经形成一定办学机构、出现一定管理组织的，那些看得见、摸得着的成人教育体系、成人教育制度这样一个事实空间里去探究成人教育现象，或者说，同成人教育的外显形态发生联系，以谋求对它的认识和把握。

第二，意在到已经具有一定熟悉程度、具备一定经验水平的，那些每天发生在周围的成人教学行为、成人教学活动这样一个事实空间里去探讨成人教育现象，或者说，同成人教育的内在过程发生联系，以谋求对它的认知和驾驭。

第三，意在到已经形成一定感知程度、达到一定认知水平的，当然也始终处在动态中的，与相关领域或相关学科之间发生关系这样一个事实空间里去探索成人教育现象，或者说，同成人教育的外部世界发生关联，以谋求对它的阐释和引领。

当初，发现与确定这样三个研究空间，是感到非常满意的，以为自己既关照到了成人教育"硬"的一面，又关顾到了成人教育"软"的一面，同时，还关切到了它与外部世界之间可能存在的互动关系的一面。否则，源点一时难定，路向一时难认，而整个学科体系的内容框架也就无从演绎开来，边界线条也就无从随之而现。

然而，"诞生"在十年之后的我确实又感到其中有许多值得反思的地方。

第一，切入的断面是"教育属性"的，而非"生活属性"的。也就是说，时下如果再一次发自内心地认同成人教育源自成人扮演社会角色的需求，成人学习源自成人谋求成功生活的需求，那么，以上三个空间的发现与确定主要是从一种既定的，抑或所谓的成人教育（教学）事实出发，而去发现与确立学科研究之空间的。换言之，眼下让自己深感遗憾的是，这其中几乎没有对于成人生活的介入空间，或者说几乎找不到成人生活与成人教育、成人生活与成人学习直接相关的影子。此外，当时虽然设定了一个"关系"空间，但首先念着的、想着的还是对教育系统与社会系统这样一种"关系事实空间"的专注，而不是对成人生活与社会生活这样一种"关系事实空间"的考量。

第二，选取的重心是"主观本位""知识本位"的，而非"客观本位""问题本位"的。如今看来，有这样几种情况是颇让自己难堪的：

主观意义的空间确定，多于客观意义的空间寻找。也就是说，强调自我可控性强的空间，远胜于强调客观需求性强的空间。

思维意义的空间确定，多于物理意义的空间寻找。也就是说，强调自我思辨性强的空间，远胜于强调现实触摸性强的空间。

经验意义的空间确定，多于实证意义的空间寻找。也就是说，强调自我经验运用的空间，远胜于强调实证需求性强的空间。

知识意义的空间确定，多于实践意义的空间寻找。也就是说，强调一般知识建构的空间，远胜于强调实际问题解决的空间。

至此，关于空间问题的自我对话已无须再作更多展开。因为以上两点反思已让我有足够的切肤之感；另外，读者们很容易理解以上两种现象，尽管"教育属性""主观本位"与"知识本位"的取向有其存在的合理意义。

最后，就来自我对话有关方法的问题。

记得论及诺尔斯成人教育学研究之方法的时候，曾经感慨过：方法，方法，简简单单两个字，却实在是说起来容易做起来难！缘何如此感叹？也许是因为心中早已有"心口不一"与"未及要害"之感。

所谓"心口不一"，那就是在场面上，似乎总会振振有词地讲，要理论联系实际，应用于实际，或者，要体现理论对于实践的指导意义、引领意义，但是，在研究过程中如何真正做到理论联系实际、理论应用于实践，则往往缺乏特别用心的思考与实践，潜意识里总感觉一般的事实观察、文献阅读、思辨体悟、思想表达等已经足够应对。这不，在本项全国教育科学"九五"规划课题研究的推进过程中，虽然也会时不时地出现某种联系实际的想法，或裨益实践的愿望，但在整个研究的设计与实施过程中，那种坚定的一手资料获取、一线情况观察、一线信息梳理、一线事件阐释、一线问题发现、一线矛盾解决，以及对于未来实践的深入指导、对于未来实践的真正引领等的意向与行动是颇为弱势的。自然地，其最终的结果，便是难以摆脱一种流于主观意识、主观认知，或基于主观经验、主观思辨，而去求索所谓知识体系的倾向。可见，有关成人教育科学研究的方法问题，思想端正方面是一难，行动落实方面亦是一难。

所谓"未及要害"，那就是虽然我在《成人教育科学体系的构建与发展研究》第八章最后一段，根据自己当时的观察和感受，似也"别出心裁"地陈述了一些被认为是值得推广的成人教育科学研究的方式方法，但是，"诞生"在十年之后的我，认为这有些失之草率、流于表层。

在此，不妨先来重现一下我当时所推崇的五种方法：

第一，个体研究与群体研究相结合的方法——成人教育涉及的对象、内容量大面广，涉及的形式、手段和空间纷繁多样，同社会各个领域的关系又远比与一般的教育活动的关联紧密。因此，许多研究工作仅仅依靠个人的力量是难以胜任的，必须依靠个体研究与群体研究相结合的方法才能有效展开。

第二，专职研究者和非专职研究者相结合的方法——专职研究者，理论基础扎实，信息优势显著，学术视野开阔；非专职研究者或兼职研究者，多为一线人员，对管理、教学实践有更多的感受和经验。两种研究力量若能结合起来，一方面能使前者的研究工作及其成果更有实践和指导意义，另一方面又能使后者的研究工作及其成果更具理论和学术意义。

第三，研究机构和研究机构之间相协作的方法——在我国，成人教育研究机构大致由教育行政部门、高等院校、行业部门和民间系统分别所设。不同的研究机构有不同的研究优势，这些优势应得到最大程度的互相利用、互相辐射，乃至进一步的联袂开发和共同提高。

第四，研究机构和经济部门相合作的方法——通过研究机构（尤指高校所设的研究机构）和经济部门之间的密切合作，前者可以借助企业提供的科研空间发现更多更新的课题，获得更多更优的资源，同时也可为科研成果作用于实际生活而寻找到土壤；后者则可以依托研究机构的智能、理论、科研力量，使劳动者素质的优化行动趋向深入，以提高企业的竞争能力，加速企业的发展步伐。

第五，成人教育科学研究和教育科学研究相结合的方法——其中的基本假设依然是成人教育属于教育范畴，成人教育科学是当代教育科学中的一个分支学科。故而，成人教育科研工作必须关注教育科学研究整体的发展情况，必须注重教育科学研究成果在成人教育科研过程中的借鉴和利用。

诚然，对以上方法做对与错的简单判断，未必是明智的选择。若从一种顺应成人教育研究活动某种或某些特性的角度上来讲，它们有值得肯定乃至推崇的地方。但是，若转换视角，特别是切入成人教育本身的特点、成人学习本身的特性，以及站在推进研究活动实际、有效展开的层面上来看，其中的浅显与浅薄便一览无遗了。也许不用作太多的解释，三两个问号便可让大家体会到这种"失之草率""流于表层"问题的存在了：

首问：上述五种"相结合"方法，严格意义上讲，是否全然属于成人教育研究方法？

次问：即便是这些方法得以一一兑现，那么当进入实际的观察、取样、调研、解析、假定、印证、访谈、解读、演绎、归纳、分析、判断、实验、评价等过程，人们又当如何做？

再问：一直被诟病的"工作总结式""临摹拷贝式""实证主义式""坐而论道式""就教育论教育式"等态度与方法，又何以使之式微，何以予之克服？

末问：契合成人教育特点与成人学习特性之本身的探索行为，关涉其研究方法的核心理念究竟是什么？关乎其研究方法的有效手段究竟在哪里？

显然，心口不一带来的是自责，未及要害导致的是愧疚。

然而，自责与愧疚中，我的思绪并没有断开：

如果，从此不再旋踵，真正坚信成人教育源自成人扮演社会角色的需求，那么，未来有关成人教育科学研究方法的问题必定会出现新的思索；

如果，从此不再易辙，真正笃信成人学习源自成人谋求成功生活的需求，那么，未来有关成人教育科学研究方法的问题，必定会出现新的思量。

第四节　本章结语

　　差不多又用了整整一年的时间，就"学之说"，以《成人教育的现代实践：从儿童教育学到成人教育学》为依据，完成了与大师的对话；就"体系说"，以《成人教育科学体系的构建与发展研究》为线索，完成了与自我的对话。

　　此时此刻，心里的感受是非常奇特的。

　　首先，有些成就感。对大师的学说终于有了进一步的理解，也有了进一步的期待；对自己的学识终于有了进一步的考量，也有了进一步的要求。

　　其次，有些忐忑。对大师的理解与期待也好，对自己的考量与要求也罢，也许其中的方方面面，依然存在不尽完善的地方，依然没有达到尽如人意的境地。

　　再次，有些压力。理解或期待了，考量或要求了，之后要跨出的一步，也就是第四章要迈出的一步，当如何跨准确，当如何边坚实？

　　最后，又有些期待。通过两场对话，心田里似乎幽幽地正在播种着一些什么，心底又似乎冉冉地正在升起一些什么，或者说，有些新的思考仿佛正在心田里萌动，有些新的意念仿佛正在心底爆破。

一、对话大师：基于两端的概括

　　记得在第二节结束时我曾经想到过，若要对同大师的"切磋"与"对话"进行归纳，那么这份归纳，就一定是对我自己作为晚辈在参与大师的学术切磋过程中带着问题意识而发生的体悟、而形成的期待所作的一个简括，抑或说，是对我自己作为晚学在介入与大师的学术对话过程中带着探究意识而发生的体认、而生成的期盼所作的一个概括。

　　若要于此兑现这样一种想法，那么这份归纳就必定是要通过两个端口来加以呈现的。一个端口，要首先来简括我对大师思想与主张的体悟或体认；另一个端口，则要接着来概括我对大师思想与主张的期待或期盼。

现在就依着从伦理与纲领、性质与目标、意义与作用到源点与路向、内容与边界、空间与方法这样一个顺序，首先从我对诺尔斯思想与主张的体悟或体认这一端口出发，试将其简括为如下15句话：

第1句话：

希望对应"儿童教育学"这样一个积淀已久的端点，能够再行树立起"成人教育学"这样一个全新而必要的端点，从而在教育科学乃至更大的人类探索范畴中形成一种既关注儿童教育学，又热衷成人教育学的风尚与习惯。

第2句话：

"儿童教育学"和"成人教育学"不仅是两个各具个性的端点，更是两个互成纹理的端点，从而促使成人教育学能够获得一种学理上的且为社会所认同与遵循的秩序与规则。

第3句话：

为成人终身学习提供便利和资源是成人教育学的根本使命，学科的基本价值由此而体现；为成人终身学习提供支持和帮助是成人教育学的核心任务，学科的基本品质由之而生成。

第4句话：

社会和教育力量对儿童学习者过分倾斜，对成人学习者缺少关注，"一视同仁"必须成为人类教育及其科学研究活动的"德性意识"，而关照成人学习者又必须成为成人教育及其研究活动的"德性旗帜"。

第5句话：

成人教育有着与人类文明一样悠久的历史，成人学习有着丰富的缘起与多样的方式，但是，对于它们的认知与探究才刚刚起步，因此，作为原则，作为纲领，必坚持一个"敢"字，发扬一个"勇"字，倡导一个"乐"字，从而赢取其"研究成果"的诞生与添加、"理论成就"的发展与完善、"科学基础"的奠定与加强。

第6句话：

儿童学习者与成人学习者特点的关键理论分析，不仅为学科的生长提供了土壤，亦为学科的性质做出了规约——儿童教育学是一门"教儿童的艺术和科学"，成人教育学则是一门"帮助成人学习的艺术和科学"，至少是"另一种有关学习者的模式，可以与儿童教育学理论模式同时应用"。

第 7 句话：

成人教育学的崛起，旨在摆脱经验的束缚，走向理论系统的建构，旨在消解主观的随意，迈向科学基础的打造，而透过成人教育工作者使命的阐扬，又可将成人教育学引向一种更加宏大的目标、一种更加深远的旨归。

第 8 句话：

成人学习者的四个关键特点，既是学科生成的土壤，又将对其教与学活动产生重要意义：他们的自我概念将规约气氛的营造、需求的诊断、计划的参与和过程的组织；经验积累将关涉经验的利用、经验的习得；学习准备将制约项目的提供、课程的设计、团队的组合；学习倾向则又要求满足其时下的需要，突出问题中心与问题解决。

第 9 句话：

在不断加速变化的时代背景中，成人教育学崛起的直接动因，就是为了回应正在走向现代实践的成人教育活动。换言之，其相应的作用及其效果体现，就在于真切回应直接事关成人教育的一系列新目的、新焦点、新理念与新系统的爆发性产生。

第 10 句话：

人到成年，其自我概念从依赖他律走向独立自律，人生经验从单一、不足走向多元丰富，学习准备从基于学校与社会的安排走向基于完成实际生活任务或解决实际生活问题，学习倾向从关注未来与书本知识走向关注现时与实用能力。成人教育学就是以这四项有关学习者特点的关键理论为前提的，也就是说，其源点，其源头，同样可以通过成人学习者与儿童学习者对教与学过程最具直接关联、作用意义的特点对比而成立、确定。

第 11 句话：

由成人学习者的四项特点而确立学科的源点，展现学科的意义，其进一步探索的路向便自然而然地本着"帮助成人学习"的基本信念，一则围绕那些具有一般性、总体性，或者说具有全面性、整体性特征的成人教育活动或成人教育项目而延伸，另则又针对那些具体的、特定的成人学习活动或成人学习项目而展开。

第 12 句话：

"现代成人教育实践""成人教育学"是两个"靶心"概念，一旦澄清，荡漾开去的学科探究内容，属于基础理论范畴的有成人教育面临的挑战与机遇分析、成人教育学的基本理论阐述、成人教育工作者的角色识别等；属于实践操作范畴的有成人教育全面计划的设计与管理及其组织与政策环境建设、成人特定学习活动的设计与管理及其物质与心理环境营造等。当然，还必须关注成人教育科学探索激情的点燃与成人教育实际操作工具的提供。

第 13 句话：

学科边界之线凸显在儿童教育学与成人教育学模式的对应之间；学科边界之要点存在于儿童学习者与成人学习者特征的对比之间——儿童教育学知识体系由儿童学习者在自我概念、经验积累、学习准备与学习倾向这四个方面所表现出来的特点而生成；成人教育学知识体系亦由成人学习者在这四个方面所表现出来的特点而建构。

第 14 句话：

进入"学术空间"旨在从交叉学科间获得理论养分与方法借鉴，进入"实践空间"旨在认识成人教育的实际状况、推进成人教育的实践发展，进入"人群空间"旨在辨识各类成人学习者的需要，兑现对于成人学习者的帮助。

第 15 句话：

成人教育学科建设，除了需要秉持系统与全面的意识、辩证与逻辑的思维、严谨与包容的态度，并要求善用相关的研究方法和技巧以外，在方法论意义上，还应当坚持理论联系实际的取向，坚持理论应用实际的取向，坚持帮助成人教育工作者切实学会实际运作成人教育活动的取向。

尔后，依旧按照这样一个顺序，将我对大师思想与主张的期待，或者说对大师思想与主张的期盼，概括成如下 15 句话：

第 1 句话：

对应儿童教育学建立成人教育学，无疑是创新、是突破，然而，作为一门学科而发轫,并渴望其成为"风尚与习惯",何以仅是与儿童教育学的比照结果?于学科之未来,是否能够摆脱仅仅基于对应的思维,或仅仅基于比照的思考?

第2句话:

从儿童教育学走向成人教育学,固然是进步、是发展。然而,成人教育学作为一门学科而崛起,并成为"秩序与规则",又为何仅是儿童教育学的衍生之物?关于学科之未来,它是否能够摆脱仅仅是从一个入口而进,或仅仅是从一个闸口而来的印象?

第3句话:

在促进终身学习视域中,将探究对成人学习的支持和帮助作为学科的使命与任务,进而形成学科的价值与品质,显然是一种进取、是一种提升,然而,如若迈向"帮助成人在一个加速变化的世界里更加成功地生活"这样一个更高的平台,那么,学科又会在其价值与品质的范畴中获得一种怎样愈加非凡的升华?

第4句话:

谴责对成人学习者的冷漠,给予成人学习者以关怀,并试图由此打造学科的"德性意识"、竖起学科的"德性旗帜",俨然是一种情怀、是一种志向,然而,如若能够进一步超越仅仅旨在探讨"一种关于学习者情况的理论系统",那么,学科本身的认知范畴是否会得到一种脱胎换骨的变化,并使其能够去触摸一个更显本真的地带、一个更富真谛的世界?

第5句话:

随既定之伦理与道德而择定的原则与纲领,其充满追求与向往的意念、其溢满坚定与执着的精神显而易见,然而,可以深信的是,如果对"学科之学"的理解再开阔一些,对"思想意识"的认知再开放一些,对"帮助成人生活"的信念再坚强一些,那么,原则与纲领可被融入其中的思想及其科学基础半径定会变得更加博大,可被渗透其中的理论及其学术意境亦会变得更加深远。

第6句话:

阐扬成人学习者特点的关键理论,并由此确认成人教育学是一门"帮助成人学习的艺术和科学(抑或为另一种有关学习者的模式)",显然是创举、是壮举,然而,若能以更新的眼光,若能从更深的层面,若能义无反顾地和"成人的生活与帮助成人生活"径直地联系起来,那么,这门学科的性质又将会得到一种怎样的规约和表白?

第7句话:

走向理论系统建构、迈向科学基础打造,无疑明确了学科目标的直接指向,而阐扬成人教育工作者的使命,明确成人教育工作者的任务,又可能将学科旨归植入一个更富想象的空间,然而,如若尝试从更多视角、更多层面去打开认知学科旨归的窗口,那么学科及其建设的目标定将会变得更加丰满与坚实。

第8句话:

通过成人学习者四个关键特点同教与学的联系而揭示学科的意义,是直接的、合乎逻辑的,是具有印证力、说服力的,然而,如若将学科所能产生的意义雄心再加倍放大,那么,是否还有待展现它的崛起与儿童教育学之间更加真切的互补意义,乃至对整个教育科学甚或更加宽广的人类科学探索范畴的影响力量?

第9句话:

回应成人教育迈入现代进程的学科作用喻示,毫无疑问,其指对是明确的,其指向是明朗的,然而,如若走出成人教育这个"小圈",而进入整个教育范畴这个"中圈",抑或再跨入人类社会这个"大圈",那么作为一门学科所要回应的坐标、所能体现的作用必定会更多,甚而,如若能够变被动的回应姿态为主动的出击姿态,那么可以深信,有关学科的作用问题必定会使人触发更多的认知,期待更多的成就。

第10句话:

"端点"应对儿童教育学而立,"性质"相对儿童教育学而成,进而又将最容易近距离作用于教与学过程的成人学习者的特点作为学科发轫与演绎的理论源点,是合情合理的。若从成人教育学的史学价值、应用价值视角来看,它更是一次开创、一次奠基,然而,如若先断然锁定成人学习者的社会生活主体、生活任务概念,先决然展开社会生活主体与成人教育、生活任务与学习准备之间的特定关系,或者说,径直基于成人丰富而鲜活的生活世界、径直指向"帮助成人更加成功地生活",那么,它的逻辑起点、理论根基又将会得到一种什么样的发现与确立?它的学术视野与学术意识、学科底蕴与学科意涵,乃至它全部的理论探索与实践行动,又将会掀起一种什么样的波澜，发生一种什么样的巨变？

第11句话：

其实，无论哪一行进路向，一个从未被诺尔斯忽略的起始路段，便是首先进行源于生活变化、社会变迁的成人个体乃至社会整体的学习需要或教育需要的诊断，如此，便出现了"学科发轫于学习者特点""实践却发端于学习者需要"的现象。两者若都能径直而一统地锁定于成人的生活及其需求，甚或锁定于成人成功的生活及其需求，那么对于行进的路向而言，又将会发生一种什么样的变化，又将会形成一种什么样的选择？

第12句话：

由"靶心"澄清、基础理论、实践操作范畴以及激情鼓舞与工具提供而建构起来的学科内容体系，无疑是一次学术上的创造、运作上的创新，然而，如若能像审视其实践源头一样，将学科的理论源点径直植入对成人生活需求的回应与学习需求的满足，径直嵌进对成人社会生活担当的支持与社会角色履行的襄助，真正使其由之而发轫，由之而奠基，那么，它所演绎并呈现在世人面前的内容及其体系恐怕又将是一种全然不同的样貌。

第13句话：

在儿童教育学与成人教育学模式对应之间确立边界线，在儿童学习者与成人学习者特征的对比之间树立边界碑，是需要胆魄和智慧的，然而，边界之点如若能够直接切入到迥然有别于儿童的成人的社会角色与职责、成人的生活世界与任务里去寻找、去耸立，那么，它一定会变得更加峻拔而坚强，学科之间的分界线又必将因之而变得愈加清晰与明朗。

第14句话：

虽然对于单个研究者来讲，其涉及的学科空间肯定会有一定的局限，但是，作为一名充满开创意识的奠基者、充满开拓精神的探索者，诺尔斯所涉空间的事实已足够证明他的学科空间感是不同凡俗的，他的学科空间穿透力是出类拔萃的，然而，依旧可以假设，学科的理论源点若能径直而坚定地与成人的生活任务、成人的生活世界连接起来，贯通起来，其可能遨游与飞翔的空间肯定还将变得更加宽广、更加深远。

第 15 句话：

深深地为诺尔斯对成人教育学的挚爱与投入而感动，也深深地被他对成人教育学的执着与用心所感染。这份挚爱与投入若被今人乃至后人义不容辞地承继和发扬，将学科引向与成人社会角色的径直对接，这份执着与用心若被今人乃至后人义无反顾地承袭和光大，将学科引向与成人社会生活的无缝对接，那么可以深信，理论联系实际的空间将变得更宽更大，理论应用实际的天地将变得更广更深，而需要研究者"教"会与需要学习者"学"会的工作方法又将会变得更加全面而富新意、更加切实而富成效。

当为以上归纳敲上句号的时候，心里留下的一个感觉是已经快成老套了的四个字：意犹未尽。不妨将其中最想说的话，再表达于下吧！

成人教育学，于大师，是一生魂牵梦萦，倾毕生之心、注毕生之力的追求，区区一个小节，寥寥数万字，是无法将其全部的思索、全部的探究呈现开来的。如若可能，那必定还有更多让人赞叹的建树与成就，同时，也必定还会衍生出更多想对大师诉说的体悟、表达的体认，并由此展开新的对话命题，或新的对话内容。

成人教育学，于自己，也堪称是整个职业生涯都痴迷于其中了，对于大师及其思想与主张，除了感佩之外，一方面似乎越说越觉得有话想说，也许是因为学科迷恋使然；另一方面，又似乎越说越觉得有些地方可能还没有说透，甚至还没有说准，这也许又是因为自我认知不够使然，需要检讨。

总而言之，成人教育学在诺尔斯思想与学说中的崛起，足以让人快心、悦心，足以让人适志、适意，但又常有一些不解埋伏于胸中，有一些困惑生成在心窝，故希望与大师有对话、有切磋。

然而，非常认同这样一种说法，即横亘在每个人的思维力量面前，必定有三座大山：历史的局限、认识的局限与生命的局限。即便是大师，也必然如此。由之，我常常会想：

如若历史呈现在诺尔斯面前的儿童教育、儿童教育学并不是那样被保护、被强化乃至被崇拜、被追捧，成人教育、成人教育学也并不是那样被旁落、被冷落，甚至被忽视、被遗忘，那么，他是否还会那样情不自禁、煞费苦心地在"... versus ..."和"from ... to ..."之间久久徘徊？

如若上天有灵，不吝慷慨，能让诺尔斯的认识生来无定势，那么，于彼时，他是否还会将其智慧和能力，主要聚焦在更多的是一种事关成人学习者及其学习活动本身有限层面的学科模式打造上？

如若苍天有知，大发慈悲，再给诺尔斯八十年时间的生命，那么，于今天，他是否又会转换视角并愈发殚精竭虑地去构建成人教育学的又一种全新模式？

二、对话自我：基于双边的归纳

以下，是对第三节有关学科体系及其建构之自我对话部分的归纳。这里的归纳，拟依旧采取类似先前的方式，即一边是对反映在《成人教育科学体系的构建与发展研究》著述里的观点所作"再现"的简括，另一边是对反映在《成人教育科学体系的构建与发展研究》著述里的观点所作"反思"的概括。

首先，从"再现"这一边出发，可将其所涉及的具有再现与审视意义的学识简括为12句话：

第1句话：

视成人教育为教育范畴的事，视成人教育学为教育学的分化，视教育科学为成人教育学的母体，以及表示成人教育科学必将接受来自科学与教育科学的影响等，其初衷不仅是为了在一项课题研究范围内确定其基本前提，更是为了在教育科学乃至人类科学研究范畴中视其为一门科学，视其为一种伦理，并由之在人类的自我探究活动中打造成风尚与习惯、秩序与规则，乃至价值与品质、意旨与道德。

第2句话：

成人教育科学起步晚、积淀浅，所面临的21世纪又是风险与机遇并存，因此，它必当规约自己：一是必须加倍努力，以探获自身的"理论依据所在""实践根基所系"与"体系构架所是"；二是必须充满期待，使不断发展的"理论依据""实践根基"乃至"知识体系"能够既不负机遇，又不败于挑战。

第3句话：

顺着科学与教育科学的概念诠释导向，可以找到理解成人教育科学之性质表现的途径；借着科学与教育科学的概念诠释思路，可以确立推衍成人教育科学之性质表现的视角。而通过对比科学，特别是教育科学，又可以在建制、研究、方法、知识、创新、实践和生产力等性质表现方面发现其"共性"与"个性"的存在。

第4句话：

关于成人教育科学的目标，呈现出了"工作式"目标与"学理式"目标两种类型。就后者而言，主要指向：明晰论域、建构体系；探索真相、揭示规律；梳理关系、明确路向；创造知识、丰富知识；运用知识、检验知识；形成新思路和新起点、获得新导向和新方法。总之，旨在使理论研究变得更加科学与理性，使实践运作变得更加合理与有效。

第5句话：

成人教育科学及其研究活动的展开可能形成的意义，从其倾向功利性的角度讲，可以促使学科地位的确立与巩固；从其倾向现实性的角度讲，可以增进对成人教育实态的阐释与认知；从其倾向理论性的角度讲，可以促进整个学科之知识体系的形成。

第6句话：

有关成人教育科学及其研究活动的作用主要被定格在对产生回应效应或回应效果的理解之上，其中包括：面临种种社会嬗变，为主动顺应社会变革而做出回应；面对诸多认知偏差，为尽力摆脱认识困境而做出回应；面向现实发展需求，为积极推动实践进步而做出回应；面对科研力量扩充，为深入推进研究活动而做出回应。

第7句话：

通过成人教育定义诠释、特征分析，导出了成人教育实态概念及其所包含的宏观因素与微观因素，前者被视为"躯壳"，后者被视为"内脏"，而成人教育实态作为一个社会活动子系统又与社会活动大系统之间存在交互影响关系，从而，"躯壳""内脏"与"关系"被确定为整个成人教育科学及其体系建构行动得以演绎开来的逻辑源点。

第8句话：

从第一源点"躯壳"出发，通过对成人教育领域与成人教育机构的发展回溯、框架勾勒、维度确认等，导出了第一个分支学科群；从第二源点"内脏"出发，通过对成人教育教学活动实践的历史回顾、要素解析、意涵诠释、关系解读等，导出了第二个分支学科群；从第三源点"关系"出发，通过社会变量分析、影响因素分析、交互影响关系分析等，导出了第三个分支学科群。三个分支路向行进完毕，遂又实现了对成人教育科学体系的全部整合。

第9句话：

有关成人教育科学及其体系构建的总体内容，可看成中间一个"大圆"，周边与之交叠，拥有三个呈品字形"小圆"的构架："大圆"倾向呈现学科体系的主体；上端的"小圆"突出相关概念的厘定与确立、思想认识的梳理与澄清；下端左侧的"小圆"侧重成人教育及其科学研究的历史回顾、学科体系构建的时代背景分析与相关条件考量；下端右侧的"小圆"则事关体系构建与发展的目标设定与方法选择。

第10句话：

有关学科的边界问题考量，无论是隐性的意识还是显性的思辨，其分野主要集中在成人教育（学、科学）与儿童教育（学、科学）之间。可以说：成人教育的特征确认，自然规约了属于学科自己的流向；成人教育的实态分析，自然规定了属于学科自己的范畴；而有关成人教育科学的个性认同，又自然约定了属于它自己的内涵与外延。

第11句话：

受多种因素影响，特别是受源点与路向观、内容与边界观的影响，有关学科研究的空间思考主要着落在：成人教育事实的空间、成人教学事实的空间以及它们与外部之间关系事实的空间。

第12句话：

主要根据当时特定的观察和感受，陈述了被认为是值得推广的、事关成人教育科学研究的若干方式方法，它们是：个体研究与群体研究相结合的方法、专职研究者和非专职研究者相结合的方法、研究机构和研究机构之间相协作的方法、研究机构和经济部门相合作的方法、成人教育科学研究和教育科学研究相结合的方法。

接下来，从"反思"这一边出发，试将其涉及的具有未来要求与改变意义的思考概括为12句话：

第1句话：

渴望成人教育科学研究活动的爆发，无可厚非；憧憬成人教育科学体系的崛起，不容指摘。若认同思维惯性的力量，那么将成人教育科学与"教育""教育学""教育科学"连接起来进行伦理思考似在情理中。但是，过浓的从属意识容易屏蔽其崛起的力量与勃兴的空间，过强的分化意识又容易遮蔽其独特的魅力和无限的活力，而现实中又最易导致乱象众生，其表征主要是被复制、被临摹、被冲突、被冷漠、被边缘、被失真等。

第2句话：

面对成人教育科学起步晚、积淀浅的劣势，以一种忧患意识倡导加倍努力；面对成人教育科学有未来、有前途的优势，以一种发展意识倡导不懈追求，是应当肯定的，问题在于，在此行动纲领中，未明确表明努力的着眼点究竟在哪里、追求的着力点究竟在哪里，由此，便显得有些无力与苍白了。

第3句话：

以科学与教育科学的概念解释、内涵解析作为导向、作为思路、作为对比，在认知尚处蒙昧的时候来探究成人教育科学的性质，不失为一种可资一试的办法，但其最后留下的，除去一种亦步亦趋的形象以外，有关成人教育科学的性质到底还是一幅没有太多根基感和风骨感的画面，或者说，还是一幅尚未走进能够真正体现其根本意义、内在意义之"核心地带"的画面。

第4句话：

就为成人教育科学及其体系构建而设定的学理目标而言，其思维过程乃至其语言表达，固然会首先聚焦于学科范畴本身，但是，也正因为太过受制于学科范畴本身之思维惯力与语言惯性的目标思考，从而导致其横向广度和纵向深度的欠缺。

第5句话：

对学科地位的追求、对现实样态的阐释、对知识体系的构建固然在情在理，问题是，如若一味专注于此，特别是一味专注于对成人教育的现实样态阐释与知识体系构建，那么，在体现成人教育科学及其研究活动之意义的过程中，"往上看""往上走"的冲动会远远超过"往下看""往下走"的决心，最终，知识要在一方真实的土地上展现自己的力量，或者，理论要在一片真实的空间里闪耀自己的光芒，也许就会成为一句空话。

第 6 句话：

虽然用心揭示了成人教育科学及其研究活动面对社会多元变革等所可能产生的回应作用，但还是存在两个需要改进的地方：一是注重了分析的应有高度，却忽略了窥探的应有深度；二是注重了分析的被动回应角度，却旁落了窥探的主动出击角度。

第 7 句话：

虽然曾经为通过成人教育的特征分析、实态诠释以及确定以"躯壳""内脏"和"关系"作为其学科演绎的源点而有过凫趋雀跃般的兴奋，但现在却又不停地质问自己：第一，当时既然已经揭示了成人教育的种种特征，为何没有直接将之作为学科演绎的源点；第二，即使是将源点的探寻下沉到了成人教育的特征层面，是否又可被认为已经真正触摸到了学科的发端之源与发轫之点呢？

第 8 句话：

认定了"躯壳""内脏"与"关系"三个源点之后，立马兵分三路，继而导出三个分支学科群，再而实现学科体系的整合，这在当时是件顺理成章的事，但现下心中却惶惑着：缺失将成人教育特征作为源点之意念，还有多少底气可言当初的路向选择是准确的？即便将成人教育特征作为源点，但它亦未及探底水平，那还有多少真气可言当初的路向选择是无误的？

第 9 句话：

成人教育科学及其体系构建的总体内容以一个"大圆"、三个"小圆"来呈现，其结构是类似一架飞机一样的飞行器，其中虽有可以肯定的一面，但更有值得质疑的一面，特别是以现下的认识来看，可以拷问自己：内容建构的起始点和着落点是否还存有新的选择？体现其本原或本真的原始动力与终极目标是否还需要做出新的认定？

第 10 句话：

在成人教育（学、科学）与儿童教育（学、科学）之间寻找边界，应该说是件再自然不过的事，然而，现在的自我追问是：若能真正实现成人多重社会角色扮演及其需求与成人教育的径直对接、成人多维社会生活打理及其需求与成人学习的无缝对接，那么成人教育科学与儿童教育科学之间，乃至与其他相关学科之间的边界，是否还会像原初所想象、所描述的那样？

第11句话：

成人教育科学及其体系构建自然要走进成人教育事实的空间、成人教学事实的空间，以及它们与外部之间关系事实的空间，但是，现下自觉难堪的是：其一，就总体情况而言，其切入断面更多聚焦到了它的"教育属性"，而忽略了它的"生活属性"；其二，再深入内里来看，其选择重心更多专注到了它的"主观本位"与"知识本位"，而冷落了它的"客观本位"与"问题本位"。

第12句话：

五个"相结合"的方法固然具有一定的现实针对性，但若转换视角，特别是基于成人教育本身的特点、成人学习本身的特性，以及站在推进研究活动真正切实有效展开的层面上来看，仅以此来论成人教育科学研究的方法问题便显得有些粗陋了，因为自己已经开始明白：它们还不足以真切体现"理论联系实际"的基本精神，更不足以真正切入成人教育特点、成人学习特性等这样一些要害部位并找到和确立与之相契合的方法。

借着暑期校园那份难得的静谧，我在办公室埋头努力了好几天，完成了那24句"双边"性的自我对话归纳。但心里依然思绪奔腾，恰似两种气流在对撞！

第一股气流是第三章叙述的惯性流。它似乎还远没有停止，好像还在勇往直前：对诺尔斯学说的体悟、体认，是否真的得当、完整？对大师主张的新期待、新期盼，是否真的准确、充分？对自我学识的再现、审视，是否真的贴切、充分？对自我学识的反省、反思，是否真的恰切、到位？也许，这里边仍然还有许多空间！

第二股气流是第四章叙述的冲动流。虽然总有空间无法穷尽，但新的好奇心一定会产生，新的兴奋点一定会生成，虽然新的好奇心还有些躲躲闪闪，新的兴奋点还有些影影绰绰，但是又似乎已经听到它们正在并不遥远的对岸发出呼唤，跃跃欲试，期待着脱颖而出！

两股气流对撞之后凝合在一起，又像是回到了本节开头所描述的那种奇特感觉之中了。

　　我深信这样一种奇特的感觉，特别是有新的好奇心——"心田里似乎幽幽地正在播种着一些什么"，有新的兴奋点——"心底似乎冉冉地正在破晓着一些什么"这样一种感觉，一定会将自己引向下一个既布满挑战又充满机会的探索空间！

第四章
成人教育学科体系的前瞻（上）

> 一个学科虽然被包含在一个更广阔的科学的整体中，但是通过它为自己划定的边界、它为自己构造的语言、它为自己制订的或使用的技术和最后特别是它所特有的理论，它总是自然地趋向独立。①
>
> ——法国哲学家莫兰（E. Moran）

---

① 埃德加·莫兰. 复杂性理论与教育问题 [M]. 陈一壮，译. 北京：北京大学出版社，2004：196.

第三章叙述画上句号已然多日，但心中依旧时常出现其结尾时的那两股"流"——"惯性流"与"冲动流"，尤其是"冲动流"。许多回，在心中和新的好奇、新的兴奋邂逅，总是生怕它们擦肩而过，因而试图逮住更多的好奇点，留住更多的兴奋点。

不过，我知道，真要落笔第四章，还实在不能操之过急。想想，三年前开始动笔，说洋洋洒洒也好，说絮絮叨叨也罢，已经30余万字，第四章显然更是重头戏，更需要有足够的梳理和运思，才有可能承上启下，顺势而为，以让大脑中那些新的好奇、新的兴奋合理、通畅，并充分、饱满地流溢开来。

第一节　梳理与运思

有了主意之后，心神也就开始慢慢变得安稳起来：要做好第四章的研究，必须首先对此前三年留下的足迹进行梳理；要做好第四章的叙述，必须首先对此后将要展开的内容进行运思。

至于怎样做好梳理，怎样完成运思，心里边又似乎强烈地期待着一片幽静而充满灵气，可以让人在身心恬然中滋生灵感的空间；期待着一片沉静而蛰伏灵动，可以让人在思维豁然中闪亮灵锐，直至可能制胜于无形的天地。

一、感恩：南北湖山水

带着对那片空间的向往，携着对那片天地的期待，虎年立秋刚过，我便收拾行囊，先乘火车，后乘汽车，来到了那片叫作南北湖的地方。

南北湖位于钱塘江江畔，杭州湾北岸。它占地约1 800亩，三面环山，一面临海，湖形曲折，因鲍公堤横贯东西，将湖泊分为南北两半，故名南北湖。因为时光的伟大力量，因为自然的鬼斧神工，因为人类的文化积淀，这一片并不算很大的湖泊有"山有层次，水有曲折，海有奇景，比瘦西湖逸秀，比西子湖玲珑"的美誉，更有了"集山水之精华,聚人文之荟萃"的光环。

下榻在一幢颇显气派的三层高的农家楼阁。整座院落占地大概三四亩,楼的西侧惜惜倚山,东南北三面则依依环水,最有意思的是,坐西面东的庭院小榭直接切入湖面,面山亲水的感觉,让人直呼惬意!而再往南两三里,似乎又闻得杭州湾的东海涛声。让人视线难移的山湖海,难不成真的成了我欲做先前研究梳理的绝佳空间?身居其中的农家庭院,难不成真的成了我欲做后续研究运思(筹)的绝妙天地?

清早,在晨曦里,无数次地揽着那一脉山,山峦重重,山峰叠叠;

晌午,在骄阳下,无数次地望着那一片湖,波光粼粼,波纹绵绵;

傍晚,在夕阳中,无数次地听着那一湾海,海浪阵阵,海涛声声。

在这山水之间,我先前有些纷乱的头绪渐渐理顺了,思路开始变得清晰了。很自然,心中由之生成了两个硕大无比的汉字,那就是"感恩"!

我感恩,山峦重重,山峰叠叠,它们的延绵,似乎给了我一种特别的意趣:三年三个篇章,尤其是第一章与第二章,穿越时空隧道般地,一步一步走过来,怎不恰似翻越了一个个山坡,怎不恰似攀越了一座座山峰,如今环顾四周,怎又不似留在"追踪"之后的"山"、留在"回溯"之后的"峦"?既然这样,为何不可从头至尾再来对异域与本土所作的回望,再作一番回望呢?

我感恩,波光粼粼,波纹绵绵,它们的荡漾,似乎给了我一种特别的意想:三年三个篇章,尤其是第三章,在层层推进的过程中,针对两个个例,每一个对话命题聚焦之后的思维演绎,怎不恰似湖中粼波一轮轮地荡开,怎不恰似湖中涟漪一圈圈地漾去?既然这样,为何不可按着它们既定的顺序,对所作的反思,再作一番反思呢?

我感恩,海浪阵阵,海涛声声,它们的汹涌,似乎给了我一种特别的意念:第四章,即在后续研究中,我必定要为学科建设去作新的思量,我必定要为学科发展作新的思考,这又怎不恰似后浪紧随前浪,怎不恰似后浪力推前浪?既然要进行如此意义上的学科建设前瞻,那么,为何不可对这样一种前瞻,先来作一番前瞻呢?

真可谓:思路贯通南北湖,人生得"意"山水间。

总而言之,我感恩这里的山,因为是它们赠予我灵感,给了我点拨,让我知晓了从现在开始该如何去做先前研究足迹的梳理；我感恩这里的水，因为是它们赋予我灵气，给了我点化，让我明了了从现在开始该如何去做后续研究的运思。

二、梳理：回望与反思

在此，专门对此前研究与叙述进行梳理，其作用全然在于为第四章的展开，使自己在心绪上做好一种接续的预备，使行文在理路上做好一种转折的准备；其方式，也许可以是整体性的，或是全过程的，但必须是轻重有别、恰到好处的，也必须是简单明快、适可而止的，因为，大张旗鼓会冒重复之险，会有啰唆之嫌。基于此，又具体规约自己：

第一，关于回望的梳理，或者说，关于回望的回望，主要是再现其留下的关键节点，以使梳理过程呈现一定的完整意义。

第二，关于反思的梳理，或者说，关于反思的反思，主要是重现其推进的基本过程。其中，有两份特别期待：一为发现此前的反思行动在方法层面可能存在的问题；二为廓清此前的反思行动在内容层面已经提出的问题，以期对在各命题反思中所发生的感想或评论、质疑或设问形成一种统合。

现在，首先来回望一下第一章、第二章对成人教育学与成人教育学科体系所作的历史回望。

对于成人教育学的历史追问，是通过两条轨道——异域一轨与本土一轨而分别展开的。追问的主要过程及其结果可以简括为：

第一步是异域追踪，结果表明：

——1815 年，英国的波尔成为首位提出并开始使用术语"成人教育"的学者；

——1833 年，德国的凯普成为首位提出并使用术语"成人教育学"的学者；

——1951 年，瑞士的汉塞尔曼成为首位以"成人教育学"为名而著述的学者；

——1921 年，英国的诺丁汉大学成为世界首所设立成人教育学专业的高等学校；

——1930 年，美国的哥伦比亚大学则成为北美首所设立成人教育系的高等学校；

——哈伦贝克，是首个在哥伦比亚大学取得成人教育学专业博士学位的学者；

——赫尔巴特的价值、认知和判断取向，是导致成人教育学百年沉寂的重要原因；

——从夸美纽斯到杜威，其思想与实践依然为成人教育学积聚了爆发的力量；

——20世纪30年代，罗森斯托克和林德曼在欧美唤醒了成人教育学的世纪沉睡；

——20世纪70年代，美国的诺尔斯才又真正竖起了成人教育学的界碑。

第二步是本土寻迹，结果表明：

——孔孟等先哲的崇论闳议、真知灼见，是成人教育学永不枯竭的渊源；

——陶行知等先贤的学术思考和实践探索，是成人教育百年本土认知与行动的初页；

——党和政府的高度认同和深度实践，是成人教育百年本土认知与行动的主页；

——20世纪80年代，"成人教育"统称的形成，为成人教育学的本土勃兴拉开了帷幕；

——《关于改革和发展成人教育的决定》的颁布，为成人教育学的本土盛兴鸣响了序曲；

——与此同时，打开国际视窗，采撷异域成果，成为成人教育学之本土探索的最初选择；

——与此同期，本土学术著作的不断面世，又致使成人教育学的中国之音飘然而至。

第三步是对异域追踪与本土寻迹的结果，就其相同与相异情况，分别发表了四点心得。

被认为相同的地方有：

——成人教育学源远流长，西方可以追溯到柏拉图时代，东方可以追溯到孔夫子时代；

——其兴盛前有能量积聚，西方始于夸美纽斯等人时代，东方始于梁启超、蔡元培时代；

——其崛起的初衷,无论本土或异域,都是为了使教育能从儿童乐园延伸到成人世界;

——其探索的视点,无论本土或异域,均串联着元论、理论与实践三个层面;

被认为相异的地方是:

——关于研究基点,异域似乎更侧重学习与学习者,本土似乎更侧重教育与教育者;

——对于学科定义,异域尤指帮助成人学习,本土尤指探究成人教育的现象和规律;

——至于研究志趣,异域似更聚焦于成人的学习研究,本土似更偏重成人的教育研究;

——对于研究结果,异域似更追求其应用价值,本土似更关注其认识价值。

诚然,有关成人教育学科体系的历史追溯,也是通过两条轨迹——异域一辙与本土一辙而分别展开的。在此,可将追溯的主要过程及其结果概括为:

第一步是"异域回溯",结果发现:

——20世纪上半叶,以林德曼等为代表人物的研究大军,翻越了学科体系编织的第一座高峰。他们的天禀与才智,主要洒落在了"成人教育本质说"等十三个点位。

——20世纪50至70年代末,以诺尔斯为领军人物的研究大军,翻越了学科体系编织的第二座高峰。他们的天赋与才华,主要倾落在了"成人教育定义说"等二十五个点位。

——20世纪70年代末80年代初起,由克罗丝等人组成的研究大军,开始翻越第三座高峰。他们的天资与才略,主要奉献给了"成人学习理论说"等三十个点位。

第二步是"本土回望",结果发现:

——20世纪20至80年代,尤其到其后十年,是学科体系累积跬步、迎来爆发的时代。其间,一大批开路先锋的才智与才能主要挥洒在了"沿革说"等二十八个点位上。

——20世纪90年代初至新千年来临,是学科体系编织进入快速车道、昂首挺进的时代。其间,一大批中坚力量的才华与才干主要倾注在了"思想说"等三十三个点位上。

——进入 21 世纪，是学科体系编织之本土一辙坚定不移、努力追寻梦想的时代。其间，前赴者与后继者的才略与才力共同投入到了"理论说"等二十八个点位上。

第三步是异域回溯与本土回望的结果，就其相同与相异的情况，分别发表了五点全然呈即时性的心得。

从相同点来看：

——核心意识，一样坚强，保持成人教育学的中心位置，关注基础与原理性问题；

——平民情愫，一样炽热，民众情怀不消且长久坚定，平民情愫不褪而益发升温；

——内容思量，一样宽阔，扩展教育内容的探索，打造不同教育内容的知识体系；

——理论旨趣，一样强烈，追求研究活动的学术韵味，提升研究结果的学术品位；

——三大理念，一样执着，大力弘扬与运用终身教育、终身学习与学习型社会理念。

从相异点来看：

——整体与部分，各有偏重，异域多以"成人"整体名义展开研究，本土逊之；

——宏观与微观，各有偏好，异域似更倾向探索成人教育微观问题，本土反之；

——学习及其主体，不同考量，异域已切入学习者中心的核心部位，本土正起步；

——学习及其研究，不同取向，异域尤重生活与学习研究，本土尤重学习理论认知；

——学科及其发展，不同选择，异域尤重研究方法探索，本土尤重学科体系建构。

第四步是集结异域回溯与本土回望的结果，进行成人教育学科体系的基本框架整合，具体包括以下四个环节：

其一，对学科体系异域与本土编织所覆盖的内容，即所涉及的点位，先分别按阶段进行归类或归置，再分别对其全过程所涉及的点位进行串联或归结。

其二，对学科体系异域与本土编织的整个过程，分别以"生""长""发""展"与"开""拓""衍""进"四字，描述了它们随时间推移而发生的变化及其特征。

其三，基于"共同拥有"理念，将异域一轨、本土一辙对学科体系编织所覆盖的全部内容进行了集结，或者说对所涉及的全部点位进行整合，从而呈现了成人教育学科体系的基本框架。在此，略去每一论域所含的具体论说，它们可被罗列为：

——关于成人教育学的研究，关于基本问题的研究；

——关于不同群体的研究，关于不同层级的研究；

——关于不同空间的研究，关于不同方式的研究；

——关于实践推进的研究，关于教学活动的研究；

——关于成人学习的研究，关于先进理念的研究；

——关于学科交叉的研究，关于比较教育的研究；

——关于学科元论的研究。

其四，整合过程中，又不免发现一些异与同存在于异域与本土之间。它们可被进一步简括为：

——成人教育学研究，共同关注，但前者更用心于理论根基的发现，后者更用心于教育事实的阐释。

——基本问题研究，共同关注，但前者起步早，社会认同度高；后者起步晚，社会认同度低。

——不同群体研究，前者主要以"成人教育"名义展开，但亦存在分群体研究的行动；后者先是以分群体研究为主，之后则有以"成人教育"名义展开研究的趋势。

——不同层级、空间、方式研究，前者擅长在"成人教育"名义下展开，后者重分门别类式的研究。

——实践推进研究，前者似更乐意聚焦机构、项目、方式等相对微观层面问题的研究；后者则更愿意聚焦体系、体制、制度、模式等相对宏观层面问题的探究。

——教学活动研究，异域与本土都极为关注，而且对探究符合成人教育、成人学习特征的教学内容、教学过程、教学方法、师生关系等有颇为相同的兴趣。

——成人学习研究，此类知识构建，特别是在自我导向学习、非正式学习、转化学习、情境学习等方面的探索，前者的宽度和广度、高度和深度要远远超过后者。

——先进理念研究，终身教育、终身学习等先进理念源于异域，故前者的研究积极性自不待言，但从理念转化为实践的探索情况来看，后者的势头同样强劲。

——学科交叉研究，细究起来，前者似更早，并更多关注与哲学、伦理学、社会学等的交叉，后者似稍晚，并更多关注与经济学、控制论、系统论等的交叉。

——学科元论研究，前者注重讨论研究方法，少有学科体系建构的专门研究；后者注重探究学科体系建构，较少涉及研究方法的专门探究。

接着，要回过头来展开的，便是对第三章的主体内容——成人教育学科体系的反思进行梳理。对此，有必要先来确认一下如下两个想法：第一，梳理的"台前任务"主要放在反思的基本过程方面；第二，梳理的"幕后愿望"，一是期待能够发现反思行动在方法层面可能存在的问题；二是希望能够廓清反思行动在内容层面已经提出的问题。

首先从学科体系反思的基本过程来看，其大致环节可以概括与重现为：

第一，重申"小写"与"大写"概念。指出，在学科体系构建中，有的属于"相对严格意义上的成人教育学"研究，有的属于"相对宽泛框架中的成人教育学"研究。前者可视为"小写"，后者可视为"大写"。

第二，确定反思行动的基本原则。一是个例式原则——避免表层性、笼统性的整体性反省，尝试具有渗透性、穿透性的个例式反思；二是单个例原则——避免易致注意力分散、智慧量短缺的多个例反省，尝试具有嵌入性、深度性的单个例反思。

第三，择定反思行动的基本方法。在"小写"与"大写"的研究成果中，分别选择一个个例，以对话方式，并采用深入解读，或深度解析的方法，来对其展开反思。

第四，个例的选择与理由的说明。"小写"成果中，被择定的个例是诺尔斯的成人教育学学说（简称"学之说"），文本是其《成人教育的现代实践：从儿童教育学到成人教育学》一著。理由，除了因为个中蕴含巨大的理论与实践力量以外，亦因感佩大师儒雅的人格魅力和宽广的学术胸襟。"大写"成果中，被择定的个例是全国教育科学"九五"规划期间由我负责的一项国家教委重点课题，即"成人教育科学体系的构建与发展研究"成果（简称"体系说"），文本是该课题研究著述呈作成果鉴定的副本。理由是因为早早感觉其中或有不足与谬误之处，或有改进与提升空间。

第五，呈现文本的基本内容框架。"学之说"与"体系说"反思文本中的基本知识框架或基本认知系统的呈现主要包括两个层面，一是著述各章的研究主题，二是围绕各章主题所展开的具体议题或相关论点。

第六，确定反思的基本命题。无论是"学之说"的反思，还是"体系说"的反思，都被确定为六组十二个基本命题，它们是：伦理与纲领、性质与目标、意义与作用、源点与路向、内容与边界、空间与方法。

第七，反思命题的逐一展开。就六组十二个基本命题，先对"学之说"进行反思，再对"体系说"展开反思。其大致顺序为：根据文本陈述命题内容→以对话方式进行解读或解析→以对话方式发表感想或评论、表示质疑或设问。

第八，反思内容的最后概括。围绕基本命题，从对大师思想与主张之体悟和期盼两端分别作了十五句话的精括；从对自我学识之再现和反思双边又分别作了十二句话的概括。

以上梳理，全然可谓是对自己这一年来全部研究工作的"产出"——既包括变成文字的，也包括潜伏在这些文字背后却无法变成显性文字的脑力劳动的一次"迷你型"检阅。

其实，有好多次，我问自己：为什么自第三章叙述完之后，潜意识里一直特别想做这样一种梳理，想做这样一次检阅，尽管要冒重复之险，会有啰唆之嫌？至此，似乎有了一个比较明确、真切的答案。这个答案便是：此番梳理尽管"简约"，此番检阅尽管"迷你"，但是这样一种"重放"，确实产生了以下两个让我备有感触的作用。

第一，它们正式或者说终于有机会让自己切切实实窥见到了此前反思行动在方法层面存在的问题。

第二，它们正式或者说终于有机会让自己认认真真统揽完了此前反思行动在内容层面提出的问题，即从头至尾重温了一遍自己在各个基本命题反思中所发表的全部感想或评论，抑或所提出的全部质疑或设问。

紧接着来陈述有关反思行动在方法层面存在的问题。

当然，反思行动可能存在的问题，全然可以仁者见仁，智者见智。但我自己的关注焦点则主要放在了它的方法层面。由此窥见到的问题，可被概括为：

框架搭建：也许，按照常规，往往会先对反思内容整体进行思考，然后搭建基本命题框架，而我却似乎非常规地略去了这个程序，仅在简单表达了一门学科及其体系建构一定会有与认识论、方法论乃至本体论密切相关的，对伦理与纲领、性质与目标、意义与作用等一系列基本问题的考量之后，便展开了反思行动。

维度定夺：也许，按照常规，往往要考虑基本命题框架中的反思维度是否全面、充足，而我却非常规地省去了这个步骤。

意义说明：也许，按照常规，往往会先指出每个基本命题的意义和作用，尔后展开反思和论述，而我却近乎非常规地舍去了这个环节，仅在说明了每个基本命题的词语意涵之后，便进入了相关的反思及其叙述。

关系分析：也许，按照常规，往往会分析、说明两个基本命题之间或者所有基本命题之间的特定关系或基本关系，而我却非常规地跳过了这个段落。

命题适用：按照常规，往往会提示或说明基本命题的适用性问题，而我对之却没有太在意，两个个例的反思使用了相同的六组十二个基本命题。

叙述方式：也许，按照常规，对每个命题的反思内容及其表达方式往往会有相对比较严格的框定，而我对之却没有太多限定，除了有一个大致的顺序把握之外，经常会见到一些看起来比较边缘、跨越的内容，或一些看起来比较随性、随意的方式。

如何来看待这些问题，或者说此后的前瞻行动如何来面对这些问题，正是下一运思段落所要进行考量的任务。

尔后，再来陈述有关反思行动在内容层面提出的问题。

在"学之说"与"体系说"两个个例反思中，从伦理与纲领，一直到方法与内容，就其所发表的全部感想与评论，抑或所提出的全部质疑与设问，通过重温，可被廓清并统合为：

第一，关于伦理。

"学之说"：能否摆脱仅基于对应思维与比照思考？能否摆脱仅由单一入口而进的选择，或仅由单一闸口而成的印象？若真正基于"帮助成人更加成功地生活"，其学科价值与品质又将得以何等升华？若真能超越"学习者情况的理论系统"，其学科是否将可更加逼近本真、接近真谛？

"体系说"：过浓的从属意识，容易屏蔽其崛起的力量与勃兴的空间；过强的分化意识，又容易遮蔽其独特的魅力和无限的活力。由之，还容易导致现实发生乱象。

第二，关于纲领。

"学之说"：对"学"的理解再开阔些，对"思想意识"的认知再开放些，对帮助成人生活的信念再坚强些，那么，可被融入纲领的思想及其科学基础，其半径是否会变得更宽？可被渗透纲领的理论及其学术思考，其意境是否会变得更深？

"体系说"：在行动纲领中，未能明确表明努力的着眼点在哪里，未能明确说明追求的着力点在哪里，那么，这样的纲领一定会显得苍白无力。

第三，关于性质。

"学之说"：若能和"成人的生活与帮助成人生活"径直联系，那么其学科性质又将会得到怎样一种规约和表白？

"体系说"：成人教育科学的性质判断，怎样才能真正走进体现其根本意义与内在意义的"核心地带"？或者说，究竟当以何种方式来使成人教育科学的性质判断更加具有根基感，更加具有风骨感？

第四，关于目标。

"学之说"：除了理论系统、科学基础以外，若尝试从更多视角、更多层面去认知学科的旨归，其目标一定会变得更加丰满与坚实。

"体系说"：太过受制于学科范畴本身之思维惯力与语言惯性的目标思考，自然会带来其横向广度和纵向深度的欠缺。

第五，关于意义。

"学之说"：除了直接联系教与学来揭示学科意义之外，若放大学科雄心，那么，是否还可以期待它的崛起将在与儿童教育学之间的互补意义方面，乃至在对整个教育科学甚或整个人类科学探索方面产生影响？

"体系说"：若一味专注对所谓现实样态的阐释与知识体系的构建，那么，关于成人教育科学的意义，"往上看""往上走"的冲动会远远超过"往下看""往下走"的决心，知识的力量，抑或理论的光芒，便将可能成为空话。

第六，关于作用。

"学之说"：若能与整个教育、社会范畴联系起来，其学科作用必将进一步放大；若能变回应为出击，又必定会使人对学科作用产生更多的认知，形成更多的期待。

"体系说"：必须既有具高度感的分析，又有具深度感的解读，既有回应视角的打量，又有主动视角的考量。

第七，关于源点。

"学之说"：若径直基于成人生活世界、径直指向"帮助成人生活"，那么，学科的逻辑起点、理论根基又将会得到何等发现与确立？其学术视野与意识、学科底蕴与性质，乃至其全部的理论与实践探索，又将发生何等变化？

"体系说"：揭示了成人教育的种种特征，却为何没有直接将之作为学科演绎的源点？即便如此，又是否可被认为已经真正触摸到了学科的发端之源与发轫之点？

第八，关于路向。

"学之说"：无论是学科，还是实践，两者若都能径直、一致地锁定于成人的生活及其需求，或其成功的生活及其需求，那么，行进的路向又将会发生何等变化，或做出何等选择？

"体系说"：缺失将成人教育的特征作为源点之意念，还有多少底气可言当初的路向选择是准确的；即便将成人教育特征作为源点，但它亦未及探底水平，那还有多少真气可言当初的路向选择是无误的？

第九，关于内容。

"学之说"：若能将学科源点径直植入对成人生活需求的回应与学习需求的满

足，嵌进对成人社会生活担当的支持与社会角色履行的襄助，使其真正由之而发轫，而奠基，那么，它所演绎开来的内容及其体系必将是一种全然不同的样貌。

"体系说"：如果内容建构的起始点和着落点还存有新的选择，以及体现其本原或本真的原始动力与终极目标还需要做出新的认定，那么，成人教育科学及其体系构建的总体内容，必定还会形成并呈现一种全新的构成。

第十，关于边界。

"学之说"：若能直接切入有别于儿童的成人的社会角色与职责、成人的生活世界与任务里去寻找、去确立，那么，学科之间的分界线是否会变得更加清晰与明朗？

"体系说"：若能真正实现成人多重社会角色扮演及其需求与成人教育的对接、多维社会生活打理及其需求与成人学习的对接，那么，它与儿童教育科学乃至其他相关学科之间的边界，是否还会像原初所勾画的那样？

第十一，关于空间。

"学之说"：理论源点若能径直而坚定地与成人的生活任务、成人的生活世界连接、贯通起来，其可能"遨游"与"飞翔"的空间，肯定还将变得更加宽广和深远。

"体系说"：聚焦了教育属性空间，忽略了生活属性空间；专注了主观本位与知识本位空间，冷落了客观本位与问题本位空间。

第十二，关于方法。

"学之说"：若能真正将学科引向与成人社会角色、成人社会生活的径直对接，那么，理论联系、应用实际的天地将会变得更加深广，而相关方法的选择与运用又将会变得更富新意或更见成效。

"体系说"：现有的考量还不足以真切体现理论联系实际的精神，尤其是不足以切入成人教育特点、成人学习特性等关键部位，并真正找到与之相适应、相契合的方法。

三、运思：方法与内容

毋庸讳言，以上梳理围绕学科体系的历史编织，对自己看到了什么、发现了什么、想到了什么有了一个框架式的回顾；围绕学科建设的个例反思，对自己如何予以启动、如何予以展开、如何予以归结有了一个过程性的回放。当然，最为重要的是，通过回顾与回放，尤其是经由对两个个例反思过程的梳理与检阅，一方面窥见了反思行动在方法层面所存在的问题，另一方面亦廓清了反思行动在内容层面所提出的问题。

其实，还有一个颇是意外、也颇显别样的收获，即有一种体会似乎变得越来越明显：回望，似是一种"事实＋呈现＋心得"的样式；反思，似是一种"事实＋解读＋质疑"的样式；而前瞻，也许将是一种"问题＋思索＋创新（抉择）"的样式。显然，它们各有要点、难点所在，但总的说来，终究是一个伴随思维要求不断提升的过程。现下感觉，思维要求更高的前瞻行动正在一步步临近，需要用心做好对于它的运思。

内心的体认规定着外显的行为。在我看来，运思的任务主要有两个：一是怎么前瞻，二是前瞻什么。然而，前瞻行动的方法与内容又同反思行动的方法与内容具有相关意义，换言之，后者的考量对于前者的选择必然具有规约作用。于此之前，在我的潜意识里也好，在我的显性行为里也罢，一直指望着通过梳理过程而实现"两份特别的期待"，即"发现反思行动在方法层面上可能存在的问题"与"廓清反思行动在内容层面已经提出的问题"。好在这样"两份特别的期待"至此已经成为现实，如下，便让自己以此为基础，来对前瞻行动的方法与内容展开运思。

首先，来谈一谈关于方法问题的思考。

此前对于反思行动在方法层面，一共发现了六个问题。所有问题，似乎都发生在常规与非常规的取舍之间。有的兴许有点缺憾，需要检讨；有的兴许有点遗漏，需要弥补；有的则是选择性问题，可以尝试、可以发挥。当然，有的兴许又是属于多种情形兼而有之。具体说来：

关于框架搭建，我的非常规、简略性做法需要检讨，因为其中少了相对深入的根基分析或理由阐述。

关于维度定夺，我的非常规、省略性做法需要弥补，因为其中少了对其全面性和充足性的判断和说明。

关于意义说明，我的非常规、舍去式做法需要检讨，因为其中少了对其功效、价值、作用的分析和认定。

关于关系分析，我的非常规、跳过式做法需要弥补，因为其中少了对基本命题之间关系的预见或交代。

关于命题适用，我的非常规、简单式做法需要弥补，因为其中少了对两个个例反思使用相同命题的提示或说明。

关于叙述方式，我的非常规、自选式做法可以尝试、可以发挥，至于尝试与发挥的效果，有待读者评说，有待实践检验。

确实，在反思之前，抑或在反思过程中：

若能对反思基本命题的框架进行一定的分析或阐述，哪怕仅仅是从认识论、方法论、本体论等角度，再对其做出一些理论支持的说明，那么，反思活动的整体也许会呈现出更强的依据性。

若能对反思基本命题的维度进行一定的判断与说明，那么，反思活动的范围也许会显现出更强的说服力。

若能对各项基本命题的意义进行一定的分析或认定，那么，不仅会更加有助于反思过程的展开，而且还可能使其效果变得更加理想。

若能对各项基本命题的关系进行一定的预见或交代，那么，一方面兴许能让自己更加自信地展开反思，至少不必担心表现在某一或某些命题中的质疑或设问会同样出现在另一或另一些命题之中，另一方面，兴许也可让读者避免一些不必要的疑虑。

若能对各项基本命题的适用情况进行一定的提示或说明，那么，反思行动的周密性可能会更加让人折服。

至于反思的叙述方式，可以留着让读者来评说，让实践来检验。

既然认定反思行动的方法同前瞻行动的方法具有相关意义，那么，对于以上反思行动中出现的问题，便应当在前瞻行动中加以消解。然而，对此，心中又似乎出现了一个小小的选择题：对于这些问题，若要作具体的改进性分析，或者弥补性说明的话，是随即展开呢，还是待到讨论完前瞻行动的内容问题后再来予以关照？心里倾向将其放在前瞻行动的内容问题讨论之前，因为直觉告诉自己，在前瞻行动正式展开之前，用一小段篇幅来说一说方法问题，或者说来交代一下前瞻的方法问题，之后再正式拉开学科体系前瞻的帷幕，更加便于阅读。

下面就再来谈一谈关于内容问题的思考。

毫无疑问，内容问题的思考，其目的就是为了明确学科体系前瞻的论域和论题。显然，其基本依据还是来自两个个例反思的结果，或者说，学科体系前瞻的具体行动将主要围绕两个个例反思在内容层面提出的问题而展开。基于此，遂根据此前被廓清与被统合了的内容问题，试将学科体系前瞻的论域和论题，或者说命题和议题，初步确定为：

关于"伦理"——成人教育究竟处在人类教育活动乃至社会活动范畴的什么部位？成人教育科学究竟处在人类教育科学乃至科学研究整体的什么部位？成人教育科学及其体系建构究竟应当以什么姿态植入社会的风尚与习惯，凭什么资格嵌入社会的秩序与规则，并且，究竟应当以何等核心要素形成自己的基本品质，以何等力量源泉擎起自己的德性旗帜？

关于纲领——确立纲领的思想认知着眼点究竟在哪里？演绎纲领的学术追求着眼点究竟在哪里？

关于性质——规约成人教育学科性质的，具有根本意义与内在意义的"核心地带"究竟在哪里？成人教育科学究竟应当拥有怎样一种更具根基感、风骨感的性质确认，同时，在与将自己包含其中的"一个更广阔的科学的整体"之间，究竟应当是一种什么样的关系？

关于目标——成人教育科学及其体系构建理想的彼岸究竟应当是一种什么样的景致？如果要想使这种景致的色彩不再单调乏味，不再老气横秋，那么，它的旨归视野应当有一种什么样的广度，它的旨归视线应当有一种什么样的深度？

关于意义——成人教育科学及其体系构建的意义体现，应当如何实现一种"往上看""往上走"与"往下看""往下走"的结合，既能飘扬其学术硕果在理论巅峰上的光芒，又能阐扬其知识力量在实践过程中的价值；应当如何实现一种裨益自我与造福他人的结合，既能弄明白其对于学科自身的意义，又能看清楚其对于整个教育科学甚或整个人类科学的意义？

关于作用——成人教育科学及其体系构建的作用体现，应当如何实现一种高度与深度的结合，即应当如何同时显现它们对于社会外部的宏大作用与对于自我实践的具体作用；应当如何实现一种被动与主动的结合，即应当如何同时呈现它们对于社会外部变化的回应作用，与积极发挥自我能量的出击作用？

关于源点——成人教育科学及其体系构建，其理论源点，究竟应当到哪里去发现，究竟应当到哪里去确立？如果径直将其同成人的生活世界与生活任务、社会角色与角色任务等连接起来，那么，对于它的学术视野与意识、学科底蕴与意涵，乃至其全部的理论与实践探索，又应当做出怎样一种新的判断？

关于路向——若将源点锁定于成人的生活及其任务与需求，或其成功的生活及其任务与需求，那么，成人教育科学及其体系构建，其行进的路向，将会发生何等新的变化，将要做出何等新的选择？

关于内容——如果成人教育科学及其体系构建，其源点有新的确认，其路向有新的选择，那么，学科的总体内容应当有怎样一种扩展，应当有怎样一种构成？

关于边界——随着一系列新思考的形成，特别是随着源点、路向、内容等维度新考量的亮相，成人教育科学与其他相关学科之间将会得到怎样一种新的畛域审视？

关于空间——未来的成人教育科学及其体系构建，它的双翅将会在怎样一片新的空间里奋力搏击，它的双翼又将会在怎样一片新的空间中尽情翱翔？

关于方法——未来的成人教育科学及其体系构建，它将青睐怎样一种能够真切体现理论联系实际的探索方式，它将选择怎样一种能够真切实现理论应用实际的研究方法？

几乎用尽 2010 年暑假全部时间的此番梳理与运思，终于为学科体系前瞻行动的正式展开，不仅完成了一种必要的铺垫与转折，更是找到了一种线索与切入。

第二节　思索与选择（A）

在正式进入新的思索、新的选择之前，为了使反思行动中在方法层面出现的缺憾或者遗漏在前瞻行动中得以消解，按照前面的约定，便先来就其问题，逐一做出一些必要的改进性分析，抑或弥补性说明。

其一，关于框架搭建。

此前所谓"反思行动的方法同前瞻行动的方法具有相关意义"，其第一意涵，就是指反思的基本命题框架亦是前瞻的基本命题框架。

在对诺尔斯的"学之说"展开反思之前，我曾说过："在我自身现今（也许依然还是十分谫陋）的认知宽度与深度里，以为一门学科及其体系的建构，一定会有与认识论、方法论乃至本体论密切相关的，其伦理与纲领、性质与目标、意义与作用、源点与路向、内容与边界、空间与方法等一系列基本问题的考量。"

由此，也就认定了反思行动的总体内容构架，或者说反思行动的基本命题框架，并且，此等框架还将被沿用到前瞻行动之中。在此，需要做出的说明是：

我很认同法国当代哲学家埃德加·莫兰那句话："恰切的认识应该正视复杂性（complexus，拉丁文）"。①以此推论，感知一种思想，探究一门学科，必定需要关照它的多种要素，必定需要审视它的多元维度。但是，我又折服于哲学的力量，尤其是处在哲学范畴之高端的本体论（ontology）、认识论（epistemology）、方法论（methodology）的力量，因为它们总会牵引着人们去关注一些最为基本的要素，或者一些最为主要的维度。具体说来：

对于本体论，我的认知积淀是：它悠久、宏大、至尊，甚至一开始就被亚里士多德放到"第一哲学"的位置。开初，它试图寻找形成世间万物的共同始基与根基或本原与根源，探索世间万物的共同本质与原理，认识理念的本体价值，认识真理的本体意义；随后，基督教神学将上帝作为最高本体的力量，经院哲学对名与实、共相与殊相的本体进行了论证；后来，它又开始聚焦到人的精神与人的价值、关注到物质的力量与自然的力量；再后来，又有了黑格尔（G. W. F. Hegel）以绝对精神对于本体论学说的集结，又有了马克思以"进入人的生活，改造人的生活"之本体论批判思想的形成。

对于认识论，我的认知积累是：中世纪，本体论的彼岸意识几近巅峰，以至于现实世界与原理世界之间出现了巨大鸿沟。对于世界何以这般而非那般，没有一个

---

① 埃德加·莫兰. 复杂性理论与教育问题 [M]. 陈一壮，译. 北京：北京大学出版社，2004：27.

哲学家或哲学流派能够说服另一个哲学家或哲学流派。这是因为不同的立场决定了对于世界的不同看法,用恩格斯的话来讲,说到底,这就是一个发生在思维与存在之间的关系问题。由此,便迎来了一场由本体论向认识论转移的行动。对此,后人可以领略到:在培根(F. Bacon)眼里,知识即是存在的反映,反映始于感觉经验;在笛卡儿(R. Descartes)心里,怀疑是一面重要旗帜、"我思故我在"是一条首要原理;在洛克(J. Locke)看来,人的心灵恰似一块白板,一切观念皆属后天,一切知识皆因经验;在休谟(D. Hume)看来,探究人类本性是哲学的主旨,存在取决于人的知觉和感觉,知识得自于人的观念联想;斯宾诺莎(B. D. Spinoza)表示,客观物质世界是认识的对象,人的认识是客观物质世界的反映;康德(I. Kant)认为,主体具有认识能动作用,思维没有内容是空洞的,直观没有概念是盲目的;黑格尔指出,思维和存在在本质上是统一的,主体和客体在本质上也是统一的。马克思则又为人类奉献了辩证唯物主义认识论思想。

  对于方法论,我的认知积攒是:如果说本体论旨在揭示世界存在的真相,那么认识论便是旨在阐扬思维与存在形成连接的应有样态或实现连接的真切方式,方法论则又基于此再深入一步,嵌入到了一个怎样认识世界、改造世界之普遍适用方法的范畴之中。近代以来,哲学家们为之做出的努力主要有:笛卡儿笃信真知源于理性演绎,崇尚数学推理方法、四步推理方法;洛克和休谟笃信经验主义,崇尚感知的方法、批判的方法;斯宾诺莎笃信理性主义,崇尚几何学方法、公理方法;康德崇尚感性与理性相结合的方法;黑格尔主张辩证的方法与逻辑的方法。至于马克思,则又缔造了辩证唯物主义和历史唯物主义的方法论思想。

  在我的生物遗传中缺少哲学基因,故而难以去评说本体论、认识论、方法论及其各种流派之间的长与短、得与失,但通过后天学习,这三个哲学论域及其相关论说,除了在心里占有十分神圣的地位以外,也留下了诸多印象,而最为深刻的便是:

  既然本体论旨在探究世界存在的真相,就必定会瞩目于存在的始基与根基、本原与根源、本质与原理、价值与意义等命题;

  既然认识论旨在实现思维与存在的连接,就必定会聚焦于人类的本性与本能、感性与理性、思维的力量与能量、知识的性质与源起、生成与延展,以及主体和客体、思维和存在的关系及其表征等命题；

既然方法论旨在探寻认识世界、改造世界的普遍方法，就必定会专注于主观与客观的方法、感性与理性的方法、思辨与实证的方法、归纳与演绎的方法、辩证与逻辑的方法、经验与科学的方法等命题。

总而言之，一方面，我始终崇拜先哲们的大智慧、大学问，另一方面，基于今天的历史条件，以及个人的领悟与现实的需要，我似乎更愿意在搁置这些哲学传统某些事实、局限以及纷争的前提下，老老实实地接受蕴藏在这些大智慧、大学问背后的一种根本精神的洗礼、一种基本道理的教诲，也就是说，我由此获得这样一种教益：落脚到任何一门知识的形成，其实，在相应的水平上，都必定要有或会有为构筑其体系的，属于本体论范畴的基本前提与逻辑规定等的思量，属于认识论范畴的基本渊源与生长发展等的考量，以及属于方法论范畴的基本方式与研究方法等的忖量。

于是，在此前的有关成人教育学科体系构建的两个个例反思中，包括此后将要展开的学科体系前瞻中，便形成了与此"三论"密切相关的，即以伦理与纲领、性质与目标、意义与作用、源点与路向、内容与边界、空间与方法为主要内容的框架搭建。

其二，关于维度定夺。

由上可见，在为反思乃至前瞻所搭建的内容框架中，一共有六组十二个命题，或者说，对于全部的反思行动乃至前瞻行动而言，将是围绕这十二个基本命题而展开的。

这些维度的最终定夺，原因主要有四：

有一种基本认知，本体论、认识论、方法论所涉及的命题范围宏大、宽广，落实到一个具体学科界面的讨论，没有可能、亦没有必要与之穷尽。

有一种基本认识，框架内容所涉，从学理角度而言，可谓本属"三论"的核心命题、重大命题，又可谓成人教育科学及其体系建构之最原始、最基本的命题，抑或最普遍、最重要的命题。

有一种基本认同，框架内容所涉，从现实角度而言，堪称成人教育学科建设、成人教育学科发展之当下最为需要、最为必要的命题。

有一种基本认定，框架内容所涉，根据对近二三十年来的中外相关研究活动以及研究成果的考察，亦堪称更为接受聚焦、更为优先选择的命题。

当然，这些维度终究是基于我个人认知的定夺。期待未来的研究能形成更加宽阔的反思界面，抑或开拓更加宽广的前瞻空间。

其三，关于意义说明。

确实，无论是在此前的反思行动里，还是在即将要展开的前瞻行动中，若能对每个基本命题及其研究活动可能存在的意义或可能发生的作用有所阐述、有所说明，毫无疑问，它们又必定会产生如下四项特定意义：一会对框架搭建产生进一步的注解意义；二会对维度定夺产生进一步的支持意义；三会对每个基本命题的讨论有更好的展开意义；四会对每个基本命题的讨论有更好的理解意义。

因此，在此后的前瞻行动中，我将在每个基本命题具体展开之前，首先尝试对它们的意义做出相关的说明。

其四，关于关系分析。

对之，似乎可从本体论、认识论、方法论这三者之间的基本关系说起。

首先，不妨重申：本体论，主旨在于彰显一种对于世界的根本看法、总体认知，其中既包含着对自然乃至人与自然关系的基本看法，又包含着对于人、社会乃至人与人、人与社会关系的基本看法；认识论，核心在于呈现一种对于思维与存在发生连接的基本看法、总体认知，即旨在厘清人类对于客体是怎样认识的，对于存在是怎样认知的；方法论，关键在于寻找认识世界、改造世界的基本方法、普遍方法，即人们当用何等方式来观察事物，用何等方法来处理问题。

再精炼、再直观一点说，本体论意指"我们对世界的基本认识"，认识论意指"认识自己在怎么认识世界"，方法论意指"采用什么方法来认识、改造世界"。

进而，便可以将它们三者之间的关系初步认定为：本体论具有前提意义与先决意义，或引领意义与导向意义；认识论具有靠近认识之真实状态的意义，以及接近认识之恰切状态的意义，但终因它固有的先验性、概念性倾向而缺乏有规定、能操控的认识途径；方法论则接受本体论与认识论的规约，但又终因它固有的实践性、运用性特质而具有认识世界、改造世界之有规定的意义和能操控的意义。

必须说明的是，这样一种关系认定显然属于一种比较理性的表达，因为，无论是从他人已有的研究成果来看，还是从自己的实际感受来看，这三者之间往往会呈现出一种十分交织的状态，也就是说，常常会出现一种各自元素相互充斥、相互胶合，你中有我、我中有你，乃至相互规约、相互影响的状况。

最后，再具体联系成人教育科学及其体系建构来看，此前的反思过程可以表明，此后的前瞻行动还会继续证明，其各个维度之间的关系同样呈现为类似的关系。比方说，对于成人教育、成人教育学或成人教育科学的总体看法，一定会成为其所有基本命题思考的基础，再比方说，关于伦理、性质、源点等的基本看法，以及关于意义、作用等的基本认识，又一定会影响目标、路向、内容、边界、空间、方法等的思考。当然，关于路向、空间、方法等的探索，同样又有可能为学科体系及其构建找到某种行之有效的路径。总的说来，对此等关系，最有说服力的一种实际反映就是，在此前两个个例反思的推进过程中，在某一或某些命题中发表的感想或评论，或提出的质疑或设问，会同样出现在另一或另一些命题之中。

其五，关于命题适用。

对于两个个例反思，使用相同的六组十二个基本命题，拟给出以下两点简要说明：

第一，在对两个反思文本反反复复的阅读过程中，尽管其中有"小写"与"大写"之分，也尽管两者之间还可能分别有其他的维度可加以确立，并由之展开反思，但无论如何，从总体上说，并没有因为其间具有明显的差异或要求而让人感觉必须设定不同的命题系统来对之进行分析和反思。相反，实践下来，相同的六组十二个基本命题同时应用于两个个例反思，似无大碍，似无不畅，也许这是它们固有的"同质性"使然，也许也是所择定的维度已然有些"形而上"使然。

第二，即将要正式启动的前瞻行动，拟沿用此前择定的六组十二个基本命题，并将此前的反思结果作为重要基础、重要依据来展开。但是，不再用这些既定的基本命题来分别前瞻"小写"的成人教育科学研究与"大写"的成人教育科学研究，而决定将前者融于后者，即准备主要站在成人教育科学及其学科体系构建这样一个总的平台上来展开前瞻行动。

其六，关于叙述方式。

既有的叙述方式，是优是劣，留待读者去评说、留待实践去检验。

以上的问题分析与说明,似为前瞻行动的正式展开写一个长长的"引子"。现在,就开始根据既定的基本命题逐一对其进行新的思索与选择吧!

一、再擘画:伦理与纲领

前瞻,意味着新的思索、新的选择。而新的思索、新的选择,对于成人教育科学及其体系构建之伦理、之纲领而言,便是一种新的阐扬、新的擘画。

不知怎地,特别喜欢"擘"这个字。古代汉语字典表明,其初始含义是指"大拇指"与"用指掰";现代汉语字典还表示,它可与"划"或"画"搭配使用,"擘划"或"擘画",意指计划或谋划、布置或布局,抑或是对事物的新谋略、新期待。而我个人对之的偏爱,更在于它的直观——用双手去摸索,去开辟新的天地,抑或用双手去描画,去谱写新的篇章。

当然,在进行"再擘画"之前,我觉得还是有必要插一个说明,那就是:不知不觉中,又出现了一个新提法(也许在以下叙说中,会有反复出现),叫作"成人教育科学及其体系构建",其实它的全称最好是"成人教育科学及其学科体系构建"。事实上,在这里,它与"成人教育学科体系构建"或"成人教育学科体系建设"并没有太大的差别,只因在潜意识中,还是一想凸显它的科学的名义、彪炳它的科学意义、关注它的知识系统;二想在它的知识系统打造中,以更加多元的学术命题去关照它的未来与发展。

第一,关于伦理。

在上一章重温武汉大学张传有教授的伦理释义之后,有两种印象再度加深:其一,无论是于学术探索,还是在日常生活中,"伦理"和"道德"经常互换或联合使用;其二,"辈分与等级""纹路与纹理""风尚与习惯""秩序与规则""品质与德性"等,是它们的基本要素或主要表征。

有关伦理研究的意义,特别是在其愈益付诸社会生活运用,或与相关学科发生更多密切交叉的当今时代,其探索与讨论的气氛遂变得愈加浓烈,那些尤为如雷贯耳的信息便是:

——医学伦理,多么希望在"珍视、保护生命"与"堕胎、安乐死"之间突围；

——生态伦理，何等期待在"自然保护主义"与"人类中心主义"之间取得协同；

——经济伦理，多么希望在"道德要求"与"营利欲望"之间发现和谐；

——法律伦理，何等期待在"天赋人权"与"现行法律"之间终止冲突；

——科技伦理，多么希望在"科技文明"与"科技滥用"之间保持清醒；

——政治伦理，何等期待在"公正分配"与"利益保护"之间达成平衡；

……

透过其中，不难体悟，伦理学探索，始终盘旋在事物的理与情、知与行、义与利、权利与义务，抑或善与恶、正与逆、清与浊、荣与辱等特定的认知天空之中，从而试图对之做出理性、道德的判断或选择，并期待由此去影响人们基本的思维与行为取向，在哲学家费希特看来，就是由此希望使人能够"永远按照对于你的责任的最佳信念去行动，或者说，永远按照你的良心去行动"。①

就影响人们基本的思维与行为取向而言，并结合上一章"伦理"命题反思之后的真切体会，有关成人教育科学及其体系构建之伦理探索的意义问题，在我的认知系统中，从当下一种颇显实用色彩的角度上来讲，至少有以下三种认同：

其一，它有助于对成人教育科学及其体系构建形成某些基本认知，如，明了成人教育科学的生长点、生成点在哪里，明白成人教育科学的名位、席位在哪里等；

其二，它有助于为成人教育科学及其体系构建形成某些基本规定，如，为其形成风尚与习惯、秩序与规则、德性与品质等；

其三，它有助于为成人教育科学及其体系构建形成一种基本动力，即，为成人教育科学及其勃兴与发展，在人类社会活动的思想和行动两个层面，同时形成激发抑或激励作用。

诺尔斯创建的"学之说"以及我等提出的"体系说"，且不论其具体的观点与阐释尚有空间需要做出进一步的努力，稍微用一点"形而上"之思维来对其加以审视，谅必所有的人都能够体会到其中有关伦理思考的上述意义存在。更希望当从伦

---

① 张志伟. 西方哲学史 [M]. 北京：中国人民大学出版社，2002：600.

理视角前瞻完成人教育科学及其体系构建的时候，大家能够更加深切地体会到这些意义的逻辑张扬。

归并两个个例的反思结果，可见先前的伦理思考，其主要倾向是：

——对应儿童教育学端点，再行演绎一个新的端点，成人教育学；

——起始于儿童教育学纹路，继续顺延一条新的纹理，成人教育学；

——总意识中，于社会存在而言，成人教育是人类教育活动的组成部分；

——伦意识中，于教育学而言，成人教育学是"老二"，是"次级"；

——理意识中，于教育科学而言，成人教育科学是"支流"或"子系"；

——质意识中，接受来自科学，特别是教育科学之遗传因子的规约。

可以认为，其间虽然不乏"（关注）成人学习者""（促进）终身学习""（建立成人）学习者情况的理论系统""帮助成人更加成功地生活"等的穿插，但其总的基调似乎还是颇呈单一地面对主要以青少年教育为核心的教育、教育学、教育科学而表达某种意向、某种言说。换言之，其间虽然不乏既鸣不平又图公正、既想叛逆又作抗争、既谋革新又求突围的鲜明痕迹，但其总的样态很大程度上还是一种在受制于传统学校教育之状态下，抑或，还是在那一片狭窄的教育屋檐之束缚下，而做出的某种胸臆表达或思想诉说。

时至今日，人们甚至还是可以做出这样一种判断，即经过长期努力，现代意义上的成人教育，就其实践发展而言，俨然已经开始显现出它的一个重要初衷，即突破传统学校教育围墙，贴近社会，贴近生活。但是，有关它的学科探索活动，在一种足够广阔的范畴里，则依然没有能够彻底，哪怕是比较彻底地摆脱一般教育科学研究传统的束缚，从而解放思想、放开手脚，以一种真正大无畏的精神去接近它的本然，以一种真正大开放的心态去逼近它的本真。

那么，对于成人教育科学及其体系构建，就其"伦理"命题而言，又有什么新的前瞻，又有什么新的擘画呢？

其实，最具基点与起始意义的，依然还是事关成人教育及其科学研究活动的"辈分与等级""纹路与纹理"问题，即它的"身份"究竟是什么，它的"席位"究竟在哪里。

已经记不太清楚确切是从什么时候开始，但越是随着时间推移，越是感觉有两种信念在自己心里变得日甚一日地坚强起来。

　　信念之一，就是确信：终身教育旨在实现人之一生教育的贯穿与统合，并就其与成人教育的相关而言，后者是前者由自在走向自觉的动因和基础，前者又是后者从弱小走向强盛的动力与导航。我们可以不再去计较近现代学校教育形成之前，成人教育与儿童教育之间其实并无太多分割，也可以不再去深究"我们在属于成人教育学之前，成人教育学就已经属于我们了"的悠远且幽深的意境，而想最先表白的是，在郎格朗的终身教育论述中，有三段话语从一开始就让我印象深刻。第一，对于现实，他抨击"学校教育的一次性与终结性"，并且坚信"人格的发展是通过人的一生来完成的"，从而向整个世界发出呐喊："教育，不能停止在儿童期和青年期，只要人还活着，就应该是继续的"，而且应该是"在人类存在的所有部门进行的"；① 第二，对于过往，他以其亲身经验告诉人们，"倘若我们没有得益于成人教育，……那么，与终身教育有关的思想，毫无疑问，是不可能产生的"；② 第三，对于未来，他又以亲历的事实告诉我们："成人教育是整个终身教育的火车头！"③

　　新旧世纪之交，随着终身教育理念及其实践在国际范围内的进一步传播与推进，其间，有两项值得重提的研究：其一，探究了"终身教育思想的生成与成人教育"（其同名研究成果被编入了1997年由上海交通大学出版的《当代世界教育科学发展与成人教育》一书）；其二，探索了终身教育、终身学习与学习化社会的基本原理，以及相关的现代理论支撑与实践运作策略（该研究成果以《终身教育、终身学习与学习化社会》为名，2005年由华东师范大学出版社出版）。

　　其中，就终身教育而言，我追溯了它作为一种悠久思想的发展过程；考察了它作为一种现代理念，从诞生背景到真实初衷的基本构成；透析了它的本涵所在和要义所系；刻画了它的核心主张与行动走向。我又以此为基础，仔细辨识了终身教育与成人教育之间的关系，最后做出的判断是：终身教育与成人教育是两面紧紧相伴的旗帜！也就是说：一方面，没有成人教育就没有终身教育。论点包括："成人教育的必要性、重要性和社会性为终身教育理念中的核心思想提供了必要的支点"；

---

① 高志敏，等. 终身教育、终身学习与学习化社会 [M]. 上海：华东师范大学出版社，2005：5.
② 保罗·朗格让. 终身教育导论 [M]. 滕星，等，译. 北京：华夏出版社，1988：83.
③ 同上：142.

"成人教育实践是终身教育理念形成的基石";"成人教育的发展是终身教育实现的'火车头'"。另一方面,终身教育理念的形成为成人教育做出了无可替代的贡献。论点包括:终身教育理念"确立了成人教育在未来教育体系中的位置";"揭示了成人教育在未来教育体系中的作用";"阐明了成人教育在人与社会发展中可能显示的意义"。

最近五六年,对于终身教育(其实也包括对于终身学习、学习社会)的内涵、原理,以及与成人教育之间相关的体悟与解读,依然未有停歇。相反,在党和国家号召"构建终身教育体系,建设学习型社会"的日子里,研究更加深入。

时至今日,感觉"教育贯穿人的发展的一生""教育覆盖人的发展的全部""成人教育的现代实践孕育了终身教育思想的诞生""终身教育的思想诞生带来了成人教育实践的腾飞"等,已经全然融入自己的血液之中。

信念之二,就是坚信:成人教育直接植根在成人的各种社会生活之中,直接置身于成人的各种角色扮演之中。也许正因为如此,一方面,在对话大师诺尔斯的过程当中,我会如此在意他"帮助成人在一个加速变化的世界里更加成功地生活"的那句话语,并且如此钦佩他从职业与事业、家庭生活、个人发展、闲暇时间利用、健康保持与社区生活等六个方面,竟为成年时期发现了多达145项生活任务;另一方面,又为诺尔斯"学之说"之整体中生活元素依然体现不足而深感遗憾,更为我等"体系说"之整体中生活元素的严重缺失而深感自责。

最近十年间,我和我指导的硕士研究生和博士研究生曾经对很多不同的成人群体或个体如专业技术人员、中小学教师、企业一线员工、职场新增人员、80后在职青年、大学毕业求职人员、失学无业青年、外出务工人员、新生代农民工、被征地农民、失地农民、失业人员、年轻父母、创业女性、楼宇青年、青年白领、社区居民、离休人员、银龄人员、成人高校学员、电视大学学员等进行过观察和研究,其结果都可以雄辩地证明,他们的学习需求无不源于生活,他们的教育原动无不来自生活——有的为职业获得而学,有的为职业竞争而学,有的为职业发展而学,有的为自我创业而学,有的为养家糊口而学,有的为发家致富而学,有的为角色改变而学,有的为适应生活而学,有的为美满婚姻而学,有的为当家理财而学,有的为家庭谐和而学,有的为养育子女而学,有的为孝敬父母而学,有的为身体健康而学，有的为身心愉悦而学，有的为打发寂寞而学，有的为寻找友情而学，有的为邻里和睦而学，有的为社区发展而学，有的为奉献社会而学，有的为自我成长而学，有的为自我圆梦而学，有的为举止优雅而学，有的为幸福指数而学，有的为生命善终而学……如此这般，不一而足。由此，"教育即生活，生活即教育"愈益不再是一种停留在嘴上的空洞口号，相反，作为一种被确认的事实、一种被确信的真实，越来越化入自己的内心深处！除此，尤其让人激奋的是，随着社会发展与时代进步，这样一种学习行为正在变得愈加自觉与主动，进而，有关成人学习、成人教育的时间与空间、方式与方法等，亦一再变得直叫人感觉眼花缭乱。

两种信念，简括之，其一可以唤作"终身教育信念"；其二可以称作"成人生活信念"。岁月推移之间，它们逐渐融于血中，逐渐化入心中，幽幻间，又恰似在自己的思维田野上树起了两柱全新的图腾。

基于此，对于成人教育科学及其体系构建之伦理而言，首先，我想重申，早先旁落终身教育理念，忽略成人生活意识的，仅仅对应儿童教育学的思维取向显得有些狭隘；单单起始于儿童教育学的思考行动显得有些脆弱；毛毛的归属认定显得有些轻率；糙糙的等级鉴定显得有些乖谬；粗粗的子系裁定显得有些乖舛；俗俗的内涵断定显得有些冒失。

继而，我想表白，现下因为新的信念、新的图腾，我已然在自己的思维田野、认知田园间播下了这样一些新种子：

第一颗种子，是一个"等边三角形"图案的生成。

也就是说，关于教育整体的终极表达，至少是在当下，似乎已经无意再作太多窥视，再有太多旁骛，而仅仅按照自己所拥有的那份感知而论，它便是一个简约之至，全然可以用最为原始的线条组合起来的，且最为接近其本真的一个"等边三角形"图案：终身教育在上端，意味着一种最高级、最完整的教育信仰与教育思想，乃至教育需求与教育事实，而于其左下和右下的两个尖角，显然，一个是代表未成年时代的教育与学习——儿童教育，一个是代表成年时代的教育与学习——成人教育。

至于何以将终身教育、儿童教育、成人教育三者合成并表达成一个"等边三角形"的图案，那是因为，一方面等边三角形是最具合力的，也就是说，等边三角形的合力，是任何一个非等边三角形的合力所不能匹敌的；再一方面，任何一个尖角都会因为它们的整体合力而拥有超常的能量，即必定会比任何一个非等边三角形的尖角具有更强的力量，以承受自我赋予的重任，或承受来自外界的重压！

不知何故，最近一两年以来，似真似幻之间，我常常有一股冲动，想将这样一个"等边三角形"图案比作甚至化为体现人类教育基本样态的一个具有永久意义的LOGO！

第二颗种子，是一种"相同重量"认识的形成。

"等边三角形"图案里，上端尖角居中而立，一方面代表着终身教育及其思想的牵引与统帅意义，另一方面又喻示着它对位于下端左右的两个尖角——儿童教育和成人教育，尤其是从其学理角度而言，一种全然无所偏心的能量输出或力量赋予。

因此，在终身教育及其思想旗帜下，儿童教育和成人教育，从根本上说，其身位是并立的，其地位是平等的，其必要性和重要性是相同的。

对之，我曾经有过这样一种展开与描述：

"（物理学中的）等效原理常常被现实生活中一个非常生动易懂的例子加以说明。这个例子就是：人在快速下降的电梯中所体验到的失重感，和处于太空中失去地球引力时的感觉，其物理意义是相等的。

"（由此可以）联想到，青少年时期的教育、学习经历与成年时期的教育、学习经历，其促进人与社会发展的意义是相同的；在学校教育和学习中获得的体验与在非学校教育和学习中获得的体验，其促进人与社会发展的意义也是相同的；在正规教育中获得的感悟与在非正规教育中获得的感悟，其促进人与社会发展的意义同样是别无二致的。

"（总之）任何时间的教育与学习，任何空间的教育与学习，任何形式的教育与学习，从（终身教育旨在）促进人的终身全面发展和促进社会全面持续进步这两个富有'终极'特征的角度来看，其意义和作用是完全一致、完全相等的。"[①]

第三颗种子，是一种"互融关系"的领会。

---

① 高志敏，等. 终身教育、终身学习与学习化社会 [M]. 上海：华东师范大学出版社，2005：147.

等边三角形，由三条相同长短的线条共同组成，从中至少可以领会到它们之间的如下两层互融关系。

首先，就终身教育同儿童教育、成人教育的纵向连接关系而言，除了前者对后两者具有权威意义的牵引作用与统帅作用以外，反过来，后两者亦对前者具有不容置疑的支持与支撑作用。

其次，再就儿童教育同成人教育横向贯通关系而言，儿童教育定然是成人教育的先行基础，甚至有许多历史与现实信息可以表明，前者作为基础的优劣常常还会对后者行动的选择及其质量产生某种难以通融的规约；成人教育则显然或是对儿童教育的延续，或是对儿童教育的完善，当然，在终身教育这面旗帜下，它亦是实现人之一生教育之最庄严的承诺和最显性的实践。

对之，我甚至十分愿意尝试采用如下设问，再来重申与凸显三者之间的关系：

——儿童教育、成人教育、终身教育，若少了一线条，三角还能成形，整体还能树立？

——儿童教育、成人教育，若无终身教育力量的一视同仁和双边赋予，岂能比翼齐飞？

——终身教育，若无儿童教育、成人教育能量的聚合归升和双边襄撑，岂非南箕北斗？

——成人教育，若无儿童教育先行，旨在贯穿一生的学习步履是否依然可以走得顺畅？

——儿童教育，若无成人教育殿后，旨在贯穿一生的学习生涯是否依然可以得以延续？

当然，鉴于以往对于儿童教育与成人教育"前者强后者弱"的情况认识，我尤其再想提请注意的是最后两个设问，说到底，两者之间，无论从学理而言，还是就事实而论，它们本是你中有我、我中有你，从而亦当是相互通融、相互倚靠的。诚然，在终身教育之思想甘霖洒遍寰宇、终身学习之实践脚印布满全球的当今时代，此两者之间，尤其当如唇齿而相依，当似水乳而交融！

第四颗种子，是一种"人本精神"的唤醒。

记得，那还是20世纪80年代中期，我甫到加拿大蒙特利尔大学成人教育学系学习，便询问我的导师蒂波教授成人教育学的基本含义是什么。他微笑着耸了耸肩，没作任何解释。隔日课间休息，他唤我到他办公室，从书柜里取出一份（法语）教学资料，嘱我好好一读。细细阅来，我方知原来这是一份专门关于"成人教育学"与"儿童教育学"的词源学解释文献，由此得知"成人教育学"的法语是"andragogie"，英语是"andragogy"。

"andragogie"一词由两部分组成："andra"和"gogie"；"pédagogie"一词亦由两部分组成："péda"和"gogie"。词源学考察表明，"andragogie"和"pédagogie"均源自希腊语。"andra"由古希腊语中的"aner, andros"演变而来，最初表示"雄""大""有力""成熟"之意，后逐渐又有"成年男子"之意。而"péda"正好相反，被用来表达"弱""小""孩童"的意思。至于"gogie"，则是指"牵引""引导""引领"，乃至"学科""科目"的意思。

可见，组合起来，"andragogie"的原意就是指对成人的牵引、引导或引领；"pédagogie"的原意，则是指对孩童的牵引、引导或引领。而逐渐引申开去，也就渗入了教育（学）的意涵。现在，"andragogie"通常被汉译为"成人教育学"（需要注意的是，在欧美，有时也直接用来表达"成人教育"之意），"pédagogie"则通常被汉译为"教育学"或"儿童教育学"。

至于终身教育，我也是在加拿大学习时读到郎格朗"何谓终身教育"一文才正式与之相识的。"终身教育"，法语写作：l'éducation permanente；英语写作：lifelong education。

其中，"l'éducation"指教育，"permanente"则有"延绵、不断"或"长久、永久"之意，以至于我在最初学习翻译时，曾将之直接译为"永久性的教育"。

就这样，从20世纪80年代开始，我一方面记住了成人教育（学）、儿童教育（学）、终身教育这三个重要术语的最为原生态的词义表达，一方面又从未停歇过对于它们之深中肯綮的思索。诚然，最近三五年，作为本课题研究与探索的一种必然，这三个重要术语更是难离视线，且常常有意无意地被拢在心窝子里，接受着思维磨盘的旋转与碾压。终于，似在今春一个阳光明媚的晌午，须臾之间，发生了一个让自己感到欣喜不已的顿悟。这个顿悟就是：

相比其他许许多多现下非常流行的指称，如学校教育、校外教育、基础教育、高等教育、科学教育、文化教育、职业教育、课堂教育、远程教育、正规教育、非正规教育等，这三个教育概念最为直接、最为鲜明，也最为包容，都是冲着"人"而去的，这不，儿童、对儿童的牵引，成人、对成人的牵引……即便是终身教育，一看也便知，是指对人的一生的教育，是指对人的终生的教育！以人为本，以人为本啊！

顿时，心中又产生了一种极其强烈的震撼：

虽然当今许多人似比任何时代的人都更会将"以人为本"挂在嘴上，却又常常会因迷恋具体的教育层级、教育内容等，而忘却了我们的先人早就深明了的教育的初衷！

虽然当今许多人似比任何时代的人都更会将"以人为本"涌溢在笔尖，却又常常会因沉溺具体的教育方式、教育方法等，而忘却了我们的先人早就深悉了的教育的本义！

正因为这样一种人本精神在儿童教育（学）、成人教育（学）与终身教育中天然而鲜明的存在，或者说，正因为有了这样一种人本精神的唤醒与震撼，我遂在为《成人教育（黑龙江）》杂志创刊三十周年而写的一篇纪念文章中，再次表示了一种由内心真切旋碾而出的深深感叹：

其中，"既有关怀孩童的人本精神之美，又有关怀成人的人本精神之美；既有关切青少年身心成长之美，又有关切成年期身心完善之美；既有关顾孩童期健康向上之美，又有关顾成年期持续发展之美；既有关照人类的未来发展之美，又有关照人类的现今祥和之美……

"若再结合终身教育、终身学习这个角度来看，因为有了儿童教育和成人教育，人的一生的教育，才形成了完整的两端；人的一生的学习，才有了完整的串联！"①

第五颗种子，是一种"生活底蕴"的绽放。

教育的本原是以人为本，必定会同人的生命结合起来，必定会同人的生活结合起来。

---

① 高志敏. 梦中景与梦中思——记长在心灵深处的那棵"教育之树"[J]. 成人教育（黑龙江），2011（6）：5.

针对儿童及其教育来讲，他们在发展中同样生活着，但是，他们在整个社会大舞台上的天然使命还主要是一个社会的学习者，是一种尚显单纯的学校学生的身份，故而，发生在他们身上的教育行为，还主要是依据其身心成长的需要和特点，旨在促进其身心健康发展，并准备好进入成人世界的这样一个过程。

　　针对成人及其教育来讲，他们在发展中仍然学习着，然而，他们在整个社会大舞台上的天然使命，则主要是社会活动的一线实践者，并且拥有多维的社会成员身份，或者说，他们是各种社会活动的主体，扮演着多重社会角色。具体说来，他们是社会经济活动的主体，扮演着生产者、劳动者、管理者的角色；是社会文化活动的主体，扮演着承载者、创造者和享受者的角色；是国家生活的主体，扮演着公民、公仆、主人翁的角色；是城乡生活的主体，扮演着居民、村民、主人公的角色；是家庭生活的主体，扮演着户主、家长、主要成员的角色；在社会进步与发展中，他们又将扮演骨干力量、中坚力量的角色，如此这般，不一而足。而任何特定的社会活动主体履行、任何特定的社会生活角色扮演，都必将在与教育的交合或交叉点上诱发特定的学习需求，形成特定的学习行为。即便到了银发时代，作为既需要得到社会保护的对象，又需要充分发挥余热的力量，亦还有一个老年角色与教育行为相协调的问题，还有一个晚年生活与学习行动相协同的问题。

　　总而言之，成人，作为各种社会生活的主体，作为各种社会舞台的主角，他们必将受到来自各种社会生活领域、社会生活舞台的不同挑战，而不同的挑战又必将引发不同的学习需求，触发不同的学习行动。

　　思维田野、认知田园，播下如此五颗种子，从伦理视角而言，旋即又往前一步，让自己萌生了对于成人教育科学及其体系构建之未来的如下酌量和擘画：

　　第一，既然人类教育基本样态的终极表达可以是一个终身教育高居顶端的"等边三角形"图案，其情形还真像联合国教科文组织所描绘的那样："终身教育是解释现代教育之真正含义的一个概念，是包括并贯穿于一切教育改革的全部努力的一个概念"，[①] 那么，在我们未来的思维田野与认知田园里，首先应当撤出

---

① 高志敏. 当代世界教育科学发展与成人教育 [M]. 上海：上海交通大学出版社，1997：5.

的是：

——对教育未作任何现代终身教育思想之思考，便以为成人教育从属于它；

——对教育未作任何现代终身教育理念之思量，便以为成人教育归属于它。

随之应当进入的是：

——现行的"教育（学、科学）"概念要洗心革面，就必须极其充分、极其切实地注入终身教育思想与实践元素；

——现行的"教育（学、科学）"概念要脱胎换骨，甚或干脆可由"终身教育（学、科学）"概念取而代之。

再展开一点说，在未来，儿童教育与成人教育一同在终身教育理念的牵引、统率之下，大可不必再为它们之间究竟谁从属于谁、谁归属于谁的问题而耗费时间与精力；在未来，儿童教育与成人教育一同在终身教育旗帜的感召、引领之下，又必定会像两个愈益坚强有力、所向披靡的轮子，一路并肩、一路同行，去兑现它们对于每一个人的学习权利、教育权利、发展权利之终身保障的庄严承诺，去实现它们对于每一个人的学习机会、教育机会、发展机会之终身保证的美好愿望！

第二，既然在体现人类教育基本样态的"等边三角形"图案里，居于顶端正中的终身教育，就学理仁心而言，对儿童教育与成人教育始终一视同仁，就其学理能量而言，对儿童教育与成人教育始终双边赋予，致使其在含金量、重要性，乃至在促进社会发展与人的发展方面具有别无二致的作用和意义，那么，未来，应当少一些、再少一些的是：

将儿童教育（学、科学）与成人教育（学、科学）置于甲方"vs"乙方竞赛状态似的那种人为且几近对立的较真；

将儿童教育（学、科学）与成人教育（学、科学）置于"from"谁"to"谁状态下的那种堪称说不清理还乱的辩争；

将成人教育（学、科学）在一个尚且含糊的教育（学、科学）概念下，去贸然做出所谓"老二"的"辈分"认定；

将成人教育（学、科学）在一个尚且含混的教育（学、科学）概念下，去简单做出所谓"次级"的"等级"鉴定。

反之，应当多一些、再多一些的是：

在终身教育理念的感召下，集中心思，去努力谋求儿童教育学（科学）与成人教育学（科学）各自的优势和特长；

在终身教育理念的引导下，集结智谋，去着力实现儿童教育学（科学）与成人教育学（科学）之间的真正对接与贯通。

再化开一点说，在社会生活现实与教育实践过程中，儿童教育没有理由看低成人教育；学校教育没有理由藐视校外教育；正规教育也没有理由蔑视非正规教育，反过来，成人教育亦大可不必妄自菲薄，学校以外的教育亦大可不必自惭形秽，非正规教育亦大可不必做小伏低；在成人教育科学及其体系构建中，一方面针对其具体的教与学活动，依然要对儿童教育与成人教育的意义与作用、特性与特点、原则和方法分别进行特定的分析与思考，另一方面针对其"伦理"命题，则要立足终身教育理念这个平台，将儿童教育学（科学）与成人教育学（科学）放在一种并行的位置上，去思考、去探索它们彼此之间的优势及其对接，去思量、去实现它们彼此之间的特长及其贯通。

第三，既然在体现人类教育基本样态的"等边三角形"图案里，儿童教育同成人教育横向连接，是一种互联、互融的关系，即如此前所描绘的那样，两者之间，无论从学理而言，还是就事实而论，它们本就你中有我、我中有你，相互联通、相互融通，那么，未来，应当少一些的是：

将成人教育（学、科学）在一个尚且含糊的教育（学、科学）概念下，去草率做出所谓是其"支流"的纹路认定；

将成人教育（学、科学）在一个尚且含混的教育（学、科学）概念下，去轻率做出所谓是其"子系"的纹理裁定。

反之，应当多一些的是：

在终身教育理念的感召下，集中力量，去尽力发展儿童教育学（科学）与成人教育学（科学）各自的个性与特色；

在终身教育理念的引导下，集结智慧，去竭力实现儿童教育学（科学）与成人教育学（科学）之间的真正交接与交融。

再扩开一点说，对于儿童教育学（科学）与成人教育学（科学）而言，两者都应当一方面以客观、科学的姿态，去明确自己的责任与义务、发展自己的个性和特色；另一方面又必须以更加坚定的信念、更加迅疾的速度，去迈向共存、共通、共融，乃至相互学习、相互借鉴、相互受益、共同进步、共同发展的轨道，直至去建设与实现一种更加先进、开放、有机、便捷，且真正面向一切人、所有人的教育思想与教育体系。

第四，既然人本精神在儿童教育（学、科学）、成人教育（学、科学）与终身教育中有一种天然的存在、鲜明的体现，并且可能在哲学、心理学、人类学、文化学、社会学等视镜中窥见它们种种美的意境，那么，从今往后，应当尽量、再尽量减排的是：

——对"学校中心""教师中心"的膜拜，对"课本中心""教材中心"的狂热；

——对既定教育层次与内容的晕眩，对既定教育方式与方法的痴迷；

——对既定教育程序与规则的墨守，对既定教育空间与渠道的迷恋；

——在教育之功利诱惑面前的贪婪，在教育之目标追求方面的迷失。

反之，应当尽量、再尽量增添的是：

——对"社会中心""学生中心"的崇拜，对"生活中心""实践中心"的青睐；

——对学习者及其学习需求的关怀，对学习者及其学习障碍的关注；

——对学习者及其学习风格的关顾，对学习者及其学习方式的关照；

——对教育要持续人之终身的执着，对学习要延续人之一生的坚定；

——促进教育之本原与本义的彰显，促使教育之初衷与目的的飘扬。

说来也巧，话说于此，读到了2010年10月8日发表在《文汇报》上一篇充满批判精神的文章，叫作《教育岂能"目中无人"》。作者是上海师范大学原校长杨德广教授。他说："教育是一种培育人的社会活动。教育主要有两大功能：推动社会发展，促进人的发展，而促进人的发展是最根本的任务。然而，在我国当今的教育活动中，却存在着严重的'目中无人'现象。"所谓"目中无人"，就是"不把学生当作'人'来培养，而当作机器在塑造。"他指出："目中无人的教育在撕裂具有生命整体性的人，在摧残具有智慧生命的人，在压抑求知创新的人，在诋毁有求善意向的人，在扼杀有生命活力的人。"总之，"'目中无人'的教育，不是真正的教育，不可能培养出真正的人，而只能塑造出'目中无人'的学生。"未来，"教育理应回归到以人为本，回归到以学生的全面发展为本！"①

这些话语振聋发聩，不禁也使我回想起了与学生合作，发表在《教育研究》2005年第2期一篇题为《在"成人"与"教育"之间——成人教育学科发展的回顾与展望》的文章。我们同样感慨："对成人教育学科而言，研究范式的缺失是学科发展中的沉疴。追根求源，这种缺失当归咎于研究活动缺乏'成人'意识，更是远离了充满生机的'成人世界'。脱开'成人'与'成人世界'而空谈'教育'，往往失却了研究活动的逻辑起点以及进行深入演绎的逻辑空间，这不仅会必然陷入毫无逻辑力量可言的尴尬境地，而且会使各种'理论'和'术语'仅仅添上'成人'的'前缀'而肆意发挥、泡沫飞扬，甚或仅仅披上'成人'的'外衣'而粉墨登场、混淆视听。"②

以上言说，无非为了表达一种真切而终极的心声：教育源自人，教育围绕人，教育为了人！儿童教育及其科学研究是这样，成人教育及其科学研究亦是如此！

第五，既然教育源自人、围绕人、为了人，并且要将"以人为本"的精神落到实处，使教育同人的生命结合起来，同人的生活结合起来，那么，特别是对于成人教育科学及其体系构建而言，从今往后，务必尽力、再尽力消解的是：

——对成人以及成人学习者的忽略；

——对成人群体与成人世界的旁落；

——对成人学习与成人发展的分割；

——对成人教育与成人生活的剥离；

——或将"帮助成人生活"仅仅停留在口头上；

——或将"帮助成人生活"仅仅滞留在纸面上，

反之，务必尽心再尽心地彰显的是：

——以真心关怀成人以及成人学习者；

——以真心体恤成人世界与成人生活；

---

① 杨德广. 教育岂能"目中无人"[N]. 文汇报，2010-10-8.
② 高志敏，纪军. 在"成人"与"教育"之间——成人教育学科发展的回顾与展望[J]. 教育研究，2005 (2)：32.

——以真情关心成人发展与成人学习；
——以真情体察成人生活与成人教育；
——以真意关照成人多样化的学习需求，帮助他们履行多样化的社会角色；
——以真意满足成人多样化的教育需求，帮助他们走向成功而美好的生活。

对之，还想跟进表达的几句话语是：没有成人与成人学习者，无以有成人教育的生成；没有成人群体与成人世界，无以有成人教育的存在；没有成人发展，无以有成人学习的鲜活；没有成人生活，无以有成人教育的灵动；失落了成人社会角色扮演过程中的多样化学习需求及其满足，无异于抽走了成人教育的脊梁；失却了成人生活任务履行过程中的多样化学习需求及其兑现，无异于夺走了成人教育的灵魂！

成人教育科学及其体系构建，对之怎可漠然，又怎可掉以轻心！

从信念、种子一直说到这里，虽然对于社会角色、成人社会角色，特别是生活、成人生活等，新近还有许多新的感受或感悟，希望后面有更加合适的机会再慢慢说来，但此前所有言说，说到底，无非就是为了针对成人教育科学及其体系构建之"伦理"命题，而托出事关其未来认知的，且日渐涌溢于内心深处的如下期望：

——成人教育最为基本的从属或归属认定，务必使现代的、先进的终身教育理念基准，战胜传统的、既定的，即仍是以一般儿童教育、一般学校教育为核心的教育概念基准。

——成人教育（学、科学）之"伦"的鉴定，务必使基于现代的、先进的终身教育及其理念辨别，战胜惯性的、狭隘的基于一般教育（学、科学）概念的推演，谋取与儿童教育（学、科学）之间优势和特长的互助，乃至实现两者之间的对接与贯通，并使之成为人类科学研究整体、教育科学研究整体的一种全新的风尚与习惯。

——成人教育（学、科学）之"理"的裁定，务必使基于现代的、先进的终身教育及其理念辨识，战胜惯性的、狭隘的基于一般教育（学、科学）概念的推导，求取与儿童教育（学、科学）之间个性与特色的互补，乃至实现两者之间的交接与交融，并使之成为人类科学研究整体、教育科学研究整体的一种全新的秩序与规则。

——成人教育（学、科学）之"意"，在先人眼里，其本来就是对成人的引导，那么就让我们"返本"吧，在先哲眼中，其本原就是对成人的引领，那么就让我们"还原"吧！换言之，让"学习者中心"战胜"教育者中心"，让学习的原则战胜教学的原则，总之，让人本精神成为构成其基本品质的最终赢家吧！

——成人教育（学、科学）之"涵"，在不被刻意遮挡的事实中，它和成人的社会角色扮演紧紧相伴，那么就让我们"返璞"吧，在不被人为遮蔽的真实中，它和成人的生活任务履行紧紧相依，那么就让我们"归真"吧！换言之，让成人角色关注战胜那些失离根基的教育思考，让成人生活关切战胜那些失离本原的教育思索，总之，让角色关注、生活关切成为体现其基本德性的坚定而终极的选择吧！

总而言之，就是真切希望在未来的日子里，我们能够站在终身教育及其理念这个具有现代、先进、开放意义，且又充满本涵、本真底蕴的平台上，来审视和判断成人教育的归属，来理解和认知成人教育科学及其体系构建之基本的"伦"与"理"。同时，在其"意"中，必须充分阐扬人本精神之"质"；在其"涵"中，必须充分张扬成人生活之"德"。而情形若果真如此，那么，完全可以想象，其基本的"伦"、其基本的"理"，就一定会发生一种充满魅力的变幻，再大胆一点说，它的意涵，它的本涵，就一定会饱含人本的元素、生活的元素，或者说，它一定会不再仅仅是教育或教育科学范畴的事，而一定会延绵开来、交叉开来，同时变成"人的科学""生活科学"范畴的事。

第二，关于纲领。

依然要兑现本节开头的自我约定：前瞻行动，在其每个基本命题具体展开之前，务必首先尝试对它们的意义做出相关的说明。

近些时间，除了会在心里经常念叨"纲领，通常是指对事物运演具有引导作用的要领或含有指导作用的原则"以外，更多的，还会在相关的阅读、思量中，去参悟它的意义所在，价值所系。慢慢地，心坎里便留下了如下几道辙。

第一，作为能以要领身份显现的纲领，它总会隐含着：利用一种探索行动，去洞悉事物的来龙去脉及其运行轨迹；利用一种探究行动，去窥视事物的构成要素及其基本关系。

第二，作为能以原则样态显现的纲领，它总会蕴含着：利用一种思索力量，去澄清事物的基本信条与它的历史走向；利用一种思想力量，去规约事物的应有行动与它的未来旨归。

第三，无论是以要领身份露头，还是以原则样态露面，纲领最终能够给事物及其演进所带来的，除了完全有可能在一种力求体现基础意义的层面上，呈现出蕴含事物原始特征或固有特性的源起与规律、元素与机理、信念与追求、理想与运化以外，还完全有可能在一种具有更加深远意义的层面上，即对于进一步"认识事物（世界）和改造事物（世界）"而言，迸射出一种精神支柱和行动指南的伟大力量，也就是说，它们将为之而闪烁出一种裨益于坚定思想信念与爆发智慧的光芒，闪亮出一种裨益于获得理论指导与路向引领的神奇，闪耀出一种裨益于明确奋斗目标与科学方法的魅力！

若将这样一种意义理解植入成人教育科学及其体系构建的纲领思考，重又掀起的记忆闸门首先便是：

在诺尔斯的"学之说"里，"纲领"命题的阐述主要经由如下环节得以完成：

——觉察到"成人教育像文明史一样古老"；

——体察到"它作为一种独立的研究和实践领域"却还为时尚短；

——洞悉到"帮助成人学习的知识"依然还存在明显的经验色彩；

——洞察到"事关成人学习的理论"依然还带有极大的主观倾向；

——为此，成人教育学必须被灌入一种态度，即在探索过程中能够承认自己还处在初创阶段，能够预见自己还会遭遇种种挫折；

——为此，成人教育学必须被注入一种精神，即在探索过程中，能够坚持一个"敢"字，发扬一个"勇"字，倡导一个"乐"字；

——从而，去实现研究成果的诞生与添加、理论成就的发展与完善、科学基础的奠定与加强等，这样一些最为基本的学科目标。

在我等的"体系说"里，"纲领"命题的思维过程则是：首先决计视"成人教育理论与实践为一门科学"，然后努力探获它的"理论依据之所在，实践根基之所系，体系构架之所是"，再者期待它的"理论功底实现飞跃""实践运作走向理性"，最后祈盼它能够从此"走向学科化和科学化的发展轨道"。

电脑前，我凝视这些话语良久，并与稍前写下的对纲领意义的感受进行着有意无意的比对，最后感觉要做以下四件事。

第一件事，就是要表示一种肯定。也就是说，诺尔斯在三四十年前，我等在十多年前，无论是以"敢于""勇于""乐于"来表白，还是以"决计""努力"来表达，都在态度层面上，让人感觉到了其中充满一种对于学科建设和发展的坚定与执着；无论是拿研究成果、理论成就、科学基础来论理儿，还是以理论依据、理论功底、实践根基、实践运作、体系构架、学科化和科学化等来说事，又都从精神层面上，让人感受到了其中充满一种对于学科建设和发展的追求与向往。这无疑促使成人教育学或成人教育科学在其"纲领"命题思考过程中向前迈出了非常重要的一步。

第二件事，就是要表示一种疑虑。对比纲领及其意义应有的宽广度来看，也许在以上两项个例的相关思考及其结果当中，还都存在一个足不足或够不够的问题。对之，虽然觉得没有太大必要去即刻做出深入细致的对比分析，但提醒自己在未来的相关研究中，特别是在即将就要展开的有关"纲领"命题的新的前瞻中，能够予以足够的重视。

第三件事，就是想要再次表达一种遗憾。那就是，对比纲领及其意义应有的精深度来看，此前所作的反思及其结果全然可以表明其中还存在一个准不准或透不透的问题。这些问题将成为后面进行成人教育科学及其体系构建纲领前瞻的主要依据和突破口。

第四件事，就是以秉持坚定与执着、坚守追求与向往这样一种最具基础意义的态度和精神为前提，在既关照纲领及其意义之宽广度，又关注纲领及其意义之精深度，既基于反思结果，又关切未来的思路，去对成人教育科学及其体系构建纲领进行新的阐扬、新的擘画。如下，就集中起精气神，让自己将这第四件要做的事化将开来，去付诸具体的行动吧！

针对诺尔斯"学之说"中的纲领思考，在反思过程中，我曾表示过三个期待：第一，对于"成人教育学"中的那个"学"字的理解可否再开阔一些；第二，对于成人教育学所持的"思想意识"认知可否再开放一些；第三，对于成人教育学旨在"帮助成人生活"的信念可否再坚强一些。

针对我等"体系说"中的纲领思考，在反思过程中，我更是诟病过自己：对于成人教育科学，还没有显现其全部努力的思想认知着眼点究竟当在哪里，即存在着一种明显的初始根基缺漏、最初源点缺欠的倾向；对于成人教育科学，还没有显现其全部努力的学术追求着力点究竟当在哪里，即存在着一种明显的目标设定临摹化、旨归判断格式化的倾向。

那么，作为"诞生"在十年之后的我，特别是在，第一，仍然甚至加倍要求自己秉持坚定与执着的态度；第二，仍然甚至加倍要求自己坚守追求与向往的精神；第三，发现并认定了纲领之先前思考中所存在的缺陷与不足；第四，萌生并明确了"纲领"之未来思考中的新期待与新要求；第五，已经有了关于成人教育科学及其体系构建之伦理的前瞻，以及最近若干年，时常沉湎于这一命题的琢磨等这一切之后，在自己的思维田野、认知田园里，对之又发生了怎样一种新的变化呢？

不瞒读者诸君，进入21世纪，心里边就从来没有停止过对成人教育学科建设和是对成人教育研究问题的关切，并终在2005年前后形成了一种有关其"纲领"命题的全新理念，而且还为之贴上了一个听起来还算响亮的标签，叫作："回归丰富的成人生活世界，走进缤纷的成人精神家园！"迄今为止，我心里一直经受着这22字新理念所带来的种种冲击，可以这么说：

初始，我为此新理念的纵然生成而感到兴奋不已；

接着，我为此新理念应深入解析而感到颇费心力；

继而，我为此新理念要面向公众而感到需要底气；

后来，我为此新理念的社会认同而感到欣慰无比；

现下，我为此新理念的历久弥坚而感到自信满满。

且看我如下原始状态的言说：

"回归丰富的成人生活世界，走进缤纷的成人精神家园"，"凝合在其核心部位的精髓，就是奉献给成人教育主体以义不容辞的关切、深切入微的关怀——直面他们最真实的社会境遇与最本真的社会生活，直面他们最真切的发展需求与最真实的人生向往，并将关于教育与学习活动的一切思考与行动去服务于其生命延续的不同阶段，覆盖于其生命发展的整个过程；去服务于其生命构架的所有侧面，归宿于其生命存在的全部意义。"

"回归丰富的成人生活世界，走进缤纷的成人精神家园"，"就是要求成人教育研究能够义无反顾地'回到事物的本身'，即'回到事物发生的本源'，'回到事物存在的本体'，'回到事物演进的本位'"，"基于此洞察、了解、分析和阐释他们的教育与学习问题，从而真正形成现实生活与教育的对接，真正实现人生发展与学习的契合。"

"回归丰富的成人生活世界，走进缤纷的成人精神家园"，"是成人教育研究的根本态度、基本立场，更是其一切行动的灵魂所在。同样，无论是对成人教育一般研究活动而言，还是对成人教育学科建设而言，它们又决然是其未来发展的方法论首选。"

我不敢妄言，此 22 字新理念及其意涵言说，与纲领及其意义应有的宽广度和精深度相对照，已经全然解决了足不足、够不够或准不准、透不透的问题，但我敢断言，它们定然超越了早先的"纲领"命题思考水平——其宽广度正在变得更大，其精深度亦正在变得更强。当然，其中缘由还请读者诸君应允，让我再慢慢叙来。

当初何以酝酿和生成"回归丰富的成人生活世界，走进缤纷的成人精神家园"这样一种事关成人教育研究，其实，也完全可以说是事关成人教育科学及其体系构建之纲领的全新理念？那是因为自己在为它近三十年的进步与成就感到欣喜的同时，也为它频频遭遇诟病的缺憾与不足感到深深的忧虑。我曾将这些缺憾与不足归结为：

经验直述、经验重复——数以万计的研究论文，往往难觅浓郁的学术韵味，罕见缤纷的理论风采，所能留下的大片痕迹，便是在经验天空中的直白描述乃至反复盘旋，从而难以得到一种应有的理性超越与升华，更难以成为一种进一步指导实践的智慧与力量。

连篇累牍、宏篇大论——数以千计的研究行动，往往耽耽于连篇累牍，眩眩于宏大叙事，甚至乐于陷入其实并无百分百之需要的"搞大漩涡"，看似面铺大了、线拉长了，但精力却不够了，底气更不足了。随之，蜻蜓点水，浅尝辄止，忽略了根基，忽略了求证，失去了深度，失去了精湛，研究结果的生命力、经久性大打折扣。

浅论连连、泛论频频——有一种浅薄，就是流于一般，甚至是信手拈来的思辨研究多如牛毛，真正能够渗透其中、切入内里的深度探究则寥若晨星。浅论意识导致深思、潜思缺失，泛论倾向导致细思、精思沦丧。

频繁管窥、简单对比——有一种谫陋，是基于成人教育某个领域与社会变革某个侧面的某种相关而过于热衷于一对一的思考，并且时常会为获得某种名分而基于此过于刻意地对传统学校教育的地位、作用进行简单的对比，失去"全景意识"的管窥，夹杂"意气用事"的对比，一则无法对双方的整体证明太多，引领太多，另则所能带来的，兴许只能是更多无济于事的口水喷薄。

照搬套用、仿效临摹——有一种浅陋，就是从成人教育研究的一般情况看，基于传统学校教育的套用与临摹现象十分普遍，前者研究什么，成人教育便也研究什么；前者宣扬什么，成人教育便也推崇什么，如此袭人故智、萧规曹随的做法，必然导致研究结果无所创意、无所特色。

翻版拷贝、厚教薄学——有一种鄙陋，就是从成人教育学科建设的情况看，基于一般教育学科建设思维方式、思维路径的"复制"或"拷贝"现象十分严重，由之，常常不见"自我"、常常无所"原创"。对之，可以特别注意到的是，人们对于"教"的研究偏好远远胜过对于"学"的研究兴趣，在汗牛充栋般的著述中，"教师中心""教育中心"依然没有太多的松动，"学生中心""学习中心"依然没有太多的关顾。"翻版拷贝"的陋习，致使成人教育学科建设始终处在"逻辑起点缺失，必定导致路向迷茫，路向迷茫，又必定导致结果谬误"的窘境。而"厚教薄学"的积习，又总是难以摆脱单相意愿、有失偏颇的嫌疑，其结果，留点余地说，是事倍功半，尖锐一点说，则是缘木求鱼。

彼时，还有两种情况值得关注，第一种情况我对其表示抱憾，第二种情况我对其斥之"离谱"。

表示抱憾的是，在一段相当长的时间里，常常是封闭研究多于开放研究，即"成人教育研究还是更多陶醉于自身较为狭隘的理论与实践探讨，而较少能在一个更加开放的背景下，和终身教育、终身学习与学习社会三大理念交叉起来进行探究，以致迄今无从捕捉其与此三大理念的紧密对接，无从发现其与此三大理念关系的深入破译，更无从感受成人教育促进终身教育、终身学习以及推进学习社会之深入人心的社会认知与民众认同。……（显然）成人教育研究若依然游离对此三大理念的积极探索，忽略它们之间互动关系的主动思考，便完全可能使前者与其他类型教育之间的关系永远难以澄清，而其地位作用、价值意义、发展动力、前进方向等也许永远只能是模糊一片"。①

斥之为"离谱"的是，披"成人"外衣，行"不当"之实的行径。对之，我在此前"伦理"命题前瞻时已经有所提及，在此，不妨重申：那些打着成人旗号而空谈成人教育，披着成人外衣而遑论成人学习的现象，以及有些理论和术语仅仅添上成人的"前缀"而肆意发挥、泡沫飞扬的做法，且不论其必定为人睨而视之，要命的是，如此现象、如此做法又对成人教育研究乃至实践活动造成了殃及元气的重大伤害。

至于导致这些缺憾与不足的原因、缘由，我也曾经观察过，并且尝试着给出过如下感知：

——经验直述，也许就是缘起自我迷恋；经验重复，也许就是缘起自我满足；

——连篇累牍，也许就是出于自我喜好；宏篇大论，也许就是出于自我虚妄；

——浅论连连，也许就是为了自己省心；泛论频频，也许就是为了自己省事；

——频繁管窥，因未及做好拥抱更多的擘画；简单对比，因未及做好付出更多的准备；

——照搬套用，也许能归因于贪图便捷；仿效临摹，也许可归咎于迷恋捷径；

——翻版拷贝，是因为对科学追求需要付出艰辛还未能主动而敏锐地确立起足够的意识；是因为对科学探索渴望拥有睿智还未能积极而充分地呼唤起必要的认同；

——厚教薄学，或许本就不愿自弃尊严，或许本就无意自寻烦恼；

——对三大理念反应闭锁，或许因慵懒而不顾，或许因虚浮而不屑；

——扛成人旗号，无非为谋一己之名；披成人外衣，无非为求一己之利。

于是，我幡然醒悟；

——过往，轰轰烈烈的研究行动、许许多多的研究行为，往往在有意与无意之间，全然疏失了成人教育的主角，全然旁落了成人教育的主体！

——所有的缺憾，其最为根本的诱因，就是对成人生活世界的远离；所有的不

---

① 高志敏. 成人教育研究的反思与前瞻［J］. 教育研究，2006（9）：60.

足,其最为深层的缘起,就是对成人精神家园的漠然!

对之,我甚至百般感叹:

——因为"远离",导致研究者职业意识式微,无法使研究田园变得肥沃;责任意识失落,无法使研究空间变得开阔;使命意识丧失,无法使研究事业变得生机盎然。易而言之,脱开成人,远离其缤纷世界、无视其斑斓生活,聊以自得地大谈教育,其实质只能是一桩桩弃成人之本而不顾的"买卖"。毫无逻辑前提、无源之水般的作为,所能留下的,也许除了空洞还是空洞。

——因为"漠然",致使研究者研究热情委顿,不可能对深入探索奉献力量;研究激情脆弱,不可能对不断追求奉献执着;研究豪情匮乏,不会对新的开拓奉献意志与坚定。换言之,脱开成人,漠视其纷缊而鲜活的精神,澹然其灵动而闪亮的灵魂,聊以自娱地空谈教育,其实质只能再一次成为一笔笔舍"成人之本"而不顾的"交易"。毫无逻辑根据、无本之木般的作为,所能呈现的,也许除了苍白,也只能是苍白了。

总之,"远离成人生活世界,已成痼疾;漠视成人精神家园,已为沉疴!其最大的危害,莫过于使成人教育研究在极大程度上丧失了富有孕育其生命之源头意义的逻辑演绎前提,以及富有维系其生命之土壤意义的逻辑演绎基础"。①

对于缺憾与不足的如此归结,对于原因与缘由的如此发现,我清楚地记得,在当时,我一方面心存坦然,因为彼时彼刻我同样是在其中自我反省、自我批评,并且认定自己绝非"一尘不染",另一方面也心存忐忑,担心如此"揭短"、如此"归因"是否会因为过于大胆、犀利而刺痛了人。有意思的是,许多次与周围同仁交流此等认知,却也获得了支持与赞赏、认可与共鸣。

由此,"回归丰富的成人生活世界,走进缤纷的成人精神家园"这样一种对于成人教育研究,尤其是成人教育科学及其体系构建而言,具有纲领性质的全新理念,不仅得以初创,同时还得到了认同。

而今,其实差不多也就是在本项课题研究与著述拉开序幕,一直到此前不久刚刚做完"伦理"命题之前瞻的这几年时间里,在我自己的思维田野、认知田园中,

---

① 高志敏. 成人教育研究的反思与前瞻 [J]. 教育研究, 2006 (9): 60.

却又为何更加坚信、更加坚定了"回归丰富的成人生活世界，走进缤纷的成人精神家园"这样一种事关成人教育科学及其体系构建之纲领的全新理念呢？

内中缘由，又要烦劳读者诸君，听我慢慢解释开来。

第一，对于以往的缺憾，心里感觉愈益忧心——如果我们还是喜欢让整张面庞贴满所谓的"教"的标签，依然热衷于无所提炼的经验素描、无所凝练的经验重复、无缘无故的连篇累牍、莫明其妙的宏篇大论、丧失深度的浅论浅述、缺乏精度的泛论泛说、频频而不厌的以管窥天、屡屡而不烦的简单对比，那么，除了会使此类行径继续遭遇诸如"自我迷恋""自我满足""自我偏好""自我虚妄""自己省心""自己省事""视野有限""准备不足"等的指摘以外，让人倍觉忧心惙惙的是，对于成人教育研究的关照，特别是对于成人教育科学及其体系构建的关照，不仅难闻其学术韵味的不断浓烈、难见其理论大厦的不断扩容，而且完全可能使它们的行进脉络愈加与成人教育、成人教育科学的本原与本真生分、生疏开来，愈加与成人教育、成人教育科学的天赋职责与使命远分、远离开来。

第二，对于以往的不足，心里感受愈益焦虑——如果我们还是喜欢让整页心扉占满所谓的"教"的元素，依然沉湎于不对茬儿的照搬套用、不分轩轾的仿效临摹、不假思索的翻版拷贝、不由分说的重教轻学，包括对于"三大理念"的反应依然慢条斯理，对于扛成人旗号、披成人外衣的行径依然视若无睹，那么，除了会使此类行为继续遭遇诸如"贪图便捷""迷恋捷径""智慧不够""方法不当""心绪慵懒""心态虚浮""无意进取""无意开拓"乃至"追名逐利"等的诟病以外，叫人倍感忧心忡忡的是，对于成人教育研究的关照，特别是对于成人教育科学及其体系构建的关照，不仅难觅其自我底蕴的真正锻造，难见其自我风采的真正阐扬，而且完全可能使它们的行进轨迹愈加与成人教育、成人教育科学的本源与本然隔离开来，愈加与成人教育、成人教育科学的天然旨意与旨归，轻则事与愿违，重则全然南辕北辙而去。

第三，对于"三大理念"，心里体会愈益深入——关于终身教育、终身学习与学习化社会这三大理念，随着其传播与实践行动的不断推进，心中对于它们的内涵琢磨、精髓体会日甚一日地深入了起来。与此处话题相关，且印象、感受尤深的便是：

——终身教育，是一个实现"一生"—"生活"—"教育"相统一的概念。

——终身教育,"是个人或诸集团为了自身生活水准的提高,而通过每个人的一生所经历的一种人性的、社会的、职业的过程。是在人生的各种阶段及生活领域,以带来启发及向上为目的,并包括全部正规、非正规及非正式学习在内的,一种综合和统一的理念"。①

——终身学习,是 21 世纪事关每一个人的一个生存概念。

——终身学习,"强调'有意义的学习',而其学习场所也不限于家庭、学校、文化中心或企业等。大凡被个人或集团可以加以利用的一切教育设施及资源都应包括在内"。②

——终身学习,"激励并使人们有权利去获得他们终身所需要的全部知识、价值、技能与理解,并在任何任务、情况和环境中有信心、有创造地愉快地应用它们"。③

——学习型社会,"(其)基本指导思想是,教育之所以重要并不仅仅因为它对人的事业目标做出贡献,也是因为它给人的生活质量增添了价值"。④

——学习型社会,是要让"每个人都有机会充分运用他们的头脑,从幼年到成年不断地学习,随着世界本身的变化而不断地学习"。⑤

——学习型社会,是要使"受教育的机会远远超过传统的学习场所——我们的小学、中学和大学,从而发展到家庭、工作场所、图书馆、美术馆、博物馆和科学中心,甚至发展到工作和生活中得以发展和成熟的一切场所"。⑥

君不见:

——教育、学习与生命、生存、生活之间显示出何等密切的关系?

——一生、生存与教育、学习之间,生活占有何等核心的位置?

——教育、学习,作为人性的、职业的与社会的过程,具有何等的生活价值?

——以至于,终身教育已经被认为是每一个人新世纪中的一种"生活"概念?

——甚至,终身学习已经被认为是每一个人新世纪中的一个"生存"概念?

---

① 吴遵民. 现代国际终身教育论 [M]. 上海:上海教育出版社,1999:13.
② 同上:16.
③ 高志敏,等. 终身教育、终身学习与学习化社会 [M]. 上海:华东师范大学出版社,2005:11.
④⑤ 同上:11.
⑥ 同上:13.

君不见：

——在教育、学习源起的确定中，"从幼年到成年""在人生各种阶段""在各种生活领域""随世界变化而不断学习"等言辞，张扬出何等深厚的生活底蕴？

——在教育、学习内容的解析中，"强调'有意义的学习'"、强调"终身所需要的全部知识、价值、技能与理解的学习"等言说，飘逸出何等浓烈的生活气息？

——在教育、学习方式的认同中，"（包括）可被利用的一切教育设施与资源""（包括）全部正规、非正规及非正式学习"等表达，折射出何等鲜明的生活风采？

——在教育、学习空间的确认中，可以"发展到家庭、工作场所、图书馆、美术馆、博物馆和科学中心，甚至发展到工作和生活中得以发展和成熟的一切场所"等描画，彰显出何等生动的生活背景？

——在教育、学习旨归的解读中，"在任何任务、情况和环境中有信心、有创造地愉快地应用它们""为自身生活提高水准""为生活质量增添价值"等设定，显然，又聚焦于何等深刻的生活追求？

如此，作为具有终身教育"火车头"之称的成人教育，且不论它本来就源于生活、植于生活、为了生活，即便是在当今三大理念之新思想与新精神的时代呼唤下，它以及关于它的科学研究和学科建设，又何有不"回归"丰富的成人生活世界之理，又何存不"走进"缤纷的成人精神家园之由？

第四，对于成人教育，心里体悟愈益深刻——首先需要说明，这里的"成人教育"，主要是指现代意义上的成人教育；这里的"体悟愈益深刻"，主要是指在我的认知田园里，对其曾经有一段让自己难忘的心路历程。

20世纪80年代中期，我从加拿大学习归国，行囊里带回了由美国成人教育家伊里亚斯与梅里安合著，由加拿大蒙特利尔大学资深教授瑟内（A. Chené）与奥里维埃（É. Ollivier）合作译成法语的《成人教育的哲学基础》一书。

凭着导师蒂波的力荐，凭着对这部世界成人教育名著的兴趣，借着有法语专业背景的一点点优势，大约花了一年的时间，我将其译成了中文。翻译过程亦是一个学习与思考的过程。其中，伊里亚斯与梅里安在描述激进主义成人教育（Éducation radicale des adultes）哲学思潮时告诉我们说：

——墨西哥奎尔纳瓦卡跨文化文献资料中心（Center Intercultural

Documentation in Cuernavaca）创始人伊里奇是 20 世纪 60 年代末 70 年代初激进主义教育改革运动的代表人物；威斯康星大学教育学院客座教授奥里格（J. Ohliger）则是伊里奇的忠实追随者，并将他的思想引入到了成人教育领域。

——伊里奇在其《去学校化社会》等著述中竭力主张："必须从社会中取消学校，因为只有这样，人们才能从控制机构、压迫机构的锁链中解放出来，"也因为，无数的事实可以证明，"强制性学习，无论是对个人还是对社会，永远是有百害而无一益的"。

——伊里奇认为：真正的学习"是人们完全自愿参加的学习"，"是自然地产生于生活，产生于事件和人的学习"，也就是说，"知识大都不是教学的结果，而是一个人在生活过程中偶然获得的。当知识不能够从生活和事件中产生时，人们则完全可以非常容易地向技术能手、同等水平的人或向书本和其他学习工具求教。"

——伊里奇坚信：这样一种学习形式，一定"能够促进人的自发性、独立性，发展人际关系，并必将增强人们的想象能力，包括向世界展示自己的能力和创造能力"。总之，这样一种学习形式"旨在加强人类自由、解放、平等和促进人与人之间的密切联系"。①

——至于约翰·奥里格的思想和主张，似乎更可以被看成"荒原中的呐喊"。他在众多的文章和著述中声称："有越来越多的教育机构总以为人是空虚的，不满足、不充实、不完备的"，因此，总会通过"法律、纪律或社会压力手段，来要求各种成人群体学习种种课程"。他甚至观察了从"交通违法者"一直到"法官、牧师"等数十个成人群体，认为"在他们中间所进行的教育活动中，虽然不能说全部，但至少绝大部分是属于强制性的"。

——奥里格还指出："成人教育越来越嵌进普通教育的结构之中。成人学位、校外学位、和向成人开放的学习制度只是教育机构采取的一种手段，将成人教育化为商品，向成千上万的成人兜售。"他甚至提醒人们："联合国教科文组织的《学会生存》是一本危险的书，因为它只注重正规的知识和学习，而忽略了人在生活实践中偶然的个体性和经验性学习。"

---

① 伊里亚斯，梅里安. 成人教育的哲学基础［M］. 高志敏，译. 北京：职工教育出版社，1990：207.

——奥里格最后诘问道:"我们正在走向一种社会,在这种社会里,成人越来越被告知其必须在一生的教育过程中吸收官方规定的知识,在这种情况下,如果我们说成人教育正在变成一种控制个人生活的压迫力量,这会有什么奇怪吗?"[1]

不瞒读者诸君,在思想意识还不够开放,改革步伐还不甚深入的二十多年以前,如此"另类""激进"的言说,我一边在案头前读着、译着,一边在心里面惊悚着、疑虑着。

——我惊悚伊里奇的"离经叛道":视学校为"控制机构""压迫机构",是"控制"与"压迫"的"锁链",直至呼吁人们要从这样一种"锁链"中解放出来。

于是,我有些疑虑自己的信仰:学校,在我们心中曾经是多么神圣的一片绿洲,是多么庄严的一座殿堂,更何况,彼时,我又正为国家高考制度的恢复与勃兴兴奋不已,然在伊里奇眼里,怎就成了"控制""压迫"与"锁链"?

——我惊悚于伊里奇的"毫不留情":说现在的学习并非真正的学习,而是强制性学习,而这无论是对个人还是对社会,"有百害而无一益",而且是永远的"有百害而无一益"。

于是,我疑虑自己的信念:对于学习,我原先总是以为,不管驱力来自哪里,学总比不学好,多学总比少学好。然伊里奇的思想却使这种信念发生了动摇。虽然,我不敢贸然认同强制性学习全然"有百害而无一益",但至少开始特别注意到,学习有自愿与强制之分,就效果而言,前者可能胜于后者。

——我惊悚于奥里格的"口无遮拦":说在众多成人教育机构的潜意识里,其工作对象的心灵是空虚的、心理是不良的,所以,它们正在使"成人教育变成一种控制个人生活的压迫力量",正在使我们这个社会通过法律、纪律、压力"来要求各种成人群体学习种种课程",甚或"必须在一生的教育过程中吸收官方规定的知识"。

于是,我怀疑自己的期待:对于成人教育,彼时,哪怕是直至今天,心中一直欣羡某些国家齐整的制度与法律,以为它们就是前进的动力、发展的保障,并期许在自己的国土能够早见其进入制度化、法制化发展的轨道,然在奥里格口中,何以

---

[1] 伊里亚斯,梅里安. 成人教育的哲学基础 [M]. 高志敏,译. 北京:职工教育出版社,1990:209.

这一切似乎都成了控制成人生活的"压力手段",甚至是"压迫力量"?

——我惊悚于奥里格的"落拓不羁":说成人教育一方面正在重蹈传统学校教育的覆辙,正在被"越来越嵌进普通教育的结构之中";另一方面,它又正在蜕变成"商家",向"成千上万的成人兜售"其特殊的"商品"——"成人学位""校外学位",乃至那些所谓"向成人开放的学习制度"。

于是,我怀疑自己的认知:基于本土视野,经常以为依托传统学校举办成人教育是进一步挖掘其潜力的一种选择,然而,因为奥里格的话,开始担心其是否同样会更易嵌入普通教育的结构之中;常常以为,成人教育拥有学历、学位授予权,是一种进步与发展的体现,是一种品位与地位的象征,然而,又因为奥里格的话,而开始忧虑其是否会更易陷入"商业行为"的漩涡之中?

诚然,除去惊悚,除去疑虑,却也开始隐隐地积淀起了一种有关成人教育,特别是成人学习的内涵认知,也许可以这么说:

——真正的学习是"完全自愿参加的学习",是"自然地产生于生活,产生于事件和人的学习";知识,未必是教的必然结果,而可能是"生活过程的偶然获得",换言之,切勿只注重"正规的知识和学习",却忽略"生活实践中偶然的个体性学习和经验性学习",如此等等,这样一种事关学习充满"生活之本原""生活之方式"的言辞,似乎开始在自己的认知画面上留下了印痕。

——源于"生活"、基于"偶然"的学习,能够"促进人的自发性、独立性"、能够增强人的"想象能力、创造能力和自我表现能力",以及旨在增进人类的"自由、解放、平等",促进"人与人之间的密切联系",如此等等,这样一些事关其真切功能和真正旨归的言说,似乎又开始在自己的认知图像上留下印迹。

总而言之,彼时彼刻,虽然为伊里奇与奥里格的"激进"与"叛逆"、"辛辣"与"犀利"而深感惊悚和疑虑,甚至迄今为止,我依然不敢断言学校化定然抑或全然是一种"强制""制度化",是一种"压迫";"学校化的成人教育"定然抑或全然跟生活相割裂、"制度化的成人教育"定然抑或全然与"生活"相分裂,以至于成人教育必须"去学校化",成人学习必须"去制度化",但是,他们那一番有关成人教育或成人学习之"源于生活""成于生活""归于生活"的思想与言说,却也开始以一种另类而强劲的力量,无可复收地沉落到我的思维田野,潜进我的认知田园。

记得 20 世纪 90 年代中后期，为展开全国教育科学"九五"规划课题——"成人教育科学体系的构建与发展研究"，我曾对成人教育做过一次比较专门的概念分析。

首先，基于自己掌握的信息、资料，原原本本地呈现了 9 例来自国内外权威组织或知名人士根据其各自理解对成人教育所作的多样化的定义表述。

随后，基于多样化表述并不等于没有一致性可言的事实，透析并揭示了其中多少带有一定共同性的五个内涵指向，即它们关于"成人教育"的定义思考，大多都很确定地关涉到这样五个方面：对象、制度、行为、内容与目的。

进而，基于多样化表述又显然存在非一致性的事实，分析并阐明了其中的不确定性，即其在对象、制度、行为、内容与目的这五个方面的具体思考中所存在的模糊、差异，乃至分歧之处。

最后，基于已然浮出水面的模糊、差异与分歧，我发表了自己所谓的"建设性意见"。其大致情形是：

关于对象，不确定的是：有的特别强调实际年龄，有的则特别强调社会角色。显然，其中所涉及的便是一个怎样来设定"成年标准"的问题。对之，我的建议是：当从"人的本质是一切社会关系的总和"这一马克思主义基本原理出发，来理解、认定人不仅是自然的人，更是社会的人，进而，其发展过程便是一个生理、心理和社会化三个维度相交融、相统一的发展过程，诚然，其中又以社会化过程构成其一生发展和变化的本质之所在。据此，一个人进入成年并被所属社会承认为成人，一是要达到一定的生物生理发展水平，二是要达到一定的心理、社会化发展水平。

关于制度，不确定的是：有的暗含通过立法方式，有的暗示通过颁布文件方式来确立成人教育制度，但几乎都未及明朗其究竟是通过何种组织和人员，何种方式和空间来予以运行或实施。对之，我的建议是：在认识成人教育制度内涵指向的时候，切不能以为它一如以青少年为对象的传统教育制度，是一种比较单一、封闭和严密的制度，而是在组织、人员、形式和空间等各方面都呈现为一种极为多元、开放和发散的制度。

关于行为，不确定的是：大多都将成人教育视为一种有目的、有计划、有组织的教育行为，但几乎都没能挑明其在"质"的层面上与青少年教育相比究竟存在何等区别。对之，我的建议是：当从教育对象不同、教育需求不同、教育起点不同、教育驱力不同去展开一种富有逻辑意义的推导，以期发现，前者因为由"学"决定"教"，故而在本质上是一种由教育者帮助受教育者学习的教育行为，后者则因为由"教"决定"学"，所以在本质上是一种由教育者促使受教育者学习的教育行为。

关于内容，不确定的是：有的不够全面，有的过于抽象，有的甚至无所涉及。对之，我的建议是，当从两个基本角度，即人的一生发展角度和成人作为各种社会活动主体的角度来理解、确认其内容的意涵指向，由此既可以洞悉到它涵盖并紧连着成年时期各个阶段发展全部的需求，也可以洞察到它覆盖并紧扣着成年时期履行多重社会角色全部的需求。

关于目的，不确定的是：有的比较倾向于定位在它的个人意义上，有的则比较倾向于定位在它的社会意义上。对之，我的建议是：当站在马克思主义的立场上，用一种更加全面和辩证的观点来思考成人教育的目的问题，以期既能够看清楚成人教育在目的内涵指向上的双重性——一方面服务于社会进步，一方面服务于人之一生的生活发展与人格完善，又能够注意到其双重目的之间的互动性特征。

我不敢说，自己当时对于成人教育的认知已经绝对清醒，且有了成熟而坚定的成人生活意识与社会角色意识，也许正因为那份还没有得以真正解蔽的朦胧，以及那份还没有得以全然聚焦的游离，以至于在后来的成人教育科学的"体系说"里面，一不小心便使它们的踪迹变得如此稀罕、难觅了。但无论如何，此等成人生活意识与社会角色意识，或以意蕴其后，或以根源所系，或以萌芽似的"小荷才露尖尖角"的形态，在一个特定的时间与空间段落里，足以让人洞察或捕捉到了。

要不然，我不会建议：

当论及对象内涵指向时，要同时注意"成年标准"的生物生理发展水平与心理以及社会化发展水平。

当论及制度内涵指向时，要特别注意它在组织、人员、形式和空间等各个方面都会呈现多元、开放和发散的特征。

当论及行为内涵指向时，要尤其注意它是一个因为不同对象、不同需求、不同起点、不同驱力而形成的，由"学"决定"教"的过程，故而，就其本质而论，是一种由教育者帮助受教育者学习的教育行为。

当论及内容意涵指向时,要同时基于一生发展与社会活动主体两个角度,来发现其既涵盖、紧连着成年时期各个阶段发展全部的需求,也覆盖、紧扣着成年时期履行多重社会角色全部的需求。

当论及目的内涵指向时,要全面地注意它既"服务于社会进步",更"服务于人之一生的生活发展与人格完善",而且,还要辩证地注意其"双重目的"之间具有互动的特性。

要不然,我也不会在全国教育科学"九五"规划课题——"成人教育科学体系的构建与发展研究"第二章里,再一次追加了如下五段相应的阐释性言说:

关于"对象"——"作为成人,(更为)重要的是必须具备所属社会所要求的适应能力和责任能力,能够承担作为社会成员的义务和职责,其中包括作为劳动者的义务和职责,作为公民、作为配偶和作为父母等的义务和职责。"

关于"制度"——"作为实施这个制度的'组织',既有教育系统中的管理和教学组织,又有教育系统外的管理和教学组织;'人员',既有专职的教育工作者,又有非专职的教育工作者;'形式',既有传统的或正规的教育形式,又有非传统的或非正规的教育形式;'空间',既可以在传统的学校和教室,又可以在学校以外的成人职业生活和社会生活的各种部门。"

关于行为——成人教育与青少年教育之间,"由于教育对象不同,导致了教育需求上的差异,前者是与现实生活和劳动的直接需要相一致的,后者则与未来生活与劳动的潜在需要相一致;由于教育需求不同,决定了教育起点上的差异,前者旨在帮助成人更好地生活和劳动,后者旨在为青少年做好独立生活和劳动的准备;由于教育起点不同,形成了教育驱力上的差异,前者源于实际的生活和工作,通常情况下是成人主动决定卷入教育活动,后者来自未来的生活和工作,一般情况下青少年是比较被动地接受教育,终而,由于不同的教育驱力,又规定了两种受教育者的地位差异和两种教育行为的性质差异。"

关于内容——"其一,从人的一生发展的角度来看:青少年时期和成年时期都有其特定的发展任务。但是,前者的发展任务带有强烈的预备性质,即他们的发展以学习技能、学习职业、学习交往、学习如何成长为独立的、社会的人为中心,而所有这些需要学习的内容，都是为了进入成人世界做好准备。后者的发展任务则带有强烈的实践性质，即他们的发展是按照社会所赋予的任务和职责，沿着适应生活和创造生活的基轴而展开的，因而，他们的学习内容既有广泛性、无限定性的特点，又有选择性和针对性的特点，而任何一种内容的学习又无不是为了充分挖掘潜能，更好地完成成人职责中所固有的任务。其二，从成人作为各种社会活动主体角度来看：作为社会劳动的承担者，将在教育世界和劳动世界的交接点上确立特定的学习需求；作为社会文化的承载者、创造者和享受者，将在教育世界和文化世界的交接点上凝结特定的学习需求；作为国家公民，将在教育活动和公民生活的交接点上形成特定的学习需求；作为社区居民，将在教育活动与社区生活的交接点上形成特定的学习需求；作为家庭主要成员，将在教育活动和家庭生活的交接点上发现特定的学习需求；作为社会中坚力量，将在教育活动和社会生活的交接点上产生特定的学习需求，甚至到了老年，还有一个教育活动与晚年生活的相协调的问题。"

关于目的——"成人教育旨在从智力上、能力上和精神上全面地、终身不断地造就素质更好的公民与劳动者，通过他们对社会有效而直接的介入，去创造一个更加文明、美好的世界，而这个文明、美好的社会，最终又将为人的全面发展、终身发展开创一个更加理想的空间，直至携着人类生存和生活的全部，驶向一个更加理想的境界。"①

如此这般，相信读者诸君兴许已经能够认同，在我对于"成人教育"概念的体悟中，事关本当拥有的成人生活与社会角色意识，正在发轫、张扬。

进入 21 世纪以后，我所供职的大学的成人教育学专业有两个情况是值得关注的：一是硕士研究生培养规模不断扩大；二是建立博士学位授予点，招收培养博士研究生。在此背景下，我的工作也发生了一些变化，最为明显的就是教学任务重了、教学要求高了，所以，也有机会对相关的教学内容命题（如成人教育）的概念释义、原理理解等不断思考，深入探究。因为学生数量多了、学生层次高了，所以，与之共同进行学术探讨、专题切磋的机会也明显增多了。

正是在这样一种与众多青年才俊不断进行心得交流、思想交锋的情形中，成人

---

① 高志敏. "成人教育"概念辨析 [J]. 陕西师范大学继续教育学报，2000 (1)：5～10.

教育的内涵和外延也变得愈加丰富与丰满。其中，有三个"学术故事"，由之而带来的师生间共同的学术成长显然是让我难以忘怀的。

故事之一：

2004年秋，我和我指导的研究生团队受中国成人教育协会委托，为协会拟定一份年会所需的主题发言稿。根据相关要求，经过差不多三个月时间的努力，我们完成了一篇文稿。文稿由三部分内容组成，分别为：现代视野中的成人教育、倾听来自世界的声音——五次国际成人教育会议概况及其历史轨迹、成人教育学科的发展。

在第一部分内容里，除了根据当时的认知，对成人教育的基本定义，以及与终身教育、终身学习、学习型社会之间的相互联系与作用进行了相关的描述以外，尤其集中精力，并主要根据本土情形，对其实践形态进行了一次解构。其中一头一尾两段原始表述，以及相应的解构结果是：

"在当今，成人教育表现出极为丰富多样的实践形式。按照我们的观察，成人教育的实践活动可以粗略地从学习者的社会身份、实际年龄、教育程度、实施空间、教学内容、组织形式六个维度或者说六个方面来加以认识。"

——按学习者的社会身份，其实践可以包括：职工教育、农民教育、军人教育、城市居民教育、专业技术人员教育、干部教育等。

——按学习者的年龄阶段，其实践可以囊括：青年成人教育、中年成人教育、老年成人教育。

——按教与学活动的水准，其实践可以涉及：扫盲教育、成人初等教育、成人中等教育、成人高等教育、大学后继续教育等。

——按教与学活动的空间，其实践可以分为：学校教育、企业教育、农村教育、社区教育等。

——按教与学活动的内容，其实践可以覆盖：科学文化教育、职业技术教育、精神生活教育、社会生活教育、闲暇娱乐教育等。

——按教与学活动的形式，其实践主要可见：课堂教育、函授教育、网络教育、广播电视教育、自学考试等。

"以上六个方面的成人教育实践形态构成了成人教育体系的立体大厦，诚然，不同的实践活动形态,其彼此之间,既可能相对独立,又可能相互交叉,但它的确又是一种能够实现不同学习者在不同时间、不同地点,选择不同内容、不同形式,进行教与学的实践活动。"

　　文稿完成以后,不论其还有多粗糙、谫陋,我和我的研究生伙伴们还是颇感兴奋的。其中,对于成人教育实践形态所作的解构,尤其让我们感到振奋,因为经过观察与梳理,在我们的认知田园里,似乎终于能够清晰地矗立起了一座事关成人教育实践的"立体大厦"。

　　然而,也就是在此后的一两年时间里,在我的思考与认识中——虽然不能说后文将要提到的疏漏与缺憾是一个明显而直接的原因,但至少可以说是诸多朦胧或潜在的诱因之一——即又正式萌芽、生成,并提出了"回归丰富的成人生活世界,走进缤纷的成人精神家园"这样一种事关成人教育研究乃至成人教育科学及其体系构建之纲领的全新理念。

　　由此,刚刚竖立起来的那座"立体大厦",便显现出了它的疏漏与缺憾,即它显然更系一座倾向于表现为制度性状态、主要是张扬显性现象的"立体大厦",也就是说,很大程度上,它忽略了其中本然存在、本当彰显、本应说明的,那些更多发生在成人生活世界或成人生活过程中的,倾向于表现为非制度性状态且往往呈隐性或潜性现象的成人教育实践形态或成人学习方式元素。

　　如此对于纲领问题的新思考,以及对于"立体大厦"的抱憾,很快在我的伙伴中间引起了反响与共鸣。为了进一步阐释"回归与走进"理念,更为了进一步发现、解读在成人生活世界或生活过程中所发生的那些非制度、非显性的成人教育或成人学习现象,天资聪颖,且对学术探究颇有心得的研究生王霞旋即决定以"解蔽与理解——生活世界中的成人教育现象考察"为题,来完成她的硕士学位论文。她在文中的如下几段言说,迄今仍然犹如在我耳畔:

　　"成人教育不仅仅是学校化的成人教育。学校成人教育只是我们看到的成人教育的一部分。而我们还没有看到或者还没有意识到的作为一种客观'人类学事实'的成人教育现象却存在于成人一直都成长于斯、交往于斯的生活世界之中。(但是)我们往往只注意到了学校成人教育之'白',却没有想到被遮蔽了的生活世界中的成人教育现象之'黑'。

"成人教育不仅仅是制度化的成人教育。在我国,就现有的研究来看,制度化的成人教育,其现实与理想的框架主要包括岗位培训制度、继续教育制度、成人学历教育制度、自学考试制度、职业资格证书教育制度、现代企业教育制度、农村成人教育制度以及社区教育制度等。然而,现实中的成人教育实践形式远远多于这些制度所能涵盖的范围,因为成人教育通过在生活世界中的交往、观察、思考、阅读甚至劳作就可以发生。

"成人教育不仅仅是知识与技能的教育。……事实上,除了获取知识与技能,成人教育还具有更多、更重要的价值:'由于成人教育,生活将会无限地充实;由于成人教育,人与人之间将会增加更多的同情和体谅;由于成人教育,自私将会皱缩;由于成人教育,自负与傲慢将会被征服。'总之,成人教育不只有被理性过滤过的沉寂与干瘪,它更有存于生活世界之中的鲜活与丰满,这种饱含温情与活力的成人教育更值得我们去为之探索和努力!"①

显然,她在告诉我们,学校化、制度化以及知识与技能方面的教育与学习已然纷繁,一旦再加之非学校化、非制度化,以及"非通常意义上的知识与技能"的教育与学习活动,或者说,再考虑到那些全然发生在更加广阔、更加深层之生活世界与生活过程中的成人教育或成人学习现象,那么,其情形更将令人眼花缭乱。诚然,前者总是处在"光亮"之处,后者则又总是处在"黑暗"之中;处于"光亮"之处,总易抓人眼球;藏于"黑暗"之中,又总易遭到忽略。然而,不可否认,事物的本原或本真,又往往存在于黑暗的地方,存在于被遮蔽的地方。用她自己的话来说,那就是:"成人教育实践在这样一种'剪不断,理还乱'的状态中,也就更加难以辨别相互纠结的'真象'和'假象'。……人们对制度化的成人教育愈加关注,对生活世界中的成人教育的存在就愈加持集体漠视的态度,从而形成一'白'一'黑'的鲜明对比:制度化的成人教育那里是'有光亮的',人们总是循着'光亮'而去,却遗忘了那些藏在'黑暗'之中的'真理',即那些更符合成人特点、更加昭示成人教育的基础的东西——生活世界中的成人教育及其现象"。②

---

① 王霞. 解蔽与理解——生活世界中的成人教育现象考察 [D]. 上海:华东师范大学硕士学位论文,2007:14~15.
② 同上:22.

进而，年轻学子又借助荀子的"蔽"之因学说，分析了成人生活世界中的教育或学习现象往往处于被遮蔽状态的缘由，认为它是认识对象本身的复杂性、认识主体本身的偏向性，以及认识内容不断积累所造成的思维定势等多方面综合作用的结果。于此尤为重要的是，通过她的心得，我和我的研究生们开始越来越生发这样一种认知：当我们在关注"学校化""制度化"以及"通常意义上之知识与技能"的教育与学习时候，定然不要冷落了"非学校""非制度"，以及"非通常意义上的知识与技能"的教育与学习，兴许，甚至是定然，非学校化的、发生在成人生活世界与生活过程中的教育与学习现象，作为成人教育的实践形式，将会是更加丰富多彩；非制度化的、发生在成人生活世界与生活过程中的教育与学习现象，作为成人教育的实践形式，将会更加绚丽多姿！

故事之二：

2001 年，我供职的大学有三名研究生获得了成人教育学专业硕士学位，其中一位名叫常波，毕业以后又远赴美国佐治亚大学，师从著名的梅里安教授，继续攻读该专业的博士学位。2005 年春末夏初，她告诉我，其导师 2001 年又出版了《成人学习理论新进展》（*The New Update on Adult Learning Theory*）一书，且在北美已颇见影响，期待我们能够予以关注，并对中国的成人教育研究活动有所启迪。

这是一部由梅里安教授亲任主编，有近十位资深学者共同研究并执笔完成的著作。篇幅并不是很大，但汇集了自 20 世纪特别是自诺尔斯提出成人教育学思想以来，出现在世界范围里的有关成人学习理论研究的新进展和新成果。

我随即鼓励我的研究生们进行阅读。在反复阅读、反复理解并集体研讨的基础上，我和伙伴们一起，尝试着用一种再创作的方式将之引入本土。截至 2006 年末，我们共同完成并发表了如下 6 篇转述性、推介性的文章：

高志敏、李珺：《转化学习理论及其发展述略——基于莉沙·M. 包格纳的研究报告》，《河北大学成人教育学院学报》，2005 年第 4 期；

李洁、高志敏：《"成人情境学习"探略——基于凯瑟琳·A. 汉斯曼的研究》，《成人教育》，2006 年第 1 期；

何露露、高志敏：《身体亲历学习与叙述性学习述略——基于卡罗琳·克拉克的研究》，《成人教育》，2006 年第 2 期；

曾李红、高志敏：《非正式学习与偶发性学习初探——基于马席克与瓦特金斯的研究》，《成人教育》，2006年第3期；

高志敏、宋其辉：《成人学习研究——基于梅里安的追述》，《河北大学成人教育学院学报》，2006年第1期；

王玉欣、高志敏：《成人情感学习述略——基于德克斯的研究》，《河北大学成人教育学院学报》，2006年第3期。

正是在此过程中，我们知晓：

转化学习（transformational learning）——是指"人的生命旅途有阳光、有坦途、有欢欣，阳光奉献成长的热量，坦途贡献前行的力量，欢欣捐献向上的能量。同样，人的生命旅途又有阴霾、有坎坷、有悲伤，阴霾考验着坚强，坎坷孕育着毅力，悲伤呼唤着信心。转化学习的实质就是试图使人们面对其真实的生活境遇，特别是在蒙受失败的逆境中、遭遇挫折的低谷中、面临磨难的困境中汲取教训，提炼经验，探获真知，所谓'吃一堑长一智'，从而促进人的不断成长与持续发展。"用包格纳（L. M. Baumgartner）自己的话来讲，就是面对重大生活事件，在"生理或心理上所发生的一种显著变化，或所形成的一种质的飞跃。"①

情境学习（context-based adult learning）——汉斯曼（C. A. Hansman）通过观察生活情境中成人在食品店里如何学习与运用数学知识之后告诉我们："人类的学习行为，就其存在的本质特征而言，是涉及社会层面的，是蕴含社会互动意义的；就其构成的基本要素而言，需要有学习者互动之特质的体现、学习者互动之工具的运用、学习活动之发生的背景以及学习活动之本身的运行。"总之，唯有具备社会互动关系和拥有学习工具的、真实的生活世界情境，才会形成一种最好的学习环境。而"学习，其实就是成人在其所处的社会情境中作用与交互作用的再现过程。"②

身体亲历学习（somatic or embodied learning）——在克拉克（C. Clark）看来，身体亲历学习即"是在日常生活或工作中，身体受到刺激后，通过感觉而发生

---

① 高志敏，李珺. 转化学习理论及其发展述略——基于莉沙·M. 包格纳的研究报告［J］. 河北大学成人教育学院学报，2005（4）：5.
② 李洁，高志敏. "成人情境学习"探略［J］. 成人教育（黑龙江），2006（1）：5.

在心理和情感水平上的变化,而这种变化又通过身体做出反应。也就是说,它是一个人通过深入参与或卷入某一事件,来'认知'某种事物或事件的过程,而且这种认知又并非是通过常说的那种练习来习得的"。①

叙述性学习(narrative learning)——叙述会出现在生活的各个方面,它的基本功能就是认识人本身是什么的问题,特别是当悲剧发生时,这种功能就表现得更加显著。至于叙述性学习,克拉克表示:"它特别强调人们往往只有通过对自己所经历的故事或事件进行认真的回顾或反思,才有可能开始理解叙述的潜在目的,而这个目的是有助于人们能够对自己的经历有所感知、有所领悟。"②

非正式学习与偶发性学习(informal and incidental learning)——马席克(V. J. Marsick)与瓦特金斯(K. E. Watkins)认为:正规学习以学校、教室为空间,是一种组织严密、制度严格的活动。而非正式学习,包括偶发性学习,则可以发生在极其多样化的社会文化或社会生活空间,即不一定需要专门的教室,也不存在鲜明的组织性与制度性。其中一个根本性的区分特征,是在这类学习过程中,"学习的主动权主要掌握在学习者手中"。③除此,他们还描绘了非正式学习与偶发性学习的六个具体特点:"和日常生活互融、互动;受内在心理或外在情境触动而引发;不存在强烈的意识化痕迹;随机而生、随遇而成;是对行动与反思的逻辑感应过程;与其他学习方式相互关联、相互依存"。④

自我导向学习(self-directed learning)——梅里安的追述告诉我们:在诺尔斯将"andragogy"引入北美的同时,作为区别于儿童学习的自我导向学习模型也就随之诞生了。在她看来,迄今为止,有关自我导向学习的模型建构主要可以分为两个类型,一是线性模型,二是非线性模型。线性模型的基本程序是:诊断学习需要→确定学习资源→提供学习指导→进行学习评估;非线性模型的基本框架是:关照学习者本身的需求与特点,兼顾不同学习活动所处的不同情境与不同特点,换言

---

① 何露露,高志敏. 身体亲历学习与叙述性学习述略——基于卡罗琳·克拉克的研究 [J]. 成人教育(黑龙江),2006 (2):3.
② 同上:4.
③ 曾李红,高志敏. 非正式学习与偶发性学习初探——基于马席克与瓦特金斯的研究 [J]. 成人教育(黑龙江),2006 (3):3.
④ 同上:4.

之，学习者、学习内容、学习策略、学习阶段、学习环境等是其中必须得以充分体现的基本要素。至于自我导向学习的目标，梅里安则认为它锁定在"为了促进有助于获得解放的学习和有助于卷入社会行动的学习"。①

情感学习（affective learning）——在德克斯（J. M. Dirkx）看来，学习过程同情感具有众多的积极相关，或者说情感可以对学习活动产生许多正面的影响。具体而言，"支持性的学习氛围；教学者关心学习者的状况；教学者倾听学习者的心声；教学者尊重学习者的人格；教学者从内心将学习者视为一个个完整的、活生生的人；教学者热爱学生、热爱教学、热情洋溢、充满激情、真切投入，并能够调动每个学习者的积极性等"，② 都将使学习者形成正面的、有益的情感或情感体验，从而能够更好地促进学习的发生，抑或使学习者更好地完成学习。

同样，也正是在此过程中，我们心里留下了诸多震撼。且不论其方法如何多样，且似呈你中有我、我中有你的关系，也不论其内涵如何深切，且似呈你包含我、我包含你的关系，仅就其中因为生活事件、生活境遇而导致转化学习；因为生活世界、生活情境而发生情境学习；因为日常生活、职业生活使身体受到刺激，而形成身体亲历学习；因为生活经历、生活故事需要回顾或反思，而演变成叙述性学习；非正式学习随日常生活之机而生，与日常生活间彼此互融；偶发性学习随日常生活之遇而成，与日常生活间彼此互动；源自生活的需要、基于生活的情境而诱发、而展开自我导向学习；为了获得自我的解放，为了卷入社会的生活而推进自我导向学习；学习者状况定然包括生活状况，从而情感学习生于其中；学习者心声定然包含生活心声，从而情感学习成于其中；唯有完整、鲜活的生活才有完整、鲜活的人，情感学习立于其中等如此落墨于学习与生活的思想与阐述，心中首先获得的是一种释然，先前一直时隐时现的困惑——为什么来自异域的信息，反映在研究主题、视角、内容等方面，并不怎么青睐那些置于学校、制度背景下的，主要是始于教、基于教，为了教成、为了教好的讨论，而更乐意探讨那些置于一种更加广阔、

---

① 高志敏，宋其辉. 成人学习研究——基于梅里安的追述［J］. 河北大学成人教育学院学报，2006（1）：10.
② 王玉欣，高志敏. 成人情感学习述略——基于德克斯的研究［J］. 河北大学成人教育学院学报，2006（3）：10.

真实生活背景之下的，主要是始于学、基于学、旨在学成、旨在学好的问题，以及诺尔斯倡导的成人教育学理论，为何其中也同样充满着如何从"学"的视角出发，来帮助成人学习者学成、学好的思考等——至此似乎有些消弭了，心中渐渐明白，如此偏好的背后，一定是因为他们更愿意将教育——包括成人教育——理解为：

——教育包容在广阔的社会生活之间，教育体现在真实的生活世界之中；

——成人教育尤其不仅仅存在于学校，更广布于他们的生活世界；

——教育的过程乃至目的固然可以视为"生成自由的、全面的、充分的、社会的个人"，但这样一种过程与目的，最终又必定需要通过学习者本身的学习活动来实现；

——传统的教育理论主张主体改造客体，新兴的学习理念弘扬主体间在共同社会生活过程的交往与互动；

——教育、学习有些时候可以是有意识的、显性的活动，有些时候更可以是无意识的、隐性的活动，而作为已经离开了传统学校教育之围墙，在真实的社会舞台上扮演各种社会角色，在真切的社会生活中履行各种生活任务的成人，其情形尤其如此。

因为释然，所以心里面开始越来越确认这样一种认知：教育与学习，特别是成人教育与成人学习，就其更加贴近真实、接近真谛的事实而言，它们俨然融于广袤的社会生活之中，俨然渗透于真实的生活世界之中。事关每一个主体的能动的学，又终究比对于每一个本应是主体，却往往被视作客体而矢之塑造般的教，显然要来得更加重要。此外，生活情境下的学习方式与学习内容、生活世界中的学习目的与学习过程又一定会远比学校化、制度化情境下的安排或安置、设计或设定更加五光十色，千姿百态！

故事之三：

20 世纪 90 年代中后期，我曾在法国巴黎高等师范学院学习，师从社会科学系主任博德罗（C. Baudelot）教授。我自己确定的主要研究方向是社会变革及其与成人教育之间的关系。记得当时博德罗教授正在承担一项法国劳动部委托与资助的课题，叫作"BONHEUR ET TRAVAIL"，直译即是"幸福与工作"，意译即是"幸福观与劳动观及其关系"。很有幸，我和近二十位来自多个国家的学者一起参加了此项研究工作。

这项研究，其目的是想了解和分析在就业压力和失业现象日趋严峻的情形下，劳动者，包括失业人员，他们内心深处对就业、失业的真实看法，对幸福、主观幸福的真实感悟，以及对工作、就业状况与幸福、幸福生活之间的关系认知。所采用的研究方法便是自20世纪八九十年代以来，在国际社会科学、人文科学乃至教育科学领域开始盛行的质性研究方法。无数次的访谈、访谈描述与文本解读，使我真的有一种逐渐接近研究合作者（在此研究方法中，被访谈者常被视为一种特定的研究合作者）心灵的感觉，有一种逐渐走进研究合作者内心的感觉。这是我此前的研究生涯中从未有过的全新体验。这样一种全新体验在我心中留下了深刻的印象。

21世纪初，也就是在2002年前后，我得知我供职的大学也有师生开始运用质性研究方法来展开相关课题研究或博士论文写作。更为记忆犹新的是，2004年起，在国际交流过程中，来自丹麦罗斯基德大学的奥尔森（H. S. Olesen）教授作为对此研究方法颇有钻研与心得的专家，多次以"质性研究"为主题，为我们进行了专门的演讲。由于自己先前有过一次体验，所以对之特别敏感、在意，并且十分用心地鼓励和激发我的研究生对之给予特别的关注。不久，我们都感觉到质性研究，特别是作为其中重要的具体方法之一的生活历史法，因其尤其关注发生在人之各种社会生活过程中的事件、经验及其与教育、学习之间的关系，而显得尤为适用于成人教育、成人学习的研究。

为了真切掌握这种方法，我们大约自2005年春起就开始非常努力地做这样三件事情：安排研究生直接到丹麦去学一学；以团队读书研讨方式，探究质性研究特别是生活历史法的理论基础与运作规程；尝试在硕士、博士学位论文中对之加以运用。

现下回望，当时所付出的艰辛，真是得到了丰硕的回报：

——有三位研究生，宋其辉、王润清、贾凡，分别于2006、2007年，在罗斯基德大学举办暑期学校之际远赴丹麦，一方面发表此前学习质性研究的心得，一方面进一步探取质性研究的精髓。

——有八次关于质性研究特别是生活历史法的理论基础与运作规程之主题演讲和研讨，包括：批判理论与生活历史法（李洁）、批判主义与生活历史法（庞晓芳)、建构主义与生活历史法(王一凡)、经验理论与生活历史法(贾凡)、解释学与生活历史法(贾凡)、现象学与生活历史法——对成人教育研究的启示(王霞)、生活历史法基础与运用(宋其辉)、生活历史法初步解读与理论渊源探寻(高志敏)。

——有十多篇运用质性研究完成的硕士或博士学位论文,其中硕士论文有:《从学校到工作的转换——大学毕业生职业生活适应的个案研究》(纪军,2004)、《女性创业过程中的学习行为研究——基于生活历史法的个案分析》(王润清,2006)、《成人的职业认同与学习研究》(宋其辉,2006)、《城市化进程中农民学习需求研究——以上海郊区 B 村为个案》(贾凡,2007)、《新失业群体人生态度现状与转化研究》(王玉欣,2007)、《外出务工者回乡创业过程中学习样态研究——基于若干个案的分析》(曾李红,2007)、《教师专业发展中的学习个案研究》(王旭,2008)、《职业生涯发展中的非正式学习——基于若干专业技术人员个案的研究》(陈珂,2009)、《老年学习的精神生活影响力研究——基于若干个案的分析》(王静,2010);博士论文有:《海派学习文化研究——来自成人生活世界的考察与分析》(李洁,2009)、《青年农民工的生存境遇与学习行为研究——基于若干个案的分析》(崔铭香,2010)、《成人精神世界中的转化学习研究——基于生活故事的个案解读》(贾凡,2010)。

归总起来不过三件事,实际化将开来,却让我们在过去的五六年时间里不仅付出了大量的时间与精力、思索与探究,更于我自身的职业生涯、学术探索而言,发生了一种影响重大的变化,于研究生的学业生活乃至未来的职业生涯而言,亦形成了一种影响深远的学术素养奠基。因为,我们不仅由此初步了解了质性研究特别是生活历史法在理论上的来龙去脉,而且基本掌握了它们的运用规程,更重要的是,我们通过自己的真诚与努力,正在打开或已经打开了在各种社会舞台上扮演各种社会角色的成人学习者的心扉,从而"回归"乃至"卷入"了他们的生活世界,"走进"乃至"深入"他们的精神家园,尤其是窥察、窥探到了他们与"生活耕耘"相伴的学习行动与学习行为:

那些大学毕业生,为了实现从校园学生到职场成员的角色转化,其新的学习活动,与学校学习、课堂学习相比,散发出何等迥异的学习生活的底气!

那些创业女性，虽然年龄与家境各异、职业背景与创业际遇不同，但她们依然坚持驾驭自己的命运，由此所发生的学习行为，散布出何等浓烈的开创生活的气息！

那些组织或企业员工，在经济结构发生嬗变、经济增长方式进入转型轨道的情境下，他们围绕职业认同而展开的学习与思索，散溢出何等鲜明的顺应生活的特点！

那些由农民变为市民的人们，为了适应生活空间以及生活方式的转换，为了适应职业空间以及劳动方式的转变，其学习需求显现出何等厚重的来自生活的底蕴！

那些新失业群体，他们基于工作事件、人际交往以及未来畅想而确立其人生态度，其中所包含的教育与学习元素凸显出何等重要的出自生活的底源！

那些外出务工者，为将长期磨砺、长久打拼而来的经验与财富作为一种特殊的"资本"回报给故土，由此发生的学习样态彰显出何等鲜明的源自生活的底色！

那些中小学教师，为了推进自己的职业生涯、为了实现自我的人生价值，坚持自我导向学习成了他们的重要选择，而如此学习样式生成于何等现实的生活背景！

那些专业技术人员，为了改善自己的职业生涯，为了实现自我的生命意义，坚持非正式学习成了他们的主要选择，而如此学习方式发生于何等切实的生活情境！

那些老龄人员，为了心灵、精神上的满足与富足，依然乐此不疲于终身教育活动，百般勤奋于终身学习活动，而如此学习行为形成于何等真实的生活情景！

那些新上海人，在海派学习文化背景下，其"母亲教导""父亲教诲""告别无知""穷则思变""教师家庭中长大"的学习故事，是基于何等坚固的生活底座！

那些青年农民工为适应或改变生存境遇，其勇于尝试、勇于拼搏、不畏艰难、不甘命运安排而孜孜不倦地学习的故事，是基于何等坚实的生活底盘！

那些公司职员、个体商户、财务经理、留学海外的学子、中学校长、癌病患者、文艺天才等，在其精神世界中发生的一篇篇转化学习的故事，是基于何等坚挺的生活底域！

如此这般的用心窥察，终于让我们闻到了成人教育本来就出自生活的清香，抑

或成人学习本来就源于生活的芬芳;

如此这般的专心窥探,终于让我们看到了成人教育本来就出于生活的真实,抑或成人学习本来就融于生活的真相!

就这样一步一步,经由来自伊里奇与奥里格学说具有反向意义的刺激,经由对成人教育内涵具有基础意义的辨析,经由对成人教育实践具有立体意义的刻画,经由对成人教育现象具有解蔽意义的探究,经由对国外成人学习理论研究具有解析意义的思索,经由对各种成人群体及其生活背景下的学习行为具有质性意义的探察,内心对成人教育的体悟变得愈益深刻,如果说早先言说成人教育与成人生活、社会角色相关,或"教育即生活""生活即教育"等还只是一种口号,那么现下所论"生活中的成人教育与成人学习更加丰富多彩、绚丽多姿,更加五光十色、千姿百态",成人教育、成人学习具有"源自生活的清香与芬芳"、应有"融于生活的真实与真相",直至"源于生活、植于生活、为了生活",或者,"源于生活、成于生活、归于生活"等,便已然是一种实际的接受与认同。

如果说此前因对三大理念的体会愈益深入而再次坚定了心中那一柱图腾——终身教育信念,那么此处则因对成人教育的体悟愈益深刻而又再度坚定了心中的另一柱图腾——成人生活信念。于此,暂且不论其定然有助于加深对成人教育之"伦"与"理"的认识,重要的是,因为它们得以不断的坚挺与坚固,终而真让自己感觉自己的"知""情""意"距离成人教育的"道"与"义"、成人学习的"真"与"谛"越来越近了。

第五,对于"对话大师",心里感触愈益增强——关于"纲领"命题,在对话大师诺尔斯过程中,钦佩他那句"成人教育像文明史一样古老"的判断,同时,又感佩他在把脉成人教育(学)时,就其短缺症状所做出的三种真切诊断:其现代实践和研究积累"尚属初步阶段",其帮助成人学习的知识"尚在经验层面",其事关成人学习的理论"尚呈主观倾向"。心中尤其折服的是他要求在成人教育学的未来建设中充分作好面临坎坷、经受挫折的心理准备,充分发扬"敢""勇""乐"的精神,去争取与实现研究成果的诞生与添加、理论成就的发展与完善、科学基础的奠定与加强。

随着时间的推移,一方面更加感念大师的那份真情,领会大师的那份憧憬,另一方面，又因为大师本身对成人教育本就有的社会生活、社会角色与生活任务意识，以及在我自己思维田野里不断滋生、蔓延开来的角色感知、生活认知，故而我经常会在心中自我盘问：

成人教育（学），既然"像文明史一样古老"，那么，促使它天成的那一片土壤又究竟在哪里呢？

成人教育（学），作为一个独立的研究和实践领域，既然处在初创时期，那么，促使其发展壮大、走向成熟的那一片空间，又究竟在哪边呢？

成人教育（学），既然有关它帮助成人学习的知识还仅是一种基于经验甚至是过于狭隘或直接经验的知识，那么，能够促使其超越或升华，丰富或丰满起来的那一片地方，甚至是那一片先前也许已经熟视却未及经验过的地方，又究竟在哪处呢？

成人教育（学），若一味跟在传统学校教育后面做些临摹、做些拷贝，那么，又何须太多的"敢于""勇于""乐于"等之类的精神？反之，若想在一种具有自我意识的状态下有所创造与创新，那么，能够真正让"敢于""勇于""乐于"之精神有用武之地的那一片疆域，又究竟在哪方呢？

除此，我还在心里继续问自己：成人教育（学），若要求其研究成果得以诞生与添加，欲问，它的第一缕源头究竟深藏在何处？若要求其理论成就得以发展与完善，试问，它的第一簇根基究竟深植在何地？若要求其科学基础得以奠定与加强，敢问，它的第一块基石究竟深埋在何方？

对此，我尝试到成人的生活世界中去寻找"那一片土壤"与"那一片空间"，"那一片地方"与"那一片疆域"；尝试到成人的生活过程中去寻觅"那一缕源头""那一簇根基"和"那一块基石"！

第六，对于反思自己，心里感受愈益增多——如前所述，在我等的"体系说"里，关于"纲领"命题似有一段四部曲的思考过程：先是确认成人教育理论与实践是一门科学；然后表明要探获这门科学的理论依据、实践根基与体系构架，接着期待在理论功底方面实现飞跃、在实践运作方面走向理性；最后祈盼成人教育及其研究活动能够从此走向学科化和科学化的发展轨道。

如此考虑，从表面上看，似没有不妥，也包含着我自己的一腔热血和一份雄心壮志在里面。但是，深入一点来说，却因其中终究缺乏根基意识而显得绵软，且书生味十足，见华不见实；却因其中终究缺乏源点思考而显得无力，且格式化严重，浮泛而空洞。

其实，自在第三章里如此自我反思之后，相关的思索还在绵延，常常拨动自己心绪的问题是：作为一门科学，究竟当往何处去寻找它的本体？确定理论依据，究竟当往何处去寻觅它的本源？打造实践根基，究竟该从哪里去呈现它的本质？建立体系构架，究竟该从哪里去体现它的本相？实现理论飞跃，究竟应由哪里去张扬它的本真？追逐实践理性，究竟应由哪里去弘扬它的本色？走向学科化，究竟必须在何处去确定它的源点？迈向科学化，究竟必须在何处去锁定它的源起？

其实，时至当下，虽然这些问题还会经常造访我的思维田野，但我已然不再犹豫、不再彷徨，相反，它们带来了一种更加巨大的助力、推力，促使我义无反顾，勇往直前，决意在成人的生活世界中去追寻它的本体与本源，去追求它的本质与本相；决计在成人的生活过程中去贴近它的本真与本色，去接近它的源点与源起。

第七，对于基本品质，心中的认识愈益坚定——在此前的"伦理"命题讨论中，我袒露了内心世界对儿童教育（学）、成人教育（学）、终身教育这三个重要术语的一种顿悟，告诉大家在我自己的思维田野与认知田园中，终于发生了一种教育之人本精神的真正唤醒，并且深深期待让人本精神真正成为打造成人教育科学及其体系构建之基本品质的最终赢家！

其实，至此，心里面依然没有停歇如此以人本精神为核心的基本品质之思索。其中，有重温，有重现，有重读。

重温的是两位伟大人物的两句至理名言。

第一位是歌德。他说："生活在理想的世界，就是要把不可能的东西当作仿佛是可能的东西那样来对待、来处理。"反复思量，有三层理解潜入心间：其一，人类生活的世界是一个理想的世界，而所有理想又都有可能变为现实；其二，人类生活在一种理想的世界中，就一定会有其希望和追求；其三，理想的世界由具有理想的人组成，理想的实现由具有理想的人为之。由而，人之世界不断超越事实的特性一览无遗，人之本性不断超越现实的特质清晰了然。其最终折射出的便是一种人类的元本与人类的力量，以及人之元本的意义与人之力量的价值。

第二位是马克思。他说："每个人的自由发展是一切人的自由发展的条件。"

细细琢磨，有三种领会嵌入心中：其一，人类个体发展与整体发展的关系再次证明了"人的本质是一切社会关系的总和"；其二，未来的理想社会定然要拒绝人的自我异化，定然要通过人并且为了人而实现对人之本质的真正占有；其三，自由发展的精髓显然在于推崇人性之无限、充分而全面的发展。这不仅让我们在一种更为深切的哲学层面上明察了人的本性，明鉴了人的本质，同时也让我们在一种更为高端的哲学界面上见识到了一种人本思想的阐扬，领会到了一种人本精神的弘扬！

重现的是自己曾经的一个疑惑和一项研究。

记得最早阅读到联合国教科文组织国际教育发展委员会编著、华东师范大学比较教育研究所翻译、职工教育出版社出版的《学会生存——教育世界的今天和明天》一书，是在20世纪90年代初。20世纪90年代末，又见到了我国"联合国教科文组织教育丛书"编委会组织编纂、教育科学出版社出版的一套丛书，其中包括《学会生存——教育世界的今天和明天》《教育——财富蕴藏其中》《教育的使命》与《从现在到2000年：教育内容发展的全球展望》。

疑惑便产生于重读《学会生存——教育世界的今天和明天》与初读《教育——财富蕴藏其中》之后。

《教育——财富蕴藏其中》声称："终身教育建立在四个支柱的基础之上：学会认知、学会做事、学会共同生活与学会生存"，① 并指出"学会生存"是其中的重中之重。

《学会生存——教育世界的今天和明天》对"学会生存"的诠释是："人类发展的目的在于使人日臻完善；使他的人格丰富，表达方式复杂多样；使他作为一个人，作为一个家庭和社会成员，作为一个公民和生产者、技术发明者和有创造性的理想家，来承担各种责任。"②

《教育——财富蕴藏其中》对"学会生存"的阐述是："……以便更充分地发展自己的人格，并能以不断增强的自主性、判断力和个人责任感来行动。"③

---

①③ 联合国教科文组织. 教育——财富蕴藏其中 [M]. 联合国教科文组织总部中文科，译. 北京：教育科学出版社，1996：87.
② 联合国教科文组织国际教育发展委员会. 学会生存——教育世界的今天和明天 [M]. 华东师范大学比较教育研究所，译. 北京：教育科学出版社，1996：2.

然而，在此期间，我又读到不少有关"学会生存"的中国式解读，对此留下的最后印象是：让教育使我们的学生体魄变得健硕起来，知识变得丰富起来，技能变得出色起来，然后到市场经济中去竞争、去拼搏；到社会舞台上去学会生存、去获得生存，以求成为勇士、成为强者！

于是，我疑窦顿生：为何在国际式诠释中，似乎很难感受到"学会生存"有一种全然迫于生计、竞争压力的表达，他们关注的是人与人格、人的发展与人格发展、社会角色与社会责任，以及自主与责任，判断、发明与创造？

于是，我困惑横生：为何对于"学会生存"，中国式的解读与国际式的诠释在内涵认知、表达取向上有如此天壤之别般的差异？

这样的疑与惑，时断时续，困扰了我很多年。

2007年冬，我在与研究生伙伴共同切磋终身教育意义与价值时，将自己的这一疑惑说了出来，并决定展开一项研究，叫作"深入西方语境，解读'学会生存'"。

随之，我和我的一位原先专业背景为中文、一位原先专业背景为英文的研究生一起，前后花了将近一年的时间对此进行了研究。我们首先进入语言学语境，对其原文"learning to be"中的"be"，作了一回富有源起与演化意义的"词源探幽"，然后进入哲学语境，对"be"以及"X be"这样一种哲学命题模式作了一回富有原始与发展意义的"内涵解读"，最后对汉语"生存"一词的词源、词义进行了比照分析，我们将此研究最终写成万余字文稿，发表在了2009年最后一期的《中国成人教育》杂志上。

我们最终的研究结果，简括起来便是：

——词源探究表明，"be"，因为英语作为日耳曼语族西日耳曼语支，而与它的印欧语系有着极其密切的渊源联系；语言分类表明，"be"被称为系词（也称为系动词），系词本身没有实际意义（汉语通译为"是"），在句中仅表示主语、谓语之间的句法联系。

——词义演变表明，结合不同情境，"be"可以被表达为"保留""存在""发生""成为""生长"等意，更重要的是，"be"作为动词，可以单独使用，且后面的位置可以保持空缺，以至于生长成什么、发生了什么，抑或如何存在、如何成为，都可以让人们有无限的想象空间。

——"be"一旦置于哲学语境,其指称、其意涵,就更见深广、更见精妙。柏拉图曾用与之相当的希腊语"eimi"的动名词形式——"on"来演绎他的"相"论。诚然,"X be"作为一个特定命题又更多地出现在神学特别是哲学探索之中。

——主词"X"不为任何其他东西所规定,是"自为""自决"的,这也意味着"X"的发展就其广度而言,有无限的发展方向,就其深度来说,任何方向的发展在程度上都将是无限的。至于"be",其后面位置上的空缺,不但排除了来自"be what"(是什么)的干扰,而且还将注意力集中到了"X be"上。

——运用"X be"方式,使"learning to be"成为主动语态,由此,充分显示了对学习内涵的深刻理解——学习是每个人的生存责任;学习是每个人的生存方式;学习的主体是学习者自己;学习的动力来自学习者内在。

——运用"X be"方式,使"learning to be"成为主动语态,由此又充分彰显了对学习成就的殷切期望——通过主动学习,使每个人都能成为自己文化进步的主人翁与创造者;通过能动学习,使每个人都能不断迈向完美的精神世界与人生旅程。

——运用"X be"方式,使"learning to be"后面位置空悬,这一方面意味着人及其人格发展的无限可能性、丰富性,另一方面又昭示着对如此无限可能性与丰富性的理解将随时代变迁而变迁,或者说,对如此完善的人格与完美的人生的解释将随时代变迁而变迁。

与此同时,我们又了解到:

——迄今,"be"的汉译一般有两种,在"X be Y"结构中,"be"为系动词,译成"是";在"X be"结构中,则译为"存在"或"在"。

——长期以来,我国哲学界对"X be"结构中的"be"之词性略有争议,但一般还是认为这种结构中的"be"为实义动词,应该将其译成与之相应的实义动词之意"存在"。

——然而,考虑到这个结构中的主语为人,为了表示人和物的区别,并体现出人对自身以及对人与外物关系的意识,哲学界又倾向将之译为"生存"。所以,从哲学语境来看,"learning to be"汉译为"学会生存"还是比较准确的。

但问题是,在日常语境中,"生存"一词又十分容易与"生"和"存"及其最初始、最通常的理解联系起来。追溯其字源,"生"字"下像土,上像出","如草木生出于土上"；① 而"存"字，左上角部分原"是以戈挑着人头发的'头发'的简略形象，表示灾祸之意"，右下角的"子"在"灾"下，"意指经灾遭难，孩子还在"。②两字组合起来，就不难体现"生存"一词的本义了。其实，如此含义，与英语中的"survive"（幸存、存活）比较接近，但与"be"乃至"exist"所内蕴的哲学意涵显然相去甚远。以至于面对"学会生存"四个汉字，本土的理解便与原文"learning to be"的本义全然南辕北辙了，且几乎被引向了仅是一种"弱肉强食"的生物学层面上的解读，或者说，许多认知几近被圈限在了掌握生存技能、提高生存能力的范围，而强健体魄、培养吃苦耐劳精神，抑或提高竞争能力、增强抗挫能力等又近乎成了它的核心内容。

无疑，出现如此迥异理解的根本原因在于"learning to be"的语言结构在汉语中没有直接对等的方式（我们可以将"learning to learn"译成"学会学习"，"learning to do"译成"学会做事"，却没有办法将"learning to be"译成"学会是"），并对"学会生存"望文生义。当然，切入地说，更是因为本土话语和西方话语、本土哲学与和西方哲学、日常话语和哲学话语之间存在两重藩篱，从而引发了本土人士对"learning to be"的误读。③

一个疑惑的滋生，带来了一项研究的启动；一项研究的完成，消解了心中的困扰。也正是通过这样一个疑惑生成与解除的过程，我对"学会生存"形成了一种更加深刻与完整的理解。如今，它们又常常重现在我的思维田野，又常常"做客"于我的认知田园，让我对"人及其人格发展具有无限的可能性、丰富性"倍感人本意识的浸润，对"如此无限的可能性、丰富性，又必定会随时代演化而演化"倍感人本意识的浸染，对"学习是每个人的生存责任、生存方式"倍感人本思想的漫扬，对"学习者是学习的主体，动力源自内在"倍感人本思想的飙扬，对"让学习使每个人都能成为其文化进步的主人翁与创造者"倍感人本精神的光辉，对"让学习使每个人都能迈向其完美的精神世界与人生旅程"倍感人本精神的光芒！

重读的是人本精神渊源与科学发展思想。

---

① 许慎. 说文解字（注音版）[Z]. 长沙：岳麓书社，2006：127.
② 陈政. 字源谈趣 [M]. 广州：新世纪出版社，2006：173.
③ 高志敏，高宛芝，陈珂. 深入西方语境，解读"学会生存"[J]. 中国成人教育，2009（24）：12～18.

随着人本精神的唤醒，平日里关注人本精神的意识也就自然增强了，思索科学发展的内驱力增进了，明显的行为表现就是重读或者再读人本精神渊源与科学发展思想的概率增多了。

人本精神渊源的重读，让我再一次接近了它的原生区间与核心地带：

古希腊，在普罗泰戈拉（Protagoras）的哲学思辨中，就有了"人是万物之尺度，符合这个尺度的就是存在的，不符合这个尺度的就是不存在的"这样一个伟大的命题。

古罗马，在西塞罗（M. T. Cicero）和格利乌斯（A. Gellius）的著作中，"人性""人情"同样早早闪烁光芒，确立了人是"万物之灵"的认识论，人是"万物之主体"的价值观。

文艺复兴时代，"人是万物之尺度"的哲学命题得以深度弘扬。哲人们纷纷反对禁欲主义，抨击封建特权，呼吁远离"神"的心灵统治，力求挣脱教会的精神蹂躏。进而，他们肯定人的价值与尊严，坚信人的个性与理性，主张人的自由、独立与解放。

18 世纪，以自然主义人性论为基础，众多思想家以人道主义形式，提出了自由、平等、博爱的人本主义思想，主张热爱生命，渴望尊重人权，倡导为人类的独立、幸福而斗争。

19 世纪后半叶起，人本主义哲学家又开始关注人类自身的力量，并且强调人对自然的依赖，人对他人和社会的依赖。不久，又有哲学家揭示了人与自然、人与生存环境之间的矛盾，并试图寻求它们之间的平衡。

从 20 世纪中叶开始，一大批哲学家开始专门从人性的角度出发来思考问题，他们竭力主张人权，并崇尚"天人合一"思想和非理性主义思想。

其中一些著名哲学家的人本主义思想与学说让我感觉振聋发聩：

马克思基于人与社会的关系，开创了人本主义哲学的思维范式。他指出，共产主义一定是对私有财产即人的自我异化的积极扬弃，一定是通过人并且为了人而对人的本质的真正占有。而如此积极扬弃与真正占有又定然意味着人朝向作为社会的人，即合乎人之本性的人的自身的一种彻底而自觉的复归，同时又保存着以往人与人类发展的全部而丰富的成果。说到底，这样的共产主义，用马克思自己的话来讲，它显然"作为完成了的自然主义，等于人本主义，而作为完成了的人本主义，又等于自然主义"。①

萨特（J. P. Sartre）曾多次表白，他的哲学是对马克思主义的发展。他在1960年出版的《辩证理性批判》中试图将自己的存在主义与马克思主义结合起来，甚至想用存在主义去补充马克思主义。在他看来，人首先是存在，然后与他自己相遇，接着进入世界，最后才给自身赋予定义。他又坚信，"人不是一个纯粹的'自为的存在'，而是一个不断展望未来，通过谋划、选择和行动来成就自己未来的存在"。②

美国著名社会学家、心理学家弗罗姆深受马克思早期的异化理论影响。他从社会心理分析入手，一方面试图诊断资本主义社会非人性的病灶所在，另一方面又尝试为未来社会树立起一种人道化、健全化的理想目标。他认为，无论是"占有"还是"存在"，都系人的本能，都系人的天性，因而都是神圣的、不容轻视的。而一个人道化、健全化的社会，就是要借助"心理革命"，将人长久受到压抑的"存在"本能释放出来，并且促使人性中的排他性和群体性得到统一，从而使人形成具有主导价值的生存方式。在弗罗姆看来，这才堪称人类充满道德精神、体现健全意义的人性，而"人类的未来"才有可能真正迈向一种积极意义的"自由"。

马斯洛（A. Maslow）是一位人本主义心理学的旗手。他向往人性的真、善、美，他渴望社会的正义与祥和。马斯洛认为，追求自我实现是人与生俱来，即和人类生理特性规约密切相关的一种本能，且其潜在能量十分巨大，至于由之所演化开来的内容结构，又终可成为人类共同的终极价值。由此，他竭力主张构建理想的人际关系，抑或新型的社会关系，从而为体现对人与人性的珍视、充分挖掘人的自我潜能而提供优良的外部条件，为体现对人与人性的尊重、充分满足人的自我实现需求而提供优良的外部环境。

至于对科学发展思想的重读，体会良多，感触良多。

当然，在重读过程中，最重要的是心里面再一次坚定了一种基本认知，那就是：科学发展思想，其内核当体现人文精神，而人文精神的内核又必定展现人本

---

① 马克思. 1844年经济学—哲学手稿 [M]. 刘丕坤，译. 北京：人民出版社，1979：73.
② 张志伟，马丽. 西方哲学导论 [M]. 北京：首都经济贸易出版社，2005：336.

精神。

将此"基本认知"与成人教育结合起来,心里面便反反复复地自问自答着:

成人教育发展的主体究竟是何者?对之,几乎谁都会说是成人学习者。但是,现实中,"教"的扩张、"教"的膨胀,却远远盖过了对于"学"的眷恋,重重压过了对于"学"的体恤。事物发展若违背科学,违背逻辑,那就定然会误入歧途。

成人教育发展的动力究竟在何处?给出答案似乎也不难,即其最原始、最根本的驱动力来自学习者的需要。"源于、植于并为了生活"的成人教育尤当如此。但是,现实中,教者的一己之便或一己之利,却常常无情地冲走了学习者的纷繁之趣,侵占了学习者的多样之需。事物发展若倒挂其首,倒置其末,那就定然会陷进泥潭。

成人教育发展的尺度究竟是何种?琢磨一下,答案就在眼前,那就是广大成人学习者需要的满足程度。理由似乎很简单,即成人教育因各种成人群体的学习需要而发轫,而存在,而兴盛,因而,任何时候,任何情境,都没有任何借口可以来背离对其发展需求的关照和对其学习需求的满足。然而,在其留下的许多事实中,对"教"自行其是后的评量依然频繁,对"教"我行我素后的度量依然频密。事物发展若丧失其应有尺度,习非成是的后果定然会让人难以想象。

成人教育发展的目的究竟是什么?对之,似乎无需太多思量,甚至可以脱口而出:就直观而言,它显然在于最大限度地满足不同成人群体和个体的发展需要和学习需要。无疑,这同样是成人教育本身存在和发展的生命线。然而,在其留下的许多脚印中,"教"的自我满足依然强劲,"教"的自我陶醉依然明显。事物发展若偏离其本应循的轨道,南辕北辙的结局定然会让人痛心疾首。

成人教育发展的终极彼岸究竟在何方?对之,似也无须过多斟酌。无数次说过,也无数次听过:旨在实现人的终身而全面的发展。毫无疑问,此等"终极彼岸",远端可追溯到孔子和柏拉图时代及其思想之中,近端可以关顾到杜威和陶行知时代及其学术之中;深处,可以深究到马克思主义、毛泽东思想的创举之中,浅处,可以观察到我等研究者乃至普通百姓的通常认知与日常表达之中。然而,要警惕的是,现实中那一艘说是要驶向终极彼岸的船只,平和一点说,是尽在原地打转,对"终极彼岸"全然不理不睬;犀利一点说,它已然口是心非、逆向而去。事物发展若真的冷漠,甚至背向它的"终极彼岸",且不论"彼岸"必成虚幻,最终留下的兴许更是一宗罪过。

　　总而言之，因为有了人本精神的自我顿悟，故而有了对其渊源的关注，又再有了"以人为核心"之价值理念的重拾；因为有了人本精神的唤醒，故而有了对科学发展思想之内核的推究，又再有了结合成人教育发展，就其主体、动力、尺度、目的及其终极彼岸等关键议题的推演，其结果，便是再次坚定了自己在此前"伦理"命题讨论中，对于成人教育科学及其体系构建必当以人本精神来体现其基本品质的认定。

　　第八，对于基本德性，认同愈益坚强。在此前的"伦理"命题讨论中，论及成人教育科学及其体系构建的基本德性问题时——

　　我曾经诉说：既然教育本原就是以人为本，本该就是以人为本，那么，它就必定会同人的生命、人的生活结合起来。

　　我曾经呼吁：以真心关怀成年人与成人学习者，体恤成人世界与成人生活；以真情关心成人发展与成人学习，体察成人生活与成人教育；以真意关照成人多样化的学习需求，帮助他们履行多样化的社会角色，满足成人多样化的教育需求，帮助他们走向成功而美好的生活。

　　我曾经断言：没有成人发展，无以有成人学习的鲜活；没有成人生活，无以有成人教育的灵动；失落了成人社会角色扮演过程中的多样化学习需求及其满足，无异于抽走了成人教育的脊梁；失却了成人生活任务履行过程中的多样化学习需求及其兑现，无异于夺走了成人教育的灵魂！

　　最后，我又曾经由衷地期待：让角色关注、生活关切成为体现成人教育科学及其体系构建之基本德性的一种坚定而终极的选择！

　　同"伦理"命题讨论对成人教育科学及其体系构建确定以人本精神为其基本品质之后的情况一样，将角色关注、生活关切确定为其基本德性以后，我也全然没有停止过对它的思索。其中，有回想，有回忆，有回味。具体说来：

　　——为曾经的"诉说"而进一步回想起来的，是"终身教育理念开拓者"耶克斯里"成人教育根植于生活"的思想与表达。

　　他说：成人参与学习的目的"主要是为了解决他们遇到的问题，以及回应那些来自日常生活的挑战"。或者再深入一些说，那就是："当我们以生活与人群的角度来阐释成人教育，而不仅是以书本及正式学习科目的立场来看待成人教育时，我们将会看到到处都是新的机会和令人刺激的挑战。"①

对之，我的感受是：要领会、阐释成人教育，必须首先关顾成人群体——因为其本原就是以人为本；要领悟、诠释成人教育，必须首先关照成人生活——因为以人为本的成人教育，一定会同人在生命成长中遇到的问题联系起来，一定会同人在生活过程中遇到的挑战联接起来。作为成人学习者，定将在解决成长中的问题与回应生活中的挑战过程中张扬其生命的意义与灿烂；而作为成人教育，又定将在把成人群体的生命成长及其问题解决作为其本涵，把成人群体的生活及其挑战回应作为其本源的过程中，在不断迎接因问题解决而带来机会，因回应挑战而面临应战的过程中，显现其存在的价值与辉煌。

——为曾经的"呼吁"而进一步回忆起来的，是"终身发展论者"——美国心理学家埃里克森（E. H. Erikson）与"继续社会化论者"——法国国立工艺博物馆莱斯纳（M. Lesne）教授的思想与表达。

埃里克森认为，人到成年，与早年时代无异，在其生活旅程与生命征程中，同样有无数的过渡要完成，同样有无数的困难要克服。他说，一个新的生活任务或生命任务，即"表示一种危机，它的结果或是成功地完成，或是聚集将来的危机以对一生构成损害……每一次危机都为下一次危机作准备，正如此一步导向彼一步；每一次危机都为成人的人格再立一块基石。"②

莱斯纳认为，从个体必须不断适应自我成长与社会生活的关系来看，人到成年并不意味着社会化过程的结束，而恰恰是迎来了一个新的起点。他写道："如果真以为人的社会化过程随青少年时代的结束而结束，那么无疑是犯了一个极大的错误。应当看到，人的社会化过程是一个持续个体终身的过程。青少年时代强烈而紧张的社会化阶段一旦完成，成年时代的社会化活动便宣告拉开帷幕，并直至人的生命尽头。"③

---

① 彼得·贾维斯. 二十世纪的成人教育思想家 [M]. 王秋绒，等，译. 台北：心理出版社，1999：49.
② 约翰·拉斐尔·施陶德. 心理危机与成人心理学 [M]. 于鉴夫，等，译. 北京：华夏出版社，1989：8.
③ Marcel Lesne. Ttravail Pedagogie et Formation D'adulte. [S. l.]: Presses Universitaire France. 1979：22.

由之，心里面再一次掀起波澜。既然已经扬起了人本思想的风帆，那么：

面对同样处于过渡、艰难与危机时期的成人、成人学习者，有什么理由可以拒绝对他们的真心关怀？

面对消除危机损害、取得人生发展的热切期待以及为之而进行的学习，和战胜危机挑战、取得生活成功的深情渴望以及为之而展开的教育，有什么理由可以回绝对它们的真情关心？

面对因应危机循环而形成的学习需求、教育需求，以及每一次危机及其应对都将关涉人格基石的增添，包括社会角色的全新履行、生活际遇的重新创造，有什么理由可以推却对它们的真意关照？

既然已经披上了人本精神的光环，那么：

面对处在社会化过程新起点的成人、成人学习者，有什么理由可以漠然对待他们的真心体恤？

面对社会化过程必将贯穿人的整个生命、渗透人的全部生活，而持续不断的社会化过程又必然意味着学习需求、教育需求的不断发生以及学习行为、教育行为的不断形成，有什么理由可以漠视对它们的真情体察？

面对社会化过程必定是一个不断适应自我成长的过程，其中必然包含适切履行社会角色的需要，也必定是一个不断适应社会生活的过程，其中又必然包含获得成功生活的需要，有什么理由可以忘却对它们的真意满足？

——为曾经的"断言"而进一步回味几多的，是"成人教育学唤醒者"林德曼"成人教育源于生活、探索生活"，和"终身教育理念诠释者"戴维（R. H. Dave）"终身教育为了生活、融于生活"的思想及其描述。

林德曼有一句名言，叫作"生活本身就是成人的学校"。他在1925年所撰写的文章《何谓成人教育》（What Is Adult Education?）中接着告诉我们，成人教育"是一种事关成人学习的方法或技术，这种方法和技术可以使（成人）教育与（成人）生活联系起来，从而将生活本身提升到一种具有开拓性或开创性试验的水平"。①

---

① 达肯沃尔德，梅里安. 成人教育：实践的基础 [M]. 刘宪之，译. 北京：教育科学出版社，1985：77.
（此句译文有多种版本，故在引用中参照其他汉译，略有修改——著者注。）

戴维亦是通生活视角来诠释终身教育内涵的。他说："终身教育应该是个人或诸集团为了自身生活水准的提高，而通过每个个人的一生所经历的一种人性的、社会的、职业的过程。这是在人生的各种阶段及生活领域，以带来启发及向上为目的……的一种理念。"①

反复思索，可谓感触良多：

试想，不围绕成人发展，以获得启发与向上、开拓与开创为追求，何来成人学习的鲜活与鲜艳？

试想，不围绕成人生活，以提升生活本身，抑或是提高生活水准为宗旨，何来成人教育的灵性与灵动？

试想，如若无视成人在各种现实生活领域的社会角色扮演及其多样化学习需求的发生与满足，成人教育的风骨将何存？

试想，如若旁落成人在人生发展各种阶段的生活任务履行及其多样化学习需求的发现与满足，成人教育的神韵将何在？

总而言之，如果成人教育不能够交融、渗透在每个人一生所经历的人性发展与社会生活、职业生活等过程之中，如果生活本身既不是滋生学习与教育需求的土壤，又不是广大成人的一所特殊的学校，那么，敢问它的脊梁在哪里，它的灵魂在何方？

如此一番回想、回忆与回味，显然延展、深化了曾经的诉说、呼吁与断言。最重要的是，成人教育科学及其体系构建当坚定而终极地选择角色关注、生活关切作为其基本德性之体现这样一种认同，愈发变得坚定起来。

2005年前后，我为当时的成人教育学科建设或成人教育科学研究问题，也完全可以说是为现下的成人教育科学及其体系构建讨论，初步提出了一个有关其"纲领"命题的全新理念，谓之：回归丰富的成人生活世界，走进缤纷的成人精神家园！

此后，通过长时间的自我论证、相关研究实践，以及无数次与有关专家、同仁、伙伴的切磋，这样一个事关"纲领"命题的全新理念，在我自己的思维田野与

---

① 吴遵民. 现代国际终身教育论 [M]. 上海：上海教育出版社，1999：5.

认知田园中，已经变得别无他顾、不再另择了。

而眼下的新思考，再一次使我对"回归与走进"这一事关"纲领"命题的全新理念，因为对以往的缺憾感觉忧心忡忡和对以往的不足感觉焦虑重重，而又倍增了一份坚执；因为对"三大理念"的体会愈益深入和对成人教育的体悟愈益深刻，而又倍添了一份坚贞；因为对"对话大师"的感触愈益增强和对反思自己的感知愈益增多，而又再呈了一份坚持；因为对基本品质的认识愈益坚定和对基本德性的认同愈益坚强，而又再垒了一份坚守！

二、再洞见：性质与目标

如前所说，前瞻，意味着一种新的思索、一种新的选择。而新的思索、新的选择，对成人教育科学及其体系构建之性质、目标而言，又是一种新的洞察、新的洞见。

新的洞察，期待迎来新的认识；新的洞见，企望迎接新的认知。

第一，关于性质。

一开始，还是要遵守自己定下的规矩：前瞻行动，在其每一个基本命题具体展开之前，都应对它们的意义做出说明。

那么，围绕成人教育科学及其体系构建进行性质命题探索，特别是在此又试图对之再作新的洞察、新的洞见，其意义又究竟何在呢？

上一章，我曾经描述过"性质"一词的释义，认为比较规范的诠释是："事物所具有的基本特质（或特性与属性）"。至于我个人的理解，则是：可以说明或证明何物为何物的最根本、最内在，乃至别无替代的质性意涵。

据此，有关它的研究，或直接一些说，有关成人教育科学及其体系构建的性质研究，除了会有助于明确事物的归属、位置与关系等以外，从一定程度上，即从更具关键价值的角度上来讲，它主要表现在以下三个方面：

其一，辨认"特质"。即说明"什么是什么"，能够弄清楚"事物"——成人教育科学及其体系构建的基本特性或基本属性。换言之，证明"何物为何物"，即能够搞明白"事物"——成人教育科学及其体系构建之内在而独特的质性意涵。

其二，辨识"根源"。即发现"事物"——成人教育科学及其体系构建的基本特质的形成根源，抑或其质性意涵的形成根基。

其三，辨别"作为"。即明确"事物"——成人教育科学及其体系构建受其基本特质及其根源，抑或质性意涵及其根基的规约，而所能表现出来的作为，包括特定的运演形态或特定的运演效能。当然，这些形态、效能，同样也可以构成其基本特质或质性意涵本身。

一时间，冲动着想将此三点理解，与诺尔斯有关成人教育学之"什么是什么"的表述联系起来，从而试对性质研究的意义做出一个举例式的说明。

诺尔斯说："我对照儿童教育学，把成人教育学定义为帮助成人学习的艺术和科学。"这无疑是对成人教育学进行性质研究的结果。根据以上对性质研究的意义理解，将之拆解开来，兴许可以对应性地解释为：

——"成人教育学是帮助成人学习的艺术和科学"，可以说是"特质"辨认意义的体现，即反映了事物的特性、属性，说明了"什么是什么"，或者说，呈现了事物的质性意涵，让人有了"何物为何物"的感觉。

——"对照儿童教育学"，又可以说是"根源"辨识意义的体现，即通过自我概念、经验积累、学习准备、学习倾向这样四个点位上的差异识别，而确定了成人教育学的理论根源，或者说理论根基（当然，这里边也暗含以儿童教育学为坐标的"位置"与"关系"之意）。

——"帮助成人学习"乃至"艺术和科学"，除了具有"特质"辨认意义，即对成人教育学的特性、属性或质性意涵做出了具体的认定以外，同时也表现出了它们的"作为"辨别意义，即明确了受其基本特质及其根源，抑或质性意涵及其根基的规约，而所能发生的"特定的运演形态或特定的运演效能"。

进而言之，尽管一项事物的性质蕴含在其现实表征中总会将此三方面的内容裹融在一起，但在讨论其研究意义时，又可以说：

——对"什么是什么"的确切表达，取决于对事物特质、特性的准确拿捏，或者说，对"何物为何物"的恰切表述，取决于对事物质性意涵的适切把握。

——对事物特质、特性的准确拿捏，抑或对事物质性意涵的恰切把握，又取决于对其形成根源的真正探获，抑或对其形成根基的真正发现。

——唯有如此，才有可能对事物的作为，或对它的运演形态做出准确的判断乃至合理的推进，或对它的运演效能做出准确的认识乃至合适的发挥。

叙说至此，我忽然发现，于此有关成人教育科学及其体系构建之性质命题的讨论，对其"谈资"的初始选择，以及对其诉说"路线"的初始铺排，似乎都当发生改变了。

起因何在呢？刹那间，似乎体内所有的能量都在为寻找理由而"紧急集合"，似乎脑中所有的细胞都在为发现缘由而进入"临战状态"。这种体验是奇妙的，这种感受是诡异的，这种感觉更是令人振奋不已。

很快，我回答自己：对话大师而生成的疑问与期待，反思自己而提出的批评与期望，已然使"性质"命题的新思考有了铺垫。

更为重要的是，我很快意会到：随着性质研究意义的明朗，此前关于"伦理"命题的新阐扬，完全可以十分自然地作为"性质"命题新洞察的基因和依据；随着性质研究意义的明晰，此前关于"纲领"命题的新擘画，又完全可以十分自然地构成"性质"命题新洞察的基础和根据。

现在，我甚至感觉可以很快搁置权威人士贝尔纳的"教导"，一个关于成人教育科学的"严密、简单的定义"正在我的思维田野、认知田园的地平线上呼之欲出！

那就让我们重新静下心来，一步一步地进行回念，并在回念中对"性质"命题进行新洞察、新洞见。

回念与洞见之一，自然是事关诺尔斯对成人教育学和我等对成人教育科学的性质界定与演绎路线，以及在"对话大师"中对新洞察所表达的期待，和在"自我反思"中对新洞见所提出的期望。

诺尔斯说：

"儿童教育学是教儿童的艺术和科学。开初，我对照儿童教育学把成人教育学定义为帮助成人学习的艺术和科学。"①

"现在，我倾向于认为，成人教育学只是另一种有关学习者的模式，可以与儿童教育学的理论模式同时应用。"②

---

①② 诺尔斯. 现代成人教育实践 [M]. 蔺延梓，译. 北京：人民教育出版社，1989：40.

"我根本不把成人教育学视为一种思想意识。我认为它只不过是一种关于学习者情况的理论系统。"①

其基本的演绎路线是：对比儿童教育学与成人教育学的理论基础→确定儿童教育学是教儿童的艺术与科学→确认成人教育学是帮助成人学习的艺术与科学→认为成人教育学与"思想意识"无关→声明成人教育学作为一门艺术和科学只是另一种关于学习者（情况）的理论模式或理论系统→作为另一种理论模式或理论系统，可以同儿童教育学的理论模式或理论系统同时应用。

其中的时代创举意义不言而喻，至于想与大师"对话"的问题，其实也就是对"性质"命题新洞察所持的期待，主要是：如果能够与"思想意识"适当地联系起来，特别是能够坚定地与他自己提出的"帮助成人在一个加速变化的世界里更加成功地生活"这样一种主张紧密地结合起来，即能够毫不迟疑、义无反顾地和"成人的生活与帮助成人生活"这样一种意识径直地融合起来，那么这门学科的性质又将会得到一种什么样的规约？亦即它的形成根源或根基将会得到一种怎样的认定，其应有的特质或特性将会得到一种怎样的表白，其特有的运演形态或运演效能又将会得到一种怎样的确认？

至于我自己，因为当时顺应了贝尔纳的见解，所以并未对成人教育科学给出一个"严密的、简单的定义"，而是采用所谓"广泛的、阐明性的叙述"方法试着对其做了诠释与表达。

其基本的演绎路线是：确立四项基本假设（成人教育属于教育范畴、成人教育学是教育学的分化、成人教育科学的母体是教育科学、成人教育科学没有理由拒绝科学与教育科学观的双重影响）→叙述贝尔纳对科学的内涵诠释（认为是一种建制、一种方法、一种累积的知识系统、一种维持和发展生产的主要因素、一种观念的重要来源）→呈现教育科学内涵的一般理解→描述按照贝尔纳的解读模式对教育科学内涵所进行的理解（认为其是一种知识体系形态、一种研究活动形态和一种实践功能形态）→推演成人教育科学的内涵（认为是一种研究组织系统、一种研究活动系统、一种研究方法系统、一种研究结果系统、一种创新系统、一种实践运用系

---

① 诺尔斯. 现代成人教育实践 [M]. 蔺延梓，译. 北京：人民教育出版社，1989：65.

统、一种"生产力"因素）→说明成人教育科学相比科学和教育科学所具有的个性色彩→对比教育科学，在个性色彩描述的基础上，再从"研究组织系统"到"生产力"因素逐一阐述成人教育科学的不可替代性。

其中，值得自我表扬的地方显然寥寥无几，需要自我批评的地方倒是俯拾皆是，主要是：虽然可以为没有给出一个"严密、简单的定义"找到许多理由，也许迄今为止它依然是一个颇具挑战性的问题，但不得不承认自己当时存有一种畏首畏尾的心理。也许运用贝尔纳的叙述模式并非不是解读关于科学问题的方法之一，但又不得不承认自己当时存在一种简单仿效的倾向。

尤其要命的是：在成人教育科学"什么是什么"的定义中，实在难见其真正意义上的根源追溯；在成人教育科学"何物为何物"的释义中，实在难觅其真正意义上的根基探究；在成人教育科学的所有诠释中，一种确实具有透亮而见底之意义的特质、特性抑或质性意涵，并没有被掀开隐秘的盖头；在成人教育科学的全部阐释中，一种确实具有鲜明而见真切之意义的运演形态抑或运演效能，也并没有被揭开神秘的面纱。

显然，在同"一个更为广阔的科学的整体"之间的关系方面，它亦徘徊在一种似是而非的模糊状态之中。

最后，经由自我反思，对于"性质"命题新洞察、新洞见的两点期望是："科学"一词被过多纠结的情形必当有所改变；成人教育作为一门科学本身，其根源或根基、特质或特性、运演形态或运演效能被严重忽略的状况必当有所改正。

回念与洞见之二，即在"终身教育信念"与"成人生活信念"这两柱图腾的光环下，"伦理"命题的全新阐扬给我心中带来了通透之感，当它与"性质"命题联系起来，便又为后者的新洞察、新洞见而在心中产生一种通达之感。

缘于"等边三角形"那颗种子，我通透：成人教育归属的认定，其一般的传统学校教育基准从此可以也必当让位于现代的终身教育理念基准；我通达：成人教育科学归属的认定以及在其性质层面上的反映，可以也必当开拓到一种更加宽广的视域。

缘于"相同重量"那颗种子，我通透：成人教育之"伦"的鉴定，其狭隘的基于一般教育概念的推演，从此可以也必当让位于开放的终身教育及其理念识别；我通达：成人教育科学以及在其性质层面上的表现，从此同样可以也必当不再自我卑微,并能够寻找到自己适当的席位。

缘于"互融关系"那颗种子,我通透:成人教育之"理"的裁定,其狭隘的基于一般教育概念的推导,从此可以也必当让位于先进的终身教育及其理念判别;我通达:成人教育科学以及在其性质层面上的表征,从此同样可以不再自我压抑,相反能够充分张扬个性、彰显特色,并且可以取得与一般教育科学之间的互补与交融,甚至可以尽显它的开拓意义与创新意义。

缘于"人本精神"那颗种子,我通透:成人教育之"意",本来就在于对成人的引导与引领,因而成人教育科学必当体现人本精神,让"学习中心""学习者中心"成为成人教育科学锻造其基本品质的一种坚定选择;我通达:这样一种精神,这样一种品质,这样一种选择,又必当在它的性质认定中张扬开来。

缘于"生活底蕴"那颗种子,我通透:成人教育之"涵",本来就和成人的社会角色扮演紧紧相伴,本来就和成人的生活任务履行紧紧相依,因而成人教育科学必当更加体现生活底蕴,让角色关注、生活关切成为铸造其基本德性的终极选择;我通达:这样一种底蕴,这样一种德性,这样一种抉择,又必当在它的性质刻画中涌溢出来。

回念与洞见之三,便是随着"回归丰富的成人生活世界,走进缤纷的成人精神家园"这样一个全新理念的生成而在我心中所产生的通彻与通亮之感。可以说,这些通彻与通亮之感既可指对成人教育科学及其体系构建思考的整体,又可以说它们特别发生在纲领新擘画、性质新洞察的过程之中。

因为对以往的缺憾愈益忧心,我通彻:它使成人教育及其研究与其本原生分、与其本真生疏、与其天赋职责远分、与其天禀使命远离;我通亮:成人教育科学及其体系构建,必当寻找到回复其本原与本真、彰显其天赋职责与天禀使命的新通道。

因为对以往的不足愈益焦虑,我通彻:它使成人教育及其研究与其本源隔阂、与其本然隔离、与其天赋旨意相违、与其天禀旨归相背;我通亮:成人教育科学及其体系构建,必当探获到回还其本源与本然、彰显其天赋旨意与天禀旨归的新出路。

因为对"三大理念"体会愈益深入,我通彻:终身教育包含"生活"概念,终身学习包含"生存"概念,而作为终身教育先锋力量的成人教育,作为终身学习主体构成的成人学习,由于它们本就源于生活、植于生活、为了生活,而成为"生活"或"生存"概念最为忠实的体现者;我通亮:"终身教育信念"那柱图腾正在迸发它的巨大力量,由此,成人教育科学及其体系构建焉有不"回归"之理,焉有不"走进"之由?

因为对成人教育体悟愈益深刻,我通彻:千万不要再怀疑成人教育天生拥有那缕"源自生活的清香与芬芳",千万不要再置疑成人学习天然拥有那份"融于生活的真实与真相";我通亮:"成人生活信念"那柱图腾正在迸射它的伟大力量,由此,成人教育科学及其体系构建必当通过"回归"而去贴近成人教育的"道"与"义",必当通过"走进"而去接近成人学习的"真"与"谛"。

因为"对话大师"的感触愈益增强,我通彻:为了求取成人教育科学的研究成果、理论成就与科学基础,必须首先找到它们的"第一缕源头""第一簇根基"与"第一块基石";我通亮:唯成人的生活世界,唯成人的生活过程,才是那缕源头深藏、那簇根基深植与那块基石深埋的地方。

因为反思自己的感受愈益增多,我通彻:对于成人教育科学缺乏根源与根基的真正思量,其结果一定是要有多糙有多糙,要有多俗有多俗;我通亮:当在成人的生活世界中去追寻它的本体与本源,去追求它的本质与本相,当在成人的生活过程中去贴近它的本真与本色,去接近它的源点与源起。

因为基本品质认识的愈益坚定,我通彻:唯有人本精神的真正唤起,才有可能领会到成人教育最为真实的主体、动力、尺度、目的以及它的终极彼岸;我通亮:充满人本精神的成人教育,必定会规约一种注入人本思想的成人教育科学,而"回归与走进"又必定是这样一种成人教育科学生成与发展必然的实践抉择。

因为基本德性认同的愈益坚强,我通彻:成人教育如果不能与其主体的社会角色、角色任务结缘,如果不能与其主体的生活世界与生活任务结盟,那么,它的"脊梁"与"灵魂"定然无从说起;我通亮:充满生活信念的成人教育,必定会规约一种注入角色关注、生活关切的成人教育科学,而"回归与走进"又必定是这样一种成人教育科学生成与发展首要的行动选择。

言说至此,真是很想说一声:读者诸君,你们辛苦了!因为以上和大家分享的内容,很大一部分在此前都有所呈现。然而,正是这样一个分享过程,让我这个叙述者对有关成人教育科学及其体系构建的性质认识问题,早先畏首畏尾的心理消减了，简单仿效的倾向也克服了。感觉那种"蠢蠢欲动"，只需再凝一凝眸、再定一定神，使劲发力一下，便有可能得出一个"严密定义"的力量似乎正在叫板贝尔纳"'科学'不能以严密定义来诠释"的权威判断；那种"跃跃欲试"，再铆一铆劲、再运一运气，用劲奋力一下，就有可能给出一个"简单定义"的力量似乎又在挑战贝尔纳"'科学'不能以简单定义来解释"的权威论断。就让我为生成一个"严密定义"而发力、形成一个"简单定义"而奋力之前，再凝一凝眸：

——性质认知的重要意义之一，在于辨认特质；

——性质认知的重要意义之二，在于辨识根源；

——性质认知的重要意义之三，在于辨别"作为"。

再定一定神：

——突破诺尔斯的思维，特质认知不再仅仅限于和儿童教育科学的简单对比；

——弘扬诺尔斯的思想，特性认知与"成人生活与帮助成人生活"径直联接；

——踩着诺尔斯的肩膀，"作为"认知，由"帮助成人学习"而更大限度地扩展开来；

——消解对科学、教育科学理解的惯性，去明晰规约成人教育科学及其体系构建之特质的真正的来龙去脉；

——摆脱对科学、教育科学概念的依赖，去掀开成人教育科学及其体系构建之真正特性的那层盖头；

——消除对科学、教育科学概念的纠结，去揭开成人教育科学及其体系构建之真正"作为"的那块面纱。

再铆一铆劲：

——"终身教育信念"永不怀疑；"成人生活信念"永不置疑。

——"等边三角形"使我坚定：以终身教育视野来审视性质认知中的学科归属；

——"相同重量"使我确定：以终身教育理念来谋取性质认知中的学科席位；

——"互融关系"使我认定：既张扬个性、彰显特色，又实现与一般教育科学的互补；

——"人本精神"使我决定：特质认知中，必须体现饱满的人本思想张扬；

——"生活底蕴"使我圈定：特性认定中，必须呈现充分的成人生活关切。

再运一运气：

——"回归丰富的成人生活世界"永不旋踵；"走进缤纷的成人精神家园"永不易辙。

——消除缺憾，当使性质新洞察成为再认其本原与本真、职责与使命的机会；

——克服不足，当使性质新洞见成为再识其本源与本然、旨意与旨归的机遇；

——遵循"三大理念"，当使特质体现生活回归的色彩、弘扬精神观照的神韵；

——还原成教本色，当使特性连接其本来的"道"与"义"、"真"与"谛"；

——显示对话结果，深信它的源头、根基、基石就隐埋在成人的生活世界之中；

——呈现反思成果，坚信它的本质、本真、源点就隐藏在成人的生活过程之中；

——新的品质，规约"回归"，而"回归"又必定规约其在特质层面的嵌入；

——新的德性，规约"走进"，而"走进"又必定规约其在性质层面的发散。

就学理而言，这"凝眸"中的研究意义兴许还不尽完善，这"定神"里的愿景图像兴许还不够完美，这"铆劲"中的着力点位兴许还不够充分；这"运气"中的"敛力半径"兴许还不够宽阔，甚至，对其中可能存在的交叠关系、上下位关系，亦还未及有所分明与交代，但不管怎样，我心中的真实愿望便是极想紧随如此回念与洞察，尤其是在刚刚"凝眸"与"定神"、"铆劲"与"运气"之后，立即让如下这样一个事关成人教育科学及其体系构建的"性质"认知，或者干脆说，一个有关成人教育科学的"严密而简单的定义"呱呱坠地：

成人教育科学是在终身教育思想光芒沐浴下，遵循并实践教育贯穿人的一生的理念，携手儿童教育科学，相互解读、相互勉力，弘扬人本精神，以促进人的终身全面发展为宏旨，尊重成年时期及其各阶段个体所扮演的社会角色，关切成年时期及其各阶段个体所承担的生活任务，视其在现实生活世界中发生的学习需求与学习活动为探索行为以及学科存在与发展的滥觞，视其在实际生活过程中生成的教育需求与教育活动为探究行为以及学科存在与发展的源泉，努力为之探获具有真切理论解释、认知、创建意义和适切实践引领、支持、服务意义的知识与方法，使其学习或教育需求得到满足、学习或教育活动得以施行，从而帮助他们走向成功的学习、成功的生活，促进他们走向成功的人生，这样一门需要借助与投入"人的科学""社会科学""生活科学""（终身）教育科学"等多元视角、综合智慧思考的新兴学问。

终于，带着身上的那份职责与辛劳，守着心中的那份清净与清宁，写毕"新兴学问"四字，为这个段落画上了句号。回过头来，很想对读者诸君说：

——这个定义严密吗，请你们评说。坦白地说，不论评说结果如何，要在十多年前，我是写不出来的，即便有这样的心愿，也没有这样的魄力。

——这个定义简明吗，请你们评量。同样很想坦白的是，不论评量结果如何，要在十多年前，我是道不出来的，即便有这样的想法，也没有这样的能耐。

——在这个定义中，成人教育科学的"归属""位置"与"关系"显现了吗，显现得对不对，我们一起来感觉。

——在这个定义中，成人教育科学的"特质""根源"与"作为"绽显了吗，绽显得够不够，我们一起来感受。

不过，无论如何，我还是想用点时间，花点篇幅，再往深处跨一步，再来阐述一下在"性质"命题的新洞察与新洞见中，或者说在这一学科定义的综括与描述中，又何以突出了终身教育信念与成人生活信念，凸显了"回归"意识与"走进"意识。

其缘由，也许就是心里还深深地藏着成人教育史实中的两个片段，和一位著名哲学家思想中的两段表达。

史实的第一个片段来自1950年考入清华大学哲学系的前辈——范明生所著《柏拉图哲学述评》（上海人民出版社，1984年版）一书。范明生在书里告诉我们：

柏拉图一生，尤其在他的晚年，不仅在雅典而且在整个希腊世界享有极高的声誉。他在人们心目中的形象，一如他逝世时其最有才华的学生亚里士多德在悼词中所念颂的那样："岂岂盛德，莫之能名。光风霁月，涵育贞明。有诵其文，有瞻其行。乐此盛世，善以缮身。"①而累累功绩中，让人特别追念的是他于公元前387

---

① 范明生. 柏拉图哲学述评[M]. 上海：上海人民出版社，1984：27.

年在雅典城外创办（之后存在、发展近千年）的"学园"，以及他为之奉献的思想与实践。

柏拉图强调："教育应该是终身进行的。"① "假使公民从小受到良好的教育，就会成长为理智的公民，甚至连统治者没有做出规定的种种事项都能遵循正确的方向，理想国就有一个好的开头，整个国家机器的运转也就顺利。"②

柏拉图声称："立法者应该把教育当作头等大事。"③ "（如果）单纯凭借立法，而不主要凭借教育，要想实现理想国是根本不可能的。"④

柏拉图指出："教育的主要目的，不仅仅是知识的传授，更不仅仅是考虑受教育者将来谋生的需要，而主要是培育心灵。"⑤ 或者说，"教育的目的在于实现心灵的转向，从沉思变易到沉思存在"。⑥

柏拉图认为，教育的阶段设计和内容安排应当是：

三岁开始，接受适当的"惩戒"教育；

三到六岁，参加宗教仪式，接受宗教教育；

六岁开始，男女儿童分开接受教育，学习人文、音乐以陶冶心灵，学习体育运动以锻炼身体；学习骑、射、投掷兵器以获得军事素养；

二十到三十岁，学习数学、平面几何、立体几何、天文学、谐音学，旨在为进一步学习最高辩证法做好预备，为最终把握"理念"而奠定基础；

三十到三十五岁，进一步学习辩证法，即凭借推理、理性去把握永恒不变的实在、理念，直到把握最高的善理念。在柏拉图看来，"善理念是知识及其对象的统一，是一切存在和知识的原因，只有把握辩证法的人，才能把握善理念……只有把握了善理念的哲学家，才能以善理念为模型、为蓝图，来塑造人间的理想国"；⑦

三十五到五十岁，是统治者、管理者们出任各种公职的时期，但也要接受执政咨询与管理训练；

五十岁以后，脱离实际的政治或社会管理活动以后，便再要转回去，从事哲学

---

①⑤ 范明生. 柏拉图哲学述评［M］. 上海：上海人民出版社，1984：416.
②③④ 同上：415.
⑥ 同上：417.
⑦ 同上：419.

探讨与学习。①

这种教育思想在"学园"得到有力的施行。就像学者沃梅尔（Wormell）所描述的那样：这是一个训练基地，它"不仅维护一种特殊的政治理论，而且还对那些已经获得政权的成员们提供实际的指导"。②

抛开柏拉图的政治抱负取向和所生存的时代局限不论，其"教育谋求善理念""教育旨归理想国""教育重在培育心灵""教育过程贯穿一生""人到成年需要学习""人到成年能够学习""学习需求多元呈现""教育内容多维覆盖""认知过程循序而进"等，形而上而言之，全然堪称现代终身教育思想最为完美的两千多年前的"雅典版本"。难怪亚历山大·凯普要与大师柏拉图进行深度对话，要写一部《柏拉图教育理念》的书，要开先河地提出"成人教育学"这个概念，并以此名义，要在书中以"成年人的成人教育学或教育"为题，用两百多页的篇幅，来洋洋洒洒地论述成人的终身教育、终身学习问题。

史实的第二个片段来自第二章曾提及的、成人教育界同仁——祝捷教授所著，2006年由东北师范大学出版社出版的《成人教育概论》一书。书中描述说：

"孔子在中国历史上首创私学，完全按着自己的意志进行培养人的活动。"③

孔子主张："有教无类。""'无类'亦即不分种族、不分贫富、不分长幼。成人显然在孔子的教育视野之内。"④

孔子指出，教育的目的，"就是要培养'志于道''志于仁'的志士、君子和（智、仁、勇、礼、乐兼备）的成人（完人）"。"在'有教无类'的基础上，孔子把'成人'（完人）作为实施教育的规格标准，是其对社会成人群体的教育期望之所在。"⑤

孔子40年的教育实践，对终身教育与终身学习，或对成人教育与成人学习做出的贡献，主要表现在：

"第一，广泛的教育对象为成人学习提供了机会——孔子的弟子来自齐、鲁、

---

① 此处的"设计和安排"整理于：范明生. 柏拉图哲学述评 [M]. 上海：上海人民出版社，1984：419.
② 范明生. 柏拉图哲学述评 [M]. 上海：上海人民出版社，1984：23.
③④ 祝捷. 成人教育概论 [M]. 长春：东北师范大学出版社，2006：43.
⑤ 同上：44.

宋、卫、秦、晋、陈、蔡、吴、楚、郑等各诸侯国，且分属不同的社会阶层。有出生于奴隶主贵族的孟懿子、南宫敬叔、司马牛等；有'穷居陋巷，一箪食，一瓢饮'的颜渊；有被称为'卞之野人'，食藜藿、百里负米养老母的子路；有身着芦衣为父推车的闵子骞；有亲自耘瓜，帮母织布，三年不举火、十年不制衣的曾参；有家无置锥之地的仲弓；有'缧绁之中'的犯人公冶长；有曾为大盗的颜涿聚；还有'家累千金，结驷连骑'的大商人子贡。孔子的学生群体就是当时社会成员构成的缩影。

"第二，丰硕的教育成果证明了成人教育的价值——在学校教育刚刚出现，受教育的权利还只是统治阶级弟子的专利的时候，孔子的教育冲破阶级、年龄两个束缚，其设想能否成功，不能不受到世人尤其是统治者的怀疑。然孔子奋斗40年，实实在在地培养了许多'学而优'的学生，所谓'弟子三千'堪称私学之首，而'七十二贤人'更是不世之功！他们或为相，或为师，'大者为卿相师傅，小者有教士大夫'，直至后世'从属弥众，弟子弥丰，充满天下'，展示出成人学习的丰硕成果。

"第三，独到的教育方法蕴涵了终身教育的理念——孔子的教育目标是'学而优则仕'，但其在办学过程中又不断实践着'仕而优则学'。当时鲁、齐、卫等国的执政者都多次向孔子请教治国安邦和制礼作乐等许多问题，已经踏上仕途的学生更是常遵孔夫子之旨，执政不忘治学。尤其是孔子本人，求知不厌、治学不倦，堪称终身学习的楷模、孔子的终身教育、终身学习思想意识，已经超越了他所处的时代。"①

一边转录着祝捷教授书中的话语，一边体味着其中的意境。若撇开一定的思想意识与时代局限，以现今的终身教育视角来看：

"有教无类"，是一种多么伟大的终身教育思想认识与实践指针；

学习者主体"无地域、无富贵""无阶级、无年龄"之分，是一种多么伟大的终身教育观念；

培养"志于道、志于仁"并"成人"者，是一种多么伟大的终身教育追求；

---

① 祝捷. 成人教育概论[M]. 长春：东北师范大学出版社，2006：44.

"贤达七十有二""弟子三千有余""从属弥众，弟子弥丰，充满天下"，是一种多么伟大的终身教育成就；

"学而优则仕"复又"仕而优则学"，是一种多么伟大的终身教育思想体现；

"求知不厌"以及"治学不倦"，是一种多么伟大的终身教育思想精髓张扬！

顷刻，我又郑重地提醒自己：千万不要忘了，所有这一切，都发生在两千五百多年之前！如此这般，再度形而上而言之，同样可以将之称为现代终身教育思想与实践最为完美、珍藏时间最为久远的"中国版本"。兴许也正缘于此，我有时候会突然冒出一个疑问：到底是儿童教育在先，还是成人教育在先？

至于那位"著名哲学家"，便是同丹麦哲学家克尔恺郭尔（S. A. Kierkegaard）一样，"给西方哲学带来战栗"的尼采（F. W. Nietzsche）。英国哲学家安东尼·肯尼（A. Kenny）在其《牛津西方哲学史》（*The Oxford History of Western Philosophy*）一书中说：之所以认为尼采"给西方哲学带来战栗"，是因为他的哲学思考直接指向了对西方思想遗产的彻底改造，这些思想遗产包括理性、自然、上帝、时间、宗教、德性等，也就是说，"尼采的思想是批判性的，一般地说是对人类状况的广泛的沉思，具体地说是对现代性的沉思"。①而正是如此有关"人类状况"——"生活世界"与"人之本身"状况的"一般的广泛性的沉思"与"具体的现代性的沉思"，遂有两段有关他的思想表达久久萦绕于心。

第一段表达是："世界就是：一种巨大无比的力量，无始无终；一种常住不变的力量，永不变大变小，永不消耗，只是流转易形，而总量不变……一个奔腾泛滥的力量的海洋，永远在流转易形，永远在回流，无穷岁月的回流，以各种形态潮汐相间，从最简单的涌向最复杂的，从最干净、最硬的、最冷的涌向最烫的、最野的、最自相矛盾的，然后再从丰盛回到简单，从矛盾的纠缠回到单一的愉悦，在这种万化如一，千古不移的状态中肯定自己，祝福自己是永远必定回来的东西。是一种不知满足、不知厌倦、不知疲劳的迁化……"在这样一种权力意志（权力意志是尼采的理论基点，意为：当生命意志是表现、释放、改善、增长内在的生命力的意志时，它便是权力意志的体现）的永恒轮回当中，"'人类'不是目的，超人

---

① 安东尼·肯尼. 牛津西方哲学史［M］. 韩东晖，译. 北京：中国人民大学出版社，2006：203.

（overman）才是目的！"①

第二段表达是："末人"相对"超人"而言。"末人的个性被泯灭了，他们按照习惯的、传统的思想方式和道德规范来思想和行动；他们缺乏创造性和自主性，一切模仿别人或听别人指使，亦步亦趋、人云亦云；因而庸庸碌碌、苟且偷生。总之，末人是缺乏旺盛权力意志的人，是为理性主义和基督教传统所产生的奴隶道德所支配的人……而超人的根本特色就是权力意志得到了充分的发扬，冲破了一切传统的思维方式和道德规范的束缚。他们是具有鲜明的个性和创造性的人，是具有超群的智力、坚强的意志、绝对的自主性、高昂的激情的人。超人好像大海，抛起猛浪，吞没浊世的一切污行；超人好似狂风暴雨，震慑一切。现实人类卑微懦弱，超人则勇猛刚强，他们逾越一切、重估一切……"②

不知道尼采使用了多少"超人"的能量来潜入此等沉思，并将"人类状况"——"生活世界"如此富有广泛、深刻意义地体认了出来；

不知道尼采使用了多少"超人"的力量来陷入此等深思，并将"人类状况"——"人之本身"如此富有现代、现实意义地指认了出来！

据说，尼采的思想与言说，时被信、时被疑、时被褒、时被贬。但无论如何，抛开其特定的意识论战之烽火、哲学交锋之硝烟，这两段对于"生活世界"和"人之本身"充满洞察与洞见，且哲学激情飞扬、批判意识坚定的思想表达，若相对客观地，渗透到当下正在思索着的成人的生活世界、生活过程、生活现实、生活向往和成人的教育与学习，乃至他们的成长与发展及其关系之中，不得不让人强烈地感受到其中俨然蕴涵着一种非同寻常的、相互之间可能发生猛烈撞击的律动：

成人生活着的那个现实世界，如若果然——

生就一种无始无终的巨大力量，是迎是避，便是一生需要（学习）的意识选择；

生就一种常住不变的永恒力量，是纳是拒，便是一生需要（学习）的态度选择；

生就一种仿佛海洋奔腾的力量，是进是退，便是一生需要（学习）的意志

---

① 张志伟. 西方哲学史［M］. 北京：中国人民大学出版社，2002：727.
② 同上：728.

选择；

生就一种恰似流转易形的力量，是扬是抑，便是一生需要（学习）的行为选择；

生就一种永远回流循环的力量，是顺是逆，便是一生需要（学习）的行动选择；

由极净变得极脏，或由极硬变得极软，复又反之，你何以对之？

由极冷变得极烫，或由极野变得极温，复又反之，你何以处之？

由单一变得多元，或由简单变得复杂，复又反之，你何以应之？

从来不知满足、不知厌倦，你当如何学会永不停留、永不驻足，与时共循环？

从来不知疲劳、不知疲竭，你当如何学会永远精神抖擞、永远斗志昂扬，与时共变迁？

千运如初、万化如一，你当如何学会审视自我、认识自我、实现自我？

千古不移、亘古不变，你当如何学会相信自我、展现自我、超越自我？

再进一步说，"超人"与"末人"的提法与对比，也许会因为少些温良、多些刺激而不那么养眼、悦耳，但恐怕也正是因为这样一种言辞犀利、富于批判的，对"人之本身"深入、具体，且极具现代性、真实性的关切与分际，才让人心灵震撼，才让人领会到了其中有关人的现实形象与理想形象。

其实，每个人都不妨思忖自我：

敢言自己的生命步履已经不沾任何羁绊心灵的思维积弊？

敢说自己的生活步伐已经不染任何捆绑手脚的行为陋习？

敢称自己从不模仿别人、听人指使，已全然活出了自己？

敢谓自己从不人云亦云、随波逐流，已全然活出了自我？

敢道自己从不庸碌、得过且过，已然活出了生命的精彩？

敢夸自己从不混沌、无所用心，已然活出了生命的灿烂？

其实，每个人又不妨追问自我：

已经醒悟，并正在学着摆脱陈旧思维方式的羁绊？

已经觉悟，并正在学着冲破传统道德规范的束缚？

已经启步，并正在学着走出被支配的藩篱，去增进智慧、追逐自主与自由？

已经启动,并正在学着跨出被活着的怪圈,去磨砺意志、展现个性与自我?
已经决心,向江河大海学习,恣意激情、抛起猛浪,去吞噬一切浊世?
已经决定,向飓风海啸学习,肆意豪情、掀起狂飙,去涤荡一切污行?
已经学着卸去卑微、勇于创造、重审自我、逾越自我,绽显生活的真实?
已经学着抛却懦弱、勇猛刚强、重估自我、超越自我,绽放生命的真谛?

显然,就构成人类社会主体的成人群体而言,任何人都会期待,对于以上思忖自我,能够给出"否定"的情况当然越少越好;对于以上追问自我,能够给出"肯定"的情况当然越多越好。也许,让尼采看到的事实恰恰相反;兴许,这样一种事实迄今仍未尽消弭,甚至有过之而无不及?

总而言之,用点时间,往深处跨一步,翻开人类教育史册,柏拉图和孔夫子的教育思想与实践这样两个最具权威意义的"片段",俨然再一次让人明白了其中之本然:教育本就关照人的一生,贯穿人的一生;本就关顾人类的整体,覆盖人类的全部;本就昭示多元需求的产生与满足;本就意味着多维内容的设计和施与;本就追求心灵的培育,旨归完人的培养;生活不停,学习不断;生命不息,教育不止。试问:这样一种弥足珍贵、具有时光穿透与时代超越意义的遗产,对作为实践终身教育理念之主体力量的现代成人教育及其发展而言,焉有不予发扬光大之理?对作为接受终身教育理念引领的现代成人教育科学及其体系构建而言,又焉能在对其"性质"的思考与确认中,忽略了对它的介入与张扬?

言而总之,花点篇幅,往深里迈一步,翻开哲学文献,尼采关于"生活世界"与"人之本身"状况的两段颇具现实性、尖锐性的沉思与表达,俨然再一次让人体会到深中之肯綮:作为社会主要构成的成人群体,必须面对怎样一个具有永不消耗之能量,并且永在或奔腾与徜徉、或泛滥与蛰伏、或潮起与潮落、或复杂与简单、或对峙与妥协、或矛盾与归一之间流转与易形、演运与迁化的真实世界;面对这样一个生活世界,又应当学会采取怎样一种具有超越意义的思考与行动,以展现每个人表现、释放、改善、增长等这样一种属于人之内在的生命意志与生命力量。进而,以如此"生活世界"所蕴含的真实以及"人之本身"所应有的真切为坐标,又必须面对怎样一种缺乏旺盛生命意志与生命力量的现实形象;面对这样一种现实形象,又应当学会确立怎样一种具有超越意义的目标与行动,以实现从现实形象到理想形象的蜕变——从一个"缺乏旺盛生命意志与生命力量的人"到一个"生命意志与生命力量得到充分发扬的人"的转化与升华。试问：

对于将生活投入在如此生生不息之江河里的，并旨在于其中锻造意志与力量而昭示存在意义，实现超越的成人群体与个体，又有什么理由将他们的生活与学习分割开来？

对于将生命嵌入如此绵绵不断之山峦间的，并意在于其中铸造意志与力量而张扬生存意义，实现转化的成人群体与个体，还有什么理由将他们的生命与教育分离开来？

既然生活与学习相交，那么成人教育科学及其体系构建在其性质认识与规约中，还有什么借口可以阻碍将成人生活世界及其由之产生的学习需求与行为视为决定其特质、特性的根基？

既然生命与教育相织，那么成人教育科学及其体系构建在其性质认知与规约中，还有什么托辞能够拒绝将成人生命过程及其由之产生的教育需求与行为视为决定其质性意涵的根源？

无论如何，从现在开始，就让我们坚定地"回归与走进"，从而使成人生活世界成为决定成人教育科学及其体系构建之性质的核心地带！

无论如何，从现在开始，就让我们坚定地"回归与走进"，从而使成人教育科学及其体系构建的质性意涵，因为充满成人生活信念、因为植根成人生活世界，而尽显属于它自己的风骨与气节！

第二，关于目标。

自第三章作了关于"目标"命题的讨论之后，平素愈加有意无意地关注有关"目的"和"目标"的释义。结果发现最多的解释还是倾向于认为：所谓"目的"，就是指行为的预期结果，而将目的加以具体化或数量化以后，就成了目标，但其实质没有变化。就如我在第三章里说的："目的"所指，更笼统些、宽泛些；"目标"所指，则更明确些、细致些。因其实质相似，所以于此展开"目标"命题讨论也就不拘泥于它和"目的"之间的细微分际，而更愿意将其看成相对具体一些的"行为的预期结果"。

在此，同样要先说一说"目标"命题研究，或者说对其进行新洞察、新洞见的意义，这倒使我想起了一段关于因有了"目标"而产生惊人力量的传奇故事。

故事的主人公是一位擅长远距离游泳的女性泳将，曾多次横渡北美一带海湾。一年初秋，她又决定挑战自己，计划横渡一个距离更长、自然条件更为险恶的海湾，海程长达几十公里，时间需要好几个小时。待做足功课，她下海了。下海时，万里无云，风平浪静。前三分之二的游程很是顺利，但不知何故，天空渐渐变得阴沉、混沌起来，很快，能见度归零。巾帼泳将开始还坚持着，但一段时间以后，呼吸开始变得局促，四肢开始变得沉重，每一次蹬腿滑水都要比正常状态下付出加倍的体能消耗。最要命的是，她感觉自己似乎已经被拽进了漆黑一片的空间中，被旋进了深不可测的黑洞中，很快身心不支，发出了"SOS"呼救……待醒来，她已躺在救护艇上。很遗憾，她被人救起的那一刻，其实距离对岸已经并不遥远！

没隔多久，她又重新策划、准备，一切安排妥当以后，便又在一个万里晴空的日子跃入海中。也许是上天早就决计要考验一番这位巾帼：前三分之二甚至更多一些的时间和游程，她畅游如履平地，一路乘风踩浪。却不料天空又一次乌云压顶，变得灰暗起来，和上次不同的是，此回乃是瞬间海风发飙，海浪擎天，暴雨倾盆，而且夹着电闪、裹着雷鸣……女英雄没有退缩，依然奋力挥臂，而且每次跃出水面的刹那，眼神竭力锁定前进的方向。就在起伏之间，就在意志受到挑战、体能已临极限之时，一道闪电滑过，极速中，她似乎感觉透过水帘看到了那座沿海城市——目的地的轮廓！第二次、第三次，她开始确信目标就在眼前，彼岸即将抵达！此时，体能好像复归，意志仿佛愈坚，应对无情挑战与超越自我极限中的每一次奋起与搏击，似乎也都成了一种壮观与优雅。一段时间后，老天便收起了风，歇住了雨，天空恢复了灿烂，海面又变得温和起来了。泳（勇）者显然已经因为愈见清晰的目标而忘却疲惫、超越极限，迎着成功与胜利继续前行。等待她的，便是守候在海岸另一端的人们为她发出的欢呼！她的感言是：成功、胜利、超越，是因为我在最困难的时候，看到了自己想要抵达的目标——我想要游到的这座城市！

这还真像有"美国孔子"之誉的爱默生（R. W. Emerson）所留下的那句名言：一心向着目标前进的人，整个世界都会给他让路！

说完这个故事，若再正襟危坐，去细细拆解目标魅力之一、之二……以及目标研究意义之一、之二……似乎没有太大必要了。希望读者诸君能够明了：此处的"目标"命题讨论，就是为了去尽可能地明确成人教育科学的预期结果，并希望由此为我们自己带来前行的方向与指南，乃至动力与激励。

早先，诺尔斯为成人教育学设定的目标主要是：摆脱经验束缚、走向理论系统建构，使之作用于成人教育的实践；消解主观随意，迈向科学基础打造，使之服务于成人教育的方法；

早先，我等为成人教育科学设定的目标主要是：明晰论域，建构体系；梳理关系，明确路向；探索真相，揭示规律；创造与丰富知识，运用与检验知识；形成新思路与新起点、新导向与新方法。

就历史情境或字面表达而言，这样的目标和追求，似乎已不乏进步意识，不缺雄心壮志。但是在当下，其瑕疵、弊端已见端倪了。其中，诺尔斯的目标意识似乎还可赋予更加宽广的视角；其中，我等的目标有待冲破那种表面上看起来好像已经面面俱到，但实质上还是受到就目标论目标的束缚。

由此，我首先为"目标"命题的新洞察与新洞见生成了如下三项自我约定：

其一，要体现一种基本视域，即基于通常的、一般的学科学理意识，来重新思量、设定具有直接针对意义的成人教育科学的目标。

其二，为避免学科目标可能出现的自娱自乐倾向，尤其要呈现出一种宽广的视域或深刻的层面，即特别期待经由伦理新阐扬、纲领新擘画，以及性质新知觉之后，来重新洞察、洞见具有宽广、深刻意义的成人教育科学的目标。

其三，故事显示了目标的力量，这一点是必须予以充分认定的。但受到无论是人类整体还是个体，在其历史长河或在其一生征程中，"显然是一个不断接近目标，而又始终没有抵达目标的系列过程"这样一种生活事实与哲学观念的启发，故而，随着时间的推移，我越来越愿意把目标看成一个需要永远不断追求的系列过程，因而，也就更愿意并注意在"目标"命题的新思量、新设定中，去力求体现其本身所应有的过程持续这样一种鲜明的质感。

在表白以上自我约定过程中，对于成人教育科学及其体系构建，心中渐渐出现了如下五个新予洞察、新予洞见的目标：一是能够使其自身真正作为人类社会生活的一种永恒存在与核心存在；二是能够使其自身真正成为成人生活关怀的一种本来体现与核心体现；三是探索与发现、积累与运用具有理论解释、认知与创建意义的知识；四是探索与发现、积聚与运用具有实践引领、支持、服务意义的方法；五是探索与提升成人群体与个体的学习态度与能力、生活态度与能力。

下面，请允许我来对之作一些可能还不十分成熟的演绎。

关于目标之一"能够使其自身真正作为人类社会生活的一种永恒存在与核心存在"，首先要做点咬文嚼字的活：所谓"其自身……"，既指成人教育科学活动之本身，也更指成人教育实践活动之本身；所谓"真正……"，即要坚决，要坚定，要口惠而实至；所谓"作为人类社会生活……"，是一种纳入人类社会生活视野的思考；所谓"永恒存在……"，是指过去已然是（只是被潜伏），现在依然是（需要被明朗），未来永远是（需要被追求）；所谓"核心存在……"是指过去已然是（只是被边缘化），现在依然是（需要被重视），未来永远是（需要被关怀）。

然后，想说一点萦绕在心头的话：无论是异域还是本土的历史事实，均可见一斑的是：成人教育、成人学习，乃至终身教育、终身学习，其实践、其探究，都与人类最现实、最真实的社会生活交织在一起，并且作为人类社会生活的一部分而存在、而演进。

于此，祝捷教授的追溯，再一次变得极其生动起来：

人类社会的教育，始于原始部落的生活和生产。"辨别植物、采集野果、编织物品，乃至保存火种、打造石器、制造弓箭、共同围猎——每一种活动无不是为了生存，每一天的生存无不需要劳动，每一次劳动无不有意无意地传递着生活经验、劳动技能与生存信息，人类语言由此产生，大脑思维因此发展，类人猿发展成为人，这就是教育的最早形态——影响。

"当'影响'启动智慧，进而加速人类自身发展之后，人们的劳动经验和生存技能越来越丰富，生存的困难相对减少，群体开始由被动生存向主动生存转化。于是出现了两种现象：一是有人产生了超越现实的创造思维，二是把创造思维产生的结果有意识地传给别人。

"燧人之世，天下多水，故教民以渔。宓羲之世，天下多兽，故教民以猎。

"至于神农，以为行虫走兽难以养民，乃求可食之物，尝百草之实，察酸苦之味，教民食五谷。

"至于神农，人民众多，禽兽不足，于是神农因天之时，分地之利，制耒耜，教民农作……

"后稷教民稼穑，树艺五谷，五谷熟而民人育。

"缧祖始教民育蚕，治丝茧以供衣服。

"尧聘弃使教民山居，随地造区，研营种之术。"①

同样，郎格朗、赛尔门（G. Selman）等的描述，再一次变得极其鲜活起来：

"一代又一代工人开始进入夜校学习了，因为是要通过教育寻找获得更好的生活条件和更多的安全途径，或者是因为他们希望满足自己（特别是对于生活）的求知欲和理解欲"，于是，"有组织的讨论、集体性工作、生产活动的参与、课堂讨论和学习课程、自我研究的方法、听觉和视觉设备的充分利用"② 等一切有别于传统教育、训练的方法产生了、发展了、成熟了。总之，"在过去的两个世纪中，成人教育的历史是与人类为自由、尊严、进步、发展、改善生活而进行的斗争紧密相连的"。③

成人生活与成人教育相互交织，似一幅教育即生活、生活即教育的图画。显然，在成人教育作为成人生活本身之组成部分的情形下，成人教育科学及其研究活动，又何尝不是人类社会生活本身一种必然的、必要的构成。

然而，曾经有一股风潮，非要让成人教育向一般的学校教育靠拢，非要叫成人教育科学向一般的教育科学看齐，以致一方面让许多有识之士为本已突破学校教育围墙的成人教育猛然间又被人为地重筑起一道新的围墙而感到忧心忡忡，甚至让伊里奇等人喊出了"去学校化"的口号；另一方面，不论它们本身有多么必要，本来有多么重要，身在其中，却又要么被忽略，要么被冷落。

而在更通常的情况下，更有那么一股强劲势头，即便是到了如今满世界都在传播与实践终身教育、终身学习与学习型社会理念的时候，成人教育，包括初始意

---

① 祝捷. 成人教育概论 [M]. 长春：东北师范大学出版社，2006：40.
② 保罗·朗格让. 终身教育导论 [M]. 滕星，等，译. 北京：华夏出版社，1988：41.
③ 赛尔门. 成人教育——觉醒的力量 [C] //中国成人教育协会. 上海国际成人教育讨论会论文集. 上海：上海教育出版社，1985：10.

上的成人教育科学探索活动，甚至是现代成人教育及其科学研究活动，要么备受轻视、淹没，要么备遭冷遇、排斥。

我想，今后的成人教育科学，其首个需要奋斗的目标，就是要通过持续不断的努力，将不同时代背景下、不同人生际遇下，成人生活与成人教育、成人生活与成人学习的交织情形，广泛而细致地呈现开来，充分而深刻地揭示出来，并且不断地将之演绎开去、实践开去，从而不仅在所有人的思想意识当中，更在所有人的实际行动当中，让成人教育这样一种实践活动、乃至对它的科学探索活动，由过去的被潜伏彻底地改变为被明朗、被追求，由过去的被边缘化彻底地改变为被重视、被关怀，使其自身真正成为人类社会生活不可或缺的一个组成部分。

言说至此，我想起伟大的哲学家、教育家杜威的那句话："哲学应当把教育作为人类的最高利益来研究，况且，其他的问题，不论是宇宙论的问题，道德的问题，还是逻辑的问题，都汇集在教育之中，并在这里体现出其价值。"①

于此，想鉴于成人教育与成人生活关系的本来，以及成人教育与成人教育科学面临的误区与困境，就成人教育科学上述首要目标，套用大师的表达方式再一次表达自己的想法：

今后，成人教育科学应当把成人教育作为人类生活的最高利益来研究，因为不论是成人群体的人本关怀问题、生存及其意义问题、生命及其价值问题、生活模式问题、生活过程问题、生活态度问题、生活能力问题、成长发展问题，以及学习权力问题、学习需求问题、学习态度问题、学习能力问题、学习引领问题、学习支持问题等，都将汇集在这样一种教育及其研究活动之中，并在这里体现出它的价值，进而促使成人教育科学及成人教育实践成为人类社会生活的一种永恒存在与核心存在！

在这样一种目标思量中，杜威的如下言说，在很大程度上又成了我心中对于这样一种"预期结果"所应内含、所要追求、所要达到的，极富具体形象与体味意义的画面之一：

"检验成人生活的所有制度的标准是它们在推进持续的教育方面的效果。不论

---

① 斯蒂文·洛克菲勒. 杜威——宗教信仰与民主人本主义 [M]. 赵秀福，译. 北京：北京大学出版社，2010：235.

是政治、实业、艺术，还是宗教，任何社会制度都有其存在的意义和目的，那就是解放和培育个人的潜力，而不在乎其种族、性别、阶级或经济地位。这等于是说，检验这些社会制度的价值，要看它们在多大程度上教育个人，使其潜力发挥到极致。民主拥有很多意义，但如果说它具有道德意义的话，其道德意义就在于使人们清醒地认识到，检验所有政治制度和工业安排的最佳标准应当是它们对于每个社会成员的全面成长所做出的贡献！"①

这一段话语让我对教育与生活的交织再一次心生憧憬：

——成人生活岂非就是包含他们在政治制度中的生活、经济制度中的生活、职业制度中的生活、艺术制度中的生活？

——如果任何一种制度都能将不论何等身份、际遇的成人的潜力挖掘和解放出来，作为其存在的意义和目的，那该有多好？

——如果任何一种制度都能使不论何等身份、际遇的成人的潜力发展与发挥出来，作为其存在的依据和价值，那该有多美？

——如果真的将是否持续推进成人教育作为检验各种社会制度背景下的成人生活的标准，那该是人类社会一种多么伟大的进步！

——如果真的将对每个社会成员的全面成长做出何等贡献作为检验各种社会制度的标准，那又该是人类社会一种多么伟大的创造！

关于目标之二"能够使其自身真正成为成人生活关怀的一种本来体现与核心体现"，其中，"其自身……""真正……"的意思与前面相同，而所谓"成人生活关怀……"即一种基于人本精神，以成人生活为着眼点的思考；所谓"本来体现与核心体现……"即指原本如是（但有被偏离的倾向、被远离的危险），现在乃至将来仍当如是（需要被坚守）。

围绕目标之二，头脑里也有许多想要和读者诸君分享的东西。

人类真正意义上的成人教育，甚至包括对其所做的探索活动，无论是作过去时的考察，还是作现在时的考究，都可以发现它每每洋溢出其鲜明的"源自生活、植于生活、为了生活"或者说"源于生活、成于生活、归于生活"的固有特征。换言

---

① 斯蒂文·洛克菲勒. 杜威——宗教信仰与民主人本主义 [M]. 赵秀福, 译. 北京：北京大学出版社, 2010：244.

之，彰显人本思想、弘扬人本精神，关切成人生存、关怀成人生活是其本来的基色，是其本然的基调。

德国哲学家雅斯贝尔斯（K. Jaspers）的名言"人是一切奥秘中最伟大的"让我开始对他产生兴趣，关注他的思想。不曾想，就是在其寻求"人何以最为奥妙"之答案的时候，竟阐扬出了有关生存与教育、生活与教育之关系的真谛。

雅斯贝尔斯认为，人的一生虽然是有限的，却是奥秘的、奥妙的，根本原因，便是人具有可以延伸至无限的可能性（潜能）和选择性（自由）。在他看来，正因为这份天赋奥秘的存在，所以，人在一生的生命过程中要重视、挖掘自身内在的这种可能性；正因为这份天禀奥妙的存在，故而，人在一生的生活过程中要珍视、发展自我内在的这种选择性。说到底，人的生命过程即是一个如此潜能的表现与发展过程，人的生活过程即是一个如此选择的呈现与优化过程。毫无疑问，在这样一种生命与生活过程当中，人生最为弥足珍贵的机会，显然莫过于接受教育的机会，获得学习的机会。因为，教育、学习不仅可以针对延伸无限之潜能的生存需要来帮助每个人不断吸取知识、丰富知识，还可以根据延伸无限之选择的生活需要来帮助每个人不断建构精神、提升心灵，从而真正领悟到人之本身的无穷潜能与充分自由，终而让人们眼前所见尽是超越的光辉，心中所悟皆是升华的灿烂。

可见，雅斯贝尔斯从一个非常独特的视角，其实也是从一个非常独特的层面告诉我们，教育本来就是一种对生命的切入，学习本来就是一种对生活的关怀。

诚然，更常见的描述或诉求便是：

——教育，绝不仅仅囿于为人的"成熟"而做准备，而更是一种促使其"头脑不断成长，不断说明生活的东西"。①

——每个社会成员都生活在他或她自身经验和社会演运的复杂关系之中，从而影响、规约着成人的教育与学习问题。"以往的生活经验，现在的家庭、工作、学校、娱乐的角色和环境，未来的（生活）前景和抱负，都……决定（着）一个人将

---

① 罗比·基德. 成人怎样学习 [M]. 蔺延梓，译. 上海：上海第二教育学院，上海成人教育研究室，1985：188.

是否进行有目的的学习，决定（着）一个人将学习什么及其学习的结果。"①

——成人学习既包括正规教育、继续教育，也包括他们发生在日常生活中的、丰富多彩的非正规学习、非正式学习，乃至偶发性学习。他们进行学习的目的，尤其重在使自己取得同自我心理世界以及外部生存环境的一致性认同与协同性选择，终而"赋予生命以意义，赋予生活以意义"。②

总之，在所有类似描述或诉求中，让人铭肌镂骨的是：成人教育本就包含一种鲜明的人本思想，本就蕴含一种鲜亮的人本精神，其使命是：为了成人的生存权利与生活权利，为了成人的教育权利与学习权利，为了成人的生命旅程与生命价值，为了成人的生活航程与生活意义。

记得罗比·基德的《成人怎样学习》一书在"哲学家与学习"这个段落里，引用了阿德勒（M. Adler）的话："（然而）在今天，我们被浪漫地崇拜青少年的（社会）现象弄得晕头转向……"③ 此刻，很想顺着他的话头，大有附庸风雅之嫌地来学一学这样一种语言表达格式，并表达一下由此而导致的种种心理纠结：

然而，在今天，不知什么诱因，抑或什么魔力——

我们被浪漫地崇拜青少年的社会现象弄得晕头转向，结果，又被凭空地冷落成年人的现实状况弄得心神不安；

我们被激情地求取青少年的教育权利弄得云里雾里，结果，又被平白地旁落成年人的学习权利弄得心神不宁；

我们被使劲地夸大儿童学校教育的价值弄得心浮气躁，结果，又被莫名地忽略成人终身教育的意义弄得忧心忡忡；

我们被用劲地放大"以教育者为中心"弄得失去方向，结果，又被无故地缩小"以学习者为中心"弄得忧心惙惙；

我们被潇洒地投入"教"的资源与力量弄得泾渭不分，结果，又被无端地放弃"学"的兴趣与探究弄得魂不守舍；

---

① C. J. 泰特缪斯. 培格曼国际终身教育百科全书 [Z]. 教育与科普研究所, 编译. 北京：职工教育出版社, 1990：153.
② 联合国教科文组织. 德国汉堡第五届国际成人教育大会宣言. 1997：1.
③ 罗比·基德. 成人怎样学习 [M]. 蔺延梓, 译. 上海：上海第二教育学院, 上海成人教育研究室, 1985：186.

我们被百般地青睐科目的设计弄得本末不辨,结果,又被无情地忽略生活的关切弄得悲天悯人;

我们被坚执地热衷于专业学历、课程教材弄得信仰渐失,结果,又被轻飘地搁置生活需求、生活旨趣弄得捶胸顿足;

我们被精致地设计应试教育、证书教育弄得信念渐弃,结果,又被粗暴地冷冻生命教育、生活教育弄得蒿目时艰。

……

相信,成人教育科学今后矢志追求的目标,就在于要坚持将成人教育实践及其科学探索活动的那份人本精神的深厚底蕴、关注成人生活的本来事实,充分地释放出来,并且要将弘扬人本精神、服务成人生活作为其未来全部行动与全部过程的最高原则来遵循、来坚守。基于此,心系民生,使成人群体有一样的生命与教育崇拜、一样的生存与学习权利;情系民意,使成人群体有一样的成长与教育机会、一样的发展与学习机会;急成人所急,满足其源自生命旅程中的终身成长需求与终身教育需求;想成人所想,满足其源自生活航程中的终身发展需求与终身学习需求;以学习者为中心,发展成人的学习态度与学习能力、尊重成人的学习风格、学习方式与学习空间,服务成人的学习实践与学习行动。一句话,要让帮助成人更加成功地生活成为现实,使人类科学殿堂中的成人教育科学和人类社会实践中的成人教育活动能够成为成人生活关怀的一种本来体现。

关于目标之三"探索与发现、积累与运用具有理论解释、认知与创建意义的知识",首先要说明一点:就语言结构而言,很明显,此目标表述中的首要成分是:"探索与发现、积累与运用……知识"。在此,我避开了诸如"形成""打造"一类的词(尽管它们也可能被赋予以下相关用词的某些特征),因为选用"探索""发现""积累"与"运用"并将之两两组合起来,一方面更能体现科学研究之目标追求的复杂性与艰苦性,并且也能体现我的认知田园开始萌芽对研究对象本身的尊重;另一方面(当然也是更重要的一个方面)更能见证我在履行此前所作的第三项自我约定,即在其"目标"命题的新思量、新设定中,能够充分注意到去体现它的鲜明质感——过程性、持续性,乃至它在其中所完全可能发生的、周而复始的波浪样态与螺旋样态。

至于"理论解释、认知与创建意义（的知识）"，在此目标表述中，虽然是定语，但因为它是此项目标的具体表征构想——不仅直接指向理论，而且径直关涉到要探索与发现什么样的理论知识，要积累与运用什么样的理论知识，所以让人不由得有些"想入非非"了。

然而，何以"想入非非"，还要"归咎"于让我思维产生"发酵"（联想）的四团"酵子"。

第一团"酵子"：著名印象派画家高更（P. Gauguin）的一幅画。

原始田园里，野趣盎然中，永在体验生活本质的高更在画面右侧显现一个婴孩，被人呵护，寓意生命的诞生；中央呈现一名成年人，正摘取树上的果子，寓意生命的成熟；左侧但见一位老妪，虽有人关顾，却也孤独、忧愁，寓意思索着生命的轮回。当然，最能表达画中全部意思的，莫过于作者自己给这幅画所起的名了，叫作：我们从何处来？我们是谁？我们往何处去？

第二团"酵子"：著名心理学家皮亚杰（J. Piaget）的一段论述。

皮亚杰认为，科学研究有大方向，其一是理解蕴涵，其二是解释因果。"人文科学一个非常普遍的趋势就是采用类似的方向，也就是说它们全都力图理解与解释，而不是只理解不解释，或只解释不理解。"[1]

第三团"酵子"：著名社会学家巴比（E. Babbie）的一个观点。

巴比在《社会研究方法》中指出："社会科学理论处理的是'是什么'（what is），而不是'应该'（should be）如何。……虽然当代社会科学家还经常做同样的事儿（指随意混合此两者），但重要的是要认识到社会科学必须探究事情的真相和了解其原因。"[2]

第四团"酵子"：著名哲学家黑格尔的一句名言。

在黑格尔心里，哲学即人生，哲学即生活的学问。为此，他说："哲学本身正是人的精神的故乡"。[3]

由此，思维产生"发酵"，进而"想入非非"的情形便是：

---

[1] 让·皮亚杰. 人文科学认识论 [M]. 郑文彬, 译. 北京：中央编译出版社, 2002：68.
[2] 艾尔·巴比. 社会研究方法 [M]. 邱泽奇, 译. 北京：华夏出版社, 2005：12.
[3] 彭新武. 人文社会科学概论 [M]. 北京：首都经济贸易大学出版社, 2006：16.

——面对高更极富哲理的"我们从何处来？我们是谁？我们往何处去？"我是否也可以对成人教育科学发问：成人教育从哪里来？成人教育是什么？成人教育往哪里去？

　　——结合皮亚杰的论述，我又想问：成人教育科学研究是否也当首先重在对成人教育这样一种人类社会实践的蕴涵理解与因果解释（或者说因果阐释）？

　　——结合巴比的观点，我再问问：这是否又再一次强调了成人教育科学研究必当重在对成人教育这样一个人类社会事实做出"是什么"的解答，即探究它的真相及其成因？

　　——结合黑格尔的名言，我想追问：成人教育科学作为要回答以上诸多问题的一门学问，是否也可以被看成是人们的，至少是正在为人们所寻找的理论田园与知识故乡？

　　进而，有关成人教育科学这一目标问题的意涵，开始变得丰富起来了：

　　意涵之一：它要实现一种理论行动，即要站在理论的界面上，去探索与发现、积累与运用有关成人教育的知识。

　　意涵之二：理论行动中，既要追溯成人教育的过去，又要关切成人教育的现在，同样也要关注成人教育的未来。高更之画的联想常常爬满心头。想进一步说与读者诸君的是：画名的法语原文是：D'où venons-nous？ Que sommes-nous？ Où allons-nous？ 念起来可是极其简单而且朗朗上口，仅就语意而言，幼龄孩童都能明确领会。然而，其中寓意，毫不夸张地说，却可以在理论乃至哲学层面让人咀嚼一生。将之套用到了成人教育科学头上，心里神游开去的，遂又见其被渗透了多少可以持恒永久的理论寓意、哲学寓意，乃至人生与人类每一天的脚印与足迹：

　　若要作答"成人教育从何处来"，那么就必须回答成人教育的源头为何、缘起于何、形态如何、作为如何；今天因昨天而成、明天因今天而续，遗传是何、经验是何、教训是何、价值是何、作用是何……

　　若要作答"成人教育（现在）是什么"，那么就必须回答成人教育的基因于何，活水于何，地气于何，灵魂于何，外貌如何，内在如何，关系如何，价值如何，意义如何，优势是什么，劣势是什么，成功是什么，失败是什么，以及正在想着什么，正在念着什么，正在干着什么，正在追求什么，正在兴奋什么，正在沮丧什么,正在传承什么,正在创造什么……

若要作答"成人教育往哪里去",那么就必须回答成人教育的血脉何在,始基何在,力量何在,标尺何在,方向何在,价值追求何在,意义彰显何在,自我审视的标尺是什么,自我检测的标准是什么,自我评量的手段是什么,崇高的理想是什么,终极的追求是什么……

我无法穷尽,也无法测量或判断由"我们从何处来?我们是谁?我们往何处去"引发的对于"成人教育从哪里来?成人教育是什么?成人教育往哪里去"的思索是否可以覆盖成人教育科学探索的全部,但此时此刻让我沦肌浃髓的,便一定是它全然能够以其无与伦比的核心力与穿透力、持久力与永恒力,而上涉成人教育的理论乃至哲学命题,下及成人教育的实践与行动命题。

意涵之三:理论行动中,无论是探索与发现,还是积累与运用,都需要实现一种真正的渗透与切入。具体说来,受皮亚杰与巴比以上思想与观点的启发,不仅有了对于"解释"的关注及深入思量,同时还要跟进"认知"与"创建",并应对其做出必要的说明。在此请读者诸君再费一点时间来分享我的以下思考。

首先要谈的显然是"解释"。对"解释"的思量该话分两头。一头是研究行动必须注重对成人教育事实进行解释。其中既要求有充分的观察与理解,以呈现事物的蕴涵或真相,又要求有透彻的分析与阐释,以解密事物的因果或成因。这既(特别)适用于成人教育"从哪里来"和"现在是什么"的知识求取,又适用于成人教育"往哪里去"的知识求取。但必须指出,巴比教授的提醒绝非多余。因为,对未来难以先知先觉,而"应该如何""可能如何"等更有可能成为一件难以避免的事。对此,第一,要认同巴比的观点——"社会科学必须(重在)探究事情的真相和了解其原因";第二,要坚守如下原则:对未来知识的求取,必须基于真切的事实、足够的依据;必须体现事物的原理、运演的路线;必须具有实验的特征、改进的空间。另一头则是由以上解释过程而生发的知识,不仅应当对某种成人教育事实具有理论解释作用,而且应当对其他相关事实乃至整体事实具有理论解释意义,这是一种对"解释"的必然要求,也是对其达到更高境界的追求。当然,这后一种解释意涵和力量的体现,绝对需要有前一种解释意涵的达成。

其次要谈的是"认知"。我相信,在皮亚杰的"理解"与"解释"以及在巴比的"真相"与"成因"思量及其思想体系中，肯定会包含我在此要谈的认知因素，乃至下面要论及的"创建"成分。只是考虑到：第一，若比较狭义地感知"理解"，那么对于理论知识的生成而言，确实还需要再向前一步来进入它的认知环节；第二，成人教育领域至今有许多富有解释意涵的经验，也可以说，成人教育领域迄今有许多尚且停留在经验层面的解释，迫切需要再跨前一步来实现它们朝向理论认知的深化与升华。对之也该话分两头：一头是力求将解释的结果（包括已有的"经验型解释"），显化、转化为，或提炼、凝升为具有可表达、可传递、可运用以及具有启智性、引导性、指导性等特征的知识；另一头是这种知识一旦生成，便要求其对成人教育的其他相关事实乃至全部事实，能够折射出其应有的理论认知作用或力量，直至对成人教育的实践活动，发生应有的促进与指导作用。

最后要谈的是"创建"。从词义上讲，所谓"创建"，显然，一有"创造""创新"之内涵，二有"整建""整合"之寓意。不可否认，如此"创建"因子都会融透在以上的解释与认知当中，在此特别予以一说，旨在强调应当基于事物演进事实与进取意识以及事物整体意义与系统意识，能够对成人教育的理论知识，实现特定领域有特定领域的不断创造与整建，全部领域有全部领域的创新与整合。因为，我深信创造的力量，深信整体的力量。再往下说开去，亦有两个头绪：第一，期待成人教育科学能够始终不渝、主观能动地去不断创建有关成人教育的知识；第二，又希冀其能够每每如是、客观必然地使某一次所创建的知识，又可对另一次的知识创建，释放出它们弥足珍贵的创建意义！

意涵之四：守着终身教育信念，接轨于终身发展与终身教育、全面发展与终身学习之间；守着成人生活信念，穿梭于人本关怀与教育关照、生活关切与学习关顾之间，进而，聚焦于"成人教育从哪里来？成人教育是什么？成人教育往哪里去？"，成人教育科学，综合一点说，事关成人教育的理论研究行动，具体一点说，事关成人教育的理论知识探索与发现、积累与运用，再深入一点说，事关成人教育的事实与知识的解释、认知与创建。感谢黑格尔之哲学价值定位给我带来的非同寻常的启迪，以致在我眼前出现了一个"乌托邦"：所有这些努力，正是为了奔向一个属于成人教育科学、成人教育实践，也是属于每一个热爱成人教育、热爱成人学习的人，每一个热爱终身教育、热爱终身学习的人的"理论与知识的故乡"，乃至

"思想与智慧的故乡"。

很多次，因为"故乡"风貌还很原生态，成人教育实践、成人教育科学都曾横遭白眼；很多次，因为"故乡"风景还不很壮丽，连我这个三十年来"以此为生"的研究者也曾被"无端株连"，屡遭奚落，读者诸君中肯定会有很多人跟我有同样的体验。但是，第一章、第二章中显示的事实以及更多发生在现实生活中的事实，已经可以让我们有足够的雅量，以及用更加忠诚的态度、足够的信心、非凡的激情、求实的精神、坚韧的意志，去耕耘我们的"故乡"，终有一天，她，一个本来关怀人的一生发展的她，一个本来关切人的一生生活的她，其风姿一定会绚丽得让人晕眩，其风光一定会旖旎得让人嫉妒！

关于目标之四"探索与发现、积聚与运用具有实践引领、支持、服务意义的方法"，其语言表达格式，与目标之三相同，"探索与发现""积聚与运用"的词选也与之大致相同。事实表明，此两者的关系是密不可分的，甚至是完全融透在一起的。之所以将之分列开来，是因为多有研究活动，因基于不同的研究对象、研究起因和研究指向等，有时理论知识的韵味会浓一些，有时实践方法的色彩又会强一点。当然，更重要的是，倾向实践方法研究的这一端，还是因为心里有话要说，尤其是对其中的引领、支持与服务意义想表达 些相关的思量。

一直非常认同杜威、林德曼和诺尔斯基于"（成人）学习者中心"思想所提出的观点。

杜威认为："教师应当正确测定和他一起工作的班组各位成员的能力和需要，从而设置学习情境，一种能够满足需要、发展能力的实验项目或内容得以充分体现的情境。这种设计必须具有较强的灵活性，以期发展学习者经验的个体性，但也不放弃其较强的严格性，以利于引导和帮助他们得到能力的不断发展。"[①]

林德曼进一步认为，成人教育更是一种实验性的、商讨性的协作活动；是一个不拘形式，以发现（生活）经验之意义为目标的知识获取过程，因此，"教师的作用更新了，他不再是一个站在权威的讲台上发号施令的神使，而是一个向导，他凭着生动、确切的事实和经验同样参加到学习中去"。[②]

---

① 伊里亚斯，梅里安. 成人教育的哲学基础[M]. 高志敏，译. 北京：职工教育出版社，1990：80.
② 同上：81.

诺尔斯更是旗帜鲜明地指出，成人教育中的教师是成人学习的帮助者、指导者、鼓励者、促进者、咨询服务者、资源提供者，而不仅仅是知识的传递者，更不是学科的主宰、法官和权威。基于此，他一直乐于将成人教育工作者称为"andragogue"——"成人教育家"或"成人教育学家"，而不是"pedagogue"，即"普通教育家"或"普通教育学家"。

由之可见，目标四中所表达的"引领""支持"与"服务"，与上述的"引导""指导""向导""帮助（者）""鼓励（者）""促进（者）""咨询服务（者）""资源提供（者）"等如出一辙。可以这么说，"引领""支持"与"服务"，既是此前立论与演绎的必然结果，又是受杜威、林德曼、诺尔斯等上述思想观点影响的结果。

在此，还想作如下重申、说明和演绎。

要想重申的是："探索与发现、积聚与运用具有实践引领、支持、服务意义的方法"，既然作为从伦理、纲领、性质等演绎至此的一种必然，那它也必当在其全部过程中要坚守终身教育信念，实现终身发展与终身教育、全面发展与终身学习之间的接轨；要坚守成人生活信念，实现人本关怀与教育关照、生活关切与学习关顾之间的穿梭。也就是说，所有实践方法的探索与发现，乃至积聚与运用，都当以帮助成人学习者走向学习的成功、生活的成功乃至人生的成功作为起点与归宿。

要想说明的是：在充分注入促进人的终身发展、促进人的全面发展、关顾成人生存、关切成人生活、弘扬人本思想、彰显人本精神，乃至体现"回归与走进"理念等一系列内涵的"以成人学习者为中心"的视域下，"引领"里想要从此抛弃的，便是那种以教为尊，与成人学习者及其学习活动之固有特征有悖的，所谓的"教导"与"教授"、"塑造"与"改造"。"支持"里想要从此摒弃的，便是那种声色俱厉，与成人学习者及其学习活动之原始期望有违的，不顾效果的"灌输"与"填鸭"、"发号"与"施令"。"服务"里想要从此唾弃的，便是那些居高临下，让成人学习者乃至所有人想起来就有些毛骨悚然的，所谓的"权威"与"法官"、"神使"与"主宰"。

诚然，从此应当渗透其中的，恰是一种以向导者、引导者、指导者等姿态出现的，对满足终身发展与终身学习需求的引领、对满足成人生活与成人学习需求的引领；以帮助者、促进者、鼓励者等面目出现的，对满足终身发展与终身学习需求的支持、对满足成人生活与成人学习需求的支持；以信息咨询者、资源提供者等身份出现的，对满足终身发展与终身学习需求的服务、对满足成人生活与成人学习需求的服务。

要想再演绎开来一点的是：无论是引领意义的生成，还是支持意义的显现，抑或是服务意义的张扬，都期待它们今后能够坚定地兼顾两个层面的同时发力。那就是不仅要求有充分针对成人学习群体或个体，在具体教育、教学或学习过程中的引领、支持与服务的思考和设计，而且也要求有充分针对成人学习群体或个体，一种具有总体性或整体性特征的，即在舆论导向方面、体制机制方面、机会保障方面、政策举措方面、环境条件方面等，有引领、支持与服务的构思和策划。

从国际范围来看，以往人们对前一种思考与设计乃至应用与实践，似乎要比对后一种构思与策划以及应用与推广显得更加用心，更加投入。然而，当终身教育与终身学习、成人教育与成人学习开始越来越移向人类社会活动之核心部位的时候，如若对其仍然缺乏一种具有总体性特征或整体性特征的引领、支持与服务的构思和策划，那么，谋求进入学习型社会时代的进程，一定会走更多的弯路。

关于目标之五"探索与提升成人群体与个体的学习态度与能力、生活态度与能力"，无论是表述中的探索还是提升，我都很希望让所有的人，能够永久地注意到它们既是一种充满过程性和持续性发展特征的行为，又是一种充满波浪性和螺旋性发展特征的行为。

在此，想多作一些讨论的，显然是事关成人群体或个体的学习态度与学习能力、生活态度与生活能力这样两个问题。

首先要说明的是，有关"态度"和"能力"的意涵，在不同的学科研究背景下，人们对之有非常多的释义，然仅就其词义而言，在我的认知田园里，它们可以被简约地解释为："态度"，即对某件事情或某种事物所形成的内心认识、心理倾向或基本看法，以及对某件事情或某个事件所采取的行动或行为表现；"能力"，即能够做好某件事情的本领，或胜任某项任务的条件。

但是，不知道是从什么时候开始，教育科学研究是那么关注教师的教育、教学态度及其培养（有关教师德育培养的教材、专著、论文就足以压得你喘不过气来），同时又是那么关注教师的教育、教学能力及其培养（属于这个范畴的论著、论说、论文，乃至专门的培训项目也是多如牛毛）！然而，遗憾的是，有关学习者特别是成人学习者的学习态度，以及学习能力特别是成人学习者的学习能力，且不要说有多少堪称达到专门或专业水平的积累，就连仅仅已经形成文字的，并可以应用于实践的理解与认知也不多见！

关于学习态度，尤其是成人学习态度的问题，我心中反反复复地显现出那个与之相关的故事——"偷吃禁果，始祖犯罪"。在此，很想辑录二三，和读者们一起来细细咀嚼其中意味：

"上帝为亚当在东方的伊甸建立一座美丽的花园，园中果树成荫、百花盛开、硕大的果实香甜可口。此外，上帝还在园子正中栽了一棵生命树和一棵分辨善恶的树。

"亚当夫妇天真无邪，虽然两个人皆赤身裸体，但并不以此为耻。他们或手拉手地漫步在花丛林间，沉浸在鸟语花香之中；或静静地并排躺在汨汨的河边，尽情地沐浴着阳光雨露。园中万物生意盎然，自然界美妙和谐，鱼虫鸟兽无不听命于亚当夫妇。他们无忧无虑地在伊甸园享受着上帝赐予的这一极乐世界。

"上帝的所有造物中，唯有蛇最狡猾。它要破坏上帝的工程，于是引诱女人说：'上帝果真不许你们吃园中所有的果子吗？'女人答道：'不，园内所有的果子我们都能吃，唯有园子正中的那一棵树上的果子上帝禁止我们吃，也不准我们摸，因为摸了、吃了就会死。'蛇说：'其实你们吃了也绝对不会死，上帝是怕你们吃了变得心明眼亮，与他一样能分辨善恶。'在蛇的引诱下，女人动心了。她看到那树上的果子是那么赏心悦目，不仅能大饱眼福，还能增长智慧，于是情不自禁地摘下吃了，接着又摘下一个送给亚当吃。亚当此时将上帝的禁令完全置于脑后，接过女人递过来的果子便大嚼起来。他们吃后，果然变得心明眼亮。当他们看到自己赤身裸体，不禁深感羞耻，于是赶快找些花果树树叶，编成裙子，穿上遮体。"[①]

诚然，我们无须讨论"人"究竟是耶和华制造的，还是由什么其他物种进化而来的，但在这个故事里面，我不断地领悟到：

——人，最宝贵的，无非是拥有两件珍宝：生命与智慧；

---

① 段绮. 圣经故事（旧约篇）[M]. 南京：译林出版社，1994：6.

——人，享受自然的美好，需要有生命与智慧的共同出席；

——人，因为造物主"一不小心"，而充满好奇心与欲求；

——人，因为造物主的"神奇"，本来就有心明眼亮的渴求；

——人，因为造物主的"伟大"，本来就有分辨善恶的诉求；

——人，因为心明眼亮，才会为最初的赤身裸体而感到羞耻；

——人，因为能分辨善恶，才会为感到体面而学习编织裙子遮体。

总而言之，因为具有心明眼亮、分辨善恶的欲求，因为懂得要避免羞耻、活得体面，所以人有热爱、崇尚智慧的天性，本性上就是愿意学习且乐意学习的！

关于学习能力，特别是成人的学习能力，美国心理学家詹姆士（W. James）等说："人到二十五岁，纯粹之好奇心已经衰退，神经之通道已经固定，同化之能力已消灭，学习新观念，非常困难。"①另外，东方有"少壮不努力，老大徒伤悲"的俗谚，西方有"老狗何以学得新花样"的谚语。所有这些都是在说人一旦步入成年，相比年少时，学习能力便会大大下降，学习会变得很困难。

请大家想想，如果像詹姆士等人所说的，人到二十五岁，好奇之心已经衰退，神经通道已经固定，同化能力已经消灭，成人学习已经困难，那么他们人到成年怎么还痴迷于心理学，还能取得这么大的成就？

再想想，在你的周遭，有多少位"老大"还在继续谱写新的生命和生活篇章？在你的周围，有多少条"老狗"还在继续创造新的生命和生活奇迹？

请再想想，人类社会物质文明的篇章，究竟是以哪个群体为主角在使之日新月异？人类社会精神文明的车轮，究竟是以哪个群体为主体而使之滚滚向前？

而所有这一切，倘若没有成人学习能力的介入，何以成为真实！？倘若没有成人学习能力的作用，何以成为现实！？

幸运的是，关于学习态度和学习能力，有更多的人熟稔或者深信：

——苏格拉底的最高智慧是"自知自己无知"，不二信念是"一切问题的关键在于知识"，以致，"使生苏格拉底死，使死苏格拉底生的唯一理由，就是他对知识的不懈追求"。②

---

① 孙世路，等. 成人教育［M］. 哈尔滨：黑龙江教育出版社，1989：204.
② 张志伟，马丽. 西方哲学导论［M］. 北京：首都经济贸易大学出版社，2005：41.

——柏拉图说，理性认识"是不死的灵魂所固有的"。人的学习就是"对生下来时遗忘的绝对美、善知识的回忆"。①

——亚里士多德说："人类天性渴望求知"即"人类总是希望对真相有更多的了解，获得更多的知识。"②

——孔子说：人不学，不知道。学然后知不足。知不足，然后能自反也。

——庄子说：吾生也有涯，而知也无涯。

——欧阳修说：立身以立学为先，立学以读书为本。

——刘向说：少而好学，如日出之阳；壮而好学，如日中之光；老而好学，如秉烛之明。

——民间说：秀才不怕衣衫破，就怕肚子没有货；做到老，学到老，活到八十还学巧。

——百姓们还说：不吃饭则饥，不读书则愚；劳动是知识的源泉，知识是生活的指南。

被美国《教育社会学杂志》（*Journal of Education Sociology*）盛誉为"对教育心理学及成人教育方面有最大之贡献"的著名学者桑代克教授，通过研究更是向全世界声称："学习之能量，永不停止，成人之可型性或可教性仍大，二十五岁后仍可继续学习"③。

对于学习，人类天生就有一种积极的心理倾向或积极的内心认识；对于学习，人类天然就有一种永不停止的能量，一种永不消弭的能力！

只是，具体到现实情境中，成人的学习态度，也许被"前半生用于学校读书学习，后半生用于职场挣钱、养家糊口"的生活模式、教育模式给销蚀了，也许被太多形形色色的类似"读书无用"、应试教育的浪潮给湮灭了；成人的学习能力，也许被仅仅适用于儿童教育的教学模式、评价模式给吞没了，也许被太多五花八门的仅仅适用于检验儿童学习能力的测试结果给扭曲了！

说到底，成人天赋的学习态度和学习能力本来就应得到恒久的关注与探索、提

---

① 范明生. 柏拉图哲学述评 [M]. 上海：上海人民出版社，1984：80.
② 傅佩荣. 西方哲学与人生 [M]. 上海：上海三联出版社，2008：10.
③ 桑代克. 成人的学习 [M]. 朱君毅，等，译. 上海：商务印书馆，1933：2.

升与发展,而在其被销蚀与湮灭、吞没与否定的情境下,成人教育科学更是绝对没有理由不去关切它们的"复归"与"复兴"!

下面,再来说一说生活态度与生活能力的问题。

关于生活态度,既是哲学家们永恒的学术命题,又会是我们每日都要思考的问题。

在这里,首先想起了季羡林先生。在其洋洋洒洒的《季羡林谈人生》中,有八个片段非常耐人寻味,其大意是:

片段1:人生意义、人生价值,诸如此类的言说,全然可谓花样繁多、扑朔迷离。

片段2:有些人究竟想表白什么,连其自己也是越说越迷糊,以己之昏昏,焉能使人昭昭?

片段3:我们"人"的"生",都是被动的。糊里糊涂地降生、成长,又会糊里糊涂地耄耋、夭折。没有哪个人能预先制定好一个诞生计划,然后再一步一步地来实现这个计划。当然,佛祖释迦牟尼是个例外。

片段4:我们"人"的"死",基本上也是被动的。要说有点儿主动权,那就是自杀,但除非万不得已,这点主动权是绝对不可以随便使用的。

片段5:吾等作为"人",又绝对不能因为这份"被动"、因为这份"糊里糊涂",从此就可以无所作为、无所建树。

片段6:吾等作为"人",又自有其特定的本性存在,所谓:一要生存,二要温饱,三要发展。或者说,吾等作为"人",每一位都会去争取一个完满的人生。但事实上,不完满又恰恰是人生的真实,所谓"人有悲欢离合,月有阴晴圆缺,此事古难全"。

片段7:每个人都不妨在吃饱了燕窝鱼翅之后,或者在吃糠咽菜之后,又或者在唱卡拉OK、打高尔夫之后,问一问自己:你为什么活着?活着难道就是为了恣睢的享受吗?难道就是为了忍饥受寒吗?想明白了这些问题之后,或许你的头脑里会多一份清醒,少一点糊涂。

片段8:对世界上很多人来说,其人生一无意义,二无价值。他们也从来不考虑这样的哲学问题。走运时,手里大把钞票,白天两顿美食城,晚上一趟卡拉OK,

玩一点小权术，耍一点小聪明，甚至恣睢骄横，飞扬跋扈，昏昏沉沉，浑浑噩噩，等到进了骨灰盒，也不明白自己为什么活过了这一生。

随后想起的，便是2 300多年前的亚里士多德的论说。先哲在他的《尼各马可伦理学》一书中说，每个人都要思考这样一些问题：我们的生活确切是指什么？什么是最好的生活方式？我们怎样确定什么是要做的正当的事？先哲的回答是：

——生活也许并不是许多经验的堆积，也不是发生在身边的某些事件，而是我们自身的一系列活动。

——了解最好的生活方式的钥匙在于，应当认知到我们并不只是被动地活着，而是积极地活动着。生活是我们过的，这意味着我们对自己的生活有一定的控制。如果我们把自己的生活置于活动的范畴，能够看到的最好的生活是什么呢？终极的答案就是幸福，我们所有活动的终极目的都是幸福，而这种幸福也就是"我们作为人的（一种）繁盛（flourishing）"，一种"健康、活泼、实现了我们的潜能、生活尽可能地美满"的繁盛。

——至于怎样确定做正当的事，那就需要使用道德的标尺，"对于大多数人来说，过有道德的生活这个问题，在某种意义上就是做正当的事"。①

由此可见：

——生活态度事关人生意义、人生价值，是每个人一生中时时刻刻都要清醒面对的重要问题；

——确实，每个人都被动地"生"，且大多又被动地"死"，但是，人的本性又决定其必须去主动地"活"，去积极地"活动"；

——由人的本性所决定的"主动的'活'""积极的'活动'"，其目的甚至终极目的，就是为了追求完满的人生，就是为了追求幸福的人生（尽管最终结果又总是不尽完满、不尽繁盛）；

——追求完满人生、幸福人生，又必须有合适的手段与正当的方式，而衡量手段合适与否或方式正当与否的首要标尺，便是"道德"二字。

也许，这四条体悟还有那么一点抽象的感觉，那接下来要考虑的问题是，这些

---

① 加勒特·汤姆森，等. 亚里士多德[M]. 张晓林，译. 北京：中华书局，2002：79~82.

体悟将演化在怎样一种现实的生活背景之中呢？

当今社会，已然有许多指称，如工业化社会、信息化社会、后工业化社会、后现代社会、网络化社会、全球化社会等。读这方面的书有时总会产生这样一种感觉：就某个侧面来讲，似乎已经说得头头是道了，但就其基础性、启迪性来讲，却往往还不是那么过瘾。

对比中，依然还是抹不掉对德国著名哲学家西美尔（G. Simmel）社会学论说的深切感触，而且要特别感谢我国社会学者刘小枫对西美尔的大量论述，从金钱、性别与现代生活感觉这样三个基本片段作了精到的概括与解读。在此，特辑录若干精彩段落，以便大家感受一下现代社会的一些特别样态与倾向。

关于金钱：

——"货币古而有之，现代经济生活却使得它发生了意义深远的变化。……对于西美尔，其深远意义首先在于，货币成了个人生命中'不受条件限制的目标'。过去，人们渴求的人生目标，比如美好的爱情、神圣的事业，并不是任何时候都能期望或者追求的，金钱这样的人生目标却是人随时可以期望或者追求的。

——"换言之，前现代人的人生目标乃是一个恒定、潜在的生活目的，而不是一种'持续不断的刺激'。如今，金钱成了现代人生活最直接的目标，成了'持续不断的刺激'。从前，宗教虔诚，对上帝的渴望才是人的生活中持续的精神状态，如今对金钱的渴望就成了这种持续的精神状态。所以，在西美尔看来，'金钱是（成了）我们时代的上帝。'（也就是说）'金钱越来成为所有价值的绝对充分的表现形式和等价物，它超越客观事物的多样性而达到了一个完全抽象的高度。'人们相信金钱万能就如同信赖上帝全能。

——"货币生活改变了人与人之间的关系，产生了持续的个人自由主义诉求。原因很简单，在前现代的生活形式中，人与人之间的相互依赖关系是明确、固定、人身化的，在货币经济生活中，人们很少依赖确定的人，每个人只依赖自身。……（因为可选依赖对象的扩大）人与人之间的联系固然极大地增多了，但人对他人的'人身（Person）'反而冷漠多了。

——"（在种种'主义'对峙背后）西美尔看到的是更为根本的现代性痼疾——致命的生命感觉的萎缩。'货币给现代生活装上了一个无法停转的轮子，使生活这架机器成为一部永动机，由此就产生了现代生活最常见的骚动不安和狂热不休。'然而，在个人灵魂的最深处，确是对生命本身的无聊感。（西美尔最后鲜明地表示）'金钱只是通向最终价值的桥梁，而人是无法栖居在桥上的！'"①

关于性别：

"西美尔对男性品质下了这样的判断词：男性追求的不是生命整体，而是生命的载体，不是灵魂本身，而是灵魂的功能，不是存在本身，而是存在的方式——结论是：女人比男人更接近存在；从人的纯粹性而言，女人比男人更是人。'女人与男人因此是完全不同的。就自己是女人这一点对女人来说，比起自己是男人这一点对男人来说，更具本质性。'

"（女性文化运动，其根本问题是）是否能为人类的个体灵魂拥有的财富增添女性质素，使文化的主体方面在品质上与至今为止的不同。女性文化运动的方向，不是要向男性看齐，而是要认清自身的女性品质——被男性文化压制、排斥了的'女人性'。"②

关于生活感觉：

"西美尔从一种文化哲学的角度来看作为现代生活之基础的分工，分工产生的'极端和彻底的专业化，只是普遍文化困境的一种特殊形式'。所谓普遍的文化困境就是客体文化与主体文化的相互差异——也就是异化，其结果是现代人的生命和生活都成了碎片。

"无论这些碎片如何具有现代性，如何是社会化的碎片，都与人的形而上学意义上的生命感觉相关。生命感觉的碎片化根本上来自这样一个形而上学事实：生命形式——它总是历史、民族、宗教地有所不同的——使个体灵魂与生活实在总有一定距离，生活实在……总是'从遥远的他方'对人说话，人的感觉都触摸不到生活实在。

"尽管如此，个体灵魂的生命感觉毕竟是个体生命与生活实在发生接触的唯一途径，如果个体灵魂的生命感觉也丧失了，个体生命也就丧失了承负在体性的无聊

---

① 西美尔. 金钱、性别、现代生活风格[M]. 刘小枫，选编. 顾仁明，译. 上海：华东师范大学出版社，2010：4~8.
② 同上：10~11.

和孤独的机体。可是现代人偏偏不再满足于事物的自然魅力，反而看重自己的感官刺激，不再看重自己的灵魂拥有什么、自己的生命感觉如何，而是看重自己和别人拥有什么东西。这才是西美尔意义上的异化：'假如生命内在缺少差异，以至于人们害怕天堂里持久的幸福会变成持久的无聊，那么，无论生命在何种高度、以何种深度流淌，对于我们来说，都显得空洞和无谓。'

"现代人在追求种种伪造的理想，在这些名目繁多的理想中，生活的所有实质内容变得越来越实质化的空洞，越来越没有个体灵魂的痕印，生命质地越来越稀薄，人的自我却把根本不再是个体生命感觉的东西当作自己灵魂无可置疑的财富。就像书写本来是一种体现个体生命特性的形式，自从有了打字机——如今有了电脑，书写摆脱了个体性，成了'机械的千篇一律'。技术代替了感觉，也把个体灵魂的生命气息从生活中驱除出去了。西美尔说，这就是为什么'一个具有纯粹审美态度的个性人物会对现代深感绝望'，为什么'关心内心救赎的人的灵魂'总是与现代生活格格不入，总是神经质紧张兮兮地活在大城市中。"①

面对这样一种"金钱""性别"与"现代生活感觉"分析，结合以上由亚里士多德、季羡林先生带来的体悟，试问：

现代人的生活难道真的全然已成碎片，面对生命感觉萎缩，已然无动于衷？面对生命感觉无聊，已然破罐破摔？

现代人的生命难道真的全然已成碎片，只剩感官刺激，而不见自然的魅力？只求名利，而不顾生命与灵魂拥有？

为了不至于"对现代深感绝望"，人的灵魂与生活实在究竟应当进行怎样一种对话？

为了不至于"神经质紧张兮兮"，人的感觉与生活实在究竟应当发生怎样一种触摸？

被动地栖息在那座通向人生价值的桥梁上，难道真是完满人生中的一种惬意？

主动地生活在一种体现人生价值的真实中，难道真是幸福人生中的一种困难？

人类本应有的那份优雅与激情，究竟应当怎样养成？

---

① 西美尔. 金钱、性别、现代生活风格[M]. 刘小枫，选编. 顾仁明，译. 上海：华东师范大学出版社，2010：3，13~14.

人类不当有的那份骚动与冷漠，究竟应当怎样消减？

为了人生完满，男人究竟应当怎样追求生命的整体、自我的灵魂与存在的本身？

为了人生幸福，女人究竟应当怎样在人类文化以及灵魂财富中增添女性质素？

恒定、潜在的生活目的与直接、浅表的生活目的，究竟何为至尊，究竟应当更多地接受谁的刺激？评量人的价值意义的首要标尺到底是什么？

心灵、精神的人生目标与物质、金钱的人生目标，究竟谁主沉浮，应当敬畏的究竟是前者，还是后者？衡量人的生命意义的终极标准究竟在哪端？

至此，我想已经没有必要再一条一条地挑明将"人生态度"这个元素植于目标五之中的重要性及必要性等了。读者诸君对于这方面的感触、体认应不会亚于我。

最后要说的是有关生活能力的问题。

很大程度上，成人教育实践活动几乎每时每刻都在关照成人群体、成人个体的生活能力，故而，作为对它的科学研究的活动，特别是在此论及它的目标指向时，便没有任何理由可以对之轻慢、小觑了。

然而，"生活能力"又绝对是一个宏大的概念，既可以作为哲学家高谈阔论的命题，又可以成为百姓们天天"喋喋不休"的问题。

在这里，一方面，不打算再到那份"宏大"中去窥见、归纳什么，另一方面，也不再准备或凭哲学家的"阳春白雪"，或借百姓们的"乡间小曲"来论说什么，只想既有些"超脱"又有些"务实"地来对如下一连串有关"学会"的问题谈一谈我自己的感受。

其实，所谓一连串有关"学会"的问题，就是联合国教科文组织所属，由15位政治家、科学家、经济学家、社会活动家、管理工作者以及一小部分教育专家组成的21世纪国际教育委员会在1996年提交的《教育——财富蕴藏其中》这份报告中所提到的：学会认知、学会做事、学会共同生活与学会生存，再加上我自己特别愿意再说一说的"学会关心"。

首先要说明的是，我之所以要非常特别地告诉大家这个21世纪国际教育委员的组成人员主要是政治家、科学家、经济学家、社会活动家、管理工作者，只有一小部分才是教育工作者，是因为希望所有人都能够注意到，在终身教育、终身学习理念广泛传播与深入实践的国际背景下，这些"学会"需要有源于教育、学习视角的考虑，更需要有基于多维的、实际的生活视角的观察。

至少在我心里，这些"学会"更多地体现了一种全新的通过教育、学习而应当获得的一系列更具提升意义和核心意义的"生活能力"。也就是说，所谓学会认知，就是在生活过程中，要学习和掌握学习的能力；所谓学会做事，就是在生活过程中，要学习和掌握劳动与工作的能力；以此类推，学会共同生活，就是事关学习和掌握处理人际关系的能力；学会生存，就是事关学习和掌握认识自我、发展自我的能力；至于学会关心，是指要以一种更加积极主动的姿态，去学习和增进关心自我、关心他人、关心社会、关心人类、关心自然、关心地球的意识和能力。

下面再花一点时间，就《教育——财富蕴藏其中》里所涉及的相关诠释，再来介绍一下这些需要学习和获得的能力的具体内涵。

"学会认知"，或曰：学习和取得现代生活所必需的认知能力或学习能力。

其主要理由是："由于知识涉及方方面面，并且始终都在不断地发展变化，试图想什么都知道愈来愈做不到。""今天，一个真正受到全面培养的人需要有广泛的普通文化知识，并有机会深入地学习研究少量的学科。在整个教育过程中，应该促进这两方面的同时发展。"①

其主要释义是："这种学习更多的是为了掌握认识的手段，而不是获得经过分类的系统化知识，既可将其视为一种人生手段，也可将其视为一种人生目的。作为手段，它应使每个人学会了解他周围的世界，至少是使他能够有尊严地生活，能够发展自己的专业能力和进行交往……"②

其主要目的是："由于学习有用的知识在现代生活中变得很重要，……空闲时间越来越多，这将使越来越多的成人能够去感受知识和个人自学带来的乐趣。扩大知识面可以使每个人更好地从各个角度来了解他所处的环境，有助于唤起对知识的好奇心，激发批判精神并有助于在独立思考的基础上去辨别是非。"③

其基本要求是："为了解知识而学习，首先要求要学会运用注意力、记忆力和思维能力来学习"，④也就是说，每个人都必须加强注意力、记忆力和思维能力的训

---

①④ 联合国教科文组织. 教育——财富蕴藏其中 [M]. 联合国教科文组织总部中文科, 译. 北京：教育科学出版社, 1996: 77.
②③ 同上: 76.

练和运用。

"学会做事",或曰:学习和取得现代生活所必需的劳动能力或工作能力。

其主要理由是:"学会认知和学会做事在很大程度上是不可分的。"① 应当注意到:"由于知识和信息对生产系统起着支配作用,专业资格概念变得有些过时,个人的能力概念则被置于首要地位。"②

其主要释义是:在此情况下,"已经不能再像过去那样简单地理解学会做事的含义就是为了培养某人去从事某一特定的具体工作,使他参加生产某种东西"。③ 这种做事能力应当被看作"每个人特有的一种混合物,它把通过技术和职业培训获得的严格意义上的资格、社会行为、协作能力、首创能力和冒险精神结合在一起"。④

其主要目的是:除了要学会将所学知识转化为实践能力之外,还要使得学习者、劳动者能够"在不能完全预计到未来工作变化的情况下,如何使教育(即他们获得的知识、技能)与其未来的工作相适应"。⑤

其基本要求是:现代经济发展强调劳动者要有一种良好的生存技能,即"那些先天的或后天的有很强个人色彩的素质同知识和实际本领结合在一起的"能力。在服务性行业里,特别需要具备"建立稳定有效的人与人之间关系"的能力;在高度技术化的组织里,要注意发展每一个人的"直觉能力""观察能力""判断能力""团结协作能力";而在非正规经济组织与劳动中,"革新能力""创造能力"又显得至关重要。⑥

"学会共同生活",或曰:学习和掌握处理人际关系的能力,学会与他人一起生活。

其主要理由是:"当今世界往往是一个充满暴力的世界,它与一些人对人类进步寄予的期望背道而驰";"人越来越高估自己及其所属群体的长处,而对其他人怀有偏见"。另外,"普遍的竞争气氛已经成为各国内部尤其是国际上经济活动的特

---

① ② ③ 联合国教科文组织. 教育——财富蕴藏其中 [M]. 联合国教科文组织总部中文科,译. 北京:教育科学出版社,1996:79.
④ 同上:80.
⑤ 同上:78.
⑥ 同上:80~82.

点，它愈来愈突出竞争精神和个人的成功……这种竞争现在终于导致无情的经济战争、导致贫富之间的紧张关系，从而造成各国和整个世界的分裂……也激化了历史上存在的敌对情绪"。①

其主要释义是：希望在尊重多元价值、尊重平等价值，增进相互了解、相互依存的前提下，形成"一种能够使人们通过扩大对其他人及其文化和精神价值的认识，来避免冲突或以和平方式解决冲突"的能力。②

其主要目的是：培养这种能力，就是希望人与人之间的接触，"是在一种平等的氛围中进行的，而且又有共同的目标和计划，那么偏见和潜在的敌对情绪（就有）可能会消除，取而代之的将是一种比较平静的合作，甚至是友谊"。③

其基本要求是："采取两种相互补充的方法。首先是逐步去发现他人；然后是在一生当中从事一些共同的计划"，这既是"避免或解决潜在冲突的有效方法"，④又是与他人共同生活的一种能力表现。

"学会生存"，或曰：事关学习和掌握认识自我、发展自我的能力。

关于"学会生存"，我在此前的"纲领"命题讨论中，已经有了一段专门有关其实质内涵认知的论述。在此，依据《教育——财富蕴藏其中》一书中的内容，试从生活能力的角度，再对其作一个简单的说明。

其主要理由是：正像《学会生存——教育世界的今天和明天》一书中所指出的那样，我们对"世界因技术发展而非人化表示担心"，21世纪，"非人化"现象有可能"在更广泛的范围出现"。在此背景下，"教育的基本作用，似乎比任何时候都更在于保证人人享有他们为充分发挥自己的才能和尽可能牢牢掌握自己的命运而需要的思想、判断、感情和想象方面的自由"。⑤

其主要释义是：更加"充分地发展自己的人格，并能以不断增强的自主性、判断力和个人责任感来行动"。⑥就像我们此前所说过的那样：学习是每个人的生存责任、生存方式；让学习使每个人都能成为其文化进步的主人翁与创造者，使每个

---

① ② 联合国教科文组织. 教育——财富蕴藏其中 [M]. 联合国教科文组织总部中文科，译. 北京：教育科学出版社，1996：82.
③ ④ 同上：83.
⑤ 同上：85.
⑥ 同上：87.

人都能迈向其完美的精神世界与人生旅程。

其主要目的是：教育要促进人的发展，"发展的目的在于使人日臻完善，使他的人格丰富多彩、表达方式复杂多样；使他作为一个人，作为一个家庭和社会成员，作为一个公民和生产者、技术发明者和有创造性的思想家，来承担各种不同的责任"。①

其基本要求是：任何个人、任何组织、任何教育、任何学习，都不可忽略"人的任何一种潜力"的开发与培养，包括身体能力、记忆能力、推理能力、审美能力和交往能力等的培养和发展。②"教育应当促进每个人的全面发展，即身心、智力、敏感性、审美意识、个人责任感、精神价值等方面的发展。"③

"学会关心"，或曰：事关学习和增进关心他人、社会与人类的意识和能力。

不可否认，在现代生活过程中，"学会认知"——学习和获得认知能力、学习能力，"学会做事"——学习和获得劳动能力、工作能力；"学会共同生活"——学习和获得互助能力、合作能力，乃至"学会生存"——学习和掌握每个人在其生命旅程中认识自我、发展自我的能力等，着实体现了政治家、科学家、经济学家、社会活动家、管理工作者乃至部分教育工作者们的智慧和判断，是符合实际的，是有深刻道理的。但是，心中又总有这样一种特别情绪的造访，那就是，每每感觉其中受外力的被动意蕴似乎强了一些，而源自内在的主动色彩又似乎弱了一些。于是，特别愿意再提一提、说一说"学会关心"的意识和能力。

其具体理由是：第一，如今我们谁也无法回避职业生活的压力、区域（或社区）生活的嬗变、家庭生活的艰辛、邻里生活的改变、人际关系的疏离，以及社会经济生活的竞争、国际社会生活的冲突、生态环境的恶化、自然灾害的频发、贫富差距的悬殊、突发事件的增多，甚至包括科技演进所带来的种种负面效应，故而，人类已经不能再在一种消极的状态下逍遥了，相反，必须以一种积极的姿态，去"学会关照""学会关顾"。第二，我们曾经看到，甚至至今依然要面对这样一些不

---

① 联合国教科文组织. 教育——财富蕴藏其中 [M]. 联合国教科文组织总部中文科，译. 北京：教育科学出版社，1996：86.
② 同上：87.
③ 同上：85.

争的事实：教育权利被圈囿化，学习权利被学校化；学习事件被买卖化，学习活动被市场化；学习意愿被机构化，学习需求被限定化；学习活动被校园化，学习过程被考试化；学习范围被大纲化，学习活动被书本化；学习效果被证书化，学习目的被文凭化；学习的优劣被教师个人评定化，学习的宗旨被社会各方门槛化……

在如此众多的"被景"下，许许多多成人学习者天生的好奇心、求知欲、能动性变得微弱了、脆弱了，甚至是倦怠了、麻木了，或者说，可能因为好奇心所生成的满足感、愉悦感变得不再强烈了；可能因为求知欲所带来的成就感、幸福感变得不再浓厚了；可能因为主动性而生发的升华感、超越感亦不再明锐了。说到底，变消极应对、被动适应为积极地学会关切，主动地学会关心，已经成为一件迫在眉睫的事了！

其主要释义是：当今社会，人类文明不断进步是事实，但文明进程危机重重同样是事实。虽说教育（学习）并非打开所有理想之门的"万能钥匙"，但它确实是一种人类文明更加和谐、可靠发展的重要手段。在这种手段的使用过程中，或者说在推进终身教育、终身学习与学习型社会建设的进程中，除了应促使人们通过教育、学习具备认知、做事、共同生活与生存的能力以外，还要学会关心，即能够以积极的姿态、主动的姿态，真正有意识、有能力去关爱、关心自我与他人、家庭与亲友、社区与民族、国家与人类，自然与环境、生态与地球，"终而使当今人类及其子孙后代能够尽可能地远离不信任、不理解乃至贫困、愚昧以及冲突和战争"。[①]

——其主要目的是：在学会认知、学会做事、学会共同生活与学会生存中，兴许已经包含了一些"学会关心"的如上意涵，这里再予专门一说，是希望在每个人身上都能够更加鲜明地具备这样一种特定的关心意识与关心能力。至于在其背后，无非就是期待能够更加充分地认定人之本性的意蕴：人，既是一个具有独立、主体性的个体，又是一个与他人、社会有着密切关联的个体。就像人本主义心理学家马斯洛、罗杰斯（C. R. Rogers）等人一样，他们一方面特别强调人的潜力、个性、自由以及自我概念、自我成长、自我实现等，一方面又坚决表示我们"既要承认每个人是独特的人，也要强调整个人类的共性"。也就是说，"脱离社会群体，自我实

---

① 高志敏，等. 终身教育、终身学习与学习化社会 [M]. 上海：华东师范大学出版社，2005：30.

现是不可能完成的，对各民族特征一无所知，人类也就无法发展"，总之，每个人"对别人必须有高度的责任感"。①于此，又不禁想起了古罗马哲学家奥勒留（M. Aurelius）那段脍炙人口的话语，他说，人，任何人，绝对都是自然、宇宙里的一个部分，甚至是极其渺小的一部分，那么，就请你一定要记住："一切事物（包括人）都是互有关联的，连接万物的纽带是神圣的，几乎没有一个事物能够独立存在，因为它们联系在一起，有秩序地组成同一宇宙。只有一个由万物集合组成的宇宙，也只有一位共存于万物之中的神明，万物本是一体，遵循同一法则，有智性的生物中存在共同的理性，共同的真理，对于这些本源归一，共享统一理性的生灵而言，也就只有一个唯一的尽善尽美之境"。②归根结底，提出"学会关心"的初衷，就是希望未来的成人教育科学研究能够面对任何成人群体或个体，去探讨和促使其尽可能地消减那种消极应对、被动适应的状况，从而逐渐养成和提升对家庭的依存、对他人的依存、对社区的依存、对民族的依存、对国家的依存、对自然与生态的依存、对人类与地球的依存等的意识，并且有能力去积极而主动地关心他们所要依存、所能依存的全部。

其基本要求是：这样一种意识的养成和能力的发展，俨然是为了体现和满足人的本性的诉求、人的全面发展的诉求、人的终身发展的诉求、人类共同生活的诉求、人类社会发展的诉求、人类和平与幸福的诉求、生态环境保护的诉求以及保护人类赖以生存的这个蓝色星球的诉求。由此，每个成人群体乃至个体的观察性与判断力、发现性与理解力、敏感性与通透力、应变性与决策力、灵动性与选择力、坚定性与承受力、责任性与行动力、正义性与担当力、信念性与坚韧力、慈善性与奉献力、博爱性与亲和力、创新性与创造力、前瞻性和发展力等的养成和提升，都必将变得不可或缺。

于此，仅就"目标"而言，也许某些地方还说得不够到位，不够准确。但是，我相信，倘若我们的成人教育科学真能朝着这五个目标不断迈进——能够使其自身真正作为人类社会生活的一种永恒存在与核心存在；能够使其自身真正成为成人生活关怀的一种本来体现与核心体现；探索与发现、积累与运用具有理论解释、认知

---

① 伊里亚斯，梅里安. 成人教育的哲学基础 [M]. 高志敏，译. 北京：职工教育出版社，1990：152.
② 马可·奥勒留. 沉思录 [M]. 李娟，等，译. 上海：上海三联书店，2008：76.

与创建意义的知识；探索与发现、积聚与运用具有实践引领、支持、服务意义的方法；探索与提升成人群体与个体的学习态度与能力、生活态度与能力——那么，我们全然不必再为它的社会认同度而心存纠结，不必再为它的社会认可度而时常犯愁，终有一天，它一定会释放出令人折服的价值与力量，绽放出耀眼的光彩和光芒！

三、再畅想：意义与作用

做完性质与目标的再洞见，闹了一场"脖子风波"。

查了一下门急诊就医记录册，确切的时间是2011年2月27日晚，因为晕眩厉害，去了医院急诊。初步诊断是血压高、颈椎病。此后又做了颈椎影像检查，结果是：椎体骨质增生，颈椎间隙变窄，第三第五椎间孔狭窄；做了脑（外围）血管多普勒（TCD）检测，结果是：椎动脉收缩期流速偏低，脑供血不足；做了磁共振（MRI）检查，结果是：C3-4、C4-5椎间盘突出；C5-6、C6-7椎间盘膨隆；C3椎体异常信号影……总之，颈椎出了问题，从而导致脖子僵硬、头晕心悸。显然，这些都是长期伏案惹的祸。

谨遵医嘱，服药、理疗，稍稍放缓工作节奏，边应对日常教学工作、社会工作，边做些资料准备、思路梳理。休整了数周时间，春末夏初，颈椎危机、脖子风波趋缓，遂又开始对成人教育科学之"意义"与"作用"这两个命题进行畅想了。

第一，关于意义。

按照自我约定，前瞻行动，在其每个基本命题具体展开之前，都当首先尝试对它们的意义做出相关的说明。这下可好，要对考量成人教育科学意义的意义进行考量，两个意义撞车了。当然，此意义非彼意义。

对于意义，第三章里曾有一个非常简要的概念解释，即被认为是事物或事项的内涵所蕴、价值所系。

展开一点来说，于此，所谓内涵所蕴，即是指蕴涵在事物或事项之中的，能够表达其底蕴特征的元素或质素；所谓价值所系，则是指嵌入在事物或事项之中的，能够显示其本质特征的用处或用途。

据此，针对成人教育科学进行有关其"意义"命题的讨论，其意义我想主要可以体现在以下两个方面：

其一，要进一步努力浮现成人教育科学本身潜在而固有的，并能充分表达其底蕴特征的元素或质素；

其二，要进一步努力显现成人教育科学本身可能而特定的，并能充分表达其本质特征的用处或用途。

是否也可以这样说，如若成人教育科学作为其意义的元素或质素，特别是用处或用途能够进一步得以廓清和彰显，那么，有关"意义"命题讨论的意义，也就能够得到充分体现了。

在重新畅想成人教育科学的意义之前，不妨再做如下简短回顾：

——大师诺尔斯对成人教育学之意义的阐释路线是：一方面，视成人学习者在自我概念、经验积累、学习准备和学习倾向四个方面所显现的特征为构建成人教育学的理论基础，而另一方面，又将这些特征与成人的教与学活动直接联系起来，以力求呈现成人教育学所蕴含的内在质素或用途。

——而我等有关成人教育科学及其研究活动之意义的思考，其第一焦点，发生在了与取得学科席位之间的连接；第二焦点，发生在了与解读成人教育实态之间的连接；第三焦点，发生在了与构成知识体系之间的连接，也就是说，其可能蕴含的内在质素，特别是其可能存在的特定用途，被十年之前的我，主要规约在了一席学科地位的获得、一种教育实态的认知，以及一个知识体系的形成。

对之，我曾经肯定，并特别期待或反思到：

——通过成人学习者四个关键特点同教与学的联系来揭示学科的意义，是直接的、逻辑的，是具有印证力、说服力的，但若放大学科雄心，那么是否还可以有待展现它的崛起与儿童教育学之间更加真切的互补意义，乃至对整个教育科学甚或更加宽广的人类科学探索范畴的影响力量？

——我等关于成人教育学科体系建设的意义讨论，虽然不能说意在获得学科地位、认知成人教育实态以及形成成人教育知识体系，其本身有何过错，问题在于在此过程中，作为研究者，其立意似乎显得有些情绪化、简单化了，特别是在关于知识体系建构问题上，又俨然少了既有"往上看""往上走"的知识打造趋势又有

"往下看""往下走"的知识运用走向这样一种能够实现两股力量相互结合的考量。

我不敢妄说在此后的有关成人教育科学意义的重新畅想中能够做到尽善尽美，但至少我会尽最大的努力，根据以上期待，以及对于反思中感受到的不足与问题进行新的思考或做出新的修正。

近段时间，虽然因为"脖子风波"而暂停了本课题的研究与叙述，但意义畅想这事却从未在心里搁置过，相反，无论是在上下班的巴士上，还是在工作之余，只要觉得头晕、颈痛还能顶得过去，便会琢磨这个命题。反反复复中，终于为成人教育科学意义的再度畅想，在通过将以上期待与反思同本章此前有关"伦理""纲领""性质"和"目标"命题思索结果不断交融之后，一共确定了以下七项意义，它们是：能形成一种自觉、能确立一种自我、能放飞一种理想、能张扬一种追求、能获得一种领悟、能造就一种本领、能明朗一种关系。

意义之一：能形成一种自觉。即成人教育科学及其体系构建的第一项重要意义，就在于促使成人教育及其科学探索活动能够催生出一种清新而坚定的自觉意识。

对于"自觉"一词，我脑子里曾留有三个印象：

第一个印象同瑜伽相关。数千年来，瑜伽传统一直追求自觉，而所谓"自觉"，就是人的"灵量"（梵文：Kundalini，汉译：昆达里尼），即人的灵性之能量被唤醒的过程。在这个过程当中，人的真我被联接到了无所不在的整体能量之中，从而获得一种属于内心的真正洗礼，直至取得一种心灵的升华、精神的重构。有人甚至比喻说，此等情形，宛如鸟儿出生的时候，仅是一枚鸟蛋，而唯有孵化才可能使之第二次诞生，嬗变成一只真正的小鸟，并由此获得与此前截然不同的生命与自由。

第二个印象同社会学泰斗费孝通先生提出的一个重要概念——"文化自觉"相关。费老解释说："文化自觉是一个艰巨的过程，只有在认识自己的文化，理解所接触到多种文化的基建上，才有条件在这个正在形成中的多元文化的世界里确立自己的位置，然后经过自主的适应，和其他文化一起，取长补短，共同建立一个有共同认可的基本秩序和一套各种文化都能和平共处、各抒所长、联手发展的共处守则。"① 后来人们逐渐形成共识，认为文化自觉即指文化的自我觉醒、自我反省与自我创建。

---

① 费宗惠，张荣华. 费孝通论文化自觉[M]. 呼和浩特：内蒙古人民出版社，2009：22.

第三个印象同"自觉"的哲学释义相关。哲学思考中的"自觉"通常涉及四层意涵：第一，它是一种人的内在自我发现、外在追求创新的自我解放意识；第二，它是人类在自然进化中，通过内外矛盾关系发展而来的基本属性，是人的基本品质；第三，它是人的所有实践行为的本质规律，即其一切实践行为最后必然要归落到对自我本体的维护或维持、进步或发展；第四，人类自觉本质的维护与发展是一种自由意义的真实呈现，也是一种自由价值的真切实现。

如果借来同瑜伽相关的"自觉"之解，成人教育科学"要形成一种自觉"的意义便可被看成：成人教育乃至对它的思索，当在科学的名义之下，从原先无意识的，或者说仅仅像一枚鸟蛋，虽然有事实、有存在却无真正之生命诞生与自由演化的状态中，获得一种自我唤醒、一种自我觉醒，以便从此能够以一种积极、主动的姿态去聚集其灵性的力量，燃烧其灵性的能量，在风浪中接受洗礼，在风雪中接受磨砺，从而实现它心灵的升华、精神的重建，最终宛如由窝居巢中的小鸟嬗变成自由翱翔的鲲鹏！

如果借用费孝通先生的"文化自觉"概念，可以肯定，成人教育同样是一种文化，而成人教育科学更是构建这样一种文化的文化。既然属于文化范畴，那么这样一种特定的文化同样需要它自己本着坚定的信念和积极的姿态去实践自己的自我觉醒、自我反省与自我创建过程，以期最终实现费老八十诞辰时用诗一般的语言对文化自觉的历程及其价值所作的精辟概括：各美其美（或者说自美其美），美人之美，美美与共，天下大同！

如果再借来哲学的"自觉"释义，那么成人教育科学"能形成一种自觉"的意义，便也全然可以被演绎为：成人教育以及对于它的探索，是为了体现它们自己由于内外矛盾关系而存在、而发展的基本属性；是为了体现它们自己所有旨在维护自我、发展自我和创造自我的行为的本质规律，同样，也更是为了彰显它们自己的自我解放意识与自我解放行动，为了证明它们自己正在追逐自由意志与自由价值的真正实现。

至此，我开始渐渐感觉到，对于大师诺尔斯的"学之说"能够进一步放大学科雄心、增强影响力量的期待，似乎可以变为一种真切的事实；对于我等十多年前的"体系说"仅仅满足于取得学科席位，而且很是平面、机械地去解读成人教育实态、

建构成人教育知识的意义认知局限,似乎更是可以获得一种真切的突破。因为,在我心中慢慢生成了这样一些思绪:

在成人教育科学伦理的再认知中,因为有了对成人教育人本元素、生活元素的揭示,有了对其探索活动与人的科学、生活科学深度相关的发现,故而到了人本关怀、生活关照成为人类社会发展主轴的 21 世纪,已经没有任何可能再任其裹包在一种下意识的状态之中,禁闭在一种无意识的洞穴之中,相反,它们必然会从那种被隐匿的沉睡状态之中自我苏醒,并由此自知、自立、自信起来!

在成人教育科学纲领的再擘画中,因为有了"回归丰富的成人生活世界,走进缤纷的成人精神家园"这样一种对学科纲领的全新选择,就必定会为成人教育及其科学探索活动带来新的精神支柱和新的行动指南,而这样一种坚强的力量,又必将使之由先前的混沌、倥侗状态实现一种华丽而美妙的转身,或者说必将使之从此获得一种坚定的自我唤醒,并由此自重、自爱、自尊起来!

在成人教育科学性质的再洞见中,因为有了"以促进人的终身全面发展为宏旨,尊重成年时期及其各阶段个体所扮演的社会角色,关切成年时期及其各阶段个体所承担的生活任务……"这样一种积极特质的明朗,以及这样一种能动特性的绽放,就必然会规约成人教育乃至其科学探索活动本身,改变其先前的犹豫和踌躇、趑趄与彷徨,或者说必将使之获得一份弥足珍贵的自我觉醒,并从此矢志自勉、自励、自强起来!

在成人教育科学目标的再认定中,因为有了"促使成人教育科学活动之本身,以及更是成人教育实践活动之本身,能够坚决而坚定地成为人类社会生活的一种永恒存在与核心存在"这样一种靶向认定,那么,作为一种坚定的永恒存在与坚强的核心存在,便不可能是一种昏庸的存在、盲动的存在,它们必然要摆脱过去的蒙昧与懵懂,进而决然而然地走向自我清醒,并从此变得自主、自理、自豪起来!

如若再进一步梳理思路,且用一种比较规范的形式来表达的话,那么所谓"能形成一种自觉"的内涵便是:

成人教育科学及其体系构建的首要意义,无论对于其本身,还是对于成人教育这样一项特定的人类社会活动而言,就是在于能够使之获得一种自觉,即能够获得一种自我唤醒与自我觉醒,且不断以新的唤醒替代旧的唤醒,用新的觉醒更迭旧的觉醒。也就是说，在充分体现因为内外矛盾关系而存在、而发展的基本属性过程中，以及在充分体现维护自我、发展自我、创造自我的本质规律过程中，能够积淀智慧的力量，燃烧灵性的能量，追求自我解放与自我自由乃至实现自我心灵的升华与自我精神的重建，且自美其美，美人之美，美美与共，以最终从一枚任人摆布的鸟蛋，在自知与自立、自信与自重、自爱与自尊中，蜕变成一羽真正获得生命与自由的飞鸟，也更在自勉与自励、自强与自主、自理与自豪中，成长为一只真正插上自觉之翼而足以搏击长空的鲲鹏！

意义之二：能确立一种自我。即成人教育科学及其体系构建的第二项重要意义，就是在于促使成人教育及其科学探索活动能够建立起一种清晰而坚强的自我形象。

说起"自我"这个词，很容易让人想起苏格拉底那句名言：请认识你自己，认识你自己是哲学的最高任务！

最近十多年，我在研究生教学活动中分析成人学习者的特点时，总要论述到诺尔斯提出的"成人具有独立自主的自我概念"，师生之间经常会就何谓"自我"展开讨论，并比较认同以下三种看法：

第一种是以詹姆斯（W. James）、米德、罗杰斯和伯恩斯（R. Burns）等为代表的解释，认为"自我"（self）就是一种以自身为对象的意识，即自己认识自己的一切，包括认识自己的生理状况、心理特征以及与他人之间的关系。

第二种是以弗洛伊德（S. Freud）、哈特曼（H. Hartman）和埃里克森等为代表的阐释，认为所谓"自我"（ego）是指在人的个性中，由本我（id）分离而来的，能够指导个人适应现实生活状况、遵循现实生活原则的个性部分。

第三种则是以伊里亚斯和梅里安等为代表的诠释，认为所谓"自我"是"一切有别于他人的总和，其中包括观念、躯体、价值、感觉、智力等"。①

简括起来说，第一种解释突出了"本我的意识能动意义"；第二种阐释则进一步强调了人的行为要超越"简单、快乐原则"，从而建构起一种"与现实相关的个性意识"；至于第三种诠释，便又彰显了"每一个人所独具的特征及其相关元素"。

---

① 伊里亚斯，梅里安. 成人教育的哲学基础 [M]. 高志敏，译. 北京：职工教育出版社，1990：150.

其实，说到底，突出"本我的意识能动意义"，无非就是意在加强自我认知与自我发现；强调"遵循现实生活的原则"，无非就是意在加强自我要求与自我践行；张扬"每一个人的独具特征"，无非就是意在加强自我评价与自我改善。

而所有这一切，又无不最终旨在展现自己的真实本性，确立自己的鲜活形象，直至驾驭自己的生命轨迹，活出自己的生命精彩。

如此全然有关人及其本性与心性的"自我"阐释，似乎又全然可以拟人化到我们正在热议的这样一门学科情境中来。这会儿，我脑子里就这么想着：

如果终身教育信仰坚定不移，那么成人教育及其科学探索活动的自我感觉、自我理解就一定会有新的突破；

如果终身教育信念坚不可摧，那么成人教育及其科学探索活动的自我发现、自我界定就一定会有新的突围；

如果人本精神得以真切弘扬，那么有关成人教育及其科学探索活动的自我辨识、自我认同就一定会有新的突进；

如果生活关照是真心付出，那么有关成人教育及其科学探索活动的自我辨别、自我认知就一定会有新的突变；

如果真的能够"回归丰富的成人生活世界"，那么成人教育及其科学探索活动的自我磨砺、自我要求就一定会有新的坐标；

如果真的能够"走进缤纷的成人精神家园"，那么成人教育及其科学探索活动的自我砥砺、自我践行就一定会有新的航标；

如果真的能够"视现实生活世界中发生的学习需求与学习活动为滥觞"，那么成人教育及其科学探索活动的自我评量、自我评估一定会有新的选择、新的取向；

如果真的能够"视实际生活过程中生成的教育需求与教育活动为源泉"，那么成人教育及其科学探索活动的自我评定、自我评价一定会有新的选项、新的行动；

如果真的能够使其"作为人类社会生活的一种永恒存在与核心存在"，那么成人教育及其科学探索活动自我改进、自我成长的行动必将永远注满活力；

如果真的能够使其"成为成人生活关怀的一种本来体现与核心体现"，那么成人教育及其科学探索活动自我改善、自我发展的行为必将永远充满动力！

我继续思忖：

如果真的能够发生如此一连串与"自我"结合的行为，包括"自我感觉"与"自我理解"、"自我发现"与"自我界定"、"自我辨识"与"自我认同"、"自我辨别"与"自我认知"、"自我磨砺"与"自我要求"、"自我砥砺"与"自我践行"、"自我评量"与"自我评估"以及"自我评定"与"自我评价"等，那么何愁再将我们有关"意义"命题的思维依旧"宅"在一种仅仅基于一个所谓"教"字的，即为了了解成人教育实态而关注成人教育实态的有限空间；依旧"囿"在一种仅仅基于一个所谓"知"字的，即为了形成成人教育知识体系而关照成人教育知识体系的有限范畴。又何愁不将以一种自然与自信的状态，去倾情展现成人教育乃至其科学探索活动一切属于它们自己的天然与天赋、本质与本然、心性与秉性、意旨与宗旨、原则与规则、力量与能量、活力与魅力……并由之最终确立起其清晰而坚强的自我形象，乃至绽显出其独到而美妙的自我风采！

意义之三：能放飞一种理想。成人教育科学及其体系构建的第三项意义，即深信其必定会为成人教育及其科学探索活动本身放飞一种坚定的理想。

唱着"……为着理想勇敢前进"这样一首少年先锋队队歌长大的我们，自然从红领巾时代起就在心里深深刻下了"理想"两个字。如今，因为学术探究，又邂逅到了"理想"这个词。对之，长久以来心里至少留住了以下认识、理解与共鸣。

话说认识，即对理想内涵的认知。其中，不外乎三种最为基本的解释：其一，是对未来事物的期盼与希望；其二，是对未来事物的憧憬与想象；其三，是对某件事物趋于完善境域、臻于完美境界的信念。

话说理解，即对理想特性的确认。理想决不等于空想，空想是脱离实际的，而理想是具有坚实根基的；理想决不等于幻想，幻想是丧失理性的，而理想是具有合理意义的；理想决不等于妄想，妄想是荒谬离谱的，而理想是正确可信的。

话说共鸣，即被那些有关理想的褒扬、溢美之词所深深打动。

李白说，少年负壮气，奋烈自有时；雨果说，心灵需要理想甚于需要物质；苏格拉底说，世上最最快乐的事儿，莫过于为理想而奋斗……

由之，理想更被视为美丽心灵的眼睛、追求善美的意识、追逐目标的思考、远征的灵魂之舵、远航的思想之帆、前进的灯塔、指路的明灯，抑或智慧的摇篮、力量的源泉、冲锋的战旗、斩棘的利剑，乃至主宰世界的力量！

于此，暂且不论成人教育科学及其体系构建与当前国际社会以及我国正在擘画的终身教育、终身学习与学习型社会建设之宏伟蓝图有着何等密切的联系，仅自己在对学科性质的确定中，便可以真切地感受到它所要放飞的一种理想：

如果我们果真忠实于成人的学习，那么我们就一定会表现出一种坚定的志向，来帮助成人走向成功的学习，而"帮助成人走向成功的学习"这样一种志向，又必定使得成人教育及其科学探索活动不仅会生成一种追求其本真的美，而且会生成一种其基本路向已然具有"灵魂之舵"的美，其基本航程已然具有"思想之帆"的美。

如果我们果真忠贞于成人的生活，那么我们就一定会表现出一种坚定的意旨，来帮助成人走向成功的生活，而"帮助成人走向成功的生活"这样一种意旨，又必定使得成人教育及其科学探索活动不仅会生成一种追求其本然的美，而且会生成一种其远行之路已然设定"航标"的美，其远航之途已然窥见"灯塔"的美。

如果我们果真忠诚于成人的生命，那么我们就一定会表现出一种坚定的抱负，来帮助成人走向成功的人生，而"帮助成人走向成功的人生"这样一种抱负，又必定使得成人教育及其科学探索活动不仅会生成一种追求其本性的美，而且会生成一种其未来前景已然充满"智慧"的美，其未来图景已然充满"力量"的美！

总而言之，成人教育科学及其体系构建在为成人教育及其科学探索本身追逐其本真之美、本然之美以及本性之美的同时，必然会充分弘扬它们的理想意义，并由之为其未来绽放出"灵魂之舵"的美与"思想之帆"的美、"远足航标"的美与"指路明灯"的美，乃至"智慧摇篮"的美与"力量源泉"的美！

意义之四：能张扬一种追求。成人教育科学及其体系构建的第四项意义，即坚信其必定会为成人教育及其科学探索活动本身张扬一种执着的追求。

无论是在学术讨论中论及"追求"，还是在日常生活中说到"追求"，我总会忆及浪漫主义爱国诗人屈原在其《离骚》中那句为人耳熟能详的诗句：路漫漫其修远兮，吾将上下而求索！

"追求"，就词义而言，即指以主动的姿态、积极的行动，来争取达到某种既定的目的。

而屈原伟大诗作中的"求索"更是告诉我们，学识之路必定坎坷，修为之路必定漫长，要寻得真知，就必须下行四海、百折不挠地去追求，要求得真理，就必须上行九天、不遗余力地去探索！

不论其他，仅就此前为其设定的"探索与提升成人群体与个体之学习态度与能力、生活态度与能力"这一目标而言，就明显地张扬着成人教育及其科学探索需要执着追求、不懈求索的意义。那是因为：

虽然我们期待每个人热爱智慧、崇尚智慧的天性能够得到最大程度的发挥，但是，个人之间的差异，时代挑战的差异，显然意味着这样一种天性的开发没有单一的样式可依，力求创新是其必定的选择；

虽然我们期待每个人愿意学习、乐意学习的本性能够得到最大程度的张扬，但是，个人之间的差异，时代要求的差异，显然决定着这样一种本性的发展没有单一的模式可循，力求创造是其必然的选择；

虽然我们认定人到成年依然有着十分巨大的学习能量，有着非同寻常的学习能力，但如何对之加以开掘和提升，我们面前却没有现成的且一成不变的方式与方法，因而，持续不断的求索与创造是其无须商量的抉择；

虽然我们认定人到老年依然有着不尽消弭的学习能量，有着伴随一生的学习能力，但如何对之加以挖掘和保持，同样没有既定的且可永久追随的决要与决窍，因而，持续不断的探索与发现是其无须商量的抉择；

虽然我们已经意识到要帮助每个成年个体面对"人的价值意义的首要标尺到底是什么"这样一个问题，但我们又终究没有现成的样板，于是，探索、求索定然成为它的一种必须；

虽然我们已经认识到要帮助每个成年个体面对"人的生命意义的终极标准究竟在哪端"这样一个问题，但我们又终究没有既定的模板，于是，探求、追求已然成为它的一种必然；

虽然我们已经决意帮助成人学习者学会认知、学会做事、学会共同生活、学会生存，但是，迈向成功彼岸的路径究竟在哪里？显然，除了下行四海、百折不挠地去探索以外，难以想象还有一条一马平川的大道给人留着；

虽然我们已经矢志帮助成人学习者学会关心，包括学会关心自我与他人、家庭与亲友；学会关心社区与民族、国家与人类；学会关心自然与环境、生态与地球，但是，通向成功彼岸的航道究竟在何方？诚然，除了上行九天、不遗余力地去求索以外，难以想象还有一条水波不兴的大路对人等着。

总而言之，成人教育科学及其体系构建的又一项意义，无论是对成人教育实践而言，还是就其科学探索而论，都在于使之能够张扬出一种执着的追求精神。而以上诸如"力求创新""力求创造"的选择，"求索与创造""探索与发现"的抉择，"探索与求索""探求与追求"的必然，以及没有一马平川的道，而必须"下行四海、百折不挠"地去探索；没有水波不兴的路，而必须"上行九天、不遗余力"地去求索等，正是对这样一种追求精神的具体诠释。唯有真正弘扬这种追求精神，充分彰显这种求索意义，才有可能使成人教育科学得以真正的存在和发展。

意义之五：能获得一种领悟。成人教育科学及其体系构建的第五项意义，即确信其必定会为成人教育及其科学探索活动本身带来一种真正的领悟。

曾在《文汇报》上看到一篇很有趣的文章，叫作《大脑生来就是"乐天派"——进化过程中的自然选择》。这是一篇中国学者方陵生编译的介绍美国有关神经科学、脑科学研究最新成果的文章。以下，试对其精要内容再行编纂，以与大家一起分享：

——人的大脑中有两个非常特殊的区域，一个区域叫杏核体，也叫脑扁桃体，是大脑深处处理情绪的地方；另一个区域叫前扣带回皮质喙部（英文缩写：rACC），它就像一位交通指挥员，负责调动和强化大脑中的乐观情绪。越是乐观的人，在憧憬、想象未来的时候，这两个区域的联系越是密切，活动越是频繁。

——科学研究表明，人类的这种乐天倾向和乐观想象能力是大脑进化过程中的一种自然选择，并且已经凝定在了人类的大脑之中，成为我们的一种本能反应。

——科学研究还证明，人类的乐天倾向与乐观想象往往会超过悲观倾向与悲观想象，因为为了前行，为了发展，我们总是需要去想象另一种现实，一种更好的现实，总会相信未来一定会比过去或者现在更加美好！

——换言之，我们往往会有选择地忘记过去，并积极、乐观地想象未来。这种想象一旦发生，即使是最为平凡的事物，似乎也会朝着最为美好的方向发展。而平凡的情形之所以被罩上了一层玫瑰色的光彩，是因为我们人类在进化过程中都被戴上了一副"玫瑰色的眼镜"！

——总之，人类本能的乐天倾向、乐观能力始终保护和激励着我们，或者说，它们始终让我们守卫并守住了一种人类的根本精神，即奋发向上、勇往直前的精神！否则，人类就不可能冒险远离自己的部落去开天辟地，以致我们迄今仍然可能还是穴居一类，蜷缩在洞穴之中，梦想着光明和温暖。①

由之，联想到自己：三十年前，在中国，成人教育及其科学探索还不为人熟知，我便有些相信其将来一定会得到广泛的关注；三十年中，在中国，成人教育及其科学探索曾经有过辉煌，我便深信其将来一定会有更大的进步与发展；三十年中，在中国，成人教育及其科学探索曾经跌入低谷，我依然坚信其终有一天会重新叙写它的辉煌；三十年后的今天，已经为此项课题研究整整埋头叙说了四年，却还在思索着，书写着；此时此刻，颈椎依然疼痛，晕眩依然困扰，对于成人教育科学的意义却还在畅想中；

所有这一切，难不成都是自己大脑中的那个"rACC"使然？

倘若果然如此，那么我将永远珍视，并且感谢人类千万年进化而来的，这个给我们带来乐天倾向和乐观能力的伟大的"rACC"！

回过头来说意义之五。对领悟的意义，兴许可以从许多视角来加以解读或说明。而当下，心中最想表达的是：

如果站在海边，能够真心接受终身教育思想光芒的沐浴，那么面对海平面上隆隆航来的那一艘同时承载着儿童教育与成人教育的巨轮，我们将会产生何等全新的洞察？

如果伫立旷野，能够真心接受以人为本思想光芒的照耀，那么面对地平线上日益隆升的那一座人类社会伟大实践之一的成人教育大厦，我们将会生成何等全新的洞察？

如果心口如一，能够真正"回归丰富的成人生活世界"，那么对于成人教育，我们还将会有多少新的洞见可以产生？

如果指天誓日，能够真正"走进缤纷的成人精神家园"，那么对于成人教育，我们还将会有多少新的洞察可以形成？

---

① 方陵生. 大脑生来就是"乐天派"——进化过程中的自然选择 [N]. 文汇报，2011-7-13.

如果坚信，成人教育及其科学探索是"人类社会生活的永恒存在与核心存在"，那么我们还有多少无知可以得到摆脱？

如果笃信，成人教育及其科学探索是"成人生活关怀的本来体现与核心体现"，那么我们还有多少蒙昧可以得到消弭？

除此以外，再基于"探索与发现、积累与运用具有理论解释、认知与创建意义的知识"这样一个目标设定而言：

如果虔诚，能够真正探索与发现到其具有理论解释意义的知识，那么对于成人教育的过去、现在与未来，我们又会得到何等全新的知性领略？

如果尽心，能够真正积累与运用好其具有理论解释意义的知识，那么新的领略，又会衍生出多少新的体悟？

如果真诚，能够真正探索与发现到其具有理论认知意义的知识，那么对于成人教育的实践、操作与经验，我们又会得到何等全新的理性领会？

如果潜心，能够真正积累与运用好其具有理论认知意义的知识，那么新的领会，又会衍化出多少新的体会？

如果竭诚，能够真正探索与发现到其具有理论创建意义的知识，那么对于成人教育的创造、创新与发展，我们又会得到何等全新的智性灵感？

如果专心，能够真正积累与运用好其具有理论创建意义的知识，那么新的灵感，又会运化出多少新的体认？

说到底，所谓成人教育科学及其体系构建的领悟意义，即是通过其持续不断的探索与发展过程，使我们在对成人教育乃至其科学探索活动本身的认知层面以一种螺旋升华方式，不断产生新的领悟，不断沉淀新的领悟，不断运用新的领悟。

意义之六：能造就一种本领。成人教育科学及其体系构建的第六项意义，即笃信其必定会为成人教育及其科学探索活动本身造就一种真正的本领。

对之，沿着"领悟"意义的思路，首先可以演化开来加以阐明的是：

当对终身教育思想有新的理解，我们显然不会扮演口惠实不至的角色，而必定会、也必定要去探求真正促使儿童教育与成人教育有效衔接与有机整合的途径；

当对人本关怀精神有新的理解，我们当然不会充当口头革命派的角色，而必定会、也必定要去探索真正贯彻与实现"以学习者为中心"的思想与原则的路径；

当对"回归成人生活世界"有新的洞晓，我们决计不会故作姿态，而必定会、也必定要去探获真正叩开成人生活世界的大门且帮助其走向成功生活的钥匙；

当对"走进成人精神家园"有新的洞察，我们决计不会故弄玄虚，而必定会、也必定要去找见真正迈入成人精神家园的法门且帮助其走向心灵滋润的通道；

当对成人教育及其科学探索的无知得以摆脱，我们决然不会就此高枕无忧，而必定会、也必定要去追求其能够尊贵地作为一种人类社会生活之永恒存在与核心存在的宏伟方略；

当对成人教育及其科学探索的蒙昧得以消弭，我们决然不会就此心满意足，而必定会、也必定要去探求其能够体面地作为一种成人生活关怀的本来体现与核心体现的深远谋略。

再进一步说：

具有理论解释意义的知识，从探索与发现到积累与运用，必定需要在技艺上筑起一条互助的通道；

具有理论认知意义的知识，从探索与发现到积累与运用，必定需要在技能上打造一种互动的渠道；

具有理论创建意义的知识，从探索与发现到积累与运用，必定需要在技术上建成一条互通的桥梁。

当然，还可以再微观或者再直接一点说：

若真的要去探索与发现具有实践引领、支持、服务意义的方法，就必定要去求取其中的韬略与规程，探获其中的谋略与规约，探取其中的策略与规则；

若真的要去积聚与运用具有实践引领、支持、服务意义的方法，就必定要去熟谙其中的玄机与玄妙，熟识其中的机智与机巧，熟稔其中的诀窍与绝招。

话说至此，相信读者诸君能够充分感受到，成人教育科学及其体系构建必将、也必定要为成人教育及其科学探索活动本身获得一种真本领与硬本领、真功夫与硬功夫的意义所在了。

意义之七：能明朗一种关系。成人教育科学及其体系构建的第七项意义，即相信其必定会为成人教育及其科学探索活动本身明确一种特定的关系。

"关系"的词义内涵甚是丰富，既可以被解释为事物之间的相互影响或相互作用的状态，又可以被诠释为人与人之间抑或人与物之间的特定性质、特定样态的联系。此外，它还可以泛指原因与条件、影响与刺激，以及牵连与关联等。

近半个多世纪以来，"关系"在社会学研究中越来越成为一个核心概念，甚至有了关系学、纯粹关系学以及社会关系学、人类关系学等学说的闪亮登场。在这些新学说看来，人类社会其实并非像有机体主义者所称的那样，是一种实体性存在或组织性存在，就其根本而论，它应当是一种错综复杂的人际关系存在，以及这种关系的转化过程存在。由之，他们声称，在未来，社会学研究需要特别聚焦的就是"透过时间和空间的人与人之间的相互影响"。也就是说，社会学的未来使命决然不能忽略研究人与人之间、群体与群体之间的，由联合或分割、接近或分离、适应或冲突、同化或对抗、协调或纷争、协作或竞争而交叠、交织在一起的人际及其网络关系。

于此，我内心更加愿意也更加容易接受的，则是来自哲学方面的意见。哲学研究告诉我们：

关系因共性而存在——任何事物及其特性总会以其不同的方式存在，但又都与周围的事物及其特性相互牵系、相互关联，而形成这种牵系与关联的原因，就是其彼此之间存在某种一致性或共同性。换言之，正因为有了一致性与共同性这样一种基础，才使不同的事物或不同的特性之间塑成了一种统一的形式，形成了一种特定的关系。

关系是客观的存在——关系发生并存在于相应的事物之间，是由世界物质的统一性决定的，因而是事物固有的、客观的存在。

关系是多维的存在——世间事物及其特性是纷繁的、无限多样的，例如，时间与空间的关系、整体与部分的关系、内部与外部的关系、形式与内容的关系、原因与结果的关系等，因此，它们之间的关系亦是一种复杂的、无限多维的存在。

关系是变化的存在——事物及其特性不会永久固定，它们总要发展，总会嬗变，由此也必然导致其与其他事物及其特性之间关系的变换。诚然，有所关系，自变也必然引起他变，而他变又必定带来自变。

最后，哲学家们还不忘提醒说，任何事物总要处在与其他事物的一定关系之中，而事实上，任何事物又唯有在同其他事物之间的相互关系中才会获得一种真正的存在和发展，或者说，它的特性、特质才能真正地释放开来，它的能量、力量才会真正地迸发出来。

同样，成人教育及其科学探索活动也绝对不是孤立的事物，而必定处在纷繁复杂的、与其他相应事物相互牵系的状态之中。可以确信的是，通过成人教育科学及其体系构建，它们与其他相应事物之间的一系列关系能够在我们的思想与认知中得以进一步明朗，抑或在我们的行动与实践中得以进一步明确，终而得以更好地存在与发展。对之，不妨试作如下展开：

从侧重终身教育思想的视角出发——

既然要促进儿童教育与成人教育的衔接与整合，就必定要明确它们之间的相互关系；

既然要追求教育的广泛性与社会性、灵活性与多样性，就必定要澄清学校教育与非学校教育之间的相互联系。

从侧重社会存在的视角出发——

成人教育既然要作为人类社会生活的一种永恒存在，那么就必定要阐明其与人类社会生活整体沿革之间的关系；

成人教育既然要作为人类社会生活的一种核心存在，那么就必定要阐扬其与人类社会生活整体共存之间的关系。

从侧重人本情怀的视角出发——

成人教育既然要作为成人生活关怀的一种本来体现，那么就必定要厘清其与成人生活之间真实的互联关系；

成人教育既然要作为成人生活关怀的一种核心体现，那么就必定要厘定其与成人生活之间真切的互动关系。

从侧重实践活动构成的视角出发——

成人教育既然由不同社会身份或角色、不同年龄阶段或发展阶段的学习群体所构成，就必定要梳理好它们之间的相互关联；

成人教育既然由不同层次或层级、不同空间或途径的教与学活动构成，就必定要搞清楚它们之间的相互联系；

成人教育既然由不同内容或目的、不同方式或手段的教与学活动构成，就必定要明晰好它们之间的相互关系。

除此，还必须注意到，成人教育科学及其体系构建还必将有助于明朗其学术活动本身与相应事物之间关系。尤其可以深信不疑的是：

既然要与一般的儿童教育科学相互解读，就必然会触及两者之间关系的呈现；

既然要与传统的学校教育科学相互勉力，就必然会涉及两者之间关系的显现；

既然要借助人的科学、社会科学的智慧，就必然会有学科交叉关系的阐扬；

既然要投入生活科学、生命科学的力量，就必然会有学科交叉关系的张扬。

总而言之，一方面必须承认，成人教育及其科学探索活动同任何事物及其特性一样，因为与其相应事物及其特性之间存有天然的一致性与共同性，所以与之必定会存在固有而多维且不断发生变化的关系；另一方面又必须相信，在我们的思想与认知、行动与实践中，这种关系亦必定会通过成人教育科学及其体系构建而得到进一步明朗或明晰。诚然，所有这一切关系的明朗或明确，其最终回馈，不仅会促使其与所有相应事物及其特性之间形成一种互容、互补、互惠、互利、互助、互动的格局，更会在这样一种格局中，使之坚信自己的信仰，坚定自己的信心；亮出自己的特质，突出自己的特色；驾驭自己的智慧，呈现自己的能量，直至奉献于终身教育的伟大实践，奉献于教育科学的力改故辙，奉献于人类生活的成功美满，奉献于人类社会的繁荣昌盛！

叙说到这里，心中不禁生发出一种特别的感受：对于所有以上几无拘束的意义表达，我没有刻意去追究是否因为伦理与纲领再擘画的酵化作用；也没有特意去细究是否因为性质与目标再洞见的折射作用，而更多地像是直观告诉自己，这终是因为卸去了时光的蝉壳——不再心浮气躁，终是因为脱去了岁月的蝉衣——不再浅尝辄止，从而眼光放开了，前面好似有极其开阔的意义呈现天地；心胸放大了，前面好似有无限辽阔的意义发挥空间，以至于到后来，也就不再在意、强调每一项新的意义对弥补反思中感觉到的不足，或对克服反思中发现的问题的价值细节了。

第二，关于作用。

如果说意义主要是相关事物或事项之底蕴所在、价值所系的话，那么作用的意涵，则更倾向于较为直接地反映相关事物或事项通过其愿景、目标及其达成过程而显现的效果所在或效应所系。

有了这样一种有关"作用"概念的基本诠释,要说明对其进行专门论述的意义也就变得容易多了。进行有关成人教育科学及其体系构建之作用的讨论,其意义主要在于:

以指导成人教育实践的原则,去感知与浮现成人教育科学及其体系构建可能发生的效果与效用;

以着眼成人教育实践的姿态,去发现与显现成人教育科学及其体系构建可能发生的效应与效力;

以裨益成人教育实践的心志,去窥探与呈现成人教育科学及其体系构建可能发生的效益与效能。

说到底,有关"作用"命题的再畅想,其核心意义无非就是期待成人教育科学及其体系构建,尤其是对成人教育实践而言,能够更加具有高度与深度、广度与宽度地去探究它可能发生的功能与功效,或可能彰显的效率与效能。

忆当年,大师诺尔斯在其"学之说"里面,是基于成人教育现代实践面临新的目的、新的焦点、新的理念与新的系统而必当予以回应这样一种思路来呈现成人教育学之作用的,或者说,来展现成人教育学之效果与效益的。

想当初,我等在"体系说"里面差不多也是依此思路,即基于成人教育当代实践需要回应包括社会嬗变、认知偏差、实践发展等在内的挑战来折射成人教育科学之作用的,或者说,来反映成人教育科学之效应与效能的。

在与大师的对话中,我曾经期待未来有关成人教育学的作用问题,能够置于整个教育乃至在一个更大的社会范畴中去加以思考;

在对自己的反思中,我曾经勉励自己,对于成人教育科学的作用问题,在提升高度感、宽度感的同时,能够更富深度感、渗透感,即从更加贴近或着落于成人教育实践平台的层面来加以思考。

当然,对于"作用"命题的讨论,我最大愿望就是从今往后,能够实现一种被动与主动的结合,即能够同时体现其对社会外部变化的被动回应作用,以及充满自信、积极地发挥自我能量的主动出击作用。

我没有十足的把握说以下即将呈现给读者诸君的新的作用刻画,可以完全满足刚才重申的期待和愿望,以及完美修正先前的不足与缺陷,但我确实很想再一次借助"rACC"的力量去对成人教育科学及其体系构建的"作用"命题进行一番新的畅想。

我倾向于站在现时及现实需要的角度,从以下五个方面去呈现成人教育科学及其体系构建对成人教育实践可能发挥的作用,即回复其天然的作用,回赎其本然的作用,回还其能动的作用,发挥其能量的作用,阐扬其天职的作用。

第一,所谓"回复其天然的作用",完整地说,就是指望成人教育科学及其体系构建爆发潜力,对作为人类重要社会活动之一的成人教育实践产生推动作用。

首先想说明的是,用这个有些特别的"回复"一词而不是用一般的"体现"之类的词,原因是有两个成人教育的事实性印象在心里挥之不去。

第一个印象是,在我等做完"体系说"之后的十多年时间里,随着对成人教育实践关注程度的不断提升,以及对成人教育实践理解能力的不断提高,越来越发现其被注入了本不该有或者过于扩大的元素,抑或被添加了许多本不该有或者过于强烈的色彩。尤其是在本土,最容易让人心生纠结的是,它总要屈就在传统教育理念之下,或作为所谓正规教育的附庸,或扮演学校教育的婢女。说到底,其基始、天然的元素没有得到充分的呈现,其天成、自然的色彩没有得到极致的闪耀。

第二个印象是,同样在这十多年的时间里,随着对终身教育、终身学习思想理解的不断加深,以及对人本精神、人本关怀乃至对成人角色、成人生活领悟的不断深入,越来越发现,在很多情况下,成人教育的实践脚步与之并未有让人十分乐观的对接,或者说,在很多情形下,成人教育的实践脚印与之并未有令人心悦诚服的吻合,甚至让人忧心忡忡的是,它反倒是要么在某些人那里成了一种获取颜面的摆设,要么在某些人那里直接成了一种多余、一种累赘,以至于它真正意义上的天赋与潜能依然被隐匿得很深,它真实意义上的天资与潜质依然被遮蔽得很严。

总而言之,成人教育的天然元素、自然色彩,抑或其所具有的天赋与潜能、天资与潜质,在很大范围里,亦在很大程度上,迄今仍然被屏蔽、压抑着,甚至被偏离、异化着。所以,我觉得用"体现"一词兴许会流于一般,有不痛不痒之嫌,用"回复"来表达,则可能更加贴近事实及其要求之本身,也更能表达我期待它被重视、被强调的情感。

进而,当真正切入"回复其天然的作用"这一话题,我们便可以发现,在成人教育科学及其体系发展过程中,一代又一代的研究者都在为之做出不懈的努力。就像我国台湾学者王秋绒教授所说的那样:"一旦有关(成人教育)学科的知识基础出现时,其编辑成有系统的过程便将持续不断,永不停步。"①

就还原成人教育之真相、捕捉成人教育之真谛,促使其回复天然而言,仅从国际上若干著名前辈早年留下的足迹来看,就足以让人感受到人们曾经为之做出的、让人难以忘却的努力。

林德曼在探究成人教育内涵时说:它是"一种在非独裁和非正式中学习的合作式探索活动,其目的在于发现经验的意义;一种探究造成行为根源的心灵探询活动,使教育能和生活相连接的成人学习技巧,以致能将经验提升到实验的层次"。②

基德在说明成人教育概念时说:"欲了解成人教育,必须先明白它并不仅是发生在学校或教室的围墙以内;它可以发生在整个社区。再者,对于成人教育的另一个认知是:它应该而且必须与其他人,诸如教师、图书馆员、休闲专家、广播人员、教会、联邦、市政府、艺术家以及其他团体等通力合作、努力以成。"③

耶克斯里在论述成人教育意义时说:"平民大学(the university of the people)或夜间学校(nightschool)均不足以描述真正的成人教育是什么。这两种观念也许都包括在成人教育里面,但还需要许多其他的名称。有人可能正在寻求存在意义的哲学答案;有人可能关心政治或经济问题;有人则正在寻求它未被察觉能灵巧使用双手的倾向。以上每一个人都正在对他自己获得一个新的了解,并丰富其世界的价值。"④

从其字里行间,可以感受到:

林德曼是试图以非独裁学习、非正式学习、合作式探索、发现经验意义、探究行为根源、探询自我心灵、连接成人生活、导致经验实验等这样一些事关主导方式、核心内涵、潜在本质、基本指向、根本旨归的东西,来触及成人教育之天赋与

---

① 彼得·贾维斯. 二十世纪的成人教育思想家 [M]. 王秋绒,等,译. 台北:心理出版社,1999:9.
② 同上:134.
③ 同上:215.
④ 同上:44.

潜能的。

基德则是以成人教育不仅发生在学校围墙之内，也发生在学校围墙之外，以及学习并非个体的单独行动，更是群体的通力合作这样两个事关空间与方式的视角，来触摸成人教育之天禀与潜力的。

至于耶克斯里，他的贡献不仅在于告诉我们光以平民大学、夜间学校去解读成人教育是远远不够的，更在于向我们传递出一种极其重要的信息，那就是，人们还全然可以，并且已经开始或从哲学的视角、训练双手能力的视角，或从政治的视角、经济的视角，来尝试窥探成人教育的天资与潜质。

于此，我们的旨趣并不是去具体评论这些前辈对成人教育之天赋与潜能、天禀与潜力抑或天资与潜质的揭示是否贴切、到位，而是想表明，早在他们那个年代，便全然可见成人教育科学及其相关研究活动已经在为回复其天然而对成人教育的真相与真谛展开了悉心的捕捉，或者说，已经开始在努力尝试触摸其最天然的元素，呈现其最自然的色彩了。

叙说到这里，我不禁又想起了出生在维也纳一个犹太人家庭，后来蜚声国际的当代科学哲学家、人文社会科学家波普尔（K. Popper）的一段有关科学研究问题的精辟论述。在波普尔眼里，科学及其探索活动的根本任务就是"为所有那些给我们深刻印象而又需要解释的东西找到令人满意的解释"。①

所谓"令人满意的解释"，绝非是一种"特设性的解释"，而是"依据可检验的或可证伪的普遍规律和初始条件进行的解释。而且这些规律是高度可检验的，越是经受了更好的检验，这些解释就越令人满意"。②因此也可以说，解释的可检验性是非常重要的，"通过增进这些解释的可检验度，也即通过创立更好的可检验的理论，来增进有关解释的令人满意的程度；而创立更好的可检验理论就是创立内容更丰富、普遍程度更高以及精确度更高的理论"。③

我想，讨论成人教育科学及其相关研究对促使成人教育实践回复其天然的作

---

① 戴维·米勒. 开放的思想和社会：波普尔思想精粹 [M]. 张之沧, 译. 南京：江苏人民出版社, 2000：164.
② 同上：166.
③ 同上：167.

用,深中肯綮,亦无非是旨在对成人教育做出适切而深刻的解读,而于此,又尤其是指希望对它的天然元素、自然色彩找到令人满意的解释。当然,这种令人满意的解释,一方面要与它的初始条件,即事物发生或存在普遍需要或者说最为基础、最为基本的条件情境相吻合;另一方面,它又必须经得起那些蕴涵其中的普遍规律的切实检测,甚或是一种严格检验。

还需要特别注意的是,为了使解释的满意程度得以提升,不断形成内容蕴涵更多、普遍程度与精确程度更高的检验理论,同样必定会流变为成人教育科学及其体系构建又一项极其重要的任务。

至此,"rACC"的力量似乎一下子变得尤其强烈起来,猛然间,想象的翅膀随即飞掠出以下一道道弧线:如果人本精神愈加彰显,我们必定会更加认清成人教育实践的本来使命;如果人本关怀愈加张扬,我们必定能更加认定成人教育实践的本来职责;如果成人角色愈受关注,我们必定会更加接近成人教育实践的最初始基;如果成人生活愈受关怀,我们必定能更加靠近成人教育实践的最初源起;如果终身教育愈益坚定,我们必定会更加贴近成人教育实践的天赋与潜质;如果终身学习愈益坚强,我们必定能更加走近成人教育实践的天资与潜力。

总之,可以深信,无论现下还是未来,成人教育科学及其体系构建若能坚守人本精神与人本关怀,若能坚定成人角色与成人生活视角,若能坚持终身教育与终身学习理念,那么它就一定能够在尊重初始条件、体现普遍规律的基础上,不仅可以为成人教育"回复其天然"而在理论上寻找到尽可能与之短距离、近距离乃至无距离、零距离的"令人满意的解释",也同样能够在实践上阐扬出其与生俱在的、最富底蕴的自然根基或天然元素,并绽放出其与生俱来的、最为圣洁的自然色彩或天成色彩!

第二,所谓"回赎其本然的作用",完整地说,就是希望成人教育科学及其体系构建释放活力,对作为人类重要社会活动之一的成人教育实践能够真正产生一种使之进入常态、稳态以及均态走向的功效。

如果中性一点、超然一点,也完全可以说,成人教育科学及其体系构建可以产生一种显现其本然的作用,但结果还是用了比"回复"似乎更加扎眼的"回赎"一词。首先可以肯定的是,就像"回复"必定会包含"体现"之意一样,"回赎"也必定会包含相应的"呈现"或"显现"元素，但无疑，这其中又蕴藏着我对这个问题的一些特定想法。同样在这十几年里，对于成人教育的实践脚步，我常常感受到：

"随意式"倾向很是招眼。对之，仅说说本土的情况。我想，对于我国广大成人教育工作者来讲，也许都有成人教育太被"随意"对待的体验。我们有时会特别强调某种成人群体或学习内容的成人教育，有时又会特别强调另一种成人群体或学习内容的成人教育。虽然成人教育因其特性使然，总会对外界变化带来的冲击与影响特别敏感，并有特定的反应，但太过"一脚轻一脚重"，有时甚至是太过人为乃至太过无知地"随心所欲"，必然会导致最终忽略了它的总的"底盘"、遗忘了它的总的"领地"，进而，少了整体性的功能与作用，也没了整体性的姿态和形象。

"波浪式"倾向颇是显眼。也许任何事物放在历史的长河里来看，其发展都是呈波浪形的，但是，就我国的成人教育实践而言，有时也许是因为一时间满足了某种外部社会变迁的需要而被突然"捧"上了天，时过境迁之后，它又往往会被突然"甩"入低谷，甚至还要让它去面对"究竟还要不要"的问题。若你新千年前后已涉足成人教育领域的话，那么对于成人教育那回处在"十字路口"的波浪你一定不会轻易忘却。无疑，自然而逻辑的"波浪"是容易被克服、被战胜的，并且常常是有利于事物发展的，但那些因"执意偏见"而兴起的"折腾"、因"有色眼镜"而卷起的"波浪"，则会让人感到十分苦涩。当然，最终受到伤害的，肯定是这样一项事关亿万劳动者的成人教育与终身教育、成人学习与终身学习的伟大事业。

"片面式"倾向甚是惹眼。比较典型的表现就是：或将扫盲教育等同于成人教育，或将职业培训等同于成人教育。此外，或重视学历教育，轻视非学历教育；或青睐学校教育，鄙薄非学校教育；或亲近正式教育，远离非正式教育。当然，再扩开一点来看，还可以发现，关心抽象知识传授的多，关心帮助成人学会学习的少；关心谋生技能教育的多，关心帮助成人在各种生活范围内学会做事的少；关心智力教育的多，关心帮助成人学会共同生活的少；关心专业或职业资格教育的多，关心帮助成人充分发挥潜能学会生存、学会关心的少。如果时间坐标可以倒流回到一百年，哪怕是五十年、三十年之前，那么彼时有些特别"偏重"乃至发生一些"有失偏颇"的状况，尚还情有可原，但到了21世纪，且其前十多年已经悄然逝去的今天，如若对于成人教育的实践把握依然如此"顾此失彼"，那就不太能让人高兴得起来、乐观得起来了。虽然不同的历史时期总会有一定的发展重点，但现下，的确是到了该对它进行全面谋划、均衡推进的时候了。

话说至此，我又很自然地想起了两段话语。

第一段话语是 1972 年联合国教科文组织国际教育发展委员会在《学会生存——教育世界的今天和明天》里写的。

"对于今天世界上许许多多成人来说，成人教育是代替他们失去的基础教育。对于那些只受过很不完全的教育的人们来说，成人教育是补充初等教育或职业教育。对于那些需要应付环境的新的要求的人们来说，成人教育是延长他们现有的教育。对于那些已经受过高等训练的人们来说，成人教育就给他们提供进一步的教育。成人教育也是发展每一个人的个性的手段。"①

第二段话语是 1985 年，联合国教科文组织召开的第四次国际成人教育大会的最后报告里写的。

"成人教育是指整个有组织的教育过程，不论其内容、水平、方法如何，是正规的或是非正规的，不论是连续的或是取代学校和大学进行的初等教育以及在企业的学徒训练。通过这个教育过程，使社会成员中被视为成年的人增长能力、丰富知识、提高技术和专业资格，或使他们转向新的方向，在人的全面发展和参与社会经济、文化的均衡而独立发展两个方面，使他们的态度和行为得到改变。"②

虽然还不能说这两段有关成人教育的描述足够完美，但细细品味它们，我们可以发现，成人教育是需要面向各种成人群体的，是包含各种内容、水平、形式、方法乃至兼顾多种目标指向和功能取向的。

无论是过去、现在还是将来，不同的历史阶段，不同的国度地域，完全可能会因为不同的发展背景、发展需要、发展条件，而对成人教育实践推进的重点、要点等做出不同的选择，但是，太过随意、太过起伏、太过片面的倾向，又终究是要让成人教育承担风险乃至遭受伤害的。君不见：

---

① 联合国教科文组织国际教育发展委员会. 学会生存——教育世界的今天和明天 [M]. 华东师范大学比较教育研究所, 译. 北京: 教育科学出版社, 1996: 247.
② 高志敏. "成人教育"概念辨析 [J]. 陕西师范大学继续教育学报, 2000 (1): 5~10.

因为太过随意，多少次，宠信了"特殊"而冷落了"普遍"，从而使得成人教育的前进步子总是显得那般踉跄，失去了本当呈现出来的常态；

因为太过起伏，多少次，兴奋于"辉煌"而失色于"危机"，从而使得成人教育的实践步履总是显得那么蹒跚，失去了本当表现出来的稳态；

因为太过片面，多少次，顾及了"芝麻"而丢失了"西瓜"，从而使得成人教育的发展步伐总是显得那么踯躅，失去了本当展现出来的均态。

说句实在话，经过三十多年的改革开放，我们国家已经积淀了较好的社会基础、物质基础、教育基础，即已经具备了较好地促进所有公民终身发展、全面发展的基础，更何况，成人教育科学及其体系构建在必将坚守终身教育信念与成人生活信念，帮助成人走向成功的学习、成功的生活、成功的人生，以及将成人教育视为"人类社会生活的一种永恒存在与核心存在""成人生活关怀的一种本来体现与核心体现"等的大前提下，完全可以期待它尽显"回赎其本然"的功能，即能够尽快为成人教育实践带走以往那些随心所欲、一脚深一脚浅以及一叶障目的倾向，而随之又能够使之尽快回赎到一种本当有、本当是的常态发展、稳态发展与均态发展的轨道之上。

第三，所谓"回还其能动的作用"，完整地说，就是希望成人教育科学及其体系构建滋长引力，对作为人类重要社会活动之一的成人教育实践能够真正产生一种使之变被动回应为主动出击的效果。

想当年，诺尔斯为成人教育学而发力，其背后有四大挑战：一是为了应对知识总量剧增、技术革命兴起，成人教育的目的开始从偏重知识传授转向注重能力培养的挑战；二是为了应对心理科学发展、认知探究创新，成人教育的焦点开始从偏重教学论原则转向注重学习论原则的挑战；三是为了应对世界变化加速、生存方式嬗变，成人教育务必培养更多终身学习者的挑战；四是为了应对学习途径扩展、学习资源增多，成人教育务必找到将之与学习者联系起来的新方法或新方式的挑战。

其实，我等当年也是依此思路作了近乎相同的阐述，即认为成人教育科学及其体系构建的主要意旨就是为了使当代成人教育实践能够应对来自多种方位的多种挑战，特别是应对来自社会嬗变方面的挑战。

对此，我想是否可以暂时搁置对以下三个问题的细究：第一，其中所涉及的有关需要应对的视角，或者说有关需要回应的坐标，是否已然充足，是否已然全面？第二，促使成人教育实践采取应对性姿态，或者说做出回应性行动，是不是一种必需，是不是一种必然？第三，在所涉及的应对姿态，或者说回应行动中，在某种程度上，是否也有某种主动或能动的成分隐匿于其中？

于此，只想明朗一个基本观点，那就是，随着时间的推移，尤其是随着学科认知程度和成熟程度的不断提高，完全可以预期，在未来的日子里，成人教育科学及其体系构建除了依然会促使成人教育实践面对各种变化、各种挑战，而去谋划与选择与之相关的应对策略或回应措施以外，一定能够充分滋生、释放它的引力，从而使之能够在更多的时间里或在更多的情形下，生发出一种变被动回应为主动出击的功效来。也就是说，通过成人教育科学及其体系构建，促使成人教育这样一项伟大的人类社会实践活动能够鲜明地再现出其本当具有的主动姿态来，或者说，能够切实地重现其本当具有的能动力量来。

说到"能动"一词，便不由得联想到"主观能动性"概念——许多学科尤其是哲学学科特别热衷讨论的一个命题。

在哲学殿堂里，"主观能动性"也常被唤为"自觉能动性"或"意识的能动性"，浏览相关阐述，可见：

其定义，通常被描述为：指人在认识世界和改造世界过程中所表现出来的，具有指向性、计划性，积极而主动的有意识的活动能力。

其根基，通常被认定为：源于人的意识。虽然意识只能用文字、语言来加以记录或表达，无法直接作用于客观事物，但它却有着一种超凡的能耐，即能够滋生、释放出一种无形却又极具神效的力量，以不断告诫人们应当去做什么，或者指导人们应当去怎样做。也就是说，在实践中，意识俨如指挥官，召唤着人们使用一种物质的东西去影响或作用于另一种物质的东西，从而使之及其相互之间的具体形态乃至内涵发生嬗变。

其结构，通常被解析为：由三个互联元素共同组成。元素之一，是人类认识世界的能力以及基于社会实践能动认识世界的活动，可简括为一个"想"字；元素之二，是人类改造世界的能力以及基于相关认识能动改造世界的活动，亦可简约为一个"做"字；元素之三，则是在此不断认识世界、改造世界的过程中，人们所表现出来的意志与决心，以及相关的努力、投入程度。

其价值，通常被判断为：有助于运用抽象思维能力，透过事物表象而发现它的本质与规律；有助于遵循事物的本质和规律，并通过真切的实践活动来改造现实世界、创造美好生活；在此过程中，必定要克服困难、战胜挫折，因而它又必将有助于锤炼人们的意志品质，激活人们的精神状态。

除此，有关其得以发挥的条件问题，也有学者提醒说，往往会受到相关历史条件或环境因素的制约，而遵循客观规律、注重实际条件，将有利于它的充分张扬。

此时此刻，我心里这么想着：

此前关于伦理与纲领的再擘画，对成人教育科学及其实践而言，不正是一种意识性的再思想，抑或是其活动能力的再表现？

此前关于性质与目标的再洞见，对成人教育科学及其实践而言，不正是一种意识性的再思考，抑或是其活动能力的再表达？

此前关于意义及作用的再洞见，对成人教育科学及其实践而言，亦不正是一种意识性的再思索，抑或是其活动能力的再表征？

而最为期待的就是，如此这般带有显著发现、揭示乃至遵循事物本质与规律色彩的，旨在认识世界与改造世界的再思想、再思考、再思索，抑或再表现、再表达、再表征，能够真正滋生、释放出一种无形而巨大的力量、神奇而真切的引力，引发成人教育回还其本当具有的主动姿态，引导成人教育回还其本当具有的能动力量，并由此去追逐其自身的新实践和新发展。显然，如此期待，更是因为在我的思维田野与认知田园中，如下一连串联想虽未及细细整理，却已然实实在在地纷至沓来：

既然已经认定成人教育实践活动是人类社会生活的一种永恒存在与核心存在，那么也就自然确定了它与另一种或另一些人类社会生活之间的关系，而这种关系又必将是一种互为影响的关系。由此，促使其发挥主动姿态有了最初的条件。

既然已经确定成人教育实践活动是成人生活关怀的一种本来体现与核心体现，那么也就自然确定了它与另一种或另一些成人生活关怀之间的关系，而这种关系又必将是一种互为作用的关系。由此，促使其发挥能动力量有了必要的前提。

既然已经信奉终身教育信念，那么相信它一定会形成一种磁性，以引动成人教育的实践脚步从此充满自信,为促进每一个成人个体的一生发展、全面发展、终身学习的需要而延绵。

既然已经崇奉成人生活信念,那么相信它一定会形成一种磁场,以引致成人教育的实践脚印从此注满自许,为满足每一个成人个体的成功生活、成功人生、成功学习的需求而延伸。

既然已经呼唤回归丰富的成人生活世界,那么相信它一定会形成一种磁能,促使成人教育实践同样确信自己找到了一片可以愈加自由翱翔的蓝天。

既然已经呼吁走进缤纷的成人精神家园,那么相信它一定会形成一种磁力,致使成人教育实践同样坚信自己找到了一片可以愈加尽情展翅的空间。

既然已经决意形成自觉、确立自我,那么相信它一定犹如一方磁石,必定会导致成人教育实践之主体性、主动性的充分发挥。

既然已经决计放飞理想、张扬追求,那么相信它一定犹如一块磁铁,必定会导引成人教育实践之积极性、能动性的闪亮登场!

……

总而言之,真切希望,也由衷相信,今后事关成人教育的科学研究活动,将不再只是为了促使成人教育实践被动地回应各种挑战,而是能够在更多的时间里、更多的情形下,通过充分滋生、释放其天赋引力,来充分激活成人教育本当呈现的主动姿态以及本当具有的能动力量,终而,使之能够愈加主动而胸有成竹地迈出每一个前进的脚步,能够愈加能动而未雨绸缪地踩准每一次发展的步伐!

第四,所谓"发挥其能量的作用",完整地说,就是希望成人教育科学及其体系构建呈现张力,对作为人类重要社会活动之一的成人教育实践而言,能够切实使之产生一种助益社会进步、促进社会发展的效益。

有关教育与社会的关系,已有数不清的学者一边激扬文字,试图证明教育抑或某种教育现象是社会发展的必然,或是社会发展到一定历史阶段的产物;一边挥斥方遒,力图证明教育或某种教育实践具有何等促进社会变革的功能、推动社会变迁的价值。

有关成人教育与社会之间的一般关系之说,迄今为止,言说者亦已不知凡几,著述量更是汗牛充栋。于此,我的旨趣全然不在于带着几分方巾之气,再去增添有关两者之间的一般关系论说,而是希望在未来的日子里,能够通过成人教育科学及其体系构建,于社会变迁的真切动感中,于社会变革的真实动态中,去洞悉到它的热量,发挥出它的能量,利用好它的力量!

我曾经关注过历届世界成人教育大会的有关正式文献或文字记录。让我感触最深的是,每一届大会都云集了大批能人智者,而且几乎所有的真知灼见都会触及如何促使成人教育面对世界变化、社会变革而去运用自己的潜能,发挥自己的能量,从而助益社会的进步,服务于社会的发展。

第一届大会于1949年在丹麦的艾尔希诺召开。会议达成的共识是:各国成人教育当以开展扫盲教育和基础教育为重点,帮助广大成年民众掌握基本的读、写、算能力,从而抚平战争创伤,走出戡乱泥潭,再补经济元气,重建生活家园。

第二届大会于1960年在加拿大蒙特利尔召开。会议倡导的精神是:将传授知识、训练技能、加强和平意识与提升道德意识教育作为其后十年大力推进成人教育的基本任务,从而着力推进众多国家正在谋划的民主化进程和工业化进程。

第三届大会于1972年在日本东京召开。大会向世界各国发出号召:广泛接受终身教育理念,正确认识成人教育价值,大力增进成人教育合作,有效整合各种教育资源,并将成人教育切实纳入国家社会经济和国民教育发展计划,从而遏制冷战恐慌心态的蔓延,适应科学技术腾飞的势头,满足经济增长渴望的加剧。

第四届大会于1985年在法国巴黎召开。大会重申了成人的学习权利,颁布了《学习是人的基本权利》宣言,并主张成人教育要开发技术与手段、要创新方式与方法、要增强机构与人员,从而进一步凸显其在促进民众积极参与各种社会生活、解决重大社会问题等方面的重要作用。

第五届大会于1997年在德国汉堡召开。会议向全世界声称:成人教育不仅能够满足各种证书教育的需要,同时更能满足人的发展的需要。由此,大会不仅形成了《成人学习汉堡宣言》,更是将"成人教育:21世纪的关键"作为主题,亦即坚信,成人教育必将成为一把人类社会顺利通往21世纪的金质钥匙!

第六届大会于2009年在巴西贝伦召开。在诸位重量级人物的开幕致辞中,更是传来了一连串让人振聋发聩的声音:

联合国教科文组织德国委员会主席海尔彻(W. Hirche)在代表第五届世界成

人教育大会主席瑟斯墨斯（R. Süssmuth）的致辞中说："成人学习和教育是终身、全方位学习进程不可分割的一部分。……（那是因为）我们所生活的时代充满了巨大的社会和文化变革，充满了不确定性和恐惧，充满了冲突和对我们已然确立的政治和教育秩序的威胁。最重要的一点是，一场全球性经济和金融危机正在令我们部分的价值观和经济体系受到质疑。（总之）为克服当前危机，为所有人建设一个更美好、更和平、更宽容和可持续的未来，对学习和教育的投入比以往任何时候都要关键。"①

联合国教科文组织总干事博克瓦（I. Bokowa）在致辞中说：在全球化时代，"成人教育的重要性超过了以往任何时候。经济一体化、技术、移民和全球挑战的复杂性令知识和技能获得了高度的重视。"显然，"提供优质的终身学习机会是减少不平等、促进更加和谐和公正的社会的最为明智的战略之一。"因为，终身学习是"一项权利，一种工具，一种快乐，一种共享的责任"。②

马里共和国前总统、非洲联盟委员会前主席、代表巴西政府出席会议的巴西教育部长科纳尔（A. O. Konare）更是在致辞中，首先极具震撼地指出了我们正在面临的世界变幻与社会变迁的各种事实，其中包括：阻碍世界稳定的政治动荡、震撼世界根基的金融危机、破坏生存环境的生态嬗变、剑指生命健康的艾滋病疫、波及数亿民众的贫困饥饿，以及人际的失衡与平等缺失、人群之间的排外与边缘倾向、情绪之间的抵触与难以包容、情感之间的仇视与冤冤相报等。随后，他声称：一方面，世界成人教育大会让我们有机会断言，"受教育的权利以及成人学习和终身学习的权利对我们社会和我们国家的生存有多么重要"；另一方面，世界成人教育大会又让我们有机会重申，"如果规则不发生改变，如果依然仅仅奉行市场逻辑至上，如果人们被拒绝参加辩论（体现自治以及文化多样性的一种成人教育方式），那么，这一断言将可能只是空想，只是不切实际的幻影"。③

此时此刻，我不禁询问自己："21世纪的关键""21世纪的钥匙""是终身、全方位教育的一部分""是终身、全方位学习的一部分"以及终身学习是"一项权利"

---

① 联合国教科文组织终身学习研究所. 第六次国际成人教育大会报告中文版 [R]. 2010：65.
② 同上：67～68.
③ 同上：72.

"一种工具""一种快乐""一种责任"等，不正是关乎成人教育属性与本质力量的再一次洞悉？"扫盲教育""基础教育""传授知识""训练技能""获得知识""获得技能""加强和平意识""提升道德意识""自治学习""民主辩论"等，不正是关乎成人教育内容与方式热量的再一次洞察？"满足证书教育需要""满足人的发展需要""增进成人教育合作""整合各种教育资源""开发技术与手段""创新方式与方法""增强机构与人员"等，不正是关乎成人教育目的与手段能量的再一次洞彻？

然而，所有关涉到"抚平战争创伤""走出戡乱泥潭""再补经济元气""重建生活家园""遏制冷战恐慌""满足经济增长""适应科技腾飞""推进民主化进程""促进工业化进程"等的指向，不正是为了发挥成人教育的作用、助益社会的进步？所有关系到"社会生存""国家生存""社会公正""社会和谐""改变规则""增进民众积极参与""关注世界""解决重大社会问题""克服危机""建设一个更美好、更和平、更宽容和可持续的未来"等的意旨，不正是为了利用成人教育的力量、促进社会的发展？

至此，我显然无法拒绝自己表达这样一种感受：差不多十二年一次，以"大会名义，聚焦现实问题"的思考，尚且能够深切关注到成人教育本身所具有的热量、能量与力量，并希望它们助益社会的进步、裨益社会的发展，那么，以"科学名义，旨在构建学科体系"的探索就必定要也必定会倍增它的注意力，倍添它的投入度，并真切体现出其与社会关系之间的张力，去更加系统、全面地窥探它的潜能、开发它的潜力、发挥它的能量，从而使之有助于人类消除贫困、战胜困境、消除冲突、战胜危机，直至将整个世界引向一个更加公正、繁荣、团结、和平、包容、和谐、惬意和幸福的未来！

第五，所谓"阐扬其天职的作用"，完整地说，就是希望成人教育科学及其体系构建张扬魅力，对作为人类重要社会活动之一的成人教育实践而言，能够切实使之产生一种裨益人的发展、造福成人生活的效能。

在我心里，成人教育有一份崇高的使命，那就是要促进人的终身发展、全面发展；成人教育有一份神圣的职责，那就是要给人们的生活带来福音、创造福祉。

在我心里，成人教育科学及其研究活动当有一种魄力，能够扶持成人教育去践行乃至实现它的崇高使命；成人教育科学及其研究活动当有一种魅力，能够襄助成人教育去践履乃至成就它的神圣职责。

关于"促进人的终身发展、全面发展"，自然是成人教育的一个永恒命题，也已是仁者见仁、智者见智。但不管怎样，内心却还是始终珍藏着如下一些认知片段。

联合国教科文组织告诉我们："人类生下来就是'早熟的'。他带着一堆潜能来到这个世界。这些潜能可能半途流产，也可能在一些有利的或不利的生存条件下成熟起来，而个人不得不在这些环境中发展。所以，从本质上讲，他是能够受教育的。事实上，他总是不停地'进入生活'，不停地变成一个人。"①

换言之，"人和其他生物的不同点主要就是由于他的未完成性。事实上，他必须从他的环境中不断地学习那些自然和本能所没有赋予他的生存技术。为了求生存和求发展，他不得不继续学习"。②

概括起来就是："人永远不会变成一个成人，他的生存是一个无止境的完善过程和学习过程。"③

此番话语，既可以说是成人教育、终身教育"安身立命"的首要依据，也可以说是成人教育、终身教育折射其"崇高使命"的关键所在。

联合国教科文组织还告诉我们：人的发展除了具有显著的持续性、永久性特征以外，自然还具有鲜明的多样性、多维性特征。因此，教育必须在发展知识、技能的同时，关注到人的健康、兴趣、情感、审美、经验、人格等多方位的、全面的发展。由之，它一再声称："把一个人在体力、智力、情绪、伦理各方面的因素综合起来，使他成为一个完善的人，这就是对教育目的的一个广义的界说"。④

说到人的全面发展问题，终身教育论者朗格朗等更是针对时弊，有过力透纸背的分析。在他们看来，社会变革中的种种负面效应，特别是因为阶级的分化、职业的分工、体脑劳动的对立、意识形态的冲突、集体主义的消失，以及灵与肉、物质

---

① 联合国教科文组织国际教育发展委员会. 学会生存——教育世界的今天和明天 [M]. 华东师范大学比较教育研究所，译. 北京：教育科学出版社，1996：197.
②③ 同上：196.
④ 同上：195.

价值与精神价值的背离等，导致了人的分化和人之整体的破裂，而现存的以智力发展为中心的教育制度和抹杀创造性的应试教育制度又将人的智育从其他方面分离出来，将人的创造性抑制起来、束缚起来，最终造成了"人的生命的实质部分发育不全"，甚至"使人的个性处在一种可怕的暂时瘫痪状态之中"。①

事实上，在终身教育论者的眼里，正是为了摆脱这样一种困境，才奠定了一种和谐的、全面的成人教育的基础，反过来说，建立在这样一种基础上的成人教育，其"崇高使命"的关键要素又必定再一次锁定在了能够促使人的全面发展、充分发展上。用郎格朗自己的话来讲，就是要能够同时关怀和满足所有人"作为身体的、情感的、性别的、社会的以及精神存在的个人的各方面和各种范围的需要"。②

关于"要给人们的生活带来福音、创造福祉"，同样地，它既是一个永恒的话题，又是一个积攒了许多言说的话题。于此，在有意无意的比较之间，还是感觉来自郎格朗的分析最能让人怦然心动。

他在刻画人类现今生活时说，我们生存的世界，或者是文明的或者是野蛮的；我们呼吸的空气，或者是清新的或者是污浊的；我们饮用的水，或者是卫生的或者是污染的；我们周围的景色，或者是宜人的或者是凄凉的；我们工作的条件，或者是优良的或者是低劣的；我们的交通联络，或者是便捷的或者是困难的；我们的住房，或是宽敞的或者是拥挤的；我们的日常活动空间，或者是宁静的或者是喧哗的，这一切都关系着人们的生活质量指数，"一个充满敌意的环境（必将）给人以苦恼，而一个充满友谊的环境（定会）使人感觉到支持、鼓励和爱情"。③

事实上，两种倾向可能产生的两种不同倾斜，恰恰给成人教育开辟了展示其意义的空间，也恰恰给成人教育授予了一份神圣的职责。郎格朗认为，在这种情形下，成人教育必须也必定能够通过文化、知识、技能、道德、审美等各方面的训练与培养，一方面帮助人们找到种种破坏行为的治疗方法，另一方面帮助人们获得良好行为的养成方法，从而为人们的生活带来质量、带来福音。

对于幸福，郎格朗还进一步分析指出，成人教育与人们追求幸福有关。但是，首先需要搞清楚关于幸福的真正含义。一种观点把幸福看作"人们可以获得或失去

---

①② 保罗·朗格让. 终身教育导论［M］. 滕星，等，译. 北京：华夏出版社，1988：88.
③ 同上：96.

的身外之物"，另一种观点则恰恰是"把幸福作为一种被赋予真实意义的生存形式和人度过一生的方式"。①在郎格朗看来，前一种幸福不是真正的幸福，它与教育无关，因为真正的教育对人的身外之物的获得或失去无能为力，而后一种幸福才是真正的幸福，并且与教育有关，因为这种幸福是与获得这种幸福的能力以及与这种能力的训练或养成联系在一起的。当然，这种能力又必须是"真正意义上的能力，即不是骗人的、异化的、危险的和支配他人的能力，而是真正名副其实的、自我控制的能力。"

  这种能力的形成，绝非仅是一个自然而且可在短时间内推进完毕的过程，相反，在很大程度上，它是一个需要设计、谋划，并且需要经过长期修为的过程。据此，可以说，"幸福的追求是同教育的目标结合在一起的，通向幸福生活的道路就是那些教育过程的不同阶段所要走过的道路"。②在终身教育倡导者看来，成人教育具有在成年阶段继续帮助成人训练、养成这种能力，引导其不断走向幸福生活的意义乃至天职，是毫无疑义的。

  这种能力的获得，在更多情况下，是只有通过工作、劳动才能得到的，而工作、劳动便意味着学习和训练，意味着"那些我们能够了解和联系他人并且去找出生活中种种问题的答案的天赋和能力的发现与运用"。而当今，成人教育的广泛实践亦已明确地告诉我们，它在成年人进行工作、劳动的同时，提供着这样一种教育与训练，而这样一种教育与训练又使成年人追求幸福的潜力得以不断地挖掘与利用。总之，终身教育倡导者们坚信，同人的生命实体及其发展、幸福有着内在契合的教育所能显示的价值，比任何其他教育都更能让人信服。而此时此刻，在我内心，又更愿意将成人教育的如此价值体现，作为一种永远神圣的使命、一种永不懈怠的天职，以最终为普天下的成年民众及其生活带来福音、创造福祉。

  综上所述，虽然仅仅是迄今为止有关成人教育与人的发展、与人的福祉之相关讨论很有限的一部分观点，但已能证明促进人的终身发展、全面发展，既是成人教育彰显其意义的至要空间，亦是其肩负崇高使命的首要表现；为成人生活创造福祉、谋取幸福，既是成人教育张扬其价值的至高平台，亦是其承负神圣职责的首要

---

① 保罗·朗格让. 终身教育导论 [M]. 滕星，等，译. 北京：华夏出版社，1988：93.
② 同上：94.

表征。

　　于此，从"崇高使命"和"神圣职责"视角出发，我再次呼唤：祈望成人教育科学及其体系构建在未来的日子里，能够尽显魄力与魅力，以更加无以阻挡和充满智慧的力量，去进一步清除种种对成人教育的随意涂抹或恣意涂鸦，从而使其促进人的终身发展、全面发展的崇高使命得以真正履行，造福成人世界、成人生活的神圣职责得以真正阐扬！

第五章
成人教育学科体系的前瞻(下)

> 成人学习和教育要发展自力更生、独立自主的个人,帮助人们在复杂、迅速变化的文化、社会和经济,以及工作、家庭、社区和社会生活中建立和重建他们的生活。
>
> 成人学习和教育的力量,在于使所有人的学习与生活能够走向美好的未来。①
>
> ——联合国教科文组织

---

① 联合国教科文组织. 第六次国际成人教育大会最终报告 [R]. 2009: 43, 48.

不曾想，伦理与纲领的擘画、性质与目标的洞见、意义与作用的畅想竟用了那么长的篇幅。为保持各章之间篇幅的相对平衡，遂只能将原本计划一并放在第四章里叙述的内容，即源点与路向的再端量、内容与边界的再揆度、空间与方法的再审视，以及最后的归结，再分设为"第五章——成人教育学科体系的前瞻（下）"来加以展开。

第一节　思索与选择（B）

这阵子有两件事让人身心怡然。

第一件事是我所生活的这座城市自进入八月下旬以来，天气便开始明显变得凉爽起来，不再有35℃以上的高温，到了九月七八号，晚间居然可以关上空调，甚至需要搭上一层薄被进入梦乡了。

第二件事，就是2011年的教师节与中秋节（9月12日）紧挨着，手机短信不断响起，来自朋友和学生们的节日祝福让我倍感温馨，幸福指数飙升。

第五章就是在这样一种心绪中开始的。

一、再端量：源点与路向

"端量"，根据词典里的解释，"端"表示"端详"，"量"表示"打量"。"端详"即是绵绵密密地观与望，"打量"即是仔仔细细地识与辨。于此，关于成人教育科学及其体系构建，其"源点"命题，正需要用一颗安静、缜密的心，去不慌不忙地展开新的"端详"；其"路向"命题，亦正需要用一颗清净、细密的心，去不急不躁地进行新的"打量"。

第一，关于源点。

对于源点，第三章里曾经有过一种朴素的理解。其原话为：它是指"源起"或"源头"，"和成人教育学联系起来，就是事关这门学科得以建构起来的最初之源起，或者说是得以演绎开来的最初之源头"。另外，我还将"逻辑起点"或"逻辑源点"作为其指代，比如：若径直基于成人丰富而鲜活的生活世界……那么，它的逻辑起点又将会得到一种什么样的发现与确立？再比如：通过探究成人教育这一社会活动子系统的"躯壳""内脏"与"关系"……从而，确定了成人教育科学及其体系建构行动可能得以演绎开来的逻辑源点，等等。

由之可见，对成人教育科学及其体系构建而言，"源点"一词，我曾认为主要具有两种意涵：其一，富有逻辑意义；其二，具有起始意义。但在日常阅读、学习中，我注意到了两位才华横溢的学者对"逻辑起点"的阐释。

一位是专门研究邓小平思想的学者翟昌民。他在《试论邓小平理论的逻辑起点》一文中阐释："所谓逻辑起点，是指研究对象（任何一种思想、理论、学说、流派）中最简单、最一般的本质规定，构成研究对象最直接和最基本的单位。"①

另一位是擅长研究中国传统音乐科学思想的学者，叫吴鸿雅。她在《朱载堉新法密率的科学抽象和逻辑证明研究》一文中指出："所谓逻辑起点，是指该理论的起始范畴，往往以起始概念的形式来表现。它必须具备以下四个要件：其一，有一个最基本、最简单的质之规定；其二，此逻辑起点是构成该理论的研究对象之基本单位；其三，其内涵贯穿于理论发展全过程；其四，其范畴有助于形成完整的科学理论体系"。②

反复品味这两段阐释，我再一次明确自己所称、所用的"源点"，其实指的就是"逻辑起点"或"逻辑源点"，最重要的，对它的内涵及其特征有了一种更加充实、更加完整的理解：

其内涵是，能够反映研究对象之本质意义的一种规定；

其特征是，具有十分明显的基础性、一般性与简单性；

其角色是，研究对象最直接的元素，或最基本的单位；

其定位是，理论演绎的起始点，或理论发展的起跑线；

其必然是，将渗透于理论演绎的全部历程，或贯通于理论发展的全部过程；

其功效是，有助于推导一个完整的理论系统，或形成一种完整的理论体系。

---

① 翟昌民. 试论邓小平理论的逻辑起点 [J]. 天津师范大学学报，2000（5）：1.
② 吴鸿雅. 朱载堉新法密率的科学抽象和逻辑证明研究 [J]. 自然辩证法研究，2004（10）：103.

有了对源点意蕴的进一步理解，现下对成人教育科学及其体系构建的"源点"命题的再度端详的意义似乎一下子变得明朗起来。

此刻，在我心里面一一闪亮出来的意义，显然就是：它将促使我们从"源点"的视角来重新审视和把握成人教育科学的本质；它将促使新的成人教育科学本质能够充分反映其自身的根基性与鲜明性；它将有助于重新确认成人教育科学最直接的元素，或最基本的单位；它将有助于重新确定成人教育科学最为初始的发端之源或发轫之点。

而且它还必将：为成人教育科学带来一种新的理论引领与理论渗透，为成人教育科学形成一种新的学术视野与学术底蕴，为成人教育科学形成一种新的知识创新与知识建构，为成人教育科学注入一种新的学科素养与学科风貌。

悠然间，对于源点的意涵以及探究意义，心中又感觉可作这么一个比喻：

无论是唤作"源点"，还是称作"逻辑起点"，它们都恰似一颗最原始、最原初的"胚芽"，在这颗"胚芽"里面，不仅蕴藏着成人教育科学的核心本质与独特个性，而且还隐匿着成人教育科学在其存在与发展过程中的一切矛盾与冲突。具有本质特征与个性特征之"胚芽"的不断裂变，必将使此过程所引发、所规定的一切矛盾与冲突遵循其天设的轨迹而有序地推进，或按照其固有的密码而有序地展开。最终让人神往不已的，便是可能长成一棵由严密的逻辑链条所串联、所架构起来的成人教育科学体系之树。

而在此处，试图进一步展开"源点"端详，便无异于是让自己重新弯腰、重新埋头，去寻获、去拾起事关成人教育科学及其体系构建的那颗最为真实的"胚芽"。

弯腰间，埋头间，首先又回念到的是：

——诺尔斯 20 世纪 70 年代主创的成人教育学，是以四项有关学习者特点的关键理论为前提的。也就是说，诺尔斯是将成人学习者有别于儿童学习者的自我概念、经验积累、学习准备和学习倾向当作其整个学说之源点的。

——我等 20 世纪 90 年代试图确立的成人教育科学体系则是在对成人教育进行释义与特征分析的基础上，提出并解析了成人教育实态概念，从而将作为其宏观因素的教育领域和教育机构比作"躯壳"，作为其微观因素的教育情境和教育事实比作"内脏"。进而，又将成人教育视为一个社会子系统，并对其与社会大系统之间的关系进行了必要的分析与确认。由此,"躯壳""内脏"与"关系"遂成了整个成人教育科学及其体系构建得以演绎开来的三个基本"源点"。

对之,我后来曾经多次询问自己:既然大师曾经坚信成人教育,其行动发端于成人的现实生活,其目的归宿于"帮助成人更加成功地生活",那么他又为什么没能坚定而径直地到其丰富而鲜活的生活世界中去寻找并确定其逻辑起点呢?

当然,我也曾为之遗憾并责问自己:为什么总喜欢陶醉在教育本身的层面,即使是在探究其发轫源点的时候,目光还总是不能离开那些所谓的教育领域与教育机构、教育情境与教育事实?就教育论教育的方式,最终能帮助你寻找到并确立起其最基础、最基本、最简单、最明了乃至最本质的逻辑起点吗?

后悔已然于事无补。下面就让自己以一种新的精神面貌、新的探索视角,来重新"端详"成人教育科学及其体系构建之源点这个命题吧!

感谢北京大学哲学系宋文坚教授,他在《逻辑学》一书中的两段描述真是让我受益匪浅。

第一段描述是:"一切科学、理论都是理论思维的结果。正确的理论思维必须有相应的逻辑根据。对严格的学科和理论来说,进行相应的理论思维、建立理论体系,必须首先明确自身的逻辑根据。"

第二段描述是:"逻辑和哲学有明确的关系。一方面,哲学思想影响着对于逻辑基本观点的取舍,从而影响到逻辑体系的建立;另一方面,逻辑也提出一些哲学问题,如逻辑规律和客观世界的关系问题,逻辑的形式化的本质和局限性问题等。另外,逻辑还为哲学研究提供分析工具和技术手段。"[①]

于此,不妨就将其中的逻辑根据、逻辑基本观点等看成逻辑源点或逻辑起点,并首先认定其归属于逻辑研究范畴。由此,所谓的受益匪浅,就是在细细咀嚼这两段话语的过程中:

有一种朦胧渐行渐远——我不知道先前的思索是否全然属于哲学范畴,或是成人教育科学的哲学范畴,但至少可以说,它们属于成人教育科学富有哲学底蕴的理论思维范畴。由之,2005年前后,我对成人教育科学研究活动,形成了"回归丰

---

① 宋文坚. 逻辑学 [M]. 北京:人民出版社,1998:28~29.

富的成人生活世界，走进缤纷的成人精神家园"这样一种全新理念，并且将其认定为一种事关成人教育科学发展的新原则、新纲领。但一开始，包括在后来相当长的一段时间里，我自己并没有十分清楚、理性地意识到，也没能十分清晰、确切地表达出来，于其背后，其实已经发生了一种有关成人教育科学之逻辑根据的重新选择，或者说，已经隐匿着一种有关成人教育科学之逻辑起点的重新定位。而如今，这种朦胧已然渐行渐远，要不，我定然不会在上一章里说，如此原则、如此纲领，不仅在深远意义上"对于进一步认识事物（世界）和改造事物（世界）而言，（会）迸射出一种精神支柱和行动指南的伟大力量"，并且，还将在基础意义上"呈现出蕴含事物（世界）原始特征或固有特性的源起与规律、元素与机理……"

有一束光芒越走越近——也许正是因为发生在内心深处的逻辑根据的重新选择，因为发生在认知深处的逻辑起点的重新定位，且随其由朦胧逐渐走向清晰，由模糊逐渐走向坚定，从而面对成人教育科学及其研究活动，在以往的困惑慢慢散去，先前的纠结渐渐释然的同时，更是感觉到心中正在升起一束璀璨的光芒，而且越是随着时间的推移，越是感觉这束光芒正在逼近，乃至穿越自己的心灵，不然，我何以在自己的思维田野、认知田园上竖立起了"成人生活信念"这样一柱图腾？

有一种勇气渐渐而至——我不敢妄断，在第三章里，所有对话大师、反思自己的内容都全然属于哲学范畴或是成人教育科学哲学范畴里的东西，但它们至少可以被看成属于成人教育科学富有哲学底蕴的理论思维范畴里的东西。由此，不妨试想，倘若之前没有形成"回归与走进"理念，倘若其背后根本没有新的逻辑根据或逻辑起点，那么，坦白地说，我将凭什么新的思维标尺来对话大师？我将以什么新的思想工具来反思自我？换言之，还真是因为有了"回归与走进"理念及其所蕴涵的新的逻辑根据、逻辑起点，才渐渐给了我一种新的思维标尺、新的思想工具，最终使我有勇气、有胆量来与大师、来与自我进行一番深入的对话与反思。

有一种底气冉冉而生——我也不敢妄说，自第四章起，所有对于成人教育科学的远眺与前瞻，都全然关乎哲学范畴或是成人教育科学哲学范畴，但至少可以说它们关乎到了成人教育科学富有哲学底蕴的理论思维范畴。进而，不妨再次设想，倘若之前没能形成"回归与走进"理念，倘若其背后根本没有新的逻辑根据或逻辑起点，那么，坦率地说，我将凭什么新的思维标杆来远眺它的前景？我将以什么新的思想武器来前瞻它的未来？换言之，真是因为有了"回归与走进"理念及其所蕴涵的新的逻辑根据、逻辑起点，才在日往月来中，慢慢给了我一种新的思维标杆、新的思想武器，最终致使我有底气、有胆略来对成人教育科学及其体系建构进行一番再擘画与再洞见、再畅想与再端量……

总而言之，在宋文坚教授相关言说的启发下，对于自己的思想和行为，我慢慢琢磨，明白了这样一些道理：

——"回归丰富的成人生活世界，走进缤纷的成人精神家园"，作为一种带有哲学韵味的理论思维及其结果，于其深处，的确是潜藏着与之相应的新的逻辑根据或逻辑起点之思考的，用宋教授的话来讲，那就是"正确的理论思维必须（会）有相应的逻辑根据"。只是一时间，我自己还未能有十分明确、十分坚定的意识，或者，时而有所意识，但未能对之果断把握，并且紧追不舍，直至对其专门而真切地演绎开来。

——"回归丰富的成人生活世界，走进缤纷的成人精神家园"，作为一种带有哲学韵味的理论思维，一方面，它必定会蕴涵一定的逻辑根据或逻辑起点思考，另一方面，随着这一理论思维过程的不断推进和深入，它又必定会使相关的逻辑根据或逻辑起点变得逐渐清晰、明朗起来，甚至是坚强、坚定起来。这种情形，也许正如宋教授所言："哲学思想影响着对于逻辑基本观点的取舍"。

——"逻辑基本观点"或"逻辑起点"一旦有所取舍，尤其是当它变得日渐明朗、日趋坚定的时候，它又必将会反过来滋生新的哲学问题或理论问题，这也许又如宋教授所说的，"逻辑也（会）提出一些哲学问题"。我由此而在自己的思维田野、认知田园里，为成人教育科学及其体系构建矗立起来的"成人生活信念"图腾，也许正是属于这样一种情形的特定体现。

——"逻辑基本观点"或"逻辑起点"，显然具有一种绝对无法漠视的基准意义，那就是它们如标尺、如标杆，能够为我们带来不可多得的思想工具或思想武器，用宋教授的话来讲，就是"逻辑还为哲学研究提供（了）分析工具和技术手段"。我借此形成勇气，进行对话与反思；我由此生成底气，进行远眺与前瞻，不正是对于这样一种基准意义的有力证明？

诚然，此时此刻，更想表达的莫过于宋文坚教授"进行相应的理论思维、建立理论体系，必须首先明确自身的逻辑根据"，而"逻辑基本观点"一旦得以取舍，又势必会"影响到逻辑体系的建立"这样一种学术见解在我心里发酵得尤其厉害。

首先，我愿用自己的体认，试将其中的逻辑根据、逻辑基本观点看成与逻辑起点等同，亦将其中的逻辑体系与理论体系看成一种同义的表达。

随之，我又愿用自己的理解，试将这一学术见解重新表达为：进行理论思维、建立理论体系，必先明确其逻辑起点，而逻辑起点的确立，又必定规约其整个理论思维的展开，乃至整个理论体系的构建。

最后，连接自己当下正在倾情思索的理论思维——成人教育科学及其体系构建，暂且不说已经出现在对话与反思中的状况如何，也暂且不论在此后的叙说中还会发生何等情形，仅就上一章开始的前瞻行动而言，就让我自己惊诧不已的是，虽然尚未全然挑明、尚未声称正式登场，即在很大程度上还尚且属于躲在"回归与走进"背后的那个源点，即那个逻辑起点，却俨然已经以一种恣意渗透的力量，几乎散发到了它的全部思维与所有叙述过程之中！

若不然：

——在伦理的再擘画中，我何以会对"成人教育植根在成人的各种社会生活之中，置身在成人的各种角色扮演之中"及其类似或相关表白喋喋不休？

——在纲领的再擘画中，我何以会对"成人教育科学应直面成人最真实的社会境遇与社会生活、最真切的发展需求与人生向往"及其类似或相关表达喋喋不歇？

——在性质的再洞见中，我何以又会对"成人教育和成人的社会角色扮演紧紧相伴，和成人的生活任务履行紧紧相依"及其类似或相关表达絮絮叨叨？

——在目标的再洞见中，我何以又会对"成人教育科学应真正作为人类社会生活的一种永恒存在与核心存在，应真正成为成人生活关怀的一种本来体现与核心体现"及其类似或相关表达唠唠叨叨？

——在意义的再畅想中，我何以还会为"以促进人的终身全面发展为宏旨，尊重成年期及各阶段个体所扮演的社会角色，关切成年期及各阶段个体所承担的生活任务"及其类似或相关言说而口干舌燥？

——在作用的再畅想中，我何以还会为"成人社会角色愈受关注，生活世界愈受关切，我们就必定能更加接近成人教育科学的最初始基，更加靠近成人教育科学的最初源起"及其类似或相关陈述而舌敝唇焦?

由之可见,躲藏在"回归与走进"背后的那个源点,或至少还未被宣布到了正式登场时间那个逻辑起点,已然以其"基因"与"胚芽"的姿态,按着其内在的"密码",沿着其特定的轨迹,开始一路奔腾开来了。

换言之,就逻辑起点本身而言,它的工具性与手段性、渗透性与贯通性、引领力与推导力等,已经开始显现开来了;就其研究对象而论,它的根基与底蕴、本质与个性、矛盾与冲突、系统与体系等,因接受逻辑起点这一系列力量的频频造访,也已经开始呈现开来了。

此时此刻,我的心跳似乎变得快速起来,我的情绪似乎变得激越起来。因为那个开初隐于底层或藏于背后的东西似乎真的要露头了,现身了;那个之后影影绰绰或时隐时现的东西似乎真的要登台了,登场了;那个迄今尚未说明其何等角儿却已悄然亮开嗓门的东西似乎真的要挂牌了;那个至今尚未道出其何等伶儿却已幽然迸发星光的东西似乎真的要加冕了!

那个东西,就是于此要"一本正经"地说上一说的逻辑起点,就是于此要"正经八百"地聊上一聊的逻辑源点!

那个东西,就是我现在要正式明明白白点出来的成人教育科学的起点,就是现在要正式清清楚楚亮出来的成人教育科学的源点!

其实,这个起点,抑或源点,说得比较完整一点,就是"成人生活世界";说得缩略一点,就是"成人生活"抑或是"生活世界";再凝练一点,就是"生活"二字!

我突然发现,心跳加速、情绪激动,似乎还更因为刚才在回想那一番经历时心中又猛然冒出来了一些感悟,那就是,这个源点:

——果真那么简约,简约得就剩两个字,却掌握着学科的生死令牌;果真那么简单,简单得就剩一个词,却左右着学科的生命走向!

——果真那么基本,基本得就像一颗胚芽,却规定着学科的生命密码;果真那么基础,基础得就像一缕地气,却决定着学科的核心本质!

甚至,这个源点还果真那么直接,无须迂回,却可以引动学科的全部演绎!

回过头来仔细想一想,自对话大师、反思自我开始,尤其是自展开新的远眺、新的前瞻以来，一直到这里为止，全然可以实话实说的是：有关"掌握生死令牌""左右生命走向"这样一种神奇力量的具体事实，似乎无须再下更多的注脚；有关"规定生成密码""决定核心本质"这样一种神秘力量的具体细节，似乎无须再费更多的注解；有关"引动学科演绎"，或者说"形成理论体系"这样一种伟大力量的具体表征，同样似乎无须再作更多的注释了。

因为，我深信大家从此前叙说的相关内容中早已有所感受或领会了。

另外，还有两个情况，我也很想郑重其事地先对读者诸君知会一声：

第一，之所以"生活"这个源点在心里边沉潜良久，或者就像前面所说的"时而有所意识，但未能对之果断把握，并且紧追不舍，直至对其专门而真切地演绎开来"，一是因为缺乏真切的机缘，或者说自萌发"回归与走进"理念以来，我自己还没找到足够的时间，特别是合适的机遇，来对之进行静思与深思；二是因为"生活"这个概念充满挑战性，它既宏大又细琐，既浅近又幽深，既硬实又绵柔，既真切又浪漫，既明朗又诡秘，以致一时间感觉无从着手。然而，它终究是此项研究、此回叙述必须要面对、解读的一个题目。其实，我心里很明白，对"生活"这一概念本身早晚得有一说，这个槛儿是绕不过去的，而现在显然是到了该去跨越它的时候。

第二，沉潜不等于沉默，自提出"回归与走进"理念以后，在我心里边，已经无数次地与"生活"相遇、无数次地与"生活"相逢，甚至到最后成了信念、成了图腾。兴许，也正因为这样一番与之结缘、对之思索的历程，促使我在这里试图再一次认定，或者说再一次重申：关注"生活"，必然意味着人本精神的体现或人本意识的张扬；言说"生活"，必定触及成人社会角色的扮演与成人生活任务的履行；话说"生活"，也必定牵涉到终身教育的生成与终身学习的实现。其实，诸如此类的关系问题，此前已经均有诸多论及，于此，为节省时间和篇幅，就不再专门予以展开了，只想借着长久酝酿、款款积聚起来的一种特别的心理冲动，来更具内涵解释感、轮廓梳理感地好好说一说、谈一谈"生活"本身的事。

漫步在思维的田野上，徜徉在认知的田园里，有关"生活"，最先穿梭在耳畔的，总是那一连串充满诗情画意但不乏哲韵，或溢满世俗气息但不失理趣的声音：

——生活是理解、是领悟、是思索、是求知；

——生活像幅画,似出戏,像海洋、如玫瑰;
——生活是美好的,如蜜糖一样甜;是烦恼的,像胆汁一样苦;
——生活是富人的喜剧、穷人的悲剧,是智者的美梦、愚者的游戏;
——生活有时像在燃烧,有时如在腐烂;
——生活是奉献、是索取,生活是收获、是失落;
——生活不能没有理想和目标,它最大的危险就是心灵的空虚;
——生活既不是苦难,也不是享乐,而是为了事业的不懈奋斗;
——生活是棵常青树,生活就是为了明白自己的价值;
——不断前进是幸福的生活,养成美德是生活的目标;
……

生活的比喻简直无边无际,金木水火土一齐上阵,似乎也不足以穷尽它的内涵;生活的表情简直变化万千,喜怒哀乐忧一同登场,似乎也不足以显尽它的面貌。

我对"生活"的认知,对"生活世界"的理解是有一个过程的,而且十分得益于发生在和我的博士研究生应方淦之间的一段思想交集、学术互动经历。这是一段难以抹去的学术记忆,虽然有点长,甚至需要一个镜头、一个镜头地慢慢叙来,但是,我深信,其中的内容定然会有助于大家更好地认知生活,更好地理解生活世界。

镜头1:力量的扩展——进入21世纪,在校方支持、同仁协同下,由我牵头,经过多年艰苦努力,终于在2004年获准在华东师范大学设立了成人教育学专业博士学位授予点。经过遴选、审批,我也取得了这个新设专业博士生导师的任职资格,决定于翌年开始正式招生。成人教育科学殿堂即将增添新的更高层次的研究力量,真是让我心中好生喜欢!在我招收的首届两名博士研究生当中,有一名叫应方淦。他在浙江大学完成了学士、硕士学业,尔后进入了一所警校,从事罪犯教育领域的教学与科研工作。

镜头2:思想的交集——于应方淦这边,用他自己的话说:"在实际的教学科研过程中,对罪犯教育的兴趣与日俱增,同时对罪犯教育目前理论研究中存在的种种谫陋和实践操作显现的重重病理深感遗憾……此间,试图运用自己习得的专业知识去解决并改进罪犯教育的相关问题，却始终实现不了两者之间预想中的亲密无间，并渐觉这种努力的生硬艰涩。几经反思，除了对自己曾经所习不精心生愧疚之余，也开始领悟到一点：传统教育学对学校教育的钟情与专注，导致了其在罪犯教育这一特殊领域的力不从心。罪犯教育如何寻求一个更为适切的研究平台，借助更为丰富的外部资源，从其安身的教育学大家庭中获取丰润的理论支持，正是当时笔者所思虑的"。①于我这边，借用应方淦的话来讲："知天命之岁的高老师，带着强烈的学术使命感，对自己倾心倾力耕耘了20余载的成人教育学术田园的发展变迁，开始了反思与前瞻。透过令人迷眼的种种成就和辉煌，高老师清醒地看到：成人教育研究长期以来因'蔽于一曲而暗于大理'，出现了诸多幼稚、不足乃至乱象，并对这背后潜藏着的危机深感忧虑。成人教育研究该何去何从，该做出哪些新的选择和创造，在其立命的教育学大天地中获得稳固的话语空间、掌握足够的话语权势，是同时异空的高老师所考量的"。②"回归丰富的成人生活世界，走进缤纷的成人精神家园，正是导师高志敏教授在反思自己几十年成人教育研究生涯的基础上，对过去20年间中国成人教育研究的历史轨迹进行回溯之后得出的感悟。"③

可见，应方淦的"思虑"和我的"考量"及其结果形成了交集，发生了碰撞。最终，他将其博士学位论文题目定为《基于生活世界视角的成人学习研究》。

镜头3：过程的记录——在论文之"选题缘起：直接性触因——'回归与走进'"一节中，应方淦凭借师生频繁接触、学术深度交流而增进的了解，将"回归与走进"理念形成的大致过程进行了整理。相关文字，征得应方淦的同意，在尊重其原文的前提下，剔除或调整个别字句，转述如下：

——2005年，在历经了对中国成人教育研究多年的深切反思之后，高老师为成人教育研究所作的前瞻选择已经明确："回归丰富的成人生活世界，走进缤纷的成人精神家园"。

——其实，早在2003年，这一选择便已初露锋芒。在检视成人教育研究中理论和实践的关系之时，高老师指出："成人教育理论必须确立它的无可替代性，而

---

① 应方淦. 基于生活世界视角的成人学习研究［D］. 上海：华东师范大学博士学位论文，2011：9.
② 同上：10.
③ 同上：9.

这种无可替代性的确立唯在成人世界中研讨成人教育，才有可能真正有所探获。回归成人，回到成人世界，永远是成人教育及其研究的根本"。

——此后不久，在回顾成人教育学科发展历程之时，就"如何在走向'科学化'的道路上重新发现成人，重建学科的成人意识"这一"历史给学科未来所提出的一个极其重大的课题"，高老师他再次选择了"回归成人生活世界"这一基本路向，申明"研究者有必要跨越校园的围墙，走入丰富的成人生活世界，走进缤纷的成人精神家园，去捕捉生存境遇中的发展需要与发展困境，去思考教育可能提供的支持"，并坚信"回归成人的生活世界是成人教育学科未来发展的方法论选择"。

——2005年，高老师对于成人教育研究反思的觉醒日见深刻、成熟，其前瞻的选择也随之日益清晰、坚决。记得一次课堂上，在谈及成人教育基本理论研究的方法论时，高老师有感而发地与我们分享了他在暑假期间对此问题的一些思考。由于时间的关系，其原话如何，已无法完整复述，而其中心思想，却清晰如故。高老师指出，我国成人教育研究经过20余年的发展，瑕瑜互见，毁誉参半。通过拷问成人教育研究存在问题的根源，高老师意识到：导致成人教育研究问题累累、困境重重的最根本、最深层的原因，在于对成人生活世界的远离和对成人精神家园的漠然。远离成人生活世界，已成痼疾；漠视成人精神家园，已为沉疴！回归丰富的成人生活世界，走进缤纷的成人精神家园，是成人教育研究的根本态度、基本立场，更是其一切行动的灵魂所在。

——2006年9月，高老师在中国教育学界的权威期刊《教育研究》上发表了《成人教育研究的反思与前瞻》一文，"回归丰富的成人生活世界，走进缤纷的成人精神家园"的思想正式在学界发声。高老师在文中表示：

"无论是对成人教育一般研究活动而言，还是对成人教育学科建设而言，回归丰富的成人生活世界，走进缤纷的成人精神家园，决然是其存在与发展的灵魂所在，也必定是其未来一切研究活动所应采取的基本态度与方法论首选。唯如此，成人教育研究才有可能真正找到它的理论原始动力，提升它的理论解释能力；切实改变它的理论面貌，洋溢它的理论神韵。同样，也只有高举这一纲领，才有可能真正找到它的学科建构依据，获得它的学科发展生机，并切实确立它的学科个性，彰显它的学科风骨。基于此，不失本原地构筑起它的话语体系，以最终为成人教育实践的未来发展奉献真正的理论智慧与巨大的逻辑力量。

"回归丰富的成人生活世界,走进缤纷的成人精神家园,就是要求成人教育研究走出庭院深深的书斋,跨越高墙巍巍的校园,摆脱相沿成习的束缚,冲破传统戒律的藩篱,能够义无反顾地'回到事物的本身',即'回到事物发生的本源','回到事物存在的本体','回到事物演进的本位'。也就是说,未来的成人教育研究必须直面成人——直面他们最真实的社会境遇与最本真的社会生活,直面他们最真切的发展需求与最真实的人生向往,基于此洞察、了解、分析和阐释他们的教育与学习问题,从而真正形成现实生活与教育的对接,真正实现人生发展与学习的契合。总之,凝聚在这一纲领核心部位的精髓,就是奉献给成人教育主体以义不容辞的生存关切和深切入微的生命关怀,并将关于教育与学习活动的一切思考与行动用来服务于其生命延续的不同阶段,覆盖于其生命发展的整个过程;服务于其生命构架的所有侧面,归宿于其生命存在的全部意义。"①

镜头4:问题的提出——随之而来的,便是一连串新问题的产生。应方淦论文中提出的两个问题是:其一,为什么要"回归丰富的成人生活世界,走进缤纷的成人精神家园"?这是一个原理性的问题域,所要回答的最深层问题便是成人教育与成人的生活世界及精神家园究竟呈现出何种联系。其二,怎样去"回归丰富的成人生活世界,走进缤纷的成人精神家园"?这是一个操作性的问题域,所要回答的最根本问题便是成人教育研究应该采取什么样的研究行动或方法。在应方淦看来,"对于后一问题域,高老师已经给出了明确的答案——'执行这一纲领,必须采取新的研究行动:解析成人群体结构,关怀成人生存境遇,解读成人学习行为,构建教育支持系统。'对于前一问题,高老师从来没有停止过思考,只是对思考的结果却一直秘而不宣,表现得较为含蓄。'这是一个很有意思的研究领域',他建议我不妨也尝试着'自己走进去看看'。显然,我选定'基于生活世界视角的成人学习研究',正是意欲基于自己的生活世界,对前一问题域进行一种解读的尝试,整理出一番有待对话的一家之言"。②

其实,在学术讨论中,我自己被人追问得最多的,倒是一个看上去最简单的问

---

① 高志敏. 成人教育研究的反思前瞻 [J]. 教育研究,2006 (9).
② 应方淦. 基于生活世界视角的成人学习研究 [D]. 上海:华东师范大学博士学位论文,2011:13.

题：（成人）生活世界究竟是（指）什么？而且十分有意思的是，几乎所有提问者到最后都会询问：您这个"生活世界"与胡塞尔的"生活世界"是否一样？或者，您是否受到了胡塞尔"生活世界"理论的影响？

镜头5：艰辛的探索——一来因为探究"成人教育与成人生活世界及精神家园究竟呈现何种联系"必然要对"生活世界"这个核心概念进行解读，二来也许因为胡塞尔的"生活世界"学说确实影响非凡，应方淦便开始与之亲密接触，并对之进行了艰辛的阅读和探索。

镜头6：探索的结果——自2005年通过博士生考试，一直到2011年5月通过论文答辩，作为在职研究生，应方淦用了五六年时间，完成了《基于生活世界视角的成人学习研究》这篇博士论文。在论文中，他系统、明了地梳理并呈现了胡塞尔的"生活世界"学说。

于此，再一次征得应方淦的同意，在加上段落标题，并对一些措辞或表述稍作增删、调整的基础上，选择如下五个片段的内容，转述给读者诸君。

片段之一，关于背景信息。

在学术界，只要言及"生活世界"，在脑海中浮现的第一个人物，十有八九便是德籍犹太人、著名哲学家、现象学的一代宗师胡塞尔（E. Husserl）。

尽管至今尚未有足够的证据可以断定"生活世界"由胡塞尔首倡其端，但可以言之凿凿的是，"生活世界"在学术界兴起并备受关注，胡塞尔的确是功不可没。正是在其所创立的现象学派的影响下，"生活世界"旋即得到西方哲学界的认同和追随，如胡塞尔生前所愿地成了"哲学的一个普遍问题"。不仅如此，"生活世界"的影响力还溢出了哲学之边界而扩展至社会学、人类学等其他学科领域，至今依然为众多学科所热议。就像德国哲学家伽达默尔（H. G. Gadamer）所说的那样："'生活世界'这个词在当代思想界引起了令人震惊的反响。"

片段之二，"生活世界"的提出。

可以说，"生活世界"（德语：Lebenswelt；英语：life-world）是胡塞尔学术生涯后期中最富构造力的一个哲学概念。关于"生活世界"的提议，据有关学者的考证，早在胡塞尔1917年的手稿中就已初现，此后频频散见于一些出版物中，与"周围世界""日常生活世界""常识的世界""经验直观的世界"等概念同义交换使用。

时至 20 世纪 30 年代中后期，胡塞尔逐渐将"生活世界"从零散的概念表述完型成为一个系统的理论架构，并赋予"生活世界"在自身哲学理论体系里的中心地位。其佐证便是，在写于 1935—1936 年的《欧洲科学的危机和超越论的现象学》一书中，胡塞尔发出了"返回生活世界"的呐喊，而"生活世界"这个命题也得到了集中、详尽的阐述。

片段之三，"生活世界"的释义。

何谓"生活世界"？事实上，览遍胡塞尔的著述，如果试图从中获得关于"生活世界"直接而又明确的概念表述，只能是徒劳一场，因为尽管胡塞尔提出了"返回生活世界"的主张，却自始至终都没有对"生活世界"给出过一个明确的界说。即便如此，综合胡塞尔的各种论述，对其文字加以深耕细耘之后，我们还是可以大体梳理出他对"生活世界"的三种理解。

第一种理解，就是指我们常人所感觉到的、日常生活着的世界。这是一个"唯一实在的、由知觉实际地被给予的、被经验的、并且是能够被经验到的世界"。也就是说，这是一个没有被"科学概念化"的平凡世界，它与欧洲近代以来所逐渐形成的、以科学的态度理解和描述下的世界有着显在的不同。这一理解下的"生活世界"，是同被近代科学家们以数学和物理等自然科学方式所理性化了的"科学世界"相对立的概念。

第二种理解，就是指由人的具体的日常生活实践所形成的每个人的具体的、特殊的（不同于别人的）生活环境和生活圈子。这个世界总是同人的实际的生活目标紧密联系在一起。生活世界是有边界的，从某种意义上而言，决定生活世界边界的，正是人的生活目标。生活目标总是同一定的职业联系在一起，不同人的实际、具体的职业，在决定人的兴趣和爱好等的同时，也决定了人的生活的现实性和可能性。人与人职业的不同，决定了其生活世界的相异。从这个角度，胡塞尔甚至说，人是"以其职业为世界"的，他把这种意义上的世界分别指称为"哲学家的世界""科学家的世界""工匠的世界"和"农民的世界"等。

第三种理解，就是指人对自己的生命活动所作的各种时空理解的总体性世界，也就是指以各种分类法和划分原则所形成的生活世界的概念的总和。"科学世界"

也好,"农民的世界"也罢,无论是哪一种生活世界,都只是这个总体世界从不同的角度显现出来的一个局部而已。

片段之四:"生活世界"的成因。

众所周知,胡塞尔之所以竭力倡导"生活世界",乃是因为近代自然科学对我们所处的生活世界进行了抽象化,其结果便是生活世界那种原初的丰富性和本真性被刻意掩盖和遮蔽,人作为生活世界主体的意义也同时被忽略和遗忘,从而引发了欧洲文化、人类精神的一系列危机。

胡塞尔并不否认自然科学本身十分有效,但他还是认为,自然科学充其量只不过是我们"给身处其中的世界量体剪裁的一件理念的衣服"。自然科学最致命的问题在于,它"从几何的观点和从感性可见的和可数学化的东西的观点出发考虑世界的时候,抽象掉了作为过着人的生活的人的主体,抽象掉了一切精神的东西,一切在人的实践中(事)物所附有的文化特征。这种抽象的结果是事物成为纯粹的物体,这些物体被当作具体的实在的对象,它们的总体被认为就是世界"。

这个世界也就是胡塞尔笔下的"科学世界"。胡塞尔认为,"科学世界"得以形成之前,他所极力倡导和回归的"生活世界"早已存在。显而易见,在胡塞尔对"生活世界"的思索中包含着对所谓现代科学精神的彻底批判。由此,胡塞尔在把握和考察"生活世界"这个问题的时候,总是更多地侧重于将科学世界置于生活世界相对的角度,这就决定了胡塞尔对生活世界的理解更偏向于上述三种理解中的第一种。

片段之五:"生活世界"的特征。

诚如中山大学现象学研究所教授、国际《胡塞尔研究》(*Husserl Studies*)杂志编委倪梁康先生所分析的那样,胡塞尔心目中的"生活世界",基本而言,是"我们个人或各个社会团体生活于其中的现实而又具体的环境",是"自然态度中的世界"。透析其中,可以发现它具有如下五种显著的特征:

"生活世界"是一个"非主题化"的世界。在胡塞尔看来,"生活世界总是一个预先被给予的世界,总是一个有效的世界,并且总是预先存在的有效世界,但这并不是由于某个意图,某个主题,或按照某个普遍的目的而有效"。也就是说,生活世界是毋庸置疑的、不言自明的,是一个"非主题化"的世界,或者说,生活世界是一个先于一切主题化世界（如科学世界）的世界。生活世界作为一个具体的人生活于其中的世界，作为一个尚未分化的世界，是一种人们并未意识到其存在的存在，就如同空气一样，人们无法离开它，但又不是时时都想着它。

"生活世界"是一个奠基性的世界。所谓奠基性，胡塞尔的言下之意便是，生活世界是人的生命存在的原初的主体世界，是先于概念、先于理论、先于科学的世界，是科学世界得以产生和发展的前提和基础，"任何科学都是从这一自然基地出发的，或不如说，都立足于这一基地"。在科学和哲学产生之前，生活世界已然存在；在科学和哲学产生之后，生活世界依然存在。生活世界本身并不会因为科学和哲学的产生而发生改变，所改变的仅仅是一些对生活世界的描述方式而已，也就是说，原来的素朴的说话方式被一种科学和哲学的说话方式所取代了。胡塞尔认为："这个实际地直觉到的、被经验到和可以被经验到的世界（我们的整个实践生活是在这个世界中发生的）在它自己的本质结构和在它自己的具体的因果样式方面总是依然如故，不管我们进行技术化或不进行技术化。"

"生活世界"对于"科学世界"而言，具有优先的第一性的地位，是"科学世界"的那个被遗忘了的意义基础。生活世界总是预设着科学世界，"客观真实的"世界即科学世界都以生活世界的存在为前提，是生活世界的派生物或从出结构，是一个不可直观的逻辑世界。生活世界的经验比科学世界的经验更加优先，科学世界产生出来的经验的意义和价值的直接实现必须回溯到生活世界并通过生活世界中经验的效应来衡量与判定，以便获得可理解性和有效性。

"生活世界"是一个主观、相对的世界。"生活世界"就是指由人的具体的日常生活实践所形成的每个人的具体的、特殊的（不同于别人的）生活环境和生活圈子。生活世界作为"前科学的""前概念的"和"前理论的"的一种堪称"原始"的周围世界，是"我们之中与我们的历史生活之中的一种精神结构"。首先是每一个人所体验到的原发性的意义世界，事物的意义只有在这个人相对的视域才有效，只有对他或她而言才是真实的。生活世界随个体主观视域的运动而发生变化，这个世界总是同人的实际的生活目标联系在一起。人的生活目标规定着这个世界的边界。这也意味着：每个人的生活世界是各不相同的，"我们当中的每一个人都有他的生活世界"，个体自我是生活世界得以呈现的视角，"我们永远只有从我们自己的境域出发来认识这个普遍境域"。"这个世界仅从我们的'特殊世界'的角度向我们开放"。进而,生活世界的真理是在不断的生成变化中为具体的人而存在的真理。

"生活世界"是一个直观的世界。"生活世界"是一个直观地被经验之物构成的世界,它是日常的、伸手可及的、非抽象的世界,是唯一实在的、通过知觉实际地被给予的、被经验到并能够被经验到的世界。诚如胡塞尔所言,生活世界是"直观的",是一个"直接地出现在我们面前"的日常的、可感的现实世界。

"生活世界"是一个主体间性的世界。也就是说,尽管每个人都有其各自的生活世界,但并不能由此认为生活世界是只为某个人所独有的世界,相反,生活世界是人们共同拥有的世界,是充满了他人主动性行为的世界。用胡塞尔自己的话说,"我所经验到的世界……只是……一个交互主体性的世界","在我们对世界的知觉之流中,我们并不是孤立的。相反,在这种知觉之流中,我们同时拥有了与他人的关联。……在共同生活中,每一个人都有可能参与到他人的生活中。因此,一般说来,世界不仅是为个别化的人而存在着的,而且是为人类共同体而存在着"。①

叙述完这样一个由多个"镜头"组成的有关"生活世界"探究的故事,特别是重新回念了"镜头6"——"探索的结果"以后,紧接着就有了据此作一点补充、作一个强调、谈一些感受的欲望。

首先,想要补充的一点是,胡塞尔"返回生活世界"的思想,绝非一天功力所致。

记得那是在2007年初夏,我在上海因出版商聚集而驰名的绍兴路上的一家书店淘得了一本《现象学的方法》,埃德蒙德·胡塞尔著,克劳斯·黑尔德(Klaus Held,德国现象学学会主席)编,倪梁康译。根据编者和译者的介绍,胡塞尔在大学里先后学习过物理学、天文学、数学,因为总想追究所涉学科、所学知识的原始根基,故从专攻天文学转向了数学,又从数学转向了逻辑学、心理学,最后又走进了哲学的殿堂。他一生著作等身,主要著作有《算术哲学》(1891)、《逻辑研究》(二卷,1900—1901)、《纯粹现象学和现象学哲学的观念(第一卷)》(1913)以及

---

① 应方淦. 基于生活世界视角的成人学习研究[D]. 上海:华东师范大学博士学位论文,2011:14,25~29. (此处转述中出现的引文,可见原文中标示的出处)

《欧洲科学的危机和先验现象学》（1936）等。而览遍《现象学的方法》一书，足见胡塞尔在"自然的认识和经验的认识""本质直观与个体直观""本质直观与本质变更""本质认知与事实认识""事实科学与本质科学""本质判断与本质普遍有效判断""意识与纯粹意识""自然与自然观念""意向活动与意向对象""观念对象的明见性与个体对象的明见性""总体化和形式化""普遍性与必然性""属和种""区域和范畴""科学世界与生活世界"等一大堆命题中勤奋了一辈子、思索了一辈子。可以深切感受到胡塞尔为了探究"现象的逻格斯"，为了"澄清并维护所有现象的固有本质和固有权利"，[①] 是在本身具有深厚物理、天文、数学功底的基础上，通过大量的逻辑学、心理学、哲学及其相关命题研究，并且将哲学触角直接捅入人类世界面临的"科学危机""文化危机"乃至"精神危机"，而最终希望所谓的"现象思考"与"现象探索"活动都不要忘了为我们提供原始动力、奠定最早基础的那个实在而深刻、真实而生动，让每一个躯体时刻都在那里存在着、体验着的"生活世界"！

其次，想要强调的一点是，胡塞尔没有否定"科学世界"的价值，但给了我们一种醍醐灌顶般的警示，并指出了"生活世界"与"科学世界"之间的根本区别。

胡塞尔在其思想论述中，没有"否认自然科学本身十分有效"，这一点是首先需要得到充分肯定的，因为，从影响意义上来说，谁也无法漠视科学力量给我们生活着的这个世界所带来的巨大改变。但是，他又处处提醒人类本身：自然科学最负面、最致命的问题就是，它往往改变了我们看待世界、考虑世界的根本视角［极度夸张的"（自然）科学意识""（自然）科学教育"，不正在甚至已经改变了我们中间很多人对教育本质、教育本原的基本理解？］，以致"抽象掉了作为过着人的生活的人的主体，抽象掉了一切精神的东西，一切在人的实践中（事）物所附有的文化特征"？换言之，它往往淹没了"生活世界"的原初性、遮盖了"生活世界"的本真性、蚕食了"生活世界"的丰富性，甚至给整个人类世界带来了文化的危机、精神的危机。

随之，在胡塞尔眼里，"生活世界"与"科学世界"之间便形成了它们的分野："生活世界"对比"科学世界"而言，具有优先性的地位、第一性的地位；"科学世

[①] 埃德蒙德·胡塞尔. 现象学的方法 [M]. 克劳斯·黑尔德, 编. 倪梁康, 译. 上海：上海译文出版社, 2005：致中国读者.

界"以"生活世界"的存在为前提，是"生活世界"存在的衍生；"生活世界"是使"科学世界"产生意义的基石，或使之形成价值的基础；由"生活世界"而来的经验，一定比由"科学世界"而来的经验更加优先；"科学世界"经验的意义和价值，必须回溯到"生活世界"才能真正实现；"科学世界"经验的意义和价值，还需"生活世界"经验后的效应来衡量。

最后，想要谈的感受，一是关于"生活世界"的释义，二是关于"生活世界"的特征。

如前所述，在胡塞尔的笔墨之间，"生活世界"有三个层面的释义：第一，是指我们每个人能够感觉到、能够经验到的，且每天存在于、生活于其中的那个真实而平凡的世界；第二，是指我们在日复一日、实实在在的生活实践所形成的，事关一个人不同于另一个人的，具体而特定的世界；第三，是指人们基于自身生命活动，针对各种生活时空所观察、所理解、所认识到的一个全部而完整的世界。

作为"真实而平凡的世界"，是一种主要基于"实在"视角的判断结果，它全然不像"科学世界"，有那么多被"自然科学方式"所理性化、概念化了的东西；作为"具体而特定的世界"，是一种主要基于"个体"视角的分析结果，也就是说，它会因为不同的人，尤其是不同职业的人抱有不同的生活目标，而使这个"生活世界"变成一个个特定的"生活圈子"，或形成一道道特定的"生活边界"，即所谓的"哲学家的世界"或"科学家的世界""工人的世界"或"农民的世界"等；作为"全部而完整的世界"，则又是一种主要基于"总体"视角的认知结果，其根本特征就是，它是采用不同分类方法或分类原则，对生活世界赋予各种各样概念的总和。

"真实而平凡的世界"是具有第一性的地位的，换言之，没有这个"真实而平凡的世界"，也就不会有让我们每一个人能够立足于其中的真切土壤，乃至立命于其中的真实空间，并由之演化成一个个属于不同个体的不同的"生活圈子"或"生活边界"，进而，也许正是主要因为这一个个"具体而特定的世界"（在此，兴许还可以说，尤其是"科学世界""科学家世界"）的存在，从而使人类的生活世界，一方面会得以不同的类别区分，形成纷繁的概念，一方面又必定要去由此构成（或者说要去由此发现与认知）一个"全部而完整的世界"。

同样由上可见，胡塞尔显然偏爱"生活世界"的第一种诠释，并让我们分享到了他有关"生活世界"一系列带有根本性特征的勾勒：生活世界是一个预存且有效的世界，是一个原初而奠基的世界，是一个主观且相对的世界、是一个直观而非抽象的世界，是一个主体与主体间性的世界。

"预存且有效的世界"告诉我们，它早在所谓的科学认知之前就存在，早在赋予它诸多的主题符号之前就存在，而且，除了这样一种先在性以外，它还从一开始，并且将永远以其自己的方式运行、演化、发生作用、释放意义。此等情形，就像克劳斯·黑尔德在介绍胡塞尔思想时所说的那样："这个世界具有终极的有效性。"①问题在于，也许因为它太平凡、太平常，以至于令我们生于斯、长于斯的人类，沉浸到了一种太熟悉、太习以为常的状态，甚至已经觉得它平淡无奇或不足为奇了。这种情形，就像人类对于空气一样，虽然我们时时不能省却它、离开它，但永远做不到时时想着它、念着它。

"原初而奠基的世界"告诉我们，"生活世界"，对于人的生命而言，具有原发性和原初性，对于"科学世界"而言，具有前提性和基础性。换言之，"生活世界"，是人类的天赋疆域，是科学的自然基地。它有自己的本质结构与表现方式，有自己的逻辑脉络与因果关系，而且，它既开天辟地，早早地生成于科学、哲学之前，又依然故我，久久地延绵于科学、哲学之后。还必须注意到的是，经由科学世界经验而来的意义和价值（抑或目标与理想），必须回溯到生活世界才能得以真正的体现（或实现），而其意义和价值（抑或目标与理想）的效果，又必须接受生活世界的检验方可获得真正判断。

"主观且相对的世界"告诉我们，"生活世界"既"前科学"或"前哲学"、"前概念"或"前理论"地存在着、运化着，又让我们每一个体以不同的日常生活实践和主观视域而经验、体验着，乃至理解、认知着，其最终的情形，正像人们常说的"一人一世界"。也许正因为这样，才有了"生活世界的真理是在不断的生成变化中为具体的人而存在的真理"。

"直观而非抽象的世界"告诉我们，"生活世界"是日常的、平凡的，是直接的、直观的，是举目可见、垂手可及的。总而言之，它是一个通过我们的感觉、知

---

① 埃德蒙德·胡塞尔. 现象学的方法［M］. 克劳斯·黑尔德, 编. 倪梁康, 译. 上海：上海译文出版社, 2005：26.

觉，能够真真切切感受到、实实在在经验到的世界。

"主体与主体间性的世界"提醒我们，虽然每一个体都会因自己的生活目标、职业目标以及自我主动性行为而形成特定的"生活圈子""生活边界"，但这绝非等于"生活世界"即是某一个体所独有、所独享的世界，相反，它是一个必须与他人主动性行为发生交叉的世界，是一个主体与主体之间相互影响、相互作用的世界。总之，世界既为充满独立意义的人类个体而存在，也为充满交互意义的人类整体而存在。

诚然，我基于成人及其教育与学习视角，对"生活"或"生活世界"的初始理解，是零散的，是缺乏"集结感""整合感"的，即便时至今日，也不敢妄称其已然周详、全然周密了。此外，相比胡塞尔的"生活世界"阐释，可以认为，我对"生活"或"生活世界"的理解，一直以来是直接的、具象的、朴素的，或者说是颇有形而下之倾向的。对之，有三种想法：第一，如果确实将"生活""生活世界"作为源点，并希冀实现对它的"回归"，那么，它必定会成为成人教育科学一个永恒的命题，并期待它能够出现更多层面、更广范畴的研究；第二，基于成人教育及其科学研究视角，那些直接的、具象的、朴素的，更显形而下之倾向的理解，也许更能与之实现交叉，更能体现实践意义和运用意义；第三，直接的、具象的、朴素的，更显形而下之倾向的理解，并不意味着与胡塞尔有形而上之势的诠释存在鸿沟，相反，两者之间尽可毫无障碍地发生连接与互动。

那么，接下来，就来说一说自己对于"生活"或"生活世界"，那些所谓直接的、具象的、朴素的，有些形而下倾向的理解。

最早在我的思维田野、认知田园里呈现出来的一种理解便是：所谓生活，即指对人类每一个体而言，在其生存过程中，为了维持生命的存在，为了实现生命的繁衍，他或她所必须要从事的，且须臾不可缺失的各种生计活动，而最为基本的内容，无非就是四个字——衣、食、住、行。

随后又在我的思维田野、认知田园里逐渐扩展开来的一种理解是：所谓生活，即指人在其生存过程中，为了体现作为人类存在的全部、为了彰显人类存在的特性，他或她所必然要从事，且同样须臾不可离失的各种生命活动。这些活动，主要可以包括日常生活、职业生活、家庭生活、邻里生活、社区生活、社会生活、休闲生活、健身生活、社交生活等。

前者，也许可以被认为是一种比较狭义的"生活"概念理解；后者，或许可以被认为是一种比较广义的"生活"概念理解。

两种理解经常会在我脑子里边反复腾跃。虽然每个人每一天都过着他或她的"日子"，过着他或她的"生活"，但真要将其一丝不苟、面面俱到地描画出来，还真非易事。我常常闭上眼睛，过电影般地回想、梳理自己的生命过程以及生活样态的各个侧面，同时作扫描般地体察、考量周围那些相识或不相识的人们的生命轨迹以及各种各样不同的生活情景。时间久了，一个有关成人生活世界的版图，又被自己描绘成了如下状况：

——从人的生命旅程向度出发，有：青年生活、成年生活、老年生活。

——从一般理解意义上的日常生活向度出发，有：衣、食、住、行生活，在饮食生活中，作为国人，还更会常常津津乐道于柴、米、油、盐、酱、醋、茶这样一类事关民生细节的命题。

——从大有生活基轴意义与基本社会角色扮演意义的职业生活向度出发，有：雇员生活、雇主生活、农民生活、军人生活、商人生活、教师生活、科研人员生活、医务人员生活、法律人员生活、管理人员生活等。

——从主要的生活空间向度出发，有：家庭生活、职场生活、商场生活、军旅生活、乡村生活、城市生活、邻里生活、社区生活、社会生活等。

——从尤能体现个人和家庭生活状况向度出发，有：独身生活、恋爱生活、婚姻生活、夫妻生活、亲子生活、离异生活、同居生活、单亲生活、消费生活、休闲生活、旅行生活、退休生活、性生活等。

——从涉及社会生活内容向度出发，有：政治生活、经济生活、文化生活、艺术生活、宗教生活、民俗生活、人际交往生活等。

——从涉及特定生活状态向度出发，有：残障生活、失业生活、流动生活、贫民生活、难民生活、监狱生活等。

对于以上这样一个成人生活世界版图，首先需要说明两点：第一，如此电影般的回想与梳理一定还未能尽显成人生活、成人生活世界的所有侧面；如此扫描般的体察与考量也一定未能尽展成人生活、成人生活世界的全部情景。第二，在以上解析与描画中，纵向还或许有上下位概念之间的交叠，横向也或许有左右边指称之间的交叉。其次需要申明两点：第一，尽管还有不够完全、完整的缺憾，抑或还有不够清楚、清晰的遗憾，但无论如何，心中由之感觉有一份让人很是喜悦的收获，那就是再一次让自己确认：成人生活、成人生活世界是多元的、是丰富的，而且，这样一种多元性是真有内涵的，这样一种丰富性是充满质感的。第二，眼下似乎完全可以暂且搁置以上提到的缺憾或遗憾，因为可以深信，成人生活、成人生活世界一旦真正在认识上和行动上被确定为成人教育科学及其体系构建的源点，那么它们就必将成为我们需要永恒关注的一个论域。

接下来，想做两件事情。

第一件事情，就是想将以上描绘的成人生活世界版图与胡塞尔的"生活世界"学说联系起来，并提出以下一些问题：

——这样一个版图是否可以让我们真切地感受到，它表征了成人生活世界的确是一个真实而平凡的世界？

——这样一个版图是否可以让我们真切地洞悉到，它折射了成人生活世界亦是一个具体而特定的世界？

——这样一个版图，是否可以让我们真切地体悟到，它反映了成人生活世界是一个全部而完整的世界？

——我们是否可以由此领会它是一个"预存且有效的世界"？

——我们是否可以因此认同它是一个"原初而奠基的世界"？

——我们是否可以据此发现它是一个"主观且相对的世界"？

——我们是否可以依此领悟它是一个"直观而非抽象的世界"？

——我们是否可以借此确定它是一个"充满主体间性的世界"？

对于这一系列问题，我们每一个人都可以根据自己的经验与理解去展开思考和判断。而且可以深信，经验与理解的差异一定会导致多种多样的答案，而不同思想的碰撞、不同观点的交锋，又必定会将我们引向问题的核心，并最终将我们引向一种对成人生活、成人生活世界更具深刻意义的思考和更具共识意义的认知。

第二件事情，就是想将以上描绘的成人生活世界版图与成人教育或成人学习行为联系起来，从确认其作为源起或作为源点的视角，尝试着就每一个向度中的每一个侧面与成人教育、成人学习行为可能存在的相关性，或可能导出的成人教育、成人学习行为，以设问为方法，以点到为止为原则，作如下表述：

青年生活——为进入成人世界，你做好准备了吗？为立足成人世界，你打好功底了吗？

成年生活——你能扮演多种社会角色吗？你学会履行、胜任多样化角色任务了吗？

老年生活——你能完成社会角色转换吗？你学会设计、安度一个金色的晚年了吗？

"衣"生活——你有良好的仪表仪态意识吗？你学会合理装点自己了吗？

"食"生活——你有良好的科学饮食意识吗？你学会安全健康饮食了吗？

"住"生活——你有良好的绿色居住意识吗？你学会寓区资源利用了吗？

"行"生活——你有良好的出行安全意识吗？你学会行万里路的本领了吗？

雇员生活——你有良好的职业素养、职业技能吗？你学会与上司、同事沟通了吗？

雇主生活——你有良好的创业素养、创业技能吗？你学会对公司、团队进行掌控了吗？

农民生活——你有良好的致富素养、致富技能吗？你学会先进的生产劳动方式了吗？

军人生活——你有良好的军事素养、作战技能吗？你学习成为军地两用人才了吗？

商人生活——你有良好的经营素养、经营技能吗？你有竞争感，并学会协作了吗？

教师生活——你有良好的教师素养、教学技能吗？你有使命感，并学会育人了吗？

科研人员生活——你有良好的科研素养、科研技能吗？你有伦理感并学会创造创新了吗？

医务人员生活——你有良好的医学素养、医学技能吗？你有人道感并学会救死扶伤了吗？

法律人员生活——你有良好的法律素养、法律技能吗？你有正义感并学会扬善惩恶了吗？

管理人员生活——你有良好的管理素养、管理技能吗？你有公仆的使命感并学会服务人民了吗？

家庭生活——你有良好的家庭认知、治家能力吗？你学会"上得厅堂、下得厨房"了吗？

职场生活——你有良好的职业认知、职业能力吗？你学会规划职业和生涯发展了吗？

商场生活——你有良好的商场认知、经商能力吗？你学会商场博弈、坚守诚信了吗？

军旅生活——你有良好的军队认知、军事能力吗？你学会适应部队生活、追求和平了吗？

乡村生活——你有良好的自然认知、生存能力吗？你学会热爱自然、保护生态了吗？

城市生活——你有良好的城市认知、生活能力吗？你学会面对压力、把握机会了吗？

邻里生活——你有良好的近邻认知、相处能力吗？你学会相互信任、互帮互助了吗？

社区生活——你有良好的社区认知、共处能力吗？你学会相互守望、文化共建了吗？

社会生活——你有良好的社会认知、共存能力吗？你学会和谐相处、共创文明了吗？

独身生活——你有良好的自我认知、独立能力吗？你学会自我承受、自我调整了吗？

恋爱生活——你有良好的爱情认知、恋爱能力吗？你学会选择恋人、与恋人相处了吗？

婚姻生活——你有良好的婚姻认知、婚姻经营能力吗？你学会过日子、经营婚姻生活了吗？

夫妻生活——你有良好的夫妻认知、角色承担能力吗？你学会阅读配偶、包容配偶了吗？

亲子生活——你有良好的亲子认知、抚育能力吗？你学会了解子女、沟通晚辈了吗？

离异生活——你有必要的离异认知、独处能力吗？你学会排除孤寂、独自生活了吗？

同居生活——你有必要的同居认知、相处能力吗？你学会处理关系、生活应变了吗？

单亲生活——你有必要的单亲认知、接受能力吗？你学会适应亲情变化、生活巨变了吗？

消费生活——你有良好的消费认知、消费技能吗？你学会合理消费、科学消费了吗？

休闲生活——你有良好的闲暇认知、休闲技能吗？你学会健康休闲、科学休闲了吗？

旅行生活——你有良好的旅行认知、度假技能吗？你学会欣赏人文景观、融入自然了吗？

退休生活——你有良好的退休认知、离职技能吗？你学会转变角色、憧憬晚年了吗？

性生活——你有良好的性生活理解和认知吗？你学习性伦理、性道德、性科学了吗？

政治生活——你有良好的政治态度、政治能力吗？你学会民主决策、民主参与了吗？

经济生活——你有良好的经济认知、经济头脑吗？你学会爱财有道、理财有方了吗？

文化生活——你有良好的文化涵养、文化积淀吗？你学会修心养性、自我成长了吗？

艺术生活——你有良好的美学修养、艺术品位吗？你学习美学知识、艺术鉴赏了吗？

宗教生活——你有良好的宗教信仰、宗教知识吗？你学会感悟人生、把握生命了吗？

民俗生活——你有良好的民俗意识、民俗习惯吗？你学会民俗继承、民俗优化了吗？

社交生活——你有良好的社交意识、社交能力吗？你学会关爱社会、友爱他人了吗？

残障生活——你有良好的生活态度、生存能力吗？你学会克服障碍、自强不息了吗？

失业生活——你有必要的心理素养、耐挫能力吗？你学会跨越困境、重整河山了吗？

流动生活——你有必要的心理品格、意志能力吗？你学会寄托心灵、适应变化了吗？

贫民生活——你有必要的人格品性、坚韧能力吗？你学会打起精神、脱贫致富了吗？

难民生活——你有必要的心理准备、抗争能力吗？你学会发现机遇、利用机遇了吗？

监狱生活——你有必要的自我归正、救赎能力吗？你学会改变自我、重塑自我了吗？

……

既然是"点到为止"，那就很难将各个生活侧面与成人教育、成人学习的相关表现得淋漓尽致。此外，因为各个生活分类、生活侧面上下间会有交叠，左右间又会有交叉，故而所点到的有关它们与成人教育、成人学习的相关，或许也有不少交汇、重合的地方，甚至还不一定完全恰切。但是，这一切于此都显得不太要紧，最要紧的是，无论如何，我们可以由之再一次确认：

——成人教育及其需求因生活而诱发，换言之，成人教育及其需求源于生活；

——成人学习及其需求因生活而引发，换言之，成人学习及其需求源自生活。

——既然成人教育如此源于生活、成人学习如此源自生活，那么，作为专门对之进行理论探究与实践探索的一门学问、一门学科——成人教育科学，还有什么理由可以不将生活抑或成人生活、成人生活世界认定为其最初的起点或源点呢？

至此，又发现自己还可以回过头来再作以下表达：既然成人生活、成人生活世界是成人教育科学的起点，那么，"回归丰富的成人生活世界，走进缤纷的成人精神家园"也就必然成了其纲领选择。这样一种纲领选择，又正是为了"能够义无反顾地'回到事物的本身'，即'回到事物发生的本源'，'回到事物存在的本体'，'回到事物演进的本位'"。①

接下来，必须再来说一说关于"精神家园"的问题。

回想当年，说完"回归丰富的成人生活世界"，旋即又续了"走进缤纷的成人精神家园"，原因其实很简单：一是在本土竭力倡导两个文明建设的时代背景下，成人教育及其科学研究必定要同样关注物质文明与精神文明的携手共进；二是广义的成人生活世界必定包含精神范畴的东西；三是对"精神家园"的强调，必定会有助于实践中避免过于重视一般生活世界，轻视精神生活世界。

许多年过去之后，对于缘何突出强调"精神家园"，似乎认识得更加坚定，体会得更加深刻了。

如若从更宽的视角来看，完全可以认定以下两个事实，其一，在一个大概念的生活世界版图里，本来就明显包含着全部或部分属于精神范畴的侧面，比如政治生活、文化生活、艺术生活、宗教生活、情感生活、闲暇生活、社交生活等；其二，即便是看起来很是事关日常生活的那些侧面，比如家庭生活、职场生活、社区生活等，或很是事关现实生计的那些侧面，比如职工生活、农民生活、军人生活、商人生活等，稍予深究便能发现，或在其另一端，伫立着一个叫作"精神"的精灵；或在其下一层，蕴含着一种叫作"精神"的神灵。说到底，在一个大概念的生活世界版图里，就其整体而言，赫然有着直指精神的生活侧面，而就其他各个侧面而言，又都俨然有着其属于精神的那一端或那一面。

若再从分类研究的视角来看，也许正是基于以上情形，故而长久以来，无论是在学术研究中，还是在平日生活中，常常可以看到或听到人类生活有物质生活与精神生活，或物质世界与精神世界这样一说。于此，出现在学者国风《精神的家

---

① 高志敏. 成人教育研究的反思与前瞻［J］. 教育研究，2006（9）：61.

园——中国人的思想世界》之"自序"中的那段话语,似乎又径直回旋在耳畔。他说:"对作为万物之灵的人类来说,我们其实生活在两个世界里,一个是外部的物质世界,一个是内部的精神世界,就每一个人来讲,我们也拥有两个家园,一个是物质的家园,一个是精神的家园。这两个家园是不可或缺的,失去物质的家园,我们就失去了生存的客观基础,我们就成了一个漂泊的旅人,浪迹天涯,成为一个乞者;同样,失去了精神的家园,我们就会失去精神的支柱,成为失去热情、无所追求,迷茫而又彷徨的行尸走肉,感到人生有如沙漠。"①

也许,在现实生活的许多情况下,物质生活与精神生活,或物质世界与精神世界,会紧紧地交融、交织在一起,形影不离,以致难以找到其明确的分水岭,但是,确实又有无数的事实可以让我们深切地体悟到,人类生活着实具有"双面"的特性,即既有物质的一面,又有精神的一面。

最后,若从一种更具高度的视角来看,兴许正是因为"精神"的支柱意义,所以,心里逐渐积淀起对"精神"的敬畏感,并且在自己的心中渐渐形成了对于"精神"价值的如下认同:"精神"赋予人类以本质、以思想、以智慧;赋予人类以追求、以意志、以毅力;赋予人类以爱心、以活力、以风采。也就是说,一方面,人类作为动物,总要关注现实的生存与生计,总要满足个人的需求与利益,说得再直白一些,总要考虑衣食住行,总要考虑吃喝玩乐;另一方面,人类又绝对不会仅仅就此满足,相反,他还要思想、智慧、理想、憧憬、坚强、力量、关爱,等等。总之,他还要仰望遥远的星空世界,还要开放自己的心灵世界,还要体现不断超越自我的内在本质,而所有这一切,又无不是为了促使人类生活能够实现从物质层面向精神层面的不断开拓,为了引领人类生活走向更加缤纷、更加绚丽、更加人道、更加和谐的境界。

概言之,精神生活是可以被卷裹在生活世界这个大概念之中的,而生活世界的各个侧面又总是既含有日常生活、现实生计一面,又含有心灵生活、精神生活一面。缘此,便常常有了物质生活与精神生活,或物质世界与精神世界之分,前者的"基础意义""条件意义"固然不容忽略,但后者的"支柱意义""引领意义"同样

---

① 国风. 精神的家园——中国人的思想世界 [M]. 北京:东方出版社,2006:自序.

甚至更加不容小觑。

以上这些思考和认知，一方面成了在"回归丰富的成人生活世界"之后旋即续上"走进缤纷的成人精神家园"的主要缘由，另一方面，也成了在确定成人生活、成人生活世界作为成人教育科学及其体系构建之源点之后，又将其中的"精神家园"剥离出来予以专门强调的重要理由。

为了进一步弄清楚"精神家园"的本来，同时，也为了点击出将其作为源点之重要内涵组成部分的具体依据，我还想尝试进行如下几个方面的陈述。

提及"精神"，许多人就会马上将之与哲学及其诠释联系起来。在一些人看来，"精神"是个哲学名词，意指人的意识、思维活动以及一般的心理状态；在另一些人看来，"精神"属于哲学范畴，它一指人脑对于客观物质世界的反映，二指人能表现出来的活力，三指事物的内容实质或内在本质。当然，还有许多人会郑重其事地强调：精神是物质运动的最高产物。

本来，紧接着想要说一说的是关于精神的元素与结构问题，但又禁不住想插说一件很有意思的"学术事件"。

在我指导的研究生中，有一位名叫贾凡的学生。他于2004年起开始攻读硕士学位，2007年硕士毕业，随即又考上了博士研究生。从硕士入门的时间上看，他是应方淦的师兄，但从开始攻读博士学位的时间算，他又该称应方淦为师兄。应方淦的博士论文选题定于2006年，因为在职学习，有"工学矛盾"，故一直到2011年5月才完成论文，通过答辩；贾凡的博士论文选题则定于2008年，晚了两年，但因为是全日制学生，没有"工学矛盾"，故反而早于应方淦一年，即在2010年5月就完成论文并通过答辩。最让我难忘的是，师生之间琢磨很久之后，贾凡表示，既然应师兄在导师指导下要做一个"基于生活世界视角的成人学习研究"（他的"生活世界"也许会偏重一般的生活世界的理解），那我为何不在导师指导下做一个"基于精神世界视角的成人学习研究"呢？几经切磋，终将题目定为《成人精神世界中的转化学习研究——基于生活故事的个案解读》。

正是这样一份研究，不仅使我当时围绕成人教育科学研究纲领提出的新思考、新理念马上在我的博士研究生中有了一种明确横跨两端的运用性探索，既有了侧重一般生活视角的成人学习探索，又有了侧重精神生活视角的成人学习探索。同样，它也给我们带来了许多关于"精神世界"研究的有价值的信息,特别是在其"绪论"一章中,有一段事关"精神世界要素分解和结构划分"的描述,就直接关联到了现下想要叙述的有关精神的元素与结构问题。我想,在这里,完全可以将这段描述拿出来和大家一起分享:

我(贾凡)曾有幸拜读中共中央党校张健博士撰写的博士学位论文:《社会主义市场经济背景下人的精神世界研究》。其中,张健博士对精神世界进行了较为全面的要素分解和结构划分,在他看来,人的精神世界总共涉及四个层面,九个领域。

四个层面是:

第一,心理层面;

第二,认识层面;

第三,伦理层面;

第四,精神层面。

九个领域是:

心理层面——具体可分为认知、情感、意志三个领域;

认识层面——具体表现为思维的领域;

伦理层面——具体表现为道德的领域;

精神层面——具体可分为审美、信念、信仰、理想四个领域。[1]

说实话,这条信息并不长,我却为读到它而兴奋了好多天。理由就是在我的思维田野、认知田园里,曾经出现过许多属于张健博士"领域"范畴的,有关精神或精神世界的元素性概念,但这些元素就像一伙下了课,嬉戏在田园里的"淘气鬼",它们精力充沛,上蹿下跳,哪能那么容易让你一下子分辨出它们的"黑白胖瘦"来?或者,完全就像一群放了学,撒欢在田野间的"淘气包",它们活力四射,东奔西窜,又哪能那么轻易让你一下子分辨出它们的"高矮俊丑"来?然而,通过贾凡的工作,终于让人知道了张健博士已经完成了一次对精神世界的"四层面九领域"的元素分解与结构划分。也许,这项研究成果背后还留有巨大空间,可供研究

---

[1] 贾凡. 成人精神世界中的转化学习研究——基于生活故事的个案解读[D]. 上海:华东师范大学博士学位论文,2010:25.

者们去做更多更深的探索，但至少对我自己来说，它终究为后续的相关思考和研究打开了一扇窗，敞开了一扇门。所以，感谢贾凡博士，更感谢张健博士！

对于出现在自己的思维田野、认知田园里的那些事关精神、精神家园的元素，虽然迄今为止我还没有来得及对之或分层或归类，或者说，它们至少在我这里还尽是一些直观、具体、朴素的元素感知，但我还是愿意，其实也应当将其逐一亮将出来，一则以明确到底有多少元素经常造访自己的思维与认知，另则以发现它们与成人教育、成人学习之间的相关，当然，最终还是为了能够由此窥见将其作为源点之重要组成部分的深层缘由。

下面就首先来说一说我心目中的那个精神家园到底包含着哪些主要"成员"，或者说，到底活跃着哪些主要元素。另外，它们的内涵何是？它们的作用何在？当然，这些罗列，也许还远非精神、精神家园构成的全部，至于相关说明，显然又将是点到为止。

信仰——生命的"图腾"。它既是生命的尊奉，又是生命的指针；既是人心中的标杆，又是人心中的敬畏；既是人的心灵产物，又是人的心灵寄托；既是人的意识行为，又是人的意识尺度。它浸润在证明生命的人生观之中，渗透在展现生命的价值观之中，贯穿在张扬生命的世界观之中。

信念——生命的"磐石"。它既是人心中的信赖，又是人心中的信心；既坚定地构成人意志行为的基础，又慷慨地奉献人意志行为的能量。信念，是灵魂不倒的脊梁，是人生大厦的支柱。它照亮人类的心灵，辉煌人生的殿堂。信念使生命坚定坚强，自勉自信；使生命坚贞坚韧，自励自强。信念让人启程，让人展翅，让人拥抱春天的温暖！

理想——生命的"彩虹"。它是合乎理路的想象，是合乎理路的希望。理想是寻觅人生目标的思考，是映射美丽心灵的眼神。理想是指路的明灯、前进的路线，是所向披靡的战旗、披荆斩棘的利剑。理想似源泉，让人力量倍增；理想如摇篮，让人智慧倍添。理想是生命连接今天和明天的桥梁，理想是生命贯通现在和未来的彩虹。

思想——生命的"导航"。"思"，上为田，下为心，成"心之田"；"想"，上为相，下为心，如"心之相"。人在"心之田"，需要思想引路，人生"心之相"，需要思想引导。思想给人以尊严、予人以价值。思想孕育智慧、缔结力量。思想让人认知世界、让人创造世界。思想决定人的特性、规约人的行为。思想是生命的灯塔，是生命的导航。

思维——生命的"翅膀"。思维是人脑对客观现实的反映，是人脑对事物本质的意识。它让我们辨识信息的纵横、辨别的事物的经纬。凭借理性，它让思索插上翅膀，永远飞翔在动作与形象、具象与抽象、辐合与发散的苍穹之间；凭借理性，它让思索展开双翼，永远翱翔在常规与创造、直觉与分析、经验与理论的天际之间。

道德——生命的"尊严"。它是人类群体生活的准则、人类共同生活的规范。它让我们有正确的思想判断，让我们有正确的行为选择。它呼唤每一个人道顺良格，德从真理。它要求我们守礼仪、知廉耻、弘仁义、彰智信、守忠孝、谋和谐。它让我们识自己、律自己、明是非、辨善恶、扬正义、驱邪污。它让我们爱他人、爱家庭、爱社会、爱国家、爱自然。道德，是生命的庄严；道德，是生命的尊严！

诚信——生命的"承诺"。"诚"，诚实、诚笃也；"信"，信誉、信用也。孟子说：诚者，天之道也；思诚者，人之道也！诚信，是道德标准；诚信，是伦理规范。诚实无欺、信守诺言，是美德，是做人的基本准则；言行一致，表里如一，是美誉，是做人基本要求。诚信，使我们有了交友之基、齐家之道；使我们有了经商之魂、为政之法。诚信，说到底，是一种对生命的承诺！

认知——生命的"表征"。它是人生命存在的表征，它是人生命运动的方式。诚然，每个人都有其不同的认知态度、认知动力、认知风格、认知策略、认知方式、认知能力、认知过程、认知结果。它使我们了解、认识自我和世界，它教我们改造、发展自我和世界。它给我们带来德的美、智的美、情的美、身体的美、灵魂的美。它让生命凸显价值，让生命彰显意义。

情感——生命的"体验"。它是人对客观现实的态度体验。其中，既包含属于个体的需求、欲望是否得到满足的体验，又包含指向社会的需求、欲望是否得到满足的体验。情感，是适应生存的心理工具，是诱发心理活动的引擎，是触发个体行为的动力，是心理活动的组织者。同时，它又在人际交往、社会生活中扮演不可忽略的重要角色。适切的情感，有助于身心健康；成熟的情感，有助于自我约束；高尚的情感，有助于生命的社会价值体现。

意志——生命的"品质"。"意"，指心理活动的一种状态；"志"，对行为目的的坚信与坚持。它既包含一种用以承受感性刺激——"忍受皮肉之苦"的意志，又蕴涵一种用以承受理性刺激——"克服心理磨难"的意志。它调节人的行为，坚定行为的方向；调适人的情绪，提升我们的修养。意志，带来气节与自强；意志，带来气度与刚强；意志，带来气势与坚强。

仁爱——生命的"底蕴"。"仁"，亲也；"爱"，喜也。仁者慈也，人也；爱者善也，人也。孟子教诲：无恻隐之心，非人也；无羞恶之心，非人也；无辞让之心，非人也；无是非之心，非人也。仁爱，人性的"底色"、人性的"底蕴"。仁爱，教我们谦恭、包容、公正、诚信、敏锐；仁爱，教我们智慧、勇敢、忠诚、宽恕、孝悌。爱人如己，是人性最美的张扬；爱人如己，是人类最高的理想。仁爱与劳动一起，开创人类社会；仁爱与劳动一起，创造人类幸福。

激情——生命的"活力"。它自有生理学、遗传学、热力学、生物化学上的专门诠释。但基于精神视角，它是生命存在的一种力，是生命运动的一种气。没有这份力，生命会颓废；没有这股气，生命会枯萎。它拒绝沉闷、沉寂、无动于衷；它杜绝冷漠、冷血、袖手旁观。它有魅力，让我们持续振奋、不断雀跃；它有神力，使我们充满热忱、充满憧憬；它有魔力，给我们带上温暖、捎来温情；它有法力，教我们去爆发，去赢得成就、创造辉煌。真正的激情是高尚的、雅致的，是慷慨的、利他的，是无私的、不求回报的。激情，让生命充满生机；激情，让生命溢满活力。

独立——生命的"风采"。"独立"相对"依赖"。独立山巅的松，临何等风浪，显何等风姿；独立寒秋的人，傲何等风霜，展何等风采。独立，意味着不依附外力，依靠自己的智慧和力量；独立，意味着不为外界束缚，依循自己的选择与判断。独立的人，有独立的思想与人格，他们超凡拔俗，尽显自立的风范；独立的人，有独立的见解与行动，他们与众不同，尽显自主的风采。

自信——生命的"风骨"。自信是对自我的积极评价，是对自我的积极态度。自信就是自己相信自己，就是坚信自己的智慧、深信自己的力量、确信自己的准备、相信自己的积累。自信不相信自卑，不相信志忑。自信不惧挫折，会带来成功；自信不畏艰难，会创造奇迹。自信让人变得有风骨，自信让人变得有脊梁！

责任——生命的"担当"。"责"，"职责""负责"也；"任"，"任务""担任"也。责任，既指生命中一切该做的事，亦指生命中一切不该做的事。责任，就是人活在世上必须承担的背负；责任，就是人活在世上必须承受的担当。责任，能让我们看到一个人人生观、价值观、世界观的取向；责任，能让我们看到一个人心智、情感、胸襟、抱负的品位；责任，能让我们看到一个人思想、态度、风格、品质的高低。

机敏——生命的"灵动"。"机"，"机警"也；"敏"，"敏捷""灵敏"也。机警，让人时刻保持警惕与警觉，一切防患于未然；灵敏，让人时刻准备应急与应变，一切尽在未雨绸缪之中。机敏喜欢洞悉、崇尚洞察，主张审时度势；机敏讨厌木讷、不屑木然，反对蹈常袭故。机敏是瞬间的灵光；机敏是瞬间的灵动。它可以让人创造机会，把握机遇；它可以让人躲避灾难，迎接成功。

审美——生命的"愉悦"。"美"，使人感觉愉悦的全部，"审"，即对事物美丑的甄别。审美，在理智与情感真切的统一上追求真理；审美，在主观与客观真实的统一上追求发展。审美，取悦情感，升华自己；审美，取悦心灵，完善自我。审美体验，让我们肯定人的价值、畅扬人的生命；审美体验，让我们充分认识世界，把握世界。审美带来的愉悦，不含物质功利，唯见精神意义；不屑个人功利，唯重社会意义；不图眼前利益，唯求深远意义。审美，必将使我们的心灵更美丽，使我们的世界更美好，使我们的生活更美满。

超越——生命的"光辉"。"超越"通常被抽象释义为：相关情境下，劣势转化为优势的临界状态；达到微妙平衡点，从量变到质变的衍化过程；内外部作用下，矛盾主客位置的互换过程。贴近人的生命，走近人的生活，超越，就是面对困难，绝不退缩畏惧；面对挫折，绝不灰心丧意；面对厄境，绝不自怨自艾；面对失败，绝不垂头丧气；面对挑战，绝不躲闪逃避；面对功名，绝不得意忘形；面对孤独，绝不放弃希冀；面对庸碌，绝不讳疾忌医；面对恶俗，绝不迁就姑息；面对苍凉；绝不自我窒息；面对悲壮，绝不丧失勇气；面对死亡，绝不一声叹息！超越，让我们屡仆屡起、前仆后继；超越，让我们战胜自己、实现自我。上天给我们生命，绝不会平白无故，超越中，生命喷射光芒，实现升华；上天给我们生命，绝不会无缘无故,超越中,生命迸射辉煌,迈向永恒!

以上,从"信仰"到"超越",共罗列并说明了"精神家园"中的十八个主要"成员",或者说十八项构成元素。对之,还想重申的是,其一,它们也许还远未被穷尽;其二,它们有的已经得到张健博士"精神世界"分析的关注,有的还不尽然;其三,它们有的属于主元素,有的属于次元素,另外,稍加推敲,还可发现其中大有你中有我、我中有你的情形存在。我想,这一切都必当留待在未来的研究中再作深入探究。而接下来,必须点明一下它们与成人教育、成人学习之间的关系,或者说是一种放在成人教育、成人学习背景下的思考:

关于信仰:你确实把信仰看成心灵寄托了吗?你确实把信仰看成生命指针了吗?你学会正确地选择信仰了吗?你学会坚定地拥有信仰了吗?如果信仰在个人身上遇到坎坷,出现松动,你学会坚守了吗?如果信仰在群体中间遇到风浪,出现裂缝甚至瞬间垮塌,你学会依然保持一份清醒,依然展现一份坚定,依然拥抱那柱图腾,咬定青山不放松了吗?

关于信念:你当真把信念看成灵魂不倒的脊梁了吗?你当真把信念看成人生大厦的支柱了吗?你学会将信念根植在心中了吗?你学会让信念长驻心中了吗?人生如曲,信念如调,你学会驾驭调了吗;人生如歌,信念如谱,你学会把握谱了吗?当信念遭遇诽谤,你学会挺身而出为它辩护了吗?当信念遭遇攻击,你学会义无反顾为它献身了吗?

关于理想:你认同理想是连接今天和明天的桥梁了吗?你认定它是贯通现在和未来的彩虹了吗?你学会确立自我的理想了吗?你学会树立社会理想了吗?你学会追求理想了吗?你学会为实现理想去努力了吗?当理想遭遇困境,你学会努力摆脱了吗?当理想遭遇挫折,你学会着力克服了吗?当崇高邂逅蔑视,你学会奋力回击了吗?当神圣遭受诋毁,你学会奋起反击了吗?

关于思想:你确信思想是生命的灯塔了吗?你深信它是生命的导航了吗?你学会思考生命了吗?你学会思索生活了吗?你学会用思想去指导人生轨迹了吗?你学会用思想去体现人生价值了吗?你学会用思想去孕育智慧、助益社会了吗?你学会用思想去缔结力量、造福人类了吗?

关于思维:你确信它是生命的翅膀了吗?你坚信它是生命的双翼了吗?你学会

让自己游弋在动作与形象、具象与抽象、辐合与发散思维之间了吗？你学会让自己徜徉在常规与创造、直觉与分析、经验与理论思维之间了吗？在义理分析匮竭、片面思考充斥的情境下，你学会并能够坚持逻辑思维、辩证思维了吗？在局部思考泛滥、刻板印象横行的日子里，你学会并能够坚持系统思维、科学思维了吗？

关于道德：你笃信道德是生命的庄严、生命的尊严了吗？你学会按照人类共同的生活准则做人了吗？你学会遵守人类共同的生活规范做事了吗？在正与邪、是与非、善与恶、灵与肉面前，你学会道顺良格了吗？在得与失、荣与耻、顺与逆、利人与利己面前，你学会德从真理了吗？当道德发生滑坡，你学会依然忠诚，做一名坚定的守望者了吗？当道德发生危机，你学会依然忠贞，做一名坚定的守护者了吗？

关于诚信：诚，天之道，你对此有过怀疑吗？思诚，人之道，你对此有过置疑吗？你学会用自己的生命去建立诚信的形象了吗？你学会用自己的生命去履行诚信的诺言了吗？你学会拒绝空话、套话了吗？你学会远离大话、假话了吗？在私欲膨胀的岁月，你是否还在努力学习"立身诚为本"，与人交往是否依然以诚心相待、以诚意相交？在利欲横流的年代，你是否还在努力学习"处世信为基"，与人交往是否依然以信用相待、以信誉相交？

关于认知：认知让生命凸显价值，对此你有过怀疑吗？它让生命彰显意义，对此你有过狐疑吗？你认同学习是一种人的存在与生活方式吗？你学会发现自己的认知需求与认知能力了吗？你学会设定自己的认知目标与认知方案了吗？你学会运用自己的认知方法了吗？你学会评价自己的认知效果了吗？你学会通过认知、学习让自己得到自由与充分、终身与全面发展了吗？总之，你学会求知了吗？你学会学习了吗？

关于情感：你感受到情感是一种生命体验吗？你感触到它一种是价值体现吗？你学会培植自己稳定而良好的情感了吗？你学会培养自己成熟而高尚的情感了吗？在愉快与痛苦、信任与怀疑、赞赏与嫉妒之间，你学会把握了吗？在勇敢与恐惧、希望与绝望、爱戴与仇视之间，你学会驾驭了吗？在确定与迷茫、坚定与彷徨、自卑与自信之间，你学会掌控了吗？在抱负与挫折、成就与失败、超越与沉沦之间，你学会处置了吗？你学会建立友善感、责任感、集体感、社会感了吗？当情感遭遇世俗藐视，你学会表现情感的炽热了吗？当情感遭遇世风冷漠，你学会张扬情感的力量了吗？

关于意志：你对意志带来气节与自强有期待吗？你对意志带来气度与刚强有期望吗？你对意志带来气势与坚强有期盼吗？为意志，你养成积极的人生观、价值观、世界观了吗？为意志，你养成独立性与果断性、坚定性与自制力了吗？为意志，你学会在生命征程中磨砺自己了吗？当意志懈怠，你学会使之重燃生机了吗？当意志脆弱，你学会使之峰回路转了吗？

关于仁爱：你读透爱的真相了吗？你思透爱的真实了吗？你悟透爱的真谛了吗？作为人性的底色，你学会尊重它了吗？作为人性的底蕴，你学会珍惜它了吗？仁爱，与人类理想相连，你学会付出它了吗？仁爱，与人类幸福相扣，你学会奉献它了吗？你学会爱他人、爱民族、爱人类、爱自然了吗？假设，你眼前是一片爱的沙漠，你学会让它重新生根、开花、结果了吗？假定，你面前是一片爱的荒原，你学会让它重新得到播种、耕耘、丰收了吗？

关于激情：谁都不愿意自己的生命枯萎，谁都不愿意自己的生命颓废。为此，你对人生追求铸一颗雄心了吗？你为社会进步献一份壮志了吗？你学会给同胞以深情了吗？你学会给朋友以热情了吗？你学会给弱者以真情了吗？你学会给人类事业以痴情了吗？你学会给人类向往以豪情了吗？当激情越来越久违的时候，你学会使之和我们重新变得亲近起来了吗？当激情越来越陌生的时候，你学会让我们对之重新变得熟悉起来了吗？

关于独立：你愿意让独立来凸显你生命的神韵吗？你愿意让独立来展现你生命的风采吗？如果你讨厌人云亦云，那么，你学会独具慧眼了吗？如果你厌烦拾人牙慧，那么，你学会独具匠心了吗？如果你不愿鹦鹉学舌，那么，你学会别出机杼了吗？如果你不屑步人后尘，那么，你学会独辟蹊径了吗？如果你憎恶仰人鼻息，那么，你学会自力更生了吗？如果你厌恶寄人篱下，那么，你学会独立自主了吗？如果你拒绝蹈常袭故，那么，你学会标新立异了吗？如果你痛恶萧规曹随，那么，你学会坚持创新了吗？在"拷贝不走样"横行的颓风里，你学会固守一份自我坚定了吗？在"拼富拼权贵"盛行的世风里，你学会坚守一份独立担当了吗？

关于自信：自信，彰显你生命的风骨，铸成你生命的脊梁。为此，你学会少一些自卑与徘徊了吗？你学会少一些自惭与彷徨了吗？你学会远离自轻自贱了吗？你学会远离妄自菲薄了吗？在"被动"现象泛滥的日子里，你学会相信自己的力量，并且能用自己的颜色去描绘生命了吗？在"被活"乱象猖獗的日子里，你学会依靠自己的智慧，并且能用自己的笔墨去书写人生了吗？

关于责任：责任，表征你生命的品格，彪炳你生命的品位。你学会面对人生必须承担的背负了吗？你学会面对人生必须承受的担当了吗？为让责任表现一份人性的本来，你看重生命态度的良好养成了吗？为让责任表示一份人性的本涵，你看重生命智慧的积极培养了吗？为让责任表明一份人性的本质，你看重生命能力的充分发展了吗？履行任务时，你学会角色担待了吗？遇到困难时，你学会担当责任了吗？危难发生时，你学会挺身而出了吗？错误发生时，你学会勇于承担了吗？

关于机敏：机敏，闪耀你生命的灵光，闪射你生命的灵动。你学会防患于未然了吗？你学会未雨绸缪了吗？你学会与木讷、木然保持距离了吗？你学会与机警、灵敏做朋友了吗？你能够注意训练自己的洞察力与敏感力吗？你能够注意提升自己的反应力与应变力吗？你学会由之把握机会了吗？你学会由之争取成功了吗？当别人出现无意识、无反应时，你学会发现问题、消除问题了吗？当集体出现无意识、无反应时，你学会揭示问题、解决问题了吗？

关于审美：审美，让你的情感享受滋润；审美，让你的心灵沐浴阳光。你学会用美的眼光，去体验生活之美了吗？你学会用美的眼神，去体验生命之美了吗？你学会用美的心灵，去体验人类世界之美了吗？你学会用美的心曲，去体验自然世界之美了吗？当美好遭遇践踏，你学会保护它了吗？当美好遭受蹂躏，你学会捍卫它了吗？

关于超越：超越，让生命得以升华；超越，让生命得以永恒。为此，在困难面前，你学会超越畏惧了吗？在困境面前，你学会超越畏缩了吗？在挫折面前，你学会超越气馁了吗？在失败面前，你学会超越自馁了吗？在挑战面前，你学会超越萎靡了吗？在风险面前，你学会超越颓丧了吗？另外，在功名面前，你学会超越躁动了吗？在利禄面前，你学会超越得失了吗？在庸碌面前，你学会超越迁就了吗？在恶俗面前，你学会超越姑息了吗？在孤独面前，你学会超越寂寞了吗？在苍凉面前，你学会超越寂寥了吗？在悲壮面前，你学会超越失望了吗？在死亡面前，你学会超越绝望了吗？在沾沾自喜、洋洋自得的时候，你学会表现超越的意识了吗？在踟蹰徘徊、逡巡不前的时候，你学会策动超越的力量了吗？在墨守成规、故步自封的时候,你学会迈开超越的步伐了吗?

至此,有关精神家园与成人教育、成人学习之间相关性的讨论,就其篇幅来讲,已然堪称长篇大论了,但就其每一个元素可能导致的教育需求、学习需求与教育行为、学习行为来讲,完全可能挂一漏万。另外,在"精神家园"各项构成元素可能导致的教育需求、学习需求以及教育行为、学习行为之间,也完全可能存在一种相互交融、相互作用的现象。这一切,自然也都可以在未来的研究中加以深究。这里为之所作的全部努力,最重要的初衷,无非是为了再一次证明:作为与体现"基础意义""条件意义"之日常生活、物质生活相对应的,能够彰显"支柱意义""引领意义"的心灵生活、精神生活,同样是,甚至更加是成人教育需求及教育行为的发源地,以及成人学习需求及学习行为的策源地!

请不要忘记:精神,是我们生命的摇篮;精神,是我们生命的支柱;在精神面前,我们永远是学童;在精神面前,我们永远是学生!

这些年,我和许多人一样,一直在为周遭种种无须悉数的精神健康问题焦虑、纠结。而分析起来,也全然可以找出一千条、一万条客观理由。但它们留在心头的那个事关生命存在之总开关、生命发展之总罗盘肯定出了问题、出了毛病的阴影,却又着实挥之不去。灯下读报,上海社会科学院主办的《社会科学报》2011年11月24日头版刊载了记者綦晓芹的《文化建设:满足十三亿人》一文,那段措辞颇显犀利的"编者按"让我整夜辗转反侧:

"急遽改革的时期,最容易发生的问题就是传统的割裂和信仰的缺失,而我们不可能期望,经济的发展,物质的丰富,必然能够填满道德的空虚,能够成为灵魂的寄托。相反,人们从中感受到的恰恰是个体的撕裂和社会的分化——高速前进和萎靡不振并存。中共十七届六中全会聚焦社会主义文化'大发展,大繁荣',这不是对经济建设的否定,也不可被解读为政策转向的标志,而是我们深切地感受到一个外在的社会主义中国走得很快,而内在的中国则饱受焦虑、空洞的折磨。在经历了'全盘西化—回归传统''移植—排异'的否定之否定之后,或早或迟,我们都应该对沉淀下来的精神价值进行梳耙总结。既然如此,那就现在吧。"①

---

① 綦晓芹.文化建设:满足十三亿人[N].上海:社会科学报,2011-11-24:编者按.

至于辗转反侧的结果，可以说，无论是基于先前更倾向于学理一些的考虑，还是基于当下更倾向于"内在的中国正饱受焦虑、空洞的折磨"这样一种现实的考虑，都可以认定，成人教育源于他们的精神生活，成人学习源自他们的精神家园。而作为专门对之进行理论探究与实践探索的一门学问、一门学科——成人教育科学，亦同样没有任何理由不将精神抑或成人的精神、成人的精神家园认定为其最初的起点或源点！

第二，关于路向。

既然确认了成人教育、成人学习源于生活世界、精神家园，既然认定了生活世界、精神家园是成人教育科学的源点，是成人教育科学的源头，那么就必须对它当如何流淌开去的路向做出思考与回答。就像在第三章里所说的那样：确定了成人教育科学"从哪儿来"之后，就又必定要关照它"往哪里去"。

"路向"一词的本义，通常被释定为：道路延伸开去的方向。当然，它也常常被引申为：对某项活动，或对某种行为所确定的努力方向。在本项研究、本部著述背景下，我更愿意将之理解为：如果说"源点"命题的讨论是事关成人教育科学之逻辑起点、理论根源之基本位置寻认的话，那么，"路向"命题的探究，便是涉及成人教育科学之逻辑演绎、理论延伸乃至相关知识编织之基本走向的判断。

为了在一种比较开阔的思路中来明确路向探究的意义，我曾专门留意过相关的学术文献与学术讨论。结果发现，直接对之进行阐述的并不是很多，倒是梁漱溟先生"人生三个路向"的论述，让我琢磨良久并获得不少启发。在这位学贯中西、博极古今，被誉为"中国之脊梁"的大学者看来，具体到每一个人，其人生路向也许有不同的"样法"，但归结起来，无非总是在三个路向中生活着。下面，在尊重梁漱溟先生原意的前提下，尝试用自己理解后的语言将之表达出来：

第一个可称为"朝前的路向"。即采取努力奋斗、向前进取的态度，面对问题，跨前一步，去寻求解决的途径；面对困难，往前一步，去寻求克服的方法。从而，或促使局面的改造，或导致局面的改变，进而，满足内心的欲求，实现内心的愿望，再或者说，由此去获得想要获得的东西，达到想要达到的状态。

第二个可称为"横移的路向"。即采取转变视角、更换思路的态度，面对问题，视角横移，无意通过努力来改变局面；面对困境，脚步横跨，不想花费力气来改变状况。此等情形可以想象为：所居茅屋窄小漏雨，主人并不采取朝前努力奋斗的姿态，设法另换或另建寓所，而是以随遇而安的心态，来应对困局。总之，在此路向中，情形不变，局面不改，而只是通过视角、思路的改变，或意欲、心向的调整，来求取自我满足或心态平衡。

第三个可称为"向后的路向"。采取扭动脚跟，向后转身的态度，既无意改变现实的问题格局或困境状态，也不屑更换自己的视角或意向，只是试图从"根本上"去蒸发问题的存在或消弭困境的显现。说到底，这就是一种遏制固有的内在需求、阻隔固有的内心希望，或者说割断欲念、根除欲望，转过身来向后去要求一些什么、指望一些什么，以寻求问题解决、困境摆脱的"样法"。①

梁漱溟先生告诉我们，这三个生活路向固然客观存在，也都非常重要，因为我们总会依此来考量不同人群乃至不同民族的文化积累和文化走向。但是，第一个尤其符合生活的本性，也是生活的本来路向；第二个具有明显的追求调和、追求调适的特点；第三个则有悖于生活本性的倾向，故也难成接受性更大、适切性更强的生活路向。

我咀嚼着梁漱溟先生此番关于人生路向的学说，感悟自然有许多。在这里，暂且不论这三个路向呈现在"台前"的恰切性与深刻性，只想和读者诸君一起来分享我透过其中，特别是透过第一个路向，所感悟到的隐藏在路向表述背后的意义，即跳出"路向"表述本身而洞察到其"台后"的，有关路向问题探究的意义。

感悟之一：万事总有"源"。类似内心的需求、内心的希望乃至欲念、欲望等，无不都是属于源头范畴的东西，它们堪称是"生活"与"生活世界""精神"与"精神家园"的又一种特定的表达。

感悟之二：是源总要"流"。"源"中，隐藏着一团能量，它总要凭借某种方式流动起来；"源"中，凝合着一股力量，它总要凭借某种样式流淌起来。

感悟之三：要流总有"向"。既然要流动起来，那么，它就一定会朝着某种方向延伸开去；既然要流淌起来，那么，它就一定会朝着某种方向舒展开来。

感悟之四："方向"包含一种图景。流动的方向里，必定会蕴涵一种对于预设

---

① 梁漱溟. 人生的三个路向——宗教、道德与人生[M]. 北京：当代中国出版社，2010：9~11.

情形的揣摩；流淌的方向中，必定会蕴涵一种对于预期图景的想象。比如，困难得到克服后的新局面，问题得到解决后的新状态，念想得到满足后的愉悦，希望得到实现后的美好。

感悟之五："方向"包含一种路径。朝着预设的方向流动，必定要寻觅到属于自己的路线和渠道；朝着预期的方向流淌，必定要寻求到属于自己的路径和脉络。比如克服困难、解决问题的途径，满足欲念、实现希望的渠道。

感悟之六："方向"包含一种发力。流动的方向一旦形成，必定会有助于关键点和着力点的呈现；流淌的方向一旦明确，必定会有助于节骨眼和发力点的显现。比如，克服的困难，自然有其需要着力的关键所在；希望的达成，自然有其需要发力的要害所在。

感悟之七："方向"包含一种方法。流动的方向一旦确定，就必定会包含对于手段的选择和使用，流淌的方向一旦明了，就必定会包含对于方法的寻求和运用。比如，困难的克服，必定需要适当的手段，希望的实现，必定需要适切的方法。

感悟之八："方向"包含一种结果。"方向"如果忠实于"源"的本质特征，那么，它就有可能得到它希望得到的结果；"方向"如果忠诚于"源"的个性特征，那么，它就有可能收获它希望收获的成果。正所谓"由此去获得想要获得的东西，达到想要达到的状态"。

于此，如果将这些感悟再进一步与此前确定的成人教育科学的源点联系起来，与现下要展开的成人教育科学的"路向的再端量"结合起来，同时，也与后面要进行的"内容与边界的再揆度""空间与方法的再审视"关联起来，那么，全然可以重申：

——"生活"与"生活世界"、"精神"与"精神家园"，是成人教育科学的源头，是成人教育科学的源点。源头似"萌芽"，源点似"胚芽"，它们要裂变，它们要生长，裂变要按照其固有的"密码"来展开，生长要遵循其天设的"轨迹"来延伸。

——成人教育科学"路向"命题的讨论，正是旨在破译其裂变的"密码"，正是旨在探寻其生长的"轨迹"。

——基于新源点的路向讨论，可以让我们充满期待的是：成人教育科学及其体系构建，其未来图景有望得到新的领会；其延展路径有望得到新的发现；其关键点、发力点有望得到新的感觉;其研究方法有望得到新的选择;其预期效果有望得到新的感受。

我预感到,"路向"讨论可能产生的意义,除其必定是新源点的直接反映以外,也完全可能是先前伦理与纲领、性质与目标、作用与意义之新思索、新选择的一种实实在在的自然折射。

在端量新路向之前,眼前又首先回放出来的是:

当年,诺尔斯将成人学习者的四项基本特点作为成人教育学的源点,并在分析了每一特点可能对成人教育、成人学习实践产生影响的意义之后,便确定了研究活动的两个基本路向:一是针对那些具体的、特定的成人学习活动或项目而展开;二是围绕那些具有一般性与总体性、全面性与整体性特征的成人教育活动或项目而延伸。两个路向的具体演绎路径,又分别为:其一,学习气氛的形成→学习计划合作小组的组建→学习需要的诊断→学习目标的形成→学习活动模式的设计→学习活动的管理→学习结果评价→学习需要的再诊断;其二,考虑工作气氛的形成→设计工作班子的建立→学习兴趣与学习需要的认知与测定→教育目的与教学目标的确定→整体计划的设计→整体计划的管理→整体计划的评价。

当年,在我等成人教育科学体系的构建与发展研究中,则将教育领域和教育机构看成成人教育的"躯壳",将教育情境和教育事实看成成人教育的"内脏",同时认定成人教育作为一个特定的社会活动子系统,必然会与社会活动大系统之间形成相互影响的关系。由此,"躯壳""内脏"和"关系"成了我们当时进行成人教育科学体系构建与发展思考的源点,并相应地形成了学科演绎的三个主要路向:一是关注成人教育领域、成人教育机构形成与发展的研究路向;二是聚焦成人教学情境、成人教学事实呈现与展开的研究路向;三是关注成人教育社会活动子系统与社会活动大系统之间关系存在与变化的研究路向。也许,三个路向所择取的具体路线、路径,已经不必再作重复,但记忆尤深的是,它们分别导出了三个分支学科系列,并通过整合,最终呈现了一个成人教育科学体系的基本框架。

那么,在重新确定了成人教育科学及其体系构建的源点之后,对于它的路向乃至它的行进路线、延伸路径,又应当有一种什么样的全新端量呢?或者说,此时此刻,我当对之、我会对之做出什么样的符合其特质、尊重其特性的思索和回馈、思考和回答呢？

其实，很长时间了，与其说是为成人教育科学及其体系构建寻找新的路向，还不如说是在梳理、明晰自己大脑里的思路。渐渐地，又一幅三个基本路向，当然是三个新的基本路向，并且含着一些具体路线或路径的图谱出现在了眼前：其一，关切生活，拓宽、精深基础的路向；其二，关照生活，洞彻、诠释学习的路向；其三，关怀生活，探索、创新教育的路向。

路向之一：关切生活，拓宽、精深基础的路向。

在此路向表述开头，关切生活依然力透纸背，因为成人教育科学及其体系构建的脚步一旦迈出，就永远不能忘记自己已经做出了唤醒人本意识、弘扬人本精神这样一种学科基本品质的选择；已经做出了落实角色关注、绽放生活底蕴这样一种学科基本德性的选择；已经做出了回归成人生活世界、走进成人精神家园这样一种坚定的许诺；已经做出了帮助成人获得成功生活、走向成功人生这样一种庄严的承诺。

概而言之，关切生活，既是成人教育科学及其体系构建的最初起点，亦是成人教育科学及其体系构建的最终归属。

由此，它必将成为一门独特的"人的科学""角色科学"与"学习科学""教育科学"，"生活科学""社会科学"与"学习科学""教育科学"相互交织在一起的知识系统。

于是，成人教育科学及其体系构建没有理由不首先去着力关照其自身的基础建设，而其中的关键作为，一是务必走向拓宽，二是务必走向精深。

所谓"拓宽"，就是成人教育科学及其体系构建，不能再延续传统教育研究的习惯、定势与刻板，否则成人教育科学必将永远无法拓宽自己的根基；不能总是就教育论教育，否则成人教育科学必将永远无法拓展自己的根系。

所谓"精深"，就是成人教育科学及其体系构建，从此必须告别浮泛，拒绝浮躁。惯于浮光掠影、浅尝辄止，或者总是喜欢沸腾于某些上层意志、行政意志，成人教育科学将永远无法精湛自己的根底；披学术外衣，逐一己之利，或者总是喜欢热衷于那些所谓的热点问题、热门话题，表面轰轰烈烈，最终昙花一现，成人教育科学将永远无法深湛自己的功底。

总而言之，为夯实成人教育科学的基础，必须力求拓宽，而力求拓宽，就必定要有标新立异的精神；必须力求精深，而力求精深，就又必定要有苦对青灯的意志！具体说来：

其一，要开创对成人群体的总体研究。

未来的成人教育科学的首要任务，就是必须基于成人生活、成人教育与成人学习的视角，来推行一种对成人群体具有整体意义和基础意义的认知。其中特别需要得到反映和解读的信息与事实是：成年群体的人口总量水平、预期寿命水平、科学普及水平、文化教育水平、劳动能力水平、人文素质水平、身心健康水平、居住环境水平、劳动就业水平，以及乡村生活状况、城市生活状况、日常生活状况、职业生活状况、婚姻生活状况、家庭生活状况、闲暇生活状况、社会生活状况、精神生活状况等。

其二，要开创对成人群体的分类研究。

有了对成人群体的总体认知，还必须进行成人群体的分类认知。鉴于成人生活的多元内涵及其与成人教育、成人学习可能存在的不同相关，分类研究自然可以从多种维度或层面切入。其中，既可以包括成人群体的性别维度、年龄维度、教育维度、职业维度、阶层维度、地域维度等的分析，又可以包括日常生活层面、职业生活层面、婚姻生活层面、家庭生活层面、闲暇生活层面、社会生活层面、精神生活层面等的分析。

对以上提出的总体研究和分类研究还必须加以说明的是：它们既适用于国家、民族界面的考察；也适用于地域、区域界面的考察。对于有一定规模的社会活动系统或组织，若有可能、有必要的话，同样也可以进行类似研究。

总体研究主要是为了呈现成人群体的基本状况，以及其与教育、学习之间关系的基本状况，特别是其总需求与总配置之间的基本状况。这不仅有助于对其形成一种具有全局意义的历史了解、现实把握和未来预见，也必定有助于为成人教育科学展开深入研究提供源于生活世界的基础信息。

分类研究主要是为了呈现成人群体的基本结构，并进一步了解、明确不同成人群体的不同生活状况、生活特征，以及它们与教育、学习之间的不同相关，或者说，进一步洞察、明晰特定成人群体的特定生活样态，以及其与教育、学习之间的特定相关，以最终使成人教育科学研究能够据此对成人教育实践发展形成一种更具灵活性和针对性乃至切入性和有效性的思考与设计。

无论是总体研究，还是分类研究，都要求其具有常态特征和滚动特征，即它们必须是一种经常不断的、反复推进的过程，从而一方面能够保证所反映的事实或所提供的数据具有充分的时代感和新鲜度，另一方面，当然也是更为重要的方面，即能够为成人教育科学研究的深入展开而真正贴得住地面、接得住地气、吸得到真气。

就总体研究而言，过去几十年，在成人教育及其研究留下的脚印中，我们始终不甚清楚、不甚明了我们所关注、所服务的对象，就整体来看，在上述各个方面，其过去、现在、将来究竟是何等状况，或者说，对之，我们从来没有相对比较完整的测量、相对比较准确的数据。这种情形若得不到改变，且不说希望成人教育实践有更大的作为、更大的贡献，仅就成人教育科学研究而言，其最具初始性、源头性的整体事实、总体依据，都会让人感到匮乏和无力。

就分类研究而言，过去几十年，我们虽然做过许多类似研究，如老年教育研究、妇女教育研究、职工教育研究等，但遗憾的是，所有这些研究几乎都很缺乏"人的科学""角色科学"乃至"生活科学""社会科学"等视角的深度分析。此外，其中的特定性与学习需求感、覆盖面与相互渗透感、常态性与持续滚动感等，都还显得相当不足。总之，没有一线而真实的、滚动而充分的有关成人特定群体、特定生活与特定需求的具体事实和具体依据，怎能使成人教育的研究活动及其成果变得更具引领力和说服力，进而，又怎可使成人教育的实践轴轮更能体现一种紧贴地面、紧接地气的有效转动呢？

其三，要开创对成人生活境遇的研究。

成人群体的总体研究与分类研究，其重要性、必要性显然已经毋庸置疑，而且以上也一再强调了它们务必充分显现常态性和滚动性。但若将视线再向前推进些，便又不难发现，它们更多呈现的将是一种比较结构化、平面化的样态。故此，还必须开创一种更加具有开放特征和动态特征、渗透特征和介入特征的成人生活境遇的研究。

提出要开创成人生活境遇研究更加原初、深层的原因，就是任何社会、任何人，都不是固态的、恒定的，相反，它们总要流转易形，总要行远自迩，而两者之间的无限互动，又更加使之处在一种变幻莫测的氛围之中。从成人这个角度上来讲，最终可以看到的便是：人人、时时、处处都要（会）身临不同的生活境遇；人人、时时、处处不同的生活境遇，显然又和现下流传甚广的"人人皆学、时时能学、处处可学"这样一种成人教育、成人学习理念与行为有着极其密切、极为特定的关系。

具体说来，到目前为止，有关成人生活境遇及其与教育、学习之间的相关性研究，我心里面至少有这样一些期盼：

首先，要实现对社会背景的开放、对所有成人的开放。也就是说，要将成人生活境遇及其与教育、学习的相关性，植入广阔的社会背景之中来加以洞察；要使生活境遇及其与教育、学习之间的相关性研究，既关照到成年人群的整体，又关照到不同类型的成人群体，直至关照到成年人群中每一个不同的个体。

其次，要实现对社会变革的动态研究、对终身发展的动态研究。对此，完整的表达就是：第一，生活境遇及其与教育、学习之间的相关性研究，不仅要植于某一时间片段或当下的社会背景之中，同样还应当从历史的视角、未来的视角来将之植于社会沿革、社会发展的背景之中；第二，生活境遇及其与教育、学习之间的相关性研究，不仅要洞察成人群体、成人个体某一时间节点或现下的实际状况，同样还要从一种更加具有过程意义、动态意义的视角，即从人的终身发展的视角，来对之加以考察和认知。

再次，要实现对角色扮演的渗透、对生活任务的渗透。也就是说，生活境遇及其与教育、学习之间的相关性研究，还必须同成年期各个发展阶段所要扮演的社会角色结合起来，同所要履行的生活任务关联起来，同所要完成的发展课题贯通起来。

最后，要实现对生活世界的介入、对精神家园的介入。这里的"生活世界"显然是相对"精神家园"而言的，意指一般的、日常的、物质的生活。生活境遇及其与教育、学习之间的相关性研究，不仅要深入到成人的一般生活、日常生活与物质生活世界之中，同样还应当切入到成人的情感生活、心灵生活、精神生活世界之中。

总之，成人生活境遇及其与教育、学习之间的相关性研究，既要体现出社会的外在影响，又要体现出个体的内在驱动；既要关照到完整的成人群体，又要关照到不同的成人个体；既要关注到社会的现实背景，又要关注到社会的变化背景；既要反映人发展的当前影响，又要反映人发展的终身影响；既要聚焦于成人的社会角色，又要聚焦于成人的生活任务；既要归宿于成人的生活世界，又要归宿于成人的精神家园。

我坚信，如此这般的成人生活境遇及其与教育、学习之间的相关性研究，若得以真正的开创，那么成人教育科学距离其理想就不会再显得那般遥远。

我深信，如此这般的成人生活境遇及其与教育、学习之间的相关性研究，若得以真正的开创，那么它一定会"辞旧迎新"，为成人教育科学带来全新的面貌。这是因为：通过对学科源头特质的阐发，它必定会变得鲜活而富有智慧与灵气；通过对学科源点特性的阐扬，它必定会变得鲜亮而富有内蕴与生机；通过对学科人本精神的唤醒，它必定会变得温润而富有品德与情操；通过对学科生活底蕴的绽放，它必定会变得纯真而富有道德与情怀。

除此之外，还完全可以预见：因为它的敞开，原来的种种"遮蔽"必将得以掀去，使我们能够真切地触摸并认知到每一个成人群体乃至每一个成人个体最内在的真实；因为它的渗透，原来的种种"刚硬"必将得以柔化，使我们能够在克服理性力量局限的同时，可以去更多地展现感性认知本应有的魅力。

其四，要开创基于多元学科视角的研究。

成人教育科学要夯实基础，既要关注人的发展、人的生活、人的终身发展、人的生活境遇、人的发展任务、人的社会角色，又要关注社会、社会现实、社会变迁、社会发展；既要聚焦人与社会、人的发展与社会发展、人的终身发展与社会持续发展，以及人的生活境遇与社会不断变迁的相互影响，又要在此背景下，去落实对教育的思考、对学习的探索。由此再推衍开去的话，就是需要我们去进一步开创基于多元学科视角的研究。

对"基于多元学科视角"的说法，也许人们的第一印象会更多地停留在其方法逻辑意义上，甚至在我的以下叙述中也不免呈现这种倾向，至于后续的"方法"命题讨论，想来也还会在其方法逻辑层面上有更多的展开。但是，在一种更加广阔的事实背景中，又不难认定它同样具有一种明显而重要的基础逻辑意义，而且，对于一门学科总体的基础建设来讲，情况尤其如此。故而，在此，将"开创基于多元学科视角的研究"作为夯实成人教育科学基础的一个重要方面,也就成为必然了。

首先,从主要作用于成人教育科学整体及其基础建设的角度来看,我们可以发现,在人文社会科学乃至自然科学当中,有许多学术领域与成人生活世界、成人精神世界,乃至与成人教育、成人学习有着十分广泛而紧密的关系,并且多有相关的,而且是十分重要的成就与建树。由此,同成人教育科学及其体系构建真切结合起来,一方面,它们必将使其在基础建设中开辟更多的,甚至是我们迄今还难以全部预见的专门研究领域,从而使之愈益呈现出一种博大与饱满;另一方面,它们又必将使其在基础建设中切入更深的,甚至是我们迄今还无法全部预料的特定研究层面,从而使之愈益彰显出一种精深与完美。

其次,从特别作用于以上所提出的总体研究、分类研究与生活境遇研究的角度来看,众多人文社会科学乃至自然科学迄今所积累的学术视角、学术观点等,又必将有助于这三方面研究的充分展开与不断深入,直至能够使之分别生发出一种难以预见的"基础拓宽"之广度——横向上,发现新的命题或论域,或者,能够使之分别生发出一种难以预料的"基础精深"之厚度——纵向上,触摸到新的底蕴或新的内涵。

叙说到这里,很想告诉大家,我始终不会忘记自己曾经说过这样一段话语:"成人教育与社会以及人的各种存在范畴有着极其广泛而紧密的联系。必须放弃简单演绎教育学概念的做法,而更多地深入到哲学、历史学、心理学、社会学、政治学、人类学、经济学、管理学乃至有关自然科学等广泛涉及成人世界研究的学术领域,以宽阔的学科视角去洞察、诠释鲜活的成人生活田园,以多样的研究途径去探寻成人教育实践及其学科发展的方法和话语"。①

我也更不会忘记自己曾经作过这样一段认定:成人教育科学是"……帮助他们(成人)走向成功的学习、成功的生活,促进他们(成人)走向成功的人生,这样一门需要借助与投入'人的科学''社会科学''生活科学''(终身)教育科学'等多元视角、综合智慧思考的新兴学问"。②

至此,似乎还有一种意犹未尽的感觉,然而,最想告诉读者诸君的两句话是:

---

①② 高志敏. 成人教育研究的反思与前瞻 [J]. 教育研究, 2006 (9): 60.

我深信，关切生活，拓宽、精深基础的路向——包括已经赋予其特定意涵的对成人群体的总体研究、对成人群体的分类研究、对成人生活境遇的研究以及基于多元学科视角的研究，一定是神圣的，不然，我们将永远找不到这一门科学的内蕴，不然，我们将永远凝不成这一门学科的文化！

我坚信，关切生活，拓宽、精深基础的路向——包括已经赋予其特定意涵的对成人群体的总体研究、对成人群体的分类研究、对成人生活境遇的研究以及基于多元学科视角的研究，一定是崇高的，不然，我们将永远见不到思想与智慧之不断生成的源泉，不然，我们将永远得不到实践与发展之布局谋篇的引领！

路向之二：关照生活，洞彻、诠释学习的路向。

将"关照生活"放在路向之二表述的最前端，是因为希冀成人教育科学无论何时都不要忘了：成人学习本来就闪烁着生活的光泽，成人学习本来就飘溢着生活的芬芳。一如先前所说："对于将生活投入在生生不息之江河里，并旨在其中锻造意志与力量而昭示存在意义、实现超越的成人群体与个体而言，没有什么理由可以将他们的生活与学习分割开来"。

概而言之，既然真正的成人学习活动源于生活、成于生活、归于生活，那么，真正的成人教育科学研究就必当源自生活、植于生活、为了生活。

显然，路向之二所要涉及的是事关成人学习的科学研究问题。

多少年了，我们一直口口声声表示成人教育学是一门帮助成人学习的科学和艺术。但扪心自问，我们对源于生活、成于生活、归于生活的成人学习究竟了解多少？

多少代了，先贤们一直教导我们：学生终究比教师重要，学习终究比教育重要。因为所有教的行为，最终都是为了归结于学习者那一边的"学好"和"进步"；因为所有教的过程，最终都是为了归宿于学习者那一边的"习得"和"发展"。

这一切诚如杜威所说："学习，说到底，是学习者为自己而付出的一种努力，而教师的职责则是组织、刺激、促进和评估教育这一复杂的过程。"[1]

然而，让我百思不得其解的是，为什么长久以来，本该包含"教"与"学"两

---

[1] 伊里亚斯，梅里安. 成人教育的哲学基础 [M]. 高志敏，译. 北京：职工教育出版社，1990：78.

方面,并当以学习为优先的教育科学研究,却总是那般青睐前者而忽略后者,甚至在某些时间、某些空间中,对后者已经快到弃之不顾的田地了。

对之,无须列举其他种种事实,仅到图书馆的书架上去瞅一下便可发现,有关"教"以及教育者如何"教"的著述、文献是多么地汗牛充栋、气势磅礴;而有关"学"以及学习者如何"学"的著作、文献,又是多么地捉襟见肘、势单力薄。

然而,不知"学",怎知"教"?不明如何"学好",怎知如何"教好"?更何况,因为成人的"学"源于生活,而远比孩童的"学"奥妙;因为成人的"学"成于生活,而远比孩童的"学"神妙;因为成人的"学"归于生活,则又远比孩童的"学"玄妙。

故而,关照生活,洞彻、诠释学习的路向又成了一种必然的选择。

所谓"洞彻",即要以开拓精神揭开种种遮蔽,深入成人生活世界去洞察、捕捉、呈现、确认成人的学习行为。

所谓"诠释",即要以创新精神,基于生活与学习的交叉,去理解、解读成人学习的行为,去创建成人学习的话语体系,去构建成人学习的知识系统。

具体说来:

其一,要开创成人学习的基本原理与机理研究。

记不太清是谁曾经讲过这样一句话,说我们迄今为止对成人学习的了解,都起始于桑代克的研究,或者说,自桑代克对成人学习能力做出积极判断、对成人学习机制做出相关诠释之后,有关成人学习的专门研究才开始多了起来。确实,我们可以注意到,继桑代克之后,在成人教育学界,先后有了"刺激—反应"学说与"认知"学说在成人学习中的应用研究,以及成人的自我导向学习研究、非正式学习研究、情境学习研究、转化学习研究等。

不可否认,这些研究成果对成人学习的认知与实践发挥了相当积极而重要的作用。但是,同样毋庸避讳,就其总体而言,无论是在台后还是在台前,它们所触及的有关成人学习的基本原理问题,显然还是十分有限的,所涉及的有关成人学习的基本机理问题,显然还是相当不足的。至于真正或专门以基本原理、基本机理的名义来对成人学习展开深入、持续研究的行动,更可谓凤毛麟角、寥若晨星。总之,探明成人学习的基本原理,还有很长、很长的路要走;探究成人学习的基本机理,还有很多、很多的事要做。

对成人学习的基本原理的研究，需要在一种相对宽阔的视野里，或者说，需要在一个相对宏观的层面上，获得一种对成人学习的基本理解和基本认知。其中特别需要得到事实呈现、理论阐释的是：成人学习的历史过程、现实状况与发展走向；成人学习的内在动因与外在动因；成人学习与成人生活的内在关系；成人学习对人及其终身发展、全面发展的价值；成人学习对社会及其持续发展、和谐发展的意义等。

对成人学习的基本机理的研究，需要在一种相对具体的视域里，或者说，需要在一种相对微观的界面上，获得一种对成人学习的基本理解和基本诠释。其中特别需要得到深入发现、真切解读的是：成人学习行为的触发、成人学习行为的执行、成人学习行为的制约、成人学习行为的激励、成人学习行为的效果、成人学习行为的循环，以及不同历史条件下的成人学习机理、不同年龄阶段与性别背景下的成人学习机理、不同生活背景或生活境遇下的成人学习机理；不同角色扮演与发展任务下的成人学习机理、不同文化传统或目标指向下的成人学习机理等。

不言而喻，成人学习的基本原理与基本机理探究，对开创"关照生活，洞彻、诠释学习"这一路向研究的全局而言，一定会给我们首先带来一种具有总体意义、基础意义的引领，乃至带来某种具有学理意义、规律意义的把握。

其二，要开创成人的学习需求与学习动机研究。

无论古代还是现代、东方还是西方，只要谈到教育，特别是谈论到教育、教学最先需要体现的原则时，都会强调因材施教、按需施教。这几乎成了一种妇孺皆知的共识。但是，又有无数事实证明，时光越是往后，在教育"工业化生产"的冲击下，因材施教越是难闻音信；时光越是接近当下，在教育"批量化生产"的影响下，按需施教越是难觅踪影。

在成人教育方面，20世纪八九十年代，无论是在相关的学术出版物中，还是在相关的经验交流中，人们还都会比较强调因材施教、按需施教原则，尽管对其中的"材""需"的理解、认知还有许多需要推敲的地方；对其中的"因""按"之实施方法和技术方面更是有许多需要加以开发的空间。但进入21世纪以来，不明何等缘由，因材施教有被淡化的势头，按需施教亦有被忽略的倾向。没读懂"材"，急着想去"雕",其结果,轻则事倍功半,重则误人子弟;不了解"需",忙着要去"供",轻则南辕北辙,重则劳民伤财!

至于需求(需要)与动机之间的密切关系,那是众所周知的。心理学的经典表述是:需要是动机的基础和前提,动机是需要的表现和反映。至于动机与行为及其目标之间的关系,又被认定为:"个体的活动(行为)由一定的动机出发,并指向一定的目的"。①

有关成人的学习动机研究,曾有美国学者霍尔首创的"三类型说"、谢菲尔德主张的"五类型说"、伯杰斯(P. Burgess)提出的"七类型说",以及加拿大学者博希尔修订的"六类型说"等。这些研究固然开辟了成人学习动机专门研究的先河,但迄今为止,就其总体积累的深度和广度而言,那还真的只是迈了一小步而已。国内近二三十年虽然也有一些相关研究,但从所显示的成果来看,大都还停留在一些颇是直观、片段的状态,且其问卷测量的效度、信度还大有商榷空间,显然还谈不上已经形成气候,或已然开辟了一片专门的天空。

因此,在"关照生活,洞彻、诠释学习的路向"中,没有理由不去竭力主张开创成人的学习需求与学习动机研究。一方面,希望能够借此摆脱上述尴尬局面,另一方面,也是更重要的一个方向,就是希冀其今后能够持续而常态地成为成人教育科学特别是成人学习研究的一片领空!

对此,我一直遐想不已:如若我们真的聚精会神,通过切入成人生活世界,走进成人精神家园而展开成人的学习需求、学习动机研究的话,那么:

——它们的内涵将会得到怎样一种不断贴近真实的理解?

——它们的关系将会得到怎样一种不断接近真实的呈现?

——它们的发生将会得到怎样一种不断走近事实的发现?

——它们的存在将会得到怎样一种更为全面系统的关注?

——它们的变化将会得到怎样一种更为及时滚动的关切?

与此同时,又真心期待通过成人的学习需求、学习动机研究,能够充分显现:

——它们的萌发与变动与不同角色扮演之间的关系;

---

① 高志敏,等. 成人教育心理学[M]. 上海:上海科技教育出版社,1997:77.

——它们的形成与变化与终身发展任务之间的关系；

——它们表现在不同生活背景抑或境遇之间的差异；

——它们表现在不同成年群体抑或个体之间的差异；

——它们表现在不同时代抑或不同区域之间的差异；

——它们可能受到的内外部影响，以及相关的反应；

——它们可能对教育、教学、学习过程产生的影响，等等。

除此，心中还有一份特别的期许，那就是希望通过这方面研究中的学习需求测定探究，今后：

——能够为宏观、大型的成人教育、成人学习活动发明更多的需求测定模式和模型；

——能够为微观、小型的成人教育、成人学习活动创造更多的需求测定方法和技术；

——能够看到学习需求的测定环节成为任何一项教育、教学或学习项目的必定选择；

——能够看到学习需求的测定结果与教育、教学、学习过程展开有一种真正的结合；

——能够看到学习需求的测定结果与教育、教学、学习结果认定有一种真正的黏合。

其三，要开创成人的学习风格与学习特点研究。

对有些人来讲，学习风格（learning style）也许是个新鲜词。我自己大概是在20年前知道国外有"学习风格"这么一说的，后来又了解到美国学者库伯从20世纪70年代起开始专门研究成人的学习风格，并且多有著述问世。起初，我对之并无太多留意，只是有一个大概印象而已。进入21世纪，大约是2004年前后，有位成人教育学专业的硕士研究生，学位论文选题定为研究某一群体的学习风格，向我咨询如何与库伯取得联系，以征得其同意采用他的测试问卷来做本土成人学习者的学习风格研究，这才让我对之有了专门的关注。更有意思的是，在帮助这位研究生对库伯测试问卷的有关设问作本土化表达修订，以及讨论其论文进展的过程中，我也开始对"学习风格"有了更多的了解。通过这篇论文，我们更可以确切地了解到:"学习风格"一词1954年由学者塞伦（H. Thelen）首创。半个多世纪中，它不仅逐渐成为教育科学特别是其教学理论、学习理论探索中的一个专门论域，而且已经被许多人视为"现代教育方法的真正基础"。

"学习风格"有很多释义版本。归纳起来，其内涵主要涉及：

——它与每个学习者个体特有的学习态度取向、学习行为偏好相关，或者说，与每个学习者个体由天赋的编码系统、周边的环境以及内在的主观因素等所综合形成的，对于环境适应的态度取向、行为偏好相关。

——它既是每个学习者个体特有的事关认知、情感、生理的行为，也是其特有的获取、处理、保存信息的方式。抑或，再深入一步说，它是每个学习者个体置身于学习情境，在回应和利用各种刺激因素过程中经常表现出来的或通常采用的方式。

——它内隐于每个学习者的个性品质之中。但还需要注意到的是，它一方面具有某种先天的倾向，另一方面也会随着个体的成长而发生一定的变化或发展。诚然，相对一般的学习方法而言，它又往往更加具有持续和稳定的特征。

在学习风格研究的推进中，人们对它的类型分析似乎尤感兴趣。其中流传甚广的是：

——美国纽约圣·约翰大学学习与教学风格研究中心的邓恩夫妇（R. Dunn & K. Dunn）的"五类型说"。具体是：环境因素类，包括对学习环境中的声音、光线、温度等的偏好；情绪因素类，包括学习动机、学习毅力、学习的责任感等；社会因素类，包括独立学习、结伴学习等；生理因素类，包括对视觉、听觉等刺激因素的偏好；心理因素类，包括对分析、综合，乃至对大脑左右两半球运用等的偏好。

——库伯除了如第二章所述从抽象、具象、全面、排列、行动与反映六个标度分析过其对于学习风格的测量意义以外，也曾提出过学习风格的"四类型说"。它们是：发散型风格，尤善于从多角度审视具体情境；同化型风格，尤善于将大量信息变得简括而有逻辑；集中型风格，即特别善于发现思想、理念对于实践的用途；顺应型风格，即特别善于从现实感受、实际体验中展开学习活动。

——美国杜克大学教授柯里（L. Curry）综合分析了此前各种学习风格学说之

后，提出了"三层次说"，后经扩充、修订，又形成了"四层次说"。"三层次说""四层次说"，被称为学习风格的"洋葱模型"（Onion Model）。这四个层次分别是：第一层，即最外层，被称为"教学和环境偏好"，即事关学习期望、学习环境等的偏好；第二层被称为"社会互动模式"，即事关学习过程中独立或依赖、竞争或合作、参与或回避等倾向；第三层被称为"信心处理模式"，即事关获取、整理、存储以及利用信息的方式偏好；第四层，即核心层，被称为"认知人格模式"，即事关基于个性特征的对外部刺激的反应方式偏好。①

至于学习特点研究，可以从各种视角切入，比如，对比未成年的与成年的，对比未成熟阶段的与成熟阶段的，对比前成年发展时期的与成年发展时期的，对比指向未来生活的与指向现实生活的，基于智力的或非智力的，基于认知的或情感的，基于社会化或继续社会化的，基于社会角色或生活任务的，乃至还可以具体深入到学习需求、学习动机、学习目的、学习风格、学习方法、学习过程等层面。库伯通过学习风格的分类研究，导出了一系列有关成人学习的特点表征。以发散型学习风格为例，在库伯看来，持此等学习风格者，在学习情境中很可能表现出善于总结、善于综合、富于同情、富于想象、乐于交往、乐于发展、注重理解、注重直觉、思维灵活、意念频繁、非理性、情绪化、非逻辑、自发化、非机械、自由化、非理论、直观化等特点。

显然，从以上字里行间，人们肯定可以很容易体悟到学习风格、学习特点对于成人学习的重要意义，以及最终可能折射出的对于成人生活的意义。故此，展开学习风格研究、学习特点研究便同样是未来成人教育科学及其体系构建的一项重要选择。

从今往后，尤其希望成人教育科学及其体系构建从成人作为现实生活者的角度，能够对成人学习风格、成人学习特点的发现和理解，开辟出一片更加开阔的天空，开发出一片更加广阔的天地；成人学习风格、学习特点，尤其是前者，虽有某种先天特质，但绝非百分百固态，虽有某种天赋意义，但绝非百分百静态，故其探索行动能够进一步揭示它们受人的成长、发展之某种制约的神秘影响，进一步揭开

---

① 谢洪梅. 经理人的学习风格及其分布研究 [D]. 上海：华东师范大学硕士学位论文，2005：6~16.

它们受外部世界、生活变故之影响的神秘面纱。

当然，为了帮助成人走向成功的学习、迈向成功的生活，人们一定还想知道：特定的学习风格、学习特点尤其会表现在哪些不同的成人群体或成人个体之间？成人的学习风格、学习特点对教育、教学、学习活动有哪些确切的影响？成人的学习风格、学习特点与教育、教学、学习活动实施如何实现有效的对接？为测量或测定成人学习风格、学习特点，还需要开发何种技术技能或方式方法？

其四，要开创成人的学习方式与学习空间研究。

先说几句闲话：

一日阅读报刊，看到《文汇读书周报》（2012年1月13日）刊出了一篇题目为《教育是为了培养人——读黄玉峰新著〈教学生活得像个"人"〉感言》的文章。查了查，黄玉峰系复旦大学附中语文特级教师，复旦大学社会科学高等研究院特聘教授，华东师范大学中文系硕士生导师，上海市写作学会副会长和上海作家协会会员。

我感佩，因为黄教授的教师品格：天地人，孕育真性情；亦师亦友，甘为春泥；

我感佩，因为黄教授的教育理念："以人教之"比"以书教之"更贴近教育本质；

我感慨，因为黄教授的教育批判：教育问题多多，皆因我们的眼中不见了"人"；

我感慨，因为黄教授的教育诊断：如今，学习者被五条绳索紧紧捆绑——功利主义驱动，专制主义坐镇，训练主义猖獗，科学主义横行，技术主义助阵！

我感怀，因为黄教授的教育重建：教导每一位学习者真正生活得像一个大写的"人"！

读罢，我辗转反侧，因为他的真知灼见，因为他的金玉良言！

回归丰富的成人生活世界，何尝不是为了真正释放成人教育的本质？走进缤纷的成人精神家园，何尝不是为了真正绽放成人学习的本来？

帮助成人学习者成功学习，何尝不是为了使其能够生活得像个有自由精神的人？帮助成人学习者成功生活，何尝不是为了使其能够生活得像个有独立人格的人？

如此，更是坚定地抱着以"关照成人生活"为前提的想法，来说一说"要开创学习方式与学习空间研究"的问题。

在这里，有关成人的学习方式，兴许可以拓开一点它的外延，将学习方法也包括进来；有关成人学习的空间，也可以超越一点它的限定，即既可以包括学习发生或进行的地方，也可以意指学习形成或推进的情境。

对之，自成人教育学作为一门独立学科问世以来，人们的关注度不可谓不高，取得的成果也不可谓不多。也就是说，涉及学习的方式与方法、学习的空间与情境的研究活动及其相关成果已然可以列出一串长长的名单，比如，刺激—反应学习、认知学习、正规学习、非正规学习、正式学习、非正式学习、体验性学习、研究性学习、反思性学习、自我导向学习、问题解决学习、身体亲历学习、情感学习、转化学习、情境学习、偶发学习、经验学习、行动学习、叙事学习、合作学习、伙伴学习、团队学习、社会学习、社区学习、职场学习、生涯学习、远程学习、网络学习、移动学习等。

显然，这些学习有的可以发生在传统的校园里、班级里、课堂里，但更多的可以发生在各种各样的生活情境之中，甚至可以说，它们完全是一种源于生活、融于生活、指向生活的学习。

我们认同不同的学习者会偏好不同的学习方式、学习方法，不同的学习行为会发生在不同的空间、不同的场合之中。我们竭力赞美成人学习方式与成人学习空间的丰富多样、五彩缤纷。但问题是，迄今为止，对于成人学习的方式与方法、情境与空间，我们终究还是缺了一种在主观理念上和客观行动中全神贯注于成人生活视角的，或者说全然以成人生活为起点和归宿的，能够更加充分显示其普遍理论解释意义与实践指导意义的思考与勾勒。也许正因为如此，既有的研究工作和研究成果还是显得零散、单薄，致使我和我的研究生们尽管已经关注国际成人学习研究的新进展、探究本土成人学习者的实际学习样态多年，但于今面对诸如非正式学习、体验性学习、反思性学习、自我导向学习、身体亲历学习、情感学习、转化学习、情境学习、偶发学习等，还是很难分辨出其中的异与同来，更别说比较清晰地建构起一个有关成人学习，至少是有关成人学习方式方法的基本图案来。

我有一位研究生，名叫王润清，2006 年取得成人教育学专业硕士学位。她的学位论文题目是《女性创业过程中的学习行为研究——基于生活历史法的个案分析》，论文中创业女性的学习故事让我一直难以忘却，甚至常常引发出我对成人学习的思索。请允许我在这里转述这段故事给读者诸君听一听：

被访者，C 女士，1956 年出生，已婚，有离异经历，中学学历。创业三年，先后换了两次行当创业，现从事农业创业，种植奇异果。她给人的印象是健谈、实在、热情。

以下为被访者的自述（做了节选，并对个别地方稍作了文字增删，但没有改变原意）：

我生下来两天后，亲生父母就把我送人了。从小没得到父母的爱，也没得到好的教育，全是靠自己闯出来的。但应该说，在社会大学有点积累。

20 世纪 90 年代，我就从最早的那家工厂辞职了。辞职以后，在别的厂里也做过活，但自己有好多想法。想想自己怎么老是帮人打工，心里有点不甘心。不久，我认识了我现在的先生，就开始一起创业，开了个裁缝店，也开过洗衣店。

其实，我先生更喜欢农业，我就跟他一起搞起了农业，什么事情两个人都要同步，逼得我去学。为了搞农业，我先出去进行考察，去了上海的周边地区，搞农业的地区，一边旅游，一边就长点心眼了解当地农业情况。电视也是一个信息渠道，看看农业节目，和农学院毕业的人一起探讨一下。刚开始，网络还没有像现在这么发达，就过去看，看了以后，去咨询，有资料以后，我们就去当地找，再看书，至于有什么（果类）生长系统是上海不适宜做的，我们都研究过了。

因为我不是农村长大的，不懂这些。怎样才能把它种好，都是摸索出来的。这不是一句两句可以说完的，要看它长出来的东西，要每天观察。两个人就在田头搞研究，种啊，拢啊！然后，成功了，果子也出来了，就从小的实验田转移到了外面的大田里去种。

有一次果子生病，我想过好多办法都治不了它们的病，农科院、科技院的人都来会诊过了，都看不好，你说急不急人！急得要跳楼啊，钱都砸下去了。最后，我们就只能靠自己搞实验，很苦的。我们两个人想办法，用各种各样的药，而且来了灵感，人能打针吊盐水治病，果树就不能打针吊盐水吗？就这样，我们给果树一棵一棵地打针，哎呀！本来果树的头都是偏的，打了以后，都一棵一棵地竖起来了，活了！很惊喜，很高兴！这个配方是自己搞的，因为什么配方都用过了嘛，就这个药用点，那个药也用点，我们试一试呀！到现在为止，我们也不知道是哪个药用好的，就这样，病就给我们除掉了。像这样一种情况，可不是人家叫你去做，都是自己要坚持的。

我还在准备开个饭店，是茶菜式的。我想到连续剧《商道》，看一看很有好处，做事业的人，看了就能够学到很多东西。一个人要经常在外面不断地学习，多听听人家的意见，反馈回来的意见，还要经常探索、反思。①

这是一个带有典型意义的个案；这一定也是个带有"普遍意义"的个案！

听完这段成人学习的故事，将之和成人学习联系起来，不知道你会发生多少联想？就我自己来说，毫不夸张，脑子里似乎出现了许许多多同成人学习研究相关的问题，其中既涉及成人学习的基本原理与基本机理层面，也触及成人的学习需求与学习动机、学习风格与学习特点层面，甚至还同下一段将要论及的成人的学习力与主体性联系起来。在此，仅从成人学习的方式与方法、空间与情境视角而言，我询问自己：

"全靠自己闯出来"，其中，"全靠自己"，是什么学习方式，含多大的学习空间？一个"闯"字，又蕴含多少源自生活的学习方法，演绎多少融于生活的学习情境？

"社会大学有积累"，其中，在"社会大学"学习，是用什么学习方式，有多大的学习空间？"有积累"，是对"社会大学"——生活中的学习课堂何等评价，何等褒扬？

"自己有好多想法"，其中，"自己有"，是自我导向吗？"好多想法"，是寻找合适的学习方法的必要基础、学习空间的前提条件吗？

"帮人打工不甘心"，是形成学习行为，特别是激励自己去发现适合自己的学习方式、学习空间的潜在能量吗？

"开裁缝店洗衣店"，对后续的学习行为，特别是对后续的学习方式与方法、空

---

① 王润清. 女性创业过程中的学习行为研究——基于生活历史法的个案分析[D]. 上海：华东师范大学硕士学位论文，2006：54～57.

间与情境有影响吗？

"先生更喜欢农业"，学习的方式与方法、空间与情境，还会受到他人的影响吗？

"两个人都要同步"，是伙伴学习吗？是互助学习吗？

"先出去进行考察"，是行动学习吗？是社会学习吗？

"边旅游边长心眼"，是非正式学习吗？是偶发性学习吗？

"看农业节目"，是远程学习吗？是自我导向学习吗？

"和农学院毕业的人一起探讨"，是合作性学习吗？是问题导向学习吗？

"网络咨询、找资料、再看书"，是网络学习吗？是问题解决学习吗？

"我们都研究过了"，是情境性学习吗？是研究性学习吗？

"都是摸索出来的"，是体验性学习吗？是探索性学习吗？

"搞研究，种啊、拢啊"，是体验式学习吗？是典型的做中学吗？

"果子生病，想过好多办法"，是问题导向学习吗？是情境学习吗？

"请农科院、科技院的人来会诊"，是借助外力学习吗？是合作学习吗？

"急得要跳楼啊，钱都砸下去了"，会逼出新的学习方式、学习方法来吗？

"只能靠自己搞实验"，是自我导向学习吗？是实验性学习吗？

"人能打吊针治病，果树就不能吗"，是刺激—反应吗？会催生新的学习方法吗？

"给果树一棵一棵地打针"，是情境学习吗？是行动学习吗？

"这个药用点，那个药也用点，试一试呀"，是经验学习吗？是试误式学习吗？

"活了！很惊喜，很高兴"，是情境学习的结果吗？是转化学习的结果吗？

"不是人家叫你做，都是自己要坚持"，是对多种多样成人学习方式方法形成的根本缘由的感悟吗？是对成人学习行为之存在的本质特征的揭示吗？

"那个连续剧看看很有好处"，是在倡导非正式学习吗？鼓励偶发性学习吗？

"看了就能够学到很多东西"，是在肯定非正规、非正式学习的重要意义吗？

"要经常在外面不断地学习"，是在暗示学习的空间无限大，情境无限多吗？

"一定要多听听人家的意见"，是在怀念伙伴学习、合作学习、社会学习吗？

"对反馈意见要经常探索、反思"，是在眷恋探索性学习以及反思性学习吗？

……

显然，对于其中的某些情形，大可围绕学习方式与方法，学习空间或学习情境形成更多的设问，甚至还可借此对成人学习的方式与方法、空间与情境产生更多的联想。

然而，所有这一切都可以表明，在成人学习的方式与方法、空间与情境方面，我们还存在许多的未知领域，还存在许多的不确定性。换言之，未来的成人教育科学及其体系构建，对于成人学习的方式与方法、空间与情境，其基础与条件、形成与变化、意义与作用、样态与特色、结构与过程、趋异与趋同、优势与弊端、选择与运用、独立与整合、效用与效能等，还都必须形成新的发现性、提升性、整体性的了解，还都必须发生新的突破性、提炼性、系统性的认知。否则，还是先前那句老话：不知"学"，怎知"教"？不明如何"学好"，怎知如何"教好"？

其五，要开创成人的学习力培养与主体性发展研究。

学习力及其培养、主体性及其发展，这两项命题其实在心里已经萦绕了很久。一则是因为它们终是成人学习及其研究活动的逻辑使然，另则便是因为心里一直存有两个现实困惑。对于"逻辑使然"似乎已经可以搁置不表，而对于"现实困惑"倒是必须予以专门一说：

第一，无论是在成人教育圈外还是圈内，我不明白为什么迄今为止桑代克"学习之能量永不停止，25岁之后仍可继续学习"的结论还是显得那般无力、那般无助，以致总是有人还在怀疑成人参与学习的能力？我不知道为什么当今时代人们总是要求成人学这学那，却始终在各种各样的教育教学过程中忽略了对学习者学习力的培养，以致"教止于不教"似乎永远是句美丽的口号？

第二，无论是在成人教育的理论层面还是实践层面，我不明白为什么迄今为止联合国教科文组织关于教育过程正在发生明显"主体转移"的判断还是显得那么式微、那么脆弱，以致总是有人还在"主导"与"主体"之间玩弄文字游戏？我不知道为什么当今时代人们总是要对成人教这教那，却始终在各种各样的教育教学过程中忽略了学习者主体性的发挥，以致学习者"越来越不成为对象，而越来越成为主体"似乎依然显得那么牵强？

对此，我曾经有过两项行动：

第一项行动是专门撰文论述了成人学习力这个问题，文中的三个基本观点是：

"学习力"表示一种复合的力量——法语 énergie、英语 energy，均有表示"力""力量""能量"的意思，而学习力中的"力"字，其意正好与之吻合。由而，学习力被初步定义为："绝不是学习能力的简单替代，而是包括通常意义上的学习能力在内的，或者说以其为核心组成部分的，能够不断触发、顺利推进和有效完成学习活动所需的各种之力（力量、能量）的总和"。①

"学习力"可以涉及多个层面——形成学习行为，展开学习活动的力量总体，可以分解为三个层面：基础性力量，即学习行为的总动力，包括积极的学习态度、终身学习的观念；间接性力量（相对更为直接的学习力量而言，不存在忽略其价值之意），包括学习需求的识别力、学习潜能的评价力、学习行为的理解力；直接性力量，包括学习活动的激活力（学习动机、学习兴趣、学习情绪与学习意志等），以及学习能力，即通常所说的，作为知识、智力、学习策略、学习方法等要素相互作用的结果，并实际介入学习活动过程中的获取知识和掌握技能的能力。

"学习力"需要开发与培养——虽然已经进入了一个在全人类范围内倡导终身学习的新世纪，但从总体上反观我们现有的学习力，依然还不尽如人意；反观我们现有的学习效率，依然还十分低下。因此，在加强对成人群体、成人个体各种能力开发、素质培养的同时，还必须在尽可能广泛的范围内，特别重视并专门加强对其身上的一种基本能力、基本素质——学习力的开发与培养。

第二项行动是反复阅读国际范围内新近有关成人学习方式方法的研究文献，旨在观察其中对于学习者主体包括主体性发挥的相关认知。结果，让人感到惊诧不已的是，几乎所有方式方法都在通过其自身的内涵或者作用与功能的阐释，而在为张扬学习者主体或者在为发挥学习者的主体性摇旗呐喊。且看如下主要几例：

"自我导向学习"有言：坚持自我导向的学习者，具有强烈的学习欲望和学习信心，他们能够自己引发学习行为、自己制订学习计划、自己安排学习步骤、自己调配学习时间、自己发现学习诀窍、自己训练学习能力、自己完成学习任务、自己评价学习结果。

---

① 高志敏. 人力资源开发中的学习力构架研究［J］. 河北师范大学学报（教育科学版），2002，(6)：24.

"身体亲历学习"表示:学习行为是学习者情感和身体在一定时间里展现自我的反应,也是在特定的社会交互活动中体现自我的产物。

"非正式学习"声称:与所谓正规的学习相比,其根本分野,就是在非正式学习中,学习的主动权主要掌握在学习者手中。

"叙述性学习"认为,这是一个通过叙述的方式对自己亲身经历的故事或事件进行认真回顾和反思的过程,亦是一个自我理解、自我塑造,并借此影响他人的过程。

在"情境学习"看来,在情境学习中,学习者是观察学习、掌控学习的主宰;知识由个体主观建构而成,换言之,学习者总要以积极、主动乃至互动的姿态去建构有意义的知识。

在"转化学习"眼里,各种学习的发生均在于解决问题,而每一问题的解决都要受到个体意识的影响,这是一种反思性的过程。而当一个人在反思其生命所经历事件之背后的假设或期待中,一旦发现其存在错误或显得有所不周时,转化学习便会发生并得到推进,从而促进人的成长与发展。

"情感学习"强调,必须关注每个学习者天赋的表象与想象作用,以增强对其自我的了解,尤其是对其自我潜意识的认识,从而促进每个学习者与他人和社会建立更加良好的关系。

"偶发学习"指出,个体在不经意的时候也会发生学习行为,它是学习者主体一种隐性的或是无意识的学习活动。

其中:

——"自己""自我""个体""亲身""主宰"等,不正是在直指"主体"本身?

——"欲望与信心""表象与想象""假设与期待""情感与身体""主观与主动""意识与潜意识",乃至"不经意"与"无意识""错误与不周"等,不正是在直言"主体"的本来?

——"引发与制订""安排与调配""发现与训练""完成与评价""反应与产物""回顾和反思""观察与掌控""积极与主动""反思与反省""发生与推进""身体亲历与亲身经历",乃至"掌握主动权"等,不正是在表达学习者在学习过程中的种种具有主体精神的行为？

——"自我展现与自我体现""自我了解与自我认识""自我理解与自我塑造""建构有意义的知识""促进人的成长与发展"，乃至"与他人互动、影响他人""与他人和社会建立良好关系"等，不正是在呈现学习者在学习过程中的种种具有主体意旨的追求？

话说至此，极想"插播"性地提示大家：此前有关C女士的创业学习故事，虽然被用来作了"方式方法"和"空间情境"视角的解读，但若再换个视角细作回味，您一定又会领略到许多与此段"关键词语式"分析相似的，有关这位成人学习者在其学习过程中的主体体现，并且大有被发挥得淋漓尽致的地方！

总之，在各种各样的成人学习行为探究中，特别是在有关成人学习方式方法的探索中，有一种思想正愈益升腾开来，有一种理念正愈益坚定起来，那就是，在学习活动中，别人永远代替不了自己；在学习行动中，他人永远代替不了自我；在学习行为中，客体永远代替不了主体。而在"关切生活"的大前提下，我又尤其感悟到，身处社会现实生活之中的，无时无刻不作为"主体"身份而存在，不冠以"主体"角色而登场，不张扬"主体"特性而表现，不体现"主体"精神而作为，不追求"主体"意旨而发展的成人群体，又怎会不受之影响，不受之规约，而去全然屈从于来自传统教育势力道貌岸然般的发号施令呢？而去全然服从于来自传统教育力量居高临下般的灌输与填压呢？

然而，回过头来，仍然叫人唏嘘不已的是，有关成人的学习力及其培养问题，以及有关成人学习者的主体性及其发展问题，其关注度、深入度，无论是在现有的成人教育一线实践中，抑或是在现有的成人教育科学研究中，还是显得那样的匮乏，那样的不足（包括自己此前有关成人学习力的思考，其实同样缺乏一种具有根源性、根基性特征，乃至触及如何加以开发、如何加以培养等的深入剖析）。另外，还让人倍感遗憾的是，即便是那些已经有所体悟、有所心得的研究成果，又有多少能够在实践中加以广泛采纳与切实运用呢？

期许随着成人学习研究活动的不断深入，能够让我们越来越清楚地发现：

——经过生活磨炼、磨砺的成人的学习力，究竟会发生何等变化、形成何等组合、产生何等效用；

——经过生活濡染、浸润的成人的学习力,究竟应当得到一种怎样的开发与培养,或怎样的关照与运用。

期待随着成人学习研究活动的不断深化,能够让我们越来越清晰地看到:

——成人学习者的主体性,经过生活历练,究竟会变得何等坚定;经过生活锤炼,究竟会变得何等坚强;经过生活锻造,究竟会变得何等坚固;

——坚定、坚强、坚固的主体性,究竟会使成人生发、触发,乃至爆发怎样一种学习活动;

——生活滋养中或生活滋润后的成人学习者的主体性,究竟当在教育、学习过程中扮演什么角色,发挥何等作用;

——因生活而滋益、而滋蔓的主体性,在教育、学习背景下,又应得到怎样一种呵护与发展,又应得到怎样一种运用与释放。

……

路向之三,关怀生活,探索、创新教育的路向。

很显然,路向之三,关涉到了"教"或者说"教育"方面的问题。没有改变的是,我依然郑重其事地将"关怀生活"放在了整个标题的最前端。对之,已无需再作其他更多的解释,而只想表明,进入"教育"方面的路向探讨,"回归丰富的成人生活世界,走进缤纷的成人精神家园""帮助成人获得成功的生活,走向成功的人生"更绝然不当是两句口惠而实不至的空话。

所谓"探索",就是在未来的日子里,成人教育科学及其体系构建,要首破一个"自"字——喜欢沉湎于一种奇怪的"自恋"感之中,习惯自得其乐,进而自说自话、自行其是,结果不仅会落得自讨没趣,更可能会耽误了成人学习的大事,糟蹋了成人教育的大业——从而,紧紧贴着成人生活世界的地面,深深仰望成人精神家园的天空,在有所继承的同时,翻过旧的一页,去为帮助成人学习、服务成人生活,而不断探索、不断进取,以真正建立起一个坚强稳固的成人教育支持系统。

所谓"创新",就是在未来的日子里,成人教育科学及其体系构建,要再弃一个"自"字——喜欢沉浸在一种奇异的"自爱"感之中,习惯自我陶醉,进而自吹自擂、自作主张,结果不仅会落得自取其咎,更可能会耽误了成人学习的大事，糟蹋了成人教育的大业——从而，紧紧接着成人生活世界的地气，深深汲取成人精神家园的养分，在有所传承的同时，掀开新的一页，去为促进成人学习、服务成人生命，而不断开拓、不断创新，以真正建构起一个充满活力的成人教育支持系统。

总之，通过成人教育科学及其体系构建，从今往后，我们希望不再看到"学习"与"教育"疑似两张皮，"学者"与"教者"疑似两颗心！更希望不再看到"生命"与"学习"疑似两道辙，"生活"与"教育"疑似两条道！而期待呈现在眼前的，是后者真心"遵从"于"前者"，"后者"真诚服务于"前者"的一种融合与归并。具体说来：

其一，要开创和谐的环境支持系统研究。

最近，在《中国社会科学报》上读到东南大学马克思主义学院江德兴教授的一篇文章：《马克思"人是目的"思想与民生幸福》。文章虽然很短，但其中所给出的马克思有关"人是目的"与"民生幸福"的思想，着实让人可以体会到一种深深的鞭辟入里之感。

"人是目的"的实质——它是"一个社会历史概念，是人类社会发展的核心价值和根本目标，也是人类社会发展的内在意义"。

"人是目的"的论证——"其一，作为论证的基础，马克思首先从人与动物的差别中提炼人是自主的、有意识的存在者；其二，马克思从人与物质生产的关系角度，论证了'人是目的'的思想；其三，社会关系是人的活动的产物，是人的现实性的表现，也是人的活动（劳动是一种主要的活动）得以进行的社会形式。"

"人是目的"思想对于认识"人的幸福"的意义——"马克思关于'人是目的'的上述思想，是我们讨论幸福问题的理论基础。"由之可以确定："……幸福是感性与理性、自然与人的和谐统一；……幸福最主要的是体现在自己创造性的活动之中；……人作为社会存在物，其幸福具有社会属性。"

"人的幸福"的定义——"马克思的幸福观表明，幸福不仅是个人的主观体验和感觉，它是涉及个人的物质生活、社会生活和精神生活的总体。"

"人的幸福"的条件——"第一，打造符合人的尊严的生活平台；第二，构建和营造'以人为本'的民生幸福的政治前提或政治环境；第三，营造工作及其工作环境的幸福；第四，把精神文化消费问题当作人的能力发展的重要方面来看待。"①

将之与"关切成功人生"的成人教育、成人学习粘连起来：

——其根本，何以不是"人是目的"及其实质的一种重要反映？
——其存在，何以不是作为一种自主而有意识的存在者的存在？
——其运演，何以不是作为一种人与物质生产之间关系的阐扬？
——其发展，何以不是作为一种人的现实性与社会关系的表现？

将之与"关切成功生活"的成人教育、成人学习黏合起来：

——其宗旨，何尝不是"人的幸福"及其追求的一种重要印证？
——其存在，何尝不是为了人的物质生活、社会生活和精神生活需求的同时满足？
——其运演，何尝不是为了打造符合尊严的生活平台、营造民生幸福的生存环境？
——其发展，何尝不是为了营建尊重人性的活动空间，实现人的全面发展、终身发展？

此一串话语、此一番联想，似乎为以下叙说注入了更多的力量。

由此，对于数以亿万计的成人学习者来讲，成人教育科学及其体系构建首先要开创一种和谐的环境支持系统研究。对之，思来想去，觉得至少需要表达以下几层意思：

第一层意思是，通过成人教育科学及其体系构建，务必使未来的环境支持系统，以照拂成人学习者的成功生活、关照成人学习者的成功人生，而确立起坚定的扶持意识——扶持成人教育的发展、扶持终身教育的发展，与坚定的促进意识——促进成人学习的发展、促进终身学习的发展。

第二层意思是，通过成人教育科学及其体系构建，务必使成人教育在生存与发展的外部关系和环境方面，无论面临什么历史际遇，其地位与作用、价值与意义都不再被轻视，不再被忽略，而当与其他类型的教育活动一起，得以受到全然平等而

---

① 江德兴. 马克思"人是目的"思想与民生幸福[N]. 北京：中国社会科学报，2012-1-18.

相同的对待、和谐而相同的关顾。

第三层意思是，通过成人教育科学及其体系构建，务必使成人教育在生存与发展的内部关系和环境层面，无论面对何等时空条件，其不同群体、不同样式，乃至不同目的、不同内容的教育、学习活动都不再被区别对待，而是得到平衡而整体的看待、和谐而系统的关照。

第四层意思是，通过成人教育科学及其体系构建，务必使和谐的环境支持系统研究能够进一步落到实处，即能够使成人教育生存与发展的环境支持系统真正得以和谐而全面的营建。有关本土的成人教育环境支持系统，心中特别期待其在不久的将来：

——能够充分地构建起一种有法可循、有法可依、有法必依的法律支持系统；

——能够系统地构建起一种公平透明、全面包容、行之有效的政策支持系统；

——能够切实地构建起一种政府指导、社会卷入、彼此互动的组织支持系统；

——能够有效地构建起一种劳动—教育、工作—学习相互交替的时间支持系统；

——能够广泛地构建起一种"时空得以充分利用""媒体能够广泛参与"的社会舆论支持系统；

——能够真正地构建起一种学有所获、学有所成、学有评鉴的认证支持系统。

叙述到这里，我又不禁回想起自己曾经说过的一段话："（在我国）成人教育半个多世纪留下了蹒跚、踯躅乃至颠簸、坎坷的脚印，重要原因之一就是其宏观生存环境还远未为之提供足够的支持力量。（而构建好以上环境支持系统种种）都将是相当长一段时间里成人教育研究需要对之做出重点选择的课题。这些课题一旦有所突破，那么，就有可能为成人教育创建出一种四处荡漾和谐气氛的宏观生存环境"。①

其二，要开创有力的运作支持系统研究。

需要先行说明的是，在本土，对于成人教育的运作问题，一段时间以来，人们似乎很热衷于对它的体制、机制问题展开讨论。体制、机制建设及其研究固然十分重

---

① 高志敏. 成人教育研究的反思与前瞻［J］. 教育研究，2006（9）：64.

要，但它们同样可以甚至更适合在环境支持系统研究范畴中，特别是法律支持系统、政策支持系统、组织支持系统的研究范畴中加以探讨，而在这里，我更愿意将其置于一个尤为基础性的层面，即涉及财力、物力、人力这三个元素的层面来加以讨论。

当然，对于"开创有力的运作支持系统研究"，首先有一个总的想法需要表达。这个想法就是：通过成人教育科学及其体系构建，务必使未来的成人教育运作支持系统，以照护成人学习者的成功生活、关顾成人学习者的成功人生，而确立起坚定的遵从意识——遵从成人的终身发展与全面发展要求、遵从成人的终身教育与终身学习需求，并确立起坚定的服务意识——服务成人的终身发展与全面发展、服务成人的终身教育与终身学习。

而具体到打造财力、物力、人力三足鼎立的成人教育运作支持系统，根据自己长期的观察和感受，我认为：

首先，要进一步开创成人教育的财政投入研究。这样做的目的，至少是对第六届国际成人教育大会《贝伦行动框架》中"要确保提供优质的成人学习和成人教育，大量的财政投资是必需的"这一号召的正面响应。

其次，要进一步开创成人教育的物力投入研究。这样做的目的，至少也是对《贝伦行动框架》中"成人学习和成人教育是一项有价值的投资"这一判断的正向回应。

最后，要进一步开创成人教育的人力投入研究。人力投入有多重要，想必所有人都不会表示质疑。同样的，这方面的研究工作做好了，亦是对《贝伦行动框架》从各级公共行政当局、民间社会组织、社会合作伙伴、各种私营部门、各种社会力量以及各种教育者组织集结人员队伍，来"参与制定、实施和评价成人学习和成人教育政策实施与计划推进"这一要求的积极回馈。

同样，不禁又想起了前些年针对本土成人教育运作支持系统的实际状况曾经发表过的那段感言：

"打造财力、物力、人力三足鼎立的成人教育运作支持系统势在必行。因为，以时下微不足道的集资途径、差强人意的教学设施、战斗力脆弱的人员队伍，是无论如何难以真正支撑起我国近十亿成年人口之教育大业的。现实的目标就是：为财力、物力与人力资源建设寻求出路，打造有力的成人教育运作支持系统，这是摆在成人教育研究面前又一项实实在在需要攻克的重大课题。"①

其三，要开创科学而艺术的教学支持系统研究。

有多少社会贤达曾经为科学、艺术而呕心沥血；有多少仁人志士曾经为科学、艺术而殚精竭虑！诺尔斯及其前后诸多学者，为了成人教育科学、为了成人教育艺术，又何尝不是如此。

讲到"要开创科学而艺术的教学支持系统研究"时，读者诸君不妨首先回念一下诺尔斯的"成人教育学是一门帮助成人学习的艺术和科学"的思想，至少可以再反观一下我在第三章对于诺尔斯这一思想的概述。诺尔斯认为，无论是儿童教育学，还是成人教育学，都是"艺术与科学"，其中的"分水岭"在于前者是一门倾向于"教"的"艺术与科学"，而后者是一门倾向于"帮"的"艺术与科学"。当然，诺尔斯每次将"帮助成人学习的艺术和科学"说成是"另一种有关学习者的模式"，也曾让我心生别扭，即虽然不能说有何谬误，但又总觉多少有些闪烁其词，有些徘徊在成人教育学之性质核心的边缘部位。

诚然，在这里对"教学支持系统研究"而作的"科学而艺术的"限定，既有继续反映学科内涵、学科性质等的一面，又有进一步倡导这样一门"科学"与"艺术"，其科学性、艺术性在教学过程中得以更广泛体现出来的一面。由此，我想告诉读者诸君：

所谓开创"科学而艺术的"教学支持系统研究，此时此刻在我心里，就是要根据成人教育科学及其体系构建已经确认了的伦理与纲领、性质与目标、意义与作用，以及它的源点、起点，并与先前的基础研究路向、学习研究路向相呼应，来探究针对成人的教学活动、设计针对成人的教学活动、实施针对成人的教学活动。

换言之，就是希望通过成人教育科学及其体系构建，务必使未来的成人教学支持系统以关怀成人学习者的成功生活、关切成人学习者的成功人生，而确立起坚定的帮助意识——帮助成人卷入学习、帮助成人展开学习、帮助成人推进学习、帮助成人获得学习的快乐与成功，直至帮助成人走向成功的生活，并确立起坚定的引领意识——引领成人参与学习、引领成人展开学习、引领成人推进学习、引领成人获

---

① 高志敏. 成人教育研究的反思与前瞻 [J]. 教育研究，2006 (9)：64.

得学习的喜悦与成功,直至引领成人迈向成功的人生。

即便搁置伦理、纲领等视角,仅从成人因为生活而在学习需求、学习动机、学习风格、学习方式、学习空间、学习的主体性等方面所表现出来的特征而言,以往许许多多与之格格不入的教学思想、教学方法就都已经到了必须加以"回收"或"清空"的时候了。转而,便是期待成人教育科学及其体系构建在未来的日子里,能够构筑起一种基于生活、基于生命,充满科学神思、溢满艺术神韵的成人教学支持系统。

对这个期待中的教学支持系统,我多年以前就有了如下一些想象与诉求:其理念必须实现从"教的给予"向"关爱学习者的生命"转移;其思想必须实现从"教的施舍"向"关切学习者的生活"转换;并且,能够将这份"关爱"与他们的学习需求紧紧地融合起来,能够将这份"关切"与他们的学习追求紧紧地串联起来。

从而,更使其:

——目标能够实现从"唯学历、唯文凭"转向"促进人的终身、全面发展";

——使命能够实现从"唯知识、唯技能"转向"重态度、重素质、重精神";

——责任能够实现从"教你灌你、填你压你"转向"帮你助你、引你领你";

——视野能够实现从"偏爱某些或某个成年群体"转向"关照所有成年者";

——空间能够实现从"以学校为唯一"转向"以社会为课堂、生活为课堂";

——起点能够实现从"既成的知识框架"转向"来自生活的实际学习需求";

——手段能够实现从"单一的教师信息传播"转向"多种途径的综合利用";

——方法能够实现从"单一的教师讲授、面授"转向"多种方法兼容并蓄";

——资源能够实现从"单凭来自教师的知识"转向"同时利用学习者的经验";

——时间能够实现从"集中式、定时制为主"转向"个性化、弹性制为主";

——评价能够实现从"教师为唯一判官"转向"师生、伙伴等的共同评价"。

"显然,形成一门帮助成人学习的科学,完善一门帮助成人学习的艺术,需要完成的命题还远非以上所列,但即便如此,也已足以让人感受到其任之重,其道之远。对于这些题目如若等闲视之、轻描淡写,科学而艺术的教学支持系统决然无法矗立起来。"[1]

---

[1] 高志敏. 成人教育研究的反思与前瞻[J]. 教育研究,2006(9):65.

二、再揆度：内容与边界

这一部分要讨论的命题是成人教育科学及其体系构建的内容与边界。

对此，我用了"揆度"一词。根据《现代汉语词典》的解释，"揆"就是"推测揣度""揆情度理"的意思，"揆度"，就是"估量""估摸"和"揣测""测定"的意思。在这里，所谓内容与边界的再揆度，就是想尝试着根据先前伦理与纲领的再擘画、性质与目标的再洞见、意义与作用的再畅想，特别是紧接着源点与路向的再端量，来再一次阐述未来的成人教育科学及其体系构建的"内容与边界"应当做出怎样一种新的思考和选择。

其实，很长时间以来，我一直感觉本项研究、本部著述最关键、最吃重的也许就是源点与路向这两个命题。果不其然，它们的写作用了将近五个月的时间（2011年9月10日至2012年1月31日），而且，我的眼睛也就是在这个时候出了故障。但是，也就是在叙写源点与路向这组命题的时候，特别是到了其结尾部分，渐渐感觉后边要叙说的内容与边界乃至空间与方法的基本思路与基本线条，似乎都因为有其垫底，而十分自然地变得清晰、明朗起来了。也就是说，对于这后两组命题，似乎可以用一种更加直奔主题的方式来加以表达了。

第一，关于内容。

根据先前的惯例，还是应当首先说明一下以下几个方面的问题：

其一，关于"内容"的意涵。在第三章中曾指出，"内容"的基本释义是"构成事物的内在诸要素的总和"，或者，是指"事物内部所含的实质"。结合本项研究、本部著述，则可将之定义为：根据先前确定的新伦理与新纲领、新性质与新目标、新意义与新作用，特别是新源点与新路向，成人教育科学及其体系构建所应包含、所应反映的种种"实质"或"材质"，事实上，也可以说是作为研究者由之所推导、所推衍的，事关成人教育科学及其体系构建的一种内容构成体系。

其二，关于内容再揆度的意义。

如果说路向讨论是对源点作为"胚芽"之裂变的一次"密码"破译，是对源点作为"萌芽"之生长的一次"轨迹"探寻，那么，内容讨论，则将使路向作为"密码"破译过程中的一个个切切实实的关注点得以真正的展现,将使路向作为"轨迹"探寻过程中的一个个实实在在的聚焦点得以真切的呈现。

或者说,如果路向讨论蕴含着一种对未来的图景展望,那么可以坚信,通过内容探究,就一定会使成人教育科学及其体系构建这幅图景进一步显现其更加具体的景点,乃至其更加清晰的景致。

毫无疑问的是,"一个个切切实实关注点的展现""一个个实实在在聚焦点的呈现",或者说,"一个个更加具体景点的标识""一个个更加清晰景致的标示",一定会成为未来成人教育科学及其体系构建的具有实际运用意义的指南。

当然,"内容"命题的再思考、再揣度,同样也是对成人教育科学及其体系构建伦理与纲领新擘画、性质与目标新洞见、意义与作用新畅想等的又一种嵌入实际的体现与反映。

总之,在伦理与纲领、性质与目标、意义与作用重新认识、重新建构的基础上,成人教育科学及其体系构建的新源点得以确立,进而,新源点又导出了新路向,而新路向又必然要在其行进的道路上,通过新内容来更加具体、明确地表明在哪些方面当显示自己的新作为、在哪些地方须留下自己的新脚印。

其三,关于诺尔斯的成人教育学之内容构成,可以将之称为一个"靶式"结构,"靶心"(概念的厘定与确立)→"九环"(成人教育面临的挑战与机遇分析)→"八环"(成人教育学的基本理论阐述)→"七环"(成人教育工作者的角色识别)→"六环"(成人教育全面计划的设计与管理)→"五环"(学习活动的设计与管理)→"四环"(全面计划与管理的组织与政策环境建设)→"三环"(学习活动的气氛打造)→"二环"(不可或缺的附录配套)→"一环"(唤起学科探索的激情)。

其四,关于我等当年的成人教育科学体系的"内容"构成,可描绘成一个大圆,并涵括一个品字形的、由三个相互交叠小圆组成的图形。兴致使然,又将其喻为一种飞机型的结构:"大圆"似机身,承载着学科体系的知识主体、内容主体;上端"小圆",似机首,以基本概念的厘清、基本认识的澄清,而期待其产生基础意义与导向意义;左侧"小圆",似左侧机翼,右侧"小圆",似右侧机翼,因为历史积淀的力量、时代背景的力量、条件成熟的力量,加之行动目标的考量、研究方法的设定，而期盼其能够促使整架飞机——成人教育科学及其体系构建的全部行动——起飞。

其五，关于反思中的问题。第三章反思中，在充分说明其价值的同时，对于诺尔斯成人教育学的内容构成，我曾想象，若将学科的理论源点径直接轨于对成人社会生活担当的支持、对成人社会角色履行的襄助，那么，有关它的内容及其体系又当会是怎样一种不尽相同的演绎？对于我等成人教育科学体系的内容构成，我又曾拷问自己：如果对内容建构的起始点和着落点做出真正适切的选择，以及对体现其本原或本真的原始动力与终极目标做出真正恰切的认定，那么，其总体内容及其体系又当会是怎样一种截然不同的呈现？

于今，沿着从伦理与纲领的再擘画，到性质与目标的再洞见，从意义与作用的再畅想，到源点与路向的再端量这样一条路线，一路"长途跋涉"之后，其水到渠成、呼之欲出的学科内容构成，又究竟当是怎样一种状况，又当是怎样一种格局呢？

下面，就让我们紧贴新的路向，试将成人教育科学及其体系构建在未来所应展现的基本内容——探索中所应得到的关注、研究中所应进行的聚焦，即其基本的实质构成、基本的元素涵括——一一呈现开来。

依循"关切生活，拓宽、精深基础的路向"，成人教育科学及其体系构建的研究内容将涉及如下四个组别，其名称以及主要的内容构成可以是：

第一组：关于成人群体生存与生活状况的总体研究。具体可含：

——成人群体的人口总量水平研究；

——成人群体的预期寿命水平研究；

——成人群体的科学普及水平研究；

——成人群体的文化教育水平研究；

——成人群体的劳动能力水平研究；

——成人群体的人文素质水平研究；

——成人群体的身心健康水平研究；

——成人群体的居住环境水平研究；

——成人群体的劳动就业水平研究；

——成人群体的乡村生活状况研究；

——成人群体的城市生活状况研究

——成人群体的日常生活状况研究；

——成人群体的职业生活状况研究；

——成人群体的婚姻生活状况研究；

——成人群体的家庭生活状况研究；

——成人群体的闲暇生活状况研究；

——成人群体的社会生活状况研究；

——成人群体的精神生活状况研究，等等。

所有这些研究，最起码要反映出各项主题事实的历史、现状、变化趋势以及相关的成因，从而，基于成人教育、成人学习视角，来发现它们的影响作用、推动作用，并寻求成人教育、成人学习与之具有适应意义、主动意义抑或互动意义的行动方针、行动方略等。

第二组：关于成人群体生存与生活状况的分类研究。具体可含：

——基于性别维度的成人群体分类研究；

——基于年龄维度的成人群体分类研究；

——基于教育维度的成人群体分类研究；

——基于职业维度的成人群体分类研究；

——基于阶层维度的成人群体分类研究；

——基于地域维度的成人群体分类研究；

——基于日常生活层面的成人群体分类研究；

——基于职业生活层面的成人群体分类研究；

——基于家庭生活层面的成人群体分类研究；

——基于婚姻生活层面的成人群体分类研究；

——基于闲暇生活层面的成人群体分类研究；

——基于社会生活层面的成人群体分类研究；

——基于精神生活层面的成人群体分类研究，等等。

所有这些研究，均试图从不同的视角出发，来解读成人群体的基本结构，并希望由此能够呈现不同成人群体不同乃至特定的生活状况、生活特征，以及与教育、学习之间不同乃至特定的相关，最终以求为成人教育、成人学习探获更具灵活性和针对性、切入性和有效性的行动方向、行动方案等。

第三组：关于成人生活境遇及其与教育、学习的相关研究。具体可含：

——社会现实与成人群体、个体生活境遇的相关性研究；

——社会变迁与成人群体、个体生活境遇的相关性研究；

——生活境遇及其变化与成人生活世界的相关性研究；

——生活境遇及其变化与成人精神家园的相关性研究；

——成年期不同发展阶段的社会角色变化与扮演研究；

——成年期不同发展阶段的生活任务变化与履行研究，等等。

诚然，所有这些研究活动的视角和视线，均是基于成人教育和成人学习的，它们的起始与归宿，又都是为了在一种开放与动态的、真切而实在的情形下，帮助成人学习者迈向成功的教育和学习、迈向成功的生活和人生。

第四组：基于多元学科视角的成人教育理论与实践研究。

如果说此前三组研究主要是针对成人群体或不同的成人群体与个体所面临的生存与生活、生活世界与精神世界、生活状态与生活境遇以及成年时期所扮演的社会角色与所承担的生活任务的现实与变化，而特别强调对其信息的捕捉，对其事实的发现，对其情形的把握，并由此与成人教育、成人学习交叉起来，而展开探究的话，那么，第四组研究则似乎更希望在此基础上，从各种具有一定成熟意义与创新意义的相关学科、学说出发，或者说，进一步借助与运用多种相关学科、学说的力量，同已经拥有科学名义的成人教育科学结合起来，乃至相互融合，而展开更加具有学理意义的剖析与具有基础意义的研究。具体可以包括：

——哲学及其发展背景下的成人教育、成人学习研究；

——史学及其发展背景下的成人教育、成人学习研究；

——心理学及其发展背景下的成人教育、成人学习研究；

——毕生心理学及其发展背景下的成人教育、成人学习研究；

——认知心理学及其发展背景下的成人教育、成人学习研究；

——社会学及其发展背景下的成人教育、成人学习研究；

——政治学及其发展背景下的成人教育、成人学习研究；

——经济学及其发展背景下的成人教育、成人学习研究；

——人类学及其发展背景下的成人教育、成人学习研究；

——文化学及其发展背景下的成人教育、成人学习研究；

——管理学及其发展背景下的成人教育、成人学习研究；

——生命科学及其发展背景下的成人教育、成人学习研究；

——生活科学及其发展背景下的成人教育、成人学习研究；

——自然科学及其发展背景下的成人教育、成人学习研究，等等。

依循"关照生活，洞彻、诠释学习的路向"，成人教育科学及其体系构建的研究内容将涵盖如下五个组别，其名称以及主要的内容构成可以是：

第一组：关于成人学习的基本原理与机理研究。

1. 嵌入生活关照的成人学习原理研究，具体的论域可以包括：

——成人学习权与发展权研究；

——成人学习的基本内涵厘定；

——成人学习的历史过程探究；

——成人学习的现实状态分析；

——成人学习的发展趋势预测；

——成人学习的内外动因解析；

——成人学习与成人生活的互动关系解读；

——成人学习与人的终身发展关系的阐释；

——成人学习与人的全面发展关系的诠释；

——成人学习与社会持续进步的关系解析；

——成人学习与社会和谐发展的关系分析，等等。

2. 注入生活关照的成人学习机理研究，具体的论题可以包括：

——成人学习机理的内涵研究；

——成人学习行为的触发研究；

——成人学习行为的施行研究；

——成人学习行为的制约研究；

——成人学习行为的激励研究；

——成人学习行为的效果研究；

——成人学习行为的循环研究；

——学习机理对不同历史条件的反应研究；

——学习机理对不同文化条件的反应研究；

——学习机理对不同目标条件的反应研究；

——学习机理对不同年龄条件的反应研究；

——学习机理对不同性别条件的反应研究；

——学习机理对不同社会角色的反应研究；

——学习机理对不同发展需求的反应研究；

——学习机理对不同生活背景的反应研究；

——学习机理对不同生活境遇的反应研究，等等。

第二组：关于成人的学习需求与学习动机研究。

1. 切入生活世界，走进精神家园的成人学习需求研究，具体的论域可以包括：

——基于生活世界、精神家园的成人学习需求之内涵研究；

——基于生活世界、精神家园的成人学习需求之特征研究；

——成人学习需求与物质生活、精神生活之间的关系研究；

——成人学习需求的现实情形与发展变化研究；

——成人学习需求的不同种类与不同表征研究；

——成人学习需求与社会角色扮演的关系研究；

——成人社会角色需求向学习需求的转化研究；

——成人学习需求与发展任务履行的关系研究；

——成人发展任务需求向学习需求的转化研究；

——不同时代背景下的成人学习需求差异研究；

——不同区域背景下的成人学习需求差异研究；

——不同群体背景下的成人学习需求差异研究；

——不同个体背景下的成人学习需求差异研究；

——不同生活背景下的成人学习需求差异研究；

——不同生活境遇下的成人学习需求差异研究；

——成人学习需求萌发与变动的影响因素研究；

——成人学习需求对教育学习的影响作用研究；

——成人学习需求的测定模式或测定模型研究；

——成人学习需求的测定方法或测定技术研究；

——成人学习需求测定结果嵌入教育、教学、学习过程的研究，等等。

2. 切入生活世界，走进精神家园的成人学习动机研究，具体的论题可以包括：

——基于生活世界、精神家园的成人学习动机之内涵研究；

——基于生活世界、精神家园的成人学习动机之特点研究；

——成人学习动机与物质生活、精神生活之间的关系研究；

——成人学习动机与学习需求关系的理论与事实说明研究；

——成人学习动机的现实情形与发展变化研究；

——成人学习动机的不同种类与不同表征研究；

——成人学习动机与社会角色扮演的关系研究；

——成人社会角色需求向学习动机的转化研究；

——成人学习动机与发展任务履行的关系研究；

——成人发展任务需求向学习动机的转化研究；

——不同时代背景下的成人学习动机差异研究；

——不同区域背景下的成人学习动机差异研究；

——不同群体背景下的成人学习动机差异研究；

——不同个体背景下的成人学习动机差异研究；

——不同生活背景下的成人学习动机差异研究；

——不同生活境遇下的成人学习动机差异研究；

——成人学习动机萌发与变动的影响因素研究；

——成人学习动机对教育学习的影响作用研究；

——成人学习动机的分析模式或分析模型研究；

——成人学习动机的分析方法或分析技术研究；

——成人学习动机分析结果介入教育、教学与学习过程的研究，等等。

第三组：关于成人的学习风格与学习特点研究。

1. 从成人作为现实生活者出发的学习风格研究，具体的论域可以包括：

——成人学习风格的内涵研究；

——成人学习风格的特点研究；

——不同成人群体或个体的学习风格差异研究；

——成人学习风格与人的成长、发展关系研究；

——成人学习风格与生活历史、生活条件的关系研究；

——成人学习风格与生存状态、生活境遇的关系研究；

——成人学习风格对教育、教学、学习活动的影响力研究；

——成人学习风格与教育、教学、学习活动的衔接性研究；

——成人学习风格测定的方式方法研究，等等。

2. 从成人作为现实生活者出发的学习特点研究，具体的论题可以包括：

——成人学习特点的内涵研究；

——成人学习特点的表征研究；

——不同成人群体或个体的学习特征差异研究；

——成人学习特点与人的成长、发展关系研究；

——成人学习特点与生活历史、生活条件的关系研究；

——成人学习特点与生存状态、生活境遇的关系研究；

——成人学习特点对教育、教学、学习活动的影响力研究；

——成人学习特点与教育、教学、学习活动的衔接性研究；

——成人学习特点测量的技术技能研究，等等。

第四组：关于成人学习的方式与方法、空间与情境研究。

1. 联接成人生活的学习方式、方法研究，具体的论域可以包括：

——成人学习方式、方法的形成与发展研究；

——成人学习方式、方法的意义与作用研究；

——成人学习方式、方法的样态与特色研究；

——成人学习方式、方法的结构与运演研究；

——成人学习方式、方法的趋异与趋同研究；

——成人学习方式、方法的优势与弊端研究；

——成人学习方式、方法的选择与运用研究；

——成人学习方式、方法的效用与效能研究；

——成人学习方式、方法的互补与整合研究，等等。

2. 联接成人生活的学习空间、情境研究，具体的论题可以包括：

——成人学习空间、情境的形成与变化研究；

——成人学习空间、情境的基础与条件研究；

——成人学习空间、情境的意义与作用研究；

——成人学习空间、情境的样态与特色研究；

——成人学习空间、情境的结构与要素研究；

——成人学习空间、情境的趋异与趋同研究；

——成人学习空间、情境的优势与弊端研究；

——成人学习空间、情境的选择与运用研究；

——成人学习空间、情境的效用与效能研究；

——成人学习空间、情境的转换与整合研究，等等。

第五组：关于成人的学习力培养与主体性发展研究。

1. 成人生活视野下的学习力及其培养研究，具体的论域可以包括：

——成人学习力的内涵研究；

——成人学习力的特征研究；

——成人学习力的形成研究；

——成人学习力的结构研究；

——成人学习力的效用研究；

——成人学习力的测量与开发研究；

——成人学习力的养成与运用研究，等等。

2. 成人生活视野下的主体性及其发展研究，具体的论题可以包括：

——成人学习者主体性的内涵研究；

——成人学习者主体性的特征研究；

——成人学习者主体性的形成研究；

——成人学习者主体性在触发学习行为中的作用研究；

——成人学习者主体性在维持学习行为中的作用研究；

——成人学习者主体性在评价学习行为中的作用研究；

——成人学习者主体性对教育、学习过程的影响作用研究；

——成人学习者主体性对教学关系、师生关系重构的影响作用研究；

——成人学习者主体性在教育、学习过程中得以尊重与发展的研究；

——成人学习者主体性在教育、学习过程中得以释放与运用的研究，等等。

依循"关怀生活，探索、创新教育"的路向，成人教育科学及其体系构建的研究内容将涵括如下三个组别，其名称以及主要的内容构成可以是：

1. 照拂成功生活，关照成功人生，坚持扶持意识、促进意识的成人教育环境支持系统研究，其具体论域可以包括：

——成人教育、成人学习的法律支持系统研究；

——成人教育、成人学习的政策支持系统研究；

——成人教育、成人学习的组织支持系统研究；

——成人教育、成人学习的时间支持系统研究；

——成人教育、成人学习的舆论支持系统研究；

——成人教育、成人学习的认证支持系统研究

——成人教育、成人学习各个环境支持系统之间的协调与平衡研究，等等。

2. 照护成功生活、关顾成功人生，坚持服务意识、满足需求的成人教育运作支持系统研究，其具体论域可以包括：

——成人教育的财政投入研究；

——成人教育财政投入的倾斜研究；

——成人教育的物力投入研究；

——成人教育物力投入的倾斜研究；

——成人教育的人力投入研究；

——成人教育人力投入的倾斜研究；

——成人教育财力、物力、人力投入的协调与平衡研究，等等。

3. 关怀成功生活、关切成功人生，坚持帮助意识、引领意识的成人教育教学

支持系统研究，特别期待在以下论域有所展开与突破，如：

——教学目标的（重新）定位研究；
——教学使命的（重新）确定研究；
——教学责任的（重新）认定研究；
——教学视野的（全员）覆盖研究；
——教学空间的（不断）扩展研究；
——教学起点的（重新）设定研究；
——教学手段的（综合）利用研究；
——教学方法的（多样）运用研究；
——教学资源的（多样）选择研究；
——教学时间的（灵活）安排研究；
——教学评价的（共同）参与研究，等等。

叙说至此，读者诸君肯定会发现这样一个内容体系或内容框架是紧挨着源点，特别是由路向的讨论演绎而来的。的确，在我心里，有着这样一种基本设定：经由源点之后的路向的讨论，必定会涉及其具体路线、具体路径的考量，并且总是（或多多少少）需要指出在具体的路线上希望在哪里有所停留，在哪里有所瞩目，或者，在具体的路径上希望在哪里有所驻足，在哪里有所思索，而所有这些希望有所停留或驻足、有所瞩目和思索的地方，又通过专门的内容思考过程，而在成人教育科学及其体系构建的路向图谱中被"定格"下来了。这等情形，亦恰如其沿线上的一个个"景点"，即一个个需要探索的领域、领地，也宛如其沿途上的一个个"景致"，即一个个需要展开的论域、论题，或被浮现，或被转化，或被提炼，并正式合成了如上所述的这样一个内容体系或内容框架。

也就是在特别重申以上路向与内容之间这份特殊关系的时候，眼前的这个内容体系或内容框架，突然恍如一面镜子，直立了起来。更为神奇的是，它并没有映照我此时此刻的脸部表情，而是直接映显了我此时此刻的心理"表情"。

表情之一，惊。这难道真是我这六七个冬去春来，一直在孜孜以求的，一个事关成人教育科学及其体系构建之最核心部分的内容框架吗？这难道真是我这两千多个日日夜夜，一直在苦苦追索的，一个事关成人教育科学及其体系构建之最中心部分的内容体系吗？

表情之二，狂。有些研究者喜欢在某个问题域、研究域后面动辄加个"学"字。往日里，心里面对之并不是非常认同。但在这里，我也不妨在一种不失理性的前提下，"疯"一次、"狂"一回，那就是：待相关组别研究或相关领域（领地）、论域（论题）研究哪天真正得以深入了、有积累了，真正有一定基础了，有一定内涵了，或者，哪天真正得以深化了、有底气了，真正有一定根基了，有一定成熟度了，那么，是否也可以将它们分别冠之以如下名称：

——"（基于成人教育、学习视角的）成人群体学"或"成人群体与教育学"；

——"（基于成人教育、学习视角的）成人群体分类学"或"成人群体分类与教育学"；

——"成人群体生活教育学"；

——"成人群体分类生活教育学"；

——"社会全景中的成人教育学"；

——"生活境遇下的成人教育学"；

——"（真正具有首创意义的）成人教育或成人学习哲学"；

——"（真正具有独创意义的）成人教育或成人学习心理学"；

——"（真正具有开创意义的）成人教育或成人学习社会学"；

——"（真正具有独到理念的）成人教育或成人学习经济学"；

——"（真正具有独特思想的）成人教育或成人学习文化学"；

——"（真正具有独特见解的）成人教育或成人学习管理学"？

再或者，具有开拓意义地建立如下充满"关照生活"的：

——"成人学习原理论"；

——"成人学习机理论"；

——"成人学习需求学"；

——"成人学习动机学"；

——"成人学习风格学"；

——"成人学习特征学"；

——"成人学习方式、方法学"；

——"成人学习空间、情境学";

——"成人学习力论";

——"成人主体性论",等等?

建立充满"生活关怀"的:

——"成人教育环境支持系统学";

——"成人教育运作支持系统学";

——"成人教育教学支持系统学"等分属学科?

甚至设想在"成人教育教学支持系统学"名义下,是否还能特别体现科学与艺术精神、帮助与引领意识地专门形成类似:

——"成人教学艺术学";

——"成人学习帮助学";

——"成人学习引领学";

——"成人学习指导学";

——"成人学习咨询学";

——"成人学习激励学"等这样一些特定学科?

表情之三,忧。这样一个内容体系是否已经足够周详、完满?也许还没有。那就权当其是一次全新理念下的全新探索,但愿它在未来不断的探索中,能够变得更加周详;在未来不断的追求中,能够发展得更加丰满!

第二,关于边界。

许多天了,尽管成人教育科学及其体系构建的内容框架已经跃然纸上,但心里面还是一直在不断追问自己:

——它敬畏成人生活信念了吗,它绽放生活底蕴了吗?

——它体现终身教育信念了吗,它弘扬人本精神了吗?

——它回归成人生活世界了吗,它走进成人精神家园了吗?

——它尊重成人社会角色了吗,它关切成人发展任务了吗?

——它帮助成人成功学习了吗,它促进成人终身发展了吗?

——它襄助成人成功生活了吗,它促进成人全面发展了吗?

——它借助多元学科智慧了吗,它运用多元学科力量了吗?

——它会有助于自身真正作为人类社会生活的一种永恒存在与核心存在吗？

——它会有助于自身真正成为成人生活关怀的一种本来体现与核心体现吗？

——它会有助于自身具有理论解释、认知与创建意义之知识的创建吗？

——它会有助于自身具有实践引领、支持与服务意义之方法的打造吗？

——它会有助于促进成人学习态度与能力、生活态度与能力的养成吗？

——它会由之使自己形成一种自觉、确立一种自我吗？

——它会由之使自己放飞一种理想、张扬一种追求吗？

——它会由之使自己获得一种领悟、练就一种本领吗？

——它会由之使自己感受一种范畴、明朗一种关系吗？

——它会由此促使自己回复天然作用、回赎本然作用吗？

——它会由此促使自己回还能动作用、展现能量作用吗？

——它会由此促使自己履行神圣使命、阐扬天职作用吗？

——它植于成人生活世界版图了吗，它切入成人精神家园了吗？

——它尊重"关切生活，拓宽、精深基础的路向"了吗？

——它遵循"关照生活，洞彻、诠释学习的路向"了吗？

——它体现"关怀生活，探索、创新教育的路向"了吗？

也许，它还不一定那样坚定，但是，它在做着一种很是坚定的努力。

也许，它还不一定那样完美，但是，它在做着一种很是完美的努力。

然而，也就是在这样一种将"内容"命题及其再思考、再揣度之结果，与"伦理与纲领""性质与目标""意义与作用""源点与路向"命题及其新思索、新探究之结果，进行相互对接，并对前者进行相关评量的时候，慢慢感觉这样一个内容体系，逐渐在眼前神奇地幻化成了一个极具多元感、立体感的画面，且与下面要讨论的"边界"命题联系了起来。

按常规，还是首先要来说一说以下几个问题：

第一，关于"边界"的意涵。第三章曾指出，"边界"的原意，一般是指"国家和国家之间或地区和地区之间的界线"。而引用到学科研究中来的时候，它通常是指一门学科与另一门学科或另一些学科之间的分界。说得直白一点，所谓学科边界，也就是一门学科相对其他学科而得以独立的边线，或是得以立足的畛域。

诺尔斯当年为了使成人学习者不再遭受冷遇，为了使成人教育学得以确立，而对反映在儿童学习者与成人学习者身上的自我概念、经验积累、学习准备与学习倾向之差异做足了分析与比较，从而试图明确成人教育学与儿童教育学这样两个知识体系的分野所在。

我等当年也同样，如第三章所述：只要与"边界"问题相关，脑海里自然而然出现的思辨，当然还是在成人教育（学、科学）与儿童教育（学、科学）这两者的分野之间。其中，最具有代表意义的便是：有关成人教育基本特点、实态构成等的思考，蕴含着与儿童教育的比较，而对成人教育科学所作的所谓个性思考，同样也意味着与儿童教育科学的比对。

第二，关于边界反思中的期待与追问。在第三章里：

针对诺尔斯的成人教育学"边界说"，曾深深期待：成人教育学之边界，若能直接切入到迥然有别于儿童的成人的社会角色与职责、成人的生活世界与任务里去寻找，那么，它一定会变得更加峻拔而坚强……

针对我等的成人教育科学"边界说"，曾不断追问自己：若能真正实现成人多重社会角色扮演及其需求与成人教育的径直对接、成人多维社会生活打理及其需求与成人学习的无缝对接，那么，成人教育科学与儿童教育科学之间，乃至与其他相关学科之间的边界，是否还会一如原初所想象、所描述的那样？

第三，关于边界再揣度的意义。通常以为，边界讨论将有助于一个论域或一门学科明确其自身的个性、展现其自身的形象。而于此，经由伦理与纲领、性质与目标、意义与作用、源点与路向的再思索与再思考，特别是通过对其内容构成的再解读、内容框架的再认知，来进一步思索与揣度成人教育科学及其体系构建的边界，当然是为了重新认识它的个性与形象，尤其是重新考量它的个性特质与形象特色，也是为了感受其特定的存在价值，或者预见其特定的发展意义。

多少天以来，我一直在反复思量着"内容"命题再揣度之后的那个体系、那个框架。有意无意之间，倒也回想起了自己在第三章反思成人教育科学体系之边界问题时，曾经有过一段预想，其原话大致是：倘若成人生活与成人教育之间果真"结义""结伴"了，甚或果真"结缘""结合"了，那么定然可以坚信，未来，成人教育科学及其体系构建的自我领地、自我疆域、自我个性、自我形象，以及它与其他学科之间的边界，特别是与专注传统学校教育或青少年教育的教育科学之间的边界（当然并不排斥它们之间的互动意义），必将会得到一种更加清晰与明朗的凸现。

显然，在这个经由了长时间的伦理与纲领的再擘画、性质与目标的再洞见、意义与作用的再畅想、源点与路向的再端量而最终脱颖而出的内容体系、内容框架中，通过此前一连串的自问自答，已然可以清晰、真切地体悟到：成人教育与人的生活、人的生命"结义""结伴"了，成人教育科学及其体系构建与成人生活世界、成人精神家园"结缘""结合"了。

然而，也正是因为这样一种将人的生活、人的生命与成人教育（研究），将生活世界、精神家园与成人教育（科学）紧紧黏合起来的成人教育科学及其体系构建的内容框架，让我慢慢地感觉到，它似乎又在神奇而决然地幻化成一个充满立体感的空间，一个极具多维感的空间！表现在：

"由上至下"，它既关涉到了相对宏大的"成人群体、不同类别成人群体生存与生活状况及其与教育、学习的相关性研究"，又关涉到了相对深入的"成人学习基本原理与基本机理，乃至学习需求与学习动机、学习风格与学习特点、学习方法与学习空间等的研究"。

"由下至上"，它既关乎到了相对深层的"成人的学习力培养与主体性发展研究"，又关乎到了相对恢宏的"成人生活境遇及其与教育、学习的相关研究"。

"从左往右"，它既有"关照生活的成人学习洞彻与诠释研究"，又有"关怀生活的成人教育探索、创新研究"。

"从右往左"，它既有"扶持与支持、帮助与引领成人学习的相关系列研究"，又有"成人学习原理与实践、特点与方法等的相关系列研究"。

"由前至后"，它既聚焦到了"成人教育、成人学习的实践发展研究"，又聚焦到了"成人的生活、成人的精神及其与教育、学习的相关研究"。

"由后至前"，它既要展开"成人教育、成人学习背后各种各样的理论基础研究"，又要推进"直面成人源于生活的学习与教学艺术研究"；

"由近及远"，它既要关顾"促使教育、学习行为获得成功的研究"，又要关切"通过教育、学习帮助学习者成功扮演社会角色、履行发展任务的研究"；

"由远及近"，它既要关注"终身发展、全面发展、成功生活、成功人生的研究"，又要关照"帮助、引领、指导、咨询、激励成人学习的研究"。

正是在这样一种对这一内容体系、内容框架"上上下下""左左右右""前前后后"与"远远近近"的具体解读过程中，心里边又升腾起了一种对于这样一个空间很特别的感受。我感觉它似乎在告诉自己以及所有关注它的人们：它是有生命力的、有活力的，它极其活跃地运动着，充满张力地呼吸着。暂且搁置其由三个路向引出的三大块研究内容之间可能存在的互动关系，以及每个大块所属的组别之间，乃至分属其中的论域或论题之间可能发生的互动关系不论，仅就其内容的总体或整体而言，当然，更是通过其总体或整体的"内里"或"本来"而论，可以说，我的心中既充满丰富而细密的想象，又溢满真切而透入的体验：

——成人生活与成人教育（研究）、成人学习（研究）相互呼吸着；

——人的生命与成人教育（研究）、成人学习（研究）相互呼吸着；

——成人的生活世界与成人教育（研究）、成人学习（研究）相互呼吸着；

——成人的精神家园与成人教育（研究）、成人学习（研究）相互呼吸着；

——成人的生活境遇与成人教育（研究）、成人学习（研究）相互呼吸着；

——成人的终身发展与成人教育（研究）、成人学习（研究）相互呼吸着；

——成人的全面发展与成人教育（研究）、成人学习（研究）相互呼吸着；

——成人的社会角色与成人教育（研究）、成人学习（研究）相互呼吸着；

——成年期发展任务与成人教育（研究）、成人学习（研究）相互呼吸着；

——成人的成功生活与成人教育（研究）、成人学习（研究）相互呼吸着；

——成人的成功人生与成人教育（研究）、成人学习（研究）相互呼吸着；

……

正是因为这样一种远比平面、直线、具体描述这样一种内容体系有何特点，这样一个内容框架有何特征，进而可能由此发现其边线、其边界显得更有意义、更有价值、更有意境的"彼此互动""彼此呼吸"感的产生，再一次让我感受到在这样一种充满"立体感"与"多维感"的空间里，特别是在这样一种充满"互动感""呼吸感"的氛围里，俨然生出了两股气流，一股是"聚集"的流，一股是"发散"的流。

当然，在说明何谓"聚集"、何谓"发散"之前，必须再一次重申：

相对于一般的,甚至是狭隘的"学校教育与学习""课堂教育与学习""学历教育与学习""课程教育与学习""书本教育与学习""技能教育与学习""应试教育与学习"等而言,成人教育、成人学习,绝对是一种大写的"教育",是一种大写的"学习",也就是说,它们尤其是一种体现现实生活意义并植入现实生活背景之中的教育与学习,是一种追求毕生生命意义并嵌入毕生发展过程之中的教育与学习。

于是,从主要事关成人教育科学及其体系构建之边界的角度来看:

所谓"聚集"之流,就是一个由"生活"与"生命"产生"呼出",由"教育(研究)"与"学习(研究)"进行"吸收"的过程。具体的情形便是:

在"生活"与"生命"的运动、发展过程中,它们一定会将"成人生活""成人生命""成人生活世界""成人精神家园""成人生活境遇""成人终身发展""成人全面发展""成人的社会角色""成人的发展任务"乃至"追求成功生活""追求成功人生"的相关事实与信息、需求与挑战、要求与影响,"呼出"般地汇聚、下落到"教育(研究)"与"学习(研究)"这片土地上来。

从"教育(研究)"与"学习(研究)"的角度上来讲,它们又必定会"吸入"般地接受、消化并且回应来自"生活"与"生命"如上所述的各个方面的相关事实与信息、需求与挑战、要求与影响。

如此,也许会发生两种情况:

第一种情况是:当这些事实与信息、需求与挑战、要求与影响,或以显性状态,或以确定性状态,抑或以已经有所尝试、有所经验的状态,而与成人教育或成人学习联系起来、结合起来的时候,它们便会较为容易地通过一次次的交叉研究及其成果、一回回的交合研究及其建树,而埋下一方方属于成人教育科学及其体系构建的界桩,竖起一块块属于成人教育科学及其体系构建的界碑。

第二种情况是:当这些事实与信息、需求与挑战、要求与影响,或以隐性状态,或以不确定性状态,或在不易发现的细微之处,或在始料未及的广袤之处,还未与"成人教育"或"成人学习"发生交叉研究的尝试或经验的时候,对于成人教育科学及其体系构建而言,它们又成了一种潜在的边界、可能的边界,甚至就其总体或整体而论,它又是一门尚无明确边界的学科、尚无既定边界的学科。如若再考虑到这些事实与信息、需求与挑战、要求与影响等的动态性与变化性,它又可能永远是一门没有边界,或者说是一门需要不断创立与发展自我边界的学科。

所谓"发散"之流,就是一个由"教育(研究)"与"学习(研究)"产生"呼出",而由"生活"与"生命"进行"吸收"的过程。

在"教育(研究)"与"学习(研究)"的实践、发展过程中,它们一定会通过其自已确定的伦理与纲领、性质与目标、意义与作用、源点与路向等,将其能量与热量、效力与效能、创新与创造、助力与引力、追求与思索"呼出"般地发散到"生活"与"生命"这片天空中来,弥散到成人生活世界乃至成人精神家园中来。

从"生活"与"生命"的角度上来讲,它们又必定会,也必定要"吸入"般地接纳、接受这样一些能量与热量、效力与效能、创新与创造、助力与引力、追求与思索,甚至还必定会利用这样一些可能已经与成人群体与个体结合起来的,直至已经与其融化在一起了的能量与热量、效力与效能、创新与创造、助力与引力、追求与思索。

当然,细究起来,双边之间如此这般的"呼"与"吸"也许又会发生如下情形:

第一种情形是:来自"教育(研究)"与"学习(研究)"的这些能量与热量、效力与效能、创新与创造、助力与引力、追求与思索,当置于"生活"与"生命"背景下,已然那样清晰地与之擦出火花,已然那样明确地燃起火焰,也就是说,对"生活"而言,已然很容易认定它们所带来的改变;对"生命"而言,已然很容易认同它们所带来的发展,那么,成人教育科学及其体系构建,其一根根界桩显然就埋设在人们跟前,其一块块界碑显然就矗立在人们眼前。

第二种情形是:来自"教育(研究)"与"学习(研究)"的这些能量与热量、效力与效能、创新与创造、助力与引力、追求与思索,对于"生活"的激越、对于"生命"的拨动,很多情况下,也许还远非那般垂直、那般单一、那般迅捷、那般显见,有时甚至还远非那般浅陋、那般粗相,换言之,全然还要有足够的反复、足够的视角、足够的耐心、足够的投入、足够的体察、足够的细究等态度或行为去加以窥探与发现,然而,在其对之尚未真正擦出火花、燃起火焰之前,对于成人教育科学及其体系构建来讲,它们遂又成了一种潜在的、可能的边界,甚或,又成了一门尚无明确或既定边界的学科。诚然,如若考虑到这些能量与热量、效力与效能、创新与创造、助力与引力、追求与思索同样具有动态性与发展性的话，那么，它又将可能永远是一门没有边界，或者说又将可能是一门永远需要不断创立与发展自我边界的学科。

总而言之，从"立体感""多维感"到"互动感""呼吸感"，再到"聚集感""发散感"，如此一番"跟着感觉走"之后，最后得到的一个感觉便是，成人教育科学既是一门有边界的学科，又是一门无边界的学科；"有边界"为"生活"与"生命"使然，"无边界"同样为"生活"与"生命"使然。

至于"生活""生命"与"教育""学习"之间，具体在哪些方面或侧面可以或可能发生联接、发生交叉，可以或可能擦出火花、燃起火焰，以形成边线或确定边界，再或者，在哪些方面、哪些侧面还有待时日去窥探界桩、去发现界碑，我想读者都可以通过此前的叙述，特别是有关"成人生活版图""成人精神家园"以及"三大研究路向"与"三大研究内容"的阐述而有所领悟。

于此，十分想和读者诸君分享的是，无论你们是已经发现有明确与具体的"边界"，还是心中对之暂时尚无把握、难以确认，再或者，今天感觉它的边线清晰了，明天又发现它的边界模糊了，都希望大家除了应当始终谨记成人教育科学是一门帮助、引领成人走向成功学习的科学与艺术以外，还应当始终铭记：

——成人教育、成人学习将永远是一种（现实）生活概念的教育与学习，成人教育科学、成人教育艺术将永远是一门（现实）生活概念的科学与艺术；

——成人教育、成人学习将永远是一种生命概念的教育与学习，成人教育科学、成人教育艺术将永远是一门生命概念的科学与艺术；

——成人教育、成人学习将永远是一种成人生活世界概念的教育与学习，成人教育科学、成人教育艺术将永远是一门成人生活世界概念的科学与艺术；

——成人教育、成人学习将永远是一种成人精神家园概念的教育与学习，成人教育科学、成人教育艺术将永远是一门成人精神家园概念的科学与艺术；

——成人教育、成人学习将永远是一种成人生活境遇概念的教育与学习，成人教育科学、成人教育艺术将永远是一门成人生活境遇概念的科学与艺术；

——成人教育、成人学习将永远是一种成人终身发展概念的教育与学习，成人教育科学、成人教育艺术将永远是一门成人终身发展概念的科学与艺术；

——成人教育、成人学习将永远是一种成人全面发展概念的教育与学习，成人教育科学、成人教育艺术将永远是一门成人全面发展概念的科学与艺术；

——成人教育、成人学习将永远是一种成人社会角色概念的教育与学习，成人教育科学、成人教育艺术将永远是一门成人社会角色概念的科学与艺术；

——成人教育、成人学习将永远是一种成人发展任务概念的教育与学习，成人教育科学、成人教育艺术将永远是一门成人发展任务概念的科学与艺术；

——成人教育、成人学习将永远是一种成人成功生活概念的教育与学习，成人教育科学、成人教育艺术将永远是一门成人成功生活概念的科学与艺术；

——成人教育、成人学习将永远是一种成人成功人生概念的教育与学习，成人教育科学、成人教育艺术将永远是一门成人成功人生概念的科学与艺术。

最后，还拟向那些对边界存疑的人多说一句：

"有边界"，固然易使学科的个性与风采得到张扬，而"无边界"，其实有时也是甚至更是学科张扬个性与风采的另一种方式。

也许，"有边界"与"无边界"的共时存在，会给学科带来更加久远的张力与活力！

也许，"有边界"与"无边界"的共同存在，会给我们带来更加夺目的绚丽与精彩！

也许，当理性地认识到"有边界"与"无边界"共时存在、共同存在的时候，也恰恰说明了它正在形成一种有别于其他学科的自觉与自信、自尊与自爱！

其实，说到底，只要它黏合于生活——教育（研究）与生活相看两不厌、学习（研究）与生活相伴两不倦，便全然可以无所谓那些虚构的"名分"！只要它融合于生命——教育（研究）与生命相悦两不悔、学习（研究）与生命相守两不离，便全然可以无所谓那些虚妄的地位！

三、再审视：空间与方法

对"空间"与"方法"这两个命题用"再审视"一词，也就是希望经由伦理与纲领的再擘画、性质与目标的再洞见、意义与作用的再畅想、源点与路向的再端量、内容与边界的再揆度之后，沿着其新的思路、新的认知，在关照抑或认同以往对于空间与方法有关选择的同时，再来对之作进一步的展望。

第一，关于空间。

"空间"一词，《辞海》里的释义很严谨、很规范，曰之："是物质存在的广延性"。其实，借用到现下语境中，可以很通俗、很直白，那就是"指我们的研究活动可能与可以到什么地方去进行，或应该与必须到什么地方去展开"。

无论是在诺尔斯20世纪七八十年代的《成人教育的现代实践：从儿童教育学到成人教育学》里，还是在我等全国教育科学"九五"规划国家教委重点课题《成人教育科学体系的构建与发展研究》中，都不曾对"空间"命题展开过专门的讨论，或有过专门的交代。

然而，通读诺尔斯的著作可以发现，他当时除了触及对成人教育理论与实践必须做出思考的一些基本问题以外，主要触及以下三个空间：第一个是与成人教育学构建有关的相邻学科学术空间；第二个是有关的成人教育实践活动实施空间；第三个是成人教育实践帮助对象的人群组合空间。记得在第三章里，我还说可以将之暂时简称为"学术空间""实践空间"与"人群空间"。

至于我等当年的《成人教育科学体系的构建与发展研究》，从其最后的研究结果中也完全可以读出三个与那个时期的源点与路向、内容与边界考虑密切相关的研究空间，那就是成人教育事实的空间、成人教学事实的空间，以及它们与外部之间关系事实的空间。

可以这么说，以上两组"空间选择"中的任何一种，对于未来成人教育科学及其体系构建来说，都是具有一定意义的，有些甚至还是极其重要的。而于此，我与自己约定的任务就是，站在由伦理与纲领再擘画、性质与目标再洞见、意义与作用再畅想、源点与路向再端量、内容与边界再揆度而来的新视角或新平台上，并结合早先的两组"空间选择"，来对之进行一番新的思考与新的梳理。所谓"新的思考"，就是在原有的空间认知基础上，再来提出一些新的空间概念；所谓"新的梳理"，就是针对某些早先已经提出的"空间"概念，在继承中，再来增添一些新的意涵。

我深信，如果对"空间"命题有了更好的思考和选择，那么对于成人教育科学及其体系构建而言，才有可能：

首先，在探索中寻觅到最为广泛、最为可靠、最为真实的信息，在认识中探获到最为丰富、最为可信、最为真切的事实；

进而，为认知的形成发现真正的知识源泉，为意义的构建获得真正的知识力量；

再进而，能够促使我们为成人教育、成人学习（研究）形成正确的思想，能够促使我们为成人教育、成人学习（研究）形成正确的认知；

最终，能够帮助我们为成人教育、成人学习（研究）的进步和改善做出恰切的选择，能够帮助我们为成人教育、成人学习（研究）的创新和发展采取正确的行动。

具体说来，对于成人教育科学及其体系构建的空间的思考，或者说关于成人教育、成人学习的研究活动究竟该到什么地方去进行、到什么地方去展开呢？

为此，我的思维、我的思绪，又与此前关于伦理与纲领、性质与目标、意义与作用、源点与路向、内容与边界的新思路、新认知有意无意地发生过无数次的对接、产生过无数次的碰撞。总感觉有许许多多的地方需要我们去涉足，有许许多多的空间需要我们去访问。如下八个空间必当予以一说。

之一："成人群体"空间。

成人教育、成人学习，针对它们的科学研究活动，首先应聚焦成人、成人群体；成人教育、成人学习，指向它们的科学探索活动，首先应关注成人、成人群体。

在这里，我想要具体表达的是：诺尔斯当年的"人群空间"，主要是指向"潜在的成人学习者"和"不同年龄段的成人学习者"这样两个"人群空间"概念，我现在则想在此基础上形成一种更具扩展性的关照视野、更具深入性的关注视线，即无论是潜在的还是非潜在的（事实上，它们之间是可能发生转换的），无论是以不同年龄段还是以其他维度分类或细分的人群，只要其属于成人群体，都应当在成人教育、成人学习的科学研究中得到相应的关注。对此，我的具体想法是：一要走进成人群体的整体世界；二要走进成人群体中的分类世界；三要走进成人群体中的个体世界。

作为一门旨在帮助成人进行学习的科学和艺术，走进成人群体的整体世界，无疑是为了实现一种对于成人群体之总体状况，尤其是事关其教育需求、学习需求的总体状况的全面了解和基本把握，并在此基础上，能够在一个比较宏观的层面，或者说在一种国家或地区的层面，帮助其规划合适的教育活动或学习活动。走进成人群体中的分类世界，则又是为了实现一种对于不同成人群体之不同状况，尤其是其教育需求、学习需求的不同状况的了解和把握，并由此能够富有针对性地设计与提供满足其不同需要、不同要求的教育项目或学习项目。走进成人群体中的个体世界，显然就是要求在一种更加个性化、更加个别化的层面上，去关照每一位成人个体的生活与生存状况、教育与学习状况，为每一位成人个体设计与提供充满人本精神、充满人道精神的教育服务与学习指导。

若不走进这样一种"成人群体"空间，没有这样一种一个层面、一个层面与之面对面的真切相望，心对心的真诚交接，你能知道他们在遭遇什么、在思考什么吗？你能知道他们真正想学什么，要学什么吗？

最近十年来，在"回归丰富的成人生活世界，走进缤纷的成人精神家园"这样一种事关成人教育科学研究新思想、新理念的引导下，我要求自己，也经常鼓励周围的研究生们将研究的触角直接指向成人群体，尤其是指向不同类型的成人群体和个体。

记得是2005年，在一次大型的全国成人教育学术研讨会上，我首先借助我国最新的社会学研究成果，向听者们讲述了我国成人群体的基本阶层构成状况，并且着重针对社会转型期尤其需要得到关注的农民工群体、失地农民与农民转市民群体、"4050"群体、新失业群体、创业群体、服刑人员群体、社会归正人员群体、残疾人群体、离异群体、少数民族群体等，分析了他们的人数总量与结构状况、教育文化与就业状况、人生际遇与生存状况、人生追求与人生希望、教育权利与学习机会、他们对教育的认知与对学习的理解、对教育的希冀与对学习的期待等。在最后一张演讲的幻灯片上，我甚至情不自禁地呼吁：

让我们共同——

回归丰富的成人生活世界，走进缤纷的成人精神家园！

关怀成人群体的社会境遇，关怀成人群体的生存状态！

并由此来洞察他们的学习愿望、学习需求，

从而对成人教育、成人学习的未来，做出更加富有创新意义的设计与开拓！

……

让我惊诧不已的是，这次将近两个小时的演讲竟被主办方全程录音、录像，并被刻成光盘而传播甚广。对此，我深深欣慰于听者们作为成人教育工作者、成人教育研究者对我传出的信息与思想有了一种积极的认同和共鸣。

还让我感到吃惊的是，关注"成人群体"空间，同样成了一批年轻学者的重要选择。仅以我谋职学校的成人教育学专业硕士和博士研究生为例，2001至2012年，十二年间，在135篇学位论文中，除去若干具有关照成人群体之整体性特征的篇目以外，竟有90篇从论文的题目上便可见其关注到了各种各样明显具有"分类世界"特征的成人群体。合并若干完全相同的名称，我花了一点时间将之粗粗整理为：

经营管理人员类——民营企业家、现代企业管理者、（职业）经理人、人力资源工作者、企业人力资源管理人员、企业招聘人员、管理干部、公务人员、纪检监察人员等。

专业技术人员类——专业技术人员、工程技术人员、IT行业软件工程师、企业高技能人才等。

职场新进员工类——职场新员工、企业新员工、新进知识型员工、外来务工者等。

新兴行业人员类——社会工作者、社区工作者、社区工作负责人、社区志愿者、社区教育志愿者、家政服务人员等。

自主创业人员类——创业人员、外出务工回乡创业者等。

农民类——农民、失地农民、被征地农民、青年农民工、新生代农民工等。

失业人员类——传统失业群体、新失业群体等。

教师类——中小学教师、高校教师、高校职业指导师、高校辅导员、成人高校教师、社区教育专职教师、社区学校校长、培训师等。

青年类——青年、楼宇青年、青年白领、无业青年、失学无业青年、城市社区失学无业青年、"80后"在职青年等。

老年类——临退休公务员、老年人、社区老年学员等。

性别类——女性创业者、女性培训师、"奔三"单身女性等。

父母角色类——学前儿童母亲、家长、当代家长等。

市民类——市民、新市民、被征地新市民、城市居民、社区居民、外籍人士等。

我还注意到有许多项研究是基于成人学习者的个案分析而展开的，比如：2008年硕士研究生王旭的《教师专业发展中的学习个案研究》、2010年博士研究生崔铭香的《青年农民工的生存境遇与学习行为研究——基于若干个案的分析》等。

以上分类一定尚有瑕疵，更可能存在一类成人群体还可以归属另外一类或多类成人群体的情况，我之所以要这样列出来：

一则为了抒发自己的感慨：有很多研究者特别是一批年轻有为的新生力量，他们不仅开始着眼于成人整体世界及其教育与学习现象的研究，而且开始聚焦于不同成人群体之不同教育与学习问题的探索，还开始潜入成人群体的个案观察和分析之中。这是一种好的开端、好的势头。

另则为了表达自己的信念：随着成人群体分类世界及其教育与学习研究的不断扩展、不断深入、不断发现、不断积累，十年、二十年甚至更多年之后，它们一定会给成人整体世界及其教育与学习研究带来无法想象的基础意义，同时，又一定会对成人个体世界及其教育与学习研究产生无法预见的渗透意义。

最后，是想表达一种愿望，那就是：成人群体的整体世界及其教育与学习研究固然重要，但成人群体的分类世界乃至个体世界及其教育与学习研究同样重要，从某种角度上说，也许更加重要，既然它们已经发轫、已经启动，就希望它们早成气候，并且期待这样一种气候是持续的、永久的。

之二："成人生活"空间。

确定成人教育科学及其体系构建研究的"成人生活"空间，似乎，它为体现"成人生活信念"、绽放"成人生活底蕴"；它为回归"成人生活世界"、走进"成人精神家园"；它为衔接对于"成人教育源自生活"的认定、联接对于"成人学习源起生活"的认同；它作为依循"关切生活，拓宽、精深基础路向"并实现其知识构建的必然、依循"关照生活，洞彻、诠释学习路向"并实现其知识构筑的必需、依循"关怀生活，探索、创新教育路向"并实现其知识构成的必定等，所有这些理由说明都显得不再那么必要了。在此，我只想告诉读者诸君的是：

近一段时间以来，我一直因《中共中央关于深化文化体制改革推动社会主义文化大发展大繁荣若干重大问题的决定》中的一句话而感到非常震撼，这句话就是：物质贫乏不是社会主义，精神空虚也不是社会主义。体会着，领悟着，不知怎地，忽又回想起了在"源点"命题再端量中，当叙及"精神家园"时，我们曾一起分享过学者国风的那段话语：其实，对于我们每个人来说，都拥有两个家园，"一个是物质的家园，一个是精神的家园。这两个家园是不可或缺的，失去物质的家园，我们就失去了生存的客观基础，我们就成了一个漂泊的旅人，浪迹天涯，成为一个乞者；同样，失去了精神的家园，我们就会失去精神的支柱，成为失去热情、无所追求、迷茫而又彷徨的行尸走肉，感到人生有如沙漠。"

暂时搁置"教育"与"成人教育"、"学习"与"成人学习"本来就有文化属性不论，仅就其天赋功能而言，它们又与"物质生活"及其改善、"精神生活"及其提升有着极其密切的关联，而对于它们所展开的科学研究活动，其情形在很大程度上，又如美国著名社会学家查尔斯·霍顿·库利（C. H. Cooley）所描述的那样：

"就我们眼前的未来而言，我几乎看不出有什么东西可以证明乐观主义唾手可得，虽然这个世界的确在运转，但是它运转得十分缓慢，并且很少朝着我们所期望的方向运转。人类社会中总有些东西令人烦恼，并且需要在黑暗中摸索。就像在黑暗环境中生长的植物，如果凝神细看，你会发现它们的形状不可思议，到现在人们也不能明确解释植物的这种力量从何而来，但它们总是朝着阳光生长的。"[1]

的确，我们的物质生活、精神生活虽然在运转，但并不十分乐观，某种意义上的贫乏，或者很大程度上的空虚，使得它们并不一定"朝着我们所期望的方向运转"，需要我们继续探索和开拓。

无疑，与之相系、与之相融的成人教育、成人学习同样也在运转，但亦有许多东西还在让我们感到深深的烦恼，它们既可能还表现得那样缓慢，又可能还处在我们对其全然无知的黑暗状态之中，而且即便能够或者已经窥见到了一些不可思议的

---

[1] 查尔斯·霍顿·库利. 社会过程[M]. 洪小良，等，译. 北京：华夏出版社，2000：344.

东西，但我们还没有足够的理论力量去理解它们、去诠释它们，更没有足够的智慧力量去滋润它们、去襄助它们，乃至去引领它们。所以，就让我们进入成人生活世界去凝神、去细看吧，至少让我们先借助已经初步认知到的成人生活世界版图、成人精神家园构成、成人生活境遇现实，踏踏实实地进入这些空间，与他们的教育、他们的学习结合起来，去进行探究、探索吧！

我们又必须坚信，无论是物质生活、精神生活本身，还是成人生活世界、成人精神家园、成人生活境遇本身，抑或是成人教育、成人学习本身，乃至成人教育科学、成人学习科学本身，它们都会因为我们不懈的探索、不断的追求，朝着阳光生长、发展！

如上文所说，年轻一代的研究者们已经坚定地将其情感和智慧聚焦到了诸如专业生活与技术生活、管理生活与经营生活之中；就业准备与职业认同、职业生涯与退休准备、失业生活与创业生活之中；企业生活与社会生活、家庭生活与社区生活、乡村生活与城市生活之中；职工生活与农民生活、教师生活与科研生活之中；青年生活与成年生活、壮年生活与老年生活之中；恋爱生活与婚姻生活、亲子生活与人际生活之中；健康生活与闲暇生活、心理生活与精神生活之中；居民生活与家长生活、服务者生活与志愿者生活之中；绿色生活与安全生活、数字化生活与网络化生活之中，等等。

除此以外，海派文化与海派生活、快生活与慢生活、生活际遇与生活境遇、社区生活归属感与社区生活幸福感、生活方式与生活质量也都成了他们的研究对象和研究空间。

之三："生命发展"空间。

所谓要走进人的"生命发展"空间，就是要用心考察人的一生发展过程，以期一方面能够辨识和呈现成年期乃至各个不同发展阶段多样化的社会角色及其扮演，另一方面又能够发现和确认成年期乃至各个不同发展阶段多样化的发展任务及其履行。

2010年岁末，我策划了一项新的研究课题，名称是"学习型社区建设中的社区教育多元角色参与研究——基于上海市社区教育的实地调查"。这项课题不久被正式立项为上海市教委2011年度资助的委托项目。显然，其中的一个关键词便是

"多元角色"。先撇开其他元素不论，就"角色"与"多元角色"而言，首先让我回想起了自己在全国教育科学规划教育部"十五"重点课题——"回应新世纪发展的成人教育社会学研究"中讨论成人教育教师角色时对"角色"与"社会角色"所作的描述：

角色，本是指演员在戏剧舞台上按照剧本规定所扮演的特定人物。

然而，人们又很快发现了戏剧舞台与人类社会之间的内在联系，认为舞台上演出的戏剧正是人类社会的缩影。莎士比亚在《请君入瓮》一剧中，曾形象而恰当地道出了这种情形：

<pre>
            全世界是一个舞台，
            所有的男人女人都是演员。
            他们有各自的进口与出口，
            一个人在一生中扮演许多角色。
</pre>

由此，在社会学视野中，人类社会被认作一个天然舞台，人类活动被视为一幕幕社会戏剧，而每个人又都在这个天然舞台上和这部社会戏剧中扮演着各自不同的角色。多姿多彩的社会角色，必然带来绚丽斑斓的社会戏剧。

社会学中的"角色"概念是美国著名社会学家米德（G. H. Mead）在"角色借用"理论中首先加以使用……而后有许多社会学家、心理学家、社会心理学家对此进行了大量的探讨和研究。透析他们的研讨结果可以发现，其中大多基于以下两种视角对"社会角色"概念提出了见解。

其一，基于社会学视角，即侧重从社会关系、社会规范、社会位置、社会身份的角度对社会角色概念做出解释。如：

有的学者认为，角色要按社会结构中为其规定的规范行事，"每个角色都有一套权利义务和行为规范体系"。[1]

有学者指出，"社会性相互作用的主体在一定的社会中必然具有特定的地位及其随之而来的角色，这都制约着人们对行为的发生和选择"。[2]

---

[1] 费孝通. 社会学概论 [M]. 天津：天津人民出版社，1984：63.
[2] 横山宁夫. 社会学概论 [M]. 毛良鸿，译. 上海：上海译文出版社，1983：85.

还有学者表示，角色这个术语"表示身份的动态性质。角色是对在一个群体内具有特定身份的人所期待的行为"。①

其二，基于社会心理学视角，即侧重从个体行为、行为模式的角度对社会角色做出阐释。如：

有学者认为，"角色指与一定社会位置相联系的行为模式"。②

也有学者指出，"某一角色，即是与某一特殊位置有关联的行为模式"。③

如果对以上见解加以概括的话，我们可以认为，社会角色是一个综合了多种要素的概念。其中尤为关键的内涵，一是指个体在一定社会关系中所处的社会地位；二是指社会包括组织、群体和他人对个体的期待和要求；三是指个体接受特定社会位置制约以及根据社会要求所奉行的行为模式。④

当然，随着时间的推移，有关角色形成、角色本质、角色特征、角色类型、角色表现、角色扮演、角色失调、角色错位、角色调适、角色互补等的讨论又使"角色""社会角色"正形成一种更加丰富的理论体系。

于此，特别想和读者诸君分享的是，在我的思维田野、认知田园里，有这样一幅事关每个成年个体在其真实的社会舞台上所扮演的角色或多元角色的图景：

——于父母，为人子、为人女；

——于兄弟，为人兄、为人弟；

——于姊妹，为人姐、为人妹；

——于配偶，为人夫、为人妻；

——于岳父岳母，为人婿；

——于女婿，为人岳父、为人岳母；

——于公公婆婆，为人媳；

——于儿媳，为人公公、为人婆婆；

——于子女，为人父、为人母；

---

① 戴维·波普诺. 社会学 [M]. 刘云德，王戈，译. 沈阳：辽宁人民出版社，1987：153.
② 费穗宇，张潘仕. 社会心理学辞典 [Z]. 石家庄：河北人民出版社，1988：147.
③ 林秉贤. 社会心理学 [M]. 北京：群众出版社，1985：246.
④ 此整段描述可参见：高志敏. 成人教育社会学 [M]. 石家庄：河北教育出版社，2006：49.

——于长者，为晚辈、为后生；

——于晚辈，为前辈、为长者；

——于青年，为成年、老年；

——于成年，为少年、为青年；

——于同辈，为闺密、为发小；

——于师长，为晚学、为学生；

——于弟子，为师长、为先生；

——于上司，为下级、为下属；

——于下属，为上级、为领导；

——于学堂，为同学、为同窗；

——于企业，为职工、为职员；

——于组织，为成员、为盟员；

——于职场，为同行、为同事；

——于街坊，为邻里、为邻居；

——于社区，为业主、为居民；

——于社交，为熟人、为朋友；

——于社团，为领袖、为会员；

——于社会，为黎民、为百姓；

——于国家，为国民、为公民；

……

如此这般，不一而足。所有这些角色，表征着每一成年个体在其社会关系中所处的位置，同时它们都会因为不同的生命个体、不同的人生时段、不同的生活情境、不同的历史时代，或发生角色的转换，或发生内涵的改变，或提出新的期待、新的期望，或产生新的要求、新的需求等。由此，学习角色识别、学习角色技术、学习角色适应、学习角色表现、学习角色扮演，以形成合适的行为方式，或奉行适切的行为模式，都将成为任何个人生命发展、生命成功的必需。而正是为了这样一种生命的发展、生命的成功，成人教育科学及其体系构建便没有理由徘徊在这样一个"成年期乃至各个不同发展阶段多样化社会角色及其扮演"的空间之外。

至于"成年期乃至各个不同发展阶段多样化的发展任务及其履行",在很大程度上可以说是对"成年期乃至各个不同发展阶段多样化社会角色及其扮演"的另一种演绎。对此,有两项研究成果是必须予以关注的:

第一项就是曾在第四章"伦理"命题讨论中提到的,诺尔斯关于人到成年所承载的145项发展任务(亦称"生活任务")的研究成果。

诺尔斯将成年期分为三个阶段——成年早期、成年中期与成年晚期,并从"职业与事业""家庭生活""个人发展""闲暇时间利用""健康保持"与"社区生活"这六个方位,分别提出了与之相应的发展任务。

成年早期(18—30岁)的发展任务是:

职业与事业——探索职业可能性、选择职业方向、寻找工作、工作会见(面试)、学习工作技能、开始工作、工作进步、工作保障、处理服役问题、获得职业咨询、改变工作;

家庭生活——恋爱、选择配偶、准备结婚、家庭计划、准备生育、抚养子女、理解子女、准备子女就学、帮助学龄子女入学、解决婚姻问题、使用家庭咨询、管理家庭、学会理财、学会购物、家庭修缮、学习园艺;

个人发展——提高阅读能力、提高写作能力、提高言说能力、提高倾听能力、继续一般教育、形成宗教信仰、提高问题解决能力、做出好的决定、理解自己、寻找自我、发现自己的能力、明确自己的价值观、理解他人、学会独立、改善个人外貌、形成亲密关系、利用个人咨询;

闲暇时间利用——选择爱好、寻找新朋友、参加组织、计划时间、购买设备、计划家庭娱乐、领导娱乐活动;

健康保持——保持健康、计划饮食、寻找并利用健康服务、防止事故、学会并利用急救、理解子女的疾病、理解身体的功能、购买和使用药物、形成健康生活方式、懂得身心疾病症状;

社区生活——与学校和教师联系、了解社区资源、学会怎样获得帮助、学会怎样施加影响、准备参加选举、形成领导技能、了解当今世界、参加社区活动、为儿童和青年组织社区活动。

成年中期(30—65岁)的发展任务是:

职业与事业——学习提高工作能力、监督他人、改变职业、应对失业、准备退休、妇女第二职业的准备；

家庭生活——帮助十几岁的孩子变为成人、让子女离家、正确对待配偶、正确对待年老的父母、学会做两个人的饭、准备退休；

个人发展——寻找新兴趣、摆脱旧习惯、弥补生理变化、应对变化、形成灵活的情感、学会应付危机、形成现实的时间观；

闲暇时间利用——寻找清静的爱好、扩大文化兴趣、学习新娱乐技能、寻找新朋友、参加新组织、为两个人计划娱乐活动；

健康保持——适应生理变化、改变饮食、控制体重、体育锻炼、每年体检、弥补力量损失；

社区生活——承担更多社会责任、在组织中担任领导、为他人福利而工作、参与政治活动、组织社区活动。

成年晚期（65岁以上）的发展任务是：

职业与事业——适应退休、为使自己有用而找出新方式、理解社会保险以及医疗与福利；

家庭生活——适应收入减少、进行新的生活安排并理解人的衰老过程、学会单独生活、与孙辈相处、建立新的亲密关系、有序安排财产；

个人发展——形成弥补性能力、适应配偶死亡并重新审视价值观、对未来充满信心、保持活力、跟上形势、经常接触年轻人、保持好奇心、保持外貌、保持开放头脑、确立新的自我、确立新的时间观、准备死亡；

闲暇时间利用——与老年群体建立亲密关系、寻找新爱好、学会新娱乐技能、形成均衡的娱乐计划；

健康保持——适应力和健康水平下降、保持健康、改变饮食、定期体检、适当锻炼、正确使用药物、学会应付紧张感、保持自我克制；

社区生活——为改变老年人的条件而工作、志愿服务、保持组织联系。①

第二项则是另一些北美学者将成年期分为六个阶段，即18—22岁、23—34岁、

---

① 诺尔斯. 现代成人教育实践 [M]. 蔺延梓，译. 北京：人民教育出版社，1989：附录.

35—43 岁、44—55 岁、55—64 岁以及 65 岁以上，其中不仅辨识了每个阶段的发展任务，更有意义的是，他们还根据不同的发展任务导出了相应的学习需求与学习目的。下面不妨按照年龄顺序，以及"发展任务"→"学习需求"→"学习目的"这样一种排列顺序，将之罗列出来。

18—22 岁：

心理上逐渐摆脱家庭→训练生活能力→加强独立意识；

选择职业方向→了解职业及其意义→选定合适的职业方向；

进入职业生活→进入职业生活的学习或准备→获得职业资格；

与同事建立关系→学习建立人际关系→有效地介入社会；

安排时间→学习如何安排工作与娱乐→合理使用时间；

解决问题→学习解决问题的方法→有效解决问题；

适应各种变化→保持平衡→适应变化、保持发展。

23—34 岁：

选择配偶→了解婚姻知识→获得美满婚姻；

生育子女、承担家庭生计→学习教育子女、管理家庭→做称职的父母、理性的消费者；

介入社区、社会生活→学习成为社会成员→获得公民知识与交往能力；

开始追求职业资格的提高→学习提高的方法→获得提高；

思考自我价值→懂得价值的含义→检验自己的价值；

建立稳固的人际关系→处理好与配偶及他人的关系→有良好的人际关系；

解决问题→学习解决问题的方法→有效解决问题；

适应各种变化→保持平衡→适应变化、保持发展。

35—43 岁：

寻求生活的真实→了解真实的生活含义→能够承受种种压力；

重新评价婚姻→进一步理解婚姻→收获美满婚姻；

重新评价职业→进一步了解职业意义与环境→做出合适的决定；

重新评价自我价值→了解自己的价值→加强独立行动的能力；

与已达到青少年年龄的子女交往→学习教育青少年→与子女多多沟通，保持亲密的亲子关系；

面临可能发生的离异→认识离异、权衡离异的利弊→获得离异后单独生活的能力；

解决问题→学习新问题的解决方法→有效解决问题；

适应各种变化→保持平衡→适应变化、保持发展。

44—55岁：

面临职业或工作调整→需要得到咨询→调整职业或工作；

进一步介入社会、社区活动→了解社会与公民及人与人之间的关系→当好公民，处理好关系；

满足年迈双亲的要求→学习老年知识→适应年迈父母；

安排业余时间→业余时间的利用→创造性利用业余时间；

供子女接受高等教育→学习引导子女正确消费→引导子女正确消费；

解决问题→学习新问题的解决方法→有效解决问题；

适应各种变化→保持平衡→适应变化、保持发展。

55—64岁：

面临可能出现的健康问题→学习营养保健知识→保持良好的健康水平；

加强人际关系→进一步建立人际关系→获得有效的社会交往能力；

准备退休→退休前的准备→作明智的退休计划；

增加非职业性的兴趣→学习艺术、音乐、旅行知识→满足审美需求与旅行爱好；

丧失配偶→摆脱孤独→适应新的生活；

解决问题→学习新问题的解决方法→有效解决问题；

适应各种变化→保持平衡→适应变化、保持发展。

65岁以上：

结束职业生涯→安排晚年生活→以主动的姿态退休；

注意身体保养→学习医疗保健知识→有效保养身体；

探索新的发展方向、前程→安度晚年、老有所为→用积极的态度对待生活；

安排娱乐生活→处理娱乐生活与参加公共活动的关系→用积极的态度对待生活；

与同龄人交往→学习如何与同龄人交往→用积极的态度对待生活；

面临死亡→了解死亡及其过程→正确对待死亡并给濒临死亡者以帮助；

解决问题→学习新问题的解决方法→有效解决问题；

适应各种变化→保持平衡→适应变化、保持发展。①

无论是诺尔斯对成年期"三个阶段""六个方位"发展任务的考量，还是北美其他学者将成年期细分为"六个阶段"之发展任务的辨识，以及对其学习需求与学习目的的导出，对之，首先应当表明：就其中的发展任务而言，也许还可以围绕其对不对或全不全再展开细说；就所涉的需求与目的而言，同样可以围绕其准不准或够不够再作细究。但无论如何，花去许多时间和许多篇幅将这两项研究成果中的内容逐一展现开来，其目的无非就是为了阐明：与成人社会角色一样，成年期的这些发展任务正是人的生命及其多维存在之实实在在的体现，正是人的生命及其全面发展之真真切切的表征，而所有这些体现和表征，又正与成人教育紧紧相扣着，与成人学习紧紧相系着。

需要特别注意到的是，所有这些成人发展任务及其与教育和学习的相关性，又和成人社会角色一样，一定会因人、因时，乃至因情、因景而发生相应的变化，而产生显著的差异。

故而，无论是成人社会角色，还是成人发展任务，事关其本身的一些基础性研究，固然有待成人教育科学及其体系构建去作细究，而它们因人、因时、因情、因景而发生的变化，产生的差异，并由之可能对成人教育、成人学习带来的不同需求和不同目的，以及对这些不同需求的满足、对这些不同目的的实现，更是必将成为成人教育科学及其体系构建一定要深入持久地涉足的一个极其重要、极其巨大的无限空间。

之四："社会变迁"空间。

稍作留意，便会发现各种媒体总在不停地向人们传出国际变化和国家变化的信息，并且可以感受到这些变化离我们每个人都很近、很近。

于世界之变而言，不妨将之归纳为：全体人类正在走向地球村；大调整、大发

---

① 高志敏. 当代世界教育科学发展与成人教育［M］. 上海：上海交通大学出版社，1997：220.

展主流已现；多元化、多极化大势已成；新科学、新技术层出不穷；人口总量正在超越新纪录；政治风云正在酝酿新格局；经济浪潮正在追逐新梦境；金融风暴正在发生负效应；自然资源正在面临新危机；生态环境正在经受新考验；思想文化正在发生新交锋；价值观念正在呈现新更迭；国际力量正在形成新角逐；国际和平正在出现新矛盾；

……

于国家之变而言，亦不妨将之归纳为：经济建设的步伐迈得更加坚实；政治建设的步伐迈得更加坚定；文化建设的步伐迈得更加坚定；社会建设的步伐迈得更加坚韧；生态建设的步伐迈得更加坚决；工业化、现代化的波涛正在翻腾；市场化、信息化的波浪正在升腾；城镇化、国际化的波澜正在奔腾；体制改革、机制创新呼吁提速；政务公开、反腐倡廉呼吁发力；劳动就业、收入分配呼吁公平；权利义务、利益格局呼吁公正；贫富差距、城乡差距呼吁缩小；老龄社会、医疗卫生呼吁重视；食品安全、出行安全呼吁保障；生态环境、空气质量呼吁改善；物价稳定、社会诚信呼吁回归；思想道德、精神风貌呼吁重建；幸福指数、和谐指数呼吁提升；

……

于"世情"，所有信息，既有正面的，亦有负面的。

于"国情"，所有信息，既有令人振奋、激动的，亦有令人忧虑、沮丧的。

然而，无论是正面的信息，还是负面的信息；无论是积极的信息，还是消极的信息，它们都传递出一个最根本的"信息"，那就是，我们所赖以生存的这片土地、我们所赖以生存的这个星球，无论是它的"硬件"，抑或是它的"软件"，每一天、每一刻都在发生变化。无疑，我们每一个人的生命、我们每一个人的生活，每一天、每一刻都随之发生变化。

查尔斯·霍顿·库利说："在我们周围的人类世界里，生活在不断地发展、变化。似乎有一种未知的生机勃勃的力量，在无数方向以无数方式发挥作用，这些方向和方式中的每一个都是过去某个事物的延续。所有这一切都表现为一种成长，我们也可以（将其）称之为适应性成长。"[①]

[①] 查尔斯·霍顿·库利. 社会过程 [M]. 洪小良，等，译. 北京：华夏出版社，2000：3.

我想：

这些"世情"与"国情"之变，兴许就是使人类生活、国人生活变化、发展的一种生机勃勃的未知力量，兴许就是会在无数方向、以无数方式对人类生活、国人生活发生影响、发挥作用。

"世情"之变、"国情"之变，其中每一个与其相关事物之变，一定还会延续，一定还会成长，一定还会在延续中发生适应性的成长。

"世情"之变，兴许直接就是一种人类生活之变；"国情"之变，兴许直接就是一种国人生活之变。

由此，切入成人教育科学研究之语境，我又想：人类生活之变、国人生活之变，兴许就是使成人的生活世界与精神家园、社会角色与发展任务有所变化、有所发展的一种生机勃勃的未知力量；人类生活之变、国人生活之变，兴许又将会在无数方向以无数方式对成人的生活世界与精神家园产生影响、发挥作用，对成人的社会角色与发展任务产生影响、发挥作用。

这种和成人的生活世界、精神家园，社会角色、发展任务息息相关的人类生活之变、国人生活之变，在其方向和方式上，也一定还会延续，一定还会成长，一定还会在延续中发生适应性的成长。

显然，成人的生活世界与精神家园、成人的社会角色与发展任务，又一定还会持续接受它们的影响，一定还会与它们的成长一起成长，与它们的适应性成长一起适应性地成长。

此前所说的成人的社会角色与发展任务会因人、因时、因情、因景而发生变化、产生差异，进而可能对成人教育、成人学习带来的不同需求和不同目的，也许正是源于这样一些还未来得及予以说明的事实，基于这样一种还未来得及做出阐述的背景。

总而言之，社会变迁一定是成人教育科学及其体系构建要坚定地走进去的一个极其广阔、极其深远的空间。

如果我们重新读一读郎格朗的《终身教育导论》，就会更加感受到，他是在其数十年成人教育实践的基础上，又以坚定的信念、坚决的姿态走进社会变迁空间，并最终提出"终身教育"这一伟大理念的真正典范。也就是说，如果他一开始没有对现代人面临的挑战予以精密聚焦，即没有对变革加速、人口增长、科技发展、政治挑战、传媒创新、闲暇增多、生活模式嬗变、人际关系危机、意识形态危机、身体与灵魂断裂、物质价值与精神价值背离等一系列社会变迁问题进行深入观察、精心分析的话，那么，他就不可能随后提出对"教育的现实责任"的如下主张：

"第一，确定能够帮助一个人在其一生中不断学习和得到训练的结构和方法。

"第二，通过多种自我教育的形式，向每一个人提供在最高、最真实程度上完成自我发展的目标和工具。"①

之五："教育服务"空间。

这里的"教育服务"空间指三个方面，一是事关成人教育的行政管理系统；二是事关成人教育的教育教学机构；三是面向所有成年民众的公共文化服务体系中具有提供教育、学习服务功能的机构。

从成人教育的行政管理系统来看，在我国，既有教育部所设的各级管理机构，也有政府其他各相关部委所辖的各级管理机构。另外，还有一些管理机构可能设在有关的各种民间社团或专业协会之中。

从成人教育的教育教学机构来看，在我国，一直有一种非常富有特色的称谓，叫作"各级各类成人教育"，随之也就有了面向成人的各级各类学校（教育教学机构），其大致可以包括：成人教育学院、继续教育学院、业余大学、业余学校、夜大学、夜间学校、函授大学、函授学校、广播电视大学、广播电视学校、网络大学、网络学校、职工大学、职工学校、企业大学、企业学校、女子大学、女子学校、老年大学、老年空中大学、老年学校、社区学院、社区学校、中国共产党党校、管理干部学院、青年干部学院、妇女干部学院、农村成人学校、农民夜校、农业广播电视学校、农村社区学习中心、农民文化技术学校、农村实用技术培训中心、自学考试机构、企业培训中心、社会培训中心等。

从公共文化服务体系中具有提供教育、学习服务功能的机构来看，主要可以包括：文化馆、博物馆、图书馆、科技馆、美术馆、展览馆、纪念馆、工人文化宫、

---

① 保罗·郎格朗. 终身教育导论 [M]. 滕星，等，译. 北京：华夏出版社，1988：45.

电影院、体育馆、健身房、旅行社、娱乐中心、社区文化活动中心、企业文化活动中心、乡村文化活动中心，以及与现代网络传媒相关的公共文化服务机构等。

走进如此教育服务空间，我们希望去考察和探究的会有很多，粗粗梳理一下，便是它们的理念和行动：

——是不是已经与成人群体之整体世界、分类世界、个体世界的生存状况或生活状况联接、联动了起来？

——是不是已经与成人生活境遇、成人社会角色、成人发展任务贯穿、贯通了起来？

——是不是已经使成人教育、成人学习得到了完善的法律支持、切实的政策支持、充分的组织支持？

——是不是已经使成人教育、成人学习得到了充足的时间支持、广泛的舆论支持、有效的认证支持？

——是不是已经保障了成人教育的人力、财力、物力的充分投入？

——是不是已经保障了成人的教育权利与学习机会？

——是不是已经设置了充分的教育项目或学习项目？

——是不是已经选择了恰切的教育内容或学习内容？

——是不是已经提供了足够的教育资源或学习资源？

——是不是已经采用了合适的教育手段与学习方式？

——是不是已经运用了有效的教育评价与学习评价？

——是不是已经满足了广大成人学习者多样化或个性化的学习需求？

——是不是已经达到了广大成人学习者多样化或个性化的学习要求？

——是不是已经照护到了成人的成功教育与成功学习？

——是不是已经照拂到了成人的成功生活与成功人生？

之六："教学一线"空间。

有些犹豫，但还是决定透露一下心中的"私密"事：

曾经无数次，我对着诺尔斯那句"我对照儿童教育学，把成人教育学定义为帮助成人学习的艺术和科学"久久发呆，特别是其中的"科学"与"艺术"二词，总让人辗转反侧。什么叫"科学"？什么叫"艺术"？有时似乎非常清楚、非常释然，有时又似乎非常模糊、非常茫然。也许正因为清楚、释然，所以居然会为"成人教育科学及其体系构建"写了这么多字，说了这么多话；也许，正因为模糊、茫然，所以又很可能有些字没有写对、写透，有些话没有说好、说准，甚至还会有笔误、口误，有疏失、遗漏。这一切，又可能是因为自己学术功力不够，也可能是因为人的认知过程本来就曲折、易反复。

当在电脑上敲下"'教学一线'空间"这六个字的时候，我的"呆状"又出现了，而且好几天常常愣愣的，滞滞的，以致总会丢三落四，犯些小错。

在这样一种状态下，有天晚上上课，与研究生一起研讨"人的一生发展过程与人的终身学习"。讲着、讲着，不知怎地，开起了"无轨电车"。也许，是再一次被人的终身发展、终身学习的多变性、多样性触动，也许，是再一次被学习者个体之间以及所发生的学习行为的差异性、独特性冲击，竟脱口而出这样一些让我自己都有些吃惊，甚至有些把握不住的话：

"教学，也许是整个教育活动中一块最柔软地方，尤其是当你要'非大批量生产'地面对一个个具有独特经验和鲜明个性的学习者，'非大工业生产'地面对一个个具有显著差异和鲜明指向的学习需求时，它更多呈现的，或许尤是一种教学者个人的体验或经验，一种只能意会而难以言传的心灵体悟与默会感知。兴许，这就是艺术，兴许，这就是艺术的表现方式！

"倘若一定要硬生生地将这些个人体验或经验、难以言传的心灵体悟与默会感知通过简单的'编码程序'，用一、二、三、四、五……的方式写出来，变成书面文字、变成教材，可以那么容易地传来传去、那么方便地抄来抄去、那么轻易地复制来复制去，恐怕，它们也早就不成至少难成艺术了！"

当然，"无轨电车"最终还是开回来了，我对学生们说：

"或许正因为这样，我们要仔细观察、认真探究人的一生发展及个体之间的差异，要深入考察、精心研究人在一生发展过程中，以及每个人在其不同生命际遇与生活境遇中鲜活而充满个性的学习行动、学习方式与学习特征，从而获得、提升作为一名成人教育教学者的专业功底、专业素养。只有通过这样一种专业功底、专业素养的获得与提升，我们的教学、我们的成人教学，才会接近艺术，才会走向艺术！"

课后，在回家的公交车上，又冒出了这样两个结论性想法：

——科学往往表现出一种"硬质""刚质",因此,它往往与教育更加亲密;

——艺术往往表现出一种"软质""柔质",因此,它往往与教学更加无间。

如此"刚柔并济",难怪诺尔斯要说,成人教育学,既是一门科学,又是一门艺术!

此乃关于"科学"和"艺术"之理解与认知的一段花絮,不必太过在意,不必太过较真。但是,对于教学,长期以来总觉得它因为"软"而更富艺术细胞,因为"柔"而更显艺术魅力,因为"软"而更不易产生触觉,因为"柔"而更不易产生触感,因为"软"而更需要体察,因为"柔"而更需要关照,更何况它又实实在在地处在成人教育最前沿、处在成人学习最前线,对这些的认同,倒是在心里面变得愈加坚定起来。

翌日清晨,钻出被窝,虽然睡眼惺忪,但很快感觉"理性"似乎又在敲门,说它要回来了。于是,早餐之后,遂又翻开了那本一直放在案头的、夸美纽斯著、傅任敢译、1999年由教育科学出版社出版的《大教学论》。那几行无数次萦绕心际的话语又赫然出现在眼前:

"我们这本《大教学论》的主要目的在于:寻求并找出一种教学的方法,使教员因此可以少教,但是学生可以多学;使学校因此可以少些喧嚣、厌恶和无益的劳苦,多具闲暇、快乐和坚实的进步;并使……社会因此可以减少黑暗、烦恼、倾轧,增加光明、整饬、和平与宁静。"总之,其宗旨就是要阐明教学实乃一种"把一切事物教给一切人们的全部艺术"。①

对之,暂且不论其中对于教学是一门艺术,是一门充满神奇魅力的艺术的评鉴,只想首先表明,它再次提醒我们:教学一定包含着"教"与"学"两个方面。然而,在现实中,"教""学"这两个字,渐渐地,前者变得越来越强势,后者变得越来越式微,以致在许多场合里,乃至在许多人的意识里,只要提及"教学",似乎只剩下了一个"教"字。一句话,关心"教"的多,关心"学"的少;关心"教好"的多,关心"学好"的少。故而,于此,所谓的"教学一线"空间,就是希望其同时关顾到"教"与"学"这样两个永远组合在一起的教育事实。

---

① 夸美纽斯. 大教学论 [M]. 傅任敢,译. 北京:教育科学出版社,1999:1~2.

转身再望，在我们现今有关成人教育之"教与学"的一线范畴里，已经有了多少词汇，有了多少术语。其中，有的源自一般的教与学活动，有的则成于其自身实践中的发现与创造。当然，如今滚滚而来的，还有那些生成于现代信息传媒技术发展过程中的理念和方法。除去那些基本概念，仅就其一些最为常见的或理念、或需求、或动机、或目的、或策略、或项目、或内容、或程序、或技术、或方法、或空间、或效果等，便可列出一大堆来。至于切入充满"软性"和"柔性"的"教学空间"——"教"与"学"的第一线，显然，其初衷，无非就是为了能够真实地了解、切入地研究：

——成人教学者"教"的动力是什么，成人学习者"学"的驱力是什么？
——成人教学者"教"的兴致是什么，成人学习者"学"的兴趣是什么？
——成人教学者"教"的要求是什么，成人学习者"学"的需求是什么？
——成人教学者"教"的偏好是什么，成人学习者"学"的偏爱是什么？
——成人教学者"教"的风格是什么，成人学习者"学"的风格是什么？
——成人教学者"教"的特征是什么，成人学习者"学"的特点是什么？
——成人教学者"教"的目的是什么，成人学习者"学"的目标是什么？
——成人教学者"教"的方略是什么，成人学习者"学"的策略是什么？
——成人教学者"教"的项目是什么，成人学习者"学"的内容是什么？
——成人教学者"教"的方式是什么，成人学习者"学"的样态是什么？
——成人教学者"教"的方法是什么，成人学习者"学"的样式是什么？
——成人教学者"教"的过程是什么，成人学习者"学"的程序是什么？
——成人教学者"教"的效果是什么，成人学习者"学"的结果是什么？
——成人教学者"教"的情境是什么，成人学习者"学"的情境是什么？
——成人教学者"教"的空间在哪里，成人学习者"学"的空间在哪里？
——成人教学者的"教"与成人学习者的"学"，匹配吗？
——成人教学者的"教"与成人学习者的"学"，协调吗？
——成人教学者能"教"成人学习者所想"教"的吗？
——成人教学者能"教"成人学习者所想"学"的吗？
——成人教学者能帮助性地"教"了吗，成人学习者能独立地"学"了吗？

——成人教学者能引领性地"教"了吗，成人学习者能自主地"学"了吗？

——成人教学者能成为促进者了吗，成人学习者能发挥主体性了吗？

——成人教学者能创新"教"的理念吗，成人学习者能创新"学"的理念吗？

——成人教学者能创新"教"的方式吗，成人学习者能创新"学"的方法吗？

——成人教学者能运用"教"的新理念吗，成人学习者能运用"学"的新理念吗？

——成人教学者能运用"教"的新方法吗，成人学习者能运用"学"的新方法吗？

——成人教学者能"教"得越来越少了吗，成人学习者能"学"得越来越多了吗？

——成人教学者能"教"得越来越好了吗，成人学习者能"学"得越来越好了吗？

——"教"培养学习者的学习力了吗，"学"增强学习者的学习力了吗？

——"教"与"发展任务"相对接了吗，"学"与"发展任务"相衔接了吗？

——"教"与"终身发展"相联系了吗，"学"与"终身发展"相联接了吗？

——"教"与"社会角色"相黏合了吗，"学"与"社会角色"相贴合了吗？

——"教"与"全面发展"相结合了吗，"学"与"全面发展"相吻合了吗？

——"教"消弭喧嚣、厌恶与劳苦了吗，"学"增添轻松、快乐、幸福和进步了吗？

——"教"减少黑暗、烦恼与倾轧了吗，"学"增加光明、整饬、和平与宁静了吗？

——"教"与"学"关照成人生活世界与精神家园了吗？

——"教"与"学"为成人学习者真正带来成功的生活了吗？

——"教"与"学"为成人学习者真正带来成功的人生了吗？

之七："理论学术"空间。

在这里，所谓"理论学术"空间，指的是相关学科及其理论领域和学术领域。主张切入这一空间的理由，非常简单、直接：因为成人教育与学习作为一种成人现实生活与一生生命概念的教育与学习，因为成人教育与学习研究作为一门现实生活与一生生命概念的科学与艺术，因为成人教育与学习作为一种成人生活世界与精神家园概念的教育与学习，因为成人教育与学习研究作为一门生活世界与精神家园概念的科学与艺术，因为成人教育与学习作为一种成人生活际遇与生活境遇概念的教育与学习，因为成人教育与学习研究作为一门生活际遇与生活境遇概念的科学与艺术，因为成人教育与学习作为一种成人终身发展与全面发展概念的教育与学习，因为成人教育与学习研究作为一门终身发展与全面发展概念的科学与艺术，因为成人教育与学习作为一种成人社会角色与发展任务概念的教育与学习，因为成人教育与学习研究作为一门社会角色与发展任务概念的科学与艺术，因为成人教育与学习作为一种成人成功生活与成功人生概念的教育与学习，因为成人教育与学习研究作为一门成功生活与成功人生概念的科学与艺术，总之，因为它必将也必定要成为"一门需要借助与投入人的科学、社会科学、生活科学、（终身）教育科学等多元视角、综合智慧思考的新兴学问"，故而，也就没有任何理由可以拒绝到博大精深的社会科学、人文科学乃至自然科学及其发明与创造中去见世面、长见识，去扩展学术视野、汲取理论养分、获得思想启迪、增强认知智慧，从而构建与提升自己对于成人教育与成人学习，乃至其作为一门科学与艺术之本身的学术观察与分析能力、理论解释与说服能力、科学发现与创造能力、知识建构与运用能力、实践指导与引领能力等。

  叙说至此，我忽然觉得可以借用以下几项颇有个人切身体会的个例，用设问或自我设问方式，来证明切入"理论学术"空间的重要作用与实际意义：

  那年，我承担了一项上海市教育科学规划课题——"终身教育、终身学习与学习化社会的现代理论支撑与实践运作策略研究"（后以《终身教育、终身学习与学习化社会》为书名，2006年由华东师范大学出版社出版），对之，我可以这样问自己：要做好这项课题，仅就其"现代理论支撑"部分而言，你不读一点脑科学、心理学、医学、经济学、文化学、物理学、系统科学等，行吗？你不涉足一点这些学科的"理论学术"空间，你能发现它们对于终身教育、终身学习与学习化社会这三大理念所提供的理论支撑吗？①

---

① 高志敏，等. 终身教育、终身学习与学习化社会 [M]. 上海：华东师范大学出版社，2005.

那年，我担纲了一项全国教育科学规划教育部"十五"重点课题——"回应新世纪发展的成人教育社会学研究"（后以《成人教育社会学》为书名，2006年由河北教育出版社出版），对之，我又可以问自己：要做好这项课题，你不读一点类似社会学、现代社会学、社会学原理、社会学概论、社会学思潮、社会现代化进程、社会阶层与社会流动、经济学、西方经济学、经济体制学、生产力经济学、工业社会学、后工业社会学、文化学、人类文化学、教育社会学、现代传播学、大众文化传播学等理论著作或学术文献，能完成此项课题中"成人学习者与社会""继续社会化与成人教育""成人教育者与社会""成人教师的社会角色思考""成人学习者社会群体与成人教育者社会群体及其互动关系""成人教育内部文化与社会文化及其互动关系""成人教育与社会经济及其互动关系""成人教育与社会流动及其互动关系"，乃至"经济全球化与成人教育""文化多元化与成人教育""网络时代与成人教育""职业环境与成人教育""社区发展与成人教育""老龄社会与成人教育""弱势群体与成人教育""农村流动劳动人口与成人教育""失业现象与成人教育""闲暇时间与成人教育"等一系列命题的思考与探索吗？①

自然，还有：我的研究生李洁，要想完成《海派学习文化研究——来自成人生活世界的考察与分析》这篇博士论文，我可以问她：你不博览群书，行吗？

结果，她在其论文"参考文献"中的"中文图书（含译著）"中就列出了103部相关学科的理论著述或学术文献，其中除了部分教育、成人教育科学专业的参考书目以外，主要涉猎的理论著述或学术文献有：

文化学概论、文化研究导论、文化社会学、文化哲学沉思、中国近代文化概论、中西文化比较研究、心理学概论、社会心理学、心理学与人生、心理学与生活、现代性与自我认同、生活体验研究、移民文化、海派文化、上海性格、海派文化的发展与创新、海派文化的动力和活力、海派文化与国际影响力、上海——现代中国的钥匙、近代上海大事记、近代上海城市研究、上海近代教育史、被建构的女性、性别差异与男女平等、性别化的人生、上海女人私房事、中国的现代化、现代生产力新论、市场伦理、中国妇女与发展、职业生涯发展与规划、中国女性职业生

---

① 高志敏. 成人教育社会学［M］. 石家庄：河北教育出版社，2006.

涯发展研究、自然辩证法、社会科学研究、哲学解释学、质的研究方法研究、诠释学导论等。①

我的研究生贾凡和应方淦分别想要完成《成人精神世界中的转化学习研究——基于生活故事的个案解读》和《基于生活世界视角的成人学习研究》这两篇博士论文，我可以问他们：你们不读一点书、奠一点基，行吗？

结果，说来也巧，在其学位论文"参考文献"中的"中文图书（含译著）"中都分别列出了83部相关学科的理论著述或学术文献，其中除了部分教育、成人教育科学专业的参考书目以外，主要涉猎的理论著述或学术文献有：

贾凡——《第四代人的精神——现代中国人的救世情怀》《黯然的心灵——中国人的精神疾患》《悲壮的还乡——精神家园忧思录》《现代化的精神陷阱：嬗变中的国民心态》《地缘中国——区域文化精神与国民地域性格》《精神信念决定生老病死》《我的精神家园》《我的精神自传》《精神的故乡》《后现代精神》《道德情操论》《重构中国精神》《精神之谜——全息精神学》《性与性格》《探索心灵——精神分析的源与流》《新原道——中国哲学之精神》《精神追求：神秘的荣格》《走向精神科学之路——狄尔泰哲学思想研究》《精神分析引论》《心理类型学》《生活的意义与价值》《美国精神的封闭》《人文精神之重建》《哲学导论》《西方哲学史》《哈贝马斯批判理论》《结构主义》《结构人类学》《人文科学的逻辑》《生活世界现象学》《哲学解释学》《哈贝马斯：关键概念》《质性研究方法与社会科学研究》《故事的形成》《探索潜意识》《教育叙事研究》《建构主义教育研究》《交往与社会进化》《生活体验研究：人文科学视野中的教育学》《了解与促进转化学习——成人教育者指南》《理解与教育——走向哲学解释学的教育哲学导论》《信仰、道德和教育：规范哲学的考察》等。②

应方淦——《马克思主义与西方哲学的现当代走向》《生活世界理论——现象学·日常生活评判·实践哲学》《欧洲科学危机和超验现象学》《现象学及其效应》

---

① 李洁. 海派学习文化研究——来自成人生活世界的考察与分析 [D]. 上海：华东师范大学博士学位论文，2009.
② 贾凡. 成人精神世界中的转化学习研究——基于生活故事的个案解读 [D]. 上海：华东师范大学博士学位论文，2010.

《现象学与哲学的危机》《生活世界现象学》《回归现实生活世界》《生成哲学》《启蒙哲学》《哲学解释学》《哲学人类学》《哲学与自然之镜》《社会存在本体论导论》《人类知识起源论》《关于托勒密和哥白尼两大世界体系的对话》《从混沌到有序：人与自然的新对话》《文化模式》《科学史》《自然科学史》《科学与近代世界》《科学与宗教》《科学时代的理性》《科学与知识社会学》《近代科学的建构》《物理学的进化》《物理世界和精神世界之法则》《日常生活》《过程与实在》《成人发展与老龄化》《成人危机的预言》《人生关口——预测成人的各种危机》《个人知识——迈向后批判哲学》《"生活世界"复杂性及其认知动力模式》《确定性的寻求——关于知行关系的研究》等。①

诚然，对于这些著述或文献，我和我的研究生伙伴们显然是行走在"精读"和"泛读"之间，但可以肯定的是：书一定是要读的，书一定是想读的，更何况每每懊悔于"书到用时方觉少"！

最后，我还是得认真、慎重地说明，我和我的研究生伙伴们即便是对于某些书号称精读了、细读了，其实，也还只是读了冰山一角中的一角、皮毛一簇中的一簇！但即便如此，却也足以让我们眼界大开、浮想联翩了！

之八："文献资料"空间。

所谓切入"文献资料"空间，就是希望我们不要忽略了对一些富有历史与未来价值的文献资料的阅读和理解，乃至贯彻和运用。它们或来自重要的国际或国际区域组织，或出自我们国家党和人民政府及其相关的组织系统。当然，这些文献资料或与成人教育、成人学习直接相关，或与成人教育、成人学习间接相关，或表面不很相关，但实际却是相关，甚至是密切相关。

具体说来，除了希望所有研究者能够将诸如联合国教科文组织的埃德加·富尔报告——《学会生存——教育世界的今天和明天》、雅克·德洛尔报告——《学习——财富蕴藏其中》，以及从1949年至2009年联合国教科文组织每隔12年召开一次的国际成人教育大会之"最后报告"等，置于案头以外，也建议诸位还能够收藏好、阅读好、理解好类似1948年联合国颁布的《世界人权宣言》、1990年联合国教

---

① 应方淦.基于生活世界视角的成人学习研究[D].上海：华东师范大学博士学位论文，2011.

科文组织发布的《世界全民教育宣言——满足基本学习需要》与《满足基本学习需要的行动纲领》、2000年联合国教科文组织发布的《达喀尔行动纲领》，以及2002年中国共产党第十六次、2007年中国共产党第十七次全国代表大会形成的文献，2011年中国共产党第十七届中央委员会第六次全体会议通过的《中共中央关于深化文化体制改革推动社会主义文化大发展大繁荣若干重大问题的决定》等。因为：

《世界人权宣言》宣称："人人都享有受教育的权利。……每一个人和社会机构都应当经常铭念：努力通过教诲和教育促进对权利和自由的尊重。……教育的目的在于充分发展人的个性并加强对人权和基本自由的尊重。教育应当促进各国、各种族或各宗教集团间的了解、容忍和友谊，并应当促进联合国维护和平的各项活动。"

《世界全民教育宣言——满足基本学习需要》重申："每一个人——儿童、青年和成人——都应能获得旨在满足其基本学习需要的受教育机会。……成人和儿童的基本学习需要只要存在，就必须予以满足。……必须积极消除教育差异，不应使如下一些社会地位低下的群体在获得学习机会上受到任何歧视——穷人、街头流浪儿和童工、农村和边远地区人口、游牧民和移民工人、土著居民、种族、民族和语言方面属于少数的群体，难民、因战争而流离失所者以及被占领区居民。……基本学习需要包括基本的学习手段（如读、写、口头表达、演算与问题解决）和基本的学习内容（如知识、技能、价值观念和态度）。这些内容和手段是人们为能生存下去、充分发展自己的能力、有尊严地生活和工作、充分参与发展、改善自己的生活质量。……满足基本学习需要可以使任何社会中的任何个人有能力并有责任去尊重和依赖他们共同的文化的、语言的和精神的遗产，促进他人的教育，推动社会正义事业，保护环境，宽容与自己不同的社会、政治和宗教制度，从而确保坚持为人们所普遍接受的人道主义价值观念和人权，并为这个互相依存的世界建立国际和平与团结而努力。……教育发展的另一个但更基本的目的就是传递并丰富共同的文化和道德价值观念。正是从这些价值观念中，个人和社会发现了自己的特性和价值。"[1]

《达喀尔行动纲领》再次倡导并保证："教育，作为一项基本人权，是可持续发

---

[1] 赵中健.教育的使命：面向21世纪的教育宣言和行动纲领［M］.北京：教育科学出版社，1996：15～16.

展和保护各国内部及各国之间的和平的关键,因而也是有效地参与二十一世纪的社会生活和经济生活的必不可少的手段。……使每个儿童、青年和成人都有权享有能够真正和充分满足其基本学习需要的教育,包括学会认知、学会做事、学会共同生活和学会共同生存的教育。这是一种促进开发每个人的聪明才智和潜力以及发展学习者个性的教育,使他们能够改善生活和改造社会。……为成人提供参与基础教育和继续教育课程学习的平等机会,在十年内使现有的性别差异至少缩小50%。"①

中国共产党第十六次全国代表大会指出,全面建设小康社会的目标之一是:"全民族的思想道德素质、科学文化素质和健康素质明显提高,……人民享有接受良好教育的机会,基本普及高中阶段教育,消除文盲。形成全民学习、终身学习的学习型社会,促进人的全面发展"。②

中国共产党第十七次全国代表大会再次号召:"建设全民学习、终身学习的学习型社会!"③

中国共产党十七届六中全会颁布的《中共中央关于深化文化体制改革推动社会主义文化大发展大繁荣若干重大问题的决定》更是意味深长地指出:"文化建设是中国特色社会主义事业总体布局的重要组成部分。没有文化的积极引领,没有人民精神世界的极大丰富,没有全民族精神力量的充分发挥,一个国家、一个民族不可能屹立于世界民族之林。物质贫乏不是社会主义,精神空虚也不是社会主义。没有社会主义文化繁荣发展,就没有社会主义现代化。"④

无数次阅读这些话语,无数次感到震撼;无数次咀嚼这些话语,无数次掀起思维的波澜:

我们既可以去透析这些话语及其文献本身的背景,剖析其本身的初衷,又可以去领会这些话语及其文献本身的洞察与发现,领悟其本身的真知与灼见。

---

① 联合国教科文组织. 达喀尔行动纲领——全民教育:履行我们集体的承诺[J]. 中国教科文全委会秘书处,译,世界教育信息,2000(9):24~25.
② 江泽民. 全面建设小康社会,开创中国特色社会主义事业新局面——在中国共产党第十六次全国代表大会上的报告[N]. 人民日报,2002-11-8.
③ 胡锦涛. 高举中国特色社会主义伟大旗帜,为夺取全面建设小康社会新胜利而奋斗——在中国共产党第十七次全国代表大会上的报告[N]. 人民日报,2007-10-25.
④ 中共中央关于深化文化体制改革 推动社会主义文化大发展大繁荣若干重大问题的决定[N]. 人民日报,2011-10-26.

然而，更毫无疑问的是，我们可以将之与发生在我们周围的成人教育、成人学习以及和我们对其所作的探索行动结合起来，无论是从历史的角度，还是从现实的角度，抑或是从未来发展的角度，去发现并证明、理解并接受、认同并演绎它们可能对其所产生的一切积极影响与促进力量，其中包括维度与向度的力量、广度与深度的力量、幅度与精度的力量、能度与热度的力量、力度与效度的力量……总之，希望成人教育、成人学习及其科学发展事业的心脏，能够随着在这些话语、文献中所跳动着的事关成人生活世界与精神家园建设的国家脉搏与国际脉搏、民族脉搏与人类脉搏而一起跳动！

第二，关于方法。

通过诺尔斯《成人教育的现代实践：从儿童教育学到成人教育学》一书，我们注意到他在整个研究过程中除了善用诸多具体的研究方法和研究技巧以外，还遵循了具有方法论意义的三种取向，即理论联系实际的取向、理论应用实际的取向、帮助成人教育工作者切实学会实际运作成人教育活动的取向。

而我等曾经通过全国教育科学"九五"规划课题成果《成人教育科学体系的构建与发展研究》重现了当时"认为是值得推广的成人教育科学研究的五种方法"，即个体研究与群体研究相结合的方法、专职研究者和非专职研究者相结合的方法、研究机构和研究机构之间相协作的方法、研究机构和经济部门相合作的方法、成人教育科学研究和教育科学研究相结合的方法。

曾经这样表示：若能从诺尔斯那里继承并不断坚定对成人教育学的那份投入与用心，若能将成人教育学的探索引向一种与成人社会生活、成人社会角色、成人发展任务更加径直的对接，那么，理论与实际联系的彼此空间，就有可能变得更加宏大；理论被实际应用的频度和深度，就可能得以加强。同时，在帮助成人教育工作者切实学会实际运作方面，也就有可能使成人教育研究者要给出的实践操作思考变得更加切入与全面，使成人教育工作者要学会的实践操作方法变得更加纷繁与多样。

曾经"四问"自己：首问——五种"相结合"方法，严格意义上讲，是否全然属于成人教育的研究方法？次问——即便是这些方法得以兑现，那么，当进入实际的观察、取样、调研、解析、假定、印证、访谈、解读、演绎、归纳、分析、判断、实验、评价等过程时,人们又当如何来做?再问——被诟病不断的"工作总结式"的、"临摹拷贝式"的、"实证主义式"的、"坐而论道式"的、"就教育论教育式"的态度与方法,又何以使之式微、加以克服?末问——契合成人教育特点与成人学习特性的探索行为,关涉其研究方法的核心理念究竟是什么?关乎其研究方法的有效手段又究竟在哪里?

我还曾经表示:若能真正坚信成人教育源于成人扮演社会角色、履行发展任务之需求的话,那么,未来有关成人教育科学研究方法的问题必定会出现新的思索;若能真正笃信成人学习源自成人谋求成功生活、追求成功人生之需求的话,那么,未来有关成人教育科学研究方法的问题必定会出现新的思量。

按先前惯例,还得提及一下对研究方法展开探究的意义。我想,暂且不论其他,仅将之围绕我们一路行来的,对于成人教育科学及其体系构建之"伦理""纲领""性质""目标""意义""作用""源点""路向"以及"内容""边界""空间"等一系列命题的新思考、新见解,便完全可以做出许多与之交合起来的演绎与说明。简单归结起来,可以归纳成一句话,即如古人所云:工欲善其事,必先利其器。

那么,再次切入"方法"命题本身,在我的思维田野、认知田园里,又有了哪些新的感触、新的审视呢?

《现代汉语词典》里对于"方法"一词似乎最为通俗、最为一般的释义是指"关于解决思想、说话、行动等问题的门路、程序等"。

至于"研究方法",有学者认为:它"不仅仅涉及具体技术和程序的运用,而且还有其自身本体论、认识论和方法论方面的基础"。①

反反复复念叨"方法""研究方法"的上述释义,也许是因为它看起来是那么简单、浅显,不过是"门路""技术""程序"而已,但做起来又是那么复杂、深奥,竟然还与本体论、认识论和方法论息息相关。我已经不是第一次发出这样的感叹:方法,简简单单两个字,但似乎是说起来容易,做起来难!

有时候以为这仅仅是我个人的感触,但当读到查尔斯·霍顿·库利的话语,发

---

① 陈向明. 质的研究方法与社会科学研究 [M]. 北京:教育科学出版社,2000:1.

现他居然也深有同感时，立刻释然了许多，并有信心陡增的感觉。他说：

"之所以社会学发展较晚，而且对许多人来说缺乏吸引力，主要是因为其资料杂乱无章，看起来没有希望得出简单、明确而又新颖的结论，我们研究原理的目的之一就是要恢复这种希望，使这些丰富的资料秩序化。像所有的科学一样，这也存在一些特殊的困难，我认为，我们正肩负着一项闪耀着伟大的智慧之光的事业，完全可以同其他研究相提并论。并且社会学研究还伴随着一种独有的人类和社会的性质。如果没有越来越多的聪明才智之士投身于社会学研究的话，那真是不可思议。"①

"发展得晚"，也许就是因为不易发现发展的方法；"杂乱无章"，也许就是因为不易找到整理的方法；"缺乏兴趣"，也许就是因为不易掌握有效的方法；

"看起来没有希望得出简单、明确而又新颖的结论"，说明需要有深入、精准、创新的方法；

作为源于生活、融于生活的成人教育、成人学习以及有关它们的研究活动，其情形何尝不是如此？

但是，我们的思考、研究，其重要目的之一，就是要使这样一种看起来让人感觉有些失望的尴尬，变得充满希望起来，变得值得憧憬起来，从而找到适切的方法，让成人教育、成人学习乃至有关它们的研究活动，其"复杂的事实"变得清晰起来，其"丰富的资料"变得富有秩序起来。

成人教育科学及其体系构建同样会面临无数特定的挑战，会面对无数特殊的困难，但又同样地，它是"肩负着一项闪耀着伟大的智慧之光的事业"，它没有理由妄自菲薄，可以同任何一门学科、任何一项研究相提并论，更何况，它的终极目的是谋求每一位成年个体的成功生活，追逐每一位成年个体的成功人生，乃至实现一个美好的社会。

故而，和库利一样，我多么希望有越来越多的聪明才智之士能够关注成人教育、成人学习，并投身于成人教育科学研究，投身于成人教育科学体系建设，来加入有关成人教育科学及其体系构建之"方法"命题的讨论！

---

① 查尔斯·霍顿·库利. 社会过程 [M]. 洪小良，等，译. 北京：华夏出版社，2000：336.

这里分享一段有关"量性研究"和"质性研究"之思索的经历，算是我对成人教育研究方法的一次学术探索。需要说明的是，某些情节或细节，在先前的叙说中有所提及，再次串联起来，是为了从研究方法视角进一步呈现它们的过程与意义。

20世纪90年代中期，我在巴黎高等师范学院学习，和全班20多位来自多个国家的学友跟着导师展开了一项由法国劳动部委托与资助的叫作"BONHEUR ET TRAVAIL"（直译"幸福与工作"）的课题研究。三个多月时间里，无数次的访谈、访谈描述与文本解读，使我初涉质性研究方法，并对之有了一个大概的了解。所谓初涉，即我是被领着地、很是表层性、外围性地初步领略、体验了一回这种研究方法。至于对其本身的内涵与价值，我并无太多思考和琢磨，只是觉得有些新鲜、有些奇特，而且感觉可以由此触及研究合作者（被访谈者）的内心世界。

2005年前后，针对我国成人教育研究近三十年在创造辉煌、取得成就的同时，仍然面临诸多困顿与迷茫，我便围绕"纲领"命题提出了成人教育研究应当"回归丰富的成人生活世界，走进缤纷的成人精神家园"这样一个新理念，希望由此突破传统羁绊与定势的束缚，激发新的学术灵感，寻求新的发展路向。随着这方面思考的逐渐深入，寻求一种与之相适应的，或者说，在原有基础上以一种更加宽阔的视野探获更加适切的研究方法的诉求变得愈益强烈。

也就是在上述诉求逐渐生成前后，我得知我所供职高校的教育科学学院也有师生开始运用质性研究方法展开相关的课题研究或博士论文写作，并发现北京师范大学陈向明教授已经出版了一部厚厚的著作——《质的研究方法与社会科学研究》。她在"作者前言"中写道："关于社会科学的研究方法，学术界素有'量的研究'（quantitative research）和'质的研究'（qualitative research）之争，双方都各持其理，认为自己的方法更加'合理''真实''可信'。'量'的研究从特定假设出发，将社会现象数量化，计算出相关变量之间的关系，由此得出'科学的''客观的'的研究结果；而'质'的研究强调研究者深入到社会现象之中，通过亲身体验来了解研究对象的思维方式，在收集原始资料的基础之上建立'情境化的''主体间性'（intersubjective）的意义解释。这两种方式之所以能够在社会科学界形成如此声势浩大的对垒，是因为它们被认为分别代表了两种十分不同的科学'范式'。"①

从此，我开始关注质性研究。

约从2004年起，丹麦罗斯基德大学对质性研究方法颇有钻研与心得的专家海宁·萨林·奥尔森教授多次访华，并以"质性研究"为主题对我所在学校师生进行演讲。其间，我好几次以个人名义请他到我指导的研究生团队来一起切磋关于质性研究方法的理论基础与实践运用问题，甚至希望与其合作，进行一项题为"基于生活历史法的农民工群体与市民化农民工群体之学习行为及其促进"的质性研究行动。虽然后来因为多种原因未能如愿，但对有关质性研究方法，彼此之间有了广泛、深入的交流和切磋。由此，我对于这一方法的理解和认知也逐渐有所积累了。

其后，我的三位研究生分别于2006、2007年，利用罗斯基德大学举办暑期学校之际，被选派到丹麦罗斯基德大学，进一步探取质性研究方法的精要。

同时，我所指导的研究生团队也开始定期对质性研究方法展开探究。就理论渊源而言，团队成员了解到了它与批判理论、经验理论、人本主义、建构主义、现象学、解释学等的渊源关系；从实践运用而言，团队成员以此方法，展开了诸多的应用研究，如："女性创业过程中的学习行为研究——基于生活历史法的个案分析""成人的职业认同与学习研究""城市化进程中农民学习需求研究""新失业群体人生态度现状与转化研究""外出务工者回乡创业过程中学习样态研究——基于若干个案的分析""职业生涯发展中的非正式学习——基于若干专业技术人员个案的研究""老年学习的精神生活影响力研究——基于若干个案的分析""海派学习文化研究——来自成人生活世界的考察与分析""青年农民工的生存境遇与学习行为研究——基于若干个案的分析""成人精神世界中的转化学习研究——基于生活故事的个案解读"等。

正是通过这样一种探究过程，我们逐渐发现并明确了量性研究与质性研究之间一系列的差异。在一次与奥尔森教授合作进行的学术演讲会上，我综合团队学习、研讨的结果，发表了一项有关"量性研究"与"质性研究"之不同特征的心得报告，赢得包括奥尔森教授在内的在场学者的共鸣：

---

① 陈向明. 质的研究方法与社会科学研究[M]. 北京：教育科学出版社，2000：1.

我们的心得是：在研究目的上，量性研究尤重证实，质性研究尤重解释；在研究内容上，量性研究尤重过程和局部，质性研究尤重事实和整体；在研究设计上，量性研究尤重预设、预定，质性研究尤重演化、演绎；在研究工具上，量性研究偏好使用量表，质性研究主张由研究者自己选制；在表达手段上，量性研究尤重数据，质性研究尤重文字、图形；在研究关系上，量性研究倾向主客对立，质性研究主张互为主体；在抽样方式上，量性研究尤重随机，质性研究尤重目的；在资料生成上，量性研究偏好使用问卷、封闭观察，质性研究主张访谈、开放观察；在资料分析上，量性研究以归纳为主，质性研究以演绎为主；在效度检验上，量性研究尤重相关性、严谨性，质性研究尤重真实性、真切性；在成果推广上，量性研究强调可控性、推广性，质性研究强调理解性、认同性。

除此以外，在研究行为的伦理道德问题上，量性研究关注相对较少，质性研究关注相对较多。

正是为了满足"回归丰富的成人生活世界，走进缤纷的成人精神家园"新理念的方法诉求，正是有了这样一段对量性研究与质性研究，特别是对质性研究方法的理论关注和实践探索经历，我和我的博士研究生贾凡写成一篇文章，叫作《成人教育研究新理念与新方法探索》（后发表在《河北师范大学学报（教科版）》2010年第1期上），涉及成人教育研究新理念的提出、成人教育研究新理念的意蕴、成人教育研究常见方法的反思、成人教育研究新方法的观察、质性研究方法的代表意义、"回归与走进"新理念与质性研究新方法的吻合、质性研究新方法对"回归与走进"新理念的实践及其功效等的描述和思考。事实上，其中的相关内容都已散见在此前各个部分的叙述之中，而唯文中所称"新理念与新方法的吻合"，即"'回归与走进'新理念与质性研究新方法的吻合"这一段尚未提及，这里作一些引用：

通过对成人教育研究新理念与成人教育研究首选新方法——质性研究方法的深入分析，我们可以发现两者之间至少在以下七个方面存在着相匹配、相吻合的情况，或者说，基于以下七个维度的分析，质性研究方法完全有可能成为成人教育新理念化为行动、化为实践的重要支持力量。

研究立场的吻合——如上所述，新理念以人本关怀作为基本的研究价值立场，而质性研究方法也以现象学、解释学、建构主义和社会批判理论等充满人文主义色彩的理论学说为其基本的哲学基础。

研究目的的吻合——新理念的主要目的是希望通过对直接与生活经验、精神家园相关的成人教育现象与问题进行挖掘和阐释，一方面提升对成人教育的理论解释力量，另一方面又增强对成人教育的实践引领作用，终而，促使人们的生活意义和生命价值得到充分体现。与之相应，质性研究方法的目的是对被研究者的生活（心理）经验（体验）和意义建构作"解释性的理解"或"解释性的领会"，也就是说，研究者应通过自己的亲身体验，进入被研究者的内心世界，了解他们的思想、情感、价值观念和认知规律，以对被研究者的生活（心理）故事和意义建构做出解释、理解与领会。

研究层面的吻合——与传统研究往往倾向宏大叙事的情况相比，新理念则更主张真切关注广大成人群体，尤其是在社会转型期处于失利地位的成人群体，如失地农民群体、农民工群体、农民转为市民群体、青年成人群体、新失业群体、创业者群体、社会归正人员群体、残疾人群体、少数民族群体和老年人群体等。而质性研究方法也主张从微观层面出发，尤其强调倾听弱者的声音，尊重不同个体的个性化表达。

研究关系的吻合——新理念呼吁研究者走出书斋和象牙塔，与被研究者共同体验生活、参与研究。质性研究方法也十分重视这种具有平民精神研究关系的建立，认为研究双方应当相互平等、相互尊重，在良好的人际氛围中通过主体间的互动来完成意义建构，并实现彼此内在精神的共同成长与完善。对之，质性研究方法还特别强调研究伦理与道德，要求研究者尊重被研究者提供的信息，对有些敏感信息还应当做出必要的技术处理。

研究情境的吻合——新理念主张对成人真实而完整的生存境遇以及多样化的日常生活、精神生活进行深入而真实的考察。而质性研究也一贯坚持自然主义的探究传统，要求研究者尽量避免人为因素的干扰，以保持研究现场的原始性、完整性与真实性。同时，尽量搁置既定假设与个人观念，对研究现象所处的自然情境及其相互关系进行整体的、关联式的观察与思考。

研究实施的吻合——新理念的关键在于彰显"回归与走进"的行动力量，至于如何将这种行动具体付诸实施，质性研究方法则为之提供了有效的解决办法。首先，就行动设计而言，质性研究分为"进入研究现场""驻扎研究现场"和"离开研究现场"三个有机组成部分；其次，就实际操作而言，又包括一系列具体的方法与技巧，比如：联系访谈对象，隐蔽或公开研究者身份，结构式、半结构式或开放式访谈，倾听与回应，参与式或非参与式观察，实物收集，录音转录，文本打碎与重组，寻找本土概念，编码与归档，情境分析或类属分析，运用跨学科理论的文本解读，深描式写作，敏感信息处理等。

研究路径的吻合——新理念主张成人教育研究要"回到事物发生的本源"，也就是说，其第一步研究工作就是要对成人生活世界和精神世界进行考察，基于此，再来洞察及探析蕴含其中的成人教育现象与问题。在质性研究方法语境下，这种思路即为一种归纳性的思路，即其特别主张采取自下而上的研究路径，要求研究者务必以尊重被研究者的本土文化、本土概念和本土逻辑为重要前提，基于此，再结合研究主题进行资料收集与分析、文本深描以及解读，乃至进行扎根理论的建构。①

当然，对于研究方法，我们还需要时刻保持一种警惕，不断反思方法本身对研究活动的影响。

库利曾表示："认为科学不过是对资料的精确研究这种常见观念是完全错误的，特别是在社会领域中更是有害无益。如果我们想得出某些规则或者做出成功的预测，那我们就必须在工作中时刻保持想象力。即使在细节研究中，我们也要或多或少地采用一些戏剧化的手法使材料能够被理解。"②

陈向明也提出："在强调对研究方法进行反省的同时，我们也要特别注意避免'为方法而方法的'的倾向。研究方法本身并不存在'对'与'不对'、'好'与'不好'之分，只有与研究的问题以及研究过程中的其他因素相联系时才可能衡量其是否'适宜'。研究方法与其他因素之间的关系就像一个铜板的两面——既不一样，又相互依存、相互定义。因此，我们在对方法进行探讨时应该注意保持一种平衡：一方面，给予研究方法以必要的注意，不能只埋头拉车而不抬头看路；而另一方面，我们要防

---

① 高志敏，贾凡. 成人教育研究新理念与新方法探索[J]. 河北师范大学学报（教育科学版），2010（1）：77~78.
② 查尔斯·霍顿·库利. 社会过程[M]. 洪小良，等，译. 北京：华夏出版社，2000：334.

止'方法至上'主义，不要认为只要方法'对头'，研究的结果就必然是'正确的'。"①

是的，我们此前的方法探讨经历，也只是我们自己的经历；我们此前对于方法的审视，也只是我们自己的审视；对于研究方法，我们还需要时刻保持一种想象力、平衡性，需要时刻寻找一种适宜性。

说到底，这正是因为"人们所期望从我们的研究中获得的最好成果之一就是一种以博大、镇定的态度看待人类生活发展的能力，一种看出生活中所具有的完美的统一和美好事物的能力"。②

第二节 结语与追问

第一章到第三章，每章叙说完毕，都有一个"本章结语"。第四章与第五章论及的是同一个主题，因为篇幅较长而分成上下两章，所以，第四章结束时，未有"本章结语"。现在，这一主题全部叙述完毕，自然也要按照前三章所形成的"惯例"，来对第四章、第五章关于"前瞻"的话语作个小结。

一、结语："完成"与"未完成"

先要解释一下何谓"完成"与"未完成"。

所谓"完成"，就是想回顾、概括一下在十二个命题的前瞻中，我都说了些什么。

所谓"未完成"，就是在最后，我还想要申明一下：对于每一个命题，我个人的"完成"，并不等于其他人的"完成"；今天的"完成"，也并不等于明天、后天的"完成"……

---

① 陈向明. 质的研究方法与社会科学研究[M]. 北京：教育科学出版社，2000：2.
② 查尔斯·霍顿·库利. 社会过程[M]. 洪小良，等，译. 北京：华夏出版社，2000：340.

围绕成人教育科学及其体系构建,"完成"的有:

关于伦理:要在我们的心中牢固地铸起两种信念,即终身教育信念与成人生活信念。深信,唯有在此两种信念的光芒照耀下,才可能为其"伦"而辨清它与一般教育(学、科学)之间的关系,并且改变以往基于一般教育(学、科学)概念的推演,使之成为人类科学研究整体、教育科学研究整体的一种全新的风尚与习惯;为其"理"而澄清它与一般教育(学、科学)之间的关联,并且改变以往基于一般教育(学、科学)概念的推导,使之成为人类科学研究整体、教育科学研究整体的一种全新的秩序与规则。尤其坚信,唯有在此信念的光芒照耀下,才有可能使其学科之"意"真正兑现对成人及其教育与学习的帮助与引领,并真正使得人本精神成为学科的基本品质;才有可能使其学科之"涵"真正实现与成人社会角色的紧紧相伴,与成人生活任务的紧紧相依,并真正使得生活关切成为学科的基本德性。

关于纲领:希望"回归丰富的成人生活世界,走进缤纷的成人精神家园"这22个字能够深深地镌刻在学科的旗帜上!这不仅在于试图修正以往的谬误,填平以往的缺憾,更在于为了阐扬终身教育、终身学习的本义,张扬成人教育、成人学习的本源,乃至由之真正体现学科的基本品质,真正展现学科的基本德性。显然,"回归与走进",就是要促使成人教育科学研究给成人教育主体以义不容辞的关切、深切入微的关怀——直面他们最真实的社会境遇与最本真的社会生活,直面他们最真切的发展需求与最真实的人生向往,并以关于教育与学习活动的一切思考与行动去服务其生命的不同阶段,覆盖其生命发展的整个过程,去服务其生命构架的所有侧面,回归其生命存在的全部意义。换言之,"回归与走进",就是要促使成人教育科学研究义无反顾地"回到事物的本身"——"回到事物发生的本源""回到事物存在的本体""回到事物演进的本位",基于此洞察、了解、分析和阐释成人的教育与学习问题,以最终真正形成现实生活与教育的对接,实现人生发展与学习的契合。总之,"回归与走进",是成人教育科学研究的根本态度、基本立场所在,更是一切探索活动的尺度、灵魂所在。

关于性质:期待它成为这样一门学问:沐浴终身教育思想的光芒,遵循并实践教育贯穿人之一生的伟大理念;弘扬以人为本的精神,追求并实践教育促进人终身全面发展的伟大承诺,由之,充分尊重成年期的社会角色、充分关切成年期的生活任务；坚定地将发生在现实生活世界中的学习需求与学习活动作为其探索行为乃至学科存在与发展的滥觞；坚定地将在实际生活过程中生成的教育需求与教育活动作为其探究行为以及学科存在与繁荣的源泉，注重基于多元学科视角、借助多学科力量，努力为之探获具有真切理论解释、认知与创建意义，以及适切实践引领、支持与服务意义的知识与方法，以促使成人的学习或教育需求得到满足、学习或教育活动得以施行，最终帮助他们走向成功的学习、成功的生活乃至成功的人生。

关于目标：期盼它能够不畏艰难，持续不断地为使自身真正作为人类社会生活的一种永恒存在与核心存在，真正成为成人生活关怀的一种本来体现与核心体现而付出努力；它能够百折不挠，日复一日地为"探索与发现、积累与运用具有理论解释、认知与创建意义的知识""探索与发现、积聚与运用具有实践引领、支持、服务意义的方法"，以及"探索与提升成人群体与个体的学习态度与能力、生活态度与能力"而不懈地奋斗！

关于意义：相信它一定能够为自己："形成一种自觉"，即必定会为成人教育及其科学探索本身培育出一种清新而坚定的"自觉意识"；"确立一种自我"，即必定会为成人教育及其科学探索本身建立起一种清晰而坚强的"自我形象"；"放飞一种理想"，即必定会为成人教育及其科学探索本身放飞一种"坚定的理想"；"张扬一种追求"，即必定会为成人教育及其科学探索本身张扬一种"不懈的追求"；"获得一种领悟"，即必定会为成人教育及其科学探索本身形成一种"真正的理论认知"；"造就一种本领"，即必定会为成人教育及其科学探索本身铸成一种"真正的实践功夫"；"明朗一种关系"，即必定会为成人教育及其科学探索本身明确一种"多维的互动关系"。

关于作用：它一定能够对作为人类重要社会活动之一的成人教育实践而产生："回复其天然的作用"，即真正产生一种使之重返其自然而圣洁之存在状态的成效；"回赎其本然的作用"，即真正产生一种使之进入常态、稳态以及均态走向的功效；"回还其能动的作用"，即真正使之产生一种变被动回应为主动出击的效果；"发挥其能量的作用"，即切实使之产生一种助益社会进步、促进社会发展的效益；"阐扬其天职的作用"，即切实使之产生一种裨益人的发展、造福成人生活的效能。

关于源点：它的逻辑源点一定发端于"丰富的成人生活世界"，一定发轫于

"缤纷的成人精神家园"。也就是说，它的逻辑起点存在于人的生命旅程向度——青年生活、成年生活与老年生活之中；存在于日常生活向度——衣、食、住、行之中；存在于职业生涯向度——雇员生活、雇主生活、农民生活、军人生活、商人生活、教师生活、科研人员生活、医务人员生活、法律人员生活、管理人员生活等之中；存在于生活空间向度——家庭生活、职场生活、商场生活、军旅生活、乡村生活、城市生活、邻里生活、社区生活、社会生活等之中；存在于个人和家庭生活状况向度——独身生活、恋爱生活、婚姻生活、夫妻生活、亲子生活、离异生活、同居生活、单亲生活、消费生活、休闲生活、旅行生活、退休生活、性生活等之中；存在于社会生活向度——政治生活、经济生活、文化生活、艺术生活、宗教生活、民俗生活、人际交往生活等之中；存在于特定的生活状态向度——残障生活、失业生活、流动生活、贫民生活、难民生活、监狱生活等之中。诚然，它的逻辑源点还存在于生命的信仰、信念、理想、思想、思维、道德、诚信、认知、情感、意志的形成与（或）发展之中；存在于生命的仁爱、激情、独立、自信、责任、机敏、审美、超越的养成与（或）实现之中！

关于路向：其一，它必定要选择"关切生活，拓宽、精深基础的路向"，要开创对成人群体的总体研究、成人群体的分类研究、成人生活境遇的研究、基于多元学科视角的研究；其二，它必定要选择"关照生活，洞彻、诠释学习的路向"，要开创成人学习的基本原理与机理研究、成人的学习需求与学习动机研究、成人的学习风格与学习特点研究、成人的学习方式与学习空间研究、成人的学习力培养与主体性发展研究；其三，它必定要选择"关怀生活，探索、创新教育的路向"，要开创和谐的环境支持系统研究、有效的运作支持系统研究、科学而艺术的教学支持系统研究。

关于内容：依循"关切生活，拓宽、精深基础的路向"，它必定要进行关于成人群体生存与生活状况的总体研究、成人群体生存与生活状况的分类研究、成人生活境遇及其与教育、学习的相关研究，以及基于多元学科视角的成人教育理论与实践研究；依循"关照生活，洞彻、诠释学习的路向"，它必定要推进关于成人学习的基本原理与机理研究、成人的学习需求与学习动机研究、成人的学习风格与学习特点研究、成人学习的方式与方法、空间与情境研究，以及成人的学习力培养与主体性发展研究；依循"关怀生活，探索、创新教育的路向"，它必定要展开坚持扶持意识与促进意识的成人教育环境支持系统研究、坚持服务意识与满足需求的成人教育运作支持系统研究、坚持帮助意识与引领意识的成人教育教学支持系统研究。

关于边界：真实的情形是，"有边界"与"无边界"共时存在；真实的状态是，"有边界"与"无边界"的共同存在。"有边界"固然易使学科的个性与风采得到张扬，而"无边界"，往往也是甚至更是学科张扬个性与风采的另一种方式。然而，无论是在坚称其"有边界"时，还是在感觉其"无边界"时，都必须切记，成人教育、成人学习将永远是一种（现实）生活概念、（一生）生命概念，以及一种成人生活世界、精神家园、生活境遇、终身发展、全面发展、社会角色、发展任务、成功生活、成功人生概念的教育与学习；都必须铭记，成人教育科学、成人教育艺术将永远是一门（现实）生活概念、（一生）生命概念，以及一门成人生活世界、精神家园、生活境遇、终身发展、全面发展、社会角色、发展任务、成功生活、成功人生概念的科学与艺术！

关于空间：相信它一定会为了终身教育、终身学习及其科学研究，为了成人教育、成人学习及其科学研究而尽情翱翔在"成人群体"的空间、"成人生活"的空间、"生命发展"的空间、"社会变迁"的空间、"教育服务"的空间、"教学一线"的空间，以及"理论学术"的空间和"文献资料"的空间。

关于方法：也许，量性研究与质性研究确实会在研究目的、研究内容、研究设计、研究工具、研究关系、表达手段、抽样方式、资料生成、效度检验、成果推广，乃至在研究行为的伦理道德观念方面，存在诸多差异，但是有无数事实告诉我们，研究方法本身并没有对与错之分，也并不存在好与坏之分，对于方法，我们还需要时刻保持一种想象力和平衡性，还需要时刻寻找一种适宜性。

而关于"未完成"这个话题，用"简简单单"的几段话即可说明：

就横向而言，虽然我以自己的视角快要完成叙述了，但于他人的视角而言，尤其是于各位同仁的视角而言，你们对我的成人教育学科体系的回望是否感到充分了，是否还有更多的信息与更多的感触，对我的成人教育学科体系的反思是否感到贴切了，是否还有更多的思考与评说，对我的成人教育学科体系的前瞻是否感到满意，是否还有更多的真知与灼见，我并不敢肯定，此乃"未完成"情形之一。

就纵向而言，虽然我于这一刻快要完成这一叙述了，但于时间的推移而言，于时代的进步而言，于成人教育、成人学习及其科学研究事业进步与发展的必然规律而言，今天对成人教育学科体系的回望——其事实的发现与成就的认定、其画面的呈现与映象的展现、其内心的体悟与心灵的感触等，明天，乃至后天是否会变得更加丰富、更加绚烂、更加深刻；今天对成人教育学科体系的反思——其样本的选择与命题的确定、其事实的表征与分析的展开、其期盼的表达与反思的呈现等，明天，乃至后天是否会变得更加多样、更加深入、更加透彻；今天对成人教育学科体系的前瞻——其必然的再擘画与再洞见、其必需的再畅想与再端量、其必要的再揆度与再审视等，明天，乃至后天是否会变得更加宽阔与美妙、敏锐与精深、宽广与豪迈、神圣与坚定、广阔与包容、开放与多样，我也无从知道，此乃"未完成"情形之二。

也许，"未完成"的状态还可列举出更多，然而，无论如何，我们都可以坚信：终身教育与终身学习、成人教育与成人学习，乃至成人教育科学及其体系构建，必定会作为人类社会生活的一种永恒存在与核心存在，在周而复始的"完成"与"未完成"中，不断掀开新的一页；终身教育与终身学习、成人教育与成人学习，乃至成人教育科学及其体系构建，必定会作为成人生活关怀的一种本来体现与核心体现，在延绵不断的"完成"与"未完成"中，不断书写新的篇章！

二、追问：守住那双"眼"了吗

"成人教育学科体系批判与重构研究"这项课题以及本书，从 2005 年 12 月开始动念，2006 年 8 月设计方案，2006 年 9 月提出申请，2006 年 12 月正式立项，2007 年 3 月着手准备资料，2007 年 8 月写下"致读者朋友"，2008 年 9 月始述第一章，一直到叙完前面的结语，差不多已经有六七年时间了。

按理，写完"结语"，也就该收笔了。但不知为什么，心里面似乎还跳跃着某种东西——一种似乎属于"非学术"性的东西。琢磨了好几天，感觉确实还想和读者诸君表达一些学术讨论之外的东西——一种属于做完一项课题，或者说写完一部著述之后，有一点别样的"自我内省"或者说"心理检视"的东西，但是一时间又好像不知从何说起。是要检查一下自己在此过程中的努力与投入，甚或唠叨一番"甜酸苦辣"吗？检讨一下自己在此过程中的态度与表现，甚或絮叨一番"喜怒哀乐"吗？好像是，好像又不是。

揣着这份心绪，迎着一缕春风，借一个周末下午，我又来到了钱塘江江畔的南北湖边。

两片靓丽的姊妹湖，春色里，更显婀娜；春光里，更见妩媚！瞬间，似乎又让人感觉到，湖面下的涌动，恰似其生命的脉动；湖面上的涟漪，恰似其心声的传递！

倚着鲍公堤上的一棵大树，我静静地坐在湖边。心里边，一面再次感恩其曾经赠予过我的灵感与点拨，一面又不由自主地将思绪落到了这似乎总是想说，却又不知从何说起的这样一个事关在此六七年中"非学术"性的"自我内省"或"心理检视"问题。我闭上了眼睛，慢慢地像是进入了一种似睡非睡、似醒非醒的状态。朦胧间，我想起了一个故事。

布雷是英国伦敦医院的一名医治肿瘤方面的专家，在他当医生的近三十年时间里，治好了多少病人，布雷自己也记不清了。

有一次，三十多岁的玛丽来找布雷，说她最近肚子有些大了，她在二十多岁的时候因一场意外失去了怀孕能力，所以现在她怀疑自己肚子大了是因为身上长了肿瘤。

布雷安排自己的助手给玛丽做了检查，检查的结果正如玛丽所怀疑的那样是肿瘤，而且肿瘤的生长速度很快，必须尽快手术，布雷很快就给玛丽安排了手术。

手术的那一天，布雷的助手做好了准备工作，布雷开始像往常给病人做手术一样给玛丽做手术。可是让布雷不敢想象的是，当他准备摘去肿瘤的时候，却发现那颗肿瘤有着微弱的心跳。布雷的额头渗出汗水来了。这哪里是肿瘤，这是一个生命啊，只是玛丽怀孕的位置不正常，再加上玛丽过于肥胖，因此才被看成肿瘤。布雷不知道怎么办好，如果现在把这个生命拿掉，那么谁也不会知道，但自己的良心会一辈子不安；可是如果留下这个孩子，那么自己就会因此身败名裂，甚至惹上官司……布雷紧张地考虑了一分钟，最终决定留下这个孩子。

布雷等玛丽身体恢复了之后，把这件事情告诉了玛丽。玛丽先是很高兴，因为她一直想要一个孩子。可是不一会儿玛丽大骂布雷是一个庸医，害得她差点失去孩子。几天后，玛丽和她的丈夫把布雷告上了法庭，很快法庭就有了结果，布雷要付给玛丽赔偿费，更让布雷难过的是法庭判决他终身不能再当医生。布雷很是难过，简单地收拾了一下就离开了伦敦医院，回到了自己家乡的小镇。

布雷虽然回到了小镇,但伦敦的一些媒体却来到小镇上采访布雷。在那个时候,布雷完全可以把那个小生命当成肿瘤摘了,这样不但玛丽会感谢他,他自己也不会身败名裂,更不会被禁止终身行医。是什么原因让他没有这样做呢？他们很想知道。

布雷对前来采访的记者说,他当时也想到了留下这个孩子的后果,可是他也想到了如果把那个孩子当成肿瘤摘了,自己会一辈子良心不安,所以他最终选择了留下那个孩子。现在的这一切是他已经预想到的结果,所以他从不后悔。

这时候有一个记者说道:"可是别人不知道呀,如果你不说,别人永远不会知道的。"所有的记者都看着布雷。布雷说道:"上帝在看,良心是上帝的眼。"布雷说完,就回到房间里去了。

记者把采访布雷的稿子发到了当地的报纸上,让记者没有想到的是,布雷的遭遇引起了人们的广泛同情。布雷这样为了生命而情愿失去自己的一切的举动,值得人们学习。

虽然布雷不能再做医生,但他给所有的医生做了最好的榜样。而布雷的那句话——"良心是上帝的眼"也成了伦敦医院里每一个医生的座右铭,提醒着每一个医生。①

这则在《新民晚报》上谈到的故事,关照我去"内省"一下,去"检视"一下自己是否"守住了上帝那双'眼'",是否"守好了良心那双'眼'"！

虽然,我不信"上帝",但是,我却信"良心"。于是,我无数次地追问和对话自己：过去的六七年时间,你守住那双"眼"了吗？你守好那双"眼"了吗？

如果哪些地方守住了、守好了,你就释然自己；如果哪些地方没守住、没守好,你就责备自己、忏悔自己。

也许,这样的"追问",这样的"对话",我还会持续好长时间。在以后更长的岁月里,我还将不断叮咛自己：至于学问,至于人生,也许还有很长的路要走,你一定要守住这双"眼",你一定要守好这双"眼"！因为,"我们在属于成人教育学之前,成人教育学就已经属于我们了"。既然是属于我们的事业,我有什么理由不为之守住这双"眼"呢？既然是属于我们的人生,我又有什么理由不为之守好这双"眼"呢？

---

① 郭龙. 良心是上帝的眼 [N]. 新民晚报, 2012-2-24.

后 记

我承担的全国教育科学"十一五"规划教育部重点课题"成人教育学科体系的批判与重构研究",以"成人教育学科体系论"为名,围绕成人教育学科体系及其建设所作的回望、反思与前瞻,经过六七年时间的探索与写作,终于完成了。

记得当时,我和课题组的几位主要成员反反复复琢磨课题的初衷和追求,最后,大家感到此项课题非同一般,预想中,它最终会而且也一定要呈现出很强的元论探索特征、逻辑演绎特征、尺度统一特征和内在贯通特征,所以,希望由我一人来执笔完成,以期保证元论特点的彰显,逻辑线条的贯穿,尺度把握的一致和行文风格的统一。所以,著述全文,就由我"一气呵成"了。

说实话,当叙述完"结语:'完成'与'未完成'",当叙说完"追问:守住那双'眼'了吗"的时候,我一点儿如释重负的感觉都没有,反而觉得还有许许多多的遗憾留在了这六七年的时间里,还有许许多多的纰漏留在了这数十万字的言说中。

有遗憾,我自咎,并敬请读者诸君原谅;有纰漏,我自责,并敬请读者诸君海涵!

之所以在"一气呵成"四字上加了双引号,那是因为,虽然每个字都是由我写出来,虽然每句话都是由我说出来,但它们的最终完成,却是凝聚着许多人的支持和帮助、关照和付出。

在这里,请允许我以课题负责人的名义,向所有给过课题完成以无私襄助的人深深地说一声"谢谢",尤其要向以下人员表示最诚挚的谢意:

课题申报时确定的成员——当年都是我的博士研究生,应方淦、薛伟、李洁和贾凡。不会忘记与他们多次切磋课题中的问题、难题,不会忘记他们的思想给了我很多灵感,也不会忘记他们给我提供、翻译过一些很有价值的参考文献。

课题申报后加入的成员——当年或是我的博士研究生,或是我的硕士研究生,邢蕾、崔铭香、王旭、王一凡、庞晓芳、谈龙河、吴金金、陈珂、樊星、徐明、李苏娟、王剑飞、高宛芝、杨婷、周利利、朱瑞、王静、徐涛、周招君、葛海燕、刘红燕、李福岭、蒋亦璐等。不会忘记他们曾经给过我的帮助，特别是不会忘记他们为收集第一章、第二章著述所需的大量中外文献资料，以及必要的翻译工作而付出的宝贵时间和精力。

在这些人员中，我特别要感谢的是贾凡博士。只要课题进展需要，他都会给我以有力的襄助，并且从第一章到第四章，每写完一段，我都会邀他来帮我细读一遍初稿，每次都会发现一些需要改进的地方。

我还要衷心感谢当年给予课题立项的全国教育科学规划办的领导同志和有关专家，是你们给了我和我的伙伴们这样一次学术磨砺与智慧提升的机会。于此，我还要特别感谢全国教育科学规划办的王小明、丁杰两位老师，感谢你们对我课题进展的关心和督促。

对于华东师范大学社科处以及我自己所在部门的领导和有关同仁，我也要表示感谢，感谢你们对我课题进展的关照和帮助。

此外，著述过程中引用了许多引文，于此，也向原文作者表示衷心的感谢，没有你们的思想与智慧，此项课题、此本著述，或许很难顺利地画上句号。还要特别注意到的是，尽管自觉已经十分仔细、用心，但在引文标注方面也许一不小心还会有所疏漏、疏失的地方，若发生此等情形，恳请各位同仁予以原谅，并向你们给予我的启发或启迪表示深深的谢意！

书稿完成之后，相信任何一位有过写作经历的人，都会希望自己的作品能够尽早面世，所以在此，我还要特别向上海教育出版社的袁彬副总编、宁彦锋博士、周晟副编审、廖承琳编辑以及相关的领导和工作人员，表示我最真诚的感谢！感谢他们为出版这本著作而给予我的弥足珍贵的支持和帮助！

二〇一二年四月（初稿）

二〇一三年四月（修稿）

二〇一五年十月（定稿）

图书在版编目(CIP)数据

成人教育学科体系论/高志敏著. —上海：上海教育出版社,2017.11(2018.3 重印)
(职业教育与成人教育论丛/徐国庆,高志敏主编)
ISBN 978-7-5444-7947-9

Ⅰ.①成… Ⅱ.①高… Ⅲ.①成人教育—研究 Ⅳ.①G72

中国版本图书馆CIP数据核字(2017)第273556号

责任编辑 廖承琳
封面设计 陈 芸

职业教育与成人教育论丛
成人教育学科体系论
高志敏 著

出版发行	上海教育出版社有限公司
官 网	www.seph.com.cn
地 址	上海市永福路 123 号
邮 编	200031
印 刷	启东市人民印刷有限公司
开 本	700×1000 1/16 印张 43.25 插页 3
字 数	694 千字
版 次	2017 年 11 月第 1 版
印 次	2018 年 3 月第 2 次印刷
书 号	ISBN 978-7-5444-7947-9/G·6561
定 价	98.80 元

如发现质量问题，请向本社调换 电话 021-64377165